吴忠市地方志编纂委员会
吴忠市地方志办公室 编

黄河出版传媒集团
宁夏人民出版社

图书在版编目（CIP）数据

吴忠年鉴 . 2017 / 吴忠市地方志编纂委员会，吴忠市地方志办公室编 . — 银川：宁夏人民出版社，2019.1
ISBN 978-7-227-07031-3

Ⅰ . ①吴… Ⅱ . ①吴… ②吴… Ⅲ . ①吴忠—2017—年鉴 Ⅳ . ① Z524. 33

中国版本图书馆 CIP 数据核字（2019）第 030090 号

吴忠年鉴 2017

吴忠市地方志编纂委员会　编
吴忠市地方志办公室

责任编辑　白　雪
责任校对　丁丽萍
封面设计　沈家菡
责任印制　肖　艳

 黄河出版传媒集团
宁夏人民出版社　出版发行

地　　址　宁夏银川市北京东路 139 号出版大厦（750001）
网　　址　http://www.yrpubm.com
网上书店　http://www.hh-book.com
电子信箱　nxrmcbs@126.com
邮购电话　0951-5052104　5052106
经　　销　全国新华书店
印刷装订　宁夏银报智能印刷科技有限公司
印刷委托书号　（宁）0012413
地图审图号　宁 S（2016）3 号

开本　880 mm × 1230 mm　1/16
印张　23.75　　字数　800 千字
版次　2019 年 1 月第 1 版
印次　2019 年 1 月第 1 次印刷
书号　ISBN 978-7-227-07031-3
定价　380.00 元

版权所有　侵权必究

定边镇老年人体检手册

DING BIAN ZHEN LAO NIAN REN TI JIAN SHOU CE

编　　号：_____　　姓　　名：_____

身份证号：_____　　联系电话：_____

定边镇中心卫生院 制

手 册 说 明

为贯彻落实《定边县基本共卫生服务均等化项目指导方案》，提高我区居民健康保健意识，不断提升65岁以上老年人健康管理服务质量，特制本手册。

1、服务对象及内容：凡定边镇居住半年以上的户籍及非户籍居民，均可享受每年一次的65岁以上老年人免费体检等健康管理服务。主要内容包括生活方式和健康状况评估、体格检查、辅助检查和健康指导等。

2、手册管理：由定边镇中心卫生院（村卫生室）建立健康档案并发放手册，建册后由管理对象保生院(村卫生室)建立健康档案并发放手册，建册后由管理对象保存，不得遗失，每次体检、诊疗时必须携带。

3、本手册由体检单位统一填写。

4、本手册作为居民的健康档案，请妥善保管。

温馨提示

体检前请空腹，勿食早餐、勿饮水。老年人若有慢性病、体弱行动不便者，请子女陪同检查。体检时请携带本人身份证或户口本、历年体检登记册等。

《吴忠年鉴》编审委员会

主　　任　喜清江
主　　编　马中勇
副 主 编　马海军
委　　员　黄金柱　马国武　张自力　王　金　马国锋　孙亚东　马海军　梁　恒
　　　　　任海涛　马廷云　赵永红　张吉贺　蒋　波　邓冀宁　贾玉珍　李汉林
　　　　　杨存葆　周　耘　白少麟　马　利　胡建东　王天珍　马玉祥　周少云
　　　　　沙　莉　马光锋　毕顺元　杨桂琴　乔宁伟　拜　萍　王永福　马林华
　　　　　杨晓明　侯永林　闫　浩　苏晓理　马长贵　马海涛　杨玉洲　马锐锋
　　　　　马克林　杨晓军　荀伏祥　马建忠　杭庆珍　贺永锋　王学仲　蒋耀强
　　　　　张玉进　岳思宏　李玉山　谭兴玲　金永灵　戴培吉　丁　炜　王海宁
　　　　　杨玉琳　杨春燕　马向东　柳广洲　杨　洋　苏　程　彭　健　张　倩
　　　　　马晓红　白建国　施志林　傅合春　周　旭　焦　荣　杨松涛　施新民
　　　　　唐　睿　刘衍海　郎　玲　王文智　徐学兵　李建涛　赵希建　张明东
　　　　　张元锁　贺　文　李小龙　陶　东　徐　涛　刘晓瑜

《吴忠年鉴2017》编辑部

执行主编　胡建东
总　　纂　
编　　辑　胡建东　闫建忠
编　　审　张明鹏　吴晓红　黄　鑫

《吴忠年鉴2017》撰稿人员

丁　玲　丁伏金　丁志坚　丁政平　马　力　马　燕　马　龙　马　迁
马　军　马　克　马　炜　马　娇　马　姣　马　骁　马　艳　马　超
马　楠　马　娟　马力彬　马小牛　马小军　马小燕　马长利　马文儒
马玉龙　马玉林　马玉霞　马乐天　马永生　马永刚　马永胜　马亚军
马成武　马宏兵　马宏明　马灵琴　马国栋　马学平　马学荣　马春录
马春梅　马保军　马俊杰　马桂芬　马晓龙　马晓明　马晓梅　马梅花
马银山　马鹏飞　马鲜军　马耀兵　王　元　王　辉　王小玲　王小亮
王小彦　王小艳　王凤玲　王生军　王立双　王永红　王会银　王志刚
王迎春　王灵军　王治业　王学海　牛有龙　牛霭枫　毛　英　毛　惠
毛笑非　仇潇然　文　晶　文彦君　方晓敏　邓雪莲　艾　辉　石　强
田学智　田彦学　田海军　白　仁　白海波　吕　宁　吕　红　乔才山
刘　宁　刘飞林　刘天军　刘少瞳　刘玉宝　刘正红　刘东阳　刘兆林
刘进艳　刘志伟　刘俊龙　刘海涛　刘瑞秀　刘新生　齐军民　闫　聪
闫　磊　闫　璐　闫丽君　闫静秋　江瑞兵　安丽丽　伊红德　苏志龙
苏　忠　杜　欣　李　平　李　兵　李　明　李文海　李　渊　李　琴
李　刚　李　静　李甲根　李兴林　李志聪　李怀玉　李忠祥　李春鹏
李重烨　李晓红　李晓玲　李凌源　李鸿志　杨　红　杨　军　杨　洁
杨　雪　杨　锐　杨志贵　杨志勇　杨金花　杨振华　杨继山　杨惠珠
杨楠楠　吴　红　吴　婷　豆斌科　吴方敏　吴宏丽　何坤平　何海波
余　凡　余海峰　辛利华　汪　茂　汪　晓　宋保宁　张　欢　张　倩
张　涛　张　鹏　张玉蓉　张向称　张全平　张兴东　张建明　张劲松
张铭义　张银国　张新宁　张碧君　陈　超　陈　毅　陈立军　陈亚莉
陈仲毅　陈晓鹏　陈琪茹　陈瑞龙　罗耀山　岳宝华　金　晶　金建雄
金俊杰　金霄峰　周慷慨　赵　明　赵金良　赵海燕　郝　振　侯　蕾
洪雪雯　姚冠华　姚艳德　袁庆丰　贾　婧　贾秀芳　徐延东　徐　羽
徐志琴　徐家华　高　宁　高宁刚　高建国　郭万慧　郭凤琴　海金龙
黄贵福　康　凯　梁启文　董　博　锁国艺　谢彦宁　蒲永文　蒲建芳
腾慧芬　詹小波　蔡　平　薛晶晶　魏　峰

编辑说明

一、《吴忠年鉴2017》由中共吴忠市委员会、吴忠市人民政府主办，吴忠市地方志编纂委员会承办，吴忠市地方志编纂委员会办公室编辑，是系统记述吴忠市政治、经济、文化、社会、生态文明建设和改革开放的大型资料性工具书和政府公报性年刊，以出版年号为卷次向国内外公开出版发行。

二、《吴忠年鉴2017》以马列主义、毛泽东思想、邓小平理论、"三个代表"重要思想、科学发展观、习近平新时代中国特色社会主义思想为指导，旨在为各级党政机关及各界人士了解和研究吴忠提供参考，为推动吴忠经济社会建设提供服务，具有重要的"资政、存史、育人"功能。

三、《吴忠年鉴2017》采用分类编辑法，分为类目、分目、条目三个层次，部分分目下设子分目。子分目标题加"·"，条目标题加【】。

四、《吴忠年鉴2017》全面系统地记载了2016年吴忠市各行各业的基本情况和发展状况，设有特载、专辑、大事记、吴忠概览、党政群团、社会管理、法治建设、军事、经济管理、农牧水利、工业和园区建设、财税金融、交通邮电、商贸流通、旅游、城乡建设、卫生和计划生育、国土资源和环境保护、教育与科技、文化、县（市、区）概况、人物与集体、附录等24个类目。

五、《吴忠年鉴2017》选择相关资料附于有关分目、条目中，部分跨年度资料采用链接的形式，以增强年鉴的实用价值。

六、《吴忠年鉴2017》收录的先进人物和先进集体为2016年度由地市级以上党委、政府表彰的先进人物和先进集体为主。

七、《吴忠年鉴2017》所收录的资料由各县（市、区）、市直各部门及有关单位提供并经供稿单位审核，《吴忠年鉴》编辑部编辑，《吴忠年鉴》编审委员会审定。

八、《吴忠年鉴2017》所用统计资料由吴忠市统计局提供，正文中数据由各部门提供。因统计口径等原因，有关部门所用个别数据与统计资料中的数据不尽一致，引用时以《吴忠市2016年国民经济与社会发展统计公报》为准。

九、《吴忠年鉴2017》在编纂过程中得到中共吴忠市委、市人大常委会、市政府、市政协领导的关心指导和全市各县（市、区）、市直各部门的积极配合，在此深表谢意。

重要会议　ZHONGYAO HUIYI

2016年11月27—30日，中国共产党吴忠市第五次代表大会召开

2016年12月27—29日，吴忠市第五届人民代表大会第一次会议召开

ZHONGYAO HUIYI 重要会议

2016年12月26—28日，政协吴忠市第五届委员会第一次会议召开

2016年3月22日，吴忠市举行全国民族团结进步创建活动示范市授牌仪式

魅力吴忠 MEILI WUZHONG

MEILI WUZHONG 魅力吴忠

滨河体育运动公园

魅力吴忠 MEILI WUZHONG

盐池县长城关风景区

青铜峡市汉延渠畔

MEILI WUZHONG 魅力吴忠

同心县青少年活动中心

盐池县麻黄山乡赵记湾美丽村庄

2017 | 吴忠年鉴 WUZHONG NIANJIAN

魅力吴忠　MEILI WUZHONG 〉〉〉

宁夏民族职业技术学院

魅力吴忠 MEILI WUZHONG

盐池县新区

罗山自然风光

十里长峡雪景

集防洪、防凌、引水、生态旅游于一体的黄河治理工程

魅力吴忠

盐池县生态修复后的丘陵地

太阳山国家湿地公园

工 业 GONGYE 〉〉〉

GONGYE 工业

申能2×35万千瓦吴忠热电联产项目

红寺堡区光伏发电基地

盐池工业园区

吴忠仪表立体仓库

2017 | 吴忠年鉴 WUZHONG NIANJIAN

 工 业　GONGYE 〉〉 〉

GONGYE 工业

盐池县神华宁煤400万吨金凤煤矿及800万吨洗煤厂

工业 GONGYE

中国自动化（吴忠）产业园一期高端阀门制造车间

恒丰纺纱车间

宁夏夏进乳业集团股份有限公司瓶装奶车间ABB机器人装卸设备

GONGYE 工业

宁夏伊利乳业公司二期年产4万吨安慕希常温酸奶生产项目

宁夏双维绒制品有限公司梳绒车间

农业 NONGYE

机械喷药

东干渠砌护工地

NONGYE 农业

红寺堡区的鲁家窑高效节水扶贫示范园

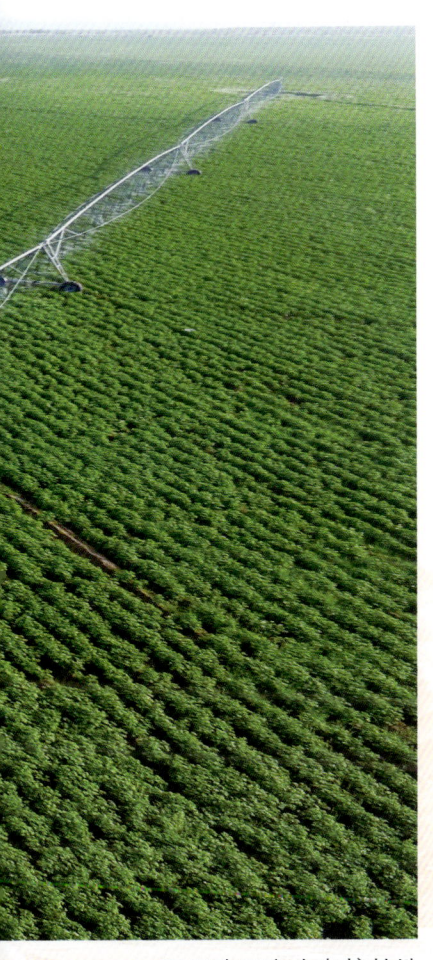

冯记沟万亩小杂粮基地

农机化示范园区机械化植保作业现场

率先在全区采用无人高效植保机进行田间作业

玉米种植基地

农业 NONGYE

新希望立祥 3000 头奶牛养殖项目

肉羊育肥

今盛肉牛繁育场

青铜峡市恒源林牧养殖场

商贸旅游 SHANGMAO LÜYOU

2016年7月1日，阿迪力在青铜峡黄河大峡谷成功挑战吉尼斯世界纪录

2016年4月16日，宁夏吴忠市优质特色产品展示展销中心（北京）启动仪式

SHANGMAO LÜYOU 商贸旅游

吴忠市税务系统实施"营改增"试点

市市场监督管理局春节前开展食品安全检查

吴忠市邮政公司丙申年特种邮票发售现场

百姓生活 BAIXING SHENGHUO

吴忠市人民医院与北京友谊医院开展技术合作

新上线的公交车

农村健身路径

2016年4月28日,吴忠市总工会举办"中国梦·劳动美"庆"五一"专场文艺演出

少儿文艺表演

吴忠市农牧局专场演出

百姓生活 BAIXING SHENGHUO

安居小区建设

2016年8月24日，吴忠市举办"环境整治看力度"电视问政节目

BAIXING SHENGHUO 百姓生活

举行反恐应急作战拉练

火灾扑救演练

建设中的健康产业园

保障性住房项目建设现场

警民一家亲

文化教育 WENHUA JIAOYU

WENHUA JIAOYU 文化教育

中国航空运动协会罗山飞行营地

文化教育 WENHUA JIAOYU 〉〉〉

吴忠仪表第五届宁夏黄河金岸（吴忠）国际马拉松

全国沙滩排球巡回赛（吴忠站）

文化教育 WENHUA JIAOYU

"大地杯"第12届中国青少年创造力大赛

吴忠市文联开展文艺进军营活动

全国青少年航空航天模型锦标赛

免费开放的文化活动中心

文化教育　WENHUA JIAOYU 〉〉 〉

宁夏移民博物馆

利通区一小民族团结进步宣传教育活动

交互式多媒体教学

金积工业园区科技创新服务站揭牌

功能完善的公共文化服务设施

| 精神文明建设 …………… 81
| 全民国防教育工作 ……… 82

·统战工作·
| 概　况 …………………… 82
| 市委统战工作领导小组 …… 82
| 市委统战工作领导小组第一次会议
| …………………………… 82
| 助力脱贫攻坚 …………… 82
| 民族宗教工作 …………… 82
| 经济统战 ………………… 83
| 文化统战 ………………… 83
| 和谐统战 ………………… 83
| 统战队伍建设 …………… 83

·政策研究·
| 概　况 …………………… 83
| 以文辅政 ………………… 83
| 深化改革工作 …………… 84
| "三农"工作 ……………… 84
| 《吴忠工作研究》 ………… 84
| 队伍建设 ………………… 84

·市直机关工委·
| 概　况 …………………… 85
| 党员队伍建设 …………… 85
| 机关党组织建设 ………… 85
| 机关干部教育 …………… 86
| 机关作风建设 …………… 86
| 党群共建 ………………… 86
| 服务中心工作 …………… 86

·老干部工作·
| 概　况 …………………… 87
| 离退休干部思想政治工作 … 87
| 离退休干部党建工作 …… 87
| 落实老干部待遇 ………… 87
| 离退休干部文化生活 …… 87
| 发挥离退休干部作用 …… 87
| 队伍建设 ………………… 88

·市委党校（行政学院）·
| 概　况 …………………… 88
| 干部教育 ………………… 88

| 对外培训工作 …………… 89
| 教科研水平提升 ………… 89
| 内部管理 ………………… 89
| 行政后勤服务 …………… 89
| 队伍建设 ………………… 90
| 参与扶贫工作 …………… 90

·党史方志工作·
| 概　况 …………………… 90
| 党史研究 ………………… 90
| 专题撰写 ………………… 90
| 党史宣传 ………………… 91
| 党史纪念活动 …………… 91
| 方志工作 ………………… 91

吴忠市人民代表大会常务委员会
·重要会议·
| 第四届人民代表大会第六次会议
| …………………………… 91
| 第五届人民代表大会第一次会议
| …………………………… 91
| 第四届人大常委会第二十四次会议
| …………………………… 92
| 第四届人大常委会第二十五次会议
| …………………………… 92
| 第四届人大常委会第二十六次会议
| …………………………… 92
| 第四届人大常委会第二十七次会议
| …………………………… 92
| 第四届人大常委会第二十八次会议
| …………………………… 92
| 第四届人大常委会第二十九次会议
| …………………………… 92
| 第四届人大常委会第三十次会议
| …………………………… 92
| 主任会议 ………………… 93

·重要工作·
| 概　况 …………………… 93
| 立法工作 ………………… 93

| 宏观经济运行情况监督 …… 93
| 经济发展重点领域监督 …… 93
| 民生重大事项监督 ……… 93
| 执法检查 ………………… 94
| 司法监督 ………………… 94
| 部门工作评议 …………… 94
| 重大事项决定 …………… 94
| 人事任免 ………………… 94
| 代表工作 ………………… 94
| 自身建设 ………………… 95

吴忠市人民政府
·重要会议·
| 市政府第四次全体会议 …… 95
| 市政府第五十五次常务会议 … 95
| 市政府第五十六次常务会议 … 95
| 市政府第五十七次常务会议 … 95
| 市政府第五十八次常务会议 … 95
| 市政府第五十九次常务会议 … 95
| 市政府第六十次常务会议 … 95
| 市政府第六十一次常务会议 … 95
| 市政府第六十二次常务会议 … 96
| 市政府第六十三次常务会议 … 96
| 市政府第六十四次常务会议 … 96
| 市政府第六十五次常务会议 … 96
| 吴忠市脱贫攻坚誓师大会 … 96

·人大议案建议、政协提案办理·
| 概　况 …………………… 96
| 人大议案 ………………… 96
| 重点建议 ………………… 97
| 其他建议 ………………… 97
| 政协提案办理 …………… 98

·法治政府建设·
| 概　况 …………………… 99
| 法治政府体制机制建设 …… 99
| 推进行政机关职能转变 …… 99
| 完善依法行政制度体系 …… 99
| 推进依法科学民主决策 …… 100
| 规范公正文明执法 ……… 100

| 行政权力监督 …………… 100 | ·机关事务管理· | 民主党派 |

行政权力监督 …………… 100
社会矛盾化解 …………… 101
法律培训与宣传 ………… 101
·政府信息公开工作·
概况 …………………… 101
公开平台建设运行 ……… 101
行政权力清单公开 ……… 102
财政预算决算和公共资金公开
………………………… 102
公共资源配置信息公开 … 102
保障性住房信息公开 …… 102
市场监管信息公开 ……… 102
环境保护信息公开 ……… 102
安全生产信息公开 ……… 103
价格和收费信息公开 …… 103
征地拆迁信息公开 ……… 103
企事业单位信息公开 …… 103
扶贫工作信息公开 ……… 103
社会救助信息公开 ……… 103
就业创业信息公开 ……… 103
决策信息公开 …………… 103
政府信息依申请公开 …… 104
·应急管理·
概况 …………………… 104
自然灾害 ………………… 104
安全事故 ………………… 104
突发公共卫生事件 ……… 104
社会综合治理 …………… 104
协调处置突发事件 ……… 104
应急值班工作 …………… 104
突发事件信息上报 ……… 105
·信息化建设·
概况 …………………… 105
"智慧城市"建设 ………… 105
惠农资金监管平台建设 … 105
"政务云"推广应用 ……… 105
电信普遍服务试点工作 … 105
信息化支撑工作 ………… 106

·机关事务管理·
概况 …………………… 106
机关后勤保障 …………… 106
机关公共节能管理 ……… 106
公务用车管理 …………… 106
安全保卫管理 …………… 107
机关食堂服务 …………… 107
公务接待服务工作 ……… 107

政协吴忠市委员会
·综述·
概况 …………………… 107
协商议政 ………………… 107
民主监督 ………………… 107
参政议政 ………………… 108
团结联谊 ………………… 108
巩固民族团结 …………… 108
关注民生 ………………… 108
对外联系交流 …………… 108
协商民主机制 …………… 108
提案督办 ………………… 109
政协委员履职 …………… 109
政协理论研究 …………… 109
自身建设 ………………… 109
·重要会议·
政协吴忠市第四届委员会第四次
  会议 ………………… 109
政协吴忠市第五届委员会第一次
  会议 ………………… 110
第十四次常委会议 ……… 110
第十五次常委会议 ……… 110
第十六次常委会议 ……… 110
第十七次常委会议 ……… 110
第十八次常委会议 ……… 110
第十九次常委会议 ……… 110
五届一次常委会 ………… 110
主席会议 ………………… 110

民主党派
·民革吴忠市委会·
概况 …………………… 111
参政议政 ………………… 111
社会服务 ………………… 111
助力脱贫攻坚 …………… 111
思想建设 ………………… 112
组织建设 ………………… 112
·民盟吴忠市委会·
概况 …………………… 112
思想政治建设 …………… 112
参政议政 ………………… 112
调研活动 ………………… 113
组织建设 ………………… 113
重要会议 ………………… 113
社会服务 ………………… 113
助力脱贫攻坚 …………… 113
·民建吴忠市委会·
概况 …………………… 113
组织建设 ………………… 113
议政建言 ………………… 114
社会服务 ………………… 114
重要会议 ………………… 114
·民进吴忠市委会·
概况 …………………… 115
思想建设 ………………… 115
参政议政 ………………… 115
组织建设 ………………… 115
社会服务 ………………… 116
·农工党吴忠市委会·
概况 …………………… 116
重要会议 ………………… 116
参政议政 ………………… 116
组织建设 ………………… 116
社会服务 ………………… 116
·九三学社吴忠市委会·
概况 …………………… 117
思想建设 ………………… 117
参政议政 ………………… 117

社会服务 …………… 117
重要会议 …………… 117
组织建设 …………… 117

群众团体

·吴忠市总工会·
概况 …………… 117
服务经济发展 …………… 118
自身建设 …………… 118
开展劳动竞赛 …………… 118
职工维权 …………… 118
助力精准扶贫 …………… 119
组织建设 …………… 119
全市工会第四次代表大会 …………… 119
创新劳模服务管理 …………… 119
工资集体协商质量等级评价体系
 …………… 119
非公企业职称评聘体系 …………… 120
创新型群团工作服务站 …………… 120
医疗救助体系 …………… 120

·共青团吴忠市委员会·
概况 …………… 120
学校团队规范化建设 …………… 120
助力脱贫攻坚 …………… 121
志愿服务常态化建设 …………… 121
特需关爱青少年结对帮扶 …………… 121
共青团互联网转型工作 …………… 121
共青团吴忠市第四次代表大会
 …………… 121

·吴忠市妇女联合会·
概况 …………… 122
推进妇女创业就业 …………… 122
寻找"最美家庭"活动 …………… 122
"康乃馨"关爱单亲母亲行动
 …………… 122
"三八"纪念表彰活动 …………… 122
关爱儿童工作 …………… 122
妇女维权工作 …………… 123
"无毒家庭"创建活动 …………… 123

组织建设 …………… 123
召开吴忠市妇女第四次代表大会
 …………… 123

·吴忠市科学技术协会·
概况 …………… 123
服务经济社会 …………… 123
开展科技咨询服务 …………… 124
基层科普行动计划 …………… 124
全民科学素质服务 …………… 124
青少年科技教育活动 …………… 124
科普信息化建设 …………… 124
吴忠市青少年科技馆成立 …………… 125
助力科技创新工程 …………… 125
科普宣传 …………… 125

·吴忠市残疾人联合会·
概况 …………… 125
扶贫解困工作 …………… 125
康复工程 …………… 125
残疾人教育 …………… 126
残疾人就业创业 …………… 126
组联维权 …………… 126
社会保障 …………… 126
残联志编纂工作 …………… 126
组织建设 …………… 126

·吴忠市工商业联合会·
概况 …………… 127
服务企业 …………… 127
"五型"商会建设 …………… 127
招商引资工作 …………… 127
重要会议 …………… 127
参政议政 …………… 127
非公经济人士教育 …………… 128
助力企业发展 …………… 128
参与扶贫攻坚 …………… 128
自身建设 …………… 128

·吴忠市红十字会·
概况 …………… 128
助力精准扶贫 …………… 129
应急救护培训 …………… 129

造血干细胞捐献 …………… 129
人体器官捐献工作 …………… 129
自身建设 …………… 129
红十字会项目 …………… 129

·吴忠市文学艺术界联合会·
概况 …………… 130
文艺活动 …………… 130
文艺创作 …………… 130
文化惠民活动 …………… 130
队伍建设 …………… 130

社会管理

机构编制与管理
概况 …………… 131
机构编制管理 …………… 131
编制实名制管理 …………… 131
机构编制动态管理 …………… 131
事业单位登记管理 …………… 131
部门履职评估检查 …………… 132
审批机制创新 …………… 132
落实上级行政许可事项的承接工作
 …………… 132
涉企行政职权工作规程试点 …………… 132
规范完善行政职权工作 …………… 132
事业单位改革试点 …………… 132
不动产登记制度改革 …………… 132
法人治理结构建设试点 …………… 132

人力资源和社会保障
概况 …………… 132
全民创业 …………… 133
职业技能培训 …………… 133
小微企业提升工程 …………… 133
搭建高校毕业生就业通道 …………… 133
公共就业服务 …………… 133
助力电商发展 …………… 133
援企稳岗 …………… 134
人才工作 …………… 134

机关事业单位人员招录 …… 134
社会保险制度改革 …… 134
城乡居民基础养老金提标 …… 134
设立吴忠市社会保险事业管理局 …… 134
机关事业单位养老保险征收 …… 134
落实离退休人员基本养老金政策 …… 135
落实转诊转院政策 …… 135
调整生育保险津贴标准 …… 135
医疗保险体制改革 …… 135
举办义诊活动 …… 135
农民工工资支付诚信体系建设 …… 135
自身建设 …… 135

民 政
概 况 …… 136
城乡低保 …… 136
救灾救济 …… 136
社会救助 …… 136
社会事务管理 …… 136
村民自治 …… 137
"双拥"工作 …… 137
优抚安置 …… 137
社会福利 …… 137
慈善事业 …… 137
地名普查工作 …… 138
婚姻登记 …… 138
养老事业 …… 138
社会组织管理 …… 138
殡葬管理 …… 139

民族宗教
概 况 …… 139
落实党的民族宗教政策 …… 139
进一步加强民族团结进步教育 …… 139
民族团结进步创建 …… 139

宗教事务管理 …… 140

信访工作
概 况 …… 140
信访规范化工作 …… 141
落实领导接访工作 …… 141
矛盾纠纷排查化解 …… 141
信访维稳工作 …… 141
信访积案化解工作 …… 141
信访信息化建设 …… 141
完善信访工作机制 …… 142
队伍建设 …… 142

扶贫开发
概 况 …… 142
精准识别 …… 143
整村推进 …… 143
精准到户扶贫 …… 143
产业扶贫 …… 143
金融扶贫 …… 144
社会扶贫 …… 144
易地扶贫 …… 144
教育扶贫 …… 144
全市脱贫攻坚誓师大会 …… 144
驻吴部队助力脱贫攻坚 …… 145
第三个全国"扶贫日" …… 145

法治建设

政法综治工作
概 况 …… 149
司法体制改革 …… 149
矛盾问题排查化解专项行动 …… 149
禁毒工作 …… 149
社会治安排查工作 …… 149
公共安全视频监控联网应用示范市项目 …… 149
政法队伍建设 …… 150
防范邪教工作 …… 150

平安铁路示范市创建 …… 150
司法救助工作 …… 150
政法综治宣传 …… 150
"平安医院"创建 …… 150
"平安吴忠"建设 …… 150

审判工作
概 况 …… 151
刑事审判 …… 151
民商事审判 …… 151
行政审判 …… 151
执行工作 …… 151
诉讼服务中心建设 …… 152
司法改革 …… 152
队伍建设 …… 152
司法公开 …… 152
重大案件审理 …… 153

检察工作
概 况 …… 153
新增机构 …… 153
服务社会经济 …… 153
职务犯罪查办 …… 153
预防工作 …… 154
依法打击刑事犯罪 …… 154
矛盾化解 …… 154
刑事诉讼监督 …… 154
民事诉讼监督 …… 154
司法改革试点工作 …… 154
监督制约 …… 155
队伍建设 …… 155

司法行政
概 况 …… 155
人民调解 …… 155
社区矫正 …… 155
安置帮教 …… 155
司法鉴定 …… 155
法律援助 …… 156

公证业务 …… 156
律师事务 …… 156
司法考试 …… 156
队伍建设 …… 156
普法宣传 …… 156

公安工作

概况 …… 156
打击刑事犯罪 …… 157
打黑除恶专项斗争 …… 157
打击通信诈骗犯罪 …… 157
禁毒人民战争 …… 157
打击经济犯罪 …… 157
社会治安管理 …… 158
"缉枪治爆"专项整治行动 …… 158
重大活动安全保卫 …… 158
出入境管理 …… 158
道路交通管理 …… 159
公安监管工作 …… 159
户政管理 …… 159
公安信息化建设 …… 160
执法规范化建设 …… 160
警务督察工作 …… 160
公安宣传工作 …… 160
公安队伍建设 …… 160
教育训练工作 …… 160

消防工作

概况 …… 161
演练与实战 …… 161
部队执勤训练 …… 161
综合应急救援体系建设 …… 161
消防信息化建设 …… 162
消防队伍建设 …… 162
消防工作社会化 …… 162
整治火灾隐患 …… 162
消防教育和宣传 …… 162
消防执法规范化建设 …… 163

军 事

吴忠军分区

概况 …… 164
思想政治建设 …… 164
军事训练 …… 164
国防动员工作 …… 164
部队管理 …… 165
后勤保障能力建设 …… 165
"双拥"共建工作 …… 165
部队作风建设 …… 165
两项重大教育 …… 166
先进军事文化建设 …… 166
组织民兵应急分队集训驻训 …… 166
开展"学、用、守"活动 …… 166
开展民兵预备役组织整顿工作 …… 167
国防动员和后备力量效能目标考核 …… 167
年度征兵工作 …… 167

武 警

概况 …… 167
思想政治建设 …… 167
遂行任务能力 …… 168
队伍建设 …… 168
基层队伍建设 …… 168
综合保障能力建设 …… 168
班子建设 …… 168
参与精准扶贫 …… 169

经济管理

宏观经济管理

概况 …… 170
上争项目工作 …… 170
重点项目建设 …… 170
经济社会发展规划编制 …… 170
金融改革创新 …… 170
深化改革 …… 171
社会信用体系建设 …… 171
市场环境优化 …… 171
政务服务优化 …… 172
创新精准扶贫方式 …… 172
民生民计保障 …… 172
金融工作 …… 172
PPP项目 …… 172
健康产业 …… 172
投资项目在线审批 …… 172

价格管理

概况 …… 173
价格监测网点设立 …… 173
价格监测 …… 173
农产品成本调查 …… 173
涉企收费事项管理 …… 173
落实扶持民营经济发展政策措施 …… 174
价格监管 …… 174

国有资产监督管理

概况 …… 174
市属国有企业 …… 175
国企经营管理 …… 175
国有资本运营 …… 175
国资监管 …… 175
法人治理结构 …… 175
重点民生项目 …… 175
国资国企改革发展工作推进会 …… 176
国企党建 …… 176

审 计

概况 …… 176
预算执行审计 …… 176
经济责任审计 …… 176

政府投资项目审计 …………… 176
政策措施落实情况审计 …… 177
专项审计调查 …………… 177
队伍建设 ………………… 177

统计工作

概况 ……………………… 177
统计信息工作 …………… 177
统计预警监督 …………… 177
统计制度方法改革 ……… 177
经济运行监测 …………… 178
第三次全国农业普查 …… 178
"第七届中国统计开放日"活动
 ………………………… 178
统计法治建设 …………… 178
"企业一套表制度"落实工作
 ………………………… 178
队伍建设 ………………… 178

社会调查与监测

概况 ……………………… 178
常规调查 ………………… 179
专项调查 ………………… 179
机关效能满意度调查 …… 179
精准扶贫工作成效评估调查 … 179
统计信息分析 …………… 179
《统计法》宣传 …………… 179
农作物播种面积及粮食产量调查
 ………………………… 180
畜禽监测调查 …………… 180
工业生产者价格调查 …… 180
机关效能目标管理考核第三方测
 评满意度调查 ………… 181
自身建设 ………………… 181

市场监督管理

·综述·
概况 ……………………… 181
队伍建设 ………………… 181
教育培训 ………………… 182
·工商行政管理·
商事制度改革 …………… 182
服务市场主体准入 ……… 182
商标培育工作 …………… 182
广告监管 ………………… 183
个体私营经济管理 ……… 183
市场监管 ………………… 183
合同监管 ………………… 183
打击经济违法活动 ……… 183
消费者权益保护 ………… 183
·质量技术监督·
质量监督管理 …………… 184
计量监督管理 …………… 184
标准化监督管理 ………… 184
打击制假售假伪劣商品 … 184
特种设备安全监管 ……… 185
·食品药品监督管理·
食品安全监管 …………… 185
食品风险检测 …………… 185
食品放心工程 …………… 185
重大活动食品安全保障 … 185
食品安全专项整治 ……… 185
食品抽样检测 …………… 186
整顿规范药品市场秩序 … 186
药械专项整治 …………… 186
药品抽检 ………………… 186
药械管理 ………………… 186
药械安全监管 …………… 186
药械不良反应、事件监测 … 186
基本药物监管 …………… 186

安全生产监督管理

概况 ……………………… 187
安全生产"三大"责任 …… 187
安全生产"十大专项"整治行动
 ………………………… 187
安全生产"百日专项整治"行动
 ………………………… 187

隐患治理系统工程 ……… 187
公共安全保障工程 ……… 188
公众安全教育工程 ……… 188
重点安全隐患查治 ……… 188
执法检查和事故调查 …… 188
安全生产大检查 ………… 188
应急救援安全保障 ……… 188
煤矿专项治理 …………… 189
职业卫生检查 …………… 189

农牧水利

农 业

概况 ……………………… 190
·种植业·
概况 ……………………… 190
设施瓜菜 ………………… 190
种植业结构调整 ………… 190
·养殖业·
概况 ……………………… 190
奶业督查 ………………… 190
渔业执法 ………………… 191
动物防疫 ………………… 191
动物疫病监测 …………… 191
畜禽监测调查 …………… 192
奶产业 …………………… 192
牛羊肉产业 ……………… 192
饲草产业 ………………… 192
·畜禽定点屠宰·
概况 ……………………… 192
扫雷行动 ………………… 192
无害化处理 ……………… 193
安全生产技术改造 ……… 193
·农业产业化·
概况 ……………………… 193
特色农业基地建设 ……… 193
农业品牌培育 …………… 193
农业新型经营主体培育 … 193
发展富硒农业 …………… 194

发展休闲观光农业 …………… 194
农产品质量安全监管 …………… 194
・农业科技推广服务・
概　况 …………………… 194
发展高效节水农业 …………… 195
发展循环农业 …………………… 195
・农业机械・
概　况 …………………… 195
农机执法监管 …………………… 195
"平安农机"创建 …………… 196
农机质量监督检查 …………… 196
农机作业服务组织 …………… 196
农机事故应急处理 …………… 196

农村改革
概　况 …………………… 196
农村土地确权登记颁证工作
　………………………… 196
农村土地产权交易流转中心建设
　初具雏形 …………………… 196
农村土地承包经营权流转 …… 196
农村集体经济股权量化改革试点
　………………………… 196
农民负担监管 …………………… 197
禁牧封育工作 …………………… 197

吴忠国家农业科技园区
概　况 …………………… 198
两大任务 …………………… 198
重大项目 …………………… 198
科技示范引领 …………… 198
农业产业结构优化 …………… 198
精准脱贫 …………………… 198

水　利
・综　述・
概　况 …………………… 199
市级重点水利工程 …………… 199
县（市、区）重点水利工程
　………………………… 200
高效节水工程 …………………… 200
灌溉管理 …………………… 200
农田水利基本建设 …………… 200
农村饮水安全 …………………… 200
水利改革 …………………… 200
水政与水资源管理 …………… 200
节水型社会建设 …………… 201
水土保持 …………………… 201
队伍建设 …………………… 201
・防汛抗旱・
概　况 …………………… 201
旱　情 …………………… 202
汛　期 …………………… 202
防汛工程 …………………… 202
抗旱工程 …………………… 202

宁夏盐环定扬水管理处
概　况 …………………… 202
灌溉管理 …………………… 202
防汛抗旱工作 …………………… 203
安全生产 …………………… 203
设备运维 …………………… 203
工程管理 …………………… 203
水政与水资源管理 …………… 203
综合经营 …………………… 203
队伍建设 …………………… 203

秦汉渠管理处
概　况 …………………… 203
灌溉管理 …………………… 204
工程建设与管理 …………… 204
防汛抗旱工作 …………………… 204
安全生产 …………………… 204
新技术应用 …………………… 204
水政与水资源管理 …………… 204
综合经营 …………………… 204
队伍建设 …………………… 205

工业和园区建设

工　业
・综　述・
概　况 …………………… 206
工业经济运行情况 …………… 206
服务企业 …………………… 206
创业创新梯队建设 …………… 207
非公经济项目申报 …………… 207
企业减负 …………………… 207
品牌建设 …………………… 207
技术创新 …………………… 207
火力发电 …………………… 207
工业园区建设 …………………… 207
・重点工业企业・
概　况 …………………… 207
特色产品 …………………… 207
装备制造业 …………………… 208
煤化工产业 …………………… 208
新材料产业 …………………… 208
生态纺织产业 …………………… 208
油气化工产业 …………………… 208
葡萄酒加工产业 …………… 208
生物制品产业 …………………… 208
包装印刷产业 …………………… 208
・节能降耗・
概　况 …………………… 208
淘汰落后产能 …………………… 208
节能预警监察 …………………… 209
实施重点节能工程 …………… 209

电力国网吴忠供电公司
概　况 …………………… 209
安全生产 …………………… 209
生产运维 …………………… 209
电网建设 …………………… 209
经营管理 …………………… 210
技术创新 …………………… 210

服务社会 …………… 210	
依法治企 …………… 210	
队伍建设 …………… 210	

太阳山开发区
概　况 …………… 210
招商引资 …………… 211
基础设施及项目建设 …………… 211
安全生产 …………… 211
队伍建设 …………… 211

吴忠金积工业园区
概　况 …………… 211
招商引资 …………… 212
项目建设 …………… 212
园区基础设施建设 …………… 212
产业转型 …………… 212
科技创新 …………… 212
服务平台建设 …………… 212
安全生产管理 …………… 212
扶贫攻坚 …………… 213
队伍建设 …………… 213

青铜峡新材料基地
概　况 …………… 213
园区基础设施建设 …………… 213
安全生产管理 …………… 213
环境保护工作 …………… 214

财税金融

财　政
概　况 …………… 215
财政收入征管 …………… 215
财政支出 …………… 215
支持重点项目建设 …………… 215
支持产业发展 …………… 215
支持全民创业和就业 …………… 216
政府产业引导基金 …………… 216

财政金融风险防控 …………… 216
"三公"经费管理 …………… 216
政府采购监管 …………… 217
财政监督检查 …………… 217
深化财政体制改革 …………… 217

国家税务
概　况 …………… 217
依法治税 …………… 217
税收征管 …………… 217
纳税服务 …………… 217
队伍建设 …………… 218

地方税务
概　况 …………… 218
税收改革 …………… 219
税收征管 …………… 219
纳税服务 …………… 219
落实税收政策 …………… 219
依法治税 …………… 220
队伍建设 …………… 220

银行业

·中国人民银行吴忠市中心支行·
概　况 …………… 220
货币信贷服务 …………… 220
货币政策工具运用 …………… 220
推动普惠金融发展 …………… 221
金融风险监测预警 …………… 221
区域金融改革创新 …………… 221
区域金融基础工作 …………… 221
货币流通管理 …………… 221
国库信息化建设 …………… 221
外汇管理服务 …………… 222
征信体系建设 …………… 222
反洗钱监管 …………… 222
内部风险防控 …………… 222
队伍建设 …………… 222

·银行业监管·
概　况 …………… 222
金融服务实体经济 …………… 222
重点领域资金支持 …………… 223
支持供给侧改革 …………… 223
"三农"金融服务 …………… 223
小微企业信贷支持 …………… 223
精准扶贫力度 …………… 223
银行业体系建设 …………… 223
银行业机构改革 …………… 224
银行业金融创新 …………… 224
风险防控 …………… 224

·农业发展银行吴忠分行·
概　况 …………… 224
粮油购销储资金供应 …………… 225
项目贷款投放 …………… 225
信贷基础管理 …………… 225
存款业务 …………… 225
内部管理 …………… 226
安全运维 …………… 226
队伍建设 …………… 226

·中国工商银行吴忠支行·
概　况 …………… 226
存款业务 …………… 227
信贷业务 …………… 227
支持地方经济 …………… 227
风险防控 …………… 227
电子银行业务 …………… 227
队伍建设 …………… 227
营业网点建设 …………… 227

·中国银行吴忠分行·
概　况 …………… 228
存款业务 …………… 228
信贷业务 …………… 228
中银e社区业务 …………… 228
支持地方经济发展 …………… 228
打造便民金融 …………… 228
风险内控 …………… 228
队伍建设 …………… 228

·中国农业发展银行吴忠分行·

概况 …………………… 229
存款业务 ………………… 229
贷款业务 ………………… 229
中间业务 ………………… 229
风险管控 ………………… 229
队伍建设 ………………… 230

·中国建设银行吴忠分行·

概况 …………………… 230
经营业务 ………………… 230
风险防控 ………………… 230
内部管理 ………………… 230
渠道建设 ………………… 230
队伍建设 ………………… 230

·中国邮政储蓄银行吴忠市分行·

概况 …………………… 231
存款业务 ………………… 231
贷款业务 ………………… 231
中间业务 ………………… 231
网点建设 ………………… 231
风控管理 ………………… 231
金融扶贫工作 …………… 232
队伍建设 ………………… 232

·宁夏银行吴忠分行·

概况 …………………… 232
信贷业务 ………………… 232
参与精准扶贫 …………… 232
普惠金融 ………………… 232
支持小微企业 …………… 233
服务社会 ………………… 233

·吴忠农村商业银行·

概况 …………………… 233
负债业务 ………………… 233
信贷业务 ………………… 233
金融扶贫工程 …………… 234
中间业务 ………………… 234
内部管理 ………………… 234

·吴忠市滨河村镇银行·

概况 …………………… 234

内部管理 ………………… 234
存款业务 ………………… 234
授信业务 ………………… 234
风险防控 ………………… 235
队伍建设 ………………… 235
安全管理 ………………… 235

·石嘴山银行吴忠分行·

概况 …………………… 235
资金业务 ………………… 235
信贷业务 ………………… 235
内控管理 ………………… 236
队伍建设 ………………… 236

保险业

·中国人寿吴忠分公司·

概况 …………………… 236
队伍建设 ………………… 236
业务经营 ………………… 236
风险防范 ………………… 236
合规管理 ………………… 236

·中国平安人寿保险股份有限公司吴忠中心支公司·

概况 …………………… 236
创新服务 ………………… 237
风险处置 ………………… 237
内控管理 ………………… 237
合规经营 ………………… 237

证券业

·南京证券吴忠迎宾大街营业部·

概况 …………………… 237
合规经营 ………………… 237
金融产品超市 …………… 237
投资者服务 ……………… 238

·西南证券吴忠迎宾大街证券营业部·

概况 …………………… 238
客户服务 ………………… 238
投诉纠纷受理 …………… 238

风险防范 ………………… 238
反洗钱工作 ……………… 238

交通邮电

交通运输

概况 …………………… 239
公路建设 ………………… 239
乡村道路建设 …………… 239
公交运营体制改革 ……… 239
公交站点建设 …………… 239
行政执法工作 …………… 239
队伍建设 ………………… 240
海事建设 ………………… 240
公路质量检测监督 ……… 240
道路环境整治宣传 ……… 240
道路运输安全监管 ……… 240
汽车维修市场专项整治 … 241
驾培行业监管 …………… 241
运输市场整治 …………… 241
公路养护 ………………… 241
治超管理 ………………… 241

邮政通信

·吴忠市邮政管理局·

概况 …………………… 242
邮政行业转型升级 ……… 242
快递电商物流园区 ……… 242
乡镇快递网点建设 ……… 242
邮政业精准扶贫工作 …… 242
邮政行业安全监管 ……… 242
寄递业务监管 …………… 242
寄递渠道监管 …………… 243
保密工作 ………………… 243
快递营业场所标准化建设 … 243
行业安全教育 …………… 243
寄递渠道监管 …………… 243
队伍建设 ………………… 243

·中国电信吴忠分公司·
概况 …………………… 244
业务经营 ………………… 244
网络维护工作 …………… 244
客户服务 ………………… 244
技术支撑 ………………… 244
队伍建设 ………………… 244
试点三级划小承包 ……… 245

·中国移动通信集团宁夏有限公司吴忠分公司·
概　况 …………………… 245
服务水平 ………………… 245
运营能力 ………………… 245
信息化建设 ……………… 245
队伍建设 ………………… 246
服务社会 ………………… 246

·中国联通吴忠市分公司·
概　况 …………………… 246
客户服务 ………………… 246
网络建设 ………………… 246
安全生产 ………………… 246

·中国铁塔股份有限公司吴忠市分公司·
概　况 …………………… 247
民族团结通信塔 ………… 247
"网络+场租+贫困户"精准扶贫模式 ………… 247
通信基础设施专项规划 … 247

商贸流通

商　务
·综　述·
概　况 …………………… 248
电子商务 ………………… 248
市场建设 ………………… 248
外资外贸 ………………… 248
挺进大中城市战略 ……… 248
商贸重点项目建设 ……… 249
三产统计工作 …………… 249

·吴忠市烟草专卖局·
概　况 …………………… 249
专卖管理 ………………… 249
企业管理 ………………… 249
队伍建设 ………………… 249

盐　业
·宁夏盐业公司吴忠分公司·
概　况 …………………… 249
盐业体制改革 …………… 250
企业管控 ………………… 250
盐业市场管理 …………… 250
队伍建设 ………………… 250

·粮食储运流通·
概　况 …………………… 251
落实粮食安全行政首长责任制 ………………… 251
粮食收购监管 …………… 251
粮食应急管理 …………… 251
粮食质量监管 …………… 251
粮食仓储管理 …………… 251
粮食产业化 ……………… 251
爱粮节粮宣传 …………… 252

招商引资
概　况 …………………… 252
招商活动 ………………… 252
招商项目落地 …………… 252
"央企吴忠行"活动 ……… 252
招商项目推介活动 ……… 253
"台商吴忠行"活动 ……… 253
外商投资洽谈对接工作 … 253
招商引资项目储备 ……… 253
招商引资监督考核 ……… 253
招商信息平台建设 ……… 254
招商引资方式创新 ……… 254
招商引资环境优化 ……… 254

旅　游

概　况 …………………… 255
旅游基础设施建设 ……… 255
旅游宣传营销工作 ……… 255
主要旅游活动 …………… 256
区域旅游合作交流 ……… 256
旅游行业监管 …………… 256
旅游行业培训 …………… 257
乡村旅游 ………………… 257
产业融合发展 …………… 257

城乡建设

城乡规划
概　况 …………………… 258
规划体系建设 …………… 258
吴忠市区发展规划 ……… 258
产城融合发展规划 ……… 258
城乡一体发展规划 ……… 258
规划审批监管 …………… 259
重大项目建设 …………… 259
国家卫生城市创建 ……… 259
便民疏导点 ……………… 259
市容环境卫生管理 ……… 259
队伍建设 ………………… 260

住房和城乡建设
·综　述·
概　况 …………………… 260
代建项目 ………………… 260
美丽村镇建设 …………… 260
市政设施建设 …………… 260
建筑行业管理 …………… 260
农民工权益保障 ………… 260
建设工程招投标管理 …… 261
人防建设 ………………… 261

·房地产业·
概况 …………………… 261
房地产资质管理 ……… 261
房地产交易 …………… 261
商品房销售 …………… 261

·保障房建设·
概况 …………………… 261
棚户区改造 …………… 262
商品房回购 …………… 262
保障房分配管理 ……… 262
公共租赁住房实物配租 … 262
公共租赁住房管理 …… 262

·市政建设·
城市道路设施养护 …… 262
城市亮化设施管理 …… 263
城市防汛排涝 ………… 263
市政设施综合管理 …… 263

·公用事业管理·
概况 …………………… 263
供热管理 ……………… 263
民用天然气管理 ……… 263
城镇供水、污水处理管理 … 264
老旧小区改造 ………… 264

住房公积金管理
概况 …………………… 264
风险防控 ……………… 264
政策宣传 ……………… 264
归集扩面 ……………… 264
贷款管理 ……………… 264
提取管理 ……………… 265
增值收益 ……………… 265
信息化建设 …………… 265
窗口服务 ……………… 265
自身建设 ……………… 265

生态林业建设
·综述·
概况 …………………… 265

营造林建设 …………… 265
特色经济林建设 ……… 266
林业科技推广 ………… 266
生态移民迁出区修复工程 … 266
湿地保护管理 ………… 266
森林资源管理 ………… 266
林业执法专项行动 …… 266
森林防火 ……………… 267
林业有害生物防治 …… 267
市区饮用水水源地治理 … 267
国有林场改革 ………… 267
集体林权制度改革 …… 267
义务植树 ……………… 267

·园林绿化·
概况 …………………… 268
重点绿化工程建设 …… 268
市区绿地养护管理 …… 268
湿地保护与恢复 ……… 268
湿地确权试点 ………… 269
广场管理 ……………… 269
公园管理 ……………… 269
城市道路绿化管理 …… 270

卫生和计划生育

卫生事业
·综述·
概况 …………………… 271
落实国家基本医药制度 … 271
医疗机构管理 ………… 271
对口支援工作 ………… 271
中医药服务 …………… 271
悦祥养老服务中心 …… 272
培育新区医院特色专科 … 272
卫生城市创建 ………… 272

·公共卫生服务·
妇幼卫生管理 ………… 272
卫生应急保障工作 …… 272
卫生监督执法 ………… 272

重大疾病防控 ………… 272
中心血站 ……………… 273
医疗质量安全 ………… 273

·医药卫生体制改革·
政府办医体制改革 …… 273
调整医疗服务价格 …… 273
医院精细化管理 ……… 273
医疗资源引进 ………… 273
县级公立医院综合改革 … 273

·计划生育·
概况 …………………… 274
二孩政策宣传 ………… 274
计划生育服务管理改革 … 274

·基层医疗·
概况 …………………… 274
基层医疗卫生服务 …… 274
基层卫生岗位练兵 …… 274
医疗基础设施建设 …… 275

医疗机构
·市人民医院·
概况 …………………… 275
医疗质量 ……………… 275
医疗服务 ……………… 275
优质医疗资源引进 …… 275
信息化建设 …………… 276

·宁夏医科大学附属中医医院·
概况 …………………… 276
医院建设 ……………… 276
医院管理 ……………… 276
对外交流 ……………… 276
医疗服务 ……………… 277

·吴忠市妇幼保健计划生育服务中心·
概况 …………………… 277
医疗质量管理 ………… 277
公共妇幼卫生项目 …… 277
医德医风考评机制 …… 278
新院建设项目 ………… 278

·吴忠市疾病预防控制中心·
概况 …………………… 278
重大传染病疫情防治 …… 278
巩固人群免疫屏障 …… 278
慢性病管理和地方病防治 … 278
公共卫生监测 ………… 279

国土资源和环境保护

国土资源管理
概况 …………………… 280
耕地保护 ……………… 280
土地供应 ……………… 280
土地执法监察 ………… 280
矿产资源管理 ………… 281
土地整治专项行动 …… 281
地籍管理工作 ………… 281
地籍测绘工作 ………… 281
队伍建设 ……………… 282

环境保护
概况 …………………… 282
"五城"创建 …………… 282
环境质量监测 ………… 282
建设项目环评审批 …… 282
生态环境建设 ………… 282
环保宣传 ……………… 283
大气污染治理 ………… 283
水环境治理 …………… 283
工业固体废物处置 …… 283
国家生态文明建设示范县创建
……………………… 283
环境监管 ……………… 284
空气环境综合整治 …… 284
主要污染物减排 ……… 284
噪声污染防治 ………… 284
土壤及重金属污染防治 … 284
固体废物与危险废物安全监管
……………………… 285

污染源日常监督检查 …… 285
水污染防治专项执法检查 … 285
大气污染防治专项执法检查 … 285
扬尘污染专项整治 …… 285
冬季燃煤企业专项检查 … 285
油气回收专项检查 …… 285
建设项目专项执法检查 … 286
秸秆禁烧专项执法检查 … 286
贺兰山环境综合整治工作 … 286
在线监控设施专项检查 … 286
开展工业企业入黄排污口取缔工作
……………………… 286
环境监察稽查工作 …… 286
环境信访案件办理 …… 286
中央环保督察组转办案件办理
……………………… 286
群众举报案件办理 …… 287
开展环境执法大练兵 … 287

教育与科技

教育
·综述·
概况 …………………… 288
教育综合改革 ………… 288
改善教育教学基础条件 … 288
政府购买学前教育服务 … 288
资助助学 ……………… 288
营养改善计划 ………… 289
师资队伍建设 ………… 289
教育行风建设 ………… 289
教育惠民工程 ………… 289

·基础教育·
义务教育均衡发展 …… 289
特色学校创建 ………… 289
学前教育办园体制改革 … 289
普惠性幼儿园建设 …… 290
国家义务教育质量检测 … 290
划片招生 ……………… 290

中考工作 ……………… 290
缓解班额超大问题 …… 290
教育精准扶贫 ………… 290
关爱救助留守儿童 …… 290
进城务工人员随迁子女义务教育
工作 ………………… 291
校风校纪治理 ………… 291
学生科技创新能力 …… 291
未成年人思想道德建设 … 291
薄弱学校改造 ………… 292

·职业教育·
概况 …………………… 292
招生就业 ……………… 292
贫困生资助 …………… 292

·教师工作·
教师招聘 ……………… 293
职称评聘 ……………… 293
待遇落实 ……………… 293
师德师风建设 ………… 293
教师培训 ……………… 293

·教学教究·
教学指导 ……………… 294
教学研究 ……………… 294
"一师一课"活动 ……… 294
名师工作室建设 ……… 294
乡村教师支持计划 …… 294

·宁夏民族职业技术学院·
概况 …………………… 294
"专业建设年"活动 …… 295
校企合作 ……………… 296
教育信息化建设 ……… 296
招生就业工作 ………… 296
教学质量监控 ………… 297
实践教学 ……………… 297
教师队伍建设 ………… 297
服务地方经济 ………… 297
师资培养 ……………… 297
技能竞赛 ……………… 297
"两个基地"建设 ……… 298

对外合作交流 …………… 298
学院管理 ………………… 298
学生管理 ………………… 298
党建工作 ………………… 298
对外宣传 ………………… 299

科学技术

· 综　述 ·

概　况 …………………… 299
科技创新 ………………… 299
企业与科研院所合作 …… 299
农业科技创新 …………… 299
农业科技服务 …………… 300
科技特派员 ……………… 300
科技特派员创业项目 …… 300

· 防震减灾 ·

群测群防体系建设 ……… 300
活断层科研成果移交 …… 300
防震减灾宣传 …………… 300

气象服务

概　况 …………………… 300
气象灾害防御 …………… 301
气象服务工作 …………… 301
推进气象现代化工作 …… 301
气象管理体制改革 ……… 301
队伍建设 ………………… 301

文　化

文化体育事业

概　况 …………………… 303
文化活动 ………………… 303
文化场馆运营 …………… 303
文艺创作 ………………… 303
文化惠民工程 …………… 303
非物质文化遗产 ………… 304
体育事业 ………………… 304
群众体育 ………………… 304

体育场馆建设 …………… 304
竞技体育 ………………… 304

吴忠市图书馆

概　况 …………………… 304
国家公共文化服务体系示范区创建
 …………………………… 304
全民阅读活动 …………… 305
公共文化服务 …………… 305

吴忠日报

概　况 …………………… 305
宣传报道 ………………… 305
媒体融合 ………………… 305
公益广告宣传 …………… 305
理论研究宣传 …………… 306
全市重点工作宣传 ……… 306
图片库建设 ……………… 306
新闻稿件转载 …………… 306
主旋律宣传 ……………… 306
报纸改版 ………………… 306
报社经营 ………………… 306
队伍建设 ………………… 307

广播电视

概　况 …………………… 307
作品成果 ………………… 307
吴忠人民广播电台 ……… 307
第五届国际马拉松赛报道工作
 …………………………… 307
开展"走转改"活动 …… 307
举办大型活动 …………… 308
专题片制作 ……………… 308
吴忠手机电视台开通 …… 308
《健康吴忠》栏目录制 … 308
电视台搬迁工作 ………… 308
队伍建设 ………………… 308

档案工作

概　况 …………………… 308
档案服务工作 …………… 308
档案接收工作 …………… 308
档案业务培训 …………… 309
档案业务指导 …………… 309
档案法治建设 …………… 309
历史成果展 ……………… 309
"记忆城市"工程 ……… 309
馆库管理 ………………… 309
档案信息化建设 ………… 310
队伍建设 ………………… 310

县（市、区）概况

利通区

概　况 …………………… 311
农业经济 ………………… 311
工业经济 ………………… 311
第三产业 ………………… 312
城乡建设 ………………… 312
社会事业 ………………… 312
深化改革 ………………… 313

红寺堡区

概　况 …………………… 313
现代农业 ………………… 313
新型工业 ………………… 313
第三产业 ………………… 314
"两大任务" …………… 314
城市建设 ………………… 314
美丽乡村 ………………… 314
生态环境 ………………… 314
脱贫攻坚 ………………… 314
社会事业 ………………… 315
社会保障 ………………… 315
宁夏弘德慈善产业园 …… 315

青铜峡市

- 概　况 …………………… 315
- 工　业 …………………… 315
- 农　业 …………………… 316
- 第三产业 ………………… 316
- 城乡建设 ………………… 316
- 社会事业 ………………… 317
- 社会管理 ………………… 317

盐池县

- 概　况 …………………… 318
- 国民经济发展 …………… 318
- 社会事业发展 …………… 318
- 特色农业 ………………… 319
- 园区建设 ………………… 319
- 城市建设 ………………… 319
- 脱贫攻坚 ………………… 320

同心县

- 概　况 …………………… 320
- 工业经济 ………………… 320
- 农业与农村经济 ………… 321
- 第三产业发展 …………… 321
- 招商引资 ………………… 321
- 城乡建设 ………………… 321
- 脱贫攻坚 ………………… 322
- 社会事业 ………………… 322
- 社会管理 ………………… 323
- 深化改革 ………………… 323

人物与集体

- 集体名录 ………………… 325
- 人物名录 ………………… 327

附　录

- 吴忠市2016年国民经济和社会发展统计公报 … 334

重要文献选编

- 吴忠市重大行政决策程序规定 …………………… 342
- 关于促进房地产市场平稳健康发展的政策措施 …… 347
- 关于推进"十大市场"健康发展的政策措施 ……… 349
- 关于进一步促进就业创业的政策措施 …………… 351
- 关于支持加快农业特色优势产业发展的政策措施 … 353
- 吴忠市促进旅游业发展的政策措施 ……………… 355
- 关于促进工业企业平稳发展的政策措施 ………… 356
- 吴忠市小微企业"助保贷"业务管理暂行办法 …… 357
- 关于促进民办教育发展的若干意见 ……………… 359

特载 TeZai

坚持绿色发展　加快转型升级
为实现全面建成小康社会宏伟目标而努力奋斗（节选）
——在中国共产党吴忠市第五次代表大会上的报告

（2016年11月28日）

中共吴忠市委书记　赵永清

各位代表，同志们：

现在，我代表中国共产党吴忠市第四届委员会向大会作报告，请予审议。

这次代表大会的主题是：高举中国特色社会主义伟大旗帜，以邓小平理论、"三个代表"重要思想、科学发展观为指导，深入贯彻习近平总书记系列重要讲话精神，动员各级党组织和广大共产党员，团结带领全市各族各界干部群众，坚持绿色发展，加快转型升级，为实现全面建成小康社会宏伟目标而努力奋斗。

一、攻坚克难，砥砺奋进，转型发展取得显著成绩

市第四次党代会以来，面对复杂严峻的经济形势和繁重艰巨的发展任务，在党中央和自治区党委的坚强领导下，市委团结带领全市各级党组织和广大党员干部群众，以"五大发展理念"为引领，主动适应经济新常态，统筹推进吴忠经济、政治、文化、社会和生态文明建设，全面加强党的建设，顺利完成了市第四次党代会确定的目标任务，在全面建成小康社会征程上迈出坚实步伐。

这五年，是综合实力大幅提升的五年。全市2016年预计实现地区生产总值436亿元，连跨两个百亿元台阶，是2011年的1.6倍，年均增长9.5%；实现规上工业增加值167亿元，是2011年的1.73倍，年均增长11.4%；完成社会消费品零售总额104亿元，是2011年的1.74倍，年均增长11.7%；公共财政预算收入34.2亿元，是2011年的1.56倍，年均增长9.3%；金融机构各项存款、贷款余额分别突破600亿元和500亿元大关。五年累计完成固定资产投资2941亿元，是上个五年的3.4倍，年均增长24%。公共财政预算收入、固定资产投资、金融资源总量跃居全区五市第二。县域经济协调发展。利通区经济总量由全区第10位跃升到第6位，盐池县综合实力稳居山区九县（区）首位，同心县跃居山区九县（区）第三，红寺堡区、青铜峡市克服经济下行压力，实现了稳步发展。吴忠市2013年至2015年连续三年荣获全区效能目标考核一等奖。

这五年，是产业转型成效凸显的五年。坚持在发展中转型，在转型中发展，推进三次产业跨界融合，实现了结构优化、质效提升。工业优势再造实现突破。规上工业企业由2011年的170户发展到近400户，轻工业占比达到30%，地方工业比重由48%提升到60.5%，"中国制造2025"试点示范市创建顺利通过评审。现代农业提质增效。建成自治区级现代农业示范基地22个，优质粮食、草畜产业、酿酒葡萄规模居全区第一，奶牛养殖规模化率达到95.4%，高于全国水平45.4个百分点；新型农业经营主体发展壮大，粮食连年增产；富硒产业初具规模，发展硒产品加工企业27家，创建富硒农产品基地13个，吴忠市荣获"中国塞上硒都"称号。现代服务业发展提速，建成市区"十大市场"和一批县级市场，红寺堡区、青铜峡市、盐池县、同心县跨入全国电商进农村综合示范县行列；"黄河大峡谷·中华黄河坛"跻身国家4A级景区，中华黄河楼通过4A级景区验收，利通区被评为旅游业"最美中国榜目的地县（区）"，吴忠市被评为全区唯一的全国厕所革命先进市；临空经济、健康养老、现代物流、金融保险等新业态蓬勃兴起。

这五年，是改革开放活力迸发的五年。坚持抓改革、促开放、增活力，发展动能加速释放。行政审批制度改革率先突破，商事主体"一照通"改革走在全国前列，市场主体总量跃居全区五市第二。市、县机构改革全面完成，在全区五市率先公布"两个清单"，市政务服务中心成为全区唯一通过ISO9001质量管理体系认证的服务中心。金融改革不断深化，村镇银行、城商银行实现县域全覆盖，55家企业挂牌直接融资，嘉泽发电主板上市进程加快，吴忠市被确定为全国31个小微企业信用体系建设试验区之一。新组建八大投资公司，国企改革迈出实质性步伐。中央深改组确定的湿地产权确权试点工作全面完成，全区司法体制改革在吴忠破冰，青铜峡市五星村土地股份制改革闯出新路子，教育、科技、文化、卫生等领域改革稳步推进。全方位扩大对外开放，与浙江宁波市等20多个友好城市关系更加巩固，特色产品挺进大中城市，特色餐饮走向全国；开放平台作用充分发挥，招商引资成倍增长，引进利用外资实现零的突破，丝绸之路经济带"黄金节点"效应日益显现。

这五年，是城乡建设内涵提升的五年。坚持人文一体、产城一体、城乡一体、建管一体、生产生活生态一体，主动融入大银川都市区，城乡建设协调推进，实现了由拉框架、铺摊子的外延扩张向强功能、优品质的内涵提升转变。全市城镇化率达到55.3%。中心城区功能日趋完善，利青同城步伐加快，市政道路、供热管网、供水水质提标改造，老旧小区既有建筑节能应改尽改，建成一批高品质住宅小区，国家级低碳示范城市创建扎实推进。入选全国首批智慧城市试点，电信普遍服务网络覆盖率达90%以上。大力推进城乡一体发展，银西高铁、吴忠至中卫城际铁路开工建设，慈善大道等一批等级公路建成通车，公路通车总里程达8648公里，行政村公路通达率100%；红寺堡区形成"八路十街"县城框架，盐池县、同心县发展空间大幅拓展，金积镇等8个镇入选全国重点镇，产业承载力、人口聚集力不断增强；深入推进美丽乡村建设，农村生产生活条件明显改善。

这五年，是生态立市纵深推进的五年。坚持把满足人民群众生态需求作为执政价值理念和目标追求，大力实施生态立市战略，全市森林覆盖率达到15.5%，城市建成区绿地率、绿化覆盖率、人均公园绿地面积分别达到34.6%、35.7%和15.9平方米。移民迁出区封育管护面达100%。加强湿地保护和水系连通工程，初步形成"九水润吴忠"生态城市格局。土地利用水平不断提高，利通区、青铜峡市荣获全国节约集约用地模范县。加快创建国家环保模范城市，建立环保全面量化管理体系，大气、水源、土壤保护全面加强，中心城区生活污水处理率达93%，黄河吴忠段水质稳定在Ⅱ类，环境空气质量保持全区沿黄城市前列。严格项目环境准入，坚决淘汰落后产能，万元GDP综合能耗累计下降41.8%，居全区五市第一。吴忠市先后荣获国家园林城市、全国绿化模范城市、中国人居环境范例奖，成为全区唯一的国家生态文明建设试点市。

这五年，是文化建设成果丰硕的五年。坚持贴近群众、服务社会，不断完善公共文化服务体系，县县有图书馆、文化馆，乡乡有文化站，村村有农家书屋，户户通广播电视，成功获批创建第三批国家公共文化服务体系示范区，文化市场"执法+协会"监管模式全国推广。文化体育事业繁荣发展，推出了一批弘扬优秀文化的精品力作，第四、第五届"黄河金岸"国际马拉松赛和2016年全国沙滩排球巡回赛办出了特色、办出了水平，盐池县成功举办全国跳伞锦标赛。文化惠民工程深入实施，文化下乡、滨河百姓大舞台等活动让城乡群众共享文化大餐。加强非物质文化遗产保护，张氏正骨等3个项目进入国家级名录，张家枪、回族剪纸等40个项目进入自治区级名录。积极践行社会主义核心价值观，全国文明城市创建工作扎实推进，"兰花热心小组"成为全国志愿服务品牌，涌现出一批全国道德模范、中国好人和最美宁夏人物，一批单位相继跨入区、市文明单位行列。舆论导向正确鲜明，积极向上的氛围更加浓厚，激发了各族干部群众热爱家乡、建设家园的巨大热情。

这五年，是民生福祉普惠共享的五年。坚持以百姓之心为心，民生支出占财政支出保持在83%以上，城乡居民人均可支配收入达到23270元、9880元，年均分别增长9.6%、10.8%，全面小康指标中人民生活小康实现程度由77.8%提高到86.2%。每年承诺为民办理的10件实事都高质量完成。脱贫攻坚战全面打响，建立全面量化管理体系，圆满完成"十二五"生态移民任务，五年累计减贫16.3万人，贫困发生率下降到9.4%，金融扶贫"盐池模式"在全国推广，吴忠市"7366"精准扶贫模式荣获全国"2016民生示范工程"。教育事业全面发展，在全区率先实现基本普及高中阶段教育，利通区、青铜峡市、盐池县实现义务教育均衡发展目标，同心县被评为全国营养改善计划先进县，学前教育、职业教育得到长足发展。卫生计生服务体系更加完善，市人民医院建成投入运营，农村标准化卫生室实现全覆盖，基本形成"15分钟医疗卫生服务圈"，创建国家卫生城市通过验收。健全社会保障体系，城乡低保提标扩面，城乡居民养老保险、医疗保险实现一体化，大病医保全覆盖，解决了10多万被征地农民养老保险问题。累计建设保障性住房7.4万套，实施了一批民生水利工程，解决了15万群众住房和60多万农村群众饮水安全问题。坚持以创业带就业，吴忠市被国务院授予全国创业先进城市。慈善事业创新发展，吴忠市两次荣获七星级慈善城市，位列中国城市公益慈善百强榜第28位。妇女、儿童、老年人、残疾人等社会事业健康发展。

这五年，是民主法治不断进步的五年。坚持党的领导、人民当家做主、依法治国有机统一，持续推进社会主义民主法治建设。支持人大及其常委会依法行使职权，围绕全局性工作作出决议决定，改进人事任命供职和部门工作评议方式，加强对"一府两院"的监督，启动地方立法工作，加强县乡人大建设，代表工作和"三联系"活动走在全区前列。支持政府依法履行职责，让政府及其部门放手大胆开展工作，突出科学理政、依法行政、服务简政，推动政府从管理型向服务型转变，政府施政能力和服务水平显著提升，人民满意政府建设取得重要进展。支持政协履行政治协商、民主监督、参政议政职能，在全区率先出台《加强社会主义协商民主建设的实施办法》，围绕中心开展协商议政活动，重视政协专题调研、委员视察、提案办理等协商议政成果运用，人民政协作为协商民主的重要渠道作用更加凸显。加强同民主党派、工商联、无党派人士和各界人士的合作共事，民主党派列席市委常委会、全委会呈常态化。爱国统一战线巩固壮大，党史、对台、老干部等工作扎实有效，工青妇等人民团体桥梁纽带作用得到较好发挥。党管武装进一步加强，军政军民融合发展，实现全国双拥模范城"三连冠"。平安建设深入推进，新一轮禁毒人民战争经验在全区推广，安全生产、信访工作考核连续三年全区第一，人民调解专业化走在全国前列。法治建设持续深化，"六五"普法全面完成，盐池县连续三次荣获全国法治宣传教育先进县，吴忠市被评为全国法治城市创建活动先进单位。民族团结进步事业蓬勃发展，吴忠市被国家民委授予全国民族团结进步创建活动示范市，5个县（市、区）全部被授予示范县。依法加强宗教事务管理，红寺堡区被评为全国创建无邪教示范县，全市政治稳定、民族团结、宗教和顺、社会和谐。

这五年，是党的建设全面加强的五年。坚持以党建"强龙工程"为总抓手，切实履行全面从严管党治党主体责任，党的建设科学化水平不断提高。深入学习贯彻习近平总书记系列重要讲话精神，扎实开展党的群众路线教育实践活动、"三严三实"专题教育、"两学一做"学习教育，从严规范党内政治生活，高质量抓好中心组理论学习，扎实开展干部教育培训，各级干部党性修养和能力素质明显提升。坚持好干部"20字"标准和"四论四看四比"，完善干部选拔考核监督机制，一大批忠诚干净担当的干部脱颖而出。县乡换届圆满完成，换出了新气象、新面貌。人才强市战略深入实施，各类人才队伍不断壮大。统筹推进农村、社区、机关、国企等各领域党建工作，"三建四关心"党内关怀机制、客运行业"挂牌评星"、社区联合党委工作经验全区推广，非公企业党组织覆盖率连续六年全区第一。基层服务型党组织建设扎实有效，基层党建与脱贫攻坚深度融合，党员先锋模范作用得到充分发挥。党风廉政建设"两个责任"层层压实，市县委权力公开透明运行，落实中央八项规定精神常抓常严；在全区率先建立"1+8+2"制度体系和"四位一体"约谈机制，启动市县两级巡察工作；支持纪检监察机关推进"三转"、聚焦主业，以零容忍态度正风反腐，严肃查处了一批违纪违法案件，营造了风清气正、干净干事的政治生态。

成绩来之不易，奋斗充满艰辛。这些成绩的取得，是中央和自治区党委正确领导的结果，是全市各级党组织、广大党员干部和各族群众同心同德、艰苦奋斗的结果，也是社会各方面热情关心、大力支持的结果。在此，我代表中共吴忠市第四届委员会，向辛勤工作在各条战线的党员干部群众，向关心支持全市工作的离退休老同志，向同我们长期合作、荣辱与共的各民主党派、工商联和无党派人士，向为吴忠市改革发展稳定作出积极贡献的驻吴部队、武警官兵，向央属区属企业和驻吴单位，向所有关心和支持吴忠发展的同志们、朋友们，表示衷心的感谢并致以崇高的敬意！

五年的丰富实践，使我们深刻地体会到，办好吴忠的事情，必须做到"五个坚持"：坚持向思想观念要生产力，解放思想谋大谋远。我们紧抓解放思想不放松，持续开展解放思想大讨论，高密度举办专题辅导班，促进干部观念转变、视野突围、思路转换，以全球视野、战略思维、前瞻眼光谋划发展，将吴忠置于全球全国全区大格局中去审视思考，以思想解放的程度促进了改革的深度、开放的力度、发展的速度。坚持向改革创新要生产力，敢想敢试敢闯新路。面对经济社会发展中的种种挑战，我们坚决破除思维定势、工作惯性和路径依赖，推动理念创新、技术创新、制度创新、工作创新，不畏难、不退缩，大胆探索，勇于实践，为经济社会发展注入了生机和活力。坚持向干部作风要生产力，认真较真久久为功。我们视干部为最宝贵的财富，驰而不息地抓作风建设，全市上下"干"字当头、"实"字为要，硬碰硬、实打实，敢打敢拼，真抓实干，既培养锻炼了干部，又确保了各项工作落地见效、善作善成。坚持向民智民力要生产力，以人为本共建共享。我们始终坚持以人民为中心的发展思想，真诚倾听群众呼声，真情关心群众疾苦，尽心竭力为群众办实事、做好事、解难事，在改善民生中赢得了民心、集中了民智、汇聚了民力，形成了共促发展、共建和谐、共享成果的良好局面。坚持向政治生态要生产力，凝心聚力团结拼搏。在市委领导下，市四套班子和社会各界以发展为重、以事业为重、以大局为重，心往一处想、劲往一处使，同心同德、和衷共济，团结一心、攻坚克难，全市上下政通人和、心齐气顺，形成了强大的向心力、凝聚力。这些在实践中积累的成功经验，是我们继续前进的宝贵精神财富和不竭动力，必须倍加珍惜，一以贯之，不断坚持和发展。

回首过去五年，我们也要清醒地看到：全市经济发展水平还不高，经济总量还不大，发展不足的市情还没有根本改变；产业结构不够优，规模不够大，要素制约突出，转型升级面临不少困难；城乡山川发展不平衡，精准脱贫任务重，区域统筹协调还需加大力度；财政收支矛盾突出，城乡居民收入总体水平偏低，保障改善民生需要付出更多努力；维护社会和谐稳定面临许多新情况新问题，社会治理创新有待加强；党的建设存在一些薄弱环节，党员干部的思想观念、工作作风、能力水平离党和人民的要求还有差距，从严管党治党力度有待进一步加大；等等。对这些问题，我们务必保持清醒头脑，增强忧患意识，采取有力措施，切实加以解决。

二、明确方向，绿色发展，决战决胜全面小康社会

未来五年，是全面建成小康社会的决胜阶段，也是吴忠市经济转型升级的攻坚阶段。站在新的历史起点谋划发展，我们必须立足自身实际，科学把握大势，积极增创优势，在新一轮改革发展中争取主动、打好基础，走在前列。从吴忠市全面小康指标监测情况看，2015年整体实现程度达到70.8%，虽然比2011年提高了11个百分点，但与全国相比，作为核心指标的人均地区生产总值、城乡居民人均收入实现程度仍然较低，特别是经济发展实现程度低于70%，资源环境实现程度低于50%。全面建成小康社会任务艰巨，补齐经济短板要求我们必须加快发展，补齐环境短板要求我们必须加快转型。

纵观未来发展趋势，外部环境依然复杂多变，全国经济发展新常态的特征更加明显，经济下行压力还在加大，困难挑战依然很多。一是经济增速换挡期、结构调整阵痛期、动能转换困难期"三期"叠加，矛盾问题相互交织；二是经济转型呈现从"中国制造"向"中国智造"，从规模城镇化向人口城镇化，从物质型消费向服务型消费升级转变的"三大趋势"，要求越来越高；三是随着我国步入中等收入偏上发展阶段，资源环境制约呈现由短期制约向长期制约、弹性制约向刚性制约、隐性制约向显性制约的"三大转变"，生态环境约束日趋强化。把吴忠放在全国大形势中来审视，我们面临着保持发展速度与保护生态环境的双重压力，做大经济总量与提升发展质量的双重任务，要素瓶颈破解与发展动力转换的双重课题，"三个双重"要求我们必须尽快转变发展理念和思路，进一步优化发展方向和路径，不断调适发展重点和举措，以牢牢掌握发展的主动权。未来五年，要顺利爬坡过坎，实现弯道赶超，确保如期全面建成小康社会，我们必须打破旧的思维定式和传统路径依赖，坚定不移走绿色发展之路。

绿色发展是当今世界的普遍共识，是以资源节约、环境友好、生态保育为主要特征的发展模式，包含绿色经济、绿色社会、绿色政治、绿色文化等多方面内容。绿色发展的核心是绿色经济，是以经济绿色化和绿色产业化为内涵，以绿色产业、绿色金融、绿色财政、绿色投资、绿色消费等为内容，包括低碳经济、循环经济和生态经济在内的经济形态。对吴忠而言，坚持绿色发展，必须做到政策设计绿色跟进、经济结构绿色调整、传统产业绿色改造、新兴产业绿色培育、新上项目绿色引进、基础设施绿色投入、消费观念绿色引领，努力实现经济发展、环境增值、生态提升、社会和谐、人民幸福。

坚持绿色发展，我们既有挑战和压力，也有优势和基础。特别是随着吴忠市生态立市、转型发展的深入推进，发展方式加快转变，产业结构不断优化，正在步入良性循环、加快发展的新阶段；生态建设、环境保护、节能减排取得重大进展，生态环境持续改善，比较优势不断增强；城镇综合承载能力显著提升，生态、智慧、人文、低碳特色日益彰显，近期吴忠市又成功入选"中国十佳绿色城市"。这些既是支撑吴忠未来发展的优势所在，也为吴忠绿色发展打下了坚实基础。只要我们坚定信心，抢抓机遇，放大比较优势，挖掘潜在优势，就一定能在绿色发展中抢占先机、赢得主动。

今后五年，全市工作总的指导思想是：高举中国特色社会主义伟大旗帜，以邓小平理论、"三个代表"重要思想、科学发展观为指导，全面贯彻党的十八大及十八届三中、四中、五中、六中全会精神，深入贯彻习近平总书记系列重要讲话精神，统筹推进"五位一体"总体布局，协调推进"四个全面"战略布局，自觉践行"五大发展理念"，认真落实自治区党委决策部署，以绿色发展、转型升级为主题，以提高发展质量和效益为中心，率先走出西部欠发达地区绿色发展新路子，建设绿色经济示范市，全面建成小康社会。

今后五年，全市工作的总目标是：建设绿色经济示范市，全面建成小康社会。具体来说，要重点实现"六个更加"：

一是经济更加发展。经济发展保持中高速，地区生产总值、固定资产投资、规上工业增加值、地方财政收入年均保持8%、12%、9%、8%以上增速，人均GDP接近4万元。产业迈向中高端，工业化和信息化深度融合，高新技术产业比重逐步提高，特色农业不断发展壮大，服务业比重稳步上升，新产业新业态加速成长，经济发展质量效益明显提升。

二是人民更加幸福。社会事业协调发展，就业、教育、医疗、住房、社保、养老等公共服务和保障体系更加健全，基本公共服务均等化水平稳步提高，城乡居民人均可支配收入年均分别增长8%、9%以上，农村贫困人口全部脱贫，贫困县全部摘帽，人民群众生活得更有尊严，更加富裕。

三是文化更加繁荣。社会主义核心价值观深入人心，精神文明建设水平持续提升，创成全国文明城市。公共文化服务体系不断健全，文化事业文化产业繁荣发展，文化软实力显著增强，创成国家公共文化服务体系示范区。

四是社会更加和谐。民主法治建设不断加强，人民民主更加充分。法治政府基本建成，司法公信力明显提高，全社会法治意识普遍增强。社会治理体系日益完善，治理能力和水平大幅提升，人民群众安全感明显增强。

五是生态更加优美。能源资源利用效率大幅提高，主要污染物排放总量显著下降，环境空气质量明显改善，城市建成区绿地率、绿化覆盖率、人均公园绿地面积进一步提高，生态优势更加彰显，争创国家森林城市，创成国家环保模范城市、国家生态文明建设示范市。

六是政治更加清明。全面从严治党主体责任落地生根，党的思想、组织、作风、制度和反腐倡廉建设全面加强。党内政治生活严肃规范，干部作风明显好转，党群干群关系更加融洽，良好政治生态巩固发展。

三、咬定目标，转型升级，建设绿色经济示范市

发展绿色经济是大势所趋。我们建设绿色经济示范市，就是要坚持生态立市战略不动摇，合理统筹生产生活生态空间，经济发展与环境保护并重，新产业新业态培育壮大与传统产业改造升级同步，构建科技含量高、资源消耗低、环境污染少的产业结构和生产方式，实现经济持续健康发展，并为宁夏乃至西部地区探索经验、提供示范。

（一）培育发展绿色产业，推动经济转型升级

坚持产业绿色化发展方向，优化产业结构，推动产业向中高端迈进。大力发展绿色工业。坚持"轻重并举、轻工优先，重中之重、装备制造"方针，制定实施《工业绿色发展规划》，做大做强装备制造、现代纺织、食品加工、能源化工、新能源、新材料等支柱产业。以创建"中国制造2025"试点示范城市为契机，推动新一代信息技术与制造业深度融合，提升制造业智能化水平。大力发展生物制品、节能环保等新兴产业，积极发展风能、太阳能、动力能、生物质能等新能源产业，建成国家新能源综合示范区。推进冶金、化工、建材等传统产业绿色改造，提升技术装备水平。大力发展非公有制经济，开展"个转企""小升规"行动，支持中小企业向"专精特新"方向发展。推进工业园区循环化生产、低成本改造，强化行业间横向耦合、生态链接、原料互供、资源共享。到2020年，全市轻重工业比达到35∶65，单位工业增加值能耗、水耗有较大幅度下降。大力发展绿色农业。优化农业产业结构，着力构建现代农业产业体系、生产体系、经营体系。突出发展特色优势产业，推进优质粮食、奶牛养殖、有机枸杞、酿酒葡萄等优势产业转型升级、提质增效，推进中药材、小杂粮、油牡丹等特色产业壮大规模、提升层次。深度开发富硒资源，积极发展健康农业，打响绿色、生态、有机、富硒品牌。实施龙头企业提升工程，发展休闲农业、观光农业和农产品精深加工，促进一二三产业深度融合。高标准开展农田水利基本建设，大力发展高效节水农业，提高农业综合生产能力。全面推广节肥、节药新技术，防治农业面源污染，推进农业清洁生产。精心培育新型农业经营主体，发展多种形式规模经营。以先进适用技术为引领，加快吴忠国家农业科技园区发展，打造生态农业有机谷、健康产业核心区。到2020年，全市农业总产值达到140亿元。大力发展绿色服务业。实施服务业融合发展行动计划，积极发展文化旅游、现代物流、健康养老三大支撑性服务业，培育壮大电子商务、金融保险、会展经济三大高成长性服务业，改造提升商贸流通、餐饮住宿、房地产三大传统服务业，加快特色商业街区建设，形成"333"服务业体系。实施"互联网+"行动计划，创新发展大数据、物联网、信息技术等新兴产业，抢占网络经济制高点。开展全域旅游示范创建，全方位整合旅游资源，培育乡村旅游、工业旅游、低空旅游、休闲旅游等新业态，着力构建"两区两带"旅游空间格局。加快发展物流产业，建设"三大物流园区"，实施"四大物流工程"，打造区域现代物流中心。到2020年，服务业增加值比重达到35%以上。坚定不移实施项目带动战略，保持投资稳定增长，增强绿色发展后劲。

（二）加快建设绿色城镇，营造宜居宜业环境

秉承生态、智慧、人文、低碳理念，尊重和顺应城市发展规律，推进新型城镇化持续健康发展。到2020年，全市城镇化率达到60%。科学规划拓展空间。坚持集约发展，推动精明增长，加快编制空间规划，推进"多规合一"，建立科学合理的空间规划体系。主动融入大银川都市区，推进道路衔接、生态共建、产业互动，加快利青一体、银吴同城步伐，打造银吴"半小时经济圈"。统筹县域功能定位和发展重点，突出特色品位，强化产业支撑，促进县域经济差异化发展。实施特色小镇培育工程，规划建设一批工业重镇、农业强镇、旅游名镇、商贸大镇。坚持因地制宜、凸显特色，力促美丽乡村扩面提质，培育中心村，整治自然村，打造特色产业示范村。到2020年，

美丽乡村覆盖面达到90%以上。完善功能丰富内涵。统筹兼顾旧城改造与新区建设，优化教育、医疗、文化、商业布局，引导人口逐步向新区转移，推进新老城区协调发展。完善市政基础设施，增加小微游园数量，畅通城市道路体系，优先发展公共交通，打造绿道慢行系统。加大棚户区、城中村和危房改造力度，推进地下综合管廊建设，争取海绵城市建设试点市。加强建筑节能管理，大力推广绿色建筑，争创全国可再生能源示范城市。到2020年，力争城镇绿色建筑比重达到50%。精细管理提升品位。坚持建管并重，推动城市管理向城市治理转变，探索环卫保洁、园林绿化等领域市场化运作模式。创新城市治理方式，构建数字化城市管理平台。加强通信基础设施建设，实现城乡宽带网络全覆盖。实施乡村清洁工程，推进农村环境连片整治，改善农村人居环境，建设幸福美丽家园。

（三）推进生态文明建设

牢固树立"绿水青山就是金山银山"理念，大力实施生态立市战略，打造健康净土、绿色城市、生态家园。加强生态建设。围绕"四大生态功能区"，认真实施天然林保护、退耕还林、防沙治沙、湿地保护等生态工程，加强移民迁出区生态修复，持续开展全民义务植树，构筑坚实的生态安全屏障。加强饮用水源地保护，加快市区新水源地建设，保障安全供水。开展黄河沿线、城市水系景观绿化，加大市民休闲森林公园、城市绿网建设力度，扩大绿地面积，提升绿化质量。到2020年，全市森林覆盖率达到18%以上。推进资源节约。实施建设用地总量与强度双控行动，依法保护基本农田，提高土地集约利用水平。落实最严格的水资源管理制度，严守"三条红线"，促进水资源可持续利用。实施工业节能综合改造、绿色交通、公共机构节能等重点节能工程，最大限度降低能源资源消耗。开展全民节能行动，倡导低碳生活方式，努力建设节约型社会。加强矿产资源管理，实现高效、清洁、绿色开发。促进环境友好。深入实施水、大气、土壤污染防治行动计划，推进污水处理厂提标改造，治理入黄排水沟道，严控"四尘"污染，整治工业固废污染。加大节能减排力度，严禁新上高耗能、高污染项目。到2020年，环境空气质量优良天数比例达到85%以上。强化制度约束。健全完善生态文明制度体系，严格落实领导干部任期生态文明建设责任制、生态环境损害责任终身追究制，推行自然资源资产离任审计。严格执行环境保护"党政同责、一岗双责"，实行环保全面量化管理，启动城区环境质量保障立法，守护绿水青山。

（四）全面深化改革开放，拓展绿色发展空间

坚持以更大力度深化改革、扩大开放，为经济社会发展注入新动力、拓展新空间。狠抓重点领域改革。深入推进供给侧结构性改革，抓好"三去一降一补"各项任务落实，提高供给体系质量。深化行政审批制度改革，落实清单管理制度，探索行政许可备案事项集中审批，激发市场主体活力。做强八大投资公司，健全国资监管体制，确保国有资产保值增值。深化财税体制改革，建立规范公开透明的预算制度，加强政府性债务管理，培育稳定的地方主体税源。深化金融体制改革，健全投融资管理机制，大力发展普惠金融、绿色金融、互联网金融，筹建吴忠银行，完善金融市场体系。推进农村综合改革，探索土地承包权、宅基地使用权依法自愿有偿退出机制，激活农村资本。深化户籍制度改革，全面放开城镇落户限制。深化社会事业改革，统筹推进生态文明、司法体制和党的建设等各项改革。提升对外开放水平。搭建对外开放平台，深化区域交流合作，加强与友好城市、东部地区和周边地区交流协作，大力开展精准招商、精明招商、绿色招商，打造宁夏承接产业转移示范区。主动对接丝路沿线城市，推动商品贸易、技术合作、文化旅游向纵深发展，打造丝绸之路经济带"黄金节点"。持续实施特色产品"挺进大中城市"战略，建立统一标识、统一供货、统一服务的配送管理机制，支持企业组团发展。推进银西高铁等重大交通项目建设，对接国家"信息丝路"计划，建立跨境电商中心，做畅开放通道。增强科技创新驱动力。全面落实《吴忠市科技创新行动计划（2016—2020）》，建立财政科技投入稳定增长机制，完善前期投入和后补助机制。强化企业创新主体地位，以应用创新为主，建设一批国家和自治区级重点实验室、企业技术中心、院士工作站，争取金积工业园、吴忠国家农业科技园跻身国家高新技术产业园区行列。鼓励企业与科研院所、高校建立创新联盟，联合推动产业化项目，推进产学研一体化。深入实施人才强市战略，推进"十大人才工程"，实施科技特派员行动计划，加强与清华大学等高校科研院所校地合作、校企合作，拓展柔性引才渠

道，集聚和培养一批领军型创新型实用型人才。健全创新创业政策体系，支持绿色创业，发展众创、众包、众扶、众筹模式，建立创业品牌扶持机制。到2020年，R&D经费支出占GDP比重达到2.1%，科技进步贡献率达到55%以上。

（五）着力增加民生福祉，共享绿色发展成果

始终坚持民生优先、共建共享，大力保障和改善民生，不断增强人民群众的获得感和幸福感。坚决打赢脱贫攻坚战。把脱贫攻坚作为第一民生工程，扎实开展精准扶贫，力争到2018年贫困人口脱贫、贫困村销号，到2020年实现高标准脱贫。深入实施"五个一批"工程、"十三项"行动计划，加大财政资金整合投入力度，精准安排扶贫项目，开展"点菜式"扶贫，确保每个贫困户都能脱贫。深化闽宁对口扶贫协作，着力推动县与县精准对接，探索建立乡镇、行政村之间结对帮扶机制。实行脱贫攻坚全面量化管理，落实市县乡村脱贫攻坚责任，调动社会力量积极参与，发挥驻村帮扶工作队作用，强化巡查，精准调度，严格考核。健全脱贫退出机制，做到脱贫真实、程序规范、退出有序。稳步提升社会保障水平。坚持新增财力向民生领域倾斜，集中力量做好普惠性、基础性、兜底性民生保障。实施更加积极的就业政策，统筹解决好高校毕业生、复员退伍军人、进城落户和被征地农民就业问题，千方百计增加群众收入。继续扩大养老、医疗、失业等社会保险覆盖范围，发挥商业保险补充作用，提高社会保险统筹层次。健全保障性住房建设、分配和退出机制，满足困难家庭基本需求。完善城乡社会救助体系，积极发展社会福利和慈善事业。推动城乡公共服务均等化。加快城镇基础设施和公共服务向农村延伸，逐步缩小城乡、山川差距。加快教育事业发展，扩大普惠性幼儿园覆盖面，推进义务教育均衡发展，全面普及高中阶段教育；加快发展现代职业教育，做大吴忠职业教育联盟，支持宁夏民族职业技术学院等院校提高办学水平，建设红寺堡区、同心县职业教育中心。加快健康吴忠建设，深化公立医院综合改革，健全分级诊疗制度，促进医疗资源向基层流动；支持中医药等产业发展，广泛开展全民健身运动，全面保障人民群众身心健康。坚持计划生育基本国策。积极应对人口老龄化，加大社区养老服务中心、农村互助幸福院建设力度，构建以居家为基础、社区为依托、机构为补充、医养相结合的养老服务体系。强化食品药品监管，保障群众舌尖上的安全。

四、联动融合，同心同向，汇聚绿色发展的磅礴力量

绿色发展是一项长期艰巨复杂的系统工程，必须引导全社会聚焦聚力、共谋共建、协调行动、合力推进。

（一）加强民主政治建设，保证人民当家做主

充分发挥党委总揽全局、协调各方的核心作用，巩固和发展民主团结、生动活泼、安定和谐的政治局面。支持人大依法监督。坚持和完善人民代表大会制度，支持人大及其常委会依法决定重大事项。用好地方立法权，围绕城乡建设管理、环境保护、历史文化保护等重点领域开展立法工作。聚焦经济社会发展大局和民生领域重大问题加强监督，促进"一府两院"改进工作、依法办事。严格人事任免程序，强化任后监督。健全代表履职保障和激励机制，促进代表积极发挥作用。支持政府依法行政。为政府集中精力抓经济、促发展创造条件，加大简政放权和"放管服"改革力度，全面加快政府职能转变，提升行政服务效能，加快建设职能科学、结构优化、廉洁高效、人民满意的服务型政府。支持政协民主监督。坚持和完善中国共产党领导的多党合作和政治协商制度，支持政协发挥协商平台作用，积极开展专题协商、对口协商、界别协商、提案办理协商，提高协商民主实效性。紧扣经济社会发展重点参政议政、建言献策，通过视察调研、民主评议等方式加强民主监督。积极发展基层民主。健全基层群众自治制度和企事业单位民主管理制度，深化"四议两公开""民主议政日"等工作法，促进群众在参与村居治理、基层事务和公益事业中，实现自我管理、自我服务、自我教育、自我监督。

（二）加快依法治市进程，促进社会公平正义

树牢法治思维，用好法治方式，推进科学立法、严格执法、公正司法、全民守法。深化法治吴忠建设。健全重大决策公众参与、专家论证、风险评估、合法性审查等机制，促进党委（党组）依法决策。加强党对立法工作的领导，推进科学立法、民主立法。加快法治政府建设，健全完善重大行政决策机制，落实政府法律顾问制度，严格按照法定权限和程序行使权力。坚持规范公正文明执法，全面推进政务公开，实现政府活动全部纳入法治轨道。大力推进公正司法。深化司法体制改革，严格落实领导干部干预司法活动、插手具体案件处理有关制度，支持审判机关、检察机关依法独立公正行使职权。深入推进司法规范化建设，完善办案质量终身负责制，加大司法公开力度，加强司法活动监督，不断提升司法公信力。健全公共法律服务体系，加强法律援助和司法救助工作，降低公共法律服务门槛。增强全民法治意识。全面实施"七五"普法规划，深入开展"法律九进"活动，突出青少年等重点普法对象，教育引导全民自觉守法。抓住领导干部这个关键，完善学法制度，增强法治思维，严格依法办事，带动全社会形成办事依法、遇事找法、解决问题用法、化解矛盾靠法的良好氛围。

（三）推进社会治理创新，保持社会大局稳定

坚持问题导向和底线思维，完善党委领导、政府主导、社会协同、公众参与、法治保障的社会治理体制，形成联动融合、开放共治新局面。创新社会治理方式。积极顺应社会治理新趋势，坚持系统治理、依法治理、综合治理、源头治理，改进治理方式，提升治理水平。探索建立乡镇综治服务中心，全面推行网格化管理，实现社会治理精细化、高效化。发挥市民公约、村规民约作用，鼓励社会组织参与社会治理，实现政府治理与社会自我调节、居民自治良性互动。积极化解矛盾纠纷。坚持从源头上防范和化解社会矛盾，实行重大事项风险评估应评尽评，完善司法、行政、人民调解"三位一体"调处网络，构建矛盾纠纷多元化解机制，努力把问题解决在基层、消除在萌芽状态。创新信访工作机制，依法规范信访行为和信访秩序，打造阳光信访、责任信访、法治信访。加强平安吴忠建设。树立"大平安"理念，加快构建点线面结合、网上网下结合、人防物防技防结合、打防管控结合的立体化社会治安防控体系。依法严厉打击各类违法犯罪活动，维护治安稳定，防控风险，服务发展。坚定不移打赢禁毒人民战争，争创全国禁毒示范市。严格落实安全生产责任制，完善监管机制，实行量化管理，坚决遏制重特大事故发生。

（四）推动文化繁荣发展，构筑吴忠精神高地

坚持文化为民惠民，加快文化改革发展，不断满足人民群众精神文化需求。加强精神文明建设。培育和践行社会主义核心价值观，大力弘扬"宁夏精神""吴忠精神"，加强社会公德、职业道德、家庭美德、个人品德和未成年人思想道德建设，推进社会诚信体系建设，提高城市文明程度和市民文明素质。全力创建全国文明城市，深化群众性精神文明创建活动，持续加强民风建设，广泛开展最美人物、"乡村好人家"等评选活动，积极开展志愿服务，培育崇德向善文明风尚。完善公共文化服务体系。引导和鼓励社会力量参与文化建设，推进基本公共文化服务标准化、均等化。加快建设文体会展中心，推进群众身边的文化体育场馆、文化中心、文化大院等设施建设，到2020年实现公共文化服务全覆盖。实施文化惠民工程，广泛开展群众性文化活动，让群众普遍享有基本公共文化服务。大力发展文化事业文化产业。深入挖掘黄河文化、红色文化等文化资源，建设一批具有吴忠印记的文化地标和文化景观。繁荣文艺创作，推出一批具有时代特色、反映吴忠特质、弘扬主旋律的文艺精品。倡导全民阅读，建设"书香吴忠"。积极承办全国性体育赛事，办好自治区第十五届运动会。加强非物质文化遗产保护和传承。大力发展文化创意产业，培育新型文化业态。

（五）壮大爱国统一战线，凝聚各方智慧力量

牢牢把握大团结、大联合主题，着力构建大统战工作格局。积极为各民主党派、工商联和无党派人士发挥作用搭建平台，健全落实知情明政、考察调研、工作联系、协商反馈机制，在协商中凝聚共识、优化决策。完善民主党派直接向党委提出建议制度，支持民主党派和无党派人士更好地议政调研、建言献策。充分发挥知联会作用，健全与党外人士合作共事机制，做好新的社会阶层人士统战工作，加强非公经济人士教育引导，构建"亲""清"新型政商关系。全面贯彻落实党的民族宗教政策，深化拓展民族团结进步创建活动，依法加强宗教事务管理，维护民族宗教领域和谐稳定。完善党建带群建长效机制，为工会、共青团、妇联等人民团体开展工作创造有利条件，充分发挥其桥梁纽带作用。继续做好关心下一代工作，促进青少年健康成长。加强新形势下党管武装工作，深入开展双拥共建活动，推动军民融合深度发展。

五、党要管党，从严治党，营造更加风清气正的政治生态

适应新形势，实现新目标，关键在党员干部，核心在党的领导。必须坚持党要管党、从严治党，提高管党治党能力和水平，为改革发展稳定各项事业提供坚强保证。

（一）从严加强思想政治建设，坚定共产党人的理想信念

坚持把思想建党摆在首位，筑牢信仰之基，补足精神之钙，把稳思想之舵。传承红色基因。始终把理想信念教育作为党员干部的第一课，充分发挥盐池革命烈士纪念园、同心清真大寺等爱国主义教育基地作用，挖掘红色文化资源，加强党史宣传教育，弘扬党的优良传统，引导党员干部学习党的历史，增强党性修养，正本清源，固根守魂。强化理论武装。深化党内经常性教育，深学细悟习近平总书记系列重要讲话精神，树牢"四个意识"，坚定"四个自信"，始终同以习近平同志为核心的党中央保持高度一致。完善党委（党组）中心组学习制度，发挥党校主阵地作用，推进理论武装制度化、经常化。把牢舆论导向。严格落实党管意识形态主体责任，切实管好导向、把好方向，壮大主流舆论，传播好吴忠声音。加强宣传舆论阵地管理，依法治理网络空间，推进媒体融合发展，提高新闻舆论工作水平，更好地统一思想、提振精神、鼓舞干劲。

（二）从严规范党内政治生活，全面净化党内政治生态

认真贯彻新形势下党内政治生活的若干准则，不断增强党内政治生活的政治性、时代性、原则性、战斗性。严明党的政治纪律。坚持把纪律挺在前面，严格遵守党章和党内法规，向党中央看齐，向党的理论和路线方针政策看齐，向党中央决策部署看齐，坚决维护党中央权威。从市委常委会和各级党委领导班子做起，模范遵守党章党规，为全市各级党组织和党员干部作出表率。坚持民主集中制原则。认真贯彻地方党委工作条例，完善党委常委会、全委会议事规则和决策机制，严格按程序、规则和集体意志办事。落实党委专题听取同级人大、政府、政协、法检"两院"和人民团体党组工作制度，健全情况通报、情况反映和重大决策征求意见等制度，推进党务公开，发扬党内民主。严格民主生活会制度。用好批评和自我批评武器，开展严肃认真、积极健康的思想斗争，让红红脸、出出汗成为常态。严格党的组织生活，认真落实"三会一课"、领导干部双重组织生活、民主评议党员等制度，使广大党员在党内政治生活"大熔炉"里锤炼成长。

（三）从严加强干部队伍建设，锻造堪当重任的骨干力量

面对新形势新任务，关键是要选贤用能，培养造就一支敢作敢为、善作善成的干部队伍。树立正确用人导向。严格执行干部选拔任用条例，坚持以发展论英雄、凭实绩用干部，发挥干部"负面清单"过滤器作用，真正把好干部选出来、用起来，建设一支忠诚干净担当的干部队伍。加大年轻干部、女干部和党外干部培养选拔力度，优化班子结构，增强整体功能。积极做好离退休干部工作，充分发挥老干部的积极作用。强化干部实践锻炼。注重在推进产业发展、脱贫攻坚、项目建设中识别鉴别干部，在基层一线、艰苦地区、关键岗位考验锻炼干部，加强后备干部培养锻炼，推动干部在多岗位历练中增长才干、提升本领。创新党员干部培训方式，开展精准化培训，提升干部队伍整体素质和专业化能力。坚持党管人才原则，创新人才工作机制，为各类人才施展才华、发挥作用提供广阔舞台。激发干部干事热情。坚持正向激励与反向倒逼双管齐下，建立容错纠错机制，为担当者担当，让有为者有位。细化落实领导干部能上能下相关规定，完善干部考核评价体系，提高干部考核精准度，强化考核结果运用，发挥考核指挥棒作用。

（四）从严加强基层组织建设，筑牢坚强稳固的战斗堡垒

深化党建"强龙工程"，树立大抓基层鲜明导向，推动从严治党向基层延伸。强化组织功能。坚持政治功能和服务功能相统一、分类实施与整体推进相结合，深化基层服务型党组织创建，全面推行社区联合党委机制，加强非公有制经济组织、社会组织、国有企业等领域基层党组织建设，确保党的组织和党的工作全覆盖。创新"党建+"模式，健全基层组织体系，推动基层党建全面进步、全面过硬。强化核心力量。坚持市级示范、县级兜底，常态化开展"千名书记进党校""万名党员大轮训"计划。坚持抓党建促脱贫

攻坚，严格执行驻村第一书记"1+6"管理制度，大力整顿软弱涣散基层党组织，选优配强基层党组织带头人。严格党员队伍管理，提高发展党员质量，稳妥慎重处置不合格党员。强化基础保障。实施基层阵地改造提升和村集体经济发展壮大行动，改建扩建一批村（社区）活动阵地，新建一批非公企业党群活动中心。全面落实基层党组织运转经费保障机制和村（社区）干部报酬稳定增长机制，畅通村（社区）干部成长通道，让他们干事有劲头、创业有平台、发展有空间。

（五）从严加强党的作风建设，树立勤政为民的良好形象

巩固深化党内学习教育成果，立足抓常抓细抓长，驰而不息改进作风，推进作风建设常态化、长效化。坚持群众路线。健全完善市级领导"5+1"联系点制度，推广领导干部基层联系点、基层挂职任职等做法，推动党员干部直接联系服务群众常态化。深化"领导大调研""干部下基层"活动，打通联系服务群众"最后一公里"，保持与人民群众的血肉联系。倡导真抓实干。对认准的路子、看准的事情、决定的工作，雷厉风行、快速推进。实行督促检查、效能考核立体联动，引导广大党员干部勇于担当、真抓实干，自觉把精力用在干事创业上。强化正风肃纪。认真落实中央八项规定精神，紧盯重要领域、重要节点，开展经常性专项整治，从严惩处顶风违纪行为，坚决防止"四风"问题反弹。家风连着党风，要注重家庭、注重家教、注重家风，正家风、清党风。

（六）从严加强反腐倡廉建设，保持惩治腐败的高压态势

反腐败是一场输不起的斗争。反腐倡廉必须常抓不懈，拒腐防变必须警钟长鸣。严格落实"两个责任"。细化责任清单，层层传导压力，推动党委主体责任、纪委监督责任落地生根。坚持"一案双查"和责任倒查，做到失责必问、问责必严。正确运用监督执纪"四种形态"，抓早抓小，落细落实，真正做到惩前毖后、治病救人。严肃惩治腐败问题。加强廉洁从政教育和廉洁文化建设，引导领导干部心存敬畏，筑牢思想防线。坚持有案必查、有贪必惩，突出重点领域和关键少数，既要查处领导干部违纪违法案件，又要切实解决发生在群众身边的不正之风和"微腐败"，让想搞腐败的人断了念头，搞了腐败的人付出代价。健全完善制度体系。深化市、县委权力公开透明运行工作，健全权力运行监督制约机制。支持纪检监察机关持续深化"三转"，聚焦监督执纪问责。认真贯彻党内监督条例，探索党内监督有效途径，抓好市、县两级纪检监察机构派驻和巡察工作，推进巡察工作制度化、规范化、常态化，实现派驻监督和巡察监督全覆盖。

各位代表、同志们！伟大的时代赋予我们光荣的使命，崇高的事业召唤我们开拓奋进。让我们更加紧密地团结在以习近平同志为核心的党中央周围，在自治区党委的坚强领导下，以强烈的使命担当、责任担当，同心同德，励精图治，为建设绿色经济示范市、全面建成小康社会而努力奋斗！

名词解释：

1."五大发展理念"：创新、协调、绿色、开放、共享。

2."一照通"：以二维码形式实现社会保险登记证、食品经营许可证等14证合一，证件编号适用统一社会信用代码的登记模式。

3."两个清单"：政府部门权力清单、责任清单。

4."7366"精准扶贫模式：七步识别精准锁定"扶持谁"、三先开路从思想上"拔穷根"、六项行动精准施策"怎么扶"、六项机制精准聚力"谁来扶"。

5."三联系"活动：人大常委会主任会议成员联系委员、委员联系代表、代表联系群众。

6."八大员"：法律法规的普及员、健康生活的指导员、矛盾纠纷的调解员、慈善事业的宣传员、民风建设的讲解员、特殊人群的帮教员、党群关系的联络员、增收致富的引导员。

7."强龙工程"：强化理论武装铸"龙魂"，建强书记队伍舞"龙头"，激活党员队伍壮"龙骨"，扩大组织覆盖强"龙身"，深化党群共建活"龙尾"。

8."三严三实"：严以修身、严以用权、严于律己，谋事要实、创业要实、做人要实。

9."两学一做"：学党章党规、学系列讲话，做合格党员。

10.好干部"20字"标准：信念坚定、为民服务、勤政务实、敢于担当、清正廉洁。

11."四论四看四比"：以发展论是非，以效益论高下，以实绩论短长，以服务论优劣；不唯年龄看本领，不唯文凭看水平，不唯资历看能力，不唯身份看贡献；比政治品德，比能力素质，比工作实绩，比精神状态。

12."三建四关心"党内关怀机制：建立党员档案、关爱制度、关怀基金，关心党员思想进步、身心健康、家庭幸福和形象树立。

13."两个责任"：党委主体责任、纪委监督责任。

14."四位一体"约谈机制：领导干部"双向恳谈"、党员领导干部廉政勤政提醒约谈、党外领导干部廉政勤政提醒约谈、检察机关预防职务犯罪约谈。

15."三转"：转职能、转方式、转作风。

16."五位一体"总体布局：经济建设、政治建设、文化建设、社会建设、生态文明建设。

17."四个全面"战略布局：全面建成小康社会、全面深化改革、全面依法治国、全面从严治党。

18."专精特新"：专业化、精细化、特色化、新颖化。

19."两区两带"：以利通区为中心的风情休闲度假区，以青铜峡沿河带景点为龙头的黄河金岸旅游示范区，盐池古长城生态旅游带和红寺堡、同心环罗山韦州生态民俗旅游带。

20."四大物流工程"：综合交通运输体系建设工程、现代物流综合服务系统建设工程、亿元市场培育工程、第三方物流市场培育工程。

21."多规合一"：实行国民经济和社会发展规划、土地利用总体规划、城乡规划以及环保、交通、林业、市政、水利等专项规划在"一张图"上有机统一，衔接融合。

22."四大生态功能区"：北部引黄灌区平原绿洲生态区、中东部荒漠草原防风固沙区、中南部黄土丘陵水土保持区、贺兰山大罗山生态安全区。

23."三条红线"：用水总量、用水效率、水功能区限制纳污。

24."四尘"：煤尘、烟尘、汽尘、扬尘。

25."三去一降一补"：去产能、去库存、去杠杆、降成本、补短板。

26."五个一批"工程：发展产业、易地搬迁、培训就业、生态保护、政策兜底。

27."十三项"行动计划：产业脱贫、"四化融合"脱贫、"互联网+"脱贫、"光伏+"脱贫、金融脱贫、教育培训脱贫、科技脱贫、易地搬迁脱贫、生态脱贫、资产收益脱贫、基础设施脱贫、政策兜底脱贫、健康脱贫行动计划。

28."四议两公开"：党支部会提议、"两委"会商议、党员大会审议、村民代表会议或村民会议决议，决议公开、实施结果公开。

29."法律九进"：进机关、进乡村、进社区、进学校、进企业、进单位、进宗教场所、进社会组织、进军营。

30."1+6"管理制度：在驻村第一书记选派管理考核办法的基础上，出台调整召回、教育培训、工作例会、工作督查、激励保障及派出单位支持第一书记扶贫开发等六项制度。

31."5+1"联系点制度：每名市级领导联系一个行政村、一个社区、一所学校、一个非公企业、一所医院（卫生院），结对帮扶一户贫困户。

32."一案双查"：对发生重大腐败和违纪问题的，既要追究当事人责任，又要倒查追究相关领导责任。

33. 监督执纪"四种形态"：经常开展批评和自我批评、约谈函询，让红红脸、出出汗成为常态，党纪轻处分、组织调整成为违纪处理的大多数，党纪重处分、重大职务调整的成为少数，严重违纪涉嫌违法立案审查的成为极少数。

政府工作报告（节选）
——在吴忠市第五届人民代表大会第一次会议上

（2016年12月27日）

吴忠市市长　喜清江

各位代表：

现在，我代表市人民政府，向大会报告政府工作，请予审议，并请市政协委员和其他列席人员提出意见。

2016年和本届政府工作回顾

2016年，面对持续加剧的经济下行压力和日益繁重的改革发展任务，在自治区党委、政府和市委的正确领导下，在市人大、政协的监督支持下，全市上下深入贯彻党的十八大及十八届三中、四中、五中、六中全会精神，全面落实习近平总书记视察宁夏重要讲话要求，全力做好稳增长、调结构、促改革、惠民生、防风险各项工作，实现了"十三五"良好开局。预计完成地区生产总值436亿元，增长8.5%左右；全社会固定资产投资770亿元，增长13%左右；规上工业增加值170亿元，增长9%以上；一般公共预算收入34.4亿元，增长7.8%；社会消费品零售总额104亿元，增长8%；城乡居民人均可支配收入分别为23385元和9975元，增长8.5%和9%。

综合施策精准有效。认真贯彻落实中央、自治区保投资、稳增长和推进供给侧结构性改革等决策部署，结合吴忠实际，加强分析研判，建立"1+5+25+N"统计协调联动新机制，及时研究出台"工业十条""农业十条""创业就业十条""房地产十条""十大市场十条""旅游业十条""特色街区七条"等务实管用的政策措施，促进经济平稳增长。综合运用财税、金融、帮扶等手段，帮助企业克服困难。全面落实市级领导联系包抓重大项目、重点工作"6+6"机制，建立吴忠金超助贷基金等平台，实现担保贷款35亿元。全面推开"营改增"试点，为企业减免税费2.5亿元。中小企业通过股权市场直接融资13亿元。在一系列政策措施的有力助推下，全市经济运行呈现稳中有进、进中向好的良好态势，主要经济指标增速位居全区五市前列。

项目拉动持续有力。坚持重大项目带动，成功签订新疆特变电工宁夏光伏装备制造、哈纳斯500万吨液化天然气一体化基地、昊华骏化清洁能源及城市功能一体化节能综合利用3个投资过百亿元、12个投资过10亿元的大项目。实施招商引资项目275个，到位资金610亿元，落实上争资金140.3亿元。实施PPP项目7个，获得自治区PPP项目综合奖，热电联产供热管网、城市东部地下综合管廊等3个项目被列为国家第三批PPP示范项目。投资结构持续优化，地方投资占固定资产投资90%，民间投资占比达到70%，分别增长6.5%和5.7%。

产业结构不断优化。持之以恒调结构、转方式，中国自动化产业园等52个项目建成投产。纺纱、家纺面料产能达到75万锭和1亿米。顺利通过"中国制造2025"试点示范城市评审。新能源建成及在建规模937万千瓦，占全区的65%。瓜菜、有机枸杞、酿酒葡萄、中药材种植面积分别达到55万亩、14.5万亩、20.7万亩、50万亩。奶牛存栏21万头，养殖规模化率达到95.4%，高于全国平均水平45.4个百分点。

肉牛和肉羊饲养量稳步增长。"盐池滩羊"被指定为G20杭州峰会专用食材，品牌价值68.9亿元。发展硒产品加工企业27家，建设富硒农产品基地13个，吴忠市荣获"中国塞上硒都"称号。万达广场等商业综合体加快建设，鑫鲜农副产品批发市场等"十大市场"业态达到80%以上。房地产开发投资57.8亿元，增长43.3%，销售150.7万平方米，增长55%，去库存周期全区最短。积极打造全域旅游，实施三年行动计划，一百零八塔观景平台建成运营，"印象黄河·彩虹之上"等旅游项目快速推进，全年接待游客564万人次，实现旅游收入29.4亿元，分别增长39%和34%。

城乡建设内涵提升。实施城乡建设项目171个，完成投资140亿元。吴忠热电联产项目点火运行，实现热电供热776万平方米，城区电网入地16.7公里。建设城市休闲绿道94公里、市政道路30.4公里。新建棚户区改造房7226套。建设美丽小城镇6个、美丽村庄示范点40个、农村公路562公里。完成城市供水水质提标改造工程，备用水源地勘探勘测顺利推进，群众饮水安全得到切实保障。同心下马关调蓄水库等7座大中型调蓄水库加快建设，农田水利基本建设全区"黄河杯"竞赛十连冠。在全区率先制定实施环境保护全面量化管理体系，中央第八环保督察组转办事项全部按时办结。启动实施"蓝天碧水·绿色城乡"专项行动，淘汰停用燃煤锅炉130台，黄标车1589辆，空气质量优良天数同比增加15天。顺利通过国家卫生城市评估验收，成功跻身国家卫生城市行列。

改革开放深入推进。启动119项改革任务。全面推进不动产登记和农村土地承包经营权确权颁证工作。利通区、青铜峡市被评为全国第三届土地节约集约模范县。实施机关公务用车改革，市区公交体制改革全面完成，国有大公交全线运营。组建"八大投"，形成国资国企新布局，实现平台融资14.3亿元，全市国有资产总额增加28亿元。与交通银行、华夏银行签订战略合作协议，新增银行机构10家。嘉泽发电主板上市进入首次公开募股（IPO）排队序列。涝河桥等牛羊肉出口30多个国家。优质特色产品"挺进大中城市"战略加快推进，北京、上海、天津、南京、杭州、沈阳、昆明、福州、贵阳、厦门、大连、宁波、汕头、晋江、义乌15个展示展销中心投入运营。成功举办2016年全国沙滩排球巡回赛，第五届"黄河金岸"国际马拉松赛首次在央视五套全程直播。与中国电子科技集团签订战略框架协议，合作建设智慧城市。青铜峡市被授予"中国西部轴承产业基地"称号，吴忠仪表智能控制阀制造数字化工厂列入国家智能试点示范项目。

民生保障坚实有力。建立脱贫攻坚全面量化管理体系、精准扶贫信息管理平台。建立全区首个建档立卡贫困户评级授信系统，设立风险补偿及产业担保基金7.5亿元，撬动扶贫信贷50.5亿元。全面推行"脱贫保"，创新特色农业等12个险种。实现低保线与扶贫线"两线合一"。脱贫销号65个村，减少贫困人口5万人。城镇新增就业2.7万人，农村劳动力转移就业24.4万人。城乡居民基本养老保险、医疗保险参保超额完成目标任务。城乡低保提标扩面，居民基础养老金人均达到150元。深入推进公立医院综合改革，积极构建分级诊疗体系，全市公立医院药品实行零差率销售。市人民医院新院投入运营，与北京友谊医院等9家知名医疗机构开展务实合作。认真落实全面两孩政策，计划生育、妇女儿童事业得到加强，残疾人、红十字会、慈善事业健康发展，吴忠市位列全国慈善城市百强榜第17位。实施薄弱学校改造工程，改扩建29万平方米，教育教学质量稳步提升，全市高考一、二本上线率达到28.58%。开展文化惠民演出246场，95个公共体育场馆免费向社会开放。新闻出版、广播电视、文史、档案事业进一步发展，作用不断增强。制定实施安全生产全面量化管理体系，全市各类事故起数同比下降54%。启动"七五"普法，深化"平安吴忠"建设，社会治安持续稳定。加大矛盾纠纷排查化解力度，信访批次和人数分别下降16%和32%。加强食品药品监管，食药安全得到有效保障。积极推动军民深度融合发展，吴忠市第三次获得全国双拥模范城称号，青铜峡市第六次获得全国双拥模范城（县）称号。外事、住房公积金、应急管理、防震减灾、气象等工作都取得新成绩。

自身建设得到加强。坚持把纪律和规矩挺在前面，牢固树立政治意识、大局意识、核心意识、看齐意识，重大问题集体研究、向市委报告。认真执行人大及其常委会的决议、决定，主动接受人大工作监督、法律监督，自觉接受政协民主监督，审议、协商事项94项，办结人大代表议案建议69件、政协提案204件。主动听取民主党派、工商联、无党派人士意见建议，支持工会、共青团、妇联等人民团体工作。健全完善政府党组中心组学习制度，建立市长碰头会制度。严格落实从严治党各项规定，自觉执行党风廉政建设责任制，加强财政、审计监督，勤政廉政建设取得新成效，全区群众评议机关和干部作风活动五市排名第一。

各位代表，2016年是本届政府任期的最后一年。过去四年，是吴忠发展的关键时期，也是困难较多的时期。我们既要应对加快区域发展与脱贫攻坚的双重挑战，又要肩负新常态下稳增长与保民生的双重任务。在这四年里，我们主动适应新常态，积极应对新变化，妥善解决新问题，在转变发展方式中化解经济下行压力，在聚焦精准脱贫中破解发展难题，在深化改革开放中激发内生动力，在苦干实干中努力强市富民，开创了各项事业发展新局面。

四年来，我们坚持加快发展，稳增长，扩投资，努力夯实吴忠的发展基础。全市地区生产总值是2012年的1.4倍，年均增长8.4%；全社会固定资产投资是2012年的2.1倍，年均增长19.2%；一般公共预算收入是2012年的1.2倍，年均增长4.6%；社会消费品零售总额是2012年的1.5倍，年均增长11%；城乡居民人均可支配收入分别是2012年的1.4倍和1.5倍，年均增长8.7%和9.9%。金融机构各项存款、贷款余额突破600亿元和500亿元大关。公共财政预算收入、全社会固定资产投资、金融资源总量跃居全区五市第二。利通区经济总量升至全区第6位，红寺堡区主要经济指标实现翻番，青铜峡市克服经济下行压力实现稳步发展，盐池县综合实力领跑山区县，同心县跃居山区九县（区）第三。

四年来，我们坚持转型升级，调结构，增效益，努力培育吴忠的产业优势。一二三次产业由2012年的14.9∶54.3∶30.8调整到12.6∶56.4∶31。轻工业占比达到30%，高于全区11个百分点。规上工业企业发展到近400户，地方工业比重提升到60.5%。万元GDP综合能耗降幅居全区首位。利通区现代纺织产业园被列入"全国纺织产业转移试点园区"，荣获"纺织结构调整突出贡献奖"。优质粮食、草畜产业、酿酒葡萄规模位居全区第一，特色农业占农业总产值的90%以上。培育农业产业化重点龙头企业202家、新型经营主体2052个。认证"三品一标"农产品244个，建成自治区现代农业示范基地22个。吴忠国家农业科技园区成为全区首个国家有机农产品生产基地。红寺堡区荣获"中国最具发展潜力葡萄产区"称号，利通区被确定为第一批"国家农产品质量安全县创建试点单位"，同心县被评为国家级有机枸杞出口食品农产品质量安全示范区。打造健康产业新业态，健康产业增加值占GDP的10%以上。盐池县、同心县、红寺堡区、青铜峡市进入国家电商进农村示范县行列，建成县级服务中心6个、村级服务站223个，培育电商运营企业50余家。盐池县成功举办全国跳伞锦标赛，红寺堡区连续承办四届全国青少年航空航天模型锦标赛。"黄河大峡谷·中华黄河坛"跻身国家4A级景区。

四年来，我们坚持以人为本，强基础，增内涵，努力提升吴忠的城镇功能。累计投资761亿元，实施城乡建设项目1416个，全市城镇化率达到55.3%，年均提高2个百分点。利青一体、银吴同城进程加快，城市建成区扩展到125平方公里。综合改造老旧小区157个，完成老旧小区既有建筑节能改造550万平方米。银西高铁、吴忠至中卫城际铁路、京藏高速改扩建等重大交通项目开工建设，罗山大道等一批等级公路建成通车，公路通车总里程达到8648公里，行政村公路通达率100%。红寺堡区、盐池县、同心县城市发展空间进一步拓展。建设美丽小城镇24个、美丽村庄128个。全市森林覆盖率达到15.5%，城市建成区绿地率、绿化覆盖率、人均公园绿地面积分别达到34.6%、35.7%和15.9平方米，黄河吴忠段水质稳定保持Ⅱ类优水质，空气质量优良天数位居全区沿黄城市前列。先后荣获全国绿化模范城市、中国人居环境范例奖、中国十佳绿色城市等荣誉称号，成为全区唯一的国家生态文明建设试点市。

四年来，我们坚持改革开放，破瓶颈，求创新，努力释放吴忠的发展活力。吴忠市被列为全国中小城市综合改革试点市，率先在全区公布实行"两个清单"，商事制度改革走在全国前列，市场主体总量跃居全区五市第二。成为全区唯一实现村镇银行县区全覆盖的地级市，被确定为全国31个小微企业信用体系建设试验区之一。10家企业在新三板上市，45家企业在区域性股权交易中心挂牌。"宽带中国"示范城市建设走在全国前列，电信普遍服务网络覆盖率达90%以上。青铜峡市五星村土地股份合作社成为全区首家农民股份合作经营实体。医药卫生、教育等领域改革取得重要进展。金融扶贫"盐池模式"、文化市场"执法+协会"监管模式在全国推广。培育国家级高新技术企业3家，自治区级技术创新中心等研发平台30个。成功举办两届"黄河金岸"国际马拉松赛等赛事节会，吴忠的影响力和美誉度进一步提升。与北京西城区、天津武清区、上海青浦区、广西崇左市建立友好城市关系。累计争取资金505亿元，招商引资2225亿元。外贸进出口总额年均保持两位数增速。

四年来，我们坚持民生为先，兜底线，促公平，努力增进吴忠的百姓福祉。每年公共财政支出的83%以上用于改善民生。全面小康指标中人民生活小康实现程度由77.8%提高到86.2%。四年办理民生实事46件。搬迁安置移民1.57万户7.03万人，圆满完成"十二五"生态移民任务。减少贫困人口13.2万人，贫困发生率下降13.5个百分点。新建、改建学校425所，在全区率先实现基本普及高中阶段教育目标，利通区、青铜峡市进入全国义务教育发展基本均衡县（市、区）行列，同心县被评为全国农村学生营养改善计划工作先进县。吴忠市成功入选全国百城技能振兴专项活动城市。农村标准化村卫生室实现全覆盖，"15分钟医疗卫生服务圈"基本形成。大病医保实现全覆盖。为10万多被征地农民办理养老保险，解除后顾之忧。建设保障性住房59133套，12万住房困难群众喜迁新居。实施了一批民生水利工程，60多万农村群众饮水安全问题得到解决。积极创建全国文明城市，成功获批创建第三批国家公共文化服务体系示范区，两次荣获全国七星级慈善城市。

四年来，我们坚持依法行政，转作风，提效能，努力维护吴忠的和谐稳定。办理人大代表议案建议311件、政协委员提案846件。深入推进依法治市，吴忠市荣获全国法治城市创建活动先进单位，盐池县连续三次荣获全国法治宣传教育先进县。"六五"普法全面完成，法治观念深入人心。成立吴忠市决策咨询委员会，聘请127位知名专家学者担任法治建设、社会管理、产业发展等14个领域的政府顾问，其中"两院"院士15名。深入开展群众路线教育实践活动、"三严三实"专题教育和"两学一做"学习教育，各级干部能力素质明显提升。连续三年获得全区效能目标考核一等奖。坚决执行中央和自治区关于改进作风、密切联系群众各项规定，行政监察和审计监督进一步加强，工作作风持续好转，发展环境进一步优化，连续两年全区群众评议机关和干部作风活动五市排名第一。安全生产、信访工作考核连续三年全区第一。鲁忠义家庭荣获"全国文明家庭"称号，王金香家庭荣获"全国最美家庭"称号，刘志海等7人荣登"中国好人榜"，赵峰等3人荣获"感动宁夏年度人物"。成功创建为"全国民族团结进步示范市"，五个县（市、区）全部被命名为"全国民族团结进步示范县"。

四年的丰富实践，使我们深深体会到：必须始终坚持党的领导，依法行政。一切以党和人民事业为重，与党中央、自治区党委和市委保持高度一致，以党的建设为统领推动政府各项工作，依法全面履行政府职能。必须始终坚持发展第一，民生为先。面对发展不足的基本市情，始终做到不动摇、不懈怠、不折腾，聚精会神搞建设，一心一意谋发展。坚持以百姓之心为心，把办好人民群众的事情作为一切工作的出发点和落脚点，顺民意、暖民心、释民怨、解民困，汇聚民智，改善民生。必须始终坚持立足实际，发挥优势。坚持特色化发展，充分发挥吴忠在资源、人文、产业等方面的比较优势，扬长避短，取长补短，努力扩优势、强特色、补短板，走出一条特色充分凸显、优势不断释放的转型发展之路。必须始终坚持改革创新，扩大开放。面对制约和影响经济社会发展的诸多矛盾问题，以改革的思维、创新的精神、开放的姿态，坚决破除体制机制障碍，敢于触及深层次矛盾问题，为经济社会持续健康发展提供新动力，开辟新空间。必须始终坚持从严管理，改进作风。牢记宗旨，不忘初心，坚定不移地贯彻执行党的群众路线，从严教育、从严要求、从严监督，各级干部真抓实干，全市上下携手奋进，汇聚推动发展的强大合力。

各位代表，回顾本届政府四年的工作，我们遇到的困难比预想得大，取得的成绩比预期得好。这是自治区党委、政府正确领导的结果，是市委总揽全局、科学谋划的结果，是人大、政协有力监督、大力支持的结果，是全市人民精诚团结、奋力拼搏的结果，也是一任接着一任干，绵绵用力、久久为功的结果。在此，我们代表市人民政府，向奋战在各条战线的广大干部群众，向人大代表、政协委员、各民主党派、工商联，向离退休老同志和社会各界人士，向驻吴人民解放军、武警官兵、政法干警，向中央及区属驻吴单位，向关心支持吴忠发展的国家部委、自治区厅局、友好城市、政府顾问和外商、港商、台商表示崇高的敬意和衷心的感谢！

同时我们也清醒地认识到，全市经济发展水平还比较低，经济总量不大，发展不足仍是最大市情；产业结构性问题依然突出，传统产业改造升级力度不大，新兴产业拉动能力有待提升，转型升级仍面临不少困难；城乡、山川发展不平衡，公共服务水平还不高，脱贫攻坚任务十分艰巨；财政收支矛盾突出，城乡居民收入总体水平偏低，保障改善民生需要付出更多努力；维护社会和谐稳定面临许多新情况新问题，社会治理创新有待进一步加强；政府职能转变还不到位，一些干部干事创业劲头不足、工作落实力度不够等问题还不同程度存在；等等。对这些问题，我们必须认真对待，采取有力措施，切实加以解决。

今后五年规划目标和主要任务

未来五年，是全面建成小康社会的决胜时期，也是实现吴忠全面转型发展的关键时期，更是确保如期实现脱贫目标的攻坚时期。市第五次党代会确定了坚持绿色发展、推动转型升级、全面建成小康社会的奋斗目标。我们要坚持新发展理念，明确新方位，聚集新动能，释放新活力，加快转型升级，实现弯道超车。

今后五年政府工作的总体要求是：高举中国特色社会主义伟大旗帜，以邓小平理论、"三个代表"重要思想、科学发展观为指导，全面贯彻党的十八大及十八届三中、四中、五中、六中全会精神，深入贯彻习近平总书记系列重要讲话精神，统筹推进"五位一体"总体布局，协调推进"四个全面"战略布局，自觉践行"五大发展理念"，认真落实自治区党委、政府及市委决策部署，以绿色发展、转型升级为主题，以提高发展质量和效益为中心，率先走出西部欠发达地区绿色发展新路子，建设绿色经济示范市，全面建成小康社会。

主要预期目标是：地区生产总值、全社会固定资产投资、规上工业增加值、一般公共预算收入年均保持8%、12%、9%、8%以上增速，人均GDP接近4万元。城乡居民人均可支配收入年均分别增长8%、9%以上。农村贫困人口全部脱贫，贫困县全部摘帽。完成自治区下达的环境质量改善目标和节能减排任务。

今后五年要在以下六个方面谋求新突破、取得新进展。

构筑绿色产业体系。着力构建以新型工业为主体、现代农业为基础、现代服务业为支撑的绿色产业体系，推动产业向中高端迈进。实施工业转型升级行动计划，大力发展绿色工业，着力打造吴忠经济升级版。抢抓创建"中国制造2025"试点示范城市机遇，实施质量立市和品牌兴吴战略，打造西部制造业强市。积极发展新能源产业，建成国家新能源综合示范区。全市工业总产值突破千亿元大关，轻重工业比达到35：65。实施农业提质增效行动计划，大力发展绿色农业，推动优质粮食、有机枸杞、酿酒葡萄、滩羊等优势特色产业精品化、高端化，打响绿色、生态、有机、富硒品牌。打造孙家滩生态农业"有机谷"。农业总产值突破140亿元。实施服务业融合发展行动计划，大力发展绿色服务业，推动文化旅游、电子商务、金融保险等融合发展。实施文化旅游融合发展行动计划，构建多元化旅游产品体系，形成"两区两带"旅游产业格局。现代服务业占第三产业比重达60%以上。

推进城乡一体发展。秉承生态、智慧、人文、低碳理念，深入推进新型城镇化建设。主动融入大银川都市区，加快利青一体、银吴同城步伐，打造银吴"半小时经济圈"。推进银西高铁、城际铁路等重大交通项目建设，增强区域交通区位优势。全市城镇化率达到60%以上。推广应用绿色建筑和节能技术，力争城镇绿色建筑比重达到50%以上。争创全国可再生能源示范城市。实施中部干旱带大中型水库工程，完善城市防洪排涝体系。围绕产业特色和地域文化，统筹推进盐同红大县城和美丽乡村建设，集中建设一批特色城镇和美丽村庄，美丽乡村覆盖面达到90%以上。实施农村环境治理行动计划，打造美丽宜居幸福新农村。建成城市数字综合管理运行平台，让群众在智慧城市里生活得更美好。探索环卫保洁、园林绿化等领域市场化运作模式，提升城市精细化管理水平。

打造吴忠亮丽名片。大力推进生态文明建设，打造天蓝地绿、山清水秀、空气清新、环境宜人的美丽吴忠。实施生态绿化美化行动计划，全市森林覆盖率力争达到18%以上，争创国家森林城市，让绿色成为吴忠的底色。加快连通环城水系，创造更多湿地资源，为城市提供更多的"绿肺"空间，增添吴忠的灵气。启动环境质量保障立法，守住底线，不碰红线，保护好绿水青山。完善资源有偿使用和生态补偿机制，做到源头严防、过程严管、后果严惩。积极开展节能量、碳排放权和排污权交易试点。认真落实环境保护全面量化管理体系，推动政府环保职能履行到位。建成国家生态文明建设示范市、国家环保模范城市、国家低碳试点城市。空气质量优良天数比例达到85%以上。

全面深化改革开放。全面取消非行政许可审批事项，落实清单管理制度，实现全市联网审批。做大做强八大投资公司，健全国资监管体制，提高国有资本运营效率。筹建吴忠银行，构建多元金融服务体系。引导农村土地市场化、集约化、资本化运作，争取设立面向全区全国的农村产权交易中心。深化区域协作，打造承接产业转移示范区。加快实施优质特色产品"挺进大中城市"战略，支持企业组团发展。加快科技创新，完善后补助机制及成果转化机制，建设一批国家和自治区级重点实验室、企业技术中心、院士工作站、博士工作站，力争金积工业园、吴忠国家农业科技园进入国家高新技术产业园区行列。深化与国内知名科研院校合作，不断提升产学研融合水平。到2020年，全社会研究与试验发展经费（R&D）占GDP比重达到2.1%，科技进步贡献率达到55%以上。

持续增进民生福祉。始终坚持民生优先，共建共享。认真落实脱贫攻坚全面量化管理体系，深入开展"五个一批"工程和"十三项"脱贫计划，力争2018年贫困村、贫困人口全部脱贫销号。扩大普惠性幼儿园覆盖率，推进义务教育均衡发展，全面普及高中阶段教育。实施职业教育提升行动计划，建成红寺堡区、同心县职业教育学校，进一步提升职业教育办学水平。大力促进就业创业，多渠道增加群众收入。实施健康产业发展行动计划，深入推进健康吴忠建设。坚持以预防为主，加快健康服务、疾病预防和医疗保障体系建设，不断提高公共卫生服务能力。广泛开展全民健身运动和群众性文化活动，高水平承办自治区第十五届运动会，成功创建国家公共文化服务体系示范区。推动社会保险提标扩面，全面落实城乡居民大病医疗保险和大额医疗救助制度。加快构建多层次、多元化养老服务体系。

营造良好发展环境。坚持依法治市、依法行政，切实提高运用法治思维和法治方式推动发展的能力和水平。健全和完善决策程序，推进科学民主决策。加快职能转变，全面准确履行政府职能。依法严厉打击各类违法犯罪活动，深入推进禁毒人民战争，争创全国禁毒示范市。深入开展"七五"普法，教育引导全民自觉守法。全面落实安全生产全面量化管理体系，提高事故应急救援保障能力。深化民族团结进步创建，依法加强宗教事务管理，把吴忠市民族团结、宗教和顺的名片打造得更加亮丽。加强食品药品安全监管，确保群众饮食用药安全。全面推进网格化管理，不断完善基层社会管理和服务体系。加强精神文明建设，争取创建成为全国文明城市。持续加强作风建设，进一步优化发展环境，着力打造高效廉洁政府。

各位代表，坚持绿色发展，加快转型升级，全面建成小康，是时代的要求、人民的期盼，更是我们的庄严承诺。只要我们咬定目标，不忘初心，继续前进，经过五年的努力，一个更有实力、更具活力、更富魅力、更加美丽的吴忠必将展现在世人面前！

2017年预期目标和主要工作

2017年是党的十九大和自治区第十二次党代会的召开之年，是实施"十三五"规划的重要一年，是供给侧结构性改革的深化之年，是全面建成小康社会的关键一年。全市经济社会发展的主要预期目标和约束性指标是：地区生产总值增长8%，全社会固定资产投资增长12%以上，一般公共预算收入同口径增长8%以上，社会消费品零售总额增长8%，城乡居民人均可支配收入分别增长8%、9%，城镇登记失业率控制在4%以内，居民消费价格涨幅控制在3%以内，完成自治区下达的环境质量改善和节能减排任务。

重点抓好以下十个方面的工作：

项目建设再发力。以项目保投资、稳增长、促转型，确保上争项目资金不低于135亿元，招商引资实际到位资金650亿元。加快重点项目建设。实施伊利液态奶四期等506个产业项目，棚户区改造等273个基础设施项目，东片区初级中学等108个社会事业项目，年度完成投资860亿元。拓宽项目资金渠道。启动实施国家中小城市PPP创新工作试点城市创建工作，加快推进水生态治理、红寺堡罗山机场等PPP示范项目，鼓励引导社会资本参与生态环保、农林水利、市政基础设施、社会事业等领域建设，形成多元投资格局。精准对接国家政策导向、投资和产业发展方向，谋划储备一批市场潜力大、投资回报好、发展后劲足的重大项目。以全国工商联十一届十次常委会暨民营企业助推宁夏创新发展大会、中阿博览会为契机,坚持招大引强、招高引新、招才引智,确保一批意向性项目尽快落地。

工业转型再突破。制定实施工业绿色发展规划,深入开展"中国制造2025"试点示范城市创建工作。实施5000万元以上重点工业项目100个,新增规模以上工业企业20户,规模以上工业增加值增长9%以上。积极引进江苏盛氏、浙江华都等纺织企业入驻现代纺织产业园,确保恒丰、德悦高端纺纱和兴德棉高档家纺面料织造项目投产达效,力争纺织业产值增速达到30%以上,轻重工业比达到31∶69。实施新疆特变电工光伏发电暨装备制造配套等项目,推动吴忠仪表等装备制造项目向高端领域拓展。积极推进中民投光伏发电、三峡新能源风电等新能源项目建设。加速传统产业提档升级,加快推进哈纳斯500万吨液化天然气一体化基地等项目建设,力促昊华骏化集团80万吨甲醇、太阳镁业30万吨盾镁电热法镁合金等项目开工建设。积极化解过剩产能,创造条件推动企业兼并重组、行业整合,引导青铝、通达等企业调整产品结构,坚决淘汰煤炭、冶炼等行业落后产能,工业能耗下降3%。大力发展非公有制经济,支持中小企业向"专精特新"方向发展。着力提升园区发展水平,金积工业园区创建自治区级金融示范园区,争创国家级循环化示范园区。进一步调整优化各工业园区功能定位和产业布局,完善污水处理等基础设施,盘活闲置土地资源,增强园区聚集效应。加强工业经济运行分析调度,深化市级领导精准包抓企业责任制,切实帮助企业解决困难问题。积极争取国家、自治区基金、信贷、运力支持,有效降低企业用电、物流、融资等成本,帮助企业在转型发展中走出新路子、创出新天地。

现代农业再提升。积极推进现代农业产业、生产、经营三大体系建设,力争农业增加值增长4.5%以上。加快农业产业化发展,全市粮食种植面积稳定在320万亩,瓜果蔬菜面积达到95万亩,新增有机枸杞8500亩、黄花菜2万亩。积极推进现代畜牧业全产业链建设,全市奶牛稳定在22万头,新增肉牛5万头、肉羊20万只。加快推进红寺堡肖家窑、青铜峡鸽子山等葡萄种植基地建设,新建酒庄15家。扩大农业规模化经营,鼓励支持龙头企业组建产业联合体,引导农户通过联耕联种、土地流转等多种方式实现连片耕种。全市新增市级以上龙头企业10家、新型经营主体100家。新增富硒农产品生产示范基地10个,富硒农产品种植面积达到10万亩。开展农民职业技能培训,帮助农民持续增收。推动农业标准化生产,率先在奶牛和富硒产业实现标准化生产,引导和推进农产品生产加工向标准化、规范化、品牌化方向发展,增加绿色优质农产品供给。支持龙头企业走精深加工路子,提高附加值,打造高端品牌。大力推广农业新技术、新品种、新机具,农业科技贡献率和农业综合机械化水平分别达到62%和77%。着力夯实农业基础,因地制宜开展农田水利基本建设,建立健全农田水利建设管护长效机制。深入实施灌区续建配套、盐碱地改良、节水灌溉等项目,加快推进盐同红扶贫攻坚水源工程建设,发展高效节水农业8万亩。完善农业社会化服务体系,支持保险机构开展政策性涉农保险业务,加强科学防灾减灾,切实增强农业抗风险能力。完成第三次全国农业普查。

第三产业再融合。推动业态融合互补,力争第三产业增加值增长8.5%以上。延伸发展现代服务业,加快利通区养生健康产业园等项目建设,培育发展保健养生等业态。推进红寺堡、青铜峡、盐池、同心电商进农村示范县工程,力争农村电子商务覆盖率达到90%以上,争创国家级电子商务示范市。大力发展通航产业、临空经济。依托环境人文优势,吸引举办节会、展览、展销,培育发展会展经济。改造提升传统服务业,推进商贸物流业健康发展,加快万达广场、京东冷链物流节点等大型商贸项目建设。打造物流综合服务平台,建成宁鲁石化物流园等综合性物流中心6个。大力实施餐饮提升工程,制定特色小吃标准,扩大"吃在吴忠"品牌影响力。融合发展文化旅游业,推进全域旅游示范创建工作。大力发展休闲观光游、乡村生态游、民俗风情游,培育低空旅游、工业旅游等新业态,丰富旅游产品供给,提升吴忠旅游全域化、特色化、品质化水平。启动韦州古城历史文化景区、东部环线旅游风景道等项目,黄河大峡谷·中华黄河坛争创5A级景区。全年游客接待和旅游收入分别增长12%和15%。

城乡建设再提质。加快推动以人为核心的新型城镇化步伐,实施城乡建设项目159个,投资142亿元,城镇化率达到57.3%。拓展优化发展空间,完成吴忠市空间规划编制工作和空间规划试点任务。加快京藏高速公路改扩建等项目建设，实施国道344线吴忠至灵武段、青铜峡至银川正源街快速通道项目，打通向南、向北、向东通道。建成运营黄河文体会展中心。启动银西高铁枢纽站广场、道路、水系、绿化等配套设施建设。积极争创新型智慧城市试点，推进城市数据运营中心建设。新增地下综合管廊4.5公里，新建、续建城市道路12条，改造老旧小区10个。建立城市供暖、供水、供气等智能化平台，创新城市管理和卫生保洁机制。实施红寺堡第二污水处理厂、盐池东区集中供热、同心清水河县城区综合治理等工程，不断完善县城功能。深化国家级文明乡（村）创建，加快金银滩、惠安堡等5个美丽小城镇和渠口、李岗子等30个美丽乡村建设。新建改建农村公路480公里。加快农村危房危窑改造，彻底解决贫困群众住房安全问题。实施农村环境综合整治，加快推进农村改厕及污水治理，健全农村环境卫生管护长效机制，切实改善农村人居环境。

生态环境再改善。大力实施生态立市战略，使吴忠的天更蓝、水更清、地更绿、空气更清新。加强环境污染防治，扎实推进国家生态文明建设试点市、国家环保模范城市创建步伐，深入开展大气、水、土壤污染防治专项行动，市区全面淘汰燃煤锅炉，确保全年空气质量优良天数达到78%以上。推进污水处理提标扩容，实现稳定运行、达标排放，确保黄河吴忠段水质稳定保持在Ⅱ类优水质。全面开展污染源普查工作，加强城乡集中式饮用水源地保护，加大农村面源污染和工业固废污染治理。启动实施秸秆综合利用、病死畜禽无害化处理项目，推动中科国通生活垃圾焚烧发电、餐厨垃圾无害化处理等项目建成投入使用。坚守耕地红线，开展土地利用效益评价，确保集约利用，保护好引黄灌区精华之地，绝不允许浪费破坏和低效益开发利用。构筑绿色生态屏障，深入实施退耕还林、退牧还草、防沙治沙等项目，全年新增营造林19.3万亩，治理水土流失240平方公里，森林覆盖率达到16%。完善市区街道绿网体系，实施城市绿化提质增景改造工程，提升绿地养护管理水平。加强自然保护区、湿地公园管理，巩固全国湿地产权试点工作成果。建立环保长效机制，严格执行环保"负面清单"，落实环境保护全面量化管理体系。建立领导干部任期生态文明建设责任制，探索开展环境保护审计工作，让终身有责、失职追责成为生态环境保护的"高压线"。全面推行市、县、乡"河长制"。严格化工类项目安全生产和环境影响评价，绝不要带毒发臭的GDP。

改革开放再深入。始终把改革开放贯穿经济社会发展全领域、全过程，不断释放发展活力。着力优化服务环境，积极做好"接放管服"工作，完善"两个清单"动态调整机制，完成"政务云"行政审批系统建设。深入推进企业"五证合一"、个体工商户"两证合一""一照一码"登记制度改革，力争市场主体增长8%以上。深化财税金融改革，全力开源挖潜，加大综合治税，力促财税稳健增长。完善全口径债务管理，有效防范政府债务风险。支持金融机构延伸服务网点，年内新设金融分支机构2家以上，新增信贷资金力争达到30亿元。鼓励引导企业通过股权交易等方式直接融资，争取年内10家企业在新三板、区域性股权交易中心挂牌。力争宁夏首家互联网金融机构落户吴忠。深化国有企业改革，充分发挥"八大投"融资平台作用，确保国有资产保值增值。释放农业农村活力，加快"三权分置"农村新型经营体制改革，落实所有权，稳定承包权，放活经营权。加快推进农村宅基地使用权和房屋所有权"两证合一"颁证工作，探索制定农民自愿永久有偿退出"三权"管理办法。积极促成全区农村产权交易中心落户吴忠。扩大集体资产股权量化，土地股份合作制试点范围。鼓励个体工商户和灵活就业人员自主缴存住房公积金，扩大制度覆盖面。全面放开落户限制，有序推进农业转移人口市民化。努力扩大对外开放，深化与京津冀、长三角等地区交流合作，精心承办第十届国际葡萄与葡萄酒学术研讨会。加快重庆、成都、广州等城市优质特色产品展示展销中心建设步伐，年内建成20家。

科技创新再助力。落实科技创新驱动发展战略，全面实施科技创新行动计划。推进产学研融合，围绕高端智能控制阀、滚动轴承、精密汽车零部件，引进培育生产研发类企业，壮大高新技术产业规模。深化与清华大学、中科院、西北农林科技大学等科研院所、国家高新区合作。强化企业创新主体地位，组建产业技术创新战略联盟。启动金积工业园区、吴忠国家级农业科技园区创建国家高新技术产业开发区工作，金积工业园区建成自治区级高新技术开发区。加强智力支撑，围绕项目开发人才，创新用人体制机制。引进装备制造、新材料、生态纺织等领域高层次创业人才（团队）5个，建成院士工作站1个，培养产业领军人才10名，培养科技特派员及农村实用人才带头人300名、经营性人才500名。加快成果转化，鼓励企业加大研发资金投入，扶持本土企业承接科技成果转化，先进技术成果转化达到10项以上。新建自治区级企业技术中心2家，培育"两化融合"示范企业5家，培育科技型中小企业20家以上。加强与广东中山健康产业园合作，引进生物保健、营养食品、中草药种植等产业项目。争创驰（著）名商标、名牌产品5个。

社会事业再发展。加快完善基本公共服务体系，满怀真情办好民生实事，千方百计提高城乡居民收入，努力让群众有更多获得感和幸福感。深入推进脱贫攻坚，严格落实脱贫攻坚全面量化管理体系，全面推进产业、光伏、电商、金融、旅游、教育扶贫，复制推广金融扶贫"盐池模式"，精准落实到村到户脱贫措施，确保59个贫困村销号，1.3万户5万人脱贫，盐池县率先脱贫摘帽。创新移民安置模式，完善基础设施，年内搬迁安置移民3724人。统筹发展社会事业。加大教育投入力度，免除高中阶段教育学杂费，提高生均公用经费标准。实施宁夏民族职业技术学院产教融合等项目，改扩建各类中小学和幼儿园102所。推动义务教育均衡发展，确保红寺堡区、同心县顺利通过自治区评估验收。加快医药分开、分级诊疗、三医联动，促进基本医疗卫生服务更公平。完成妇幼保健院迁建工程。深化与北京友谊医院等医疗机构的交流合作，让群众享受到更优质、更便捷的医疗服务。加强健康知识普及教育，提高群众健康意识。全面落实两孩政策，提升人口素质。深入推进国家公共文化服务体系示范区创建，确保公共文化服务均等化、社会化发展。高标准举办第三届全市运动会、第六届黄河金岸国际马拉松赛、全国沙滩排球巡回赛和山地自行车赛等体育赛事。大力开展特色技能人才培训，创建一批全民创业孵化基地，重点抓好高校毕业生、农村富余劳动力和困难群体就业，全年培育小企业650个，培养小老板1300个，让每一个诚实劳动者有活干、有钱挣。完善社会保障体系，推进全民参保登记和扩面征缴，启动实施异地就医结算区级统筹。新建棚户区改造房9454套，着力解决城乡低收入家庭住房问题。进一步提高城乡居民基础养老金，加快推进城乡低保一体化，完善社会救助体系，提高困难群众和残疾人生活救助金标准，让困难群众和弱势群体都能感受到社会主义大家庭的温暖。积极发展慈善事业和养老服务产业，年内建成吴忠市敬老院、老年活动中心、残疾人康复中心。建立完善政府、学校、家庭责任共担的关爱管护留守儿童工作机制，动员社会力量参与，让留守儿童得到更多关爱保护。全面强化社会治理，深化"平安吴忠"建设，构建立体化社会治安防控体系。切实加大禁毒工作力度，深化综合整治成效，坚决打好禁毒人民战争。积极做好信访积案化解，严厉打击恶意欠薪行为，保障农民工合法权益。认真落实安全生产全面量化管理体系，加强煤炭、化工、道路、食品等重点领域监管。巩固提升全国民族团结进步示范市创建成果，着力提升宗教事务依法管理水平，引导宗教与社会主义社会相适应。扎实开展全国文明城市创建活动，提高社会文明水平。启动新一轮全国双拥模范城创建工作，巩固深化军民融合发展成果。加强外事侨务、气象、统计、档案、市志、防震、住房公积金等工作，支持工会、共青团、妇联等群众团体创新开展工作。

自身建设再加强。面对艰巨繁重的发展任务，政府部门和全体工作人员要按照"实干、团结、创新、高效、清廉"的要求，恪尽职守，努力打造人民满意政府。始终坚持党的领导，牢固树立政治意识、大局意识、核心意识、看齐意识，始终同以习近平同志为核心的党中央保持高度一致，坚决贯彻中央和自治区的决策部署，紧紧围绕市委确定的战略、目标、任务狠抓落实。坚持从严管理，认真落实"三严三实"要求，不断加强政府及组成部门党组思想建设、政治建设、组织建设和作风建设。始终坚持依法行政，严格按法定权限和程序履行职责，切实做到法定职责必须为，法无授权不可为。自觉接受人大及其常委会依法监督和政协民主监督，提高议案建议、提案办理质量。深入推进政务公开，及时回应社会关切，提高政府工作透明度。始终坚持务实勤政，大力倡导说了就办、定了就干、干就干成。健全督查问责、激励鼓励和容错纠错机制，整肃庸政懒政怠政行为，给改革创新者撑腰鼓劲，让守旧不前者无处立足，持续提高政府执行力、服务力和保障力。始终坚持从严治政，把纪律和规矩挺在前面，严格落实中央八项规定精神，认真履行"一岗双责"，持之以恒改进作风，严肃查处违纪违法案件，坚决铲除滋生腐败土壤。坚持厉行节约，真正把财政资金用到发展最需要、群众最受益的地方。政府工作人员要自觉接受纪律的约束和舆论的监督，干净干事，清白做人，做无愧于组织、无愧于人民、无愧于时代、无愧于使命、无愧于人生的人民满意的公务员。

各位代表，新目标振奋人心，新使命催人奋进。让我们更加紧密地团结在以习近平同志为核心的党中央周围，在自治区党委、政府和市委的坚强领导下，改革创新，开拓进取，勇于担当，奋发有为，努力走好新的长征路上的每一步，为与全国同步建成全面小康社会目标而努力奋斗，以优异成绩迎接党的十九大和自治区第十二次党代会的胜利召开！

专辑 ZhuanJi >>>

2016年市政府承诺为民办理的10件实事

2016年，市政府承诺为民办理的10件实事涉及教育、文化、卫生、弱势群体救助等各个方面。在市人大常委会的监督指导下，全市上下高度重视，周密部署，精心组织，认真办理。年底前，10件实事全部办理完毕。

第一件：改造提标市区自来水水质（对市区第二、三自来水厂实施水质提标改造，进一步提升自来水供水标准，保障群众饮水健康，优化市区21万群众饮用水）。第二、三水厂项目概算总投资7094.38万元，年底前已完成并投入运行。

第二件：加强市区住宅小区综合管理。一是理顺市区住宅小区物业管理体制，规范专项维修基金收取、使用和管理，集中解决物业费收取和卫生、安全、管理及基础设施维修等重点难点问题。市住建局起草了《关于进一步理顺物业管理 促进物业行业健康发展的意见（送审稿）》。二是对没有物业管理的192个老旧小区化粪池、下水井、下水管道进行疏通清理。利通区已对192个没有物业管理老旧小区化粪池、下水井、下水管道疏通清理完毕。三是对10个老旧小区基础设施进行维修改造。年内对金星镇农行家属院、银塔小区、银南汽车服务公司家属楼等10个老旧小区进行改造，概算总投资1249.33万元。

第三件：实施教育惠民工程。一是新建第七小学（裕民小学分校）、洼渠幼儿园、高级中学实验楼及回民中学学生宿舍楼，解决1620名孩子入园入学难题。年底前第七小学、洼渠幼儿园、高级中学实验楼、回民中学学生宿舍楼均已完工。二是对全市偏远农村贫困中小学生给予乘车补助，惠及3941名中小学生。年内共对全市7870名偏远农村贫困中小学生给予乘车补助，其中市区966名，红寺堡区1500名，同心县900名，盐池县扩大受助学生范围，4504名寄宿学生全部享受乘车补助。三是购买学前教育服务，加大学前教育资源供给，适龄幼儿入园率提高了3%。年内市财政安排170万元用于政府购买学前教育服务，采取补贴教师社保金、发放幼儿助学券的形式，对市区剑桥、同利等5所普惠性幼儿园给予补助，加大教育资源供给。学前教育三年幼儿入园率提高3%以上。四是资助部分贫困大学生，为利通区被征地农民义务教育阶段子女免除课本费，高中阶段子女免除学费，惠及13500人次。已完成2015—2016学年普通高中第二学期资助工作，资助学生2260名，资助金额420万元，资助覆盖面达到在校生20%以上；为1302名中职学生办理国家助学金近130万元，免除6514名学生学费650.1万元，为利通区6109名符合条件的被征地农民子女免除课本费72.42万元。开展大学贫困新生资助工作，截至8月底，仅教育行政部门共资助学生295名，共资助金额157.9万元。

第四件：强化食品质量安全管理。一是购置奶牛综合指标分析仪等设备17台（套），为奶牛养殖户和规模化牧场提供检测服务，优化乳品质量。奶牛生产性能（DHI）测定中心（吴忠）建设项目实验室已改建完毕，10月底正式投入使用。二是建设吴忠市农产品质量安全检验检测中心实验室，支持全市农业特色优势产业发展。三是对全市生产、流通等环节的粮油制品、乳制品、调味品及婴幼儿食品等抽检800批次，加大食品安全监管力度。市市场监督管理局年内共安排955批次食品安全抽样计划。年底前，已完成食品安全监督抽检874批次，完成计划任务的91.5%，对检测出的不合格食品立案查处2起，收缴罚没款71.98万元。

第五件：提升公共卫生服务能力。一是在市区范围内为婴幼儿发放贫血辅食营养补充品，开展健康喂养教育普及活动，降低适龄婴幼儿贫血患病率。年底前，市妇联已为市区6~24月婴幼儿发放营养包39835盒，同时开展健康喂养教育普及活动，受益婴幼儿5549名。二是在市区建立20个儿童早期家庭教育示范点，5个儿童早期发展家长学校，举办100场儿童早期家庭教育讲座，促进儿童健康成长。已建立儿童早期发展示范家长学校7所、社区示范指导服务点20个、婴幼儿科学养育家长学校13个。建立儿童早期发展讲师队伍和"吴忠儿童早期发展课堂"微信群，举办各类儿童早期发展培训、讲座79场次，15000余名家长受益。三是免费为6000名小学生开展口腔健康检查，实施龋齿填充500例，牙齿窝沟封闭2万颗，为1万名小学生开展口腔健康教育，完成1000户健康口腔示范家庭创建。年底前，已为市区小学生进行口腔检查3571人，开展口腔教育5120人，完成龋齿填充200例，牙齿窝沟封闭10150颗，口腔示范家庭创建已完成前期准备工作。四是建设卫生服务站。水岸帝景小区卫生服务站用房已完成购买。五是在市区范围内新建6座公厕，年底前已建成并投入使用。

第六件：开展电动车综合管理整治。市公安局制定了《电动车物联网管理工作实施方案》。8月15日，电动车登记备案工作正式启动，在市区4个派出所设置安装点，免费为市民安装车牌和防盗标签。年底前已对市区17898辆电动车进行了登记备案并安装了车牌和防盗标签，有效规范了市区电动车管理。

第七件：加大扶残助困力度。一是向全市1891名特困群众（特困残疾人537名）和1206名残疾人发放生活救助金。二是为全市2300名重点优抚对象提供健康体检服务。年底前，核定符合体检条件的优抚对象2210人，由各县（市、区）民政部门组织在有资质的医疗机构进行体检。三是为吴忠特殊教育学校配备特殊教育教学设备。

第八件：建设市区城市绿道。规划建设市区绿道总长127.3公里，年内完成利红街、利华街、利通街、利宁街、同心街、世纪大道、明珠路、开元大道、古城五号路、环清宁河、滨河大道等13条绿道建设。

第九件：实施文化体育利民项目。一是将市区公共体育场馆、部分学校体育场馆和部门、单位体育场馆共计95个场地免费向公众开放，并为开放场馆配备体育设施。制定印发了《吴忠市公共体育场地设施向社会开放实施意见》，明确了14家单位95个场地免费向公众开放。年底前已有105个运动场地向社会免费开放，安排专人进行管理，公示开放时间，统一悬挂面向社会开放体育场馆告示牌。二是在市区范围内建设24小时自助借阅室、大屏读报机、电子书借阅机等公共文化设施，年内已全部安装调试完毕并投入使用。为市文化馆电子阅览室配备电脑及电脑桌50台（套），完成文化惠民演出246场次，"送健康下基层活动"50次。三是为全市依法登记宗教场所全部免费订阅《吴忠日报》。市财政安排资金40.528元为全市依法登记的1360座宗教活动场所订阅了《吴忠日报》。

第十件：促进全民创业就业。一是开展电商人才培训，电子商务职业技能培训1000人，电子商务创业培训500人。年底前，全市开展电子商务人才培训共1320人，其中：电子商务职业技能培训840人，电子商务创业培训480人。二是建立电商创业担保贷款基金。市财政为全民创业小额贷款担保中心注资200万元，为符合创业贷款条件的电商企业和网络商户提供创业担保贷款和贴息支持。市财政已为全民创业小额贷款担保中心注入电商创业担保基金200万元，已提供创业担保贷款5笔25万元。三是扩大公共服务购买范围，购买公益性岗位252个。年内以政府购买服务的形式购买公益性岗位252个，已全部安排到位。四是开展职业技能培训7600人。截至8月底，职业技能培训7241人，完成目标任务的95%。五是制定扶持奖励政策，鼓励企业或个人在北京、天津、上海、福州等城市设立吴忠特色产品展示展销窗口。市商务局牵头制定了《吴忠市优质特色产品展示展销中心建设实施方案》，市财政每年从产业引导基金中安排专项扶持资金，对吴忠特色产品经销企业给予一定的奖励，年底前已设立吴忠特色优质产品展示展销中心6家。

大事记 DaShiJi

1月

5日 市委书记赵永清到盐池县惠泽村调研扶贫攻坚工作。强调党员领导干部要有责任感、紧迫感，拓宽扶贫工作思路，做到贫困村不致富不奔小康不松手，充分调动老百姓的积极性，通过培育产业、搭建平台等，带领群众尽快脱贫致富。要把党建建在产业链上，加强基层组织建设，发挥好党员队伍先锋模范作用。扶贫先扶智，治贫先治愚，要抓教育、文化、思想，提振群众的精气神，使贫困群众实现思想观念的转变和致富能力的提升。要积极探索多元化解决精准脱贫的方式方法，全面推行"龙头+基地+农户""金融+龙头+农户""技能培训+劳务公司+农户"等九大产业扶贫模式，大力培育新能源、电商扶贫、"互联网+"等新业态扶贫，引导贫困人口变市民、变商人、变工人，实现稳定增收和就地脱贫。要加大光伏扶贫、生态扶贫、金融扶贫力度，探索资产收益扶贫，让贫困人口分享资源开发收益。

△ 召开京藏高速石嘴山至中宁段改扩建工程吴忠段征地拆迁工作协调会。

6日 召开全市安全生产工作会议。会议对2015年度全市安全生产工作进行回顾，对岁末年初安全生产工作进行安排部署。市长喜清江出席会议并讲话。

8日 利通区毛纺织产业园区在四川省成都市召开的全国纺织产业转移工作会暨绿色互联网纺织发展论坛会议上被评为"产业转移十大产业园区"，并荣获"纺织结构调整突出贡献奖"，这也是此次在全国纺织行业中唯一同时获得两项殊荣的产业园区。

11日 宁夏2016年第一期青少年校园足球专项培训班开班仪式在吴忠市第一中学举行。此次培训班为期7天，自治区教育厅、宁夏大学有关人员和吴忠市区中小学校负责人、全区中小学校体育教师参加。

12日 召开禁牧封育专项整治行动会议，即日起在全市范围内开展禁牧封育百日专项整治行动工作。

15日 市委书记赵永清，市长喜清江，市委常委、常务副市长张学慧先后到宁夏军区、武警宁夏总队和宁夏消防总队，走访慰问了驻宁部队官兵，并与驻宁部队官兵进行了座谈。

△ 由天府商品交易所和百信药业共同推出的"盐池甘草"在四川成都天府商品交易所交易大厅上市，这是该交易所推出的第一个中药材交易品种。据悉，甘草产品的上市，填补了我国中药材商品衍生品交易的空白。

17日 市委书记赵永清会见山东锦程新能源汽车有限公司董事长张海波一行。

21日 由自治区党委宣传部、文明办、科技厅、教育厅等部门主办的2016年自治区文化科技卫生"三下乡"集中服务活动在盐池县高沙窝镇启动。自治区党委常委、宣传部部长、自治区政协副主席蔡国英，自治区副主席姚爱兴，市领导孙瑛、马中勇参加启动仪式。

26日 自治区党委常委、宣传部部长、自治区政协副主席蔡国英一行到利通区部分贫困村村部、企业和困难群众家中慰问困难群众。

△ 自治区党委常委、自治区副主席李锐带领调研组一行，调研吴忠市农民工工资支付工作。

26—27日 自治区党委书记李建华到吴忠市调研，督查"十三五"开局、脱贫攻坚、项目建设以及基层干部作风情况，强调要认真贯彻落实中央和自治区的决策部署，主动适应经济发展新常态，坚持思想认识到位、发展措施到位、扶贫政策到位、干部作风到位，主动作为，真抓实干，确保实现"十三五"良好开局。区、市领导张超超、赵永清、喜清江陪同，市政协主席马文娟及四套班子在家领导参加座谈会。

△ 全区关工委工作会议在吴忠市召开。自治区党委常委、组织部部长傅兴国出席会议并讲话。自治区政协副主席张学武出席会议，市领导桂福田、孙瑛参加会议。

29日 召开全市统战部长、民族宗教局局长会议。会议传达学习了自治区统战部长、民族宗教局长会议精神；通报了全市统战、民族宗教2015年工作情况。市委常委、统战部部长兰德明出席会议并讲话。

本月 吴忠市妇联在吴忠中学举行"春蕾女童"助学金发放仪式，受助学生每人领到1000到1200元不等的助学金。

△ 盐池县革命烈士纪念园入选全国首批党性教育基地网上展馆，并正式上载到共产党员网。

△ 盐池县宁夏天利丰能源利用有限公司、宁夏宁鲁石化有限公司、宁夏深燃众源天然气有限公司3家企业被列入自治区电力直接交易用户，2016年第一季度电力直接交易量3089万度，每度电在基本电价基础上直降0.046元，企业可节省电费142万元。

△ 宁夏味源食品有限公司等69家农产品加工企业被吴忠市人民政府命名为第七批市级农业产业化重点龙头企业。截至目前，全市龙头企业总数达到202家，其中，国家级3家，自治区级70家，市级129家，涉及枸杞、牛羊肉、中药材等11个产业。

2月

1日 市长喜清江和吴忠军分区司令员韩福振一行走访慰问了武警吴忠支队、吴忠消防支队和吴忠军分区，向驻吴部队官兵送去新春的祝福和慰问。市领导孙瑛、刘敏、张卫国、冯德胜陪同慰问。

2日 市委书记赵永清、市长喜清江到吴忠北京华联超市、吴忠福安公交公司、吴忠新南天然气加气站等地，对节日市场供应、物价水平、食品安全、春运安全、消防安全、特种设备安全等工作进行全面检查。

3日 由市工信局、市人社局、市工商联联合主办，宁夏禹皇酒业科技有限公司承办的"互联网+创客经济"培训班开讲，三家单位相关人员和企业工作人员共200多人参加。

5日 市委、市政府举行2016年春节团拜会。市委书记赵永清、市长喜清江、市政协主席马文娟等市四套班子全体领导同社会各界代表欢聚一堂，辞旧迎新，共贺新春。

6日 市委书记赵永清、市长喜清江及市四套班子领导分赴有关单位看望慰问春节期间坚守在各条战线上的一线工作人员。

14—15日 举办全市领导干部学习班。市委理论学习中心组成员及市直各部门副处级以上干部、部分科级干部500多人参加了集中学习。

17日 市委书记赵永清会见大连万达商业地产股份有限公司发展中心北方区总经理柏雪峰一行，双方就进一步深化合作、推进项目建设进行了交流。

18日 市委书记赵永清到青铜峡市调研第一季度开局工作运行情况。

△ 吴忠市荣获首届宁夏慈善城市奖殊荣。由吴忠市申报的宁夏汇川爱德服装有限公司30万条女裤生产项目获慈善项目奖，兰花热心小组负责人王兰花获慈善人物奖。

19日 中央农办二局局长吴宏耀带领视察组到吴忠市视察农业工作。

24日 吴忠市在利通区举行重点项目大会战暨恒丰"双百"项目开工仪式，全面拉开了全市2016年重点项目建设大幕。自治区人大常委会副主任吴玉才、自治区政协副主席张乐琴、市委书记赵永清、市长喜清江、市政协主席马文娟及市领导胡东升、张学慧、王天军出席主会场开工仪式。

25日 自治区考核组到吴忠市，就2015年最严格水资源管理制度和节水型社会建设工作情况进行检查。

26日 举行全市创建国家公共文化服务体系示范区动员大会。大会对创建工作进行了安排部署，动员全市上下以志在必得的决心、干则必成的精神，全力以赴推动国家公共文化服务体系示范区创建工作。市长喜清江讲话，并与各县（市、区）、市文体新广局签订责任书。市委常委、组织部部长、宣传部部长孙瑛主持会议。

本月 宁夏第一家智能微电网——嘉泽红寺堡微电网电站通过吴忠电网35kV兴旺变523兴泽线与系统顺利并网投运。

△ 青铜峡市通过国家卫生城市复审，重新被确认为国家卫生城市。

△ 中国科学院古脊椎动物与古人类研究所、宁夏文物考古研究所和青铜峡市文物管理所联合组队对鸽子山遗址开展考古发掘工作，出土了大量的石器时代遗物。

△ 盐池县环境和林业局与宁夏翼扬通用航空有限公司合作执行了全区境内首次航空护林任务。本次飞行时间共1小时30分钟，巡护面积达8000余平方公里，航线距离约160公里，途经郭记梁、骆驼井、北王记圈、三道川及盐池县城等，基本覆盖盐池境内的重点林区。

△ 由国家图书馆主办，宁夏图书馆协会和吴忠市图书馆协会承办的"同筑中国梦·共度书香年"楹联展活动在吴忠市图书馆举办。本次活动共展出40余副楹联。主要以赏析传统佳联与展示当代幸福生活为主，展板介绍了楹联起源、特点和文化内涵。

△ 利通区被国土资源部确定为不动产统一登记宗地统一编码试点地区，是宁夏唯一的试点地区，将对推动全区不动产统一登记工作起到重要示范作用。

△ 吴忠市图书馆被自治区党委宣传部等13家单位授予全区文化科技卫生"三下乡"先进集体称号。

△ 包括吴忠市在内的全国100个市（区）被国家旅游局评为2015年"厕所革命先进市"，为吴忠市城市发展又增添新的名片。

△ 国家质检总局批准盐池滩羊为地理标志保护产品，自2016年2月1日起实施保护。盐池滩羊产地范围为盐池县花马池镇、大水坑镇、惠安堡镇、高沙窝镇、王乐井乡、冯记沟乡、青山乡、麻黄山乡共8个乡（镇）。

3月

1日 自治区人大常委会副主任肖云刚带领调研评估组，对吴忠市制定地方性法规有关事项准备工作情况开展调研评估。市长喜清江及市人大常委会副主任胡东升、郭祥参加座谈会。

△ 《吴忠市重大行政决策程序规定》正式施行。《规定》共11章58条，主要内容包括总则、决策启动、公众参与、专家论证、风险评估、合法性审查、集体讨论、向人大常委会报告、执行与后评估、责任追究、附则等部分。

△ 召开全市春耕生产、农业结构调整、土地流转现场会暨市委农村工作领导小组会议。会议安排部署了全市春耕备播工作，加快推进农业产业结构调整和有序推进土地流转进程，促进农业发展方式得到有效转变，加快吴忠市现代农业发展步伐。市领导桂福田、石瑞林、李焕民、马玉龙、叶铁强出席会议。

2—4日 市委书记赵永清赴上海考察申能集团、海通证券、上海股权交易所。

3日 自治区督查组一行到吴忠市，通过座谈、实地调研、听取汇报等方式，对吴忠市推进简政放权、放管结合、转变政府职能工作进行督查。市委常委、常务副市长张学慧参加座谈会。

△ 由市妇联主办，市文化馆、公安局、教育局、市人民医院、宁夏民族职业技术学院协办，市广播电视台承办的"巾帼美丽靓吴忠"——庆"三八"国际劳动妇女节106周年纪念会在吴忠市文化馆举行。市领导郭祥、马银静、马中勇、买霞、张广文参加纪念活动。

3—4日 工信部中小企业局国际合作交流处处长周健一行到吴忠市调研，市委常委、副市长霍小军出席座谈会。

4日 召开全市文明委全体成员第一次会议。市委常委、组织部部长、宣传部部长孙瑛主持会议。会议通报了2015年全市精神文明建设工作暨创建全国文明城市工作情况；各单位共同审定了拟命名表彰的吴忠市第三届道德模范名单、2015年度全市"美丽乡村"精神文明建设示范点名单、"城乡文明共建"工作先进集体名单、2015年度吴忠市"乡村好人家"名单与《中国好人榜三月入选名单发布仪式暨全国道德模范与身边好人（宁夏吴忠）现场交流活动方案》，进一步明确了2016年吴忠市精神文明工作的重点任务。

△ 在市图书馆召开志愿者协会第一届理事会议第二次全体会议。会议总结了近三年全市志愿者服务工作，安排部署今后一个时期的工作。市领导孙瑛、郭祥、张广文出席会议。截至3月底，全市注册志愿者达14.3万人，注册志愿者人数占全市总人口的10%。会议还命名表彰了首届吴忠

市最美志愿者、最佳志愿服务组织、最美志愿服务社区、最佳志愿服务项目，选举了理事会新的领导。

△ 市国土资源局利通区分局、市国土资源执法监察支队、利通区东塔寺乡政府联合对东塔寺乡刘碱滩村、新接堡村农民违法占地建房进行集中清理整治。

7—12日 吴忠市人民政府法制办举办"推进依法行政 建设法治政府"专题培训班，全市37个行政执法部门共1019名执法人员参加培训。

9日 市委书记赵永清会见宁夏旅游集团有限公司总经理周明新一行，双方就进一步深化合作进行了交流。

10—11日 自治区副主席曾一春到吴忠市调研农业工作。市领导赵永清、桂福田、石瑞林、马玉龙陪同调研。

11日 利通区成立全区首个县级媒体通讯员之家。

△ 吴忠市召开户籍管理制度改革新闻发布会。市委常委、组织部部长、宣传部部长孙瑛参加新闻发布会。市委、市政府正式出台《吴忠市关于进一步推进户籍制度改革的实施意见》，明确吴忠市户籍实行"零门槛"落户，完全放开吴忠市区、县级市市区和建制镇落户限制。为吸引农民落户城市，吴忠市推出了五项优惠政策：一是凡进城落户人员，原农村土地承包经营权、宅基地使用权、林（草）权和集体收益分配权保持不变，继续享受粮食直补、退耕还林还草各项惠农政策。二是购买住房优惠政策。凡本市农村居民进城落户首次购买90平方米以下商品房和二手房的，免收所有权登记费、土地登记费。三是按照"就近入学、划片招生"原则，解决进城农户子女入学难问题。四是落实进城落户人员同城同待遇。进城落户人员在就业创业、社会保障、社会救助和优抚安置、公租房等方面享受与城镇户籍人口同等待遇。五是继续享受计生优惠政策。农民进城后，自落户之日起三年内执行农村居民的生育政策，三年后执行城镇生育政策。原已享受农村部分计划生育奖励优惠政策、少生快富工程奖励扶助政策、特殊困难家庭救助政策的不变。

14日 市委书记赵永清到太阳山开发区调研工业经济。

15日 市委书记赵永清到红寺堡区调研脱贫攻坚精准识别工作。市委副书记桂福田和市领导李焕民、马玉龙、叶铁强及市直有关部门负责人陪同。

16日 自治区政协调研组一行到吴忠市调研青铜峡铝业发电有限公司，并围绕吴忠市电力体制改革、降低企业综合经营成本等问题进行座谈。市委常委、青铜峡市委书记石瑞林，市政协副主席买霞参加。

△ 吴忠市与中节能建筑节能有限公司进行吴忠热电联产集中供热热力网PPP项目签约仪式。该项目将城市东片区、北片区在内的城市供热面积全部纳入热电联产供热。市委常委、常务副市长张学慧出席签约仪式。该项目4月20日前正式开工建设，9月底前完工，10月份完成工程竣工验收和调试准备工作，11月先期接入500万平方米供热面积。

17日 吴忠市召开纪律审查工作会议，总结2015年纪律审查工作，对2016年纪律审查工作进行部署，提出要综合运用监督执纪"四种形态"要求，加大纪律审查力度，把纪律挺在前面，抓早抓小，动辄则咎。市委常委、市纪委书记马和清出席会议。

18日 吴忠市召开环境保护暨创建环保模范城市工作推进会，对吴忠市环保重点工作和创建国家环保模范城市工作进行安排部署。副市长王天军出席会议。

20日 吴忠市在广州举办了吴忠（广州）招商引资座谈会。市人大常委会副主任马伟参加会议。会议邀请广州创业回族企业家、宁夏籍阿拉伯语翻译代表和同心县驻广州商会会员企业等40多人参加。

21日 举办《城乡规划法》讲座，旨在进一步加强对《城乡规划法》的贯彻落施，促进城乡建设健康发展。市人大常委会副主任马耀宗参加。

22日 全国民族团结进步创建活动示范市授牌仪式在吴忠会堂举行。国家民委监督检查司巡视员宋全代表国家民委将"全国民族团结进步创建活动示范市"牌匾授予吴忠市，吴忠市成为全区率先受到国家民委命名的全国民族团结进步创建活动示范市。在全国首批创建民族团结进步示范州（市、盟）试点单位中，吴忠市成为全国第三个获得这一殊荣的地级市。自治区党委常委、统战部部长马廷礼，自治区副主席马力，市委书记赵永清和市四套班子其他在家领导等参加授牌仪式。自治区民委主任丁卫东主持会议。

24日　自治区政协副主席田成江带领调研组来吴忠市调研宗教事务管理工作。市领导杨金海、买霞陪同调研。

△　召开全市县（市、区）人武部党委第一书记党管武装工作述职会。市委书记、吴忠军分区党委第一书记赵永清参加会议并讲话。

25日　自治区专家组对吴忠市创建国家公共文化服务体系示范项目、公共文化服务进慈善产业园区项目进行评估检查。

△　中国银行宁夏分行行长陈志能一行来吴忠市调研。市长喜清江及副市长杨金海、左振哲参加调研。

△　宁夏吴忠市优质特色产品展示展销中心在福建省厦门市揭牌，标志着吴忠市优质特色产品率先走出宁夏，进军全国一二线城市。

28日　首届丝绸之路（敦煌）国际文化博览会专请专访组到吴忠开展文博会专请专访工作。市领导石瑞林、马中勇、杨少清陪同。

30日　宁夏中部干旱带脱贫攻坚水源工程暨下马关、马高庄水库开工仪式在马高庄水库施工现场举行，正式拉开了全区水利脱贫攻坚序幕。自治区党委书记李建华发来贺信。自治区主席刘慧、自治区党委副书记崔波、自治区副主席曾一春及市委书记赵永清、市长喜清江出席开工仪式。

30—31日　上海农展企业集团有限公司总裁邱艳庭一行应邀来吴忠市参观考察，副市长马玉龙及相关部门负责人陪同。

31日　由中央文明办主办，中国文明网、自治区文明办、吴忠市委、吴忠市人民政府承办的"中国好人榜"三月入选名单发布仪式暨全国道德模范与身边好人（宁夏·吴忠）现场交流活动在吴忠市举行。自治区党委常委、宣传部部长、自治区政协副主席蔡国英，中央文明办秘书局副巡视员王建民，市委书记赵永清，市长喜清江，市领导孙瑛、张广文等出席活动。

本月　自治区党委办公厅、自治区人民政府办公厅印发的《关于2015年度市县（区）和自治区机关效能目标管理考核结果的通报》上显示，吴忠市获得地级市第一名，利通区获得市辖区第一名，盐池县获得山区县第二名。

△　利通区上桥镇被自治区环保厅命名为自治区生态乡镇。

△　市交通运输局荣获全国2015年交通运输行政执法评议考核优秀单位，是全区唯一获此殊荣的市县级交通运输局。

△　由盐池县财政统一出资，对有盐池户口的60岁以上五保老人、低保老人、重点优抚老人每位参保人员按照90元/年·人标准投保。除五保老人、低保老人、重点优抚老人外，其他女性年龄在55~80周岁、男性年龄在60~80周岁的老年人，均由县财政统一出资投保，每位参保人员按照30元/年·人标准投保。该政策的实施，将使全县2.4万余名60周岁以上老年人直接受益。

△　按照自治区文件精神，吴忠市及时调整基本医疗保险门诊大病政策，提高了部分门诊大病病种的支付额度。调整的内容：高血压和有并发症的高血压病，合并为高血压及高血压并发症；糖尿病和有并发症的糖尿病合并为糖尿病及糖尿病并发症。调整高血压及其并发症、糖尿病及其并发症、恶性肿瘤放化疗、器官移植抗排异治疗、慢性病毒性肝炎、慢性肾脏病、类风湿性关节炎、精神病、系统性红斑狼疮等门诊大病病种最高支付限额。同时，调整参保人员患多种门诊大病病种最高支付额计算比例。

△　国务院办公厅发布《关于对落实有关政策措施成效较明显地区予以激励支持的通知》，提出对盐池县等给予督查表扬。盐池县是受到表扬的全国20个县（市、区）之一，也是宁夏唯一受表扬的县。

△　吴忠市出台《关于进一步深化"强龙工程"加强农村基层党建工作的意见》，对当前和今后一个时期全市农村基层党建工作进行全面安排部署，扎实推进农村基层党建工作全面提升、全面过硬。

△　盐池县被国家发改委、农业部列为"十三五"退牧还草工程典型县。

4月

7日　市委书记赵永清到吴忠国家农业科技园区调研特色产业、项目建设、物联网等，现场解决园区发展难题。

12日　自治区副主席刘可为到吴忠市调研城市重点项目建设情况。市委书记赵永清等陪同调研。

12—13日　江苏远东控股集团首席行政官、远东慈善基金会执行理事长周东佼到吴忠，就身障人远东（吴忠）创业街项目进行调研。副市长左振哲陪同调研。

13日 武警宁夏总队助力地方脱贫攻坚工作会议在吴忠市召开。会议对宁夏武警总队助力地方脱贫攻坚工作作了全面部署。武警宁夏总队政委尚力峰、市委书记赵永清、武警宁夏总队副政委史照栋、副市长马玉龙参加会议。

△ 自治区人大常委会副主任刘慧芳到吴忠市调研县乡人大换届选举和自治区乡镇人大工作条例修订情况。市人大常委会副主任胡东升、张卫国参加汇报座谈会。

△ 作为京宁医疗精准扶贫的重要项目，吴忠市人民医院和北京市友谊医院签订医疗精准帮扶与技术合作协议，双方将在加强医院管理、提升综合能力、重点科室建设及骨干人才培养等方面开展合作。吴忠市委常委、副市长霍小军出席签约仪式。

14日 国家林业局副局长陈凤学带领调研组对吴忠市湿地产权确权工作进行调研。自治区副主席曾一春，市领导赵永清、石瑞林、马玉龙陪同调研。

15日 自治区主席刘慧对吴忠市第一季度工业经济运行情况进行专题调研并召开座谈会。自治区领导张超超，市委书记赵永清、市长喜清江等陪同。

16日 吴忠特色农产品北京展销中心正式开业。该展销中心设立在民族文化宫，展销场地面积为1400平方米，分为葡萄酒展示及品鉴区、有机产品区、牛羊肉区、羊绒产品区等区域，目前已经入驻50多家企业的八大类400多种产品。

18日 2016年"健康中国行走进宁夏·关注全民健康"宣传活动在吴忠市启动。

21日 中国残联党组书记、理事长鲁勇一行到吴忠市调研加快推进残疾人小康进程工作。

△ 中卫市政协副主席秦发成带领考察组到吴忠市考察群团部门工作。市政协副主席曹玉华陪同。

△ "塞外香"杯第三届中国宁夏吴忠牛首山登山徒步大会在牛首山风景区举办。

23日 2016年宁夏公务员招考进行笔试。报考吴忠市职位的考生在吴忠中学、吴忠回民中学、吴忠高级中学、吴忠一中、吴忠二中、吴忠三中6个考点参加考试，这是自治区首次在吴忠市设公务员考试分考区。此次吴忠市直部门及所辖五个县（市、区）招考公务员共提供156个职位，招录196人，参加笔试人员9381名，是吴忠市近年来组织实施的规模最大、人数最多的一次人事考试。

△ 内蒙古自治区乌海市政协主席甄晨岚到吴忠市考察旅游产业发展情况。市政协副主席曹玉华陪同。

26日 全国政协委员、民盟中央常委、自治区政协副主席、宁夏社会主义学院院长安纯人到吴忠市调研"发挥科技社团作用推动宁夏科技创新体系建设"工作。市委常委、政协党组书记、市委组织部部长孙瑛，市委常委、副市长霍小军，市政协副主席曹玉华陪同。

28日 全国政协常委、全国工商联副主席、中国民生投资股份有限公司集团董事局主席董文标及正大集团董事长兼首席执行官谢国民等带领的观摩团到盐池县进行观摩。市委书记赵永清陪同观摩。

△ 自治区人大常委会副主任袁进琳率食品安全执法检查组，对吴忠市贯彻实施《食品安全法》和《宁夏食品生产加工小作坊和食品摊贩管理办法》落实情况进行检查。市人大常委会副主任马伟陪同检查。

△ 市委书记赵永清到盐池县花马池镇调研精准脱贫工作。

△ 2016年全市宗教干部培训班在吴忠市委党校开班。市委常委、宣传部部长、统战部部长兰德明出席培训班。

△ 吴忠市召开政府与群团组织首次联席会。会议传达学习了中央、自治区、吴忠市党的群团工作会议精神，通报了2015年全市经济社会发展总体情况和2016年全市经济社会发展主要任务，对做好新形势下群团工作进行了研究和探讨。副市长王慧仙出席会议。

本月 市直机关完成公务用车停驶、封存工作，标志着吴忠市公车改革正式启动。

△ 宁夏移动吴忠分公司荣获宁夏诚信承诺示范单位称号。

△ 市财政局安排部署行政事业单位资产清查工作。本次清查为财政部部署的年度重点工作，以2015年12月31日为清查基准日，主要针对单位基本情况清理、账务清理、财产清查和完善制度等方面进行清查。通过清查，将进一步摸清行政事业单位家底，不断规范国有资产配置、处置管理，提升存量资产使用效益。

△ 盐池县对县内就读的高中

生实行"三免一补"政策，即免除学费、课本费、住宿费，并给予交通补助，这标志着盐池县率先在宁夏全面实行12年免费教育。

5月

1日 吴忠市第一张房地产行业增值税发票在市政务服务中心开出，至此，吴忠市"营改增"全面推开。当日，市国税局所辖6个县（市、区）局共计自开增值税专用发票、自开普通发票、代开增值税专用发票、代开增值税普通发票共35份，金额约300万元，税额13万余元。

△ 盐池县将农村低保标准由2400元/年提高到3150元/年，对已经纳入保障范围的农村低保对象，在原有补差水平基础上，月人均补差提高25元，由目前每人每月人均220元提高到245元；对5月以后纳入保障范围的低保对象，将按照家庭困难程度实行差额救助和分类施保。

3日 吴忠市创建国家公共文化服务体系示范区2016年滨河百姓大舞台广场文化活动启动仪式在开源广场举行。

4日 自治区政协副主席李淑芬带领调研组到吴忠，对吴忠市贯彻落实《中共中央办公厅关于加强人民政协协商民主建设的实施意见》情况进行调研。市领导桂福田、张广文参加座谈会。

△ 市委书记赵永清会见森森集团董事长李健、嘉泽集团董事长陈波。

△ 市委常委、常务副市长张学慧到市国地税一体化办税服务厅看望慰问一线税务人员，了解全市营改增试点实施情况。

5日 中组部原副部长赵宗鼐到吴忠市调研，市委书记赵永清陪同调研。

△ 市委书记赵永清会见四通集团董事长段永基。

6日 召开全市经济金融信息交流与共享协作工作推进会，研究部署吴忠市经济金融信息交流与共享协作工作，扎实推进相关机制建设，促进经济金融信息互通共享。

9日 吴忠市与宁夏农林科学院科技合作签约仪式在市行政中心举行。市政府与宁夏农林科学院签订《吴忠市人民政府与宁夏农林科学院科技合作框架协议》，市农牧局与宁夏农林科学院农作物研究所、动物科学研究所分别签订科技合作协议，吴忠国家农业科技园区与宁夏农林科学院种质资源研究所签订科技合作协议，宁夏顺宝现代农业股份有限公司与宁夏农林科学院农业资源与环境研究所签订科技合作协议，宁夏钧凯种业有限公司与宁夏农林科学院农作物研究所签订科技合作协议。市长喜清江，宁夏农林科学院党委书记、院长周东宁，市领导廖允成、李焕民、叶铁强等参加签约仪式。

10日 自治区人大常委会副主任孙贵宝带领2016年中华环保世纪行——宁夏行动第二检查组一行到吴忠市进行环保执法检查。市领导胡东升、石瑞林、李焕民、杨金海、王天军陪同检查。

△ 自治区政协副主席张学武带领调研组到吴忠市，就吴忠市刑罚执行监督工作开展调研。

△ 东阿阿胶宁夏黑毛驴繁殖基地在同心县下马关镇三山井村正式开工建设。市领导赵永清、马洪海、王天军等出席项目开工仪式。

△ 全区红十字志愿者先进事迹宣讲团首场报告会走进吴忠市，旨在大力弘扬奉献、友爱、互助、进步的志愿服务精神，积极践行社会主义核心价值观。

11日 国家民委监督检查司、教育部民族教育司一行对吴忠市贯彻落实《国务院关于加快发展民族教育的决定》情况进行督察。

△ 市委书记赵永清到同心县调研产业扶贫工作。

12日 全国政协委员、重庆市政协副主席陈贵云带领考察组，就吴忠市油用牡丹种植情况进行考察。

△ 在盐池县举行全市驻村第一书记工作现场推进会。市领导赵永清、桂福田、霍小军、马洪海、石瑞林、马玉龙参加会议。市委常委、市政协党组书记、市委组织部部长孙瑛主持会议并对贯彻落实会议精神提出要求。

△ 吴忠市红十字会、宁夏民族职业技术学院联合开展地震灾害应急演练活动。

13日 2016年引黄灌区夏播生产现场会在青铜峡市举行，自治区副主席曾一春出席会议并讲话。市领导石瑞林、马玉龙等参加现场会。

△ 吴忠市召开2016年政银企对接会，会前，吴忠市与交通银行宁夏分行、华夏银行银川分行签订了战略合作协议，这标志着吴忠市金融资源和产业发展深度融合，银企互利共赢、共同发展迈上新台阶。市委书记赵永清

讲话，市长喜清江主持会议，市领导郭祥、王天军、王慧仙、杨少清出席会议。

△ 北京金融创新工具与现代体育运营机制考察团5名专家受邀到吴忠市，调研考察吴忠市文化体育产业发展情况。副市长马中勇陪同。

△ 中国石化集团公司与吴忠市签署宁夏塑料项目移交框架协议，将所属宁夏塑料制品有限公司等资产移交红寺堡区接管。

14—15日 中央政治局委员、书记处书记、组织部部长赵乐际到吴忠市同心县同德移民新村调研。自治区及吴忠市领导李建华、傅兴国、赵永清等陪同调研。

16日 吴忠市与北京服装学院在吴忠市行政中心签订人才合作协议。市领导赵永清、喜清江、孙瑛、刘敏、张卫国、张广文，以及北京服装学院党委书记马胜杰等出席签约仪式。双方将在吴忠纺织服装产业发展、互访交流、人才培育和设计研发等领域开展合作，实现地方经济社会发展与高校资源的有机结合、优势互补、共同发展。

△ 全国科技周暨流动科技馆吴忠巡展活动（利通站）在吴忠市图书馆启动，标志着吴忠市青少年科技馆正式开馆。市领导桂福田、霍小军、马银静、曹玉华出席活动。

17日 自治区政协副主席李淑芬带领政协调研组到吴忠市调研农村留守老人、留守儿童、留守妇女工作情况。市领导廖允成、曹玉华等陪同调研。

△ 全国爱卫专家组对吴忠市创建国家卫生城市工作进行调研指导和培训。

△ 召开全市防汛抗旱工作会议。

18日 人社部副部长信长星率调研组对吴忠市人力资源和社会保障工作进行调研。自治区政协副主席张学武、市委书记赵永清、市长喜清江等陪同。

19—22日 市委书记赵永清带领市直相关部门负责人赴广东省考察，并参加了东莞"2016第四届国际食源肽学术研讨会"。其间，实地考察了广东生命一号药业股份有限公司、广东中食营科生物科技有限公司、深圳瑞凌实业股份有限公司等；盐池县与北京怡生安康生物科技有限公司及中国保健协会秘书长达成三方投资合作框架协议，根据协议，在盐池投资3亿元建设以盐池滩羊为主的牛羊血肽系列深加工项目。

20日 吴忠市道路交通事故快处快赔中心正式揭牌启用。启用后的道路交通事故快处快赔中心将有效缓解吴忠市因机动车交通事故导致的交通拥挤，提高机动车交通事故快速处理理赔时效。

21日 国家卫计委调研督查组到吴忠市专题调研医改工作，并召开医改调研督查工作汇报会。副市长马玉龙参加座谈会。

△ 2016年全区事业单位招聘工作人员笔试，吴忠市考区分别在吴忠中学、吴忠回民中学、吴忠高级中学、吴忠一中、吴忠二中5所学校进行。这是继4月23日在吴忠市进行公务员招考笔试后，首次进行事业单位招聘笔试。这次招考共提供232个职位，招聘工作人员284名，参加笔试人员7643名，最高岗位比例243∶1，最低岗位比例1∶1，平均比例27∶1。笔试课目有综合管理、社会科学、自然科学和医疗卫生4个类别。

23日 市委书记赵永清会见东北证券何俊岩总裁一行。

24日 2016中韩（宁夏·吴忠）艺术交流会在吴忠市文化馆启幕，众多中韩艺术家进行了现场绘画交流。

24—25日 十二届全国政协常委、人口环境资源委员会副主任、河南省原省长李成玉和由河南省政协副主席史济春带队的河南省经贸代表团到吴忠市考察。自治区政协副主席张乐琴、市委书记赵永清、市长喜清江及市领导马伟、杨金海、杨少清等陪同调研。

25日 自治区党委书记李建华在红寺堡区调研抓党建促脱贫攻坚工作时强调，要坚持以脱贫攻坚统领经济社会发展全局，抓党建，促脱贫攻坚，精准扶贫，精准脱贫，精准配备干部，坚决打赢脱贫攻坚战，努力打造脱贫攻坚的样板。自治区、吴忠市领导傅兴国、赵永清、喜清江、孙瑛、马玉龙陪同调研。

△ 吴忠市出租车行业户外服务站在宁夏天翔汽车销售运输有限公司成立，60多名驾驶员参加揭牌仪式。经市总工会和交通局、道路运输管理局共同协商后，为户外劳动者服务站配套了包括卫生间、饮水机、微波炉、应急医药箱、桌椅等相关设施，使出租车司机能享受到休息、看书、就餐、饮水等服务。

28日 由青铜峡市委宣传部、山东省泰安市泰山风景名胜区管委会联合主办的大型年度户外极限挑战活动——2016阿迪力高空挑战极限之旅在京举行新闻发布会。

△ 由宁夏东建新能源有限公司建设的2MW垂直轴风光一体中试试验塔项目正式破土动工，标志着世界上首座塔式风光发电机的诞生。

△ 2016年全区中小学幼儿教师、特岗教师公开招聘笔试吴忠考区分别在吴忠一中、二中、三中、四中和五中5个考点进行。此次考试全市共招聘事业编制中小学教师359名，报考人员3522名；招聘中小学特岗教师420名，报考人员2346名。涉及中小学语文、数学、特教等17个科目。

30日 阿尔及利亚民族解放阵线党中央委员萨米娅·穆阿勒菲带领干部考察团一行到吴忠市考察。市长喜清江陪同考察。

31日 自治区人大常委会副主任王儒贵带领执法检查组到吴忠市，对贯彻执行《中华人民共和国水法》情况进行检查。市人大常委会副主任郭祥、副市长马玉龙陪同检查。

△ 市委书记赵永清、市长喜清江分两组，走访慰问了市区部分小学和幼儿园，与孩子们共同庆祝"六一"儿童节，向全市孩子致以节日的祝贺，祝愿少年儿童健康成长、快乐生活。市领导刘敏、兰德明、胡东升、张卫国、王慧仙、张广文、曹玉华参加慰问活动。

本月 神华国能宁夏煤电有限公司盐池惠安一期50MW风电项目获自治区发改委核准批复，并作为清洁发展机制项目开展相关工作。该项目位于盐池县惠安堡镇境内，规划用地面积4.3公顷，总投资4亿元，设计规模为50MW，由神华国能宁夏煤电有限公司建设，安装国产兆瓦级风力发电机组。

△ 国家下达宁夏全区棚户区改造配套基础设施中央预算内资金94724万元，其中，吴忠市落实39053万元，资金争取额度位居全区五市首位。本次下达的资金主要用于市区清水沟等片区道路和城市供水水质提标改造、红寺堡区供水水质改造及扩建、青铜峡市兰馨苑小区室外配套基础设施、盐池县城东区集中供热一期、同心县永安西街道路改造等项目建设，将缓解吴忠市棚户区改造配套基础设施建设资金不足问题。

△ 吴忠仪表有限责任公司、宁夏吴忠市精艺裘皮制品有限公司等36家工业企业的优势特色产品被纳入《2016年宁夏工业名优产品推荐目录（第一批）》，其中包括机械制造类5家、轻工纺织类6家、食品类25家。纳入该《目录》后，将有效提升全市名优产品市场影响力和竞争力，对缓解企业销售压力将起到积极促进作用。

△ 吴忠市首部地级市地方综合年鉴《吴忠年鉴2015》出版发行。

△ 吴忠市科技工作者调查站点被评为全国AAA级优秀站点，名列全国第4名，受到中国科协表彰。

△ 吴忠市制定出台精准扶贫责任规定，进一步明确县（市、区）党委、政府，市直及区属驻吴单位，乡镇党委、政府，驻村工作队精准扶贫工作职责、责任落实措施，为各级党政组织、各部门履行精准扶贫、精准脱贫工作职责确定了责任清单。

△ 在市区范围内开展以整治印刷及出版物市场为内容的专项行动，严厉打击辖区内经营、印刷非法出版物的行为。

6月

1日 自治区党委常委、宣传部部长、自治区政协副主席蔡国英带领调研组，就吴忠市区和青铜峡市同城化工作进行调研。市领导喜清江、孙瑛、张学慧、石瑞林、杨少清陪同调研。

△ 万达集团与宁夏新家源集团房地产开发有限公司合作签约仪式在市行政中心举行。市委书记赵永清，市长喜清江，市委常委、常务副市长张学慧，大连万达商业地产股份有限公司发展中心北方区总经理柏雪峰，宁夏新家源集团房地产开发有限公司总经理马尚荣等出席签约仪式。吴忠万达广场集购物、娱乐、餐饮、休闲、商务等功能于一体，它的建设标志着吴忠市新的商业核心区域的形成，对优化吴忠市服务业布局，促进产业转型升级，增强城区集聚辐射带动能力，提升城市品位和现代化水平，将发挥重要的引领和推动作用，成为推动所在区域服务业发展的核心引擎之一。

2日 由中央国家机关工委《紫光阁》杂志社、国务院扶贫办机关党委、宁夏区直工委联合主办，吴忠市委承办的第四届全国县级机关党建工作研讨会在吴忠市召开。中央国家机关工委副书记陈存根，自治区党委副书记崔波，国务院扶贫办党组成员、副主任郑文凯，中央国家机关工委委员、宣传部部长刘涛，吴忠市委书记、市人大常委会主任赵永清，自治区党委组织部副部长、巡视员王少林，自治区直属机关工委书记叶旭，自治区扶贫办党组书记梁积裕参加会议。本次会议共有来自中央国家机关、20多个省区市以及新疆生产建设兵团的200多名与会代表参加。

△ 自治区政协副主席安纯人一行来吴视察文化遗产保护工作，市政协副主席曹玉华陪同视察。

△ 由市委、市政府派驻工作组进驻宁夏庆华集团有限公司开展调研帮扶工作。

3日 自治区湿地产权确权试点工作动员会在吴忠市召开。自治区副主席曾一春、市长喜清江及全区有关部门负责人参加会议。

△ 市长喜清江主持召开推进"十大市场"健康发展专题会议。会议听取了有关推进"十大市场"健康发展的工作汇报，研究了关于推进"十大市场"健康发展的十条措施。

△ 召开全市统计工作专题会议，启动吴忠市统计工作新机制，安排部署下一步统计工作。2016年，吴忠市决定建立"1+5+25+N"的统计协调联动工作新机制。市长喜清江、副市长杨金海参加会议。

△ 召开全市《关于促进房地产市场平稳健康发展的政策措施》和《关于促进工业企业平稳发展的政策措施》新闻发布会。

6日 自治区党委常委、纪委书记许传智就加快革命老区、贫困地区的脱贫攻坚工作到盐池县进行调研。市委书记赵永清，市委常委、纪委书记马和清陪同调研。

△ 宁夏吴忠市优质特色产品展示展销中心在大连正式开业。展示展销中心是由塞上良品（大连）贸易有限公司投资建设，面积400平方米，主要经营葡萄酒、优质农产品、粮油制品、牛羊肉等产品。

6—8日 自治区党委统战工作领导小组第四调研检查组对吴忠市落实中央、自治区党委关于统一战线一系列重大决策部署情况进行了调研检查。

7日 市委书记赵永清到盐池县花马池镇进行调研。

△ 2016年全国普通高等学校统一招生考试正式开考。市委书记赵永清在盐池县高级中学考点进行巡考。

△ 全区工商市场监管系统推进简政放权放管结合优化服务工作会议在吴忠市召开。市委常委、副市长刘敏出席会议并致辞。

△ 召开全市环保重点工作推进会，查找薄弱环节，安排部署污染防治和环境管理各项工作。

8日 召开全市创建全国文明城市、国家卫生城市工作推进会。市委书记赵永清作讲话，市长喜清江主持会议，市四套班子其他在家领导出席会议。

△ 吴忠市富硒农产品协会成立。市委常委、副市长廖允成参加。

△ 阿拉善盟旅游局带领胡杨林、月亮湖等景区负责人在吴忠市举行旅游推荐会，并与吴忠市签订友好旅游城市合作协议。

12日 吴忠市17家企业参加在昆明滇池国际会展中心举办的2016第四届中国—南亚博览会暨第二十四届中国昆明进出口商品交易会。

△ 市委书记赵永清会见宁夏福建商会会长黄金水。

13日 吴忠市反腐倡廉警示教育基地正式揭牌。市委书记赵永清、市四套班子其他在家领导等参加了揭牌仪式暨警示教育活动。

14日 自治区人大常委会副主任吴玉才率开放宁夏建设企业"走出去"调研组到吴忠市调研，与吴忠市相关部门和企业负责人座谈企业如何"走出去"。市领导胡东升、马耀宗、左振哲参加座谈会。

△ 中国铁建公司吴忠至中卫段城际铁路工程建设指挥部揭牌仪式在吴忠市举行，标志着吴忠至中卫城际铁路进入全线建设的新阶段。

△ 清华大学与吴忠市教育扶贫工作对接座谈会召开，共同探讨教育扶贫、医疗扶贫等校地合作问题。清华大学校务委员会副主任、教育扶贫指导委员会副主任、原副校长张凤昌，市领导赵永清、马洪海、马玉龙等参加会议。

△ 吴忠市召开重点项目建设推进会，听取2016年度市级重点项目推进情况，谋划2017年重点项目。

15日 全国人大内务司法委员会副主任委员秦光荣一行调研吴忠市养老服务工作。市领导胡东升、石瑞林、马玉龙陪同调研。

15日 自治区政协副主席张

学武一行调研利通区奶产业发展情况,市领导喜清江、孙瑛、张广文陪同调研;

16—19日 2016年全国沙滩排球巡回赛(吴忠站)在吴忠市滨河体育运动公园沙滩排球场举行。本次赛事共有上海、江苏、浙江、福建、山东、西部陆军和香港等共计16个代表队66支队伍参赛。自治区政协副主席张学武、市长喜清江等出席开幕式。经过角逐,山西一队、山西二队、福建队分获女子组冠、亚、季军,上海队、福建队、山东队分获男子组冠、亚、季军。市委书记赵永清、市四套班子其他在家领导参加了闭幕式,并为冠、亚、季军获得者颁发了奖杯和证书。

16日 清华大学美术学院李家骝教授一行到吴忠高级中学考察,双方达成帮扶意向。

17日 吴忠市公安机关一村(社区)一警警务改革工作现场推进会在青铜峡市召开。市委常委、公安局局长王小平参加会议。

18—19日 全国人大常委会委员、法律委员会副主任委员、九三学社中央副主席、中国工程院院士丛斌带队的调研组到吴忠市调研。自治区副主席马力及市领导喜清江、马耀宗、杨金海等陪同调研。

20日 市委书记赵永清会见珠海瑞凌焊接自动化有限公司董事长王林。

23日 市委书记赵永清会见山东临沂宗源食品有限公司董事长陈增顺。

23—30日 市委书记赵永清、市长喜清江及其他市领导分组到5县(市、区)慰问老党员、生活困难党员、优秀共产党员遗属等,向他们致以节日的问候和诚挚的祝福。

24日 2016年李宁"红双喜"杯中国乒乓球协会会员联赛第九站比赛在青铜峡市开赛,这是青铜峡市首次举办规模庞大的全国性乒乓球赛事。来自全国66个代表队的468名运动员进行了为期3天的角逐,其中吴忠市16个代表队的110名选手与全国各地的运动员同台竞技。自治区、市领导吴玉才、马银静、马中勇等出席开幕式。

△ 在红寺堡区柳泉乡文化活动广场举行全市精准扶贫"脱贫保"启动仪式。

27日 自治区副主席马力带领自治区党委统战工作领导小组第四调研检查组到吴忠市,召开检查情况反馈会议。市委书记赵永清、市长喜清江等参加会议。

△ 自治区政协主席齐同生到吴忠市慰问农村困难党员。自治区、市领导蔡国英、昌业廷、赵永清、孙瑛参加慰问。

△ 国家食品药品监督管理总局副局长、党组成员吴浈率领国务院安食办督察组到吴忠市,调研食品药品监管体制改革工作。市委常委、副市长刘敏及相关部门负责人陪同调研。

29日 在吴忠会堂举行全市庆祝中国共产党成立95周年暨基层党建"强龙工程"推进会,全市各级党员领导干部及先进代表500多人参会,共同庆祝伟大的中国共产党成立95周年。市委书记赵永清作讲话,市长喜清江主持会议。

本月 吴忠市文化馆、盐池县文化馆、青铜峡市文化馆被文化部评为国家一级文化馆,红寺堡区文化馆和同心县文化馆获评为国家二级文化馆。

△ 市委抽调市纪委、市委督查室、市政府督查室、市财政局、市审计局、市农牧局等单位业务骨干,组成两个巡察组,围绕各级党组织履行管党治党主体责任,对5个县(市、区)、吴忠国家农业科技园区和4个市直部门开展首轮巡察工作。

△ 全市普通高考成绩公布。2016年全市普通高考成绩一、二本上线总数为3744人,比上年增加370人,上线率为28.58%。

△ 市禁毒委员会出台《吴忠市举报涉毒违法犯罪线索奖励办法》,对举报涉毒线索的举报人最高奖励15万元。

△ 市公安机关摧毁了一个"微信拉群"电信诈骗团伙,抓获犯罪嫌疑人7人,追缴赃款28万余元,涉案金额1000万余元。该案也是全区公安机关破获的首起"微信拉群"通讯诈骗案。

△ 盐池县在县城与宁夏节能投资有限公司举行合作建设低成本工业园区签约仪式。

△ 青铜峡库区从海南引进南美白对虾种296万尾,投放到青铜峡库区100亩试验池塘进行试验示范养殖。

7月

1日 吴忠市开展升国旗、重温入党誓词、集中收看中央庆祝中国共产党成立95周年大会、参观党史党建成果展等一系列庆祝建党95周年主题党日活动。

△ 全国校园禁毒图书角项目现场会在青铜峡市召开。国家禁毒办副主任、中国禁毒基金会秘书长李宪辉，吴忠市委常委、公安局局长王小平参加会议。

4日 凌晨1—3时，同心县下马关、预旺、马高庄和张家塬等4个乡镇22个行政村遭受大风、强降水、冰雹灾害性天气，人民群众生产生活受损严重。灾害发生后，市委书记赵永清、市长喜清江先后作出重要批示，市领导马洪海、廖允成、马玉龙等第一时间深入受灾现场，指挥组织抗灾救灾，制订和落实应急救灾措施等。同心县组织全县干部深入受灾乡镇，进村入户核查人民群众受灾情况。据统计，受灾农户11675户，受灾人口41670人，农作物和各种经济作物受灾面积19.01万亩，直接经济损失4.11亿元。

△ 吴忠市在北京泰达时代中心与中视体育娱乐有限公司签订直播合作协议，2016年第五届宁夏黄河金岸（吴忠）国际马拉松赛将于9月3日上午在吴忠鸣枪开赛，中央电视台体育频道将对本届赛事进行全程直播。

7日 市委书记赵永清会见北京大学党委副书记叶静漪。

10日 2016新华社"一带一路全球行·宁夏旅游周"宁夏吴忠文化旅游高峰论坛在吴忠市召开。市领导兰德明、马耀宗、马中勇、曹玉华参加。

14日 召开全市空间规划（多规合一）改革试点工作推进会。会议贯彻落实自治区空间规划（多规合一）改革试点工作推进会精神，对吴忠市空间规划改革试点工作进行安排部署，进一步明确任务、落实责任，确保改革试点工作顺利推进。市领导赵永清、喜清江、桂福田、胡东升、刘敏、张学慧、杨金海、王天军、杨少清出席会议。

△ 市工商业联合会与宁夏银行联合举办银企对接座谈会。市委常委、宣传部部长、统战部部长兰德明及工商业联合会负责人、宁夏银行吴忠分行负责人、市工商业联合会各直属商（协）会负责人参加座谈会。

△ 北京市旅游业考察团到吴忠市考察并召开座谈会，共叙吴忠、北京两地旅游发展话题，寻求促进两地旅游业共同发展的交流合作模式。副市长马中勇参加座谈会。

15日 副市长杨金海代表吴忠市与自治区通信管理局签署《全面推进吴忠市电信普遍服务试点工作备忘录》，标志着吴忠市电信普遍服务试点项目正式启动。

16日 2016年宁夏（吴忠）第二届全民健身节暨第五届宁夏黄河金岸（吴忠）国际马拉松赛道体验跑开幕式在吴忠滨河体育运动公园举行。此次活动是吴忠市安排的全年88项全民健身节赛事活动中的一项，也是第五届宁夏黄河金岸（吴忠）国际马拉松赛的热身赛和体验赛。

18—19日 贵州省黔西南州政协领导来吴考察革命老区振兴规划有关情况，市政协副主席杨少清陪同。

19日 中共中央政治局委员、上海市委书记韩正，贵州省委书记陈敏尔，云南省委书记李纪恒，辽宁省委常委、大连市委书记唐军，宁波市委副书记、代市长唐一军，广东省委副书记、深圳市委书记马兴瑞等领导到吴忠市调研。市委书记赵永清陪同。

△ 第五届宁夏黄河金岸（吴忠）国际马拉松赛新闻发布会在银川市召开。市领导兰德明、马中勇参加新闻发布会。

20日 市委书记赵永清在银川参加东西部扶贫协作座谈会和自治区党委、政府工作汇报会。

21日 召开全市深化农村改革现场推进会。会议通报了全市上半年农村改革情况，并对当前和今后一个时期深化全市农村改革作出安排部署。市领导桂福田、霍小军、石瑞林、李焕民、马玉龙、叶铁强出席了会议。

21—22日 全区计划生育现场观摩促进会在吴忠市举行，自治区人口和计划生育领导小组各成员单位负责同志，各市、县（区）政府分管领导及卫生计生部门的主要负责人现场观摩了盐池县、利通区计划生育管理服务工作。自治区副主席马力出席观摩促进会并讲话。市长喜清江参加观摩促进会。

22日 《人民政协报》《中国改革报》记者来吴采访市政协首次双月协商座谈会相关事宜，市领导孙瑛、张学慧、杨少清接受采访。

24日 市委书记赵永清就吴忠市防洪排涝工作进行调研。

25日 市委书记赵永清陪同自治区党委书记李建华在银川会见特变电工股份有限公司董事长张新一行。

△ 国网宁夏电力、自治区发改委、吴忠市人民政府、特变

电工四方协议签仪式在银川举行。

△ 在中国人民解放军建军89周年来临之际，市委书记赵永清和市四套班子其他领导带着全市人民的祝福，走访慰问驻吴部队官兵和重点优抚对象，并向全体驻吴部队官兵表示节日的问候。

26日 吴忠市各县（市、区）普通高中最低控制线划定。分别为：利通区453分，红寺堡区462分，青铜峡市430分，盐池县442分，同心县445分。其中，市区学校吴忠中学录取分数线为572分，吴忠回民中学录取分数线为500分，吴忠高级中学录取分数线为453分。

28日 吴忠市人民政府与中国电子科技集团签订战略合作框架协议签约。双方将进一步深化战略合作关系，共同推动吴忠市新型智慧城市建设、新能源产业、航空电子产业跨越发展。市长喜清江、中国电子科技集团副总经理胡爱民出席签约仪式。市委常委、副市长刘敏主持签约仪式。根据合作协议，双方将共同开展吴忠市新型智慧城市顶层设计，并制定行动路线；共同推进吴忠市现有信息化资源统筹，建立城市数据运营中心，为全市城市治理和新型智慧城市建设提供安全、可信、可靠的数据支撑；积极参与吴忠市产业发展和重大项目，支持吴忠市信息化人才培养，优先实施科技成果转化；共同推进吴忠市通用航空基础建设和服务业发展；研究共建投资模式，采用包括PPP在内的多种模式，加快推进项目建设。

△ 福建省政协副主席杨根生一行到吴忠考察吴忠市提案办理协商工作及提案督办工作的经验和做法，市政协副主席陈克安陪同。

29日 市委书记赵永清赴北京参加全国双拥表彰大会。在此次大会上，吴忠市和青铜峡市被命名为全国双拥模范城（县），武警吴忠支队被表彰为全国拥政爱民模范单位，利通区金星镇兰花热心小组组长王兰花被表彰为全国爱国拥军模范。这是吴忠市第三次获此殊荣。

本月 青铜峡市司法局首次荣获司法部律师公证指导司、司法部法律援助工作司、司法部法律援助中心、中华全国律师协会、中国法律援助基金会5家单位联合颁发的"1+1"中国法律援助志愿者行动2015年度先进单位荣誉称号，这也是宁夏第一家获此殊荣的基层单位。

△ 吴忠市住房公积金管理中心利用移动通信技术手段，全力打造多样化、个体化、全程式服务新模式，推出了公积金微信公众服务平台，进一步提升吴忠市住房公积金的服务水平。

△ 市人防办被全国第七次人民防空会议授予全国人民防空先进单位荣誉称号。

△ 根据中央第八环境保护督察组安排，按照自治区党委书记李建华的要求，通过《吴忠日报》集中对群众举报的环境问题的基本情况、调查核实、查处情况、下一步措施逐一公布并主动接受社会监督。

△ 市人大常委会副主任马伟率领市人大常委会部分委员和人大代表，对吴忠市2016年上半年国民经济和社会发展计划执行情况、全市及市本级预算执行情况、2015年度市本级决算情况进行审查，对2015年市本级预算执行及其他财政收支的审计情况进行调查。

△ 国家禁毒委员会编发通报，向全国专刊通报推广吴忠市社区戒毒康复工作经验。

△ 利通区和青铜峡市被国土资源部表彰为国土资源节约集约模范县（市）。

8月

1日 吴忠市专题召开严肃换届纪律集体谈话会。市委书记赵永清主持会议并作讲话。市长喜清江和市四套班子其他在家领导等参加会议。市委常委、市政协党组书记、组织部部长孙瑛传达了中央和自治区关于严肃换届纪律的要求。与会人员观看了警示教育片《镜鉴——衡阳、南充违反换届纪律案件警示录》。

△ 在开源广场举办庆祝中国人民解放军建军89周年暨纪念红军长征胜利80周年双拥晚会，驻地部队和吴忠市各族群众共庆节日。市领导廖允成、张卫国和千余名群众观看演出。

△ 吴忠市行政审批与公共便民服务系统（政务云）正式启动并试运行。市政务服务中心组织市直各有关部门涉及政务云行政审批流程节点的人员以及具有行政审批决定权的各部门领导进行培训。

△ 市公安局交通管理局在全市范围内开展为期90天的摩托车、电动车道路交通安全专项整治行动，重点整治摩托车超员，

电动自行车违反载人规定，三轮摩托车、电动车违法载客，驾乘摩托车不戴安全头盔，摩托车驾驶人无证驾驶、酒后驾驶、超速行驶，无牌无证、假牌假证、报废摩托车上路行驶，摩托车、电动车不按序排队通行、乱停乱放、闯红灯、飙车等不文明交通违法行为。

△ 吴忠市民可通过一款名为"小事儿"的手机软件实现在线交水费。

1—2日 市委书记赵永清、市长喜清江以及市四套班子其他在家领导带领各县（市、区）、市直各部门负责人，对全市39个重点项目建设和重点工作情况进行观摩。

2日 吴忠市举办"闽宁对口扶贫协作20年展"，全面生动地展示了1996年以来闽宁两省区开展对口扶贫协作的伟大实践，反映了20年来闽宁两省区真诚合作、携手努力、对口扶贫协作的丰硕成果。市委书记赵永清、市长喜清江以及市四套班子其他在家领导等参观了展览。

3日 自治区代主席咸辉到吴忠市调研，强调要继续解放思想，抢抓机遇，以做大做优做强特色产业为支撑，助推经济转型发展走在前、做表率。市委书记赵永清、市长喜清江等陪同调研。

△ 市委召开理论学习中心组学习（扩大）会议，邀请自治区党委讲师团团长朱天奎作学习习近平总书记来宁视察重要讲话精神专题辅导讲座。市委副书记桂福田主持会议，市四套班子其他在家领导出席会议。

△ 中国致公党北京市委员会向吴忠捐赠医疗设备、图书，并与吴忠市签订了心血管疾病防治合作、医疗设备合作、图书捐赠协议。

4日 召开全市上半年经济形势分析会。会议通报了全市经济运行情况并传达了自治区党委书记李建华在新华社《国内动态清样》第2758期《宁夏贺兰县借鉴东部发展理念实现发展动能转换》上的批示及具体内容。市委书记赵永清出席会议并作重要讲话。市长喜清江总结了上半年经济工作，对下半年工作作出具体部署。市四套班子其他在家领导等出席会议。

△ 吴忠市健康产业协会成立。

5日 吴忠市召开第五届宁夏黄河金岸（吴忠）国际马拉松工作调度会，安排部署下一阶段工作。市长喜清江主持会议并讲话。

△ 泉州市第一医院院长陈向荣一行到吴忠市开展医疗对口帮扶交流座谈会，市委常委、副市长刘敏及市扶贫办、卫计局、市人民医院和青铜峡市及同心县卫计局和人民医院有关负责人参加座谈会。

△ 市委、市政府研究出台《吴忠市安全生产全面量化管理体系（试行）》，标志着吴忠市在全区率先推行安全生产全面量化管理体系，构筑长效的安全生产屏障，这是吴忠市安全生产监管工作的一项重大创新举措。

6日 吴忠市召开中央第八环保督察组督察工作推进会议，传达学习自治区有关会议精神，安排部署全市中央第八环保督察组转办件办理及整改销号工作。副市长王天军参加会议。

6—7日 全国政协副主席王钦敏一行到吴忠调研新能源和文化旅游产业发展情况，自治区领导王和山及市领导赵永清、孙瑛、陈克安陪同。

8—10日 西北农林科技大学科技推广处组织园艺、畜牧、农产品加工、葡萄酒等方面专家到吴忠市实地考察调研农业产业，商讨校地农业科技合作事宜。副市长马玉龙陪同。

9日 市委书记赵永清调研吴忠黄河文化体育会展中心建设情况并现场办公，梳理分析制约项目建设的问题，提出了具体指导意见和建议。

10日 由自治区政协委员、石嘴山市政协党组书记、主席陆军带领的考察组，到吴忠市开源担保公司、恒丰纺织产业园等地进行实地考察。市委常委、市政协党组书记、组织部部长孙瑛及市政协副主席张广文陪同考察。

△ 举办领导干部专题辅导讲座，进一步加深领导干部对习近平总书记来宁视察重要讲话、中央扶贫开发工作会议和自治区脱贫攻坚誓师大会等精神的理解和认识。市委常委、副市长霍小军主持。

14日 19时至8月15日1时，同心县韦州镇、下马关镇、张家塬乡、预旺镇等乡镇出现不同程度短时强降雨，降水量普遍达到30~80毫米，最大降水量出现在张家塬乡张家塬村，达82毫米，清水河县城段出现20年不遇的洪峰，每秒流量超过700立方米。据初步统计，强降雨造成同心县各类农作物受灾面积10881亩，其中油葵224亩，玉米2971亩，西瓜

350亩，马铃薯1273亩，小杂粮2148亩，中药材312亩，牧草382亩，文冠果80亩，红葱200亩，枸杞2941亩，死亡羊只32只，冲毁圈棚9座，水毁水窖2眼，受损房屋158间，受损墙体235米，冲毁道路74公里，冲毁渠道2055米，6座水库坝体损坏严重，直接经济损失5600余万元。

15日　市委书记赵永清、市长喜清江会见中国银行宁夏分行行长陈志能一行。副市长左振哲陪同。

17—23日　2016年全国跳伞锦标赛在盐池举行，来自北京、河南、山西等地的11支跳伞代表队130名运动员参加此次比赛。自治区人大常委会党组副书记何学清，自治区副主席姚爱兴，自治区政协副主席张学武，市领导马银静、马中勇、曹玉华出席开幕式。这次全国跳伞锦标赛的比赛项目严格按照国际标准设定，比赛设男、女集体定点，男、女个人定点，男、女个人特技，青年男、女个人定点，青年男、女个人特技，四人造型，双人踩伞，花样跳伞及伞翼飞行，共9个大项、18个小项。

18日　召开全市环保工作专题会议。会议通报了中央第八环境保护督察组交办事项办理情况，并对下一步全市环保工作进行安排部署。市长喜清江出席会议并讲话。截至8月18日，自治区党委督查室、政府督查室批转由吴忠市办理的中央第八环境保护督察组交办事项共95件，涉及104个环境问题，交办事项已全部调查完毕，其中49件办结销号，46件需进一步落实整改措施。全市共对6家企业实施了关停取缔，责令14家企业停产整治，责成56家企业限期整改，对24家企业实施了行政处罚，罚款总额394.5万元。

19日　市委书记赵永清带领相关部门负责人，对第五届宁夏黄河金岸（吴忠）国际马拉松赛事筹备工作进行调研，听取了各相关部门汇报赛事进展。

△　吴忠市党政机关核减取消公务用车公开拍卖会在客运枢纽站举行。本次拍卖会由市财政局委托银川万博、宁夏金槌等4家拍卖机构联合举办，委托拍卖核减取消公务用车163辆，分为两个标的，其中，标的1包括二手车123辆，拍卖成交66辆，起拍价85.92万元，拍卖成交价104.12万元，溢价率21%；标的2包括报废车辆40辆，通过3家具有拆解资质机构进行竞标，竞标成功机构以2万元价格拍得所有报废车辆。

22日　市委书记赵永清主持召开四届市委2016年第十六次常委会议。会议传达自治区政府常务会议有关精神，听取了全区产业发展和重点工作、太阳山开发区汇报材料起草情况，并研究了其他事宜。

23日　市委书记赵永清主持召开市委常委班子专题学习讨论暨全市"两学一做"学习教育推进会。市领导喜清江、刘军、孙瑛、马和清、王小平、刘敏、张学慧、石瑞林、廖允成等参加会议。

23日　十二届全国政协委员、中国伊斯兰教协会副会长马寿新一行到吴忠市考察民族宗教工作，市领导赵永清、孙瑛、买霞陪同。

24日　甘肃省委常委、统战部部长王玺玉一行到吴忠市，调研民族团结进步创建和民族宗教工作。自治区党委常委、统战部部长马廷礼，市长喜清江等陪同。

24—26日　全国"三农"媒体宁夏行活动到吴忠市，60余位中央和地方"三农"媒体负责人及记者先后到同心县、盐池县、利通区、青铜峡市和吴忠国家级农业科技园区，感受特色农业产业发展现状。

24日　安徽省铜陵市政协考察组到吴忠市考察精准扶贫和脱贫攻坚工作，市政协副主席张广文陪同。

25日　中国医疗保健国际交流促进会会长韩德民院士一行到吴忠市，就实施"华佗工程"进行考察。

△　自治区督查组到吴忠市督查城乡环境卫生整洁行动及爱国卫生日活动开展情况。

△　吴忠市与西北农林科技大学签订现代农业科技及产业合作框架协议，签约仪式在市行政中心举行。西北农林科技大学党委书记李兴旺，陕西省政协副主席、西北农林科技大学校长孙其信，市委书记赵永清，市长喜清江等参加签约仪式。

△　天津市政协副主席黎昌晋一行来吴考察民族宗教工作，市领导孙瑛、买霞陪同。

26日　2016高空王阿迪力挑战青铜峡黄河大峡谷极限之旅活动在青铜峡市举办。本次挑战成功，阿迪力打破了由他本人2000年在湖南衡山创造的1399米的吉尼斯世界纪录。自治区人大常委会副主任王儒贵，市领导赵永清、张学慧、石瑞林等出席仪式。

△　市文化馆法人理事会正

式成立。

29日 纪念陕甘宁省豫海县回民自治政府成立80周年"同心共筑中国梦·宁夏回族自治区吴忠市同心县脱贫攻坚历程展"在北京开幕。全国政协副主席王正伟参观展览。全国人大常委会环境与资源保护委员会原主任委员毛如柏，国家民族事务委员会党组副书记、副主任刘慧，中国国际经济技术合作促进会理事长杨春光，国防大学政治部副主任王希明，自治区、市领导王儒贵、马力、洪洋、喜清江、刘军等出席开幕式。自治区党委常委、副主席李锐宣布展览开幕。

27—28日 九三学社宁夏区委2016年健康宁夏论坛在吴忠市召开，来自全区各地市的120余名九三学社成员参加此次论坛。

28日 召开市区2016—2017学年教育工作会议，市区中小学校长、主管教学副校长、幼儿园园长、主管教学副园长等100余人参加会议。

30日 全区做实村民代表会议制度现场观摩推进会在红寺堡区召开，会议总结了交流经验，安排部署了做实村民代表会议制度当前和今后一个时期的工作。自治区领导崔波、李锐、刘慧芳，市领导赵永清、廖允成出席大会。

30—31日 全国金融扶贫工作培训班在盐池举行。国务院扶贫办副主任欧青平、市长喜清江、自治区扶贫办党组书记梁积裕、市委副书记刘军以及全国29个省区市扶贫办、金融机构的相关负责人等参加培训班。国务院扶贫办开发指导司副司长吴华主持会议。

31日 自治区党委书记李建华到吴忠市调研脱贫攻坚工作，并强调要深入贯彻落实习近平总书记来宁视察重要讲话精神，在推进脱贫攻坚工作中，充分发挥项目和产业的带动作用，紧盯目标，精准发力，在精准扶贫、精准脱贫上下工夫，坚决打赢脱贫攻坚战。自治区领导曾一春、市委书记赵永清、市长喜清江陪同。

△ 吴忠市在开源广场举行"民族团结花更红"文艺会演暨民族团结月启动仪式，用歌舞展现民族团结的美好生活。市领导兰德明、李焕民等和广大市民一同观看了演出。

△ 吴忠市出台《关于进一步促进就业创业的政策措施》，推动大众创业、万众创新。

本月 吴忠市出台《关于打造特色商业街区的政策措施》，制定相关优惠政策，推动市区特色商业街区持续健康发展。

△ 人力资源和社会保障部、国家税务总局授予同心县国税局预旺税务所干部马忠斌全国税务系统先进工作者荣誉称号。

△ 市文体新广局荣获国家版权局2015年度查处侵权盗版案件有功单位荣誉称号。

△ 同心县入选全国471个重点光伏扶贫县之一。

△ 利通区民政局为该区12个乡镇及2个农场配发了37部灾情直报型北斗减灾信息终端手机，进一步提高一线现场灾情的采集、直报、接收水平。

9月

1日 吴忠市与清华大学校地合作签约仪式在吴忠市举行。清华大学党委副书记史宗恺及市领导赵永清、孙瑛等出席签约仪式。

△ 在市文化艺术馆举办书法临创暨美术作品展。

2日 自治区新闻出版广电局局长马宇桢带队对吴忠市新闻出版广播影视工作进行调研。

△ 吴忠市慈善总会骄子助学金发放仪式在市民政局举行。31名贫困大学学子共领取10万余元的慈善助学金。市人大常委会副主任、市慈善总会会长周庆辉及有关部门负责人参加发放仪式。

3日 吴忠仪表第五届宁夏黄河金岸（吴忠）国际马拉松鸣枪开赛。自治区党委副书记崔波、自治区人大常委会副主任王儒贵、自治区副主席曾一春、自治区政协副主席安纯人、市委书记赵永清和市四套班子其他在家领导出席开幕式。市长喜清江主持开幕式。本次比赛由中国田径协会、自治区体育局、市人民政府主办，由市文体新广局、利通区政府、青铜峡市政府承办。大赛设男女全程、男女半程和5公里迷你马拉松比赛项目，全程42.195公里，专业运动员共有1808人。其中参加全程、半程和10公里比赛的外籍运动员共84名，分别来自美国、加拿大、肯尼亚、巴基斯坦、埃塞俄比亚等14个国家；国内选手来自北京、广东、香港等地。参加5公里迷你马拉松赛的业余运动员共有22216人。来自肯尼亚的选手吉普科里尔·乔沙以2小时17分55秒的成绩获得男子全程马拉松赛第一名，来自肯尼亚的选手切普吉尔吉尔·楚普汉娜以2小时40分09秒的成绩获得女子全程马拉松赛第一名。

5日　全国政协原副主席白立忱到吴忠市考察。自治区、市领导齐同生、李淑芬、赵永清、喜清江、孙瑛等陪同考察。

6日　宁夏吴忠中汇金超基金管理有限公司成立暨揭牌仪式在吴忠市举行。仪式上，宁夏吴忠中汇金超基金管理有限公司分别与吴忠农村商业银行、宁夏恒丰集团签署了合作协议。

△　吴忠市区2016年第一批公共租赁住房摇号仪式举行。当天，瓜渠中心村、罗家湖中心村、李园中心村、伊瓦诺等13个片区面向社会配租房源431套。

6—8日　市委书记赵永清、市长喜清江等市领导分别到利通区、红寺堡区、青铜峡市、盐池县、同心县看望慰问部分退休教师、优秀教师、病困教师。

7日　全区"精准扶贫、廉洁为民"专题警示宣传教育基层行启动仪式在盐池县举行。自治区党委常委、自治区副主席李锐，自治区人民检察院检察长李定达，最高人民检察院反贪总局四局局长宋寒松，市委书记赵永清等参加会议。

△　自治区人大常委会副主任刘慧芳带领执法检查组，对吴忠市贯彻实施《宁夏回族自治区人民代表大会代表建议、批评和意见办理工作条例》及2016年办理自治区人大代表建议情况进行检查指导。市领导张卫国、左振哲陪同检查。

9日　自治区党委书记、人大常委会主任李建华到吴忠市看望慰问一线教师，代表自治区党委、政府向全区广大教育工作者致以节日的祝贺和诚挚的祝福。自治区、吴忠市领导姚爱兴、赵永清、王慧仙陪同。

△　自治区党委书记、人大常委会主任李建华在吴忠市调研民族宗教工作，强调要深入学习贯彻习近平总书记来宁视察重要讲话精神，全面贯彻党的民族政策和宗教工作基本方针，倍加珍惜民族团结、宗教和顺的良好局面，进一步提高全区民族宗教工作水平。自治区、吴忠市领导马廷礼、马力、赵永清、喜清江、兰德明陪同调研。

△　全区消防工作会议在吴忠市召开。自治区党委常委、副主席李锐出席会议并讲话。市委书记赵永清、市长喜清江、副市长王天军参加会议。

20日　中央统战部副部长、全国工商联党组书记全哲洙带领中央调研检查组一行调研检查吴忠市贯彻落实中央、自治区党委关于统一战线一系列重大决策部署情况。自治区党委常委、统战部部长马廷礼，市委书记赵永清，市长喜清江等陪同。

△　宁夏第七届中国统计开放日活动在吴忠市举行。本届统计开放日活动主题为"农业普查·福到农家"。来自全区各市县的统计工作代表，近距离接触统计数字，并通过参观、讲解、互动等方式了解统计数据形成过程。

21日　吴忠市伊斯兰教协会第四次代表会议在盛悦饭店召开。自治区伊斯兰教协会会长杨发明，市领导兰德明、马耀宗、杨金海、买霞、马骞出席会议。

21—23日　河北省邢台市政府参事、邢台学院副院长、教授高庆刚带领考察组到吴忠市，对职业技术教育方面的做法和经验进行考察调研。

22日　人力资源和社会保障部副部长、公务员局局长信长星带领督察组到吴忠市，对贯彻落实国务院决策部署情况进行实地督查。

△　召开创建全国文明城市推进会。市委常委、宣传部部长、统战部部长兰德明，以及市"创城"指挥部25个工作组牵头单位主要负责人等参加会议。

△　石嘴山市政协副主席姚新闻率石嘴山部分离退休老干部来到吴忠市，就吴忠市工业经济发展情况进行考察。吴忠市政协副主席陈克安陪同。

23日　吴忠市举办突发事件应急管理与舆论引导专题辅导讲座，邀请国家行政学院应急管理案例研究中心主任钟开斌，以突发事件应急管理与舆论引导为主题做专题讲座。市委书记赵永清和市四套班子其他在家领导到场聆听。

24日　全区农村精神文明建设工作经验交流会在盐池县召开。自治区党委常委、宣传部部长、自治区政协副主席、自治区文明委主任蔡国英出席会议并讲话，自治区副主席、自治区文明委副主任姚爱兴主持会议。市委书记赵永清致辞，市委常委、宣传部部长、统战部部长兰德明参加会议。

27日　自治区政协副主席张乐琴一行调研吴忠市促进农业高效节水情况，市领导赵永清、喜清江、杨少清陪同。

28日　培育和践行社会主义

核心价值观宁夏五市老年书画联展在吴忠市文化艺术馆开展。

30日 市委书记赵永清、市长喜清江等与社会各界代表一起，在涝河桥烈士陵园举行烈士公祭活动，缅怀先烈，寄托哀思。

本月 自治区财政厅下达吴忠市2016年政府和社会资本合作（PPP）项目综合奖补资金100万元。

△ 盐池县石山子水库项目可行性研究报告获自治区发改委批复。石山子水库建成后，年可供水220万立方米，改善灌溉面积6.75万亩，为当地群众发展生产、稳定脱贫提供水资源保障。

△ 红寺堡区人民检察院检察文化成果获得两项国家级荣誉。该院检委会专职委员杨迎春作词的歌曲《我的梦想》荣获全国首届检察歌曲原创作品征集评选活动优秀奖，干警马涛的作品《法制宣传进清真寺》入选首届全国"印象检察"摄影展十佳，为该院检察文化建设增添了新的风采。

△ 在自治区召开的"六五"普法总结表彰大会上，吴忠市委党校、吴忠市国家税务局等36个集体荣获全区"六五"普法先进集体称号，钮建勋、杨松涛等36名同志荣获全区"六五"普法先进个人称号，吴忠市依法治市领导小组办公室被评为全区先进普法依法治理领导小组办公室，吴忠市司法局副局长胡思斌被评为全区先进工作者。

△ 由宁夏公路管理局主办、宁夏公路管理局吴忠分局承办的筑路机械操作工技能竞赛在吴忠市举办。来自宁夏5个直属分局的29名选手分别进行了挖掘机、装载机两个项目的角逐。经过两天激烈的角逐，银川分局、中卫分局、石嘴山分局获得团体前三名；来自银川分局的何晓园和马成技压群雄，分别获得挖掘机、装载机个人奖项一等奖。

△ 宁夏鑫浩源生物科技股份有限公司被中国轻工业联合会批准为中国轻工业明胶重点实验室，这也是宁夏唯一的国家级轻工业重点实验室。

△ 红寺堡区被中央防范和处理邪教问题领导小组办公室评定为全国创建无邪教示范县。

10月

10日 自治区政协副主席张学武带领调研组对吴忠市立法协商进行专题调研，召开《宁夏回族自治区养老服务促进条例（草案）》立法协商座谈会。市领导廖允成、张广文等参加。

11日 全区产业发展和重点工作现场交流会走进吴忠，自治区党委书记李建华、自治区主席咸辉、自治区政协主席齐同生带领与会人员，在市领导赵永清、喜清江等陪同下，进企业、入园区，对吴忠市产业发展和重点工作进展情况进行观摩，检阅吴忠市经济社会发展情况。当日下午，李建华主持召开汇报点评会。市委书记赵永清汇报吴忠市发展情况，利通区、红寺堡区、青铜峡市、盐池县、同心县负责同志通过多媒体作了汇报。

13日 吴忠市被中国营养学会授予"中国塞上硒都"荣誉称号。市领导霍小军、廖允成出席授牌仪式。

14日 湖南省永州市政协副主席、民革永州市委会主委封金祥一行来吴忠考察旅游文化产业发展情况，市政协副主席张广文、买霞陪同。

△ 吴忠市首个县级中小学爱粮节粮教育社会实践基地在利通区上桥镇牛家坊农耕民俗文化博物馆挂牌成立。

15日 由市卫生和计划生育局主办的2016首届老年医学健康管理学术论坛在吴忠市文化馆召开。全国老年医院联盟秘书长张进平一行4位全国知名老年病专家，为吴忠市各级医疗机构医务人员代表讲解了国内外最先进的老年医学健康管理模式、中医养生、疾病防治和居家养老信息平台运营方式等内容。

16日 亚麻籽油系列国家标准技术研讨暨亚麻籽产业发展论坛在吴忠市图书馆举办。

△ 盐池县王乐井乡曾记畔村党支部书记朱玉国在全国脱贫攻坚奖表彰大会上荣获全国脱贫攻坚奖奋进奖。

△ 吴忠市首个自治区级科技创新服务站在吴忠金积工业园区挂牌成立。

17日 盐池县举行纪念红军长征胜利暨盐池解放80周年座谈会，缅怀党的光辉历史，弘扬伟大的长征精神，共谋老区发展大计。副市长王慧仙以及曾在盐池县工作过的部分领导、部分老八路军战士、离休老干部、全国和省部级劳动模范代表等参加会议。

△ 盐池县举行卫生发展基金会成立大会，这是全区成立的第一个卫生发展基金会。该基金会共募集到来自宁夏200余家企业和个人，以及陕西、江苏、北

京等省市部分企业捐赠的资金和物品共计2464万元。

17—18日 吴忠特色美食创意大赛在吴忠美食广场开赛。

18日 《吴忠市全民科学素质行动计划纲要实施方案（2016—2020年）》（以下简称《方案》）颁布。《方案》提出到2020年，形成比较完善的公民科学素质建设的组织实施、基础设施、保障条件、监测评估、考核激励等体系，全市公民具备科学素质的比例达到5.3%以上，比"十二五"提高3个百分点，同比增长130%。

19日 自治区人大常委会副主任吴玉才、自治区副主席马力带领自治区人大检查组，检查吴忠市《安全生产法》贯彻实施情况以及农业、农村地区的安全生产管理情况。市领导张学慧、马耀宗陪同。

△ 吴忠市"7366"思路精准扶贫、校地合作助力民族地区发展、红寺堡区葡萄产业助农增收3项民生实事获得第四届中国民生发展论坛"2016民生示范工程"。

19—20日 自治区党委、政府对吴忠市办理中央第八环保督察组转办事项情况进行了督察。

20日 吴忠市邀请国家行政学院副教授、清华大学管理学博士、食品监督管理研究会专委会委员胡颖廉，围绕推进食品安全治理现代化的主题进行专题辅导讲座。市四套班子在家领导参加讲座。

△ 深圳创维集团在吴忠市民政局举行2016年公益万里行捐赠活动，为市属5家社会福利机构、5个县（市、区）29个日间照料中心、82个老饭桌、4个互助养老院无偿捐赠电冰箱120台，价值24万元，为城乡困难群众购买创维产品。

21日 自治区危险化学品泄漏火灾事故政企联合应急演练在盐池县惠安堡镇长庆油田分公司第三输油处宁夏石油商业储备库举行。

△ 宁夏社会科学院吴忠分院在市委党校挂牌成立。市委副书记、市委党校校长刘军参加揭牌仪式。

22日 纪念陕甘宁豫海县回民自治政府成立80周年座谈会在同心县举行。副市长王慧仙，宁夏军区、宁夏党史研究室、宁夏社科院等有关负责人，原豫海县回民自治政府主席马和福之女马翠兰出席座谈会。

宁夏社会科学院吴忠分院揭牌仪式

25日 自治区人大常委会副主任马三刚、王儒贵带领自治区水利厅等相关部门负责人一行到吴忠市，对自治区人大常委会2016年重点处理议案"关于中部干旱带和贫困地区水源、水利工程建设的建议"办理情况进行调研。市领导赵永清、廖允成、李焕民等陪同调研。

△ 中国一冶集团与吴忠市人民政府签订了战略合作协议。根据协议，双方将以"一带一路"建设和西部大开发为契机，本着理解、信任、互利、客观、求实、不断开拓进取的原则，依托吴忠市的区位、资源及环境优势，发挥中国一冶的管理、技术、人才、资金优势以及在工程设计、研发、施工领域的行业领先地位，充分利用央企的影响力和带动力，积极参与吴忠市城市建设，在城市基础设施、生态环境治理、园区建设、管廊管网建设、棚户区改造等投资建设领域，形成战略合作伙伴关系，开展全方位、多领域的长期稳定合作。

26日 自治区政协调研组对吴忠市现代农业社会化服务体系试点建设情况进行调研。市领导廖允成、买霞陪同调研。

27日 固原市委副书记王刚、副市长童全成率领党政考察团考察吴忠市工业经济发展情况。市领导刘军、马中勇参加。

31日 市委书记赵永清主持召开四届市委2016年第二十四次常委会议。会议传达学习党的十八届六中全会精神、习近平总书记在中国工农红军长征胜利80周年

吴忠市人民政府与一冶集团签约仪式

纪念大会上的讲话精神，研究贯彻意见。会议还传达学习了全区第一书记和扶贫开发驻村工作队工作会议精神，研究贯彻意见。

本月 由吴忠市直机关工委申报的《推行"双联双管"服务社区群众》在中央国家机关工委组织部、《紫光阁》杂志社共同开展的"两学一做"案例征集活动中，获评全国机关党组织"两学一做"最佳案例。

△ 吴忠市获选全国首批公共安全视频监控建设联网应用工程示范城市，获得中央补助资金2800万元。

△ 在第五届中国创新创业大赛（宁夏赛区）暨首届宁夏创新创业大赛决赛中，吴忠宁夏智源农业装备有限公司获企业组三等奖，吴忠中创自控阀有限公司等4家企业获优胜奖。

△ 同心县被确定为2016年国家级出口枸杞质量安全示范区。

△ 预旺镇南塬村、张家塬乡折腰沟村、韦州镇旧庄移民村、王团镇黄草岭村、张家塬乡汪家塬村、下马关镇南关村、马高庄乡沟滩村、预旺镇南关村、下马关镇陈儿庄村9个乡村被列入全国乡村旅游扶贫重点村。

△ 市园林管理局被全国绿化委员会、人力资源和社会保障部、国家林业局联合授予全国绿化先进集体称号。

11月

1日 自治区人大常委会副主任、自治区总工会主席左军到吴忠市调研司法公开工作。市委书记赵永清、市委副书记刘军、市人大常委会副主任郭祥陪同调研。

2日 中国致公党北京市委精准扶贫助推同心县脱贫攻坚项目签约仪式在同心县举行。中国侨联副主席、北京市人大常委会副主任、致公党北京市委主委李昭玲及市领导马洪海、廖允成参加签约仪式。

6日 吴忠市广播电视台《吴忠故事》剧组，根据吴忠市红寺堡区姜宁老师和马小强的爱情故事拍摄的作品《罗山恋》，在第四届亚洲微电影金海棠奖颁奖典礼暨第四届亚洲微电影艺术节高峰论坛上获得金海棠奖好作品奖，并在各大媒体进行展播，让更多的人认识了吴忠、了解了吴忠，更好地打造了塞上江南的文化品牌，提高了吴忠的知名度。

9日 吴忠市职业教育联盟职业技能大赛开幕暨宁夏黄河技工学校揭牌仪式在宁夏民族职业技术学院举行。市领导王慧仙为宁夏黄河技工学校揭牌并宣布吴忠市职业教育联盟职业技能大赛开始。

9—11日 国家土地督察西安局党组成员、副专员唐正国带领督察组到吴忠市，对土地例行督察整改、不动产登记制度落实、永久性基本农田划定情况等进行督导调研。

10日 自治区政协副主席张学武带领视察组，到吴忠市视察法制宣传教育工作。

△ 自治区人民检察院党组书记、检察长李定达带领调查组到吴忠市，对人民检察院工作进行调研。

11日 市委书记赵永清就吴忠热电联产集中供热热力管网PPP项目建设进度进行调研。市委常委、常务副市长张学慧陪同调研。

13日 由吴忠市组队代表宁夏参加2016年全国青少年禁毒知

识竞赛总决赛并获得二等奖。

15日 全市农村精神文明建设亮点工作互观互学互检会议在青铜峡市举行。市委常委、统战部部长、宣传部部长兰德明参加并讲话。

16日 自治区残联理事长娄晓萍带领全区残联系统观摩组，对吴忠市残疾人事业发展情况进行实地观摩。市委常委、副市长廖允成陪同观摩。

△ 吴忠市房地产业协会召开换届选举大会。会议选举产生了第四届理事会，并举行了四届理事会一次会议。吴忠市永昌房地产有限公司董事长杨义林当选新一届会长。

17日 全市"六五"普法总结表彰暨"七五"普法动员大会在吴忠会堂召开。市委书记赵永清出席会议并讲话，市长喜清江主持会议，市领导刘军、孙瑛、马和清、刘敏、郭祥、王天军出席会议。会议表彰了"六五"普法先进集体和个人。

21日 吴忠市举办领导干部专题学习班，集中学习贯彻党的十八届六中全会精神。市委书记赵永清在学习班结束时讲话。市四套班子其他在家领导以及市行政中心各部门（单位）副科级以上干部等参加学习班。

22—23日 中国计划生育协会促进少数民族群众生殖健康项目培训研讨班在吴忠红宝宾馆开班。来自广西、贵州等省区的100余名代表参加培训研讨班。

22—24日 召开创建国家公共文化服务体系示范区工作推进会。

23—24日 全国政协常委、九三学社中央副主席、北京市政协副主席、九三学社北京市委主委马大龙率领九三学社中央调研组到吴忠市调研。全国政协委员、九三学社宁夏区委主委、自治区卫计委主任马秀珍及市委常委、宣传部部长、统战部部长兰德明陪同调研。

本月 宁夏青铜峡水泥股份有限公司荣获全国"安康杯"竞赛优胜单位，宁夏金昱元化工集团有限公司氯碱公司离子膜氯氢二班、宁夏骏马化工有限公司生产车间化合组喜获全国"安康杯"竞赛优胜班组。

△ 吴忠市恒通塑料制品有限公司建设宁夏塑料制品加工（吴忠）技术创新中心、宁夏红山河食品股份有限公司建设宁夏调味品（吴忠）技术创新中心、宁夏顺宝现代农业股份有限公司建设宁夏农业富硒蛋鸡养殖（青铜峡）技术创新中心经自治区科技厅组织专家评审，被认定为2016年度自治区级技术创新中心。

△ 市公安局刑侦支队民警李东东获得国家知识产权局颁发的法医解剖专用多功能探针实用新型专利证书，这也是该局民警首获国家实用新型专利。该项发明在很大程度上解决了法医在尸体解剖过程中遇到的技术难题，具有广泛的推广应用价值。

△ 宁夏中航郑飞塞外香食品有限公司的"塞外香"自热米饭、宁夏红双赢粮油食品有限公司的"世纪红双赢"珍珠米、吴忠市嘉禾粮油食品有限公司的精致雪花粉、宁夏德富胜粮油食品有限公司的精制挂面、吴忠市少武粮油有限公司的家庭粉在第十四届中国国际粮油产品及设备技术展示交易会上荣获金奖。

△ 财政部会同相关部门联合公布了第三批政府和社会资本合作（PPP）示范项目516个，其中吴忠市城市东部地下综合管廊一期工程、吴忠市热电联产集中供热热力网工程、利通区中医药研究创业基地3个项目经过自治区和有关部委推荐及专家评审，被确定为第三批PPP示范项目，计划总投资100.6亿元。项目的实施对推进吴忠市行政体制、财政体制以及投融资体制等体制改革进程，促进经济稳定增长，优化投资结构，加快产业转型升级具有重要作用。

△ 吴忠市喜获2016年度中国十佳绿色城市称号，成为宁夏唯一的全国生态文明建设试点市。

△ 国网吴忠供电公司有两项成果获得中国质量协会、中华全国总工会、中华全国妇女联合会、中国科学技术协会4部门联合发文的全国优秀质量管理小组称号。同时，还荣获全国电力行业质量管理活动优秀企业、宁夏回族自治区质量管理活动优秀企业等荣誉称号。

△ 市财政局被中宣部、司法部、全国普法办评为2011—2015年全国法治宣传教育先进单位。

12月

1日 中央文明办调研组就吴忠市社会主义核心价值观"落细、落小、落实"工作情况进行调研。

△ 自治区副主席姚爱兴带领调研组一行到吴忠市调研教育科技工作。副市长王慧仙、宋海燕陪同。

2日 国务院副秘书长、国家信访局局长舒晓琴一行到吴忠市调研信访工作。自治区副主席马力，市领导赵永清、刘军、张学慧陪同调研。

△ 召开冬季大气污染防治紧急会议。会议通报了全市当前环境空气质量状况，安排部署下一阶段大气污染防治重点工作。副市长王天军及有关部门、污染防治重点企业负责人参加会议。

3日 吴忠市在金龙广场举办三城联创杯电子竞技大赛决赛。通过激烈角逐，来自市区的吴宇战队夺得大赛冠军。

5日 自治区副主席刘可为带领自治区有关部门负责人对吴忠市空间规划（多规合一）改革试点工作进行调研。市长喜清江，市委常委、副市长张学慧参加座谈会。

6日 召开国资国企改革发展工作推进会，会议传达学习了习近平总书记在全国国有企业改革座谈会上的重要指示和在全国国有企业党的建设工作会议上的重要讲话精神，传达了自治区党委书记李建华关于国有企业党的建设工作的讲话精神，听取了全市国资监管及全市国企改革工作情况。盐池县政府及吴忠市八大投资公司负责人交流发言。市委书记赵永清出席会议并讲话。市人大常委会副主任郭祥，副市长宋海燕，市政协副主席杨少清及有关部门、市属国有企业负责人参加会议。

7日 自治区副主席马力带领自治区卫生计生目标管理责任制考核评估组，对吴忠市卫生计生目标管理责任制执行情况进行考核。市委书记赵永清参加汇报会，市长喜清江汇报了吴忠市卫生和计划生育目标管理责任制执行情况，市领导马银静、马中勇、曹玉华陪同考核。

8日 自治区人大常委会副主任王儒贵带领自治区人大常委会调研组对吴忠市民族团结创建工作进行调研。市领导兰德明、马耀宗、杨金海等陪同调研。

9日 自治区政协副主席张乐琴带领调研组到吴忠市，围绕自治区党委提出的五个方面内容和社会主义民主政治建设进行调研。市领导赵永清、喜清江、刘俊、孙瑛等陪同调研。

△ 市委书记赵永清主持召开市委统一战线工作领导小组第二次会议。会议传达了全区民族团结进步暨和谐寺观教堂创建活动经验交流会和甘宁两省区宗教工作联席会精神，研究贯彻意见。

13日 召开2017年重点建设项目谋划储备推进会，会议对全市2017年重点建设项目储备情况进行了通报，分析存在的问题，研究2017年全市重点项目建设工作。副市长王天军主持会议。

14日 由国家卫生计生委疾病预防控制局副局长雷正龙带队的创建国家卫生城市技术评估组一行到吴忠市，对吴忠市创建国家卫生城市工作进行技术评估。市委书记赵永清参加汇报会，市长喜清江汇报吴忠市创建国家卫生城市工作情况，市领导马银静、马中勇、曹玉华参加相关活动。

15日 吴忠市召开青铜峡市"12·06"特大盗窃案侦破工作表彰大会。吴忠、青铜峡两级党委、政府拿出10万元奖励"12·06"特大盗窃案专案组。市委副书记、政法委书记刘军，市委常委、公安局局长王小平，市委常委、青铜峡市委书记石瑞林参加会议。

19日 吴忠市红十字会第三次会员代表大会在吴忠会堂召开。会议表彰了20个全市红十字会系统先进集体和爱心集体以及40名红十字先进工作者、优秀志愿者，选举产生了新一届理事会名誉会长、会长、常务副会长、副会长、秘书长、常务理事，通过了市红十字会第三次会员代表大会关于第二届理事会工作报告的决议，通过了《吴忠市红十字会2016—2020年工作规划纲要》的决议。市委书记赵永清做讲话，副市长马中勇主持会议。自治区红十字会常务副会长刘静及市领导马和清、马银静、买霞应邀出席大会。

20日 "一带一路'友谊'消化直通车万里行"宁夏吴忠站暨国家消化系统疾病临床医学研究中心在市人民医院正式揭牌启动。市委书记赵永清、北京市卫计委委员高小俊为"一带一路'友谊'消化直通车万里行"宁夏吴忠站揭牌，市长喜清江、北京友谊医院院长张澍田为国家消化系统疾病临床研究中心吴忠基地揭牌。市领导张学慧、马中勇参加启动仪式。

△ 宁夏守法好公民事迹巡回报告会在吴忠举办。市领导王慧仙、张广文参加。

21日 自治区考核吴忠市招商引资工作，实地检查吴忠市重点招商引资项目，查看档案资料，听取汇报，对吴忠市招商引资目标任务完成情况进行检查。副市长杨金海参加汇报会。

△ 新型智慧城市评价工作研讨会在吴忠红宝宾馆举办。市委副书记、政法委书记刘军，市委常委、副市长刘敏参加研讨会。

26日 公安部党委委员、副部长孟庆丰带领慰问组到吴忠市开展节前慰问。自治区副主席、政法委书记、公安厅厅长许尔锋及市领导赵永清、刘军、王小平等陪同慰问。

△ 在北京市召开的第四届中国城市公益慈善指数发布会上，吴忠市位列全国慈善城市百强榜第17位，居全区之首，这是吴忠市第三次获此殊荣。

26—27日 由国家工商总局、中央编办、发改委、财政部、法制办等组成联合调研组到吴忠市，对"多证合一"改革情况进行调研。

本月 吴忠市知识产权局荣获由人力资源和社会保障部、国家知识产权局联合授予的全国专利系统先进集体称号。

△ 金积工业园区被命名为第三批全国创业孵化示范基地。

△ 盐池县被确认为第三批国家新型城镇化综合试点县。

△ 老毛手抓羊肉、杜优素羊杂碎被中国旅游协会、中国旅游饭店业协会评为中国金牌旅游小吃。

△ 吴忠市利通区郭家桥乡山水沟村、青铜峡市叶盛镇地三村、盐池县高沙窝镇兴武营村、红寺堡区新庄集乡西川村被命名为宁夏首批十大特色产业示范村。

△ 宁夏夏进乳业集团股份有限公司、宁夏红山河食品股份有限公司、宁夏宁杨食品有限公司、吴忠市黄河电焊机有限公司4家企业被确定为自治区知识产权示范单位，宁夏吴忠市精艺裘皮制品有限公司等6家企业被确定为自治区知识产权试点单位。至此，吴忠市自治区知识产权示范单位达到5家，自治区知识产权试点单位达到13家。

△ 吴忠市公安局物证鉴定所获得由自治区质量技术监督局和公安厅联合颁发的检验检测机构资质认定证书，标志着吴忠市公安局物证鉴定所出具的6个项目资质认定获得全国各行业认可，在法庭诉讼中更具权威性、可信性，也成为全区公安机关开展资质项目认定最多的地市。

△ 吴忠市纪检监察网正式开通运行。网站在首页显著位置设置"监督举报"版块，公开了举报途径和方法流程，方便群众举报监督。同时，开设书记信箱，广泛听取意见建议，不断改进和加强纪检监察工作。

吴忠概览 WuZhong GaiLan 〉〉 〉

地理人文

【自然地理】 吴忠市位于宁夏中部，地处宁夏平原腹地，地处东经105°17′~107°47′，北纬36°34′~38°15′，总面积2.07万平方公里。北连银川市，西接中卫市，南接固原市，东部与陕西省榆林市定边县毗邻，东北、西北分别与内蒙古自治区鄂尔多斯市鄂托克前旗和阿拉善盟阿拉善左旗相连，东南与甘肃省庆阳市环县接壤。

吴忠市南部、东部的红寺堡区、同心县、盐池县3县区是宁夏中部干旱带的核心地区，占全市总面积的80%；北部的利通区、青铜峡市是引黄灌区的精华之地。北部为黄河冲积平原；东部属鄂尔多斯台地；东北接毛乌素沙地；南部为鄂尔多斯高原西部与黄土高原北部衔接地带；东南部为黄土丘陵，群山环绕，沟壑纵横；西部贺兰山纵亘，牛首山横卧，形成由南向东北从高向低呈阶梯状分布的地势特点，地貌形态为山地、低山丘陵、缓坡丘陵、洪积扇地带、黄河冲积平原和库区。川区平均海拔1200米，山区1300~1900米。

吴忠地处西北内陆，属中温带干旱半干旱气候区，具有明显的大陆性季风气候特征：四季分明，气候干燥，蒸发强烈，降水集中，大气透明度好，云量少，

黄河大峡谷

日照充分，热量丰富，温差较大，无霜期短，风沙较多。年平均气温9.3℃，极端最低气温-28.5℃（1975年12月12日），极端最高气温38℃（1997年7月22日）。生长期年平均210天，无霜期年平均180.4天，最长达220天，最短为150天。历年平均降水量184.6~273.5毫米，年平均降水日46.5天，最多达56天（2007年），最短为31天（2005年），极端年最大降水量322.1毫米（1978年），极端年最少降水量64.8毫米（2005年）。降雨集中在每年7—8月，8月最多。

吴忠境内的罗山是宁夏三大天然林区之一。主要有石油、煤炭、矿石、天然气等30多种矿产资源。其中，石油储量3700万吨，天然气储量8000亿立方米，是陕甘宁油田的核心部分。煤炭储量64.7亿吨，石灰岩储量49亿吨，冶镁白云岩储量23.69亿吨。水电、火电资源丰富，总装机容量占全宁夏的54%，是宁夏重要的能源基地。

【**历史沿革**】 吴忠历史源远流长，公元前2.5万年左右，先民就在这里繁衍生息。秦时于今盐池县境内首设昫衍县，大约辖原银南地区全境。秦始皇三十三年（前214年），境内设富平县，为宁夏平原最早设置的县，此后分别置灵州等县郡。清朝置宁朔县，县署治小坝堡；置平远县，县署下马关。民国2年（1913年）成立盐池县，隶朔方道。1936年3月，成立盐池县苏维埃政府和陕甘宁省豫海县回民自治政府。1949年9月，吴忠全境解放，成立吴忠堡市，由宁夏省直辖；11月缩编为吴忠镇，归灵武县管辖。同年9月，同心县成立。1950年10月，吴忠镇正式改为吴忠市，由宁夏省直辖。1954年4月，宁夏省河东回族自治区成立，辖金积、灵武、吴忠、同心4县市（1955年4月代管盐池县，12月正式管辖），并与吴忠市人民政府合署办公。9月，宁夏省建置撤销，河东回族自治区隶属甘肃省。1955年2月1日，河东回族自治区人民政府与吴忠市人民政府分署办公。4月28日，河东回族自治区更名为吴忠回族自治州。1958年10月25日，宁夏回族自治区成立，自治州撤销，吴忠市直属宁夏回族自治区。1953年4月至1958年10月设立吴忠回族自治州，辖吴忠、金积、灵武、同心、盐池。1960年，撤销金积县，撤宁朔县改名为青铜峡市。1963年撤销吴忠市、青铜峡市设立吴忠县和青铜峡县。1972年2月23日，国务院批准设立银南地区革命委员会，1973年4月设立银南行政公署，属自治区派出机构。1984年，撤销吴忠县、青铜峡县恢复吴忠市、青铜峡市。1998年5月，撤销银南地区和县级吴忠市，设立地级吴忠市，县级吴忠市改称利通区，地级市辖利通区、青铜峡市、灵武市、中卫县、中宁县、盐池县、同心县。1998年9月5日，成立县级红寺

吴忠市行政区划

县（市、区）	镇	乡	街道办事处	行政村（个）	社区/居委会（个）	其他
利通区（4个乡、8个镇）	金积镇、高闸镇、金银滩镇、扁担沟镇、胜利镇、金星镇、古城镇、上桥镇	东塔寺乡、板桥乡、马莲渠乡、郭家桥乡		100	21	3个农场办
红寺堡区（3个乡、2个镇、1个街道办事处）	红寺堡镇、太阳山镇	柳泉乡、新庄集乡、大河乡	新民街道办事处	63	5	
青铜峡市（8个镇、1个街道办事处）	小坝镇、大坝镇、青铜峡镇、叶盛镇、瞿靖镇、峡口镇、邵岗镇、陈袁滩镇		裕民街道办事处	86	21	树新林场 良繁场
盐池县（4个乡、4个镇）	花马池镇、大水坑镇、惠安堡镇、高沙窝镇	王乐井乡、冯记沟乡、青山乡、麻黄山乡		102	17	
同心县（4个乡、7个镇）	豫海镇、河西镇、丁塘镇、韦州镇、下马关镇、豫旺镇、王团镇	田老庄乡、马高庄乡、张家塬乡、兴隆乡		154	4	

堡开发区。2002年10月，灵武市划归银川市代管。2003年12月，中卫县、中宁县划归新设立的地级中卫市。2009年10月，设红寺堡区。

【人口】 据抽样调查显示，截至2016年年末，全市常住总人口138.86万人，比上年末增加1.54万人，增长1.1%。其中，城镇人口66.44万人，占常住人口的47.8%，乡村人口72.42万人。城镇化率47.85%，比上年提高1.98个百分点。人口出生率为14.63‰，死亡率为4.44‰，人口自然增长率为10.19‰。据公安年报显示，截至2016年年末户籍总人口142.28万人，比上年增加18769人，其中，城镇人口46.98万人，乡村人口95.31万人。

【民族宗教】 吴忠市域内居住着汉族、回族、满族、蒙古族、东乡族、土家族、壮族、朝鲜族、藏族、土族、侗族、苗族、布依族、维吾尔族、锡伯族、彝族、羌族、裕固族、白族、傣族、保安族、黎族等28个民族，其中回族人口74.82万人，占总人口的53.3%。辖区五大宗教俱全，共有依法登记的宗教场所1360座，其中伊斯兰教场所1288座、佛教场所55座、道教场所13座、天主教场所2座、基督教场所2座。

【交通】 吴忠市域内包兰铁路、大古铁路、太中银铁路等4条铁路穿境而过，京藏高速、古王高速、盐中高速、滚红高速、银西高速、古青高速6条高速纵贯市域，市区距银川河东机场40公里，形成以航空、铁路、公路为主的立体交通网络。交通路网密集便捷，是新亚欧大陆桥沿线的天然的"黄金纽带"，银（川）西（安）高铁和中卫至银川城际铁路已动工建设。截至2016年，全市有班线客运企业13家，客车768辆（含租赁客车100辆），客位22969座，已开通客运线路422条，班车通达陕西、甘肃、内蒙古等省区，全市52个乡镇通客车率达100%，550个行政村通车率达97%。公交企业18家（国有2家、私营16家），公交车922辆，城乡公交线路155条，出租车企业18家，出租车2589辆，各类等级汽车客运站32个，其中一级汽车客运站1个、二级汽车客运站5个、三级及三级以下客运站26个。客运从业人员8000多人。现有货运企业641家，货运车辆23280辆。危险货物运输企业64家（利通区27家、盐池25家、青铜峡7家、同心4家、红寺堡1家），危货运输车辆1015辆，较上年增长12.15%。货运从业人员45313人。全市共有维修企业1627家，其中一类企业5家，二类企业83家，三类1539家。汽车综合性能检测站9家，从业人员5700人。全市驾驶员培训学校14所，其中一级驾校2所，二级驾校12所，各类不同档次的驾驶员培训教练车辆793辆，教练员1026人。全市公路客运量1112万人次，比上年下降0.09%；公路客运周转量62723万人公里，增长0.09%；公路货运量9956.89万吨，增长0.18%；公路货运周转量1245061.51万吨公里，增长0.01%；年末全市各种民用汽车保有量22.6万辆，私人汽车保有量20.7万辆，公共汽车运营车辆901辆，公交标准运营车辆895标台。

【水利】 黄河干流流经吴忠69公里，全市有苦水河、清水河、甜水河等集水面积在50平方公里以上的山洪沟42条，水库13座。吴忠城市共有9条水系（黄河、秦渠、清水沟、清宁河、南环水系、惠农渠、汉延渠、大清渠、罗家河），全长57.9公里，其中，城东水系42.2公里，湖泊15个；城西水系15.7公里，湖泊17个。总面积为1.96万亩。截至2016年年底，耕地面积507.14万亩，灌溉面积233.2万亩，其中耕地有效灌溉面积203万亩，林草等有效灌溉面积30.2万亩；自流灌溉面积65万亩，扬水灌溉面积130万亩。2016年，全市取水总量15.465亿立方米，用黄河水总量12.73亿立方米；万元工业增加值用水量29.8立方米，万元GDP用水量349.58立方米；农田灌溉水有效利用系数达到0.521，工业用水重复利用率提高到78.89%；城镇污水处理率市区达到92%，县城达到86%；再生水回用率达到21%；城镇供水管网漏损率市区控制到10.1%，县城控制到10.8%；节水型企业覆盖率达到10.9%，节水型公共机构覆盖率达到64%；重要江河湖泊水功能区水质达标率达到100%，集中式饮用水源地水质达标率达到100%。

【气候】 2016年，全市平均气温较常年高1.5℃，冬季气温偏低，前冬暖，后冬冷；夏季气温达历史最高纪录，阶段性高温日数创同期新高；全市年平均气温为10.5℃，较常年偏高1.2℃，为1961年以来第四高值。除冬季平均气温与历年持平外，春、夏、秋三季气温均较常年偏高，夏季达1961年以来第二高值年，秋季为第三高值。年降水量呈减少趋势。2016年全市平均降水量为281.8毫米，比常年偏多25%。全市平均日照时数为3089.4小时，较常年偏多124.3小时。2月，多地日降雪量创当月历史新高；首场透雨出现之早、范围之广、持续时间之长为历史罕见；6月对流性天气集中频繁出现；盛夏阶段性雨日之多、雨量之大创历史之最。12月全市平均气温为-1.1℃，较常年同期偏高3.6℃，创1961年以来历史新高。

【主要气候事件】 2016年，吴忠市共遭受暴雨、冰雹、洪涝灾害6次，其中6月1次，7月3次，8月2次，农作物受灾面积2.3万公顷，直接经济损失4.85亿元；全年共发生大风灾害4次，其中4月1次，5月1次，7月1次，10月1次；共造成0.77万公顷农作物受灾，直接经济损失0.42亿元；6—8月吴忠市中部干旱带出现严重干旱，农牧业生产遭受较大损失，作物受灾面积7.88万公顷。1—3月，同心县遭受冰冻灾害。2016年8月13—15日，利通区部分地区出现暴雨，造成利通区农作物（水稻、玉米）、住房等不同程度受灾、受损，受灾面积1829.9公顷，直接经济损失1830万元。吴忠国家农业科技园区管委会利同新村民房8户院落进水，住房倒塌129户346间，严重损毁76户152间，一般损坏583户1656间，紧急转移安置人口204人，经济损失约147万元；7月3—4日、7月9日，盐池县冯记沟乡、大水坑镇、青山乡、王乐井乡先后出现雷雨大风和短时强降水天气过程，造成1844人受灾，农作物受灾面积360公顷，直接经济损失共466.4万元。

【环境质量】 1.水环境质量。（1）黄河断面水质情况。金沙湾断面水质Ⅱ类达标率为81.8%，Ⅲ类水质占18.2%，金沙湾断面属Ⅱ类优水质；叶盛公路桥断面Ⅱ类水质占58.3%，Ⅲ类水质占41.7%。（2）地表水水质情况。南干沟水质为劣Ⅴ类重度污染水质，清水沟水质为劣Ⅴ类重度污染水质，罗家河水质为Ⅲ类良好水质，清宁河水质为Ⅴ类中度污染水质。（3）地下水水质情况。吴忠市金积集中式饮用水源地7月监测39项监测项目中，因本底值高（地质原因）造成锰监测浓度超过Ⅲ类水质标准0.26倍，其余指标监测浓度均符合《地下水质量标准》（GB/T14848—1993）Ⅲ类水质标准。

2.空气环境质量。2016年，吴忠市城市环境空气质量有效监测天数366天，优良天数为280天，优良天数占76.5%，比上年增加10天。其中，优天数36天；良天数244天；污染天数为86天，比上年减少9天，其中轻度污染（三级）60天，中度污染（四级）16天，重度污染（五级）9天，严重污染（六级）1天。86天污染天气中38天以PM10为首要污染物，42天以PM2.5为首要污染物，2天以二氧化碳为首要污染物，4天以臭氧为首要污染物。

3.声环境质量。（1）市区声环境质量状况。2016年，吴忠市区域环境噪声昼间平均等效声级为52.7 dB（A），昼间声环境质量处于一般水平。影响吴忠市城市区域声环境质量的噪声源仍然是交通和生活噪声，占主导地位的是交通噪声，城市区域噪声声源构成所占比例分别为交通噪声24%，生活噪声17%，工业噪声12%，其他噪声0%，施工噪声3%。（2）功能区声环境质量状况。2016年，吴忠市各功能区中1类区（中心居民文教区/上桥居民文教区）第三季度夜间平均等效声级超出了标准限值0.6dB（A），2类区（居住、商业、工业混合区）、3类区（工业集中区）和4类区（道路交通干线两侧）昼间、夜间平均等效声级均达标。（3）城市道路交通声环境质量状况。2016年，吴忠市道路交通噪声监测的主要交通路段为11条，路段监测总长度40.9千米，平均路宽24.8米。吴忠市道路交通噪声昼间平均等效声级为62.4dB（A），与2015年相比，吴忠市区域环境噪声昼间平均等效声级下降了4.9dB（A）。

4.生态环境质量。吴忠市近5年生态环境质量状况均处于一般水平，生态环境质量指数变化幅度小，环境质量分级略微变好，其主要原因是植被覆盖指数和水网密度指数有所上升。

经济建设

【总体经济运行情况】 2016年，吴忠市认真贯彻落实中央、自治区保投资、稳增长和推进供给侧结构性改革等决策部署，结合吴忠实际，加强分析研判，及时研究出台"工业十条""农业十条""创业就业十条""房地产十条""十大市场十条""旅游业十条""特色街区七条"等政策措施，促进经济平稳增长。年内，实现地区生产总值442.4亿元，比上年增长9%，居全区五市第一。其中，第一产业完成增加值55.4亿元，增长5%，居全区五市第一；第二产业完成增加值250.5亿元，增长10.2%，居全区五市第一；第三产业完成增加值136.5亿元，增长8.6%。地区生产总值三次产业结构为12.5：56.6：30.9，增加值轻重工业比为30.3：69.7。

【财政收支】 2016年，吴忠市完成地方财政收入42.5亿元，比上年增长3.6%。一般公共预算收入32.6亿元，增长1.9%，同口径增长14%，其中税收收入21.3亿元，下降10%，税收收入占公共财政预算收入的65.5%。全年完成地方财政支出193.8亿元，比上年增长14.6%。一般公共预算支出176.6亿元，增长12.6%。其中八大项支出情况为：一般公共服务支出增长11.8%，公共安全支出增长3.9%，教育支出增长7.5%，科学技术支出增长17.6%，社会保障和就业支出增长11.1%，医疗卫生与计划生育支出增长24.5%，节能环保支出下降17.6%，城乡社区支出增长54.1%。

【工业经济】 截至2016年年底，吴忠市共有工业企业2385家，其中规上企业352家。规上企业中，中央及区属企业43家，销售收入过亿元企业91家（其中过10亿元的17家）。5亿元以上的重点企业共有26家，完成工业总产值345.5亿元，同比增长10.15%，占全市规模以上企业总产值的50.2%。8个工业园区，入园企业总数达到449家，其中规模以上企业228家。2016年完成工业总产值410.9亿元，占全市工业总产值的57.7%。

2016年，全市累计完成工业增加值182.7亿元，占全市GDP总量的41.3%，其中规上工业企业完成增加值174.4亿元，同比增长9.4%。轻重工业比为30.3：69.7，非公与国有企业增加值之比为35.8：64.2。2016年，吴忠市新增21家新建投产规模以上工业企业，占全区同期新建投产规模以上工业企业总数的52.5%，占全市规模以上工业企业总数的5.7%，涉及纺织业，石油加工、炼焦和核燃料业，化学原料和化学制品制造业，有色金属冶炼和压延加工业，电气机械和器材制造业，电力、热力生产和供应业，燃气生产和供应业等行业。21家新建投产企业合计实现增加值6.16亿元，占全市规模以上工业的3.6%，拉动规模以上工业增长2.5个百分点。引进宁夏轴承谷、汇高智能制造等7个高端装备制造企业，自动化产业园、菲斯克轴承等9个装备制造项目建成投产。全市轻工业实现增加值50.1亿元，增长14.5%，轻工业占比高于全区11个百分点。特色美食等产业产值达到225亿元，全市累计发展健康食品加工企业近800家，形成药食滋补、保健饮料等7大类产品；油气化工、新材料、煤炭电力3个板块达到百亿元。恒丰纺织产能扩大至75万锭，恒和织布等项目建成投产。设立金超助贷基金、小微企业助保贷平台，自治区"中小企业50强""专精特新"中小企业分别达到30户、150户，规上工业企业发展到390户，新增30户。全市规上地方工业实现增加值101亿元，增长17%。中国自动化16万千瓦光伏项目建成

吴忠市2016年地区生产总值及增长速度

指标	绝对值（亿元）	比上年增长（%）
全市生产总值	442.4	9.0
第一产业	55.4	5.0
农林牧渔业	58.5	4.9
第二产业	250.5	10.2
工业	182.7	10.8
建筑业	67.8	8.7
第三产业	136.5	8.6
批发和零售业	13.0	4.4
交通运输、仓储和邮政业	18.5	0.3
住宿和餐饮业	11.6	6.2
金融业	25.7	16.4
房地产业	11.6	13.0
其他服务业	52.9	9.3

并网，中民投在盐池县建成全球最大单体光伏电站，嘉泽建成全国唯一一家新能源智能微网，全市新能源建成及在建规模达到937万千瓦，占全区的65%，形成生产制造维修储能全产业链。全市单位工业增加值能耗下降6.4%，GDP综合能耗下降6%。

【新能源】 截至2016年年底，吴忠市风、光电核准（备案）937.27万千瓦，其中风电645.96万千瓦，光电291.31万千瓦；建成并网规模为706.59万千瓦，其中风电546.69万千瓦，光电159.9万千瓦。在建待建规模230.68万千瓦，其中风电114.6万千瓦（待建9.9万千瓦），光电116.08万千瓦。

【现代农业】 2016年，吴忠市着力推进现代农业发展，实施百万亩高效节水示范工程，发展高效节灌面积32.6万亩，调减籽粒玉米33万亩，新增枸杞2万亩，酿酒葡萄1.1万亩，中药材1.3万亩，分别达到14.5万亩，20.7万亩和50万亩。全市粮食面积稳定在320万亩，粮食产量稳定在90万吨以上，牛存栏31.6万头（奶牛存栏18.1万头，肉牛存栏13.5万头），奶产量70.9万吨，羊存栏235.1万只，生猪存栏15.8万头，家禽存栏299.1万只（蛋禽存栏177.7万只）。牛肉产量2.2万吨，羊肉产量4.2万吨，猪肉产量1.6万吨，禽肉产量0.4万吨，禽蛋产量2.3万吨。新建万头牧场3个，标准化规模牧场达到103个，奶牛存栏21万头，规模化率95.4%，高于全国平均水平45.4个百分点；肉牛、肉羊饲养量分别达到65万头和640万只；新建东阿阿胶等肉驴养殖场6个，存栏6380头。成立富硒产业协会，发展硒产品加工企业27家，创建富硒农产品基地13个。全年完成农林牧渔业总产值113.1亿元，比上年增长4.8%。其中，农业产值60.9亿元，增长4.8%；林业产值1.6亿元，下降39.5%；畜牧业产值43.9亿

吴忠市2016年工业主要产品产量

产品	计量单位	产量	比上年增长（%）
卷烟	万支	845000	4.3
发电量	万千瓦时	2645924	7.6
乳制品	吨	682326	30.1
原铝（电解铝）	吨	394535	-7.3
水泥	吨	4651919	15.8
碳化钙（电石，折300升/千克）	吨	481276	10.4
羊绒	吨	6360	0.7
原煤	吨	10817074	110.5
铁合金	吨	128699	-10.3
工业自动调节仪表与控制系统	台（套）	180884	53.8

2016年度吴忠市自治区级重点项目

2016年，吴忠市列入自治区级重点建设项目3个，截至12月底，3个项目均已开工建设，完成投资32.9亿元。

宁夏恒丰集团产业升级二期建设项目。兴德棉织造车间络筒、浆纱、整经、穿筘等设备已安装完成，安装织机100台；德悦纺织主体工程已完工，形成2万锭纺纱产能；恒诚仓储5个仓库主体已完成，完成投资5.36亿元。

华能大坝发电公司四期扩建项目。主厂房基础7.8~15米柱、梁钢筋绑扎及支模、7#锅炉钢架第一层第一段吊装完成，电除尘基础回填完毕；烟囱砼筒壁浇筑完成104模（156米）；煤场翻车机室基坑土方开挖完成70%；斗轮机基础梁砼浇筑完成60%；斗轮机尾部驱动站基础砼浇筑完成100%。完成投资14.53亿元。

中国自动化产业园建设项目。2号生产车间已经投入生产，3、4号生产车间正在进行吊装设备安装及地面硬化工作。完成投资13.01亿元。

元,增长7.8%;渔业产值1.9亿元,增长5.2%;农林牧渔服务业产值4.9亿元,增长2.5%。全市农林牧渔业增加值58.5亿元,比上年增长4.9%。吴忠市被中国营养学会授予"中国塞上硒都"称号。御马葡萄酒、同心圆枣等7个商标获中国驰名商标,吴忠牛乳等21个农产品获中国地理标志品牌,"天香红"等29个商标被认定为第十届宁夏著名商标,全市累计244个农产品获得"三品一标"认证。全市流转面积达83万亩,培育农民合作社和家庭农场1428家、475家。

【第三产业】 2016年,吴忠市把促进现代服务业作为主要抓手,积极打造特色小吃街、贺兰山东麓葡萄酒风土街等6条特色街区,出台"十大市场十条"政策,市场主营业态达到80%以上。截至11月末,金融机构各项存款余额617.27亿元,增长17.4%;贷款余额486.34亿元,增长6.2%。全市新增各类市场主体9133户,累计达到89838户。实施"互联网+商贸"行动,建成县级电商服务中心6个、村级服务站223个,红寺堡区、青铜峡市被列为电子商务进农村示范县,全市电商交易额达到9.8亿元。拓展新兴服务业态,明珠园果蔬冷鲜同城配送、圣源春第三方物流等项目建成投用,新世纪智慧商城、"明天生活"微商平台上线运行,北京慈铭体检中心投入使用。大力培育临空经济,盐池县成功举办全国跳伞锦标赛,红寺堡区、同心县通用机场前期工作加速推进。全年实现社会消费品零售总额102.8亿元,比上年增长7.8%。对外经济全年实现进出口总额46627万元,比上年下降12.3%。其中,出口总额37313万元,下降5.8%;进口总额9314万元,下降31.3%。全年签订利用外资项目2个;合同外资金额3.92亿元,比上年增长8%;实际利用外资3.65亿元,增长7.5%。年末全市金融机构人民币各项存款余额624.7亿元,比上年增长17.3%,其中,住户存款362.8亿元,增长15.4%。人民币各项贷款余额500.4亿元,比上年增长8.6%,其中,中长期贷款213.3亿元,增长6.7%;短期贷款267.8亿元,增长5.3%。

【旅游业】 截至2016年年底,吴忠市共有旅行社(分社)38家,国内社38家。共有旅游星级酒店16家,四星级4家,三星级10家,二星级2家。全市全年接待国内游客419.1万人次(含农家乐),比上年增长29.4%;接待海外游客0.15万人次,增长9.3%。国内旅游收入20.2亿元(含农家乐),增长28.2%;国际旅游外汇收入113.7万美元,增长52.2%。年内实施"旅游+"工程,出台促进旅游业发展优惠政策,加快推进景点旅游向全域旅游转变。利通区乡村自驾游等4个项目入选《2016全国优选旅游项目名录》。2016年全国沙滩排球巡回赛成功举办,第五届黄河金岸国际马拉松赛央视五套全程直播,阿迪力高空跨越黄河大峡谷打破吉尼斯世界纪录,极大地提高了吴忠的知名度、美誉度。

【建筑业和房地产】 2016年,吴忠市积极响应国家房地产去库存政策,出台"房地产十条",全市商品房销售面积150.7万平方米,同比增长55%,去库存周期由15个月调整为10个月;房地产开发投资57.8亿元,同比增长43.3%。市委、市政府出台实施《关于促进房地产市场平稳健康发展的政策措施》,全面落实税收政策、棚户区改造货币化政策、支持农民工购房及公积金支持等政策,促进房地产投资、商品房销售保持较快增长,房地产市场回暖迹象持续显现,总体发展态势稳中趋好。全年完成房地产开发投资64.7亿元,比上年增长44.5%,其中住宅开发投资44.4亿元,增长63.4%。商品房施工面积638.8万平方米,增长16.4%,其中住宅施工面积428.5万平方米,增长19%。商品房销售面积151.1万平方米,增长54.6%,其中住宅销售面积130.6万平方米,增长61.7%。商品房待售面积175.8万平方米,下降19.6%,其中住宅待售面积106.6万平方米,下降20.9%。全年商品房销售额52.8亿元,增长53.8%,其中住宅销售额42.7亿元,增长65.1%。

【邮电通信】 2016年,吴忠市邮电业营业收入总量22.1亿元。其中,邮政业营业收入0.71亿元,电信业营业收入21.39亿元。快递业务营业收入0.43亿元,增长95.55%。全年订销报刊1194.18万份,下降30.09%;完成邮政函件业务105.44万件,增长26.09%。年末本地固定电话用户9.8万户,增长13.27%;移动电话用户114.05万户,增长1.3%;计算机互联网用户17.41万户，增长46.3%。

【城乡一体化建设】 2016年，吴忠市共实施城乡建设项目171个，完成投资145亿元。全市采取货币化安置进行城市棚户区改造7226套，市区续建棚户区改造项目15774套，公租房1000套；建设"美丽村庄"示范点39个，美丽小城镇6个，改造危窑危房5613户；完成银塔小区、民园新村等10个老旧小区改造，民生保障建设持续推进。市人民医院迁建项目、黄河文体会展中心、市妇幼保健院、残疾人康复中心、利通区人民医院等重点项目完成年度投资6.754亿元。城乡基础设施建设提质扩容，建成上桥人家支路等9条9.78公里市政道路，完成东部集污一期工程雨污水管网11.4公里、城市东部地下综合管廊PPP一期项目1.7公里。敷设热电联产集中供热热力管网78（2×39）公里，完成投资3.1亿元，接入19个供热站776万平方米供热面积，市区供热质量和效率得到大幅提升。制定实施《关于促进房地产市场平稳健康发展的政策措施》，房地产投资和存量商品房销售均比上年同期有明显上升，房地产市场发展稳中转好。坚持建管并重，以"两高三联一清单"管理模式为抓手，结合工程质量治理两年行动，全力推进建设领域突出问题专项整治，建筑产业发展更加规范。

【两大任务】 2016年，吴忠市坚持不懈推进"两大任务"，成立10个产业招商小组，开展集中招商活动，全年招商引资到位资金610亿元，上争项目资金130亿元。实行市级领导牵头包抓重点项目责任制，年初确定的200个重点项目开工196个，开工率达98%。持续优化投资结构，实施PPP项目8个，争取国家专项建设基金29亿元，城市地下综合管廊等3个项目被列为国家PPP示范项目，地方产业类投资占固定资产投资94%，民间投资占比达到70%，成为投资主导力量，支撑作用日益显现。加大项目谋划力度，储备2017年建设项目885个，年度计划投资1276亿元；储备全国工商联常委会招商引资项目366个，总投资3571亿元。

【改革创新】 2016年，吴忠市启动119项改革任务。农村土地承包经营权确权工作全覆盖，利通区、青铜峡市被评为全国第三届土地节约集约模范县。改组成立城乡建设公司等8个国有资产投资公司。设立现代农业发展、扶贫产业担保等5支总规模7亿元的产业基金，在三板、四板累计挂牌56家企业，城市商业银行县域全覆盖。深化财税体制改革，全面落实"营改增"。加快推进"多规合一"改革试点，全面深化商事主体"一照通"登记审批改革。全面完成了市本级和县（市、区）机关公务用车制度改革任务。加强与20多个友好城市交流，闽宁对口合作领域不断拓宽。与清华大学由校企合作发展到校地合作。实施特色产品"挺进大中城市"战略，北京、上海、厦门等地的15个展示展销中心投入运营。盐池滩羊肉走上G20杭州峰会餐桌，品牌价值达到68.9亿元。支持有实力的企业开拓国际国内市场，万绦旎服饰等企业在国外新设20多个分销点，恒利服饰开拓东南亚市场获得大批量订单，全市新增进出口备案企业50家。申报自治区企业技术创新中心3家，与四川大学、中科院联合建设实验室2家，专利申请和授权同比分别增长35.79%和30.77%。金昱元等4家企业列为国家"两化融合"管理体系贯标试点企业。吴忠仪表23项产品评为国家级重点新产品，智能控制阀制造数字化工厂列为国家智能制造试点示范项目。

【对外开放】 2016年，吴忠市先后组织120家企业到马来西亚、德国等国家考察参展，万绦旎、杞叶青等企业在国外新设20多个分销点，涝河桥等企业产品出口30多个国家和地区，全市新增进出口备案企业70家。与中国电子科技集团签订战略框架协议，合作建设智慧城市。实施特色产品"挺进大中城市"战略，吴忠餐饮走向全国。完善交流合作机制，与清华大学、西北农林科技大学等科研院所合作不断深化，组织党政代表团到贵州考察学习，进一步开阔眼界、开阔思路、开阔胸襟。

政治建设

【党组织建设】 2016年，中共吴忠市委深化基层党建"强龙工程"，加强基层服务型党组织创建，分类打造示范点146个，集中整顿软弱涣散党组织155个，精心培育脱贫销号先行村125个，

盐池县曾记畔村党支部被评为全国先进基层党组织。推动基层党建与脱贫攻坚深度融合,"一核多元"精准扶贫组织体系得到赵乐际同志肯定,以"机关基层党组织在脱贫攻坚工作中走在前、做表率"为主题的第四届全国县级机关党建工作研讨会在吴忠召开。健全完善第一书记"1+6"管理考核机制,推动228名第一书记抓党建、抓扶贫、抓发展。创新推行非公企业"254"党建模式,建立社会组织"三同步"工作机制,非公企业党组织覆盖率连续7年居全区五市第一。截至2016年年底,吴忠市有基层党组织2450个,党员58531名,其中,农村党员26114名,占44.62%;少数民族党员22176名,占37.89%;初中及以下学历党员23589名,占40.30%;60岁以上党员14122名,占24.13%;35岁及以下党员11463名,占19.58%。

【民主政治建设】 2016年,吴忠市人大常委会依法行使职权,围绕产业转型、脱贫攻坚、重点项目、司法改革等重点工作开展视察,健全完善代表联系群众机制和代表履职保障机制,全面启动地方立法,监督"一府两院"依法行政、公正司法。全市各级政协组织依照章程履行职能,聚焦全民健身、科技创新、环境保护等工作跟踪协商,对公安、司法、商务等部门进行民主评议,强化民主监督。市委加强与民主党派、工商联和无党派人士团结合作,在全区率先出台了《吴忠市党外干部培养选拔实施办法》,统一战线助力脱贫攻坚行动扎实推进。

工青妇等人民团体换届圆满完成。加强国防和民兵预备役建设,"双拥"工作扎实推进,武警吴忠支队荣获全国拥政爱民模范单位,王兰花荣获全国爱国拥军模范个人,青铜峡市第六次荣膺全国双拥模范城,吴忠市实现全国双拥模范城"三连冠"。

【法治建设】 2016年,吴忠市深化法治吴忠建设,加快司法体制改革,全面完成法官、检察官入额遴选工作,市中级人民法院法官员额制改革经验在全区推广,市人民检察院试点工作得到中央政法委充分肯定。"六五"普法圆满完成,"七五"普法全面启动。举办"广场说法·一周一法"普法专场90多场次,"关爱明天·普法先行"、青少年模拟法庭等活动取得积极成效,盐池县连续三次荣获全国法治宣传教育先进县,吴忠市被评为全国法治城市创建先进单位,40个集体和37名个人受到国家、自治区表彰,营造了全民尊法、学法、守法、用法的良好氛围。

【民族宗教工作】 2016年,吴忠市坚持把开展民族团结进步创建活动作为凝聚人心、增进团结的有效载体,常态化推进创建活动,吴忠市被国家民委授予全国民族团结进步创建活动示范市,5个县(市、区)全部被授予示范县。制定《吴忠市民族团结进步创建深化行动方案》,聚焦繁荣发展、民生改善、服务群众等6个方面,深入开展民族团结进步创建"细胞工程",推动创建工作向更高标准、更深层次、更广领域迈进。深入开展社会主义核心价值观等"五进"宗教场所、宗教界"感恩吴忠行"等活动。依法加强宗教事务管理,严厉打击非法宗教渗透,宗教领域和谐稳定。红寺堡区被命名为全国无邪教创建示范区。

【干部人事制度改革】 2016年,市委组织部门坚持好干部"20字"标准和"四论四看四比"用人导向,注重在脱贫攻坚等急难险重任务中鉴别识别干部、检验评判干部。制定《吴忠市推进领导干部能上能下实施办法》,对不适宜担任现职的处级干部调整或免职18名。深入开展干部人事制度改革,专项审核干部"三龄两历一身份"和个人有关事项,对未如实申报的书面函询2人,给予党内警告处分5人。领导干部"负面清单"做法被《人民日报》和中组部《组工通讯》刊载。创新人才工作机制,深入实施"十大人才工程",借助高端智力服务经济社会发展。吴忠市与清华大学校地合作助力民族地区发展项目荣获全国"2016民生示范工程"。

【党风廉政建设】 2016年,市委坚决落实"两个责任",强化清单管理,梳理出市委领导班子责任13项,班子成员责任84项,其他市级领导班子和班子成员全部建立责任清单,健全了责任体系。深入开展中央八项规定精神"回头看",查处违反中央八项规定精神典型问题9个,给予党政纪处分9人,责任追究2人。全区群众评议机关和干部作风活动居五市第一。扎实推进侵害群众利益不正之风和腐败问题专项整治,对十八大以来涉纪问题线索大起底，梳理问题线索209件，立案83件，给予党政纪处分79人。在市检察院建成反腐倡廉警示教育基地，近8000名党员干部接受警示教育。市县联动压茬推开巡察工作，取得初步成效。自治区纪委交办督办的32件信访件，了结15件，立案并给予党纪政纪处分9件，正在办理8件。坚持有案必查、有贪必肃，全市纪检监察机关共受理信访举报1120件，处置问题线索719件，初核643件，立案255件，给予党政纪处分247人，移送司法机关15人，有力震慑了犯罪，教育了干部。

文化建设

【文化事业】 2016年，吴忠市全面启动第三批国家公共文化服务体系示范区创建工作，公共文化服务进慈善产业园区项目顺利通过文化部验收。实施文化惠民工程，"滨河百姓大舞台"演出160场次，送戏下乡演出403场次。深入挖掘黄河文化、红色文化等文化资源，推出一批文艺精品，《塞上鼓韵》荣获2016太原全国锣鼓邀请赛银奖，《罗山恋》荣获第四届亚洲微电影艺术节"金海棠奖"好作品奖。截至2016年年底，全市拥有艺术表演团体190个，文化馆5个，公共图书馆5个，博物馆4个，全国重点文物保护单位8处。广播电台4座，电视台4座，广播综合人口覆盖率、电视综合人口覆盖率分别达到97.88%和98.86%，有线广播电视用户12.93万户。

【体育事业】 截至2016年年底，市区滨河体育运动公园、第三中学、利通区二小、乃光湖运动公园、兴隆寺、东塔、新渠、金积等95块场地已实现公共体育场地设施向社会开放。市区获得技术等级证书的社会体育指导员共610名，其中国家级4人，一级18人，二级276人，三级312人。常年开展田径、射击、举重、摔跤、乒乓球、羽毛球、跆拳道、武术、篮球、排球、足球11个重点优势项目的训练。先后举办了第二届山地自行车、2016年全国青少年航空航天模型锦标赛、阿迪力挑战黄河大峡谷1778米走钢丝、"李宁·红双喜杯"2016年全国乒乓球会员联赛（第九站）、2016全国跳伞锦标赛和航空嘉年华、2016沿长城全国自行车邀请赛等国际、全国赛事。年内开展群众性体育活动90余场次，累计参与10万余人次。

【图　书】 2016年，吴忠市启动"书香吴忠·全民阅读"，开展"送书下乡""图书精准服务"等活动，为驻吴部队、慈善产业园区等配送图书期刊5800余册，为偏远农村小学建立流动图书室，在市区3家网吧设立图书角。全年，到馆借还图书读者48228人次，借还书刊78310册次，新办借书证2024个。

【文化宣传工作】 2016年，吴忠市以团结鼓劲、正面宣传为主，围绕纪念建党95周年、红军长征胜利80周年、闽宁对口扶贫协作20周年等重大宣传主题，开展全方位、多角度、深层次宣传活动，在国家级主流媒体刊播稿件100余篇。积极培育和践行社会主义核心价值观，以创建全国文明城市为统揽，持续开展道德模范、中国好人、最美吴忠人推荐评选活动，刘晓霞、杨晶岚、马彩霞等23人先后入选自治区百孝之星、感动宁夏人物和中国好人榜，中国好人榜三月发布仪式暨道德模范身边好人现场交流活动在吴忠市成功举办。开展寻找"最美家庭"活动，李少军等4个家

吴忠图书馆

庭荣获2016年全国"最美家庭",周得奉等4个家庭荣获第十届全国五好文明家庭,马尚华等13个家庭荣获自治区"最美家庭"。建立舆情管理全网联动机制,加强网络舆情分析研判,及时有力处置舆论热点,营造了健康向上的舆论氛围。

社会建设

【社会保障体系建设】 截至2016年年底,吴忠市拥有敬老院12个,床位1343张,供养老人688人。全市享受政府最低生活保障人数为3.79万人,发放城镇居民最低生活保障金1.64亿元;农村享受最低保障人数9.68万人,发放农村最低生活保障金2.46亿元。发放城乡医疗救助金4565万元,接受城乡医疗救助2.9万人次。城镇建立各种社区服务设施63个,其中市民服务中心13个。全年销售社会福利彩票180万元(两个福利彩票站),直接接受社会捐赠92.8万元。城乡居民基本养老保险、医疗保险参保分别完成目标任务的100.5%和101.5%。城乡低保提标扩面,居民基础养老金增长145%。加快健康吴忠建设,新区医院建成投用,妇幼保健院、残疾人康复中心完成主体,与北京友谊医院等9家医疗机构的合作务实推进。实施薄弱学校改造工程,改扩建29万平方米,80%的教学班实现多媒体教学,教育质量稳步提升。出台"就业十条"政策,提供创业贷款、政府购买服务等措施支持就业创业,城镇新增就业2.7万人,农村劳动力转移就业24.4万人。城镇登记失业率控制在3.72%。

【精准脱贫】 2016年,吴忠市委、市政府认真贯彻落实中央扶贫开发工作会议、自治区脱贫攻坚誓师大会精神,提出"力争提前两年实现整体脱贫"目标,市、县、乡层层签订责任书,安排市级领导一对一联系帮扶贫困县、贫困乡,县处级干部、机关党员干部包村包户扶贫,228个贫困村驻村工作队和"第一书记"全覆盖。出台脱贫攻坚全面量化管理体系,建立精准扶贫信息管理平台,推进脱贫攻坚精准化、信息化、制度化。实施基础设施脱贫等13项行动计划,整合资金46.4亿元,启动168个重点贫困村整村推进工程,推广"龙头带动型"等10种产业扶贫模式,贫困群众60%以上收入来自产业收入。深化金融扶贫,在全区率先建立建档立卡贫困户评级授信系统,互助资金贫困村全覆盖,设立风险补偿、产业担保基金7.5亿元,撬动扶贫信贷50.5亿元,启动实施了贫困人口"脱贫保"项目。继续深入推进央企帮扶、闽宁对口协作,构建全社会共同参与的大扶贫格局。"7366"精准扶贫模式获评"2016中国民生示范工程",金融扶贫"盐池模式"在全国推广。开展"三先开路"教育活动,深化闽宁对口协作,广泛开展社会帮扶。全年销号贫困村65个,减贫5万人。

【城乡居民收支】 2016年,吴忠市城镇常住居民人均可支配收入23351.5元,比上年增加1798.6元,增长8.3%。其中,人均工资性收入15652元,增长7.2%;人均经营净收入2808.7元,增长12.1%;人均财产净收入1044.4元,增长11.1%;人均转移净收入3846.4元,增长9.7%。城镇居民人均消费性支出15279.5元,下降2.5%。其中,支出增幅较大的是:其他用品和服务支出571.7元,增长20.5%;居住支出2788.1元,增长2.7%。城镇居民恩格尔系数28%。全年全市农村居民人均可支配收入9938.2元,比上年增加787.9元,增长8.6%。其中,人均工资性收入4574.5元,增长9.3%;人均经营净收入4483.4元,增长7%;人均财产净收入58.8元,下降2.2%;人均转移净收入821.6元,增长14.8%。农村居民人均生活消费支出8486.78元,增长5.8%。农村居民恩格尔系数32%。

【教育事业】 截至2016年年底,吴忠市有高等职业教育学校1所,招生0.12万人,比上年下降6.4%,在校生0.34万人,下降3.9%;毕业生0.13万人,增长21.2%;中等职业学校3所,招生0.33万人,比上年增长7.8%,在校生0.88万人,增长7.3%;毕业生0.21万人,增长8.9%。普通高中11所,招生0.88万人,比上年下降3.4%,在校生2.72万人,下降8.5%;毕业生1.03万人,增长6.4%。普通初中49所,招生2.23万人,比上年增长0.8%,在校生6.39万人,增长2.8%;毕业生1.9万人,增长0.6%。普通小学306所,招生2.24万人,比上年增长2.5%,在校生13.6万人,下降0.3%;毕业生2.28万人,增长1.5%。特殊教育3所，招生55人，在校生411人。幼儿园151所，在园幼儿41838人，比上年增长5.9%。2016年，实施薄弱学校改造工程，新建、改建各类教育项目87个，为150所学校配置了教学设备。新招聘和选调教师884名，交流轮岗校长教师58名，培训教师4300多人次，教育教学质量稳步提升，高考一二本上线率达到28.6%。创新发展职业教育，挂牌成立黄河技工学校。

【卫生事业】 截至2016年年底，吴忠市有医疗卫生机构906个，其中医院45个，乡镇卫生院50个（含7个分院）。医疗卫生机构实有床位6194张，其中医院实有床位5301张，乡镇卫生院实有床位683张。卫生技术人员共计6903人，其中执业医师及执业助理医师2440人，注册护士2696人。疾病预防控制中心5个，卫生技术人员149人；妇幼保健机构5个，卫生技术人员298人；乡镇卫生院卫生技术人员948人。卫生监督所5个，卫生技术人员89人。全市儿童免疫规划接种率达到97.8%。加快健康吴忠建设，与韩德民院士牵头的中国医疗保健国际交流促进会合作实施"华佗工程"，与北京友谊医院等9家医疗机构进行务实合作，国家消化系统疾病临床医学研究中心吴忠基地揭牌成立，创建国家和自治区级群众满意的乡镇卫生院11所。

【社会综合治理】 2016年，吴忠市加强社会治安防控体系建设，全面推进社区网格化管理，开展矛盾纠纷排查化解专项行动，排查出1296个问题，化解1221个，化解率94.2%，初信初访办结率100%。强化法律援助，创新人民调解，在全区率先构建了人民调解组织"四张网络"，吴忠市医疗纠纷调委会被评为"全国模范人民调解委员会"，市司法局荣获全国法律援助工作先进集体。深化"平安吴忠"建设，依法严厉打击各类违法犯罪，公安机关八类刑事案件破案率位列全区第一。坚决打好新一轮禁毒人民战争，全区毒品预防教育经验交流会暨"6·27"工程推进会、全国校园禁毒图书角项目现场会在吴忠市召开，利通区和同心县禁毒委被评为全国社区戒毒康复示范单位。出台安全生产全面量化管理体系，深入开展专项整治行动，各类事故起数下降54%，安全生产形势持续稳定。

生态文明建设

【生态建设】 截至2016年年底，吴忠市森林面积达到466万亩，森林覆盖率达到15.5%，林业总产值达到18亿元。全市完成林木管护面积489万亩，公益林保护面积174.5万亩。2016年，持续推进生态立市战略，召开市委全会专题部署。组织实施国家三北防护林五期、退耕还林、天然林保护二期、防沙治沙、自然保护区、湿地恢复与保护等国家林业重点生态建设工程和自治区生态移民迁出区生态修复、美丽乡村建设、特色经果林产业等林业建设工程。完成营造林22.5万亩，全市森林覆盖率达到15.5%，城市建成区绿地率、绿化覆盖率、人均公园绿地面积分别达到40.2%、41.4%和20.1平方米。扎实推进土地节约集约利用，利通区、青铜峡市被评为全国土地节约集约模范县。在全区率先建立环保全面量化管理体系，深入实施"蓝天碧水·绿色城乡"专项行动，从严整治环境违法问题，中央第八环保督察组转办事项全部按时办结，黄河吴忠段水质稳定在Ⅱ类，环境空气质量优良率稳居全区沿黄城市前列，吴忠市荣获中国十佳绿色城市。

【节能减排】 2016年，吴忠市启动实施了"蓝天碧水·绿色城乡"专项行动，淘汰停用燃煤锅炉130台，黄标车1589辆，空气质量优良天数同比增加10天。制定实施环境保护全面量化管理体系，按时办结了中央第八环保督察组转办的全部事项，顺利通过国家卫生城市评估验收，成功跻身国家卫生城市行列。

【国家生态文明建设示范县创建】 2016年，吴忠市全面启动生态文明建设示范市创建，印发《吴忠市生态文明建设试点工作方案》《吴忠市生态文明建设示范市创建规划》《吴忠市生态文明建设示范市创建总体实施方案》和《吴忠市生态文明建设示范市创建2016年度工作要点》。截至2016年年底，累计创建国家级生态乡镇5个、生态村2个，自治区级生态县(市、区)2个、生态乡镇25个、生态村24个。农村集中式饮用水水源地保护率达到100%，农村乡镇建成区(中心村)生活污水处理率达到62%，农村乡镇建成区

（中心村）生活垃圾无害化处理率达到79%，规模化畜禽养殖粪便综合利用率达到95%以上，比目标值分别提高2%、9%、25%。

2016年吴忠市取得的荣誉

2016年1月，被国家旅游局表彰为"2015年'厕所革命'先进市"
2016年2月，被国家民委表彰为"全国民族团结进步示范市"
2016年7月，被全国双拥工作领导小组、民政部、中央军委政治工作部表彰为"全国双拥模范城（县）"
2016年7月，被工信部确定为"'中国制造2025'试点示范城市"
2016年11月，被工信部确定为"2014—2016年宽带中国示范城市"
2016年3月，被自治区党委、自治区人民政府确定为"市辖区综合执法改革试点市"
2016年12月，被自治区党委、自治区人民政府、宁夏军区表彰为"自治区双拥模范城市"
2016年12月，被自治区党委、自治区人民政府确定为"开展相对集中行政许可权改革试点"

组织机构及领导人

（2016年1月1日至12月31日在职）

中共吴忠市委员会

书　记　赵永清
副书记　喜清江（回）
　　　　桂福田（8月免）
　　　　刘　军（女，8月任）
常　委　陈海辉
　　　　孙　瑛（女，回）
　　　　马和清（回）
　　　　王小平
　　　　霍小军（挂职）
　　　　马洪海（回）
　　　　金万宏（9月任）
　　　　刘　敏（挂职）
　　　　张学慧
　　　　石瑞林
　　　　兰德明（回）
　　　　廖允成（挂职）
秘书长　季文科
副秘书长　马　昭（回）
　　　　刘宗礼（回）
　　　　马海军（回）
　　　　牛有龙

市委办公室

主　任　季文科
副主任　马　勇（回，兼）
　　　　张玉进（4月任）

督查室

主　任　季文科

机要局

局　长　马　勇（回）

吴忠市人大常委会

主　任　赵永清
副主任　胡东升（11月免）
　　　　张卫国（11月不再提名）
　　　　马耀宗（回，11月不再提名）
　　　　李焕民（11月不再提名）
　　　　马　伟（回）
　　　　买　霞（女，回，11月提名）
　　　　周庆辉
　　　　郭　祥
　　　　马银静（女，回）
　　　　马云峰（11月提名）

　　　　　　季文科（11月提名）
　　　　　　郝　明（回，11月
　　　　　　　　　提名）
秘书长　　　马云峰（12月免）
　　　　　　王　金（12月任）
副秘书长　　魏建荣

市人大常委会工作机构

办公室
主　任　　　侯兴礼
副主任　　　陈　晖

法制工作委员会
主　任　　　马月华（女，回，10
　　　　　　　　　月免）
　　　　　　代良云（10月任）

财经工作委员会
主　任　　　康宏翔（回）
副主任　　　张生寅（10月免）
　　　　　　闫宗杰（10月任）

教育科学文化卫生工作委员会
主　任　　　和永奎

民族宗教外事侨务工作委员会
主　任　　　王晓生（回，10月免）
　　　　　　金　国（回，10月任）
副主任　　　张丽琴（女）

代表联络与选举工作委员会
主　任　　　董玉明（7月免）
　　　　　　徐广堂（7月任）
副主任　　　袁　宝（藏）

农业与环境资源保护工作委员会
主　任　　　马晓雄（回）
副主任　　　徐新福

内务司法工作委员会
主　任　　　何生俊（回，10月任）

吴忠市人民政府

市　长　　　喜清江（回）
副市长　　　张学慧
　　　　　　霍小军（挂职）
　　　　　　康国明（挂职，1月免）
　　　　　　刘　敏（挂职）
　　　　　　马中勇
　　　　　　杨金海（回）
　　　　　　王天军
　　　　　　左振哲（挂职）
　　　　　　马玉龙（回）
　　　　　　王慧仙（女，回，挂职）
　　　　　　廖允成（挂职，4月任）
　　　　　　宋海燕（女，10月任）
秘书长　　　马国锋（回）
副秘书长　　梁　恒
　　　　　　丁　辉（4月任）
　　　　　　马明军（回）
　　　　　　傅合春（4月免）
　　　　　　赵志峰
　　　　　　廖　靖（女，挂职，1
　　　　　　　　　月任）
　　　　　　刘亚凯（回）

政府办公室
主　任　　　马国锋（回）
副主任　　　马成义（回）
　　　　　　杨志贵（回，7月任）

外事侨务办
主　任　　　马国锋（兼，回）

法制办
主　任　　　马国锋（兼，回）

接待办（机关事务管理局）
主　任（局长）
　　　　　　马文谦（回，8月任）
副主任（副局长）
　　　　　　史文忠（8月任）
　　　　　　施原晓（8月任）

政协吴忠市委员会

党组书记　　马文娟（女，回，4
　　　　　　　　　月免）
　　　　　　孙　瑛（女,回,4月任）
党组副书记
　　　　　　冯德胜（4月免）
　　　　　　张广文（4月任）
主　席　　　马文娟（女，回，3
　　　　　　　　　月免）
　　　　　　孙　瑛（女，回，12
　　　　　　　　　月当选）
副主席　　　冯德胜（3月退休）
　　　　　　买　霞（女，回，11
　　　　　　　　　月不再提名）
　　　　　　张广文
　　　　　　李焕民（11月提名）
　　　　　　陈克安
　　　　　　马　骞（回）
　　　　　　杨少清（回）
　　　　　　曹玉华（女，1月补选）
　　　　　　何本源（回,11月提名）
　　　　　　买晓燕（女，回，11
　　　　　　　　　月提名）
秘书长　　　何本源（回，12月免）
　　　　　　孙亚东（12月任）
副秘书长　　宋　丽（女）

办公室
主　任　　　周兆陟
副主任　　　王　慧（女，回）

提案委员会
主　任　　　马福荣（回）
副主任　　　李巨荣

经济委员会
主　任　　　文学峰（回，7月免）
　　　　　　马　宁（回，7月任）
副主任　　　徐经宇（4月免）
　　　　　　刘　洪（7月任）

教科文卫体委员会
主　任　　　刘向阳
副主任　　　马向东（7月免）

社会和法制委员会
副主任　　　吴军红（4月免）

民族宗教和港澳台侨委员会
主　任　　　马向林（回）
副主任　　　杨金保（回）

文史资料和学习委员会
副主任　　　张保岐（回）

民主党派和工商联

民革吴忠市委会
主　委　　买　霞（女，回）
副主委　　杨红英（女）
　　　　　贺　怡（女，驻会）
　　　　　边　卡

民盟吴忠市委会
主　委　　李焕民
副主委　　张志军（驻会）
　　　　　吴斌辛
　　　　　关秀林（女）

民建吴忠市委会
主　委　　原增喜（8月免）
　　　　　杨松涛（8月任，驻会）
副主委　　贾永玲（女）
　　　　　牛华平（回）

民进吴忠市委会
主　委　　杨玉洲（回）
副主委　　康俊杰
　　　　　汪　晓（驻会）
　　　　　刘　敏

农工党吴忠市委会
主　委　　罗向红（女，回，8月免）
　　　　　杨爱琴（女，回，8月任，驻会）
副主委　　赵文章（回）
　　　　　强建新
　　　　　尚自刚

九三学社吴忠市委会
主　委　　买晓燕（女，回，驻会）
副主委　　王伟杰（回）
　　　　　马灵琴
　　　　　王自成

市工商业联合会
党组书记　杨志有（8月免）
　　　　　马建平（回，8月任）
主　席　　康俊杰
副主席　　李　岩

吴忠市中级人民法院

院　长　　黄金柱
副院长　　杨岩刚
　　　　　陶夏平（女）
　　　　　马少清（回，8月免）
　　　　　马　良（回，8月任）

政治部
主　任　　李　炯

纪检组
组　长　　田培仁

审委会专职委员
　　　　　项成文
　　　　　何生俊（回，8月任，10月免）

吴忠市人民检察院

检察长　　马国武（回）
副检察长　马征宇（回，8月免）
　　　　　樊百安（7月免）
　　　　　苏海东（8月任）
　　　　　黄振宁（8月任）
　　　　　李学华（8月任）
纪检组长　党学武

政治部
主　任　　刘志立

检委会专职委员
　　　　　张　晶
　　　　　李晓禹

县（市、区）

·利通区·

中共利通区委员会
书　记　　张晓明
副书记　　李玉山（回）
　　　　　樊华峰
常　委　　周忠德（回，7月任）
　　　　　李　宁（回）
　　　　　苏建斌
　　　　　惠兴文（7月免）
　　　　　马　娟（女，回）
　　　　　袁宗辉（回，8月免）
　　　　　陆兴明（7月免）
　　　　　杨玉龙（回，7月免）
　　　　　李晓明（4月免）
　　　　　闫　浩（4月任）
　　　　　戴　涛（挂职，5月免）
　　　　　金学军（回，挂职，1月免）
　　　　　金伟杰（挂职，5月任）
　　　　　冯茂璋（7月任）
　　　　　谢彦林（7月任）
　　　　　兰　林（回，8月任）

利通区人大常委会
主　任　　陈　宇（回）
副主任　　马晓娟（女，回，10月不再提名）
　　　　　张福新（回，10月不再提名）
　　　　　马金鹏（女，回）
　　　　　闵　波
　　　　　张志军（8月任）
　　　　　郭建成（10月当选）

利通区人民政府
区　长　　李玉山（回）
副区长　　李晓明（4月免）
　　　　　戴　涛（挂职，5月免）
　　　　　金学军（回，挂职，1月免）
　　　　　闫　浩
　　　　　杨松涛（8月免）
　　　　　杨彦炜（回，7月免）
　　　　　俞　冰（女，挂职）
　　　　　金　森（女，回）
　　　　　马长军（回，4月任）
　　　　　金伟杰（挂职，5月任）
　　　　　杨有凯（回，7月任）
　　　　　赵丽亭（女，10月当选）

政协利通区委员会
主　席　　赵　峰
副主席　　李娟清（女）
　　　　　何振贵（回）
　　　　　杨学武（回）
利通区人民法院
院　长　　何生俊（回，8月免）
　　　　　马　龙（回，8月任）
利通区人民检察院
检察长　　马　良（回，8月免）
　　　　　韩　震（8月任）

· 红寺堡区 ·

中共红寺堡区委员会
书　记　　丁建成（回）
副书记　　谭兴玲（女，1月任）
　　　　　杨海峰（回）
　　　　　周立军（挂职，11月任）
常　委　　付兆刚
　　　　　郑亚亮
　　　　　杨泽勤（蒙古）
　　　　　李　焜
　　　　　赵彦林（7月任）
　　　　　尹保江（7月任）
　　　　　李海龙（回，7月任）
　　　　　石金山（7月免）
　　　　　汪　洋（7月免）
　　　　　郝　雪（女，8月免）
　　　　　周忠德（回，7月免）
　　　　　洪金城（挂职，11月免）
　　　　　李春雷（挂职，2月免）
　　　　　刘　劼（挂职，1月免）
　　　　　翟嘉涛（挂职，2月任）
　　　　　赵志青（女，8月任）
　　　　　李　珂（挂职，10月任）
　　　　　涂德望（挂职，11月任）
红寺堡区人民大常委会
主　任　　马　鑫（回）
副主任　　苏宗荣（回，10月不再提名）

　　　　　梁维礼（10月不再提名）
　　　　　刘学芳（女）
　　　　　叶　夏
　　　　　关保智（10月当选）
　　　　　杨进才（回，10月当选）
红寺堡区人民政府
区　长　　丁建成（回，1月免）
　　　　　谭兴玲（女，1月任）
副区长　　汪　洋（7月免）
　　　　　洪金城（挂职）
　　　　　李春雷（回，挂职，2月免）
　　　　　刘　劼（挂职，1月免）
　　　　　于文忠（回，7月免）
　　　　　赵彦林（7月免）
　　　　　李　涛（4月免）
　　　　　杨爱琴（女，回，8月免）
　　　　　翟嘉涛（挂职，2月任）
　　　　　李　焜（7月任）
　　　　　苏达志（回，4月任）
　　　　　马占斌（回，7月任）
　　　　　马金鑫（回，8月任）
　　　　　尚自刚（8月任）
　　　　　李　珂（挂职，10月任）
政协红寺堡区委员会
主　席　　马　宁（回，7月免）
　　　　　蔺保飞（7月任）
党组副书记
　　　　　关保智
副主席　　关保智
　　　　　邓向华（回，10月不再提名）
　　　　　贺　怡（女，10月不再提名）
　　　　　买廷东（回，8月任）
　　　　　张致强（10月当选）
　　　　　宋立忠（10月当选）
红寺堡区人民法院
院　长　　罗生明（8月免）

　　　　　郭　勤（8月任）
红寺堡区人民检察院
检察长　　苏海东（8月免）
　　　　　王俊成（回，8月任）

· 青铜峡市 ·

中共青铜峡市委员会
书　记　　石瑞林
副书记　　张国彦（1月免）
　　　　　金永灵（1月任）
　　　　　张铁樱
常　委　　蔺保飞（7月免）
　　　　　杨春燕（女，回）
　　　　　弋忠朝
　　　　　刘国强
　　　　　闫培华（挂职）
　　　　　杨旭年
　　　　　马光锋（回）
　　　　　马晓贤（女，回，4月任）
　　　　　王　飞（挂职，5月任）
　　　　　贺　江（7月任）
　　　　　何元凯（8月任）
　　　　　万玉忠（4月免）
　　　　　杨　铎（4月任，8月免）
　　　　　张志翔（挂职，2月免）
　　　　　侯成峰（挂职，11月免）
　　　　　董云峰（挂职，2月任）
青铜峡市人大常委会
主　任　　姬文泽
党组副书记
　　　　　唐新民（10月免）
　　　　　任贵生（10月任）
副主任　　罗彦文（10月不再提名）
　　　　　李玉梅（女，回，10月不再提名）
　　　　　任贵生
　　　　　袁　浩

　　　　　　撒贵清（回，10月当选）
　　　　　　宋建宁（10月当选）

青铜峡市人民政府
市　长　张国彦（1月免）
　　　　金永灵（1月任）
副市长　杨春燕（女，回）
　　　　杨红英（女）
　　　　崔奇鹏
　　　　侯成峰（挂职，11月免）
　　　　闫培华（挂职）
　　　　张志翔（挂职，2月免）
　　　　董云峰（2月任）
　　　　王　飞（挂职，5月任）
　　　　程　潜（4月免）
　　　　撒贵清（回，8月免）
　　　　陈雪松（4月任）
　　　　张克文（8月任）
　　　　王　飞（挂职，5月任）

政协青铜峡市委员会
主　席　张　慧（10月免）
　　　　王　洋（10月任）
副主席　何志强（10月不再
　　　　　　　提名）
　　　　李玉梅（女，回，8月
　　　　　　　任，10月当选）
　　　　史　君
　　　　马淑玲（女，回）

青铜峡市人民法院
院　长　任少军（8月免）
　　　　罗生明（8月任）

青铜峡市人民检察院
检察长　莫忠和（8月免）
　　　　任少军（8月任）

· 盐池县 ·

中共盐池县委员会
书　记　滑志敏
副书记　戴培吉
　　　　杨晓军（回，4月免）
　　　　施选峰（4月任）

　　　　牛　犇（挂职，11月任）
常　委　陈　旭（回）
　　　　马立云（回）
　　　　吴耀兵
　　　　张学良（回，4月任）
　　　　马丽红（女，回，4月任）
　　　　徐经生（7月任）
　　　　吴　科（7月任）
　　　　孙佰柱（8月任）
　　　　杨　铎（4月免）
　　　　卢晓霞（女，8月免）
　　　　刘汉卿（7月免）
　　　　凌海泉（挂职，2月免）
　　　　张玉进（4月免）
　　　　杨晓明（7月免）
　　　　林文福（挂职，11月免）
　　　　徐情根（挂职，11月任）
　　　　赵建明（挂职，2月免）
　　　　李　虎（挂职，11月任）
　　　　杨学军（挂职，2月任）
　　　　马文忠（挂职，2月任）

盐池县人大常委会
主　任　韩向春
副主任　裴明芳（女，10月不
　　　　　　　再提名）
　　　　强永海（回）
　　　　宋学让
　　　　袁书义
　　　　官秀敏（女，10月提名）

盐池县人民政府
县　长　戴培吉
副县长　凌海泉（挂职，2月免）
　　　　杨晓明（7月免）
　　　　林文福（挂职）
　　　　赵建明（挂职，2月免）
　　　　温宇峰
　　　　张学良（回，4月免）
　　　　冯茂璋（7月免）
　　　　吴　科
　　　　李　虎（挂职）
　　　　杨学军（挂职，2月任）

　　　　马文忠（挂职，2月任）
　　　　尹益龙（4月任）
　　　　马瑞英（女，4月任）
　　　　张　晨
　　　　边　卡（8月任）
　　　　徐情根（挂职，11月任）

政协盐池县委员会
主　席　贺满文
副主席　代占山
　　　　官秀敏（女，10月不
　　　　　　　再提名）
　　　　吴斌辛
　　　　范海荣（女）

盐池县人民法院
院长、党组书记
　　　　黄振宁（8月免）
　　　　陈国鸿（8月任）

盐池县人民检察院
检察长、党组书记
　　　　韩　震（8月免）
　　　　叶建平（8月任）

· 同心县 ·

中共同心县委员会
书　记　马洪海（回）
副书记　丁　炜
　　　　王自成（8月免）
　　　　郝晓红（女，8月任）
　　　　周玉平（挂职，11月任）
常　委　贾玉珍（女，8月免）
　　　　马廷云（回）
　　　　马　进（回）
　　　　马玉祥（回）
　　　　谢国旺
　　　　杨宗麒（回，4月免）
　　　　丁　俊（回）
　　　　牛进宏
　　　　杨学礼（回，4月任）
　　　　林育伟（挂职，11月免）
　　　　李　翔（挂职，2月免）

　　　　　　王　钧（回，8月任）
　　　　　　王文杨（挂职，11月任）
　　　　　　张　群（挂职）
　　　　　　李树春（挂职，11月免）
　　　　　　虎玉宝（挂职，2月任）
　　　　　　苗辅徵（挂职，8月任）

同心县人大常委会
主　任　　马长伟（回，8月免）
　　　　　　王自成（10月当选）
副主任　　周启诚（回）
　　　　　　杨　森（回）
　　　　　　陈宁雅（女，回）
　　　　　　倪秉武

同心县人民政府
县　长　　丁　炜
副县长　　马玉祥（回）
　　　　　　林育伟（挂职）
　　　　　　李　翔（挂职，2月免）
　　　　　　张　群（挂职）
　　　　　　李树春（挂职）
　　　　　　张　琛（女，回）
　　　　　　杨学礼（回，4月免）
　　　　　　任立兵（8月免）
　　　　　　杨文福（回）
　　　　　　康　峰（回，4月任）
　　　　　　虎玉宝（挂职，2月任）
　　　　　　苗辅徵（挂职，8月任）
　　　　　　郭耀峰（8月任）

政协同心县委员会
主　席　　田成川（回）
副主席　　马丽伟（回，10月不再提名）
　　　　　　田梅英（女）
　　　　　　马成海（回）
　　　　　　马宗新（回，10月当选）

同心县人民法院
院　长　　母连山（回）

同心县人民检察院
检察长　　王　钧（回，8月免）
　　　　　　张彦飞（回，8月任）

工业园区管委会

太阳山移民开发区管委会
主　任　　丰贡献
副主任　　徐广堂（7月免）
　　　　　　石成玺（回，7月免）
　　　　　　李海龙（回，7月免）
　　　　　　张海军（回，挂职，2月任，12月免）
　　　　　　王继军（回）
　　　　　　魏　升
　　　　　　刘伟泽
　　　　　　杨根枝（7月任）
公安分局局长
　　　　　　魏　升

吴忠金积工业园区管委会
党工委书记、管委会主任
　　　　　　杨玉琳（回）
党工委副书记
　　　　　　周广云（回，7月免）
管委会副主任
　　　　　　石成玺（回，7月任）
　　　　　　杨文平
　　　　　　马鹏飞（回）
　　　　　　曹晓红（女，挂职）

吴忠青铜峡新材料基地管理委员会
主　任　　王天珍（4月免）
　　　　　　杨晓明（7月任）
副主任　　王殿锁
　　　　　　张克文（8月免）
　　　　　　马千里（回）
　　　　　　陆　杰（10月任）

吴忠国家农业科技园区（孙家滩管委会）
党工委书记、主任
　　　　　　马向东（回）
副书记　　王　争（回）
副主任　　马　云（回，7月解聘）
　　　　　　杨子强（回）
　　　　　　马玉忠（回，10月任）

市委工作部门

吴忠市纪委
书　记　　马和清（回）
副书记　　李海东
　　　　　　金　国（回，10月免）
　　　　　　茹引田（7月免）
　　　　　　任海涛（10月任）
　　　　　　袁宗辉（回，8月任）
纪委常委　贺　江（7月免）
　　　　　　兰　林（8月免）
　　　　　　曹柯岩（10月免）
　　　　　　张　涛（满，7月任）
　　　　　　姚宝通（回）
　　　　　　任立兵（8月任）
　　　　　　黄金兰（女，10月提名，11月当选）
　　　　　　杨少军（回，10月提名，11月当选）

吴忠市监察局
局　长　　李海东
副局长　　徐海峰
　　　　　　杨少军（回，10月免）
　　　　　　杨晓升（回，10月任）
市纪委监察局派出机构
第一纪工委书记
　　　　　　李培国（7月免）
　　　　　　鲁中胜（7月任）
第二纪工委书记
　　　　　　马　波（回）
第三纪工委（监察分局）书记（局长）
　　　　　　韩华甫
第四纪工委（监察分局）书记（局长）
　　　　　　王　兵（回）
第五纪工委（监察分局）书记（局长）
　　　　　　张　锋
第六纪工委（监察分局）书记（局长）
　　　　　　王智成
第七纪工委（监察分局）书记（局长）
　　　　　　马建军（回）

第八纪工委(监察分局)书记(局长)
　　张亚星（女,回）
市委组织部
部　长　孙　瑛（女,回）
副部长　孙亚东
　　　　李汉林
　　　　赵永红
部务委员　杨　东
　　　　马国钧（回,7月任）
非公有制经济组织党工委
专职副书记
　　　　马久麟（回）
宣传部
部　长　孙　瑛（女,回,4月免）
　　　　兰德明（回,4月任）
副部长　王　金
　　　　马长斌（回）
国防动员办专职副主任
　　　　郑金勇
文明办
主　任　王　金
副主任　严兴刚
讲师团团长
　　　　马长斌（回,兼）
统战部
部　长　兰德明（回）
副部长　杨志有
　　　　马玉忠（回）
　　　　马建平（回）
　　　　杨玉龙（回,7月任,10月免）
　　　　马　勤（回,10月任）
政法委
书　记　桂福田（8月免）
　　　　刘　军（女,8月任）
副书记　王小平
　　　　康国明（挂职,2月免）
　　　　兰德明（回,2月任）
　　　　王天军（2月任）
　　　　张吉贺

秘书长　张吉贺
副秘书长　杨国林（回）
　　　　贺永彪
综治办副主任
　　　　杨国林（回）
　　　　贺永彪
政研室
主　任　徐　东（10月免）
　　　　蒋　波（10月任）
副主任　张学才（回）
　　　　李海龙（10月任）
市编办
主　任　邓冀宁
副主任　徐经生（7月免）
　　　　梁建斌
　　　　聂俊峰（7月任）
市直机关工委
书　记　王永福
副书记　董建军（7月免）
　　　　蒲建平
　　　　洪建群（7月任）
市委老干部局
局　长　李汉林
副局长　马　红（女,回）
关心下一代工作委员会
办公室主任
　　　　孙志有
市委党校
校　长　桂福田（8月免）
　　　　刘　军（女,8月任）
常务副校长
　　　　杨存葆（回）
副校长　雷金万（10月免）
　　　　沙力斌（回）
　　　　高明举（8月任）
档案局
局　长　周　耘（女,回）
副局长　梁丽霞（女）
　　　　马学才（回）
党史研究室
主　任　马海军（回）

吴忠日报社
总编辑　白少麟（回）
副总编辑　马惠群（女,回）
　　　　高庆龙
　　　　梁坚泽（瑶）

市政府工作部门

发改委
主　任　张自力
副主任　马玉福（回）
　　　　杜少忠（回）
　　　　马学峰（回）
　　　　姬　锐（10月任）
经济动员办公室
专职副主任
　　　　岳立平
工业和信息化局
局　长　施选峰（4月免）
　　　　王天珍（4月任）
副局长　李建柱
　　　　齐晓宁
　　　　张克宁
教育局
局　长　焦玉柱（7月免）
　　　　周少云（回,7月任）
副局长　蒯文普
　　　　周占忠（回）
　　　　马晓贤（女,回,4月免）
　　　　张进存
　　　　王向军（挂职,2月任）
科技局
党组书记　徐正刚
局　长　沙　莉（女,回）
副局长　顾学军
　　　　尹　春
　　　　任立军（挂职,2月免）
民族宗教事务局
局　长　马玉忠（回）
副局长　李天奇（回）

马建余（回）

公安局
局　长　王小平
副书记、政委
　　　　熊　焰（回）
副书记、副局长
　　　　高学文（7月免）
副局长　毕顺元
　　　　惠兴文（7月任）
　　　　王　义（回）
党委委员、政治部主任
　　　　马学平（10月任）
纪委书记、督察部主任
　　　　谭卫泽（女，回）
党委委员、刑侦支队支队长
　　　　高利宁
党委委员、交管局政委
　　　　张本福
党委委员、禁毒分局政委
　　　　和　涛
党委委员、利通分局局长
　　　　谢彦林（7月任）

民政局
局　长　谭兴玲（女，1月免）
　　　　杨桂琴（女，4月任）
副局长　杨玉梅（女，回）
　　　　彭　军（回）
　　　　王　刚（回）
社会组织工委副书记
　　　　陶文明

司法局
党委书记、局长
　　　　乔宁伟
副局长　胡思斌
　　　　张　翔
仲裁办主任
　　　　李东良

财政局
局　长　陈佳元
副局长　赖学荣
　　　　任继荣（7月免）

吴风芳（女，回）
马　莲（女，回，7月任）

人力资源和社会保障局
局　长　郝　明（回）
副局长　周文荣（回，7月免）
　　　　贾玉珍（女，8月任）
　　　　马晓波（回）
　　　　郭耀峰（8月免）
就业创业和人才服务局局长
　　　　丁建军（回）
医疗保险事务管理中心主任
　　　　马青松（回）
社会保险事业管理局局长
　　　　张玉斌

国土资源管理局
局　长　马林华（回）
副局长　赵吉元（回）
　　　　刘天平
　　　　李　波（回）
储备中心主任
　　　　杨继山（回，4月任）

吴忠市环境保护局
局　长　马　朝（回）
副局长　王继祖
　　　　严清宁
　　　　黄执荣
环境监察支队支队长
　　　　马晓明（回）

住房和城乡建设局
局　长　周　涛
副局长　马晓红（女，回，10月免）
　　　　赵金峰
　　　　汤效乾（挂职，2月免）
　　　　马长军（回，4月免）
　　　　金岳普（回，4月任）
　　　　宋玉珍（女）

交通运输局
局　长　侯永林
副局长　曹柯岩（10月任）

郭　辉（回）
王文智
王　洁（女，10月免）
国防交通战备办公室专职副主任
　　　　杜立冬（回，10月任）

水务局
局　长　苏晓理（回）
副局长　蒋习忠
　　　　张　敏
　　　　马志明（回）

农牧局
局　长　马长贵（回）
副局长　张东旭（4月免）
　　　　何建民（回，7月免）
　　　　汪　洋（7月任）
　　　　杨　军（回）
　　　　程　潜（4月任）

商务局
局　长　马海涛（回）
副局长　赵汝彦
　　　　戴生礼

文化体育新闻出版广电局
书　记　范　萍（女）
局　长　杨玉洲（回）
副局长　薛　斌
　　　　禹晓平（回）

文化市场综合执法队
队　长　刘振清

卫生和计划生育局
局　长　王旭东（回）
副局长　焦　荣
　　　　贾永玲（女）
　　　　郑　忠
　　　　董　磊
医改办专职副主任
　　　　马　涛（回）

审计局
局　长　拜　萍（女）
副局长　马克林（回）
　　　　李　鹏
　　　　梁吉鸿

　　　　孙培军
园林管理局
局　长　　曹玉华（女，4月免）
　　　　　杨晓军（回，4月任）
副局长　　丁　辉（4月免）
　　　　　张东旭（4月任）
　　　　　李　涛（4月任）
　　　　　吴兴耀
安全生产监督管理局
局　长　　蒋耀强
副局长　　杭庆珍（女）
　　　　　武耀军
国有资产监督管理委员会
主　任　　王学仲
副主任　　岳克军
　　　　　宋　喜
吴忠市市场监管局
局　长　　马锐锋（回）
书　记　　高清仓
副局长　　杨学金（回）
　　　　　尹训刚
　　　　　吴国庆
　　　　　马国兴（回）
食品药品稽查专员
　　　　　顾光存
　　　　　郭占洋
统计局
局　长　　荀伏祥
副局长　　马建廷（回）
　　　　　王凤全（回）
规划和城市管理局
局　长　　马建忠（回）
副局长　　赵志青（女，8月免）
　　　　　杨　涛（回）
　　　　　陈　刚（回）
城市建设监察支队支队长
　　　　　马保江（回）
吴忠市旅游局
局　长　　贺永锋
副局长　　马晓慧（女，回）
　　　　　马占华（回）

信访督办局
局　长　　马　利
副局长　　樊会民

直属事业单位

宁夏民族职业技术学院
党委书记　马维敏（回）
院　长　　田振林
党委副书记
　　　　　雍学华
副院长　　武晓满
　　　　　蒋学峰
　　　　　张　力（回）
纪委书记　董志林
服务业促进局
局　长　　周少云（回，7月免）
　　　　　周文荣（回，7月任）
副局长　　马　勤（回，10月免）
　　　　　杨玉平（回，10月任）
　　　　　马　坤（回，10月任）
住房公积金中心
主　任　　岳思宏
副主任　　王桂青（女）
　　　　　郝瑞霖
经济技术合作局
局　长　　王海宁
副局长　　张　磊
　　　　　马金鑫（回，8月免）
　　　　　马勇军（回，10月任）
政务服务中心（公共资源交易中心）
主　任　　杨桂琴（女，4月免）
　　　　　卢占周（4月任）
副主任　　杨志巍（回）
　　　　　刘　强
　　　　　张　坤
扶贫开发办公室
主　任　　蒋文军
副主任　　张炜宁
　　　　　马宗新（回，7月免）
　　　　　杨彦炜（7月任）

库区湿地保护建设局
局　长　　王　洋（7月免）
　　　　　陆兴明（7月任）
副局长　　马建民（回）
　　　　　李卫东
　　　　　马志峰（回）
广播电视台
党委书记　雷学锋
台　长　　马　飞（回）
副台长　　周文杰（回）
　　　　　郭占银
　　　　　张　玮（女）
吴忠城乡建设投资开发有限公司
党委书记　岳克军
总经理　　茹建军（4月免）
董事长、总经理
　　　　　李晓明（4月任）
副总经理　马　槿（回）
　　　　　张申宁

群　团

市总工会
主　席　　冯德胜（4月免）
　　　　　陈克安（10月任）
常务副主席
　　　　　彭　健（回）
副主席　　苏良场（10月免）
　　　　　丁志坚（10月任）
　　　　　马丽红（女，回，4月免）
　　　　　杨爱萍（女，回，10月任）
经审会主任
　　　　　周　宁（10月免）
　　　　　丁立群（回，10月任）
共青团吴忠市委员会
书　记　　张　倩（女）
副书记　　马占斌（回，7月免）
　　　　　张　媛（女）
　　　　　马学荣（回，10月任）

妇女联合会
主　席　郝晓红（女，8月免）
　　　　卢晓霞（女，8月任，
　　　　　　　10月免）
　　　　马晓红（女，回，10
　　　　　　　月任）
副主席　马　玲（女，回）
　　　　黄金兰（女，10月免）
　　　　王　洁（女，10月任）

市文学艺术界联合会
主　席　白建国（回）
副主席　雷金万（10月任）
　　　　张月琴（女）

市科学技术协会
主　席　施志林
副主席　徐建忠
　　　　田淑娟（女）

市残疾人联合会
理事长　卢占周（4月免）
　　　　傅合春（4月任）
副理事长　茹建军（4月任）
　　　　马克忠（回）

市伊斯兰教协会
会　长　马　骞（回）
常务副会长
　　　　周　旭（回，驻会）
副会长　丁建民（回，驻会）
　　　　周玉荣（回，驻会）
秘书长　马永盛（回）

红十字会
秘书长　李辉民（回）

自治区属驻吴单位

吴忠市气象局
局　长　施新民（12月任）
党组副书记、副局长
　　　　李胜发（12月免）
纪检组长、副局长
　　　　张　锋
副局长　赵光星

吴忠市国家税务局
党组书记、局长
　　　　于琬河（1月免）
　　　　高　山（1月任）
副局长　赵　杰（回）
　　　　周建宁
　　　　张珍珍（女）
纪检组长　符宗怀
总经济师　曹秉宁
总会计师　鲁　斌

吴忠市地方税务局
党组书记、局长
　　　　王立新
副局长　杨学忠
　　　　梅　青
　　　　李自霖
总经济师　李竹林
纪检组长　谭仲昆（11月任）

吴忠市粮食局
局　长　刘衍海
副局长　马恩宁
　　　　苏永宁

国家统计局吴忠调查队
队　长　郎　玲（女）
副队长　马建华
纪检组长　杨培宏
副队长　曹旭天

吴忠市邮政管理局
局　长　王文智
副局长　武立军（满）

邮政公司
总经理　马文宇（回，2月免）
　　　　许学兵（2月任）
副总经理　虎玉文（回）
　　　　杨永森

电信公司
总经理　李建涛（回）
纪检书记、副总经理
　　　　赵文峰
副总经理　哈建宁（回）
　　　　岳晓明

移动公司
总经理　赵希建
副总经理　杨　龙
　　　　王海洋（回）
　　　　张雪松

联通公司
总经理　史泰祥
副总经理　宋　平
　　　　张明东
　　　　刘　磊

烟草专卖局（公司）
局长、经理
　　　　张元锁（10月任）
副局长　段金良（10月免）
副局长、纪检组长
　　　　王　伟
副经理　高　明

国网吴忠供电公司
党委书记　王国军（10月免）
　　　　刘爱国（10月任）
总经理　王　平（7月免）
　　　　贺　文（7月任）
纪委书记、副总经理
　　　　王凤欣
副总经理　罗昌元
　　　　蒋玉平（7月免）
　　　　丁　盛（回）
　　　　罗荣茂

秦汉渠管理处
书　记　唐凤琴（女）
处　长　张建斌
副处长　张建勋
　　　　俞　武
　　　　苏　林（回）
纪委书记　杨秀梅（女，1月免）
　　　　尹　婷（女，1月任）

盐环定扬水管理处
党委书记　李小龙
处　长　李克文（5月免）
　　　　陶　东（5月任）
副处长　杨永春

　　　　　　郝瑞甫
　　　　　　郝晓明（回，1月任）
纪委书记　侯树增（1月免）
　　　　　　宋卫世（5月任）
道路运输管理局
局　长　　孙建彪（10月免）
　　　　　　杨文锋（10月任）
书　记　　牟俊杰（11月任）
副局长　　丁玉海（回，11月免）
　　　　　　周广楠
宁夏公路管理局吴忠分局
局　长　　孙顺义
副局长　　柳长安
纪委书记　李文平
无线电管理处
主　任　　李向东
盐业公司
总经理　　杨开本
书　记　　胡建平
副总经理　张勇
石油公司
书　记　　周立郡
总经理　　王立杰
宁夏广播电视网络有限公司
吴忠分公司
经　理　　王国平

金融单位

中国人民银行吴忠市中心支行
行　长　　李东林
副行长　　丁劲光（回）
　　　　　　杨建升
宁夏银监局吴忠分局
局　长　　刘晓瑜（女，回）
副局长　　李清祥
　　　　　　冯爱东
纪委书记　张森

农业发展银行吴忠分行
行　长　　赵正宏
副行长　　王进勇
　　　　　　马玉红（女，回）
中国工商银行吴忠支行
行　长　　贺兵
纪委书记　李仁杰
副行长　　金卫东
　　　　　　李建明
　　　　　　邵忠宁
中国农业银行吴忠分行
行　长　　任才（满）
副行长　　陈广文
　　　　　　黑富华（回）
　　　　　　马小红（女，回）
中国银行吴忠市分行
行　长　　薛杰（8月免）
　　　　　　孟斐（8月任）
副行长　　郭辉（10月免）
　　　　　　李春明（8月任）
　　　　　　姬银（10月任）
　　　　　　刘美军（女，蒙古，11月任）
纪委书记　陈建国（12月免）
中国建设银行吴忠分行
行　长　　丁文华
副行长　　卫建仁
　　　　　　樊杰（1月免）
　　　　　　史建安（1月免）
　　　　　　康立生（12月任）
　　　　　　李耀东（12月任）
纪委书记　鲁永学
中国邮政储蓄银行吴忠市分行
行　长　　许文利
副行长　　吴海燕（女）
　　　　　　勉颐（回，8月免）
　　　　　　王继东（8月任）

宁夏银行吴忠分行
行　长　　崔建平（4月免）
　　　　　　叶木（4月任）
副行长　　李军
　　　　　　马震环（回）
风险总监　李若水（12月免）
吴忠农村商业银行
董事长　　胡金忠
行　长　　杨学仁
监事长　　马洪涛（回）
纪委书记　贺永龙
副行长　　时玉龙
　　　　　　万福军
　　　　　　赵磊
　　　　　　马泽平（回）
吴忠市滨河村镇银行
董事长　　赵喜
行　长　　李海波
副行长　　沈晓红（女）
　　　　　　伍桐（女，5月任）
石嘴山银行股份有限公司吴忠分行
副行长　　龚东战
中国人民财产保险股份有限公司吴忠中心支公司
总经理　　徐宝山
中国人寿保险股份有限公司吴忠中心支公司
经　理　　周学东
副经理　　姚卫国
　　　　　　马玉凤（女，回）
中国平安人寿保险公司吴忠中心支公司
经　理　　张大林
中国平安财产保险公司吴忠中心支公司
经　理　　安钢（12月免）
　　　　　　常志杰（12月任）

党政群团

DangZheng QunTuan

中共吴忠市委员会

· 重要会议 ·

【中共吴忠市委第五次代表大会】 11月28—30日在吴忠会堂召开，市委书记赵永清代表中共吴忠市第四届委员会向大会作题为《坚持绿色发展 加快转型升级 为实现全面建成小康社会宏伟目标而努力奋斗》的报告。会议选举产生新一届市委领导机构，表决通过了中国共产党吴忠市第五届纪律检查委员会，选举产生了中国共产党吴忠市第五届委员会常务委员会委员、副书记、书记。赵永清当选为市委书记，喜清江、刘军当选为市委副书记，马和清、王小平、马洪海、张学慧、石瑞林、兰德明、金万宏当选为市委常委。新当选的市委书记赵永清代表新一届常委会在会上发表了讲话。自治区党委组织部、自治区纪委有关同志出席大会。

【吴忠市委四届九次全体会议】 1月4—5日在吴忠会堂召开。全会听取和讨论了赵永清代表市委常委会所作的工作报告，审议通过了《中共吴忠市委关于制定国民经济和社会发展第十三个五年规划的建议》《中共吴忠市委2016年工作要点》。

【吴忠市委四届十次全体会议】 8月29—30日，在吴忠会堂召开。市委书记赵永清代表市委常委会作讲话，并对做好当前和今后一个时期工作作出安排部署。全会审议通过了《关于召开中国共产党吴忠市第五次代表大会的决议》《市委四届十次全体会议决议》。全会由市委常委会主持。

【吴忠市委四届十二次全体会议】 11月18日召开。会议审议市委、市纪委工作报告（审议稿），酝酿、审议市第五次党代会人事等事宜。会议决定，中国共产党吴忠市第五次代表大会于11月28—30日召开。会议由市委常委会主持，市委书记赵永清作了讲话。审议通过了《中国共产党吴忠市第四届委员会工作报告（审议稿）》《中国共产党吴忠市第四届纪律检查委员会工作报告（审议稿）》《关于中国共产党吴忠市第五次代表大会召开日期的决议（草案）》《中共吴忠市委四届十二次全体会议决议（草案）》。会议听取了关于市第五次党代会筹备情况的通报，关于第五届市委委员、候补委员候选人和第五届市纪委委员候选人预备人选建议名单的说明，圈选确定了出席自治区第十二次党代会代表候选人预备人选，酝酿了第五届市委委员、候补委员和第五届市纪委委员候选人预备人选建议名单；分组讨论审议并通过了《中国共产党吴忠市第四届委员会工作报告（审议稿）》《中国共产党吴忠市第四届纪律检查委员会工作报告（审议稿）》《关于中国共产党吴忠市第五次代表大会召开日期的决议（草案）》《中共吴忠市委四届十二次全体会议决议（草案）》。

【四届吴忠市委2016年第一次常委会议】 1月8日，市委书记赵永清主持召开。会议传达了中央扶贫开发工作会议、自治区脱贫攻坚誓师大会精神，研究吴忠市贯彻意见；讨论了《政府工作报告（送审稿）》等事宜；会议还讨论了《吴忠市国民经济和社会发展第十三个五年规划纲要（送审稿）》《吴忠市2015年国民经济和社会发展计划执行情况与2016年国民经济和社会发展计划（草案）报告》《吴忠市2015年全市及市本级财政预算执行情况和2016年

全市及市本级预算（草案）报告》《市中级人民法院工作报告（讨论稿）》及《市人民检察院工作报告（讨论稿）》；听取2016年拟承诺为民办实事情况汇报；研究《吴忠市市级领导干部接访制度（试行）》等三项制度及《吴忠市信访工作责任追究暂行规定（试行）》等事宜。

【四届吴忠市委2016年第三次常委会议】 2月1日，市委书记赵永清主持召开。会议传达学习自治区党委书记李建华到吴忠慰问调研座谈会讲话精神，研究贯彻意见。会议还传达学习了全国、全区组织、宣传部长会议精神，2016年中央、自治区农村工作会议精神，全国、全区统战部长会议精神，十八届中央纪委六次全会、自治区纪委十一届七次全会精神，研究贯彻意见；听取自治区党委巡视组对吴忠市巡视工作回访情况汇报；听取2015年全市安全生产工作汇报；研究了《关于加快推进新型城镇化的实施意见（送审稿）》《吴忠市关于进一步推进户籍制度改革的实施意见（送审稿）》《吴忠市创建国家公共文化服务体系示范区规划（2015—2017年）（送审稿）》《吴忠市小微企业信用信息服务平台管理办法（暂行）》等事宜。

【四届吴忠市委2016年第四次常委会议】 2月22日，市委书记赵永清主持召开。会议传达学习了中共中央纪委机关、中共中央组织部《关于加强换届风气监督的通知》文件及中央、自治区政法工作等会议精神，研究吴忠市贯彻意见。会议还研究了《关于加快农业现代化 实现全面小康目标的实施意见（送审稿）》《吴忠市重大行政决策程序规定》《关于进一步深化"强龙工程" 加强农村基层党建工作的意见（送审稿）》等有关事宜。

【四届吴忠市委2016年第五次常委会议】 3月23日，市委书记赵永清主持召开。会议传达学习了党的新闻舆论工作座谈会暨李建华书记重要批示精神，研究了《吴忠市突发事件信息发布及新闻报道工作实施细则（送审稿）》《吴忠市突发事件新闻报道应急预案（送审稿）》。会议还传达学习了宁夏军区党委十一届六次全体（扩大）会议精神，研究吴忠市党管武装工作、民兵预备役建设"双先"评选暨召开党管武装工作述职会事宜；研究《贯彻落实〈中国共产党统一战线工作条例（试行）〉实施意见（送审稿）》《吴忠党外干部培养选拔使用工作实施办法（送审稿）》等有关事宜。

【四届吴忠市委2016年第六次常委会议】 4月8日，市委书记赵永清主持召开。会议传达学习了全区市县乡领导班子换届工作会议暨全区干部监督工作座谈会精神，研究贯彻意见；听取了关于2015年度效能目标管理考核结果汇报、2016年第一季度全市信访工作情况汇报、关于加强公民科学素质工作情况汇报；研究了《吴忠市城市东部地下综合管廊一期PPP项目实施方案（送审稿）》《吴忠市禁毒工作"十三五"规划（送审稿）》以及关于撤销市国资经营集团有限责任公司党委，调整市属国有企业党组织隶属关系等事宜。

【四届吴忠市委2016年第七次常委会议】 4月20日，市委书记赵永清主持召开。会议传达自治区2016年第一季度经济形势分析会、刘慧主席调研吴忠工业经济运行情况座谈会精神，研究贯彻意见；传达学习了习近平总书记关于"两学一做"学习教育重要指示、全国"两学一做"学习教育工作座谈会暨全区电视电话会议精神，研究了全市"两学一做"学习教育实施方案；会议研究了关于推荐全国优秀共产党员、优秀党务工作者、先进基层党组织事宜，研究了《关于认真做好县乡领导班子换届工作的通知（讨论稿）》，研究了关于推荐全国生态建设突出贡献奖先进个人等事宜。

【四届吴忠市委2016年第八次常委会议】 5月18日，市委书记赵永清主持召开。会议传达学习自治区党委常委会议有关精神，通报1—4月全市经济运行情况；会议传达学习中央政治局委员、中央组织部部长赵乐际来宁调研及集中连片贫困地区抓党建促脱贫攻坚工作座谈会精神，研究贯彻意见；会议传达学习了全国宗教工作会议精神、全区职业教育和扶贫工作座谈会精神，研究贯彻意见；会议还研究了《关于促进工业经济平稳发展的政策措施（送审稿）》《关于促进房地产市场平稳健康发展的政策措施（送审稿）》《关于进一步明确市属国有企业功能定位、经营范围和运营机制的通知（送审稿）》《吴忠中小微企业创业投资有限公司组建方案（送审稿）》《吴忠文化旅游产业投资有限公司组建方案（送审稿）》等事宜；听取吴忠市区2016年农村公路建设情况汇报，研究关于《国道344线吴忠至灵武段公路项目实施方案（送审稿）》、全市社会保险制度建设及2015年社会保险基金运行情况汇报；研究《吴忠市推进领导干部能上能下实施办法（试行）》、关于全市庆祝纪念建党95周年系列活动安排、关于在政府直属事业单位设立党组有关事宜等。

【四届吴忠市委2016年第九次常委会议】 5月30日，市委书记赵永清主持召开。会议传达学习了自治区党委书记李建华调研红寺堡区抓党建促脱贫攻坚座谈会讲话精神，研究吴忠市贯彻落实意见。阿尔及利亚民族解放阵线党干部考察团列席会议。会议研究并通过了《吴忠市精准扶贫责任追究办法（试行）》和《吴忠市精准扶贫"脱贫保"工作实施方案（送审稿）》。会议还研究通过了拟推荐全区基层党建先进县（区）、先进基层党组织、优秀共产党员、优秀党务工作者等事宜。

【四届吴忠市委2016年第十一次常委会议】 6月24日，市委书记赵永清主持召开。会议传达学习了习近平总书记在安徽小岗村农村改革座谈会上的重要讲话及全区深化农村改革现场推进会精神，《中共中央办公厅关于部分人大代表、政协委员涉法涉罪问题问责情况及其教训的通报》精神，自治区党委书记李建华关于贯彻落实习近平总书记在中央国安办《近期多领域群体性维权事件频发值得关注》信息专报上的重要批示精神，自治区党委常委、纪委书记许传智在盐池县调研脱贫攻坚工作时的讲话精神，研究贯彻意见；会议还传达学习了李建华关于贯彻落实习近平总书记对一些地方统计造假、弄虚作假的重要批示精神和自治区党委副书记崔波的讲话精神，研究了《中共吴忠市委巡察工作办法（试行）》《关于贯彻落实中央八项规定精神"回头看"工作的意见》《吴忠市环境保护全面量化管理体系（送审稿）》《第五届宁夏黄河金岸（吴忠）国际马拉松赛工作方案（送审稿）》和竞赛规程、《关于深化拓展"强龙工程"推动基层党建与脱贫攻坚深度融合的意见（送审稿）》及庆祝建党95周年大会暨基层党建"强龙工程"推进会等事宜。

【四届吴忠市委2016年第十二次常委会议】 7月15日，市委书记赵永清主持召开。会议传达学习全国、全区党校工作会议及自治区党委《关于加强和改进新形势下全区党校工作的实施意见》；传达学习自治区上半年经济形势分析会精神，研究贯彻意见。会议研究了《吴忠市科技创新行动计划（2016—2020）（送审稿）》《吴忠市生态文明建设试点工作方案（送审稿）》《关于建立健全吴忠城乡建设投资有限公司等8个投融资企业法人治理结构的实施意见（送审稿）》和各县（市、区）召开党代表大会事宜等。

【四届吴忠市委第十三次常委（扩大）会议】 7月25日，市委书记赵永清主持召开。会议传达学习习近平总书记来宁视察时的重要讲话精神，研究贯彻落实意见。会议强调要认真学习贯彻习近平总书记来宁视察重要讲话精神，牢记习近平总书记嘱托，落实"三个着力"，进一步解放思想、真抓实干、攻坚克难，确保与全国全区同步建成全面小康社会作出新贡献。市长喜清江传达了习近平总书记在东西部扶贫协作座谈会、在宁夏工作汇报会上的重要讲话精神，以及在视察点上的重要指示精神。赵永清传达了自治区党委常委（扩大）会议精神。

【四届吴忠市委2016年第十五次常委会议】 8月5日，市委书记赵永清主持召开。会议传达学习了全国双拥模范城（县）命名暨双拥模范单位和个人表彰大会精神、部分省区"两学一做"学习教育工作座谈会暨全区"两学一做"学习教育工作推进会议精神，研究了贯彻意见。会议还研究了《吴忠市安全生产全面量化管理体系（试行）》《关于进一步促进就业创业的政策措施（送审稿）》和设立宁夏吴忠"金超助贷"基金等有关事宜。

【四届吴忠市委2016年第十六次常委会议】 8月22日，市委书记赵永清主持召开。会议传达自治区政府常务会议有关精神。会议还听取了全区产业发展和重点工作现场交流会、各县（市、区）及太阳山开发区汇报材料起草情况，并研究了其他事项。

【四届吴忠市委2016年第十七次常委会议】 8月25日，市委书记赵永清主持召开。会议学习了《中国共产党问责条例》，研究部署吴忠市贯彻落实意见；传达学习了自治区党委常委会议有关精神。会议还原则性通过了《吴忠市脱贫攻坚全面量化管理体系〔2016〕（送审稿）》《关于支持加快农业特色优势产业发展的政策措施（送审稿）》等有关事宜。

【四届吴忠市委2016年第十九次常委会议】 9月29日，市委书记赵永清主持召开。会议传达学习中央政治局委员、中央书记处书记、中宣部部长刘奇葆来宁调研宣传思想文化工作座谈会讲话精神，研究贯彻意见。会议传达学习了《中共中央宣传部关于湖北省严肃处理恩施州委、利川市委中心组学习突出问题的通报》精神、李建华书记教师节来吴慰问暨调研民族宗教工作座谈会讲话精神、全区农村精神文明建设工作经验交流会议精神、自治区党委常委会议有关精神、自治区十一届人大六次会议精神，研究贯彻意见；研究了《吴忠市促进旅游投资和消费 推进全域旅游创建工作实施方案（送审稿）》《吴忠市促进旅游业发展的政策措施（送审稿）》、拟推荐的第十七批自治区文明单位和文明村镇事宜、关于推荐全国安全生产监管监察系统先进工作者事宜、关于推荐全国维护妇女儿童权益先进集体和先进个人、全国妇联系统先进工作者及全国实施妇女儿童发展纲要先进个人有关事宜。

【四届吴忠市委2016年第二十次常委会议】 10月8日，市委书记赵永清主持召开。会议传达学习十二届全国人大常委会第二十三次会议精神，研究贯彻意见；传达学习中共中央政治局委员、国家副主席李源潮来宁视察讲话精神和全国党委中心组学习经验交流座谈会精神以及全区安全生产专题会议精神，研究贯彻落实意见，并对全市安全生产工作进行安排部署。会议还研究了《吴忠市"简政放权 放管结合 优化服务"实施意见》《吴忠市机构编制动态调整管理办法（送审稿）》《关于在全市公民中开展第七个五年法治宣传教育 深入推进依法治市进程的实施意见（送审稿）》《关于进一步完善法律援助制度 切实加强法律援助工作的实施意见（送审稿）》《吴忠市全民科学素质行动计划纲要实施方案（2016—2020年）（送审稿）》等有关事宜。

【四届市委2016年第二十二次常委（扩大）会议】 10月18日，市委书记赵永清主持召开。会议听取了市党政代表团赴贵州学习考察情况汇报，传达学习全区产业发展和重点工作现场交流会、自治区政府常务会议精神，研究贯彻意见。会议还研究了关于召开吴忠市第五届人民代表大会第一次会议、政协吴忠市第五届委员会第一次会议等有关事宜。

【四届吴忠市委2016年第二十三次常委会议】 10月24日，市委书记赵永清主持召开，会议传达学习了全国社会治安综合治理创新工作会议精神，研究吴忠市贯彻落实意见。

【四届吴忠市委2016年第二十四次常委会议】 10月31日，市委书记赵永清主持召开。会议传达学习党的十八届六中全会精神、习近平总书记在中国工农红军长征胜利80周年纪念大会上的讲话精神，研究贯彻意见。会议还传达学习了全区第一书记和扶贫开发驻村工作队工作会议精神，研究贯彻意见。

【四届吴忠市委2016年第二十五次常委会议】 11月4日，市委书记赵永清主持召开。会议学习了《关于新形势下党内政治生活的若干准则》和《中国共产党党内监督条例》，传达学习了自治区主席咸辉来吴忠调研的讲话精神。会议还听取了全市环境保护重点工作情况汇报。

【四届吴忠市委2016年第二十七次常委会议】 11月17日，市委书记赵永清主持召开。会议传达学习李建华书记在自治区领导干部专题学习班结束时的讲话精神。会议传达了中央第八环境保护督察组来宁督察意见反馈会议精神，听取自治区审计厅对市级主要领导履行自然资源资产管理和生态环境保护责任审计情况说明，研究贯彻落实意见。会议传达了全区城市社区治理与和谐创建工作现场观摩推进会精神，听取全市城市社区治理与和谐创建工作汇报。会议还传达了自治区"两学一做"学习教育经验交流座谈会精神，研究贯彻意见；研究《吴忠市扶贫产业担保基金实施方案（试行）》及开展吴忠市空间规划修编工作事宜；讨论《中国共产党吴忠市第四届委员会工作报告（送审稿）》《中国共产党吴忠市第四届纪律检查委员会工作报告（送审稿）》《关于全市党费收缴、使用和管理情况的报告》，研究关于召开市第五次党代会和市委四届十二次全体会议有关事宜。

【五届吴忠市委2016年第二次常委会议】 12月9日，市委书记赵永清主持召开。会议传达学习全区科技创新大会精神，听取全市科技创新工作情况汇报。会议传达了吴忠市卫生计生工作综合目标管理责任制考核汇报会精神，研究贯彻意见。会议还听取了2017年经济工作谋划情况汇报；研究了《吴忠市环境保护工作考核办法》《吴忠市贯彻落实中央第八环境保护督察组督察反馈意见整改方案》《关于加强和改进新形势下全市党校工作的实施意见》《2017年春节走访慰问实施方案》等。

【五届吴忠市委2016年第三次常委会议】 12月16日，市委书记赵永清主持召开。会议传达了2016年度五市党委和自治区各系统党工委书记抓基层党建工作述职会精神，研究《关于深入推进全面从严治党的实施意见（送审稿）》《市委2017年工作要点（送审稿）》及召开市委五届二次全会和全市经济工作会议有关事宜。会议还讨论了《市政府工作报告（送审稿）》《吴忠市2016年国民经济和社会发展计划执行情况与2017年国民经济和社会发展计划（草案）报告》《2016年全市及市本级财政预算执行情况和2017年全市及市本级预算（草案）报告（送审稿）》《市人大常委会工作报告（送审稿）》《市政协常委会工作报告（送审稿）》《市中级人民法院工作报告（送审稿）》《市人民检察院工作报告（送审稿）》，听取了2017年市政府拟承诺为民办实事情况的汇报。

【五届吴忠市委2016年第四次常委会议】 12月25日，市委书记赵永清主持召开，会议传达学习了自治区党委十一届九次全体会议和自治区经济工作会议精神，传达学习了全区宗教工作会议精神，研究了贯彻意见。

【五届吴忠市委2016年第五次常委会议】 12月30日，市委书记赵永清主持召开。会议传达学习了习近平总书记对神华宁煤煤制油示范项目重要指示精神，研究吴忠市贯彻落实意见。会议还听取了做好"两节"期间有关工作的情况汇报；研究了自治区成立60周年大庆重点项目谋划等事宜。

【深化改革领导小组第九次会议】 2月1日，市委书记赵永清主持召开，研究《吴忠市2016年全面深化改革工作要点（送审稿）》。会议强调，要坚持把创新、协调、绿色、开放、共享的发展理念贯穿于改革全过程，紧紧围绕推进结构性改革，着力破解影响和制约吴忠市经济社会发展的体制机制性问题。

· "两学一做"学习教育活动 ·

【概况】 2016年，按照中央和自治区党委的统一部署，吴忠市2450个基层党组织、58531名党员参加"两学一做"学习教育。吴忠市把"两学一做"学习教育作为全市党建工作的龙头任务，突出严实要求，注重精细落实，坚持全覆盖、常态化、重创新、求实效，高起点谋划、高标准要求、高质量推进，学得深入，做得扎实，推动全面从严治党向基层延伸。组建了学习教育综合组、宣传组、督导一组、督导二组4个工作组，明确了各工作组职能职责，推动全市"两学一做"学习教育有序开展。

【前期调研】 2月3日，吴忠市委组织部下发《关于做好"两学一做"学习教育前期调研工作的通知》，2月23日，市委组织部下发《关于开展党员队伍突出问题调研的通知》，市级领导带头深入"5+1"联系点一线调研、把脉问诊，带动各级党组织通过个别走访、座谈交流、问卷调查等形式深入基层摸实情、查病灶，分层次、分行业、分领域召开座谈会47场次，发放调查问卷5000余份，全方位查找分析党员队伍中的共性问题和个性问题。

【编制方案】 为确保学习教育活动取得实效，吴忠市委组织部制定了《关于在全市党员中开展"学党章党规、学系列讲话，做合格党员"学习教育实施方案》的总方案和涉及农村、社区、机关事业单位、政法系统、非公有制经济组织、社会组织、国有企业、中小学校、医疗卫生系统、高校等10个行业领域党员的子方案,以及市委、人大常委会、政府、政协四套班子方案,形成了"1+4+10"总体架构,在中央"五个着力解决"和自治区"七个着力解决"的基础上,增加了党员"自我要求不严"和"作风不实"两个着力解决的问题,设计了"六查六看六树"专题学习讨论、党员领导干部"五个走一遍"、组织生活会做到"四见"等实践载体。

【干部理论学习】 学习教育活动开展期间,市委先后组织中心组学习12次、专题辅导报告6场,认真学习了党的十八届六中全会精神和习近平总书记庆祝建党95周年、纪念红军长征胜利80周年、来宁视察等重要讲话精神及马克思主义民族宗教观,推动各级党委中心组专题学习《准则》《条例》《党委会的工作方法》等重点篇目1625次,引导广大党员坚定信仰信念、传承红色基因、永葆政治本色。坚持将"处方权"下放,广泛推行农村"炕头宣讲组"、社区"党课沙龙"、企业"班前十分钟"、青年党员"指尖课堂"等载体,充分发挥"两微一端"作用,通过流动党员电话促学、年老体弱党员上门送学、文化程度低的党员结对帮学等措施,确保制度落地、学有效果。

【专题讨论】 开展学习教育活动期间,吴忠市委坚持研讨设置主题分明、联系实际、形式灵活三个标准,把规定学习内容分解为"查理想信念真不真,看是否坚定正确政治方向,树立政治坚定的形象""查纪律规矩严不严,看是否自觉遵守党规党纪,树立遵规守纪的形象""查道德品行端不端,看是否自觉弘扬清风正气,树立公道正派的形象""查履职尽责好不好,看是否自觉履行党员义务,树立担当作为的形象""查工作作风实不实,看是否脚踏实地真抓实干,树立求真务实的形象""查廉洁意识牢不牢,看是否自觉做到令行禁止,树立廉洁自律的形象"六个专题。5月5日,市委以"面对当前经济下行压力,如何提升各级党委(党组、党支、支部)领导经济工作的能力和水平"为主题,进行了专题学习讨论,主要领导带头发言,点问题、提要求,市委常委结合实际谈认识、讲体会,部门领导结合岗位谈思路、谈措施,市人大、政府、政协党组领导班子及各县(市、区)相继跟进,示范带动各级党组织开展专题讨论9812场次,交流发言7.2万余人次,将"四讲四有"内化为思想遵循和行为准则,推动广大党员不忘初心、继续前进。

【创新方式讲党课】 6月23日,市委书记赵永清以《做合格农村党员 发挥先锋模范作用 带领群众脱贫致富奔小康》为主题,为盐池县惠泽村党员讲党课;6月6日,市政府党组书记、市长喜清江以《"两学一做"学习教育基础在"学" 关键在"做"》为主题,为市政府办公室第一党支部党员讲党课。带动广大党员干部联系成长经历、工作实际、岗位职责,开展党委书记谈发展、支部书记谈落实、普通党员谈感悟"三谈"活动近12万人次,讲出了共产党人的蓬勃朝气、昂扬锐气和浩然正气。大力推行教育培训"择题点单"模式,广泛开展讲师团宣讲、先进巡讲、党员"微党课"等活动,把讲党课融入到经常性学习教育之中,让广大党员心灵上受触动、思想上能反省。吴忠市双联双管"五步工作法"荣获全国机关党组织"两学一做"最佳案例。

【督导检查】 学习教育活动期间,市学习教育活动督导组先后召开两次联席会议对督查工作进行了安排部署。坚持不留情面、不打招呼、不定路线,督导组"一竿子插到底"开展3轮巡回督导,建立问题台账,原汁原味反馈,限期整改,跟踪问效,带动各级党委全覆盖、全过程督导,全市累计督导1104次,整改解决问题8426个,推动全面从严治党落实到每个支部、每名党员。

【学习教育活动推进会】 8月23日,召开市委常委班子专题学习讨论暨全市"两学一做"学习教育推进会,传达学习全国部分地区和部门"两学一做"学习教育工作座谈会精神,组织开展市委常委班子第四次专题学习讨论,总结回顾学习教育前一阶段工作,对进一步深化学习教育进行安排部署。

【查找并解决突出问题】 为确保学习教育活动取得实效,市学习教育活动督导组坚持"五个走一遍",扎实开展"四级书记大走访""千名领导大调研""万名干部下基层"活动。学习教育期间,共召开座谈会186场次,发放征求意见表7925份,分别征求到对领导班子、领导班子成员意见建议2337条和2997条，梳理归纳为1237条和1836条，原汁原味地向班子和成员反馈。

【专题民主生活会】 全市各级党员领导开展谈心谈话326轮次，主动接受1128名党员、干部和群众的约谈，把思想谈深谈通。市委领导、市政府党员、副市长指导参加了5县（市、区）党委班子和24个市直部门民主生活会，带动各级班子成员自我批评查找问题3327条，相互批评提出批评意见2799条，各级领导班子民主生活会质量测评全部达到满意，实现了"团结—批评—团结"的目的。

【专题组织生活会】 学习教育期间，以党支部为单位，以学习贯彻党的十八届六中全会精神为主题，围绕"两学一做"学习教育，在全市组织层层召开了高质量的专题组织生活会。分6类设计了党员民主评议测评表，明确了10项具体评议内容，全市57846名党员参与民主评议，共评出优秀党员11281名，合格党员43987名，基本合格党员2710名，不合格党员90名，其中限期整改88名，作出除名处置2名，党内政治生态明显好转，党内政治生活焕发新气象。

【基层党建七项重点任务】 9月10日，吴忠市召开落实基层党建重点任务推进会，学习贯彻中组部落实基层党建重点任务推进会精神和自治区党委组织部有关部署要求，总结交流工作进展情况，分析研究当前党建工作存在的重点难点问题，对深入推进基层党建重点任务进行再自查、再分析、再部署。市委常委、市政协党组书记、市委组织部部长孙瑛出席会议并讲话。通过采取"挂图作战"，明确每个项目的责任人、目标任务和具体措施、进度安排，集中力量抓，聚焦问题抓，推动基层组织建设全面进步、全面过硬。

· 纪检监察 ·

【概况】 2016年，全市纪检机关深入贯彻落实中央纪委全会及自治区党委、纪委全会精神及市委部署要求，全面贯彻从严治党新要求，以"两个责任"落实、贯彻落实中央八项规定精神"回头看"、整治和查处侵害群众利益不正之风和腐败问题等三项重点为突破，以点带面，推动全市党风廉政建设工作扎实有效开展，取得积极成效。

【党风廉政建设】 2016年，吴忠市委把党风廉政建设和经济社会建设、改革发展同研究、同部署、同落实、同考核。市委常委会全年研究党风廉政建设工作17次。一把手认真履行"第一责任人"职责，市委书记约谈各县（市、区）、市直重点部门（单位）党委（党组）书记，批示党风廉政建设文件60件，督办重要违纪案件8起，部署并盯住落实自治区党委巡视组、党风廉政建设考核组反馈的21个问题。市长主动履行政府党组一把手抓党风廉政建设的职责，安排部署廉政工作，签订目标责任书，落实工作任务。市纪委严格落实党风廉政建设"1+8+2""两个责任"制度体系，强化清单管理，梳理出责任项目3767条，制定措施7607条。全市5个县（市、区）、69个市直部门党委（党组）、25个纪委（纪检组）根据制度安排全年分两次报告了主体责任和监督责任落实情况，所有厅级领导报告了"一岗双责"履职情况。落实市委巡察制度，对5个县（市、区）、5个市直部门开展专项巡察，发现并督促整改问题59个，受理问题线索11件。市纪委各派出纪工委创新开展"双发现双记录双报告双整改双公开"监督执纪"五个双"工作，获自治区纪委创新工作一等奖。

【纠正"四风"问题】 2016年，吴忠市委、市纪委大力开展为期半年的贯彻落实中央八项规定精神"回头看"，持之以恒纠正"四风"。集体约谈市委、人大、政府、政协秘书长和市发改、财政、人社、审计、接待等重点部门（单位）主要负责人，严明纪律要求。全市共梳理2012年以来的制度规定3078项，其中细化完善776项，保留2039项，废止263项；市级层面修改完善1项，保留执行36项。先后对5个县（市、区）、4个园区和38个市直部门及其部分下属单位开展专项检查，发现并督促整改问题246个。在重大节日期间印发提醒通知6次，开展明察暗访60次。全市查处违反中央八项规定精神典型问题10个，处理15人，给予党政纪处分13人，责任追究2人；下发通报9期，涉及16案16人。在全区"群众评议机关作风"活动中，吴忠市连续两年排名五市第一，2016年利通区、青铜峡市、盐池县排名全区县（市、区）前三名，其中利通区连续两年第一。青铜峡市以整治"三不为"为重点，深入开展作风整顿，受到了自治区党委的充分肯定。

【不正之风和腐败问题专项整治】 2016年，吴忠市纪委把侵害群众利益的不正之风和腐败问题专项整治作为党风廉政建设和反腐败斗争向基层延伸的关键举措，重点解决吃拿卡要、虚报冒领、侵吞挪用、克扣挤占、优亲厚友五类问题。建立市委领导督办、纪委班子成员包抓、部门协作、重点问题线索挂牌办理等工作机制，将整治范围从涉农和扶贫领域扩大到教育、医疗等15个重点领域，推进专项整治点面结合、深入开展。对侵害群众利益的涉纪信访问题进行大起底大排查，十八大以来全市共受理问题线索702件，立案289件，给予党政纪处分272人，移送司法机关28人。2016年受理问题线索217件，立案75件，给予党政纪处分62人，移送司法机关4人。严肃查处了利通区板桥乡高家湖村、红寺堡区大河乡大河村、青铜峡市大坝镇三棵树村、盐池县花马池镇硝池子村、同心县张家塬乡范堡子村等村干部虚报冒领、套取项目资金、非法占有补助款、吃拿卡要等案件。对7起典型案例26人进行通报曝光。同心县开展的村干部及其近亲属主动退出违规享受惠农政策补贴专项治理工作，得到自治区纪委的充分肯定。红寺堡区创新建立的查纠基层不正之风和腐败问题"七个一"机制获全区纪检监察创新工作三等奖。

【践行监督执纪"四种形态"】 2016年，吴忠市纪委坚持关口前移，强化对党员干部日常教育，在市检察院建设启用吴忠市反腐倡廉警示教育基地，开展党内法规宣讲活动百余场次，编发警示教育资料1.2万余册。完善"四位一体"约谈制度，全市纪检监察机关提醒谈话、批评教育、诫勉谈话468人。认真践行监督执纪"四种形态"，按照五类标准处置反映问题线索，不断提高把握政策的能力。年内，全市纪检监察机关共处置问题线索734件，给予纪律轻处分194人，给予纪律重处分53人，组织处理11人。严明换届纪律，下发严肃换届纪律通知，会同组织部门成立换届风气督查组，加强对换届各环节的监督。严把领导干部党风廉洁意见回复关，市纪委共回复党风廉洁意见征求函203人次，对新提拔任用的88名处级干部全部进行了任前廉政提醒谈话。

【纪律审查工作】 2016年，吴忠市出台《关于运用监督执纪"四种形态"，建立市、县（市、区）纪律审查协作区机制的实施意见》，率先在全区建立30个纪律审查协作区和由92人组成的人才库，构建力量集中、分级负责、上下联动、纵横衔接的协作区机制，在协作区实施纪律审查"双月检查、季度通报、及时整改"工作，提升了纪律审查工作规范化、程序化水平，通过纪律审查协作区初核问题线索553件。全市纪检监察机关共受理信访举报1182件（次），同比下降7.7%；初核675件，上升12.9%；立案261件，上升24.3%；处分247人，上升35.7%；移送司法机关15人，下降6.3%；挽回经济损失428.9万元，增长46.5%。市纪委监察局共受理信访举报667件（次），初核133件，立案28件，处分22人，移送司法机关1人，挽回经济损失80.8万元。各县（市、区）、乡镇纪委纪律审查数量均呈上升趋势，全市74.5%的乡镇有自办案件。认真办理区纪委转办督办的32件信访件，立案给予党政纪处分9人。全市检察机关立案侦查贪污贿赂、渎职侵权等职务犯罪75人，法院系统审结贪污贿赂案34件、渎职侵权案7件。在全区纪律审查互评互查工作中，吴忠市综合排名五市第二，红寺堡区、盐池县综合排名分别列县（市、区）第二和第三。

【队伍建设】 2016年，市纪委加强自身建设，强化自我监督，着力打造忠诚干净担当的执纪铁军。认真开展"两学一做"学习教育，常委会班子成员带头讲党课42场次，深化"业务大讲堂"，举办业务培训班，选派40余名干部参加上级纪委的培训，干部执纪能力有了明显提升。深化"三转"促效能，市纪委在配齐配强本级业务骨干的同时，积极争取市委、政府为各县（市、区）纪委增加28个副科级领导职数和16个行政编制。圆满完成市、县、乡三级纪委换届。三级纪委委员中，专职纪检干部132名，占委员总数的43.2%；市、县两级纪委班子成员来自系统内17名，占班子成员总数的38.6%；45名乡镇纪委书记全部单设。纪检监察干部带头制定并落实"责任清单"480项,市纪委受理反映纪检监察干部的信访举报4件,对1名违纪的基层纪检干部给予党内严重警告处分。在市纪委派出机构开展有创新工作、有典型经验等内容的"八有"活动,建立市直部门示范点24个。2016年全市"群众评议机关作风"活动,市纪委得分排名85个参评单位第一。盐池县纪委被自治区推荐为全国纪检监察系统先进集体候选单位。

· 组织工作 ·

【概　况】　2016年,市委组织部认真贯彻落实党的十八大和十八届三中、四中、五中、六中全会和习近平总书记系列重要讲话精神,扎实推进"两学一做"学习教育,突出抓好市县乡领导班子换届、基层服务型党组织建设和健康产业人才高地建设等重点工作,较好地完成了全年各项任务。

【干部教育培训】　2016年,市委组织部把学习贯彻中央全会及习近平总书记系列重要讲话精神作为党员干部教育培训必学内容,特别是将《党章》《宪法》及"五大发展理念"的学习列入主体培训班次,开展启发式、案例式、体验式教学,先后举办主体班次7期,培训学员314人次。严格落实领导干部上讲台制度,先后邀请2名市级领导及纪委、组织、发改等部门5名领导干部为党校秋季主体培训班学员授课。积极搭建各类培训平台,选派108名处科级干部参加自治区级以上调训,选派7名新任处科级干部到信访部门和园区挂职锻炼,组织市直部门871名处科级干部参加干部教育培训网络学院学习,干部教育培训的针对性和实效性不断增强。

【市、县、乡换届】　2016年是市、县、乡班子集中换届之年。市委成立了换届工作领导小组、换届风气巡回督查组,制定换届工作方案,认真组织学习《严肃换届纪律学习手册》,观看警示教育片《镜鉴》,做到教育在先、警示在先、预防在先,切实把严肃换届纪律贯穿换届全过程,市、县、乡领导班子换届风气满意度达99.92%。围绕好干部"20字标准"和"四论四看四比"用人导向,圆满完成市、县(市、区)党委、人大、政府、政协及纪委班子换届工作,从优秀选调生或大学生村官、乡镇事业编制中的优秀人员、优秀村干部中选拔61人进入乡镇领导班子,树立了有为才有位、有位要有为的用人导向。

【干部监督管理】　2016年,市委组织部扎实开展了超职级职数配备领导干部专项整治,超配处级干部全部整改消化。动议预审县(市、区)拟提拔任用干部15批次,有效预防新的超职数职级配备干部。对市直部门2045名干部人事档案进行专项审核,存疑复核认定823名。认真执行领导干部个人有关事项报告制度,严格做好随机抽查、重点核查,对未如实申报个人重大事项的免职1人,移交纪委核查处理5人。畅通"四位一体"举报受理平台,先后受理核查举报16件(次)。依据《领导干部能上能下实施办法》,先后对16名处级干部进行调整或免职。领导干部"负面清单"做法被《人民日报》和中组部《组工通讯》刊载。

【人才工作】　2016年,市委组织部瞄准健康产业、新型工业、特色农业等重点领域,建成专家服务基地6个、博士工作站3个、科研中心14个,打造移民文化人才培养基地1个。落实自治区和吴忠市级人才项目145个,申请资金1.5亿元。深入实施党政人才、高技能人才、农村实用人才带头人培养等"十大人才工程",加大"请进来、送出去"培育力度,举办各类人才培训班85期,培训6200余人次。建立健康产业高层次专家咨询服务团,柔性引进专家教授20余人,推选自治区首批院士后备人选1名,推选享受国务院特殊津贴人选8名,推选自治区第三批"塞上英才"人选10名、青年拔尖人才培养工程人员19名。落实政府顾问服务办法,强化与涉及14个领域的128名政府顾问的沟通联系,借助高端智力服务全市经济社会发展。深化与清华大学等院校的校地合作,清华大学与吴忠市签订校地合作协议,"校地合作助力民族地区发展"被《人民日报》评为"2016中国民生示范工程"。

【党的基层组织建设】　2016年,市委组织部以星级基层服务型组织创建为统领,深入实施"三百工程",分类打造146个示范点,集中整顿155个软弱涣散党组织、精心培育125个脱贫销号先行村。农村大力推行"支部+N""党建+

扶贫"等模式,把党组织建在金融保险、有机枸杞、光伏发电等扶贫链上,"一核多元"精准扶贫组织体系做法得到赵乐际同志肯定。盐池县曾记畔村党支部被评为全国先进基层党组织。社区全面开展"双创一提升"活动,674家机关事业单位参与社区共建,1.5万余名在职党员到社区报到开展志愿服务。以"在脱贫攻坚中走在前、做表率"为主题的第四届全国县级机关党建工作研讨会在吴忠市召开。创新推行非公企业"254"党建模式,建立社会组织"三同步"工作机制,建成19个区域性、综合性、开放式党群服务中心,115家规上企业实现"四个全覆盖",非公企业党组织覆盖率连续7年位居全区五市第一。

【党员队伍建设】 2016年,市委组织部扎实开展了组织关系排查等重点任务,"口袋"党员全部取得联系,失联党员找回率99.25%,党代表和党员违纪违法处理基本完成。大力实施"万名党员大轮训"计划,分期举办以脱贫解困、特色产业、美丽乡村为主题的农村党员教育培训示范班,带动县乡党委对党员全覆盖轮训。严格执行"三会一课"、评星定格、党性分析等制度,扎实开展党员教育管理"积分制"试点,深化拓展"三建四关心"党内关怀机制,探索推广"百姓百件事""圆梦微心愿"等做法,不断加强党员教育管理、激发党员内生动力。

· 思想宣传 ·

【概　况】 2016年,吴忠市宣传思想文化工作牢牢把握"两个巩固"的根本任务,认真落实意识形态工作责任制,以推动思想统一、服务经济发展、提升对外形象为重点,各项重点工作有序推进,与全国同步进入全面小康社会提供了强大精神动力和舆论支持。

【意识形态工作】 2016年,市委宣传部认真履行意识形态工作的主抓主管责任,把意识形态工作作为各级党委(党组)工作的重中之重,与思想政治建设、精神文明建设等同部署、同落实、同检查、同考核。及时研究解决意识形态领域问题,定期向市委报告工作,督促检查各级党委(党组)意识形态工作。利用党委中心组学习会、干部大会、党课教育等各种时机,强调意识形态工作的极端重要性,要求各级党组(党委)认真落实责任制,把意识形态工作摆到突出位置,进一步明确了抓意识形态和宣传思想工作的直接责任。

【思想教育工作】 2016年,市委宣传部以学习型党组织建设为平台,结合"两学一做"学习教育,切实抓好干部职工思想教育和理论学习工作。紧扣理想信念主题,加强革命传统教育、警示教育、廉政教育、责任意识教育和忧患教育。采取"请进来"与"走出去"的方式,加强干部培训,不断提升干部理论素养,邀请区内外知名专家学者举办领导干部理论武装大讲堂22场次,受众6800余人次。组织市委中心组理论学习38场次,编印全市领导干部学习班材料3000册。市委中心组学习做法先后在中央首长来宁调研宣传思想工作座谈会、自治区党委中心组学习经验交流会上作交流发言。继续推行副处级以上领导干部带头讲党课、带头撰写理论文章、带头转化学习成果机制,市级领导发表理论文章42篇。宣传部副处级以上领导在自治区级以上刊物发表理论文章7篇。分层组建市、县、乡三级理论宣讲队伍,围绕重大理论、时事政策、经济建设开展基层面对面宣讲46场次。组织开展了纪念建党95周年、红军长征胜利80周年等理论征文活动,推荐上报征文112篇。牵头组织"两学一做"学习教育千题知识竞赛活动。

【舆论宣传工作】 2016年,市委宣传部制定《突发事件信息发布及新闻报道预案》和《突发事件信息发布及新闻报道工作实施细则》。落实自治区党委宣传部宣传报道提示近百期(次),向自治区党委宣传部上报新闻线索50余条。严格遵循"团结稳定鼓劲、正面宣传为主"的新闻舆论工作基本方针,紧紧围绕市委、政府中心工作,聚焦"精准脱贫、转型发展、重点改革"三场攻坚战主线主题,围绕户籍制度改革、重点项目开工、工业经济和房地产市场"双十条"、黄河金岸马拉松赛等,策划召开新闻发布会8场次,邀请中央、自治区属主流媒体集中宣传报道,为全市经济社会发展凝心聚力。完善新闻线索、亮点信息互通互动制度,引导各地、各部门围绕本地、本行业工作,总结提炼特色亮点和新思路、新办法、新经验。在中央主要媒体发稿100余篇（条），《人民日报》一版头条《围炉夜话新农村》，一版《宁夏：生态移民拔穷根》，《中国改革报》《宁夏吴忠公布政府部门权力清单》等稿件产生较大影响。《宁夏日报》发稿800余篇，一版头条28篇；宁夏电视台播发近300条，新闻联播播出稿件占90%。《吴忠日报》、吴忠电视台开设了《打好三场"攻坚战"》《脱贫攻坚 奔向小康》等多个专题专栏。

【舆情管理】 2016年，市委宣传部建成了数据中心，确保全市所有党政机关事业单位门户网站群和PC、手机政务协同办公系统统一平台、统一管理、统一数据库。建立了自治区、市、县三级舆情管理全网联动机制、吴忠市互联网应急响应机制和24小时盯网制度，组建了市、县、乡三级舆情监测骨干队伍，加强对网站、论坛、微博、微信、新闻客户端的监控，及时发现和处置倾向性负面信息，坚决封堵删除有害信息，关停违法违规网站、网端和公众账号。年内，协调查处关停发布有害信息微信账号1个，删除有害信息3万多条，移送重要案件线索3起，约谈微信、微博经营负责人20多人次。报送《舆情信息》59期，充分利用"中国·吴忠"门户网站群、官方两微一端、手机短信群发平台和彩信群发平台，创新运用专栏、图说、动漫、视频等网民易于接受方式，围绕"四个全面"战略布局、"五大发展理念"等一系列重大主题，组织全市网站管理员，主动设置议题、专栏，做到了全媒体宣传、全业态传播、全方位解读、全平台覆盖。组织全市800多名网评员，在各新闻网站、主要商业网站、移动客户端、微博、微信等平台，对80多个重要时政新闻和活动进行评论引导，主动抢占网上舆论话语权。吴忠市网信工作获自治区级以上表彰荣誉4项。

【公共文化服务体系建设】 2016年，市委宣传部扎实推进全市公共文化服务体系示范区建设和文化扶贫攻坚工作。开展了以"唱吴忠、写吴忠、画吴忠、拍吴忠、赞吴忠"为主题的系列文艺创作活动，完成报告文学集《铁血铸魂》、长篇小说《拂晓突袭》、歌舞作品《盐州胡璇》等50余件精品文艺作品创作，长篇小说《驼路》入围2016年第十一届全国少数民族文学创作骏马奖参评，原创歌曲《亲爱的祖国》获得全国少儿歌曲展演优秀奖，打击乐《塞上鼓韵》荣获全国锣鼓邀请赛银奖，舞蹈《夯墙乐》《口弦声声花儿情》获得第四届全国回族舞蹈大赛"沙枣花"奖。另有10余件书法、美术、摄影作品在自治区级大赛中获奖。征集微电影21部，《罗山恋》荣获第四届亚洲微电影艺术节"金海棠奖"好作品奖。持续推动"文化八进""送欢乐下基层"等惠民活动，开展"送戏下乡"403场次，广场文化演出310场次。鼓励各行业开展厨艺大赛、礼仪大赛、行业知识竞赛、家庭才艺大比拼等形式多样、内容丰富的文化活动，极大地丰富和带动了群众文化生活。

【精神文明建设】 2016年，市委宣传部以创建全国文明城市为统揽，围绕创建指标重点难点，制定吴忠市创建全国文明城市责任清单，开展精神文明建设"九大行动"，着力提升市民素质，优化城市环境，不断提升城市文明程度。建好用好吴忠文明网。总结推广社会主义核心价值观进清真寺、进楼入户典型经验，不断深化和拓展社会主义核心价值观"六进"活动。深化文明村镇、文明单位、文明校园等细胞创建，精心安排"城乡文明共建"活动，充分发挥文明单位结对帮扶贫困村、助力脱贫攻坚的示范带动作用，统筹安排253个文明单位与202个行政村结成共建对子，帮助贫困村出思路、定规划、优环境、谋发展，开展精神物质"双脱贫"。自治区农村精神文明建设工作经验交流会在吴忠市盐池县召开。深化先进典型选树宣传，以"我推荐、我评议身边好人"主题活动为载体，持续开展道德模范、身边好人、最美吴忠人推荐评选活动，推出46名第二届"最美吴忠人"候选人、25名自治区"百孝之星"，杨福珍、马彩霞、刘五奎、丁秋菊4人入选中国好人榜，杨晶岚入选2015年度"感动宁夏人物"。开展寻找"最美家庭"活动，李少军家庭等4个家庭荣获全国"最美家庭"，周得奉等4个家庭荣获第十届全国五好文明家庭，鲁忠义家庭获得全国文明家庭称号。成功举办了中国好人榜三月份发布仪式暨道德模范身边好人现场交流活动。扩大"兰花志愿服务"品牌效应，志愿服务工作亮点频出，"黑眼睛工作室——病残吸毒

人员子女关爱行动"项目获中国青年志愿服务项目大赛金奖。

【全民国防教育工作】 2016年，市委宣传部把国防教育纳入市委中心组理论学习计划和全市干部理论学习安排，列入党校理论教育培训计划。组织开展国防形势宣传报道，传承和弘扬爱国主义精神。加强中小学生国防知识教育，通过开设国防教育知识课、网上祭奠英烈、主题班会、国教图片展、学唱红歌等形式，推进国防教育在青少年中不断深入。完成对陕甘宁省豫海县回民自治政府成立旧址暨红军西征纪念园、盐池县革命烈士纪念馆布展的更新改造。推荐青铜峡市余家桥烈士陵园评选第四批国家国防教育基地。积极利用重大节会开展国防教育，紧扣全民国防教育日节点，开展了"传承红色基因，共建巩固国防"主题国防教育宣传活动，全民国防教育氛围更加浓厚。吴忠市国防教育工作在自治区国动委年度效能目标考核中获满分。

· 统战工作 ·

【概　况】 2016年，市统战系统认真贯彻落实党中央及自治区、市委关于统一战线一系列重大决策部署，统筹谋划、主动作为、创新方法，最大限度凝魂聚神、凝识聚智、凝心聚力，向"法宝"要"法力"，让"法宝"变"法力"，全市统一战线事业开创了新局面。

【市委统战工作领导小组】 2016年，吴忠市成立了由市委书记任组长，市长及四套班子分管领导任副组长，34个单位主要负责人为成员的市委统战工作领导小组。年内，召开2次市委统战工作领导小组会议，研究制定了《吴忠市委统一战线工作领导小组工作规则》等文件。研究出台了《中共吴忠市委贯彻落实〈中国共产党统一战线工作条例（试行）〉实施意见》，进一步完善了市委统一领导、统战部门牵头协调、有关部门各负其责的大统战工作格局。各县（市、区）也全部成立了统一战线工作领导小组，统战部长全部由党委常委担任。

【市委统战工作领导小组第一次会议】 6月24日，市委统战工作领导小组召开第一次会议。会议研究了《吴忠市委统一战线工作领导小组工作规则》《关于协助各民主党派市委会做好换届工作的意见》《关于市、县（区）工商联（民间商会）换届工作的实施方案》和《吴忠市统一战线凝心聚力"十三五"行动规划》等4个文件，传达学习了自治区党委统战部协助各民主党派地级市组织做好换届工作座谈会精神。会议要求，全市上下要充分发挥统战优势，为转型发展、脱贫攻坚、深化改革凝聚起强大正能量。所有成员单位要按照分工，各司其职，做好工作，形成全市大统战工作格局。要坚持问题导向，增强问题意识，找准突破口、画出路线图，切实把统战工作中的问题解决好。要抓好落实，树立一盘棋思想，目标要统一，行动要一致，真正拧成一股绳、形成一股劲，做到事事有着落、件件有结果。

【助力脱贫攻坚】 2016年，市委统战部积极响应党中央和自治区党委、市委打赢脱贫攻坚战的号召，率先在全区制定了《吴忠市统一战线助力脱贫攻坚行动实施方案》，精准实施企业帮扶、教育支持、医疗援助、特色村寨建设等措施，集中人财物，助力帮扶村率先脱贫。投入发展资金1.6亿元，培育扶贫产业14个，上争项目资金4738万元（基础设施建设资金1986万元），技能培训2800余人，培育致富带头人56名，帮助就业8799人，捐赠资金754.7万元（实物182.8万元），捐资助学1624余人，捐献书籍1.1万余本，开展健康知识义诊40次，5600余人受益。

【民族宗教工作】 2月，吴忠市被国家民委命名为"全国民族团结进步创建活动示范市"，所辖五个县（市、区）均被命名为全国民族团结进步示范县（市、区），创新了具有吴忠特色的"585"创建之路。2016年，制定了《全市民族团结进步创建深化行动实施方案》，围绕"六个聚焦"，深入实施"细胞工程"，不断推进民族团结进步事业规范化、制度化、长效化。已创建全国民族团结进步示范单位9个，自治区级示范单位146个，吴忠市级示范单位1099个。以"一化五推进"为着力点，制定了《吴忠市和谐寺观教堂创建提升行动实施方案》，寓管理于服务之中，牢牢把握宗教工作主动权。广泛开展社会主义核心价值观等"五进"宗教场所活动，使"两个共同""三个离不开""五个认同"等思想深入人心。在宗教界广泛开展"四同行动"等主题教育，倡导宗教界人士"念好两本经、再做新贡献"。在宗教界人士中开展争做党和政府信任、宗教界同行信服、信教群众信赖的合格教职人员教育活动。引导宗教界人士发挥自身优势，争做促进和谐、助推发展的"八大员"。

【经济统战】 2016年，市委统战部深入学习贯彻习近平总书记"3·4"及来宁视察重要讲话精神，紧扣两个健康主题，坚持团结、服务、引导、教育的方针，围绕中心，当好助手，全力推动非公有制经济快速发展。组织非公有制经济人士到北京大学、人民大学等高校参加高级研修班，邀请知名专家教授就经济新常态、供给侧结构性改革、营改增等问题，为非公有制经济人士传经送宝、解疑释惑。举办"互联网＋创客经济"、特色美食创意大赛、电子商务等培训班，引导全民深入开展创业活动。围绕热点难点问题，开展专题调研，推动市委、政府出台了《关于推进"十大市场"健康发展的政策措施》。开展民企大走访活动，先后走访企业53家，协调解决税收、融资、土地审批等问题15件，发放《吴忠市促进企业发展政策汇编》等书籍500余本。打造纳税人权益维护、法律援助、政务服务综合代办、非公有制企业投诉电话等服务品牌，维护非公有制企业合法权益，全年共受理咨询、投诉等事宜53件。引导全市非公有制企业积极参与吴忠市统一战线助力脱贫攻坚行动。

【文化统战】 4月，市委统战部组织开展了第七届"读书月"活动，通过好书推荐、"金点子"征集、座谈交流、读书征文、演讲比赛等形式，建立了"统战业务大讲堂""开讲十分钟"等制度，切实用坚定理想"铸魂"，用务实作风"壮骨"，用开拓创新"强体"，用艺术方法"活血"，用严格标准"塑形"，不断增强全市统战队伍整体素质，确保统战干部队伍建设走在前、做表率、立标杆。

【和谐统战】 2016年，市委统战部制定并落实党员干部公开承诺，营造机关有氛围、科室有激情、人人有承诺的良好工作氛围。做好离退休人员服务管理工作，积极召开退休老干部座谈会，定期上门为老干部赠送报纸杂志，年终组织干部对老干部进行慰问。干部职工生病住院，领导都会亲自到病榻前送去慰问，使大家时刻能够感受到组织的关怀和同事的温情，感受到大家庭的温暖。

【统战队伍建设】 2016年，市委统战部深入"两学一做"学习教育，制定了《吴忠市统战干部精气神提振行动实施方案》，在全市统战干部中开展了"品德好、人缘好、形象好"学习教育活动，深入学习贯彻党中央、自治区党委、市委关于统一战线一系列重大决策部署主要精神，不断增强全市统战干部政治意识、大局意识、核心意识、看齐意识，努力打造政治坚定、业务精通、作风过硬的统战干部队伍。

·政策研究·

【概况】 2016年，市委政策研究室按照市委的安排部署，积极开展事关全局的战略问题研究，聚焦重大政策，完成了《吴忠市国民经济和社会发展第十三个五年规划的建议》《中共吴忠市委2017年工作要点》《关于推进全面从严治党的实施意见》及分工方案等12项重要文件的起草任务。主动对接新华社瞭望智库对"扶贫顶层设计"和"光伏＋"课题开展调研，编辑印制《大国扶贫——宁夏样本》特刊，起草了市委主要领导在国务院文津圆桌闭门会上的主旨报告——《宁夏精准扶贫脱贫探索与实践》，宣传推广了吴忠脱贫攻坚经验。

【以文辅政】 2016年，市委政策研究室组织干部赴新疆、陕西、河北、安徽、浙江等省区开展调研，学习借鉴外地先进经验，先后撰写了《关于赴新疆石河子等地考察学习生态建设的报告》《关于赴安徽省淮北市等地考察学习智慧城市建设的报告》《关于赴两湖云贵考察农村综合改革、农业产业结构调整和脱贫攻坚的考察报告》《让贫困群众脱贫路上"零风险"贫困地区社会更稳定——对盐池县开展保险扶贫工作的调查与思考》《粮食产业大有可为》《加快推进农村电子商务培育形成"三农"发展新动力的调研报告》《"健康吴忠"建设任重道远》《关于吴忠国家农业科技园区农村社会事务管理情况的调研报告》等调研报告，为市委制定生态文明

建设、智慧城市建设、精准扶贫、特色产业发展等提供了参考，得到市委、政府主要领导批示。围绕盐同红脱贫攻坚深入研究，广泛论证，总结提炼了"7366"吴忠扶贫模式，并形成调研报告，分别在《共产党人》《宁夏工作研究》刊登，得到了市委的充分肯定。围绕农村改革专题调研，形成了《五星村的"新土改"》，总结了"地权变股权、农民当股民"的农村合作经营新模式，为农村生产方式的变革和农民身份的转化、新型混合所有制经济发展提供了依据并被《宁夏改革动态》转发。《"脱贫保"：让贫困群众脱贫路上"零风险" 贫困地区社会更稳定——对盐池县开展保险扶贫工作的调查与思考》被中央改革办《改革情况交流》向全国转发。

【深化改革工作】 2016年，市委政策研究室按照中央、自治区全面深化改革的总体部署，出台了2016年改革工作要点，确定了9大领域119项具体改革任务，制定了分工方案及改革任务推进计划表，推进了一批改革方案出台和改革任务落实。组织指导各县（市、区）、市直各部门对十八大以来改革试点工作进行全面梳理，进一步加强和规范改革试点工作。涉及吴忠市的改革试点53项，其中国家级试点16项，自治区级试点26项，市级试点4项，县级试点7项。督促协调积极争创中国制造"2025"试点城市，《中国制造"2025"试点城市申报书（初稿）》呈送工信部规划司征求意见并得到反馈。国企改革步伐加快，市金属回收公司、燃气公司资产评估已完成，改制方案已上报市政府。国有企业负责人薪酬制度改革方案已报自治区政府审批。公车改革顺利推进，完成了市本级车辆封存、人员核定、车补核算发放、人员安置等工作。组织召开各类改革协调推进会6次，组织开展改革工作督查4次，制发督查通报4次，编发改革信息56篇，编发《改革前沿》25期，较好地发挥了改革办职责，确保各项改革举措落地生根。

【"三农"工作】 2016年，市委政策研究室深入贯彻中央和自治区农村工作会议精神，制定下发了《关于做好2016年农业农村工作的意见》及分工方案，制定出台了《关于加快农业现代化 实现全面小康目标的实施意见》《关于加快塞上硒都建设的意见》《关于加快转变农业发展方式的意见》《关于加快葡萄枸杞产业发展的意见》《吴忠市农业农村工作综合考评办法》《关于支持村级集体经济发展的实施意见》等15个指导农业农村工作文件。助力吴忠国家农业园区建设，制定了《吴忠国家农业科技园区2016年建设任务细则》《关于印发市直有关部门参与和支持吴忠国家农业科技园区发展工作计划任务书》。紧盯"塞上硒都"目标任务，协调有关部门编制完成吴忠市硒资源分布图、《吴忠市富硒产业中长期（2016—2020）发展规划》。创新农业发展支持方式，牵头制定了加快推进农业特色优势产业的扶持政策。会同市农牧局组成调研督查组，对上半年全市农村改革、农业产业结构调整、农村电商发展和吴忠国家农业科级园区建设情况进行了调研督查，形成了农业产业结构调整和农村电商发展调研报告。先后印发了《关于认真做好2016年度自治区农业农村工作有关事宜的通知》《关于切实做好区、市农业农村工作督查通报有关问题整改的通知》，要求各责任部门积极与自治区厅局对接，撬动项目、资金、技术、信息等支撑要素，指导并帮助县（市、区）全面并超额完成农业农村各项指标和任务。

【《吴忠工作研究》】 2016年，市委政策研究室在《吴忠工作研究》开辟了《本刊特稿》《经济发展》《改革进行时》《政策宣传》《调查研究》《专题教育》《干部论坛》《三农动态》等栏目，全面展示吴忠历史传承、旅游文化特色，使《吴忠工作研究》更具特色，更贴近工作实际。突出办刊时效性，定期编排主题，打造了"聚焦十三五""脱贫攻坚""两学一做""三先开路"等专刊，凝聚改革发展共识。组织撰写的《三产融合扶贫 助推移民增收致富》《修枝剪叶 做合格党员》《改革必须围绕发展精准发力》等7篇文章被《宁夏工作研究》《共产党人》《宁夏日报》相继刊登，推荐的13篇文章在《宁夏工作研究》上发表。发行范围从全市向外延伸，对外交流扩大到全国200个地级市，成为全市各级干部学习交流的平台和宣传吴忠、展示吴忠、推介吴忠经济社会发展成果的平台。

【队伍建设】 2016年，市委政策研究室严格落实"一岗双责"和"两个责任"，以"强龙工程"

和开展服务性党组织创新工作为抓手,把党建工作贯穿业务工作全过程。修订完善了"三会一课"等党内各项制度,深入开展了群众评议机关和干部作风活动,建立月度重点工作推进表制度,实行倒排工期、挂图作战、限时销号,坚持周汇报、月通报制度,确保各项任务按期完成。创新"两学一做",制订动态学习计划,确定轮流主讲人员,开展政策解读,举办交流研讨,参加上级单位专题培训班等方式,将学习成果转化为服务决策、服务"三农"工作和深化改革动力,提高干部理论素养。修订完善《政策研究室效能考核办法》《政策研究室廉政风险防范方案》《政策研究室2016年党风廉政工作安排》等制度,加强廉政风险防控,对党员干部8小时以外进行监督管理,教育党员干部始终不忘初心,牢记党的宗旨,自觉遵守党的政治纪律、组织纪律、经济工作纪律和群众工作纪律,党员干部学习赶超的氛围日益浓厚。

养、考察、政审、谈话、审批"五关"。年内,共确定入党积极分子915名,发展新党员126名。依托党员教育"五大基地",采取集中授课、观摩学习、实践锻炼、自学教材等方式,对134名拟发展对象进行了集中系统培训,确保了发展党员质量。从提高党务干部应知应会和党建基础知识入手,采取"请进来"与"走出去"的方式,积极与自治区、市党校、宣讲团加强协调联系,对105名党组织书记和党务工作者进行了培训。组织党务干部赴石嘴山进行党建工作观摩学习,加强了党务工作的横向交流。先后组织4次党务干部联席会议,对党费收缴管理使用、党组织关系集中排查、党员违纪违法处理排查清理等工作进行了动员安排,确保党建重点工作落到实处。认真落实市、县(市、区)直机关工委书记联席会议制度,1月下旬,在红寺堡区组织召开了市、县(市、区)直机关工委书记联席会议,传达学习了全区五地市机关党建座谈会精神,汇报交流了党建工作成果,为市县两级机关工委交流工作经验、共享党建成果,搭建了良好的平台,逐步构建起横向到边、纵向到底的"立体式"党建工作新格局。

【机关党组织建设】 2016年,市直机关工委把推进服务型党组织建设作为年度党建重点任务,积极引导机关党组织在服务改革、推动发展中充分发挥战斗堡垒作用。修订完善了2016年星级创建考核细则(服务项目和评价指标),将机关党建七项重点任务纳入考核评价范畴。坚持"精心布点、以点带面、以面扩效"的创建思路,分层次、分行业、分领域打造了16个机关星级基层服务型党组织示范点,整顿转化了40个软弱涣散党组织。年底,对市直机关411个基层党组织进行了星级评定,共评定党组织四星级40个、三星级173个、二星级122个、一星级43个、无星级16个。按照"五有一好"标准,对12个新培育的品牌进行验收命名,

·市直机关工委·

【概　况】 2016年,市直机关工委始终坚持"围绕中心、服务大局"的工作思路,以基层服务型党组织建设为统领,以实施党建"强龙工程"和开展"两学一做"学习教育活动为抓手,持续巩固和延伸党建工作成果,积极推动党建工作创新。

【党员队伍建设】 2016年,市直机关工委严格落实发展党员预审制、公示制和票决制,严把培

重温入党誓词

组织已命名的40个服务品牌参与"十佳"优质服务品牌的评选活动，层层选评了10个特色突出、主题鲜明、名称响亮、群众反映良好的优质服务品牌。采取"公推直选"方式，严格落实"一岗双责"，认真抓好届满到期党组织换届工作，2016年共改选换届直属党组织26个，增补10个。对市住建局、吴忠电信分公司等7个市委直属机关党委所属部分基层党组织换届工作进行了全程指导、全程监督，确保换届工作的制度化和规范化。

【机关干部教育】 2016年，市机关工委从教育内容的精准化、教育平台的多样化、教育成效的最优化入手，紧跟市委、政府工作部署和形式任务的变化，先后邀请区内外专家学者以"两学一做"学习教育、习总书记"七一"讲话、宁夏精神等为题，举办了4期机关干部学习讲坛，通过讲透政策、讲清理论、讲准问题、讲实举措，引导机关党员干部精准认识发展大势，积极主动担当作为。立足机关党员教育培训需求，建立了以国情区情市情、形势任务、民族政策等7大类50个课题为主要内容的党员教育"课题库"和以市委党校专家学者、市直有关部门（单位）领导及业务骨干为成员的党员教育师资库，积极推行机关工委"命题制单"、基层党组织"择题点单"教育培训模式，增强新形势下机关党员教育培训的针对性和实效性。机关各基层党组织全年共开展点单培训230余场次。从整合教育资源、强化阵地建设、提升培训水平入手，对机关干部教育"五大基地"和吴忠市警示教育基地进行了培育打造和提档升级。2016年，机关各基层党组织先后组织2700余名党员干部深入基地接受教育，实现了理论教育和实践锻炼的有机结合。

【机关作风建设】 2016年，市直机关工委以进一步巩固和拓展机关作风建设成果为抓手，重点围绕解决机关干部不能为、不想为、不敢为等问题，认真履行作风评议牵头职责。2016年，吴忠市群众评议机关作风活动参评率一直位居全区第一，全年总成绩也位居全区第一名，利通区、青铜峡市、盐池县分列全区22个县（市、区）前三名。围绕全市工作大局，把开展电视问政工作作为拓宽群众监督渠道、转变机关工作作风、促进社会和谐稳定的"稳压器"和突破口，先后以《脱贫攻坚看精准》《城市管理看水平》等为题，认真组织开展电视问政，切实引导机关基层党组织把全市中心工作各项任务记在心上、扛在肩上、抓在手上。进一步深化街道（乡镇）"大工委"和社区"大党委"工作机制，在市直机关探索推行了社区共建双联双管"五步工作法"，以管理方式规范化、服务形式多样化、服务队伍专业化、服务内容精准化，取得了社区欢迎、党员认可、群众满意的良好效果，该做法已获评2016年全国机关党组织"两学一做"学习教育最佳案例。

【党群共建】 2016年，市直机关工委坚持以党建带群建，根据机关文化建设实际需求，成功举办第五届"机关文化周"，精心设计开展庆祝建党95周年专场文艺晚会等5项文体活动。围绕吴忠市争创全国文明城市工作部署，引导市直各部门积极开展文明单位创建活动，实施文明科室、文明岗位、文明标兵等细胞工程和"明星科长评选""点赞身边敬业典型"等岗位技能锻炼和劳动竞赛等活动。认真落实以"三送五谈五访"为主要内容的党内激励关怀帮扶机制，对机关党员政治上关怀、思想上关心、精神上激励、物质上帮扶。全年累计使用留存党费6万余元，慰问困难党员87名，表彰先进基层党组织16个，优秀共产党员35名，优秀党务工作者16名，切实增强了机关党组织的创造力、凝聚力和战斗力。

【服务中心工作】 2016年，市机关工委牢牢把握机关党建服务中心，成功承办了以"机关党组织在脱贫攻坚工作中走在前、做表率"为主题的第四届全国县级机关党建工作研讨会。将驻村第一书记扶贫工作纳入机关星级基层服务型党组织创建、"三级联述联评联考"和"四个清单"工作内容，助推脱贫攻坚工作取得突出实效。按照《党章》和自治区党委、市委有关要求，召开市直机关党代表会议，选举产生出席中共吴忠市第五次代表大会代表69名，并在市第五次党代会期间，组织机关代表团代表积极开展讨论，认真参与选举。进一步强化党建任务督查指导力度，年内先后3次对机关干部"下基层"开展情况进行了督查，先后4次深入机关基层党组织开展了大督查、大调研、大推动、大落实"四大行动"，对"两学一做"学习教育、星级基层服务型党组织创建、党建七项重点任务、群众评议机关作风活动等重点任务推进情况进行了全面督查。

· 老干部工作 ·

【概　况】　2016年，吴忠市老干部局认真落实中办发〔2016〕3号文件和全区老干部局长会议精神，紧紧围绕市委、政府中心工作，以引导离退休干部为党的事业增添正能量为主线，以落实离退休干部政治生活待遇为前提，以创新离退休干部党建工作为突破口，扎实推进离退休干部工作转型发展，各项工作取得了明显成效。

【离退休干部思想政治工作】　2016年，市老干部局坚持把开展"两学一做"学习教育活动作为党建工作的龙头任务，围绕"不遗漏一个支部、不遗漏一名党员"的目标，针对离退休党员干部实际情况，研究制定学习教育实施方案，每半年召开一次离退休干部党员思想动态分析会，有针对性地开展学习教育活动。"七一"前通过举办专题报告会，组织150名老党员重温入党誓词、聆听报告，引导老干部在社会生活中起先锋模范作用，做"阳光老人"，做合格党员，为党的事业增添正能量。

【离退休干部党建工作】　2016年，市老干部局按照《关于加强和改进新形势下离退休干部党组织建设工作的意见》（宁党办〔2014〕36号）要求，全面摸清了离退休干部党员底数，及时研究下发《关于认真做好离退休干部党组织建设工作的通知》，明确党组织设置，对符合单独建立离退休干部党支部的单位按程序进行申报审批，抓好组建。截至2016年，市直离退休干部党支部总数达到41个，离退休干部党员1826人。对不符合单独建立条件的15个单位26名党员，全部纳入市直机关离退休干部党支部管理，实现了组织设置全覆盖。印发《关于对市直单位离退休干部党支部进行目标管理考核的通知》，通过考核验收，促使各单位离退休干部党支部认真落实各项制度。协调各单位落实支部书记和委员的工作性补贴。针对部分离退休干部党支部开展活动场地小、活动形式单一、缺乏吸引力等问题，积极创新组织活动形式，探索由市离退休干部党工委牵头组织，联合多个党支部集中开展活动，确保党支部活动不"空转"。先后2次联合市委办、政府办、市人大、市政协等12个单位离退休干部党支部召开纪念建党95周年座谈会和"纪念红军长征胜利80周年　传承长征精神"主题活动。各支部参与活动的积极性高涨、气氛热烈，收到了良好效果，为创新组织活动形式积累了经验。

【落实老干部待遇】　2016年，市老干部局投入4万多元为离休干部和退休厅级干部每人征订一份《文摘报》和一本《老同志之友》杂志。年内，向离退休老干部传达学习中共中央办公厅、国务院办公厅印发的《关于进一步加强和改进离退休干部工作意见》（中办发〔2016〕3号）文件和全国全区老干部局局长会议精神，组织市区离休干部、退休厅处级干部和离退休干部党支部书记近200人，参观考察了国家现代农业科技园区建设情况、工业重点项目建设情况，让离退休干部切身感受吴忠市工业、农业快速发展情况。在春节、暑期、中秋节开展了走访慰问活动。组织近200名离退休干部在市医院进行体检，并建立健康档案；组织10名正厅级退休干部到银川体检；及时为李锡新和杨国华两名离休干部申请办理享受副省级医疗待遇。

【离退休干部文化生活】　2016年，市老干部局围绕老干部精神文化生活，相继开展了春季游艺竞赛等活动，组织学员编排文艺节目参加社区、广场演出等各类公益文化活动5场次。7月1日，选送老年大学学员精心排练的大合唱作为开场节目参加吴忠市庆祝中国共产党成立95周年专场文艺晚会暨第五届"机关文化周"开幕式，组织80多名离退休干部参加自治区第三届离退休干部健身运动会，组织老年大学学员参加全区群众文艺会演合唱吴忠赛区决赛，通过开展文体活动，充分展示了离退休干部良好的精神风貌，让离退休干部在活动中心既健身强体，又愉悦身心，不断充实精神文化生活，受到社会各界的一致好评。

【发挥离退休干部作用】　2016年，市老干部局积极支持关工委、老科协、老年体协、老年书画协

会、文史学会等涉老组织工作，为离退休干部发挥作用搭建平台。年内，就全市经济社会发展规划、城市建设、新农村建设、生态环境建设、机关作风建设、民生改善等组织老干部进行讨论，积极建言献策。老同志就"十三五"规划提出9条意见，其中7条被市委采纳，编入《吴忠市国民经济和社会发展第十三个五年规划纲要》；组织老干部文明监督员团队围绕全市全国文明城市和卫生城市创建活动，开展社区周边卫生、治安等监督工作，调解邻里矛盾，协调社区事务，化解社区纠纷；组织老干部政风行风监督员开展政风行风和机关效能建设的监督、巡视、评议，参与明察暗访，收集、反映群众的意见建议，有效促进了干部作风的持续好转；组织老年科技工作者组成的科技咨询志愿小组开展农业科技下乡10余次，联系6个村，帮扶种养殖专业大户20户。以"弘扬正能量，永远跟党走"为主题的"五老"志愿宣讲团常年深入中小学、社区，向青少年和社区群众作了题为《不忘国耻 振兴中华》《传承中华优秀传统文化基因 践行社会主义核心价值观》等15场宣讲报告，受教育群众8000多人。

【队伍建设】 2016年，市老干部局认真落实党风廉政建设主体责任和监督责任，结合"两学一做"学习教育活动，组织党员干部积极参加网络培训和各类业务培训，通过老带新、骨干帮带等形式开展技能学习，提高党员干部队伍综合素质。按照"下、解、帮、促"的要求，实施结对帮困扶贫，让党员干部在基层和扶贫一线砥砺品质，增长才干。3月22—23日，市关工委与市委组织部、党校联合举办了全市关工委系统骨干培训班，市直单位和各县（市、区）的关工委骨干、"五老"宣讲员70多人参加培训。2016年，局机关党支部被市直机关工委评为"先进基层党组织"，局长李汉林先后被自治区党委评为"全区优秀党务工作者"和"全国老干部工作先进个人"，驻村扶贫干部王永峰被市直机关工委评为"优秀党务工作者"。

·市委党校（行政学院）·

【概 况】 2016年，市委党校认真贯彻落实《中国共产党党校工作条例》《行政学院条例》和吴忠市委《关于加强和改进新形势下全市党校工作的实施意见》的精神，围绕市委、政府工作大局，按照"打基础，抓管理、建队伍、促教研、树形象"工作思路，加强"培训立校、科研兴校、人才强校"建设步伐，扎实做好干部培训、教学科研、理论宣讲、队伍建设和行政后勤等工作，积极拓展服务全市经济社会能力，增强党校整体实力，提高党校培训水平，实现党校整体工作上台阶。

【干部教育】 2016年，市委党校共举办各类培训班11期804人次。在主体班培训中，注重培训模式的创新、培训内容的完善、培训效果的增强。在培训内容设置上，突出习近平总书记系列重要讲话精神、党的十八届五中全会、"四个全面"、"新丝绸之路"经济带建设、"两学一做"等教学内容，坚持党性锻炼贯穿教学全过程，形成"理论基础""党性修养""能力提升""区情市情"四大板块，突出具有党校特色的教学新体系。根据不同班别，科学设计教学专题，调整培训计划，突出培训的针对性。如后备干部和中青年干部培训班，着眼提高干部履行岗位职责的素质和能力，内容涵盖政治、经济、文化、社会、法治等方面，切实拓宽学员的知识面；县处级干部培训班，结合学员实际工作需要，开展哲学、历史、文化、经济、生态、反腐倡廉等新知识，帮助干部进一步优化知识结构，拓宽眼界思路，提高科学人文素养；新进乡镇班子领导干部培训班，系统安排学习当前最新及前沿的相关理论和岗位必备知识，不断提升学员政治理论素养，提高科学执政、民主执政、依法执政和服务群众的水平，更好地适应岗位工作需求。少数民族干部培训班和妇女干部培训班，将学员工作岗位需求和个人需求相结合，突出妇女维权等内容，满足学员个性化学习需求。教学注重从实际出发，科学培训，灵活采用讲授式、研讨式、参与式、案例式、情景模拟式等方法，通过互动式教学，加强学员之间沟通交流，提升学员应对媒体、科学决策、解决问题能力，实现了教学相长、学学相长。安排学员开展现场教学、辩论、学员论坛、"三同"锻炼、实地观摩等教学活动。整个教学过程中，互动式教学比例达到了29.5%。积极发挥学校师资优势同时，加大外请力度。对于公共课程类培训，注重从全区知名专家中筛选聘请；对于专业性较强培训，注重邀请各自领域实战经验丰富、成果丰硕的相关领导和基层优秀工作者参与教学。2016年主体班外聘专题达37.7%。结合"两学一做"专题学习教育活动，坚持将党性修养的提高作为培训工作的出发点和落脚点。根据中央和自治区、市作风建设新规定新要求，学校修订完善《学员党性教育实施办法》《学员百分制考核管理规定》《主体班学员管理规定》《党校学员"八不准"》等制度，进一步严格学员学习、学籍、考勤、量化考核等制度。积极发挥班委会作用，引导学员入校后尽快实现"两个转变"，即从党员干部向党校普通学员角色的转变和从"要我学"向"我要学"转变，使党性教育融入干部教育培训日常管理之中。组织学员到全区警示教育基地接受党性教育，到红寺堡区红寺堡镇玉池村开展为期一周的同吃同住同劳动的"三同"实践锻炼，使学员党性修养得到进一步锻炼，从而促使学员牢记党的宗旨，把做"四讲四有"的党员要求内化于心、外化于行，更好地履行党员干部的职责。

【对外培训工作】 2016年，市委党校将主体班培训和对外培训作为党校持续健康发展的"两翼"，充分发挥党校教学管理资源优势，积极拓展办学空间，加强对外培训工作。采取"请进来、走出去"的形式，依据社会需求，先后与市直各行业、各系统及驻吴企事业单位加强联系，举办不同学习专题、不同培训对象班次，对外培训人数实现新突破。共举办各类对外培训班40期，培训人数4869人次，培训期数及人数比上年分别增长185%、278%，创历史新高，得到社会各界一致认可和好评。

【教科研水平提升】 2016年，市委党校针对教师申报的20个新专题，进行了讲、评、改，通过试讲活动，不断对新专题进行充实完善。年内，由教研室牵头，共组织召开7次集体备课会，组织教员集体听课11场次，切实取长补短，严把教师备课环节，提升教学质量。通过选派骨干教师参加业务培训，开展理论下基层调研，全年共选派教师参加区内外各类专题学习培训和进修10人次。制定出台《吴忠市委党校青年教师"导师制"实行办法》和《吴忠市委党校名师评选方案》，选派思想作风正派、教学作风严谨、教学科研水平高、教学实践经验丰富的资深教师担任导师，对培养年轻教学骨干，提升党校师资整体素质发挥积极作用。2016年，在国内公开刊物发表理论文章27篇，撰写各类研讨征文29篇，其中获地市级以上奖励3篇。围绕市委、政府中心工作，组织骨干教师科学选题，深入到农村、街道、社区、企业开展市情大调研，撰写调研报告5篇，呈送市委、政府《当前吴忠市农村社会治理能力成效、难点和对策建议》《促进吴忠市健康产业发展问题探讨》《吴忠市水土保持问题及对策》等，呈送市委2篇，1篇得到了市委、政府主要领导批示和充分肯定。10月底，学校挂牌成立宁夏社会科学院吴忠分院，充分利用宁夏社会科学院的资源优势，加强区市联合、院校联合。积极开展"教师上一线，理论下基层，服务大发展"活动，结合党的十八届五中全会、"十三五"规划、习近平"七一"重要讲话和"两学一做"学习教育，组织骨干教师成立宣讲团，深入机关、乡镇、学校、企业等单位部门进行集中宣讲。截至年底，已开展宣讲59场次，受众约5913余人次，超额完成年度效能目标任务，切实扩大了社会教育覆盖面。

【内部管理】 2016年，市委党校制定出台《吴忠市委党校（行政学院）领导干部及其工作人员履职行为不规范问责办法（试行）》《吴忠市委党校 行政学院议事规则（试行）》《吴忠市委党校（行政学院）财务管理制度》《吴忠市委党校效能目标管理考核办法（试行）》《市委党校信息报送工作办法（试行）》等，基本实现理顺工作流程、细化责任要求、量化工作绩效、规范管理行为目标，使学校各项管理工作，逐步步入科学化、制度化、规范化轨道。

【行政后勤服务】 2016年，市委党校按照"加强管理、保障质量"的要求，及时开展校园美化、室内环境、教学设备、生活设施4个专项整治行动，修缮公用设施，清理卫生死角，规范校园停车位。创新实施"学员宿舍综合服务外包""学员食堂内部独立核算"和"校园绿化美化捆绑发包"3项改革，通过服务外包公开竞标方式，对学员宿舍楼服务进行外包，妥善化解12名长期临时工的社保遗留问题。制定《市委党校学员食

堂管理独立核算试行方案》，对学员食堂实行财务独立核算管理模式，将校园绿化美化工程捆绑承包给专业团队，减少了额外用工，达到了保证质量、厉行节约的目的。通过一系列举措，调动了相关人员工作积极性和责任感，实现学校后勤保障能力和服务质量水平再上新台阶。

【队伍建设】 2016年，市委党校扎实开展了"两学一做"专题学习教育活动，启动"党校名片工程"，结合"六查六看六树"、专题讨论等形式深化学习效果。顺利完成校党总支暨所属党支部委员会换届选举工作。认真组织开展星级基层服务型党组织创建活动，进一步建立健全各项党内组织生活制度，认真开展群众评议机关和干部作风建设活动。将党风廉政建设纳入学校整体工作目标，做好党务、校务、财务"三公开"，强化校内廉政风险防范动态管理，组织学员和教职工586余人次到自治区廉政教育基地、市禁毒警示教育基地和市廉政教育中心接受警示教育。认真开展贯彻落实中央八项规定"回头看"活动，严格落实在编不在岗、"三公"经费开支、公车使用、婚丧嫁娶大操大办等方面的要求和规定。将廉政教育内化为教职工和学员的具体行动，以正校风、肃校纪。围绕全市"创建全国文明城市"工作要求，积极开展丰富多彩的精神文明创建活动。先后开展了各类人文关怀活动、送温暖献爱心活动以及"黄河善谷助学基金"募捐等活动，共计捐款2730元，为困难教职工发放生活补助3000元。

【参与扶贫工作】 2016年，市委党校制定《狼布掌村扶贫开发五年工作计划》和《狼布掌村"十三五"产业扶贫规划》，尝试通过产业结构调整引导农民脱贫致富，重点发展滩羊养殖，壮大肉牛养殖产业，试种黄花、荞麦、苏丹草等经济作物，助力贫困户脱贫致富。同时，协调县扶贫办、惠安堡镇、水务局、交通局建立村级文化广场，接通了3个村的自来水管道，自来水入户率100%，建设村级硬化路面4.46公里，协调完成滴灌项目5540亩。注重发挥党校理论武装优势，对在村党员进行了专题辅导，强化了村党员的组织意识。全年支持帮扶资金2万元，对生活困难的23户老党员和群众进行了慰问，发放慰问金5030元。此外，学校对结对帮扶的盐池县青山乡旺四滩村5户困难党员进行了慰问，发放慰问金1500元。

· 党史方志工作 ·

【概况】 2016年9月，经市编办核准，市党史研究室和地方志办公室合并，成立吴忠市党史研究室（挂地方志编纂委员会办公室牌子）。吴忠市党史研究和地方志工作紧紧围绕纪念中国共产党成立95周年、中国工农红军长征胜利80周年等主题，按照"一突出、两跟进"（突出开创和发展中国特色社会主义时间段历史研究；即时跟进十八大以来党中央的理论发展，即时跟进以习近平为总书记的党中央的理论发展）要求，积极发挥存史、资政、育人作用，各项工作在继承中发展、在创新中提升，较好地完成了年初确定的目标任务。

【党史研究】 2016年，党史研究工作围绕纪念中国共产党成立95周年、纪念红军长征胜利80周年、陕甘宁省豫海县回民自治政府成立80周年、盐池解放80周年等重大主题，积极编写党史著作，全市共编著党史著作14本，共426万字（其中，集体著作12本、311万字；个人著作2本、115万字；公开出版8本、392万字；内部资料4本、34万字）。县（市、区）党史成果编撰呈"井喷式"态势，盐池县委史志办公室出版《中共盐池县历史图鉴（1936—2016）》《中共盐池县执政纪要（1936—2016）》《中国共产党盐池县组织史资料（1989—2015）》《盐池历史文化人物》《盐池县革命人物录》等党史著作，集中展示了革命老区盐池县的光荣历史。同心县档案局出版《总被历史眷顾的地方》《同心情结——闽宁协作20周年同心专辑》《红军西征在豫旺》《西征丰碑》等党史著作，在北京民族文化宫举行的"同心共筑中国梦·宁夏吴忠市同心县脱贫攻坚历程展"上首发赠送。黎锦宝同志集多年研究之成果出版的《血色苍鹰——红军西路军西征探秘》《红色中国从同心走向世界——埃德加·斯诺在同心》被宁夏图书馆收藏。搜集整理了撤地设市以来，吴忠市委、人大、政府、政协的年度工作报告等8部资料汇编，总字数达200万字。

【专题撰写】 2016年，按照自治区党史研究室的安排部署，市党史研究室承担吴忠市经贸、民政、科技、文化、旅游5个领域改革与发展专题编写任务。年初，制定《2016年度吴忠改革开放史系列专题研究编写工作实施意见》，根据需要进行了人员培训、责任分工以及党史资料征集等工作。年内，《吴忠经贸改革与发展史研究》《吴忠民政改革与发展史研究》《吴忠科技改革与发展史研究》《吴忠文化改革与发展史研究》《吴忠旅游改革与发展史研究》5个党史专题已经上报自治区党委党史研究室。

【党史宣传】 2016年，市党史研究室对《吴忠党建党史》的封面、版式、内容等做了较大幅度的调整，每期文章数量由15篇左右增至25篇左右。编印了《庆祝中国共产党成立95周年专刊》和《纪念红军长征胜利80周年专刊》。举办了以"强龙工程强吴忠"为主题的吴忠市党史党建成果展，充分展示了吴忠市党史党建工作成果，赵永清、喜清江、孙瑛等市四套班子领导和全市3000多名干部群众观看了展览。在吴忠市行政中心、吴忠图书馆展出后，还应邀到各县（市、区）进行巡展，得到了广大干部群众和社会各界的好评。在全市开展党史宣传教育进机关、进学校、进社区、进农村、进企业、进军营"党史宣传教育六进"活动。先后为市直机关、区属驻吴单位、社区党员干部群众讲座5场，听众500多人次。副调研员胡建东被聘为自治区党委党史宣讲团成员。在《吴忠日报》开辟了《地方党史》专栏，栏目内容以红军西征在吴忠为主，共刊登党史文章18期，1.5万多字。

【党史纪念活动】 2016年，市党史研究室组织开展了"传承红色基因 锤炼党性党风 纪念红军长征胜利80周年"主题征文活动，共收到稿件近百篇。在《吴忠日报》分三期刊登纪念红军长征胜利80周年党史知识竞赛试题，每期100题。在盐池县召开了"纪念红军长征胜利暨盐池解放80周年座谈会"，在同心县召开了"纪念红军长征胜利暨陕甘宁省豫海县回民自治政府成立80周年座谈会"。《光明日报》《宁夏日报》、宁夏电视台、《吴忠日报》等媒体对会议做了报道，引起了社会各界的广泛关注，对进一步宣传吴忠、宣传党史工作发挥了积极作用。

【方志工作】 2016年，把《吴忠年鉴》编辑作为年度常项工作，扎实推进，使之逐步走向制度化。《吴忠年鉴2016》在总结2015年年鉴编辑工作的基础上，对年鉴的框架结构设计、类目设置等作了进一步调整，力求更全面记录吴忠市政治、经济、社会、文化、生态建设的状况。年底前，完成了《吴忠年鉴2016》《吴忠市情2016》的组稿编纂工作。完成了《吴忠大事记2016》《远亲戚——吴忠与富平》《红军西征在吴忠》的出版发行。加强方志馆、资料室建设，配齐了吴忠市方志馆资料库的相关设施，将多年来收集的各类资料进行了分类整理并逐一上架；协助市图书馆完成方志资料电子化工程的资料收集工作，同时接待参观、咨询、查找资料60余人次。整理刊发《吴忠大事月报》12期。

吴忠市人民代表大会常务委员会

· 重要会议 ·

【第四届人民代表大会第六次会议】 1月20—22日召开。会议听取和审议了市人大常委会、市人民政府、市中级人民法院、市人民检察院工作报告。审查和批准吴忠市2015年国民经济和社会发展计划执行情况与2016年国民经济和社会发展计划（草案）的报告，批准2016年吴忠市国民经济和社会发展计划；审查和批准吴忠市2015年全市及市本级预算执行情况和2016年全市及市本级预算（草案）的报告，批准2016年吴忠市本级预算。审议吴忠市人民政府落实民生计划暨承诺为民办实事的报告，表决通过了市第四届人民代表大会法制委员会组成人员名单。

【第五届人民代表大会第一次会议】 12月27—29日召开。会议听取和审议了市人大常委会、市人民政府、市中级人民法院、市人民检察院工作报告。审查和批准吴忠市2016年国民经济和社会发展计划执行情况与2017年国民经济和社会发展计划（草案）的报告，批准2017年吴忠市国民经济和社会发展计划。审查和批准吴忠市2016年全市及市本级预算执行情况和2017年全市及市本级预算（草案）的报告，批准2017年吴忠市本级预算。审议吴忠市人民政府落实民生计划暨承诺为民办实事

的报告。选举赵永清为市第五届人大常委会主任,选举喜清江为市长,选举马伟、买霞、周庆辉、郭祥、马银静、马云峰、季文科、郝明为市第五届人大常委会副主任,选举张学慧、马中勇、杨金海、王天军、马玉龙、宋海燕为副市长,选举黄金柱为市中级人民法院院长,选举马国武为市人民检察院检察长,选举王金为市第五届人大常委会秘书长,选举马鑫等27人为市第五届人大常委会委员。表决通过了市第五届人民代表大会法制委员会组成人员名单。表决通过了《吴忠市人民代表大会及其常务委员会立法程序规定》。

【第四届人大常委会第二十四次会议】 1月8日召开。会议审议了市人大常委会工作报告(审议稿),听取和审议了市四届人大常委会代表资格审查委员会关于代表变动情况及补选代表资格的审查报告,听取和审议并表决通过了市人民政府关于2014年度市本级预算执行和其他财政收支审计问题整改落实情况的报告,审议了关于市四届人大四次会议代表议案办理情况的报告、市人民政府关于市四届人大四次会议代表建议办理情况的报告,审议并表决通过了关于召开市第四届人民代表大会第六次会议时间的决定,审议并表决通过了市第四届人民代表大会第六次会议有关事项。

【第四届人大常委会第二十五次会议】 2月26日召开。会议审议并表决通过了市人大常委会主任会议关于提请确认同意检察机关对市人大代表张国彦采取强制措施的决定,听取和审议并表决通过了关于接受康国明辞去副市长职务请求的决定,会议表决通过了有关人事任免议案,会议还对市四届人大六次会议代表议案、建议进行了交办。

【第四届人大常委会第二十六次会议】 4月28—29日召开。市委书记、市人大常委会主任赵永清出席会议。会议听取和审议了市人大常委会执法检查组关于检查《中华人民共和国城乡规划法》实施情况的报告;听取和审议并表决通过了市人民政府关于提请同意修编《吴忠市城乡总体规划(2015—2030)》的议案;听取和审议并表决通过了市人民政府关于提请审议《吴忠国家生态文明建设示范市创建规划》的议案;听取和审议并表决通过了市人民检察院关于刑罚执行监督工作情况的报告。会议对市环境保护局、安全生产监督管理局、市场监督管理局的工作进行了评议。会议还表决通过了有关人事任免议案。

【第四届人大常委会第二十七次会议】 6月23日召开。听取和审议并表决通过了市人民政府关于全市健康产业发展情况的报告。

【第四届人大常委会第二十八次会议】 8月23日召开。会议听取和审议并表决通过了市人民政府关于全市脱贫攻坚工作情况的报告,关于吴忠市2016年上半年国民经济和社会发展计划执行情况的报告,关于2015年市本级决算和2016年上半年全市及市本级预算执行情况的报告,关于2015年度吴忠市本级预算执行和其他财政收支情况的审计工作报告,市中级人民法院关于推行立案登记制情况的报告;会议审议表决通过了关于批准2015年市本级决算的决议,关于市第五届人民代表大会代表名额分配的决定,通过了有关人事任免议案。

【第四届人大常委会第二十九次会议】 10月26—27日召开。市委书记、市人大常委会主任赵永清出席并主持会议。会议听取和审议并表决通过了市人民政府关于重点工业项目建设情况的报告,关于全市酿酒葡萄产业发展情况的报告,关于市区饮用水水源地保护和自来水水质提标改造情况的报告,关于市区物业管理工作情况的报告,关于全市普通高中教育发展情况的报告,关于承诺为民办实事落实情况的报告,关于市四届人大六次会议代表议案、建议办理情况的报告,关于《关于深入开展第七个五年法治宣传教育的决议》,关于《吴忠市人民代表大会及其常务委员会立法程序规定》;会议听取了市人民政府关于公立医院综合改革工作情况的报告;会议审议并表决通过了关于召开市第五届人民代表大会第一次会议的决定,关于接受霍小军辞去副市长职务请求的决定。会议还表决通过了有关人事任免议案。

【第四届人大常委会第三十次会议】 12月20日召开。会议审议了市人大常委会工作报告(审议稿);会议听取和审议了市第四届人大常委会代表资格审查委员会关于吴忠市第五届人民代表大会代表资格的审查报告；听取和审议并表决通过了市人民政府关于2015年度市本级预算执行和其他财政收支审计问题整改落实情况的报告；听取和审议了市人民政府关于提请审议开展《吴忠市空间规划》编制工作的议案；会议审议了市人大常委会代表联络与选举工作委员会关于市四届人大六次会议代表议案办理情况的报告、市人民政府关于市四届人大六次会议代表建议办理情况的报告；审议并表决通过了关于召开市第五届人民代表大会第一次会议时间的决定、市第五届人民代表大会第一会议有关事项、市人大常委会关于设立市人大常委会内务司法工作委员会的决定；审议了《吴忠市人民代表大会及其常务委员会立法程序规定（草案）》（第二次审议稿）。会议补选了吴忠市出席自治区第十一届人民代表大会代表，通过了有关人事任免议案。

【主任会议】 2016年市第四届人大常委会共召开16次主任会议（自第47次至第62次）。历次会议先后讨论了市第四届人大常委会第二十四次会议有关材料、市第四届人民代表大会第六次会议有关事项、市人大常委会2016年监督工作计划（草案），市四届人大常委会第二十六次会议议题工作方案，市四届人大常委会第二十六次会议有关材料，市人民政府关于落实《安全生产法》《禁毒法》执法检查报告和审议意见情况的报告，民侨委、法工委督办情况汇报，市四届人大常委会第二十七次会议议题工作方案，市第四届人大常委会第二十七次会议有关材料，市第四届人大常委会第二十八次会议有关材料，市四届人大常委会第二十九次会议议题工作方案，市人大常委会领导班子述职报告，市四届人大常委会第二十九次会议有关材料等，并就召开人大常委会会议等事项进行了安排。

· 重要工作 ·

【概　况】 2016年，市人大常委会深入贯彻党的十八大和十八届三中、四中、五中、六中全会及习近平总书记系列重要讲话精神，牢牢把握正确政治方向，围绕中心，服务大局，依法行使职权，稳步推进立法基础工作，加强对法律实施情况和"一府两院"工作的监督，密切同代表和群众的联系，充分发挥代表作用，积极推动人大工作创新发展。

【立法工作】 2016年，按照自治区党委和市委部署要求，市人大常委会扎实做好立法能力评估、机构及队伍筹建、立法项目征集调研等前期基础工作，组织相关人员赴外学习考察地方立法实践经验，多次参加全国人大常委会、自治区人大常委会立法培训，为开展立法工作奠定基础。认真组织起草市人大及其常委会立法程序规定，开展规范性文件备案审查工作，加快推进吴忠市民主法制建设。

【宏观经济运行情况监督】 2016年，市人大常委会主动把握经济发展新常态的要求，对全市经济运行情况进行调查和分析研判，认真审议国民经济和社会发展计划执行情况报告，督促市政府加大项目建设力度，推动改革措施落实和产业转型升级，确保完成人代会确定的目标任务。依法加强财政预算决算审查监督，听取和审议预算执行、决算报告、审计工作及审计查出问题整改落实情况报告，审查批准市本级决算，督促政府加强全口径预算管理，优化支出结构，提高财政资金使用效率，切实管好用好人民的钱袋子。

【经济发展重点领域监督】 2016年，市人大常委会着眼于推动市委打造"两个千亿元产业集群"决策落实，对全市健康产业发展情况进行调研，督促政府及有关部门完善政策措施，加快项目规划建设，助力健康产业发展。围绕落实"五大发展理念"，对工业经济发展、酿酒葡萄产业发展情况进行调查视察，促进工业转型发展、农业提质增效、三产优化升级。紧盯"黄河金岸·水韵吴忠"城市定位，对城市重点项目建设和乡村公共基础设施建设与管理情况进行监督检查。

【民生重大事项监督】 2016年，市人大常委会始终坚持为民履职，紧盯群众最关心、最直接、最现实的利益问题开展监督，使发展成果更多惠及全市人民。先后组织对脱贫攻坚、市区物业管理、普通高中教育、公立医院综合改革工作情况等进行监督，有效维护人民群众切身利益。顺应人民

群众改善生活质量的期盼，全力督促政府落实好人代会决议、民生计划和承诺为民办理的实事，推动城乡居民大病医疗保险补助体系、公租房新建及棚户区改造等一批群众关注的重大民生事项得到较好落实。高度重视、主动回应社会关注的市区饮用水水源地保护和水质提标改造问题，多种监督手段并用，全力跟进问题整改解决，投资1亿余元的市区3个自来水厂水质提标改造工程一期项目已建成投产，二三期项目在年底前投入使用，取得了良好的社会反响。

【执法检查】 2016年，市人大常委会着眼于事关经济社会发展全局的重点领域，突出执法检查的刚性监督，改进检查方式，拓展监督深度，强化检查前学法、邀请专家参与、现场反馈问题、下发审议意见、跟踪整改落实等环节，着力推进市委依法治市部署落实。检查《城乡规划法》实施情况，针对宣传普及面不够、规划编制相对滞后、规划管理不到位、监察执法力度不足等问题，提出审议意见，督促有关方面加快规划编制工作进度，强化城乡规划管理，完善监管机制，确保城乡规划落到实处。

【司法监督】 2016年，市人大常委会切实加强对司法活动的法律监督，及时听取法检两院重大事项报告，广泛收集、反馈人大代表、人民群众和社会各界对两院工作的意见建议，重点调查审议市中级人民法院推行立案登记制情况、市检察院刑罚执行监督等工作，监督和支持两院依法行使审判权、检察权，提升司法公信力。

【部门工作评议】 2016年，市人大常委会把工作评议作为加强任后监督的重要形式，组织对市环境保护局、安全生产监督管理局、市场监督管理局工作及主要负责人履职情况进行评议。采取发布公告、前期调查、召开动员会、民主测评、发放调查表、查阅资料、个别谈话、实地查看、组织座谈等方式，通过多种途径征求意见建议，全面了解评议对象工作情况，下发评议意见并持续监督整改，推动部门优化服务、改进作风、提升工作质效。同时，向市委呈送、向政府和相关方面通报评议结果，加强对评议意见整改落实的跟踪督查，强化了工作评议的实效。

【重大事项决定】 2016年，市人大常委会围绕贯彻落实中央城市工作会议精神，听取和审议《关于提请同意修编〈吴忠市城乡总体规划（2015—2030）〉的议案》，作出相关决定，要求市政府及相关部门扎实做好修编调研工作，注重相关专项规划衔接，发挥城乡总体规划在城市建设和发展中的引领作用，不断完善功能定位。听取和审议《关于提请审议〈吴忠国家生态文明建设示范市创建规划〉的议案》，提出审查建议，依法作出决议，要求市政府及相关部门加强综合协调，优化数据指标体系，强化保障措施，按阶段分步骤认真组织实施，确保如期完成国家生态文明建设示范市创建任务。

【人事任免】 2016年，市人大常委会坚持党管干部和人大依法任免干部的有机统一，改进供职方式内容，严格任前调查、法律考试、供职报告、投票表决、向宪法宣誓等程序，共任免国家机关工作人员65人次，确保市委决策意图实现，为推动全市经济社会发展提供了组织保障。

【代表工作】 2016年，市人大常委会始终把代表工作作为人大工作的基础，着力健全机制，加强联系，改进服务，切实发挥代表在参与管理地方国家事务中的积极作用。多途径培训四级人大代表400多人次，定期通报政情，组织开展山川之间异地交流学习和外出培训，提升了人大代表为民代言的责任意识和依法履职能力。探索建立代表闭会期间履职机制和考核激励约束机制，着力推动代表参加活动"提量扩面"，组织代表参加"三查（察）"、列席常委会会议、参加行风监督、听证、论证、电视问政等履职活动300多人次，有效发挥了代表参政议政的作用。建立闭会期间代表提出意见建议和办复工作常态化机制，组织引导代表在充分调研的基础上提高议案建议质量，不断完善和强化代表议案建议交办、督办、反馈机制，紧盯议案和重点建议落实，推动建议落实率、问题解决率、代表满意率"三提高"，2件议案、59件建议全部办理答复代表，水质提标、市区住宅小区物业管理、老旧小区改造等一批代表关注、群众关心的事项得到很好落实。

【自身建设】 2016年，市人大常委会以开展"两学一做"学习教育活动为契机，不断加强自身建设，切实改进作风，提升效能。扎实开展"法律法规学习年""履职能力提升年"活动，采取中心组理论学习、邀请专家辅导、讨论交流、外出培训等方式，有效提升了常委会组成人员、机关干部的政治素质、法律素质和业务素质。深入开展"两学一做"学习教育，党组成员带头讲党课、带头交流讨论、带头调查研究、带头模范执行，强化政治意识、大局意识、核心意识、看齐意识。常委会班子成员带头落实联系重点企业、重大项目制度，经常深入联系脱贫攻坚贫困乡镇、包扶重点贫困村、包抓企业、"5+1"联系点开展调查研究，多方筹措资金，帮助解决了道路硬化、村庄绿化、困难群众生活等方面的实际问题。开通人大门户网站，充分利用新闻媒体宣传人大工作和代表履职成果，进一步提升了人大工作的影响力。

吴忠市人民政府

· 重要会议 ·

【市政府第四次全体会议】 2月14日，在吴忠会堂召开。市长喜清江主持会议并讲话。会上，市长喜清江与各副市长签订了党风廉政建设责任书，各副市长与分管部门领导签订了党风廉政建设责任书。各副市长还就2016年分管工作进行了安排部署。市委常委、纪委书记马和清应邀出席会议。市政府全体组成人员出席会议。各县（市、区）政府主要负责人，政府组成部门、直属事业单位副处级以上领导干部，自治区属驻吴单位主要负责人列席会议。

【市政府第五十五次常务会议】 1月7日，市长喜清江主持召开。会议审定了《政府工作报告（送审稿）》《吴忠市国民经济和社会发展第十三个五年规划纲要（送审稿）》，听取2016年拟承诺为民办实事情况汇报等。会议还研究审定了《吴忠市2015年国民经济和社会发展计划执行情况与2016年国民经济和社会发展计划（草案）报告》《吴忠市2015年全市及市本级财政预算执行情况和2016年全市及市本级预算（草案）报告》等事宜。

【市政府第五十六次常务会议】 2月19日，市长喜清江主持召开。会议研究了《关于坚决打赢脱贫攻坚战 确保提前两年实现整体脱贫的实施意见》《吴忠市热电联产集中供热热网工程ppp项目实施方案》等；会议还研究了《关于加快农业现代化 实现全面小康目标的实施意见》《吴忠市区2016年园林绿化建设方案》等事宜。

【市政府第五十七次常务会议】 3月25日，市长喜清江主持召开。会议研究了《关于促进民办教育发展的若干意见》《关于推荐第十一届"苏步青数学教育奖"候选人的请示》《吴忠市城乡总体规划》《吴忠市城市东部地下综合管廊一期ppp项目实施方案》等事宜。

【市政府第五十八次常务会议】 5月12日，市长喜清江主持召开。会议审议并原则通过了《关于促进工业经济平稳发展的政策措施（送审稿）》《吴忠市小微企业"助保贷"业务管理暂行办法》等有关事宜，会议还研究了关于组建吴忠市文化旅游产业投资有限公司、《吴忠市小微企业创业投资有限公司组建方案》和进一步明确市属国有企业功能定位、经营范围和运营机制；审定吴忠市区2016年农村公路建设情况等相关事宜。

【市政府第五十九次常务会议】 6月22日，市长喜清江主持召开。会议审议并原则通过了《吴忠市科技创新行动计划（2016—2020）（送审稿）》、吴忠市环境保护全面量化管理体系等有关事宜；会议还研究了《关于全面治理拖欠农民工工资问题的实施意见（送审稿）》和《第五届宁夏黄河金岸（吴忠）国际马拉松赛工作方案》和竞赛规程等相关事宜。

【市政府第六十次常务会议】 7月22日，市长喜清江主持召开。会议审定了《吴忠市2016年上半年国民经济和社会发展计划执行情况的报告（送审稿）》，研究了关于市城市供水新水源地勘察事宜等，会议还审定了《2015年吴忠市本级决算和2016年上半年全市及市本级预算执行情况报告（送审稿）》《2015年吴忠市本级预算执行和其他财政收支情况的审计结果报告（送审稿）》。

【市政府第六十一次常务会议】 8月24日，市长喜清江主持召开。

会议研究了《关于吴忠市精准扶贫全面量化管理体系（送审稿）》《关于支持加快农业特色优势产业发展的政策措施（送审稿）》《吴忠市关于打造特色商业街区的政策措施（送审稿）》等，会议还审忠调研精神贯彻意见，学习传达了安全生产工作会议精神等。会议还研究了《吴忠市扶贫产业担保基金实施方案（试行）》及开展《吴忠市空间规划》修编工作等有关事宜。

2月22日，召开全市脱贫攻坚誓师大会

定了《吴忠市全民科学素质行动计划纲要实施方案（2016—2020年）（送审稿）》等。

【市政府第六十二次常务会议】 9月27日，市长喜清江主持召开。会议听取了2016年市政府承诺为民办实事、人大议案建议及政协提案办理情况的汇报，全市经济运行和政策落实情况的汇报，全市安全生产工作情况汇报等；会议还研究了《市政府部门权力清单调整意见》《吴忠市"简政放权放管结合优化服务"实施意见（送审稿）》，启动"七五"普法有关事宜等。

【市政府第六十三次常务会议】 11月7日，市长喜清江主持召开。会议研究了自治区主席咸辉来吴

【市政府第六十四次常务会议】 12月8日，市长喜清江主持召开。会议传达学习吴忠市第五次党代会精神，研究相关贯彻落实意见。会议听取了吴忠市环保工作，研究了《环境保护工作考核办法》《中央环保督察组反馈意见整改方案》《全市环境保护大检查工作方案》《吴忠市农业提质增效行动计划（2017—2020）（送审稿）》《罗山大道石家窑至石沟驿段公路项目实施方案》《2017年春节走访慰问实施方案》等事宜。

【市政府第六十五次常务会议】 12月15日，市长喜清江主持召开。会议审定了《政府工作报告（送审稿）》，听取了市政府2017年拟承诺为民办实事情况汇报等。会议还审定了《吴忠市2016年国民经济和社会发展计划执行情况与2017年计划（草案）的报告（送审稿）》《2016年全市及市本级财政预算执行情况和2017年全市及市本级财政预算（草案）报告（送审稿）》等事宜。

【吴忠市脱贫攻坚誓师大会】 2月22日召开。会议研究部署了当前和今后一个时期扶贫开发工作，动员全市上下以背水一战、决战决胜的勇气，坚韧不拔、勇往直前的意志，抓铁有痕、踏石留印的作风，全面向贫困发起总攻，坚决打赢脱贫攻坚战。市委书记赵永清讲话，市长喜清江主持会议，市政协主席马文娟及市四套班子其他在家领导出席大会。自治区扶贫办主任董玲应邀参加会议。

· 人大议案建议、政协提案办理 ·

【概　况】 2016年，市政府承办市四届人大六次会议代表议案2件、建议67件，办理政协提案204件。涉及经济社会发展和人民群众普遍关心的热点、难点问题。市政府按照相关程序和要求，及时进行了登记、整理、分类，采用会议交办形式，分别交由市直相关部门（单位）办理。各部门（单位）接受任务后，迅速开展办理工作，在规定时限内全部办理完毕，办结率100%，答复率100%。

【人大议案】 2016年，市政府承办市四届人大六次会议代表议案2件，其中一号议案(市区第二、三水厂供水水质提标改造工程）11月底并网投入运行，二号议案

（规划确立市区新水源地）已编制完成《吴忠市城市供水备用水源地勘测可行性研究报告》，新水源地拟选址黄河西岸瞿靖—叶盛镇地段。项目估算投资为2670万元。10月10日前开工，对新水源地进行勘察。

【重点建议】 2016年，市政府承办市四届人大六次会议代表建议67件，办结率100%，答复率100%。1号重点建议：增加市区三所高中办学经费。2016年，吴忠市预算高中生均公用经费310元，为达到自治区奖补条件，从教育费附加预算中安排101万元为三所高中生均增加公用经费100元，市本级高中生均公用经费标准已达到410元，在此基础上，市政府又召开专题会议研究决定，将自治区奖补生均200元公用经费全额拨付3所高中使用。同时，明确自2017年开始，普通高中生均公用经费将全部纳入教育事业费预算，并将研究建立高中生均公用经费逐年增长的长效机制。2号重点建议：加强市区住宅小区物业管理。市政府召集市直各部门、物业服务企业、业主代表和业主委员会代表，召开吴忠市物业管理意见征集会议，市住建局结合征集意见和市区物业管理工作现状，起草了《吴忠市关于进一步理顺物业管理体制促进物业行业健康发展的意见》，并征求了各部门的意见，待政府常务会议研究通过后实施。3号重点建议：继续对市区老旧小区进行改造。2016年，计划对金星镇农行家属院、银塔小区、银南汽车服务公司家属楼等10个老旧小区进行改造，概算总投资1249.33万元，于10月中旬完成改造内容。4号重点建议：设置市区环卫工人休息点。2016年，在市区新增两处环卫工人休息点。5号重点建议：增加市区免费公厕运行经费。从2016年开始，由市财政在预算内为市区免费公厕每年增加150万元运行管理经费，确保市区所有公厕正常开放运行。同时，投入为民办理事实专项资金150万元，并争取自治区旅游局旅游公厕建设专项资金，在滨河体育公园、黄河游船码头等处新建6座公厕。6号重点建议：加强全市货运客运公司及相关协会收费管理。市运输管理局联合市物价局对全市14家班线客运企业、17家公交企业、18家出租客运企业、57家危险货物运输企业的收费情况进行清查，所有企业收费项目均属市场经济条件下企业维持运转合理收费范畴。另外，从2016年开始，根据自治区关于清理行业协会的通知精神，自治区道路运输协会吴忠办事处已停止代收行业协会会费。7号重点建议：规范市区电动车管理。市公安局制定了《电动车物联网管理工作实施方案》。8月15日，电动车登记备案工作正式启动，在市区4个派出所设置安装点免费为市民安装车牌和防盗标签。年内，对17989辆电动车进行了登记备案并安装了车牌和防盗标签。8号重点建议：解决市区盛元小学厕所问题。按照代表建议内容，将永昌材料市场伸入校园内平房征地划拨学校，用于建设新厕所，由于征地问题，计划暂时搁置。教育局已提出在盛元小学校园西侧建设临时厕所，11月底完成建设。

【其他建议】 市政府承办并已经解决或基本解决的建议35件，占建议总数的52.2%。这部分建议主要反映的是人民群众的迫切需要，具备解决条件，办理进度较快。如马顺等代表提出的"关于建设同心县韦州敬老院的建议"，市、县两级政府积极争取，将韦州敬老院建设列为自治区养老服务体系建设项目，争取中央专项彩票公益金，每平方米补助3100元，年底建成并交付使用。马鑫等代表提出的"关于在立弘慈善大道设置电子警察等交通设施的建议"，市财政安排资金800万元，用于立弘慈善大道及罗山大道电子警察等交通设施建设，已全部建成并投入使用，两个路段较上年同期交通事故和死亡人数分别下降35.7%和66.7%。杨雪峰等代表提出的"关于解决环卫临时聘用人员住房难的问题"，市住建局将28户符合条件的环卫临时聘用人员纳入公共租赁住房保障，其中18户已入住，10户正在轮候。另外，"关于进一步加强学校食品安全监管的建议""关于加强红寺堡区城乡规划工作力量的建议""关于解决市区部分乡村学生上学乘车难的问题的建议"等，都得到了较好的落实。正在解决或列入计划逐步创造条件解决的建议29件，占建议总数的43.3%。这部分建议反映的问题较为复杂，涉及面较广，需要有计划、分步骤解决。如马小花等代表提出的"关于孙家滩人畜饮水工程进行扩容和提升改造的建议"，市水务局制定的《孙家滩人畜饮水工程扩容和提升改造方案》已征求自治区水利厅同意，待正式批复下达

后实施。丁晓敏等代表提出的"关于修整市区润泽路的建议",此路段打通已列入2016年城市道路建设计划,正在抓紧解决拆迁安置问题,待问题解决后,将尽快完成该路段建设。由于现行体制或客观条件等原因,暂时不能解决的建议3件,占建议总数的4.5%。如周加燕等代表提出的"关于解决古城安置小区滨河新村供暖的建议",由于该片区采取天然气壁挂炉采暖,未规划供热用地及供热管网,改用集中供热所需资金量大,多方沟通都无力承担,只能继续采用天然气壁挂炉方式采暖。纳振东等代表提出的"关于将清水沟和南环水系南环路绿化成果移交市园林局管理的建议",通过调研,近年来随着城市建成区不断扩大,市园林局负责管理的绿地面积逐年增加,由于市财政紧张,园林养护预算没有增加,利通区承担的城市绿地管理任务不足全市10%,维持现有市、区管理任务分配模式比较妥当。

【政协提案办理】 市政协四届四次会议期间,全市各条战线上的政协委员围绕吴忠市经济社会发展和人民群众普遍关心的热点、难点问题提交提案,经市政协审查立案,交市人民政府办理的共204件。经过各承办单位的努力,在规定时限内所有提案已全部办理完毕,办结率100%,答复率100%。年底前已经解决或正在解决的159件,占提案总数的78%。如:九三学社吴忠市委会和民盟吴忠市委会提出的"关于进一步加快城市公交优先发展战略 促进城市交通可持续发展的建议",市政府认真开展市区公交发展情况调研,实施了市区公交运营体制改革,以新成立的吴忠交通投资开发有限公司回购接管了原民营公交公司公交线路及运营车辆,通过资源重组,国有大公交陆续上线经营,得到了社会各界的赞誉。另外,结合自治区空间发展战略、吴忠市总体规划和吴忠市"十三五"规划,正在编制公共交通发展详细规划,统筹发展城乡公共交通,逐步淘汰高污染、高耗能、高排放车辆,全力推进优先发展公共交通战略。针对民建吴忠市委会等提出的"关于规划建设城区环城休闲步行绿色长廊的建议"。吴忠市规划建设市区绿道总长127.3千米,2016年计划完成利红街、利华街、利通街、利宁街、同心街、世纪大道、明珠路、开元大道、古城五号路、环清宁河、滨河大道等13条绿道建设,于10月底完成年度建设任务。"关于加大'十大市场'培育扶持力度,推进大众创业、万众创新,加快吴忠经济社会发展的建议",市政府组织相关部门对"十大市场"进行了专题调研,成立了"十大市场"培育发展领导小组,政府常务会议专题研究出台了《关于促进"十大市场"健康发展的政策措施》,制定了10条具体的扶持措施,以积极的政策措施创新促进大众创业、万众创新,进一步释放了市场活力。提案涉及的问题已列入计划,逐步创造条件解决的有38件,占提案总数的18.6%。有些提案因目前条件所限,解决需要有一定周期,市政府及有关部门将其列入重要议事日程,逐步加以解决。如李国强委员提出的"关于将市区老旧小区用电设备统一移交供电部门日常管理的建议"。通过调研,将市区近200个老旧小区电力设备维护和日常管理移交电力部门是一项复杂且需资金较多的工程,涉及小区住户产权等诸多问题,市政府有关部门将积极与电力部门对接研究,制定可行的整体改造移交方案后逐步实施。方艺松等委员提出的"关于将青铜峡水利博览馆纳入属地旅游业发展整体管理的建议",市政府高度重视,要求旅游等相关部门认真组织调研座谈,形成了《关于将中华黄河坛、宁夏水利博览馆等区属旅游资源划归吴忠市管理的报告》,市政府积极与自治区相关厅局协调对接,并且将《报告》正式提交自治区人民政府,正在等待自治区研究回复。何坤平等委员提出的"关于对吴忠市名人故居马月坡寨子进行保护修缮的建议"。2016年市文物保护部门聘请北京专业古建筑维修公司,通过勘查,制定了《吴忠市马月坡寨子保护修缮方案》,市规划部门结合马月坡寨子保护利用,制定了《马月坡寨子文化广场建设方案》,两个方案均已上报自治区相关厅局,待审批完成、经费落实后实施。提案所涉及问题由于政策或条件所限,一时难以解决的有7件,占提案总数的3.4%。这部分提案受国家现行政策和市财力、物力或现行管理体制限制,目前暂无法解决,承办部门已在提案办理回复中向委员作了解释说明。如游成玉委员提出的"关于提高土地利用率 汇聚企业发展新动力的建议"。提案中涉及的将北方农资城一宗地简单分割为若干宗地，使用权人名称不变，分别办理土地使用证的申请，根据《国土资源部关于规范土地登记的意见》规定，经市国土与规划部门研究，该申请不符合相关规定，暂时不能办理土地分割登记。丁玉梁等委员提出的"关于建设同心县省道101二线及豫海南街与101省道二线联通段道路工程的建议"，由于该项目概算投资大，建设标准为市政道路，争取资金支持较困难，且经有关部门及同心县论证，该项目对同心县新区林地及现有基础设施破坏较大，暂时不具备实施条件。

· 法治政府建设 ·

【概　况】　2016年，吴忠市各级政府认真贯彻落实党的十八届三中、四中、五中、六中全会精神，坚持把法治政府建设与全面深化改革相结合，紧紧围绕建设职能科学、权责法定、执法严明、公开公正、廉洁高效、守法诚信的法治政府目标，深入推进法治政府建设。吴忠市被国家民委命名为"全国民族团结进步创建活动示范市"，利通区、青铜峡市被国土资源部评为国土资源节约集约模范县（市），盐池县被中宣部、司法部和全国普法办评为"全国法治宣传教育先进县"，市公安局被评为全区"六五普法先进集体"，青铜峡市公安局被公安部命名为"全国公安机关执法示范单位"。

【法治政府体制机制建设】　2016年，吴忠市制定《吴忠市人民政府推进依法行政 建设法治政府工作安排》，印发《吴忠市法治政府建设实施方案（2016—2020）》，将62项重要举措和34项年度重点任务分解到各有关部门。及时调整吴忠市法治政府建设领导小组，加强市委对法治政府建设领导，成员单位增加市委相关部门、人大、法院和检察院，由原来的30个增加到45个。充分发挥领导干部示范引领作用，市委中心组和政府党组多次集体学习《宪法》《行政诉讼法》和《法治政府建设实施纲要（2015—2020）》等法律法规。针对以往的考核内容偏重于政府法制工作，不能反映依法行政全貌的问题，参照自治区法治指标体系和年度考评工作要求，制定吴忠市落实指标体系的分工方案和考评方案。7月，对公安、国土资源、环境保护、住房城乡建设等39个部门开展行政执法专项检查和案卷评查。11月，市政府对辖区范围内五个县（市、区）及40个责任单位法治政府建设工作进行考核。

【推进行政机关职能转变】　2016年，吴忠市大力推进简政放权，将市级原有的325项行政审批事项压减为91项，减少234项，减幅72%；审批要件从713项减为560项，减少153项，减幅21%；审批承诺时限减幅63%，全市行政审批事项为157项。8月，完成"政务云"项目建设，明确网上申报事项177项，实现网上办理、审批、发证等全网络应用。继续深化商事制度改革，进一步放宽市场准入，对不涉及公共安全和人民群众生命财产安全的重点建设项目继续实行"先业次照后证再规范"工商登记制度，完善"一照通"联批平台及工作流程，将社会保险登记证、统计登记证、公章刻制备案等14种行政许可和登记备案事项纳入"一照通"登记审批模式，简化审批环节，缩短审批时限，激发创业热情。积极推行权责清单制度，3月，对权力清单进行了动态调整，将原保留实施的行政职权由2446项调整为2915项。各县（市、区）已按照要求完成权责清单公示工作。对59个单位的162个收费事项进行了重新登记核准，停止征收已经明确取消或暂缓的行政事业性收费21项，为企业减轻负担1500余万元。将2016年收费目录清单连续在《吴忠日报》刊登，使每个企业、缴费人都清楚行政事业性收费项目依据。

【完善依法行政制度体系】　2016年，市法制办梳理近年来城乡建设与管理、历史文化保护、环境保护等方面的规范性文件，深入各县（市、区）、市直有关部门，与相关领导、行业专家、业务骨干及部分人大代表、政协委员面对面征集研讨立法项目，认真筛选并深入论证五年立法规划，取得初步成果。对城市园林绿化、湿地保护等5项意见集中、立法条件成熟的，提交市人大常委会审议通过立法规划，按年度启动立法活动。强化规范性文件管理，对各部门提请政府出台的规范性文件，未经合法性审查或者审查未通过的，一律不发布实施，年内共出台4部规范性文件，按要求及时向自治区人民政府和市人大进行备案。同时，加大对各县（市、区）及各部门报备的规范性文件的审查力度，对各县（市、区）出台的16件规范性文件，制作规范性文件备案审查处理单，逐一进行审查，填写审查意见，进一步规范备案审查程序。按照自治区要求，开展了妨碍全国统一市场和公平竞争的规范性文件清理工作，经清理不存在影响市场公平竞争的规范性文件。

【推进依法科学民主决策】 2016年，吴忠市各级政府及各部门坚持把重要文件、协议、合同、涉法事务全部纳入合法性审查范围，并使之制度化、规范化，努力提升行政决策科学化、民主化、法治化水平。制定出台《吴忠市重大行政决策程序规定》，将编制国民经济和社会发展总体规划、年度计划、编制财政预算、制定公共服务、市场监管、社会管理、生态保护等方面的重大公共政策和措施、处置重大国有资产等项目纳入重大行政决策范围，坚持广泛征求意见，进行风险评估，合法性审查程序。年内，未发生因违法决策或者决策不当引发重大群体事件。成立决策咨询委员会，制定印发《吴忠市决策咨询委员会暨政府顾问聘任服务管理办法》，成立了法治建设、科技教育、农业产业等15个顾问组105名专家组成的咨询专家库，全面提升政府决策水平和效益。建立政府法律顾问制度，市、县两级政府实现了法律顾问全覆盖，为政府在重大经济合同、行政诉讼、涉法信访案件和重大疑难行政复议案件提供法律意见，充分发挥法律顾问在重大决策、推进依法行政中的作用。

【规范公正文明执法】 2016年，结合吴忠市经济社会发展实际，吴忠市人民政府将市环保局、卫计局和审计局承担的利通区、红寺堡区职能下放两区。同时以建立政府部门权力清单为契机，将可以由县一级承担的14项行政职权下放，进一步明晰了市级与县级政府事权和职能。积极推进市场监管领域综合执法改革，在实现市场监督管理一支队伍执法的基础上，开展多规合一（空间规划）改革试点工作，坚持"一张蓝图绘到底"，避免多头规划、多头执法现象发生。严格执行自由裁量权基准制度，保证执法的公平公正，避免同案不同罚。各执法部门积极推行行政执法全过程记录制度，交通局、公安局、市场监管局配备执法记录仪，从立案、调查、取证、决定、送达等全过程进行文字、图像记录，交通局建立了全区首家内河航道监控管理系统，提高了行政执法信息化水平。积极落实"双公示"制度，各执法单位对行政许可、行政处罚信息规范准确地在"中国·宁夏"网向社会公示，行政执法公示率达100%。全面落实行政执法责任制，各执法部门结合权责清单，梳理出本部门执法依据，将各个职权分解到本部门（单位）不同机构、岗位执法人员，对有令不行、有禁不止、行政不作为、失职渎职、违法行政等行为，依法严肃追究相关单位和人员责任。严格实行执法主体和执法人员资格管理制度，对执法机关和执法人员资格进行全面清理，对因退休、调离工作岗位的人员执法证件按程序予以注销，无合同工、临时工执法。进一步完善"两法平台"衔接机制，检察院与执法部门建立行政执法与刑事司法相衔接机制，违法信息及时向"两法平台"录入，实现行政处罚和刑事处罚无缝对接。

【行政权力监督】 2016年，吴忠市出台《关于加强对市直部门党政"一把手"管理监督的若干规定（试行）》。年内，市、县两级党委、纪委诫勉谈话20人，提醒约谈1052人、函询44人，加强对一把手的监督管理，规范权力运行。市审计局完成审计项目57个，审计查出问题金额21604万元，提出审计建议64条，对公共资金、国有资产和领导干部履行经济责任情况审计覆盖率达到100%。市政府承办市人大代表议案、建议69件，内容涉及经济社会发展热点、难点问题。共办理204件政协提案，对人大、政协提案回复率达100%；全市各级各部门依法公开政务信息148280条，其中主动公开117949条，依申请公开3830条，不予公开12条。社会公众申请政府信息答复率达到100%。全市各级行政机关共发生行政应诉案件117件，被告为乡镇机关案件12件、县级政府部门51件、县级政府24件、市（地）级政府部门18件、市（地）级政府12件，负责人出庭应诉64件，一审后判决驳回诉讼请求27件，撤销2件，确认违法或无效4件，履行法定职责5件；一审裁定驳回起诉21件，撤诉35件，终结1件。在行政诉讼中，支持人民法院依法受理和审理案件，认真做好答辩举证工作，依法履行出庭应诉职责和积极履行人民法院生效裁判，以实际行动推动法治政府建设。

【社会矛盾化解】 2016年，吴忠市各级行政复议机关共收到87件行政复议申请，受理81件，审理后驳回4件，维持24件，撤销3件，终止15件，其他35件，有力保障公民、法人和其他组织合法权益。畅通信访渠道，认真执行《宁夏回族自治区信访工作规范化管理办法（试行）》，由市政法委牵头，公、检、法、司联合组成涉法涉诉信访工作组，成立涉法涉诉接待室，通过积极引导及广泛宣传，80%以上的涉法涉诉信访问题都能通过正常渠道依法处理。完善医疗纠纷化解机制，妥善处置涉医矛盾35件。在全国首创人民调解走专业化的路子，人民调解"以案定补""以奖代补"制度在全区推广。建立行业性人民调解组织，全市共有670个人民调解委员会，在县（市、区）设立调解服务中心，乡镇设立调解服务室，聘请专职人民调解员，共受理调解矛盾纠纷5022起，调解成功4897起，调解成功率97.5%。

【法律培训与宣传】 2016年，吴忠市法制办加大行政执法人员法律知识学习培训力度。把法律知识学习培训纳入公务员理论培训计划，3月，组织1019名公务员分期参加"推进依法行政 建设法治政府"专题培训，市场监管局、发改委等7个部门256名执法人员参加行政执法证申领培训。以法治政府建设工作和专项活动为切入点加强宣传，2016年利用宁夏政府法制网、《吴忠日报》、吴忠新闻网和吴忠政府网等信息交流平台，共发布法治政府建设工作信息200余篇，开辟了市级电视台法治公益宣传栏、县级电视台《以案说法》专栏，开通了市级"12348"法律咨询专线、县级《手机法治信息报》、"法治微信"系列普法载体，在全市形成了较为浓厚的法治氛围。全面启动"七五"普法工作，制定《关于在全市公民中开展第七个五年法治宣传教育 深入推进依法治市进程的实施意见》《关于深入开展第七个五年法治宣传教育的决议》，起草"七五"普法量化管理体系，建立行政执法人员以案释法、"谁执法谁普法"的普法责任制。

· 政府信息公开工作 ·

【概况】 2016年，吴忠市制定《关于印发2016年政府信息公开工作要点的通知》《吴忠市人民政府信息公开工作过错责任追究办法（试行）》《吴忠市人民政府信息发布协调制度（试行）》。年内，吴忠市先后召开2次政务公开工作培训会，培训150人次。制定《吴忠市政务公开工作考核细则》，将政府信息公开工作纳入各县（市、区）、市直部门、单位综合考核当中，先后2次对青铜峡、利通区、盐池县及部分区直部门政府信息公开等工作进行了检查，并对各单位网站公开进行普查，进一步规范了各级各部门信息公开程序、步骤、方式，促进政府信息公开工作走上制度化、规范化的轨道。2016年，吴忠市获取政府信息68451条，其中：主动公开68326条，占99.8%；依申请公开25条，占0.04%；不予公开100条，占0.15%。全市各级各部门主动公开的政府信息类别机构职能类信息占14%，政策中、规范性文件类信息占20%，规划计划类信息占13%，行政许可类信息占11%，重大建设项目、为民办实事类信息占7%，民政、扶贫、救灾、社会保障、就业类信息占7%，国土资源、城乡建设、环保能源类信息占7%，科教文卫类信息占7%，安全生产、应急管理类信息占5%，其他类信息占15%。全市编发《吴忠信息》168期520条，《今日信息》108期650条，《要情专报》49期49条。全市通过微信、微博和客户端公开各类信息3万余条。其中微信信息15940多条，微博信息13130多条，客户端信息1000多条。市、县（市、区）两级设立政府信息公开公共查阅点30个，发布信息784条。对市政府的重大决策、重大事件通过《吴忠日报》、吴忠电视台新闻媒体进行公开，累计公开信息897条，重要信息通过新闻发布会发布，累计公开信息11条。

【公开平台建设运行】 10月，吴忠市政府门户网站改版升级，设置五大类120项子栏目，增加了《政务公开》《政民互动》《公共服务》《政策解读》《新闻发布会》《书记和市长信息》等服务栏目，首页中增添了《扩大开放》《双创》等13个专题专栏公开政府信息情况。其中，《政务公开》专栏部分共设立48个子栏目，包括及时更新的指南、公开目录、年度报告、依申请公开、规划计划、人事信息、统计数据等信息,全年政府及其政府部门均能在信息公开专栏中及时、准确发布本单位的重要信息。将政务服务体系建设纳入基本公共服务体系建设范畴,整合资源做大市级政务服务中心,全面建成政务服务、公共资源交易、"51890"便民服务"三位一体"平台,进驻中心的窗口单位达到42个(其中市级常驻窗口单位28个,综合代办窗口单位8个,利通区政务服务窗口单位6个),窗口工作人员达到160余人,每年办理审批服务事项100余万件,提前和按时办结率接近100%。作为全区"政务云"项目建设试点市,吴忠市配合自治区做好"政务云"项目建设,开通吴忠市公共资源交易中心网,研发了公共资源网上交易管理平台,在全区率先实现了从招标项目申请、受理、交易、公示等信息全部在网上进行。全市共召开各级新闻发布会11场次,政府热线共接收电话投诉事项260项,其中电话直接回复解决的有221件,办结率100%;以记录单形式记录39件,办结37件,办结率为94.9%,其余正在协调处理中。发布自治区、吴忠市各类政策解读264篇。建立了市政府微博、微信矩阵,公布政务微博、微信19个,移动客户端1个,市长信箱、政务微博累计接到群众反映问题100件,回复100件。转载国家、自治区政府网站政策解读,方便群众随时获取。在市图书馆、档案馆设立政府公开信息数字服务平台,向社会公众提供查阅服务。全市设立市级公开信息查阅点30个,各县(市、区)也充分发挥图书馆、档案馆等便民查阅点作用,让不同层次群众通过不同渠道获取信息。

【行政权力清单公开】 2016年,吴忠市被列为全国中小城市综合改革试点城市。年内,保留2919项行政权力,取消、下放、暂停行政权力事项265项,市本级行政审批办结时限压减10%,事项压缩20%。"权力清单"全部向社会公布。率先在全区实行组织机构代码证、营业执照和税务登记证"三证合一""一照一号"的商事登记制度和"国地税一体化"联合办税,"三规合一""多规融合"并联审批改革稳步推进。

【财政预算决算和公共资金公开】 2016年,市本级及和县市区、市直各部门及时公开经本级人大审议通过的财政预算、决算报告及地方财政收支情况、财政转移支付情况,有步骤地将"三公经费"支出信息公开。全面推行财政行政许可和审批事项公开,公开财政业务流程和办事程序。公开各类社保基金、住房公积金等社会公共资金年度收支情况,加大社会公共资金公开力度。及时公开与人民群众利益密切相关的文化教育、医疗卫生、社会保障和就业、住房保障以及"三农"等方面的财政专项支出信息。

【公共资源配置信息公开】 2016年,吴忠市相关部门借助吴忠公共资源交易中心平台和吴忠政府网集中公开交易公告28条、结果公示29条、变更信息13条。建立了市级行政机关收费目录清单管理制度。对全市各具体执收单位在收费场所公示有关信息进行了相关排查,并进行了结果公示。在市政府门户网站集中公示市属国有企业基本信息3条、重大运营信息2条、重大资产变动信息4条、监管信息2条。

【保障性住房信息公开】 2016年,加大全市保障性住房分配信息公开力度,主动公开保障性住房政策法规、建设设计、建设地点、建设规模、总投资、年度计划投资、累计完成投资、项目建设单位名称、开工项目、开工套数、工程进度、竣工套数、基本建成套数、配租配售套数、剩余房源、审核通过的情况和退出信息。

【市场监管信息公开】 2016年,吴忠市印发《关于推广随机抽查规范事中事后监管工作的指导意见》《吴忠市2016年度双随机抽查工作实施方案》和《吴忠市2016年双随机抽查工作市场主体及执法人员抽取的实施意见》,建立了"随机抽查事项清单"、市场主体名录库和执法检查人员名录库及"双随机一公开"机制,并在市政府门户网站及时公示双随机抽查结果。年内,共对近975家市场主体实施了双随机抽查,公示率达100%。加大保健食品、药品行政审批、执法检查、案件处理等政府信息公开力度,定期将许可审批事项、药品行政执法案件以及各类收费项目的依据、标准情况及时向社会公开。截至目前,全市累计公开生产安全和食品安全信息115条。

【环境保护信息公开】 2016年,

市环保部门推进重点流域地表水环境质量、重点污染源监督性监测结果等信息的公开，及时通报主要污染物排放总量指标分配及落实情况，县（市、区）政府环境保护工作年度考核工作情况，城市环境综合整治定量考核结果等相关信息。2016年，全市各类媒体刊发环保类新闻报道890条，编发环保信息简报120期，发布环境质量信息12条。

【安全生产信息公开】 2016年，市安全生产监管部门加强生产安全事故应对处置信息公开，及时准确发布政府采取的事故处置举措、抢险救援进展。在网站上建立《事故通报》专栏，将吴忠市发生的较大生产安全事故责任追究落实情况在网站上公布，加大安全生产预警公开力度。2016年，共发布各类安全生产信息27期。

【价格和收费信息公开】 2016年，市物价部门进一步推进价格和收费信息公开，将行政事业性收费的项目、标准和申请行政许可需要提交的全部材料目录及办理情况，国家和自治区制定的价格政策和价格临时干预措施的内容目录及时公布。在切实做好政府定价目录和行政事业性收费目录公开工作的同时，重点抓好涉及教育、交通运输、医疗、房地产市场等民生领域价格和收费监管信息的公开工作。2016年，全市受理价格政策咨询和违法行为举报560余件，查处价格违法案件0件，价格投诉回复率100%，举报办结率100%。

【征地拆迁信息公开】 2016年，吴忠市住建部门以服务棚户区改造、廉租房建设为重点，采取多种形式，推进房屋征收与补偿信息公开工作。利用宣传栏、电子屏等方式及时发布房屋征收补偿政策法规、房屋征收告知公告、征收决定、征收决定公告、补偿安置方案等信息。通过现场张贴、发放到户等形式向公众主动公开房屋征收补偿安置信息。在房屋征收实施工作办公场所，开辟专门的公示栏公布房屋征收的有关信息。

【企事业单位信息公开】 2016年，市劳动和社会保障部门进一步扩大高校招生信息公开范围，及时公开普通高等学校招收艺术特长生办法、学生资助政策及资助动态，重点公开卫生行政审批结果、疾病预防管理、医师资格考试、卫生行业相关人事、新型农村合作医疗和妇幼保健卫生等信息，及时发布研究成果、科技评审成果奖励、科技计划项目、科技发展规划、计划和资金使用情况等相关情况。年内，全市公共各类企事业单位公开信息2000余条。

【扶贫工作信息公开】 2016年，吴忠市民政部门建立了县、乡镇（街道）、村三级扶贫公告公示制度，集中公开扶贫政策、扶贫资金、项目安排、扶贫成效、贫困退出等方面的信息，多渠道及时公开财政、教育、产业、金融、劳务、社保兜底等扶贫政策及扶贫人口等情况，公开扶持资金和互助资金的使用、产业、民生、基础设施项目安排和实施等信息200多条。

【社会救助信息公开】 2016年，市民政部门围绕受众群体，有针对性地开展城乡低保、特困人员救助供养、医疗救助、临时救助等信息公开工作，公开了全市低保和特困人员救助、城乡低保对象人数、特困人员人数、低保标准、补助水平、资金支出等情况345条。在市政府门户网站定期发布全市自然灾害核定灾情、救灾工作进展、救灾资金物资调拨使用等信息。

【就业创业信息公开】 2016年，市劳动和社会保障部门利用政府门户网站、《吴忠日报》、吴忠电视台、公开栏以及人力资源交易中心公开促进就业创业政策措施及其有关补贴申领条件、申领程序及招录信息、人力资源市场供求信息。2016年，全市累计公开各类信息847条。

【决策信息公开】 2016年，市修订完善《吴忠市人民政府工作规则》《吴忠市重大行政决策程序规定》《市人民政府重大事项提请市委常委会议研究决策制度》，进一步规范市政府依法决策、科学决策和民主决策程序。建立重要决策听证制度，对涉及群众切实利益、关注度比较高的决策实行听证制度，广泛征求、吸收群众意见，有效地促进了政府决策的科学化、民主化。全市通过政府网站等平台向社会公布草案、意见32条，其中涉及重大民生决策26条。通过《吴忠日报》、市政府门户网站

公开"三重一改"、人大代表建议和政协委员提案、为民办实事信息176条。

【政府信息依申请公开】 2016年，全市各级行政机关受理政府信息公开申请共246件，其中按受理方式分，电话受理221件，书面受理25件；按照内容分，主要侧重于政策咨询、征地拆迁、民生实事等方面，其中政策咨询占40%，征地拆迁占15%，民生实事占30%，其他占15%。依申请办结25件，按时办结24件，延时办结1件；申请答复25件，同意公开25件，部分公开0件，不同意公开答复数0件。

· 应急管理 ·

【概况】 2016年，吴忠市不断加大应急管理工作力度，积极预防和有效应对各类突发公共事件，全市预防和应对突发公共事件能力进一步提高，应急救援队伍建设进一步加强，突发公共事件造成的危害减少，呈现出总体平稳的态势，突发事件的各项指标均在控制范围之内。

【自然灾害】 2016年，市域内遭受干旱、洪涝、风暴和低温冷冻等自然灾害16次，共造成45.3万人次受灾，因灾死亡1人，紧急转移4232人；农作物受灾面积113046.14公顷，其中成灾面积76221公顷，绝收面积27830.67公顷；草场受灾面积67604.67公顷；因灾死亡大牲畜1头，因灾死亡羊只786只；倒塌房屋500间，其中倒塌农房418间；严重损坏房屋1810间，其中严重损坏农房1740间；一般损坏房屋7596间，其中一般损坏农房7495间。

【安全事故】 2016年，全市共发生各类安全事故74起，死亡67人，伤101人。其中道路交通事故64起，死亡67人，伤101人。火灾事故3起，无伤亡；危险化学品事故3起，无伤亡。全市工业企业、建筑施工以及其他行业未发生安全生产事故，安全生产保持平稳态势。

【突发公共卫生事件】 2016年，吴忠市共处置突发公共卫生事件3起，均为水痘暴发流行。水痘暴发流行处置按照国家有关规定，进行了传染病监测网络直报，并及时组织疫情防控，有效遏制了传染病的流行，自发现后均在2周以内控制了疫情，扑灭了水痘传染扩散。

【社会综合治理】 2016年，吴忠市严格落实重大决策社会稳定风险评估，紧盯扬言报复社会重点人、社会治安乱点及隐患、涉众型经济犯罪问题、涉法涉诉矛盾和网上巡查排查5类重点，排查各类矛盾问题96个，化解28个；逐级建立矛盾问题排查化解台账，落实"四个清单"要求，将矛盾问题化解在基层，驻京劝访工作受到自治区信联办充分肯定。2016年以来，共受理各类信访件131件，接待258人次，已办结127件，办结率97%，未产生新的信访积案。

【协调处置突发事件】 2016年，吴忠市加大预防、检查、督促和监管力度，定期组织各相关部门开展突发事件安全隐患排查，对发现的问题，及时研究解决，确保把安全隐患解决在萌芽状态。各县（市、区）、各乡镇（街道）、各部门坚持24小时值班制度，气象部门及时发布气象灾害信息，加强预测分析，强化综合研判，提醒社会公众做好防范准备，切实提高突发公共事件防范能力，努力做到"无急可应、有急能应"，应急工作正由事后被动处置向事前主动防范推进。突发事件发生后，及时启动相关预案，调动安监、卫生、民政、建设、环保、消防等应急救援成员单位实事救援，并妥善做好事故善后处理工作。同时，进一步完善全市应急管理指挥的协调职能，制定具体工作制度，规范应急管理工作程序。为确保工作正常进行，市政府定期对各县（市、区）、各乡镇（街道）、各有关部门应急值班和制度建设情况进行专项督查，进一步提高了各县（市、区）、各部门、各单位对突发事件应急工作重要性的认识，全市应对突发事件的处置能力明显增强。

【应急值班工作】 2016年，全市各部门（单位）严格落实应急值班工作责任制，实行24小时轮流值班。值班过程中，要求工作人员认真填写值班工作日志，严格执行交接班手续，认真接听每一个电话，确保值班人员不断档，工作不遗漏。市府办切实履行统筹管理全市值班工作的职责，多次召开会议和印发文件布置全市值班工作，并经常督促各级各部门认真落实重大节假日和日常工作期间的值班工作。要求各级政府和相关职能部门配齐配强值班室，整合社会安全、信访维稳、安全生产、自然灾害等各类值班资源。

【突发事件信息上报】 2016年，全市各部门（单位）严格执行突发事件信息上报制度。市应急办对值班工作中接到的突发事件信息，做到有登记、有报告、有落实、有反馈，特别是对领导交办的重要事项，积极认真办理，不折不扣完成。来电、来文需要答复的问题，件件有着落，事事有回音。对各种自然灾害、重大事故、疫情、重要社会动态等突发事件认真、准确记录，报告市委、政府有关领导，并按照领导指示意见，及时通报有关部门进行处理和上报市政府值班室。各类突发事件信息均实现及时、准确上报。在信息的报送和管理上，通过《专报信息》形式报送相关市领导阅批；对发生的较大级以上或敏感性突发事件信息，经相关领导审阅同意后上报自治区应急办。

· 信息化建设 ·

【概　况】 经吴忠市编委会2015年第3次会议研究同意，组建吴忠市信息化建设办公室，统筹推进全市信息化建设工作。主要承担互联网信息管理、电子政务、信息化项目建设等职能，核定编制12人。吴忠市信息化建设办公室于2016年2月17日正式开展工作。

【"智慧城市"建设】 3月，市长喜清江与中国电子科技集团负责人就吴忠市产业发展、智慧城市建设、装备制造业等方面交流和洽谈，中国电子科技集团将意向在吴忠市开展新型智慧城市建设，打造西部地区新型智慧城市标杆引领城市，引领城市信息化发展。7月28日，吴忠市与中国电子科技集团正式签订了战略框架合作协议。截至2016年年底，双方积极合作，形成新型智慧城市项目申报材料和设计规划，向国家发改委申报立项。吴忠市新型智慧城市建设顶层设计和规划将突出城市数据运营中心和智慧政务、智慧环保、智慧交通、智慧旅游、公共安全等行业智慧应用，同时，新型智慧城市建设将更接地气，将有效整合现有信息化资源和需求，突出吴忠特色和服务群众的民生应用，逐步推进相关行业智慧应用，成熟一个建设一个，真正将新型智慧城市建设落到实处。

链接：

2013年2月，吴忠市被住建部确定为全国首批"智慧城市"创建试点城市，市委、政府高度重视，提出要围绕"智慧提升、智慧利民、智慧兴业、智慧助政"四大板块建设，2014年6月顶层设计通过住建部组织的专家评审。"十三五"期间，国家发改委将在全国100个城市开展新型智慧城市建设工作，为吴忠市智慧城市建设带来新的机遇。

【惠农资金监管平台建设】 2016年，市信建办牵头建设吴忠市惠农资金监管平台。中国电信吴忠分公司结合吴忠实际，起草了《吴忠市惠农资金监管平台建设实施方案》，市信建办牵头组织召开了全市惠农资金监管平台建设协调会，明确各相关部门的职责分工，加快项目建设进度。市信建办组织专家对该项目进行讨论，提出对该项目软件开发以云架构为基础、基于MySQL和J2EE开发方案。为减少服务器、存储等硬件设备投入，保证系统信息安全，该系统已部署在自治区电子政务公共云平台，正在做系统测试。

【"政务云"推广应用】 7月，由政务服务中心牵头负责"政务云"在市城乡推广应用。年内，全市电子政务外网接入率达到88.5%，开展"政务云"培训2315人次，各县（市、区）相应制定了《"政务云"推广应用工作实施方案》，"政务云"系统已在吴忠市上线运行，县（市、区）、乡镇（街道）、村（社区）的建设已全面铺开，"五个一"的目标落实取得了阶段性成果。按照《国务院办公厅关于转发国家发展改革委等部门推进"互联网+政务服务"开展信息惠民试点实施方案的通知》（国办发〔2016〕23号）文件精神，市信建办结合吴忠实际，起草了《"互联网+政务服务"开展信息惠民试点实施方案》，正在积极探索"一号一窗一网"政务服务改革新模式。

【电信普遍服务试点工作】 截至2016年年底，吴忠市光纤覆盖5个县（市、区）、45个乡镇和75%的行政村，市核心网络带宽达到120G，县、乡网络带宽达到1000M、行政村网络带宽超过

100M，3G和4G移动网络覆盖全市、县（市、区）、乡镇、行政村和超过50户以上的自然村，固定宽带家庭普及率达到32.7%，互联网普及率70%。全市已建成覆盖全市城乡的4G移动网络和有线光纤宽带网络，WIFI高速无线接入点设备超过800个，城乡"数字鸿沟"不断缩小。

【信息化支撑工作】 2016年，吴忠市印发《关于征集全市信息化建设需求计划的通知》，征集全市已建、在建和已审批信息化建设项目73个，全市信息化建设需求122个，认真梳理汇总建档，结合自治区信息化"十三五"发展规划，制定吴忠市信息化"十三五"发展规划。不断完善基础设施建设。宁夏广电传媒集团向市政府提交了《吴忠市宽带乡村及中小城市基础网络完善工程建设框架协议》，通过重点推动光纤宽带网等基础性网络建设和大数据、物联网、云计算等应用型信息技术系统开发建设，整合优化各类数据信息资源。该框架协议于6月初签订。扎实做好信息化建设项目审核工作，按照信建办的职能职责，市信建办对新建的数字城管、吴忠市黄河文化体育会展中心基于BIM、环境信息化监管服务平台、精准扶贫信息管理平台、公共安全视频监控联网应用等信息化建设项目进行了审核，提出了审核意见，要求所有非涉密性的应用均在自治区政务公共云平台上进行部署，减少硬件设施的采购，避免重复建设和资源浪费。按照自治区信建办下发《2016年自治区信息化建设重点工作实施方案》的要求，市信建办制定了《吴忠市非涉密性应用迁移计划》，向自治区信建办申请了云空间资源，安排专人管理维护吴忠市云空间，已将教育局门户网站、人事管理系统成功迁移到云平台上。年内，市政务服务中心51890便民服务网站和公共资源交易网的迁云工作顺利完成。

· 机关事务管理 ·

【概　况】 2016年4月，经自治区编办批复，吴忠市接待办与市机关事务局合并，成立吴忠市机关事务管理局。2016年，市机关事务局紧紧围绕市委、政府的中心工作，创新思路、科学管理、优化服务、积极作为，出色地完成了各项工作任务，有力保障了市行政中心各项工作的高效运转。

【机关后勤保障】 2016年，市机关事务管理局加强环境卫生管理，集中开展了行政中心环境卫生综合整治，补栽更换树木近千株、各种花卉上万株，更新改造绿地近14500平方米，聘请专业人员进行养护管理。实行日常保洁责任制、巡查制，配全配齐卫生间等公共场所保洁设施和用品，加大行政中心日常保洁检查力度，建立奖罚轮岗机制，按月对保洁员进行评比考核，极大调动了员工积极性和主动性，行政中心卫生保洁工作得到明显改善。加强房屋院落维修管理，全年维修更换大院及楼内地板砖500平方米，改造地下车库遮雨棚1个，改造公务车调度中心和一楼库房近500平方米，更换院内陈旧损坏院落灯及运动场照明灯14座，翻修篮球场地1个、羽毛球场地2个，增设乒乓球场地2个，定期对空调、电梯和消防等设备按国家规定进行年检和维护保养，对水、电、气管网和线路进行有计划的改造，以适应行政中心各单位对供水、供电和供气的需要，建立日常巡查，对存在的问题和隐患及时采取措施进行处理，对各单位反映的问题，及时派维修人员解决。圆满完成第五届党代会和全市"两会"的保障服务工作。

【机关公共节能管理】 2016年，市机关事务局广泛开展节能宣传活动，加强公共机构节能工作的信息沟通、协调，建立健全公共机构节能工作制度，认真开展能耗调查和数据统计上报工作，顺利完成公共机构耗能监测平台建设，机关节能工作取得了较好效果。原机关事务管理中心被评为全国第二批节约型公共机构示范单位。

【公务用车管理】 2016年，市机关事务局落实吴忠市公车改革工作部署，选配各类型车辆43台，调入和录用驾驶、信息管理人员36名。健全了《吴忠市市级机关行政综合执法执勤用车平台（市级机关公务用车服务中心）实施方案（讨论稿）》《吴忠市公务用车管理暂行办法（讨论稿）》《车辆管理制度》《驾驶员管理制度》《驾驶员考勤制度》《值班制度》等公务用车管理制度。全年共安排出车任务1310批次，调度各类车辆1408台次，行驶里程达33万多公里，没有出现任何私自派车和私改路线现象。

【安全保卫管理】 2016年，市机关事务局开展行政中心车辆乱停、垃圾乱扔、人员乱闯等专项治理，对门口道路两侧和院内停车位进行了重新规划，对自行车库进行了整理规范，处理长期停放无主"僵尸自行车"55辆，发放行政中心车辆通行证800余张，现在门口及院内车辆出入安全，停放有序。健全了安全保卫制度、门卫工作职责，外来人员出入一律实行实名登记，全年登记出入行政中心外来人员达4万多人次。认真做好信访维稳工作，耐心疏导、劝导，及时联系相关部门，积极引导上访的群众，制定三套预案，与信访、公安等部门建立联合防范机制。协助处置群体性上访100多余次，3000余人，从未发生过和群体性上访人员有冲突和闯进办公大楼的情况，较好地维护了行政中心的办公秩序。

【机关食堂服务】 2016年，市机关事务局不断完善食堂管理制度，制定了《吴忠市机关食堂百分制考核办法》；对原有刷卡式售饭系统进行了升级，采用了全新的指纹式售饭系统，解决了干部职工反映的补卡费用高、忘带卡不能用餐等问题；实行了库房分类管理，按类别设定了原材料库、调味品库、酒水库和腌制品库，更换后厨通道为电子门禁系统，增强了食品安全的可控性。恢复了富有回族特色的扒羊肉、汤碗等特色菜品16道，创新了牛羊肉的制作方法，形成了具有地方风味的菜品系列；努力拓展服务空间，提倡零距离服务理念，最大限度地满足干部职工及用餐来宾的需求，适时增加了冷热饮、解暑汤羹、养生菜品等；大力开展厉行节约，实行了菜品分拣分类处理、出品预估预出、消耗品动态添加等措施，既满足用餐需求，又杜绝了浪费。

【公务接待服务工作】 2016年，市机关事务局认真贯彻落实中央"八项规定"、党政机关国内公务接待管理规定和自治区公务接待有关规定，严格任务审批，规范接待管理。坚持接待任务审批制度，各项接待任务必须先四套班子秘书长审批后接待，各类无公函、无电话记录的公务活动和来访人员或未经四套班子秘书长审批的接待任务，一律不予安排和报销相关经费。接待任务落实过程中，实行公务接待流程管理，在任务下达、标准审定、座次排位、意见反馈、经费审核等重要环节层层把关、逐级审核，确保每一次接待按照时限和质量要求顺利完成。年内，共制发《吴忠市客情通报》101期，完成接待任务332批次，接待各类宾客5900人次，每批接待任务都做到了审批手续规范齐全，清单台账详细明了，档案资料规范健全，无任何违规现象，得到各级领导的好评。

政协吴忠市委员会

· 综 述 ·

【概 况】 2016年，政协吴忠市常委会高举中国特色社会主义伟大旗帜，牢牢把握团结和民主两大主题，紧扣全市改革发展稳定大局，主动适应经济新常态，认真履行政治协商、民主监督、参政议政三大职能，不断创新民主协商机制，充分发挥协商民主重要渠道和专门协商机构作用，关注民生，巩固民族团结，加强对外交流，全面完成了各项任务。

【协商议政】 2016年，政协吴忠市常委会深入贯彻落实《中共中央关于加强社会主义协商民主建设的意见》和区、市党委有关精神，采取常委会议协商、主席会议协商、对口协商、提案协商、咨政协商等形式，组织委员更好地为改革发展贡献智慧。1月19—22日，市政协四届四次会议召开，广大委员围绕全市经济社会发展和人民群众普遍关心的热点、难点问题，认真开展分组讨论和大会发言，提出了许多好的意见建议。紧紧围绕市委、政府中心工作，精心部署市政协协商工作计划，重点围绕全市工业创新发展、健康产业、精准扶贫、精准脱贫等专题进行深入调研，深入分析制约发展的难点和原因，努力形成务实管用的对策建议，先后向市委、政府呈送调研视察报告12篇，大部分报告得到市委、政府主要领导批示，并被有关部门吸收采纳。

【民主监督】 2016年，政协吴忠市常委会积极探索和创新民主监督方法，拓宽民主监督新渠道，不断加大民主监督力度。通过常委会议专题听取全市经济运行、提案办理等方面情况通报，及时跟进了解全市经济社会发展情况。

聚焦全民健身事业发展、科技创新科技创新进行跟踪协商，提高民主监督工作的连续性。采取听取汇报、实地调研、明察暗访、问卷调研等形式，重点对公安、司法、商务、卫计、安监部门进行民主评议，客观反映情况，坦率提出批评和建设性建议，着力推进部门工作提质增效。进一步加强特约民主监督员的委派、管理和培训工作，加强监督员和派往单位的联系，做好沟通协调工作，保证监督员依法、依纪、依章实施监督。

【参政议政】 2016年，政协吴忠市常委会坚持把参政议政作为推动科学发展的重要方式，立足经济社会发展大局，精选课题，深度调研，充分发挥协调关系、汇聚力量、建言献策、服务大局的作用。围绕抢抓"中国制造2025"实施机遇，深入调研全市工业创新发展情况，在推进工业转型升级，打造工业新优势、新动能等方面提出意见建议。围绕打造"绿色、生态、有机、富硒"品牌，加快推进农业现代化开展协商议政，提出有针对性的意见建议。按照市委、政府统一安排，市政协领导班子成员及部分政协委员积极参与全市重大活动的组织实施，圆满完成了"两大任务"督查、文体会展中心项目实施、农田水利基本建设和效能目标管理考核等工作任务，为进一步促进全市经济社会发展贡献了力量。

【团结联谊】 2016年，政协吴忠市常委会坚持政协主席与各民主党派、工商联、人民团体负责人联席会议制度，积极协调解决党派团体工作中遇到的困难问题，努力营造增进理解、合作共事的良好氛围。通过安排大会发言、提交提案、邀请各族各界人士参加调研视察、选派党派团体中的政协委员参加培训等活动，积极搭建市委、政府与人民群众和社会各界的"连心桥"，努力做好协调关系、扩大共识、化解矛盾、理顺情绪的工作，营造了齐心协力谋发展、团结一致促跨越的良好氛围。

【巩固民族团结】 2016年，政协吴忠市常委会认真贯彻中央及自治区、市民族工作和宗教工作会议精神，坚持"两个共同""三个离不开"和"四个认同"的思想，倾力维护民族团结、宗教和顺的金字招牌，加强与各界代表人士之间的互通互联，动员广大委员参与"八城联创"活动，让各界别委员有更多的机会发出声音。

【关注民生】 2016年，政协吴忠市常委会扎实贯彻落实东西部扶贫协作座谈会议精神，围绕精准扶贫、精准脱贫和教育均衡发展及办学质量水平提升等专题进行深入调研，深入分析研判事关群众利益的困难，提出有针对性的对策建议。结合市委"6+6"重点项目、市级领导精准包抓企业和"5+1"联系点等工作，市政协领导深入调研企业的生产经营情况及项目建设情况，协调解决实际困难和问题。为帮扶联系点同心县下马关镇池家郯村争取到200平方米社区建设项目，购买了近2万元的办公家具，并在当地开展了义诊、慰问困难群众等活动。坚持把委员基层联系点作为政协联系基层、服务民生的重要渠道，畅通社情民意信息渠道，不断提升社情民意的质量和层次，先后向自治区、市党委、政府反映社情民意35条，有力促进了民生问题的解决。市政协反映社情民意信息工作在全区市县政协排名第一。

【对外联系交流】 2016年，政协吴忠市常委会主动适应扩大对外开放进程，主动与区内外政协开展学习交流活动，积极宣传吴忠市改革发展成就。配合全国和自治区政协完成了医药卫生体制改革、人民政协协商民主建设、法治宣传教育等调研视察活动28次。做好广西百色、贵州黔西南州、安徽铜陵等地政协来吴考察学习工作。坚持正确的舆论导向，全方位、多角度宣传政协发挥协商民主重要渠道作用、委员履职风采，先后在各级新闻媒体上刊发新闻消息、理论文章90多篇，努力营造政协事业发展的良好氛围，树立政协对外良好形象。

【协商民主机制】 2016年，政协吴忠市常委会深入贯彻落实中央和区市党委有关文件精神，实行了年度协商计划工作机制，与市委、市政府共同研究制定12项协商工作计划，深入推进协商任务的组织实施。参照全国政协的做法，积极探索协商民主的实现路径，率先在全区召开"双月"协商座谈会，围绕化解房地产库存、"十大市场"运营、节水型社会建设等课题协商建言，形成的协商成果得到了市委、政府主要领导的批示，促成了"房十条"和"十大市场"政策措施的出台，《人民政协报》《华兴时报》在头版对会议成果进行了报道。及时对市政协协商成果采纳落实情况进行跟进，先后对全市科技创新、全民健身事业发展、市区物业管理3项协商成果进行跟踪协商，强化协商成果的延续性和实效性。

【提案督办】 2016年，政协吴忠市常委会全面推行重点提案案由、承办单位、办理答复"三公开"模式，通过重点督办、联合督办、现场督办、集中督办、跟踪督办以及函询、面对面协商等形式，形成了以重点提案办理带动整体提案办理的良好运行机制。积极创新提案工作思路，强化跟踪联办，加强对接联动，建立提案人与办理单位面对面沟通机制，不断提升提案办理层次和水平。高度重视重点提案办理工作，健全完善市委主要领导、分管领导和政府全体领导领衔督办机制，积极开展提案办理集中协商活动，有力推动了提案工作的创新发展。2016年，市政协四届四次会议收到338件提案，立案310件（含并案），已全部办复完毕，办复率100%。

【政协委员履职】 2016年，政协吴忠市常委会切实抓好市政协主席和副主席联系常委、常委联系委员、委员联系群众的"三联系"工作制度落实，进一步密切了与委员的沟通联系。不断完善委员双月活动机制，广泛开展以送一策、献一计、联一企、解一难为主要内容的"四个一"活动，进一步丰富委员活动形式，增强了委员履职实效。充分发挥政协常委的带头示范作用，通过常委会议听取各常务委员履职情况，进一步增强了政协常委的履职积极性。围绕全市经济社会发展情况、社会主义协商民主建设为主要内容，采取寄送学习资料、举办培训班、座谈交流等形式，切实加强委员培训，进一步畅通委员知情明政的渠道。

【政协理论研究】 2016年，政协吴忠市常委会高度重视政协理论研究工作，深入把握政协工作规律，及时分析研究工作中的新情况、新问题，动员全市政协工作者和广大政协委员积极开展政协理论课题研讨，提高运用科学理论分析和解决实际问题的能力。全年共征集政协理论研究文章32篇，编印了《吴忠市人民政协理论研究与实践文集》，其中《新形势下民主评议部门工作的探索与思考》《试论民主党派参政议政能力建设》等文章，在自治区政协理论研讨会上进行了交流发言，得到了自治区政协的高度评价。

【自身建设】 2016年，政协吴忠市常委会深入贯彻落实市委《关于加强社会主义协商民主建设的实施办法》《关于进一步加强人民政协工作的意见》精神，积极推进政协协商民主制度机制建设。高度重视发挥专委会在政协工作中的基础作用，积极组织各专委会认真学习党的有关政策理论和政协业务知识，切实加强对专委会工作的研究，积极探索做好专委会工作的新途径、新方法。健全完善专委会工作机制，强化专委会之间的工作联动，通过组织专委会干部外出参观学习、参加党校培训等形式，不断增强专委会工作的能力和水平。按照市委抓好当前工作"十问十要""学抓促"活动要求，深入学习《中国共产党廉洁自律准则》《纪律处分条例》《党内监督条例》，严格落实党风廉政建设主体责任和领导干部"一岗双责"制度。扎实推进机关"强龙工程"，深入开展文明机关和星级服务党组织创建，积极支持老干部支部开展活动。加强政协机关干部队伍建设，建立健全激励关怀帮扶机制，进一步健全综合协调、信息沟通、绩效评估、督查落实、后勤保障等工作机制，推进办文、办会、办事规范化和制度化建设，着力提高机关干部政治素质、全局观念、服务意识和服务水平，为政协有效履行职能、顺利开展工作提供强有力保障。

· 重要会议 ·

【政协吴忠市第四届委员会第四次会议】 1月19—22日召开。与会人员列席了市人大四届六次会议，听取并讨论了政府工作报告。会议听取和审议了马文娟主席所作的常务委员会工作报告和陈克安副主席所作的关于提案工作情况的报告；会议审议通过了《吴忠市政协2016年协商工作计划》《吴忠市政协提案委员会关于四届四次会议提案审查情况的报告》；会议补选曹玉华为吴忠市政协第四届委员会副主席。市委书记赵永清、市政协主席马文娟分别在

闭幕大会上讲话。

【政协吴忠市第五届委员会第一次会议】 12月26—28日召开。会议听取和审议了政协吴忠市第四届委员会常务委员会工作报告和提案工作报告。与会人员列席了市人大五届一次会议听取并讨论了政府工作报告和其他报告。会议审议通过了市政协2017年协商工作计划和五届一次会议提案审查情况报告。会议选举孙瑛为政协吴忠市第五届委员会主席,张广文、李焕民、陈克安、马骞、杨少清、曹玉华、何本源、买晓燕为副主席,孙亚东为秘书长,选举马正才等33人为常务委员。自治区政协副主席安纯人到会并讲话,党、政、军领导以及市政协历届离任领导应邀出席会议。驻吴的自治区政协委员,市委各部委、市直各部门和区属有关单位的负责同志及自治区督导组有关同志应邀列席会议。市委书记赵永清、市政协主席孙瑛分别在闭幕式上讲话。

【第十四次常委会议】 1月6日,市政协主席马文娟主持召开。会议开展了常委述职工作;审议通过有关人事事项,审议通过市政协四届四次会议有关文件(草案)及各项建议名单,协商通过各项建议名单,协商讨论市政协四届四次会议选举办法(草案),审议通过《关于召开政协吴忠市第四届委员会第四次会议的决定(草案)》。

【第十五次常委会议】 1月21日,市政协主席马文娟主持会议。会议听取各组关于各项报告等讨论情况的汇报、对政协吴忠市第四届委员会副主席候选人建议名单酝酿讨论情况的汇报,协商通过政协吴忠市第四届委员会副主席候选人建议名单、选举办法(草案),审议通过总监票人、监票人、计票人建议名单、《吴忠市政协2016年协商工作计划(草案)》、政协吴忠市第四届委员会第四次会议提案审查情况的报告(草案)、政协吴忠市第四届委员会第四次会议决议(草案)。

【第十六次常委会议】 4月28日,市政协副主席张广文主持召开。会议听取了市人民政府《关于健康产业发展情况的通报》,围绕健康产业发展开展协商议政。

【第十七次常委会议】 8月18日,市政协副主席张广文主持召开。会前,常委会组成人员视察全市工业创新发展情况。会上听取市人民政府《关于上半年全市经济运行情况通报》,围绕全市工业创新发展情况开展协商议政,审议通过有关人事事项,听取了市公安局、司法局、商务局、卫计局、安监局5个部门工作开展情况的通报。

【第十八次常委会议】 10月12日,市政协副主席张广文主持召开。会前视察全市精准扶贫、精准脱贫工作情况。会上听取市人民政府《关于提案办理情况的通报》《关于全市精准扶贫、精准脱贫工作情况的通报》,围绕全市精准扶贫、精准脱贫工作开展协商议政,对市公安局、司法局、商务局、卫计局、安监局5个部门进行了集中评议。

【第十九次常委会议】 12月19日,市政协副主席张广文主持召开。会议审议通过有关人事事项,审议通过五届市政协委员有关事项,审议通过市政协五届一次会议有关文件(草案)及各项建议名单,审议通过市政协五届一次会议选举办法(草案),审议通过《关于召开政协吴忠市第五届委员会第一次会议的决定(草案)》。

【五届一次常委会】 12月28日,市政协主席孙瑛主持召开。会议审议通过有关工作规则,审议通过政协吴忠市第五届委员会副秘书长及各委(办)主任、副主任任职意见等。

【主席会议】 2016年,政协吴忠市第四届委员会共召开11次主席会议(自第三十次至四十次)。历次会议先后传达学习了《中共中央办公厅关于部分人大代表、政协委员涉法涉罪问题问责情况及其教训的通报》、自治区政协提案办理协商工作座谈会等精神;审议通过了《四届四次会议决议(草案)》《吴忠市政协主席、副主席、秘书长工作分工》《吴忠市政协2016年协商工作计划实施方案》《政协吴忠市委员会2016年工作要点》《关于化解房地产库存"双月"协商情况的报告》《关于全市健康产业发展情况的调研报告》《关于吴忠市"十大市场"建设运营协商情况的报告》《关于全市工业创新发展情况的调研报告》《关于全市现代农业发展情况的调研报告》

《关于全市精准扶贫、精准脱贫工作情况的调研报告》《关于全民健身事业发展情况的跟踪调研报告》《关于全市科技创新情况的调研报告》《关于召开政协吴忠第五届委员会第一次会议的决定》《市政协党组开展"学党章党规、学系列讲话，做合格党员"学习教育实施方案》《关于市区教育均衡发展及办学质量提升情况的调研报告》等，听取了市政协特约民主监督员有关事宜、市政协四届16次至19次常委会议议题、市政协机关2016年度经费预算及上半年财务支出情况的汇报等有关事宜。

民主党派

·民革吴忠市委会·

【概　况】　2016年，民革吴忠市委会在中共吴忠市委和民革宁夏区委会的正确领导下，围绕服务全市中心工作，以强化参政议政工作为重点，尽职履责，全面推进自身建设，不断创新工作机制，不断提高服务水平，圆满完成了各项工作任务。截至2016年底，民革吴忠市委会有党员155人，基层组织3个，即利通区总支委员会、青铜峡市委会和同心小组。

【参政议政】　2016年，民革吴忠市委会围绕中心工作，重点对吴忠市工业转型升级、现代物流发展及房地产去库存等课题进行了调研，完成了《加快工业转型升级步伐　促进绿色循环低碳产业发展的调研报告》《吴忠市现代物流发展情况调研报告》《全市房地产去库存工作调研报告》。按照"党委出题、党派调研、政府采纳、部门落实"的调研运行机制，市委会确定《关于巩固深化民族团结进步创建的探索与实践》为调研课题，组成调研组，就巩固深化民族团结进步创建工作，深入吴忠市利通区、青铜峡市、红寺堡区等地进行了专题调研，完成调研报告，并以PPT的形式在全市统战系统课题调研成果评比中进行交流汇报。在政协吴忠市四届四次会议上，市委会提交集体提案32件，立案27件；提交委员个人提案28件，立案26件。市委会向大会提交大会发言材料4篇，其中《关于加快农村电子商务发展　推动农业经济转型升级的建议》《大力发展吴忠市富硒产业开发的建议》《关于加强吴忠市社会养老服务体系建设的建议》作为大会书面发言进行交流。市政协四届四次会议确定的12件重点督办提案中，市委会提交的《关于抢抓"中国制造2025战略"机遇　大力实施"工业强市"战略强力推进吴忠市工业经济健康发展的建议》《关于精准发力打赢"十三五"脱贫开发攻坚战的建议》《关于加快硒产业开发打造"塞上硒都"的建议》等7件提案被确定为重点督办提案。不断探索社情民意工作新形式，年内向区委会报送社情民意38条，向吴忠市政协报送社情民意42条。

【社会服务】　2016年，民革吴忠市委会不断探索社会服务工作新模式，为吴忠市人民医院争取到国产品牌颈腰椎治疗多功能牵引床等价值23.96万元的医疗设备。携手宁夏青年社会创新发展中心，为吴忠市利通区和同心县12所学校的5000名在校小学生捐赠价值90余万元的布鞋。对接和协调区委会为红崖村村民捐赠了100套御寒棉衣，总价值3万元。区委会还为红崖村村委会捐赠了2台价值2万多元的大型草机，并向该村2016年考入大学的8位学生捐赠了8000元的助学金。

【助力脱贫攻坚】　2016年，民革吴忠市委会多次到脱贫定点帮扶村红寺堡区柳泉乡沙泉村对接调研，筹措资金3000元，购买了米面油等生活必需品。组织10余名医疗专家，成立了"助力脱贫医疗专家服务队"，在沙泉村多次开展免费义诊，并启动了定点医疗援助服务活动，现场为村民们诊断病情，免费发放药品，共诊疗村民300多人次，发放药品价值4000多元。7月，汇聚北京、山东、湖北等地牙科博士15名、主任医师28人，历时3天，为红寺堡区柳泉乡沙泉中心小学526名学生进行牙齿健康检查和治疗，并联系爱心企业捐赠价值5万多元的书包、音响、体育用品及口腔护理保健用品。民革青铜峡市法律服务援助站，先后开展法律宣传3次，提供免费法律咨询500余人次，为农民工等弱势群体提供无偿法律援助100多人次。利通总支组织文教卫生支部党员，深入利通区金银滩镇灵白村开展助力脱贫"送医送药"义诊活动，并免费发放了治疗高血压、腰腿疼以及感冒等疾病的药品价值3000元，得到了居民的好评。

【思想建设】 2016年，民革吴忠市委会组织党员集中学习全国、自治区、吴忠市"两会"精神，中共十八届五中、六中全会精神，特别是习近平总书记来宁重要讲话精神等，依托市委统战部开展的第七届"读书月"活动，持续开展坚持和发展中国特色社会主义学习实践活动。积极参加"读书月"活动，组织党员积极参加市委统战系统举办的"两学一做"暨"品德好、人缘好、形象好"为主题的学习教育演讲比赛，选送的演讲题目《美丽统战情 铸就中国梦》喜获演讲比赛第二名。积极参加纪念孙中山诞辰150周年系列活动，市委会征集上报书法作品5幅，绘画作品1幅，摄影作品35张，其中8幅摄影作品入选参赛作品并在宁夏博物馆展出。

【组织建设】 2016年，民革吴忠市委会坚持发展与改善党员结构相结合，与参政议政能力建设相结合，与后备干部队伍建设相结合，有针对性地做好党员发展工作。新发展7名党员。加大党员的培训力度，组织党员参加各类培训班6批次。积极开展以"下基层、听心声、促活力、解困难"为主题的基层活动，每人至少联系一个基层组织，深入基层组织，倾听党员心声。顺利完成青铜峡市委会、利通总支换届工作，圆满完成市委会换届工作。

· 民盟吴忠市委会 ·

【概　况】 2016年，民盟吴忠市委会在中共吴忠市委、民盟宁夏区委会的正确领导下，在市委统战部的支持帮助下，以邓小平理论、"三个代表"重要思想和科学发展观为指导，认真学习贯彻中共十八大和十八届三中、四中、五中、六中全会精神及习近平总书记系列重要讲话精神，认真学习中央、自治区统战工作会议精神，扎实开展"坚持和发展中国特色社会主义学习实践活动"，不断推进自身建设，全面履行参政党职能，较好地完成了各项目标任务，为吴忠市经济社会发展作出了应有的贡献。

【思想政治建设】 2016年，民盟吴忠市委会深入开展"坚持和发展中国特色社会主义学习实践活动"主题教育，结合盟务工作实际，围绕加强自身建设、提高履职能力这一关键环节，不断创新学习实践活动的思路、方法，认真学习中共十八大及历次全会精神，及时学习中共各级党委、政府，民盟中央、区委会的重要文件、会议及领导讲话精神，积极参加中共吴忠市委、政府、政协及市委统战部组织的各种通报会、报告会、座谈会及各种学习培训。年内，共收集盟员学习体会文章及论文8篇。1月，市委会被民盟宁夏区委会授予"坚持和发展中国特色社会主义学习实践活动"先进集体。积极组织各级盟组织和盟员参加由市委统战部举办的"读书月"活动，提交理论文章《民主评议是政协民主监督的有效形式》，获读书心得体会三等奖、演讲比赛三等奖。制作了《重庆与民主党派》和《怎样做一名合格的党派成员》培训教材，分别在市统战系统学习班、全区骨干盟员新盟员培训班、民盟吴忠市委会2016年盟员理论学习班上进行讲座。多种培训教育活动的开展，帮助盟员了解了盟史，民盟优良传统薪火相传。2016年，向市政协提交社情民意信息12篇，向吴忠市政协报送理论文章1篇。

【参政议政】 2016年，民盟吴忠市委会在政协吴忠市四届四次会议上提交提案39件，其中集体提案19件，个人提案20件。《关于精准发力打赢"十三五"脱贫攻坚战的建议》《关于尽快确立吴忠市新水源地保护区及北部水厂的建议》等6件提案被列为重点督办提案（共12件），《关于新常态下发展现代农业的思路与对策》做了大会口头发言，《关于盐池甘草产业发展的思考》提交了书面交流材料。在自治区十一届人大六次会议上提交9件议案。在自治区政协十届四次会议上，提交政协大会发言1篇，提交提案4件。青铜峡市委会《关于加快推进电子商务发展的建议》被青铜峡市政协列为重点提案，利通区总支《关于加强利通区全民创业就业工作的建议》被利通区政协列为重点督办提案。4月22日，在民盟区委会参政议政工作会议上，吴忠市委会被授予"参政议政先进集体"。不断创新联动机制，主动与司法局、公安局、规划局和国土资源局进行联系，制作并发放了民盟吴忠市委会对口联系工作征求意见表和对口联系单位提案和社情民意征集表，协助对口单位解决工作中的困难、反映问题，为建设和谐机关、改进工作出主意、想办法。李渊被吴忠市直属机关工作委员会聘为吴忠市机关作风监督员，被吴忠市人民政府聘为吴忠市人民政府兼职督学。

【调研活动】 2016年，民盟吴忠市委会确立了《宁夏健康产业发展研究》《关于加强推进城乡教育均衡发展的调研》2个重点调研课题，成立了2个调研组，配备了专项调研经费，完成调研报告2篇。同时，市委会积极参与了市政协四届四次会议重点提案、关于尽快确立吴忠市新水源地保护区及北部水厂的建议重点督办提案、扶贫工作、全市酿酒葡萄和葡萄酒产业等调研。

【组织建设】 2016年，民盟吴忠市委会完成了利通区总支和宁夏民族职业技术学院、三中等支部的换届工作。按照民盟章程和《民盟宁夏区委会组织发展条例》的要求，通过基层组织推荐，征求所在单位党组织意见等程序，共有10人加入民盟组织，为盟组织注入了新的活力。市委会按照"人才兴盟，人才强盟"的方针，注重将吸收新盟员和培养后备干部结合起来，不断充实盟的后备人才，把后备干部和人才队伍建设列入议事日程，建立了不同层次的后备干部库，有重点地培养、推荐和使用后备干部。先后举办了民盟吴忠市委会盟员学习班，选派骨干盟员参加民盟区骨干盟员、新盟员委会培训班等。年内盟员中有3人被提职任用，担任部门负责人。张志军获吴忠市统战系统"十佳统战干部"称号。

【重要会议】 9月5日，民盟吴忠市第四次代表大会召开。会议听取并审议了民盟吴忠市第三届委员会工作报告，通过了民盟吴忠市第四次代表大会决议，选举产生了民盟吴忠市第四届委员会，李焕民当选为民盟四届委员会主任委员，张志军、吴斌辛、关秀林当选为副主任委员，李渊当选为秘书长。会议还表彰了先进集体和优秀盟员。

【社会服务】 2016年，民盟吴忠市委会扎实开展捐资助学活动，为同心县下马关镇赵家庙希望小学、青铜峡市星海供港蔬菜标准化种植园区、盐池县青山乡中心小学3个社会服务基地培训教师2人次。开展了书画进校园，共庆"六一"儿童节活动，向青山乡中心小学赠送了水彩笔、水彩颜料等学习用品。组织成立民盟青铜峡市家庭教育咨询服务中心，为家长提供教育孩子咨询服务和义务指导；组织教育、科技、环保、医保、社保等领域的盟员，为青铜峡市贫困移民村同心村的村民提供咨询服务；组织部分盟员参加全市送医、送药、送书、送报、送法律法规、送科学技术"六送"宗教场所综合服务活动，发放宣传资料500余份。

【助力脱贫攻坚】 3月初，民盟吴忠市委会对利通区同利村进行深入调研，梳理出10个方面急需解决的问题。市委会召开助力脱贫攻坚专题研究会议，成立了助力脱贫攻坚领导小组，根据同利村和民盟吴忠市委会的实际，制订了助力脱贫攻坚帮扶计划，明确了工作任务和重点帮扶工作的具体措施。市委会组织移民村两委班子考察利通区吉水湾休闲度假村，吉水湾休闲度假村总经理李忠与同利村达成协议，在餐饮、养老服务、园林护理等方面为村民提供就业岗位，解决30余人的就业问题；市委会协同民进市委会，联系宁夏恒丰纺织集团为同利村50名村民提供就业岗位，为方便村民上下班，恒丰纺织集团开通专车接送村民上下班。协助利通区统战部起草《利通区统战系统精准扶贫工作规划（2016—2018）》。积极争取项目，帮助青铜峡市移民村同福村新建肉兔养殖场1个，成立同福村肉兔养殖合作社，现饲养肉兔2000只，培养致富带头人3人，培训村民200人，投入项目资金30万元，引进项目资金10万元。

· 民建吴忠市委会 ·

【概　况】 截至2016年年底，民建吴忠市委会有会员95名，在职77人。辖利通区总支、市直工委，下属6个基层支部。2016年，民建吴忠市委会全面加强自身建设，围绕中心工作，紧扣全市绿色发展、转型升级的主线，发挥优势，认真履行参政党职能，各项工作取得了较好成绩，为吴忠经济社会健康发展作出了积极贡献。

【组织建设】 2016年，民建吴忠市委会组织广大会员认真学习中共十八届五中、六中全会精神和习近平总书记系列重要讲话精神，制定了《民建吴忠市委会关于人才强会、人才兴会主题实践活

动的实施方案》，把学习实践活动与中共吴忠市委开展的"两学一做"学习教育活动有机结合起来，不断推进学习实践活动的深入开展。圆满完成了市委会换届工作。全年共发展18名新会员，首次举行了中国民主建国会新会员入会仪式。充分发挥民主党派参与和谐社区建设的积极作用，开展了民建基层支部和中共基层支部结对共建活动，成立了"民建吴忠市委会基层组织与社区党支部结对共建领导小组"。建立了"五到场"制度（社区有大型活动时要到场，社区有特别邀请时要到场，群众有特殊困难时要到场，社情民意有呼声时要到场，共建双方有要求时要到场），发挥好"五大员"（矛盾纠纷的"调解员"、社情民意的"信息员"、民主政治的"监督员"、社区民众的"服务员"、统战知识的"宣传员"）作用。建立了社情民意联系点，聘请了社情民意信息员，设立了法律援助点。

【议政建言】 2016年，民建吴忠市委会围绕加快绿色经济示范市建设，以绿色发展、转型升级为主题，就推进工业强市战略、加快城乡融合发展以及依法治市、脱贫攻坚、社会进步、社会民生事业和群众关注的热点难点等问题，组织会员深入调查研究，精心准备提案，认真履行职责，积极建言献策。年内，向自治区政协会议提交提案5件，在市政协第五届一次会议上，共提交4篇大会发言稿，提案32件。年内，共向区委会和市政协报送社情民意信息18期。围绕市委、政府中心工作和产业转型升级的发展方向，精心确定调研课题，组织专家和会员骨干完成了《吴忠市富硒产业发展方向与路径研究》《关于对吴忠市农村"三留守"人员现状及管理情况调研》《老龄化背景下吴忠市社会养老问题探究》和《大力推进科技创新 加快产业转型升级》4个专题调研，其中《吴忠市富硒产业发展方向与路径研究》得到了市委书记的批示，《老龄化背景下吴忠市社会养老问题探究》被民建中央人口医药卫生委员会收编并在《推进养老服务探究》出版刊登，填补了吴忠市调研报告未被民建中央采用的空白。应邀列席了中共吴忠市委常委会、市政府常务会，积极参加市政协召开的座谈会、情况通报会、征求意见会等会议，充分发挥了民主党派参政议政的作用。

【社会服务】 2016年，民建吴忠市委会坚持开展送温暖活动，先后在国庆节、春节等节日期间看望慰问离退休会员和部分困难会员，到利通区、青铜峡、盐池等县（市、区）部分社区开展送温暖、献爱心捐赠活动。联系民建中央人口医药卫生委员会组织北京同仁医院等院的医疗专家先后到利通区板桥乡卫生院、吴忠市人民医院开展义诊和专业技术交流指导活动。对接民建宁夏区委会，投资60万元对同心县李沿子村乡村道路进行硬化。争取民建宁夏区委会2016年度"思源佑华教育移民班"在盐池县第三中学开办了"思源班"，为该校贫困学生每年提供30万元的资助资金。市委会联合自治区直属机关工委、银川铁路书画协会和农工党盐池党小组在盐池举办"情系老区、服务基层"迎新春送春联下乡和书画笔会活动，艺术家们为盐池县花马池镇北塘新村群众义写春联200余幅，剪纸50余件。民建宁夏书画院2016年中西部"送文化下基层"书画笔会活动走进盐池县花马池镇北塘移民新村。全年举办送文化下乡书画笔会等共24场次。

【重要会议】 6月19日，民建吴忠市委会召开第二届第二十九次全委（扩大）会议。会议学习了《学会章会史学系列讲话 做合格会员》，审议并讨论通过了《吴忠民建》创刊号，发行首期《吴忠民建》，通过《市委会支部用章管理暂行规定》，研究了市委会换届有关事宜和关于在盐池县成立支部等有关事宜。8月12日，民建吴忠市委会召开第二届第三十次全委（扩大）会议。传达学习了习近平总书记来宁视察时的重要讲话精神，会议审议并讨论通过了《民建吴忠市第三次会员代表大会实施方案》。会议还讨论换届工作其他有关事宜。9月6日，中国民主建国会吴忠市第三次代表大会在红宝宾馆召开。自治区人大常委会副主任、民建宁夏区委会主任委员孙贵宝，民建宁夏区委会副主任委员解方，市委常委、政协党组书记、组织部部长孙瑛，市人大常委会副主任马银静，副市长左振哲，市政协副主席买霞出席会议。副市长王慧仙出席了闭幕大会。 会议听取并审议了民建吴忠市第二届委员会工作报告，大会选举产生了新一届委员会。杨松涛当选为民建吴忠市委会第三届委员会主任委员，贾永玲、牛华平当选为民建吴忠市委会第三届委员会副主任委员，推举何坤平担任民建吴忠市委会第三届委员会秘书长。

·民进吴忠市委会·

【概　况】　截至2016年年底，民进吴忠市委会有会员203人，具有中高级职称155人，占84%。其中，教育界别会员124人，政府机关14人，经济界12人，医药卫生界8人。市委会下设青铜峡市委会、利通总支、市委会直属支部等10个基层支部。会员中自治区政协委员2人，吴忠市政协委员11人，县级政协委员17人。市委会机关编制2个，驻会2人。

【思想建设】　2016年，民进吴忠市委会坚持以会代训，组织会员认真学习中共十八届五中、六中全会精神，习近平总书记在中国共产党建立95周年、红军长征胜利80周年等大会上的重要讲话精神及民进中央主席相关会议精神。组织骨干会员参加统战系统第七届"读书月"活动期间的"统战业务大讲堂"、"金点子"征集、读书征文、演讲比赛等活动。积极开展教育实践活动。组织90余名会员赴红寺堡区、盐池县参观了红寺堡区的葡萄酒庄、移民社区、宁夏移民博物馆和盐池县的中民投光伏发电项目、美丽乡村建设、环城公园工程、长城旅游项目，了解两地经济社会发展情况。结合学习实践活动的开展，为会员购买《苦难的辉煌》《协商民主》两本书，借助报纸、民进会刊、网站，宣传会务工作和会员优秀事迹。编印《工作简报》36期，撰写其他宣传稿件16篇，其中，自治区、市两地媒体报道稿件10篇，民进中央网站刊登稿件13篇，民进区委会网站刊登稿件32篇，《民进宁夏》刊登14篇。向自治区政协理论研究会、《宁夏统一战线》、市政协理论研究会报送高质量理论文章7篇，获得好评。

【参政议政】　在政协吴忠市三届四次全会上，民进吴忠市委会向大会提交提案36件，其中，党派提案24件，委员提案12件。提交大会发言5篇，《关于非公经济"走出去"发展的建议》《多措并举精准发力坚决打赢农村贫困人口脱贫攻坚战》在大会做口头交流，其他3篇做书面交流。有5件提案被确定为重点提案，分别由市领导督办。在自治区政协十届四次全会上，通过个人和区委会提交提案14件，《关于加快宁夏社会组织健康发展的建议》得到自治区副主席李锐的批示。全国政协十二届四次会议召开前，向民进中央提交《探索实施失能老人"长期护理保险"推进市场化养老服务体系建设的几点建议》等4件提案素材，《关于加强社会诚信体系建设的建议》被民进中央采用。认真开展专题调研，完成旅游业融合发展、特殊教育发展、科技创新能力、富硒农业经济发展、葡萄酒产业发展5项专题调研。3篇调研成果上报吴忠市委办公室和自治区党委统战部，4篇调研报告转化为市政协大会发言部分内容。在市委会委员、各基层组织委员、支部主任及各政协委员中开展"我为全面建成小康社会建一言献一策"和"我为扶贫建一言献一策"活动，共收到素材23份，整理后以社情民意上报政协，其中，《关于将吴忠至扁担沟镇9路公交线终点站延伸至同利村的建议》等5条建议得到部门的切实解决，《关于将青铜峡营造的防护林用水列入自治区灌溉建设项目的建议》等4条社情民意被自治区政协采纳。年内，参加市委、政府、政协、统战部组织的协商活动8次，2次走访市监察局、民政局、财政局、住建局4个对口部门，收集意见建议，参加评议活动。会员被聘为各类特邀人员的达16人次，在座谈会、评议活动中，认真履行民主监督职能。

【组织建设】　2016年，民进吴忠市委会顺利完成市委会和青铜峡市委会、直属支部、利通总支换届工作。年内，外派会员参加民进中央、区委会、市政协等举办的青年会员培训班、参政议政能力建设培训班、彩虹行动音乐教师培训班、社情民意培训班等7期，参加市委统战部、组织部举办的培训活动4期，参培总人数达91人次。结合市、县两级人大、政府、政协换届，通过组织推荐、主委推荐两条渠道，向市、县两级中共党委组织部、统战部推荐优秀干部。年内，发展会员11名，全部为本科以上学历，中高级以上职称占82%。其中，政府部门4名，教育界别4名，非公经济界别1名，医药卫生界别1名，工会1名，组织结构得到改善，活力进一步增强。修改完善了《民

进吴忠市委会工作规则》《民进吴忠市委会主委会议规则》，明确了主委、副主委、秘书长工作职责，班子集体民主议事，团结协作氛围进一步增强。制定了《民进吴忠市委会思想宣传工作奖励办法》《民进吴忠市委会参政议政成果奖励办法》，修改了《民进吴忠市委会学习制度》，促进工作规范化发展。

【社会服务】 2月初，民进吴忠市委会在青铜峡东街社区开展"迎新春 送春联"微公益活动，为群众书写对联300余副。3月，组织"民进医疗服务队"在青铜峡镇同兴村开展义诊咨询服务活动，诊治群众200人，发放近2000元的药品，发放宣传资料300多份。帮助同利村输出劳务。动员会员企业为扁担沟镇同利村群众提供就业岗位1000多个，帮助移民群众脱贫致富。积极开展捐助活动。争取宁夏公益慈善事业促进会项目，在扁担沟镇同利村开展"暖心"运动鞋捐赠活动，向全校捐赠了价值10余万元的运动鞋570双。争取侨联项目，在盐池县惠安堡镇惠安堡村开展棉衣捐赠活动，为中小学生捐赠价值4万元的棉衣100套。申请"澳大利亚魏基成天籁列车"助听器15部，捐献给同利村15名听碍患者。

· 农工党吴忠市委会 ·

【概　况】 截至2016年年底，农工党吴忠市委会下设4个支部、1个总支、1个党小组，共有党员128人，其中医药卫生界别党员70人，占党员总数的56%。具有中高级职称的党员有82人，占党员总数的64%。党员中共有各级人大代表7人次，政协委员25人次。市委会现有机关编制2人，专职主委1人，专职秘书长1人。

【重要会议】 1月30日，农工党吴忠市委会召开全体党员大会，回顾总结2015年工作，部署安排2016年工作任务并对党员进行党史教育。9月5日召开代表大会，选举产生农工党吴忠市委会第四届委员会。

【参政议政】 2016年，农工党吴忠市委会完成《关于加强和创新社区服务管理》等重点调研课题。积极配合区委会在红寺堡开展了贫困地区"因病致贫、因病返贫"课题研究项目。围绕党委、政府重视、社会关注、百姓关心的热点和难点问题，向自治区政协十届四次会议提交提案6件；向吴忠市政协四届四次会议提交集体提案17件，4件被确定为重点提案。提交大会发言材料6篇，其中《高标准建设生态纺织产业园区 积极承接中东部地区纺织产业转移》做大会口头发言，《努力打造吴忠模式全面推进电商发展》等5篇做大会书面发言交流。向农工党区委会提交社情民意信息10篇，向市政协提交社情民意信息6篇，其中2篇被市政协采用，2篇被统战专报采用，得到市委赵书记批示。

【组织建设】 2016年，组织召开第四次党员代表大会，顺利完成了交接和人事调整。新一届市委会领导班子的平均年龄在40岁左右，文化层次和专业结构进一步优化，形成了结构合理、梯次科学的市委会委员队伍，为履职提供了坚强的组织保证。2016年，党派机关根据吴忠市委、政府工作重点，结合工作实际，先后安排30多人次分别参加各类培训，积极推荐党员参加挂职锻炼活动，提高党员素质和参政议政能力和水平。

【社会服务】 2016年，农工党吴忠市委会自觉融入大局、服务大局，结合实际，发挥优势，在医疗扶贫等方面开展了一系列内容丰富、形式多样的服务活动，对吴忠市脱贫攻坚战起到实实在在的推动作用。积极与区委会对接联系，引进了中国初级卫生保健基金会"区域卫生发展精准扶贫"公益扶贫项目，为盐池县9个乡镇卫生院及村卫生室提供先进设备，捐助39台，价值1301.34万元，对提高盐池县医疗卫生能力建设，提高群众健康水平起到很大的作用。积极发动社会力量，共联系大水坑商会、宁鲁石化、飞马公司、深燃众源天然气有限公司等单位开展助力脱贫攻坚帮扶活动。联系区委会帮助建设孙家滩宁夏食用仙人掌产业种植基地，帮助约700名农民工解决就业问题。举办慢性病防治、妇女权益保障法、心肺复苏术的新进展、冠心病的治疗等知识讲座。组织党员深入山区、宗教场所、乡镇卫生院，为群众开展健康知识宣传及义诊活动，受益群众1000余名，服务项目涉及常见病、慢性病合理用药指导、血压、血糖、心电图检查等多个项目，并与村卫生室结成互助对子，长期帮扶，帮助提升基层医务人员医疗服务水平，受到社会各界广泛好评。

·九三学社吴忠市委会·

【概况】 2016年，九三学社吴忠市委会围绕中共吴忠市委接力"两场赛跑"、打好"四仗一战"中心工作，牢固树立"五大发展理念"，积极履行参政议政、民主监督和政治协商职能，探索社会服务工作新思路和新模式，着力加强自身建设，各方面工作都上了新台阶。被九三学社中央授予"组织建设先进集体"荣誉称号。社市委会医卫支社的社会服务案例"同心同行为民族团结进步尽职出力"选入《九三学社中央基层组织案例汇编》。

【思想建设】 2016年，九三学社吴忠市委会组织社员认真学习中共十八大以来历次中央全会和习近平总书记系列重要讲话精神，中国特色社会主义多党合作理论及九三学社章程等，不断提高服务地方经济社会发展的意识和坚定走中国特色社会主义道路的信念。充分调动广大社员开展理论研究的积极性，积极组织社员参加社中央、社区委及吴忠市政协专题论坛和专题研讨会征文活动，先后撰写了《关于加强民主党派民主监督的路径思考》等8篇理论文章。根据九三学社中央、区委会及市委统战部的安排部署，扎实开展了"坚持和发展中国特色社会主义学习实践活动"、统战系统第七届"读书月"活动及"争做'三好'统战干部"等主题教育活动。拓宽渠道，创新形式，深入细致地了解社员的思想状况，倾听社员呼声，根据社员关注的热点和疑点问题，有针对性地开展思想教育，引导社员正确认识国际、国内形势，把思想和行动统一到中央、自治区及市委的决策部署上来。

【参政议政】 2016年，在政协吴忠市四届四次全会上，九三学社吴忠市委会向大会提交发言3篇，提案26件，其中《关于加快新常态下吴忠装备制造业发展的对策和建议》被确定为一号重点提案，《关于进一步加快推进城市公交优先发展战略 促进吴忠市可持续发展的建议》等7件提案被确定为重点提案。利通区基层委员会向利通区政协三届四次会议提交4件提案，有1件被确定为一号重点提案。年内分别完成了九三学社中央关于社区服务业发展的调研、九三学社宁夏区委会关于村级组织负责人守法情况的调研、吴忠市委关于吴忠市工业转型发展的调研。结合吴忠市第五次党代会提出的"坚持绿色发展、加快转型升级"的目标要求，《关于加快绿色工业发展 推进吴忠市工业转型发展的建议》的调研报告，《聚焦目标 精准攻坚 切实增加农民收入》的调研报告被确定为书面交流材料。

【社会服务】 2016年，九三学社吴忠市委会围绕吴忠市统一战线助力脱贫攻坚行动计划，共开展送医送药送健康活动2次，开展捐赠活动2次，分别捐赠了有机化肥、米、面、书籍等生产生活用品。4月，联合吴忠中学名师开展送课下乡暨高考研讨交流活动，组织经验丰富的名师、骨干教师面对面为即将走向高考考场的学生授课，为他们分析考点，讲授技巧。

【重要会议】 9月9日，九三学社吴忠市委会召开第一次代表大会，会议听取并审议了九三学社吴忠市第三届委员会工作报告，大会选举产生了社市委会第四届委员会，全体委员全票当选。

【组织建设】 2016年，九三学社吴忠市委会新发展社员6人（2名公务员，2名新阶层人士），平均年龄36.5岁。全年输送12人次进行不同层次的学习深造。7月，社市委会基层组织顺利完成了换届工作，一大批年富力强、热心肯干的社员进入到领导班子，进一步优化了领导班子知识结构、专业结构和年龄结构，形成了结构比较合理、文化层次较高的基层组织领导干部队伍。

群众团体

·吴忠市总工会·

【概况】 2016年，吴忠市总工会牢固树立"五大发展理念"，深入贯彻党的群团工作会议精神，全面实施劳动竞赛、维权维稳、帮扶解困、信息化建设、服务能力提升"五大工程"，着力增强"三性"，去除"四化"，着力做强基层，改革创新，用务实有效的工作举措回应职工关切、凝聚职工力量，团结动员广大职工为全面

建成小康社会建功立业。年内,新建基层工会组织124家,发展会员10719人,清理空壳工会66家。截至2016年年底,全市有基层工会组织2062家,会员185653人。

【服务经济发展】 2016年,市总工会围绕重点项目工程,开展"创双优"劳动竞赛、技能大赛和"五小发明创造"等群众性经济技术创新活动,涌现出一批助推经济转型升级的领军人物,实现技术革新140多项,为企业创造经济效益3000多万元。围绕构建和谐劳动关系,深入推进民主管理和集体协商,拓展深化"八位一体"法律维权吴忠模式,建立健全四级劳动争议调解网络,举办全市首届工会劳动争议调解员技能大赛。年内成功调处劳动争议案件80件,挽回经济损失213.5万元。围绕精准帮扶,扩大工会"四季送"品牌效应,实施"工字号"创业带就业工程,开展职工医疗互助工作和女职工"关爱行动",构建起集中救助与平时救急、全面救助与重点救助、帮扶济困与脱贫解困、工会帮扶与政府扶贫"四个结合"的帮扶新格局,推动困难职工共享改革发展成果。围绕信息化建设,着力打造手机APP客户端、微博、微信三大平台,创新设立"信息发布""职工入会""便民服务""工会业务"四大窗口,培养一支素质过硬的信息化干部队伍,不断丰富服务方式,拓宽服务内容。全市录入工会组织1371个,工会会员94977人。围绕服务能力提升,组织工会系统党组织扎实开展"两学一做"学习教育,持续转变干部作风,深入推进"会站家"一体化建设,不断增强基层工会活力。

【自身建设】 2016年,市总工会深入开展"两学一做"学习教育,党员领导干部以上率下示范引领广大党员深入学习党章党规、系列讲话,争做"四讲四有"合格党员,按照"六查六看六树"专题,严格落实"三会一课"制度,开展专题辅导36场次,集中学习256次,讲党课42次。强化干部素质提升,积极开展"创建学习型组织,争做知识型职工"活动,采取举办观摩会、培训班、订单式培训等多种形式,培训工会干部、工会主席290人次。破除工会干部机关化、行政化倾向,开展"面对面、心贴心、实打实,服务职工在基层"和"百名工会干部进千家企业"活动,围绕"三见三问三抓三有",撰写调研报告38篇,获奖17篇。持续转变工作作风,将机关干部基层联系点活动与社区共建、精准帮扶有机结合,深化"下基层"活动,大力倡导"一线"工作法,严格落实各项制度,实现50人以上基层工会联系点全覆盖。

【开展劳动竞赛】 2016年,市总工会围绕全市"清、轻、青"三大产业,在生态纺织、新材料基地、自动化产业园等8个重点项目(工程)领域深入开展以"践行新理念、建功'十三五'"为主题的"创双优"劳动竞赛。举办全市美食创意大赛及卫生、建筑行业、税务系统岗位练兵技能竞赛11场次,涉及27个项目(工种),动员4.9万名职工参加,涌现出王学朋、吴忠天翔雷锋车队等全国、全区"五一劳动奖章""工人先锋号"等先进集体和先进个人11个。以创建"工人先锋号"为载体,在全市广泛开展班组建设达标竞赛活动,从强化班组长队伍建设、强化班组规章制度建设、强化班组民主建设等8个强化方面提升班组建设水平,全市共有1577个企事业单位班组(科室、工段)参加竞赛,培育吴忠仪表柔性车间、恒丰纺织马芳班组等24个班组建设示范点。

【职工维权】 2016年,市总工会贯彻《宁夏回族自治区企业工资集体协商办法》,维护职工经济权益,推行"1334"工作法,构建"三方主导、指导员推动、上级代理、源头参与、评价定级、四季常抓"的工资集体协商模式,培树区域(行业)性工资集体协商示范点25个,签订工资专项集体合同806份,动态签订率达95.3%。开展"公开解难题,民主促发展,创建劳动关系和谐企业"活动,维护职工参与权,扎实推进"4333"工作模式,全市国有及控股企(事)业单位职代会、厂务公开制度建制率达100%,非公企业达91.2%,创建劳动关系和谐企业28家。巩固深化八位一体法律维权"吴忠模式",畅通诉求表达渠道,维护职工表达权,畅通维权热线诉求通道,开展劳动争议调解工作,建立健全四级劳动争议调解网络,举办全市首届工会劳动争议调解员技能大赛,成立各级劳动争议调解委员会185家,实现工会维权站点有效整合,年内接待来信、来电、来访104案120人次,代理劳动争议案件81件,成功调处80件,挽回经济损失213.5万元。

【助力精准扶贫】 2016年,市总工会发挥"送温暖"品牌优势,筹集资金727.29万元,救助困难职工11124人;发挥"金秋助学"品牌影响力,募集资金253.42万元,争取社会力量捐助18.1万元,资助1069名困难职工子女;开展女职工关爱行动,免费为954名女职工进行"两癌"筛查;实施"12221"工程,针对下岗失业人员、大中专毕业生,先后举办招聘会6场,提供就业岗位5528个,达成求职意向2053人;针对困难职工(农民工)开展"春风行动"、技能培训"阳光工程",采取购买服务方式,投入资金55.55万元,举办手工制作、家政服务等技能培训班12期,培训困难职工1432人;充分发挥"医疗救助"优势,筹集资金155.7万元,走访慰问生病职工615人,利通区、盐池县、青铜峡市总工会还把职工医疗互助作为民生工程,扎实稳步推进,加大保障力度,不断扩大影响,实现全市参保职工达49120人,累计筹集互助资金664.42万元,为740名患病职工发放补助资金381.91万元,缓解职工因病致贫问题。

【组织建设】 2016年,市总工会开展"建会百日攻坚行动",推进生态移民村、劳务派遣公司、新社会组织等组建工会;开展"六有"工会建设,深化"四方评会""四亮一诺"活动,健全完善激励约束和综合考评机制,使80%以上的基层工会达到"六有"标准;推进"会、站、家"一体化建设,加强"职工之家"创建指导,宁夏夏进乳业集团股份有限公司工会、宁夏瑞丰葡萄酒业发酵车间工会小组等7个单位获得全国"职工之家""职工小家"称号;结合实际,建立了QQ群、微信群,有力促进信息共享、经验互通。

【全市工会第四次代表大会】 12月2日,吴忠市工会第四次代表大会在吴忠会堂召开,市委书记赵永清出席大会并作讲话,对五年来全市工会工作取得的成绩给予充分肯定。自治区总工会副主席及吴忠市人大、政府、政协主要领导应邀出席会议,来自全市各级工会263名代表参加本次大会。大会听取了市总工会第三届委员会工作报告,选举出新一届领导班子集体。

【创新劳模服务管理】 2016年,市总工会扎实推进劳模创新工作室"扩面提质",新建10家劳模创新工作室,强化劳模创新工作室作用发挥,对全市已建34家劳模创新工作室进行考核验收,评定出一、二、三级及达标创新工作室23个,投入近17万元以奖代补,激发工作活力。成立由83名各行业劳模参与的企业现代化管理、技术创新、技术交流、技术协作、技术攻关等6个聚服务分团,建立相近行业劳模创新工作室之间对接、联合、共创的"聚服务"机制。深入37家企事业单位开展"劳模聚服务"活动15场次,通过面对面展绝技、攻难点,手把手教技术、教本领,服务职工群众900多人次,推广先进操作法22项,攻克难题53项,使一人之技变众人所长,产生良好的经济社会效益。

【工资集体协商质量等级评价体系】 2016年,市总工会建立由各级协调劳动关系三方实施的工资集体协商质量等级评价体系,从机制建设、协议内容、协商程序、协议审查、协议履行、满意度测评6个方面进行评价,按照地域管辖,分A、B、C三个等级,评价结果作为和谐企业评选表彰的重要依据,同时,对评定为A级的企业实行以奖代补。实现工

10月19日,市总工会举办全市工会劳动争议调解员技能大赛

资集体协商工作由估量评价走向定量评价，有效提升工资专项集体合同履约率。

【非公企业职称评聘体系】 2016年，吴忠市利通区总工会在恒丰、美佳乐、红果3家企业推行非公企业内部职称评聘体系，该职称评定只限于车间一线职工。实施以来，使拥有一流专业技能和工作经验的老职工，能够根据自身对企业的贡献和为企业带来的经济效益享受相应薪酬，有效调动职工参与企业发展的积极性和主动性，形成新老职工互帮互学、争先争优的良好氛围。

【创新型群团工作服务站】 吴忠市利通区总工会在恒丰纺织集团、金世纪包装印刷有限公司、古城镇新生社区建立了融合工会、团委、妇联等群团组织为一体的综合性服务机构，整合会员发展、政策宣传、权益维护、困难帮扶、医疗互助、技能培训、素质提升等基础项目，扎实开展"党工共建、双优双推""金点子"征集和企业内部职称评聘等主题活动，有力打造职工一公里服务圈，实现群团组织工作方式的有效转变和服务阵地的深度融合。

【医疗救助体系】 吴忠市利通区总工会将职工重特大病医疗互助与工会帮扶大病医疗救助有效衔接，制定"双助"精准帮扶互助工作机制。年内，1/3以上的患病职工既能享受工会困难职工帮扶资金，又能享受医疗互助补助资金，为推动解决患病职工因病致困、因病返贫等问题创出一条新路。

链接：

【工会干部遴选制】 2015年，吴忠市总工会探索建立工会干部遴选制，主要包括竞争上岗、双向选择、综合考评三项机制。一是拿出4个副部长职位实施竞聘上岗，激发工会干部想干事、能干事、干成事的工作热情。二是对园区工会、系统工会、行业工会、机关部室部分岗位实行双向选择，即工会（部室）负责人选干部，干部选工会（部室）负责人，双向选择更加科学地实现人员流动。三是对全体干部从德、能、勤、绩、廉五个方面进行综合考评，考评成绩纳入年度考核，装入个人人事档案。2016年8月1日《工人日报》头版头条刊登吴忠市总工会探索建立"工会干部遴选制，打破用人坚冰"的报道。自治区人大常委会副主任、自治区总工会主席左军批示：吴忠市工会积极探索职业化工会工作者的管理使用，有思路、有创新，作用发挥得好，值得总结经验推广。通过两年的培养实践，工会干部遴选制发挥了良好作用，有力推动工会用人机制改革，这一做法被自治区总工会评为2016年创新项目。

【"八位一体"吴忠维权模式】 探索建立坐班接访、工会维权函件、三权行使、工会说法、维权直通车、工会法律援助、审家规、职绩工资体系"八位一体"吴忠维权模式，实现工会法律维权工作由"软式"向"硬式"的成功转变，有效拓宽了法律维权深度和广度。自实施此模式以来，共代理各类劳动争议案件200多件，为职工挽回经济损失1000多万元。

· 共青团吴忠市委员会 ·

【概况】 截至2016年年底，吴忠市有共青团员74146人。团市委下辖基层团委119个，团工委7个，团总支135个，团支部2505个。现有专职团干部42人，兼职团干部1552人。2016年，吴忠市共青团以"七项行动"为重点，开展了学校团队规范化建设、"青春助力脱贫攻坚"、志愿服务常态化建设、特需关爱青少年结对帮扶、大学生创业引领、共青团互联网转型等重点工作，形成了一些卓有成效的改革创新举措，切实推进团的各项工作提质增效。被团中央中国少先队事业发展中心评为"红领巾阅读风采展示活动优秀组织单位"。

【学校团队规范化建设】 2016年，作为全区学校战线强基固本行动试点市，吴忠团市委严格落实《全区学校共青团和少先队建设指导意见》，开展学校团队规范化建设工作。通力抓协调，增强了党政领导的重视支持和相关部门的沟通合作，开展了全市学校团队工作规范化建设，并实行量化考核测评，确保组织领导到位。全力抓规范，围绕"规范什么、如何规范、规范成什么样"这一主线，从领导机构、队伍建设、制度体系、阵地建设、组织建设、团队活动6个方面全面规范团队工作。市级层面出台了《全市中小学少先队标准化队室建设方案》、少先队活动课、雏鹰争章、中学三会两制一课等8项管长远的规范性制度，采取了驻校蹲班团市委班子成员担任联系点少先大队校外辅导员、班团一体化、团队结对共建等创新举措，提高团队规范化管理水平。重点抓督导，通过对每所学校实地督查，盯住问题抓整改，召开现场观摩推进会，命名表彰首批示范校，组织团队干部交流学习等措施，使强基固本各项要求切实落地。共新建学校团队阵地35个，在初中新设少先大队34个，开展团员意识教育等各类主题活动360场次，团学平均比例降低到了38%，各学校逐步向规范看齐。

【助力脱贫攻坚】 2016年，吴忠团市委围绕自治区团委和市委关于组织青年融入脱贫攻坚大局的要求，实施公益扶贫，开展"青春扶贫护苗行动"关爱贫困村留守儿童工作，按照"一村一团"的要求，为全市168个贫困村组建了168个"关爱留守儿童志愿服务团"，通过"手拉手"结对、"心连心"交流、建设"希望家园"等措施，结对帮扶贫困村留守儿童、农民工子女1320对，发放物资122万余元。实施创业扶贫，将服务青年就业创业与助力脱贫攻坚紧密结合，以青年电商扶持和农村青年致富带头人培育为抓手，建立农村青年电商指导站22个，举办了农村青年电商培训班7期，培训创业青年1200余名，选树推荐盐池夏小三为全国优秀青年致富带头人。实施教育扶贫，抓好"希望工程"品牌，连续第三年实施"黄河善谷助学基金"，并注重将项目向贫困村倾斜和覆盖，共筹措募集"希望工程"资金459万元（自筹280万元），资助家庭经济困难青少年2208名。

【志愿服务常态化建设】 2016年，吴忠团市委依托吴忠市创建全国文明城市，创新组织动员方式，重点建立发展以机关、企事业单位党团员为主力的党团员志愿服务队，吸纳各类社团（协会）、社会组织、群众广泛参与爱心联盟志愿服务队，组建志愿服务队902支。通过采取以党团员志愿服务队为主的行政组织化动员方式和以爱心联盟志愿服务队为主的社会化动员方式，扩大了志愿服务的参与面。完善体制机制，与组织、宣传部联合印发《关于深入开展党团员志愿服务工作的实施意见》，将每月最后一个星期五确定为全市志愿服务日。建立吴忠市志愿者综合信息管理平台和手机APP，目前已实名注册志愿者12.5万人，开展志愿服务时长7万小时。坚持志愿服务协会定期联席会议制度，召开全市志愿者协会一届二次理事会，表彰首届"四个最美"（"最美志愿者""最佳志愿服务组织""最美志愿服务社区""最佳志愿服务项目"）各50个。创新项目培育方式，在志愿服务项目化运作上主要采取集中性活动与常态化活动相结合的培育方式、专业性服务和普遍性服务相结合的培育方式，共培育优秀志愿服务项目50个。拓宽宣传渠道，依托本地电视台、党报党刊传统媒体，微博、微信、网站等新媒体，和以公交车、汽车站、广告牌、岗亭等实体为主的户外媒体，采取挂横幅、播短片、放音乐、张贴宣传画、统一志愿者标志等方式，拓宽志愿服务宣传渠道。

【特需关爱青少年结对帮扶】 2016年，吴忠团市委开展特需关爱青少年结对帮扶，专职团干部对帮扶对象实施"四个一"帮扶（每周通一次电话，每月谈一次心，每学期资助一批学习用品，每年体验一次城市生活），结对团干部70名。实施"宁夏特需关爱青少年帮扶项目"，聘请10名导师结对帮扶30名特需关爱青少年，在项目原有资金基础上，导师们又通过个人渠道为帮扶的青少年争取各类资金25万元。各级团组织进一步扩展了工作范围，主动联系到"互善联盟"、春蕾天使爱心会等18家社会组织500余名志愿者，关爱帮扶农民工子女、孤残留守儿童等青少年2200余人次。

【共青团互联网转型工作】 2016年，吴忠团市委将"青年之声"作为共青团宣传的重中之重，出台《吴忠市"青年之声"平台运行管理办法》，建立"日通报、周汇总、月反馈"督查考核通报机制，做好线上线下工作融合，回应和解决青年在网上提出的困难和问题3万余条。同时，利用微博、微信、网络开展"清明祭英烈、共筑中华魂""今日中国如你所愿""e网青声"等线上活动24次，微信发布信息2000余篇，新增粉丝3万余人，逐渐在新媒体上开辟了青少年宣传教育的新阵地。

【共青团吴忠市第四次代表大会】
12月12—13日，共青团吴忠市第四次代表大会在吴忠会堂召开，全市201名团员代表参加会

议。会议审议并通过了共青团吴忠市第三届委员会工作报告，选举产生了共青团吴忠市第四届委员会委员、候补委员、常务委员会委员和书记、副书记、兼职副书记。

· 吴忠市妇女联合会 ·

【概况】 2016年，吴忠市妇联按照"党政所急、妇女所需、妇联所能"的工作要求，以"两学一做"学习教育为主线，坚持服务党政大局与服务妇女需求相结合，维护社会稳定与维护妇女权益相结合，以促进妇女创业就业为目的，做到工作前移、重心下移，主动作为、真抓实干，团结带领全市广大妇女在全面建设小康社会的伟大实践中建功立业，各项工作取得了新成效。

【推进妇女创业就业】 2016年，市妇联继续实施农村妇女创业担保贷款、城镇妇女创业低息贷款、优惠商业贷款等惠民政策，力促妇女创业就业。截至12月底，全市累计发放农村妇女创业小额担保贷款16.076亿元，41259个农户受益。结合全市脱贫攻坚工作，制定下发了全市妇联系统开展"巾帼脱贫"行动的实施意见，根据工作要求和脱贫攻坚重点行政村的实际特点以及各村妇女的需求，在五个县（市、区）60个重点脱贫村组织开展了60期以刺绣和手工制品为主的"巾帼巧手脱贫"培训班，共培训妇女6000余人。结合妇女需求和各地产业发展实际，共举办"巾帼科技致富"培训班6期，整合市本级女能人的技术、市场、品牌资源，将实用技术送到农村妇女的家门口，共同打造没有围墙的万人工厂，让农村妇女不出家门就能增收致富。通过举办能力提升培训、理论问答、现场实操等，层层选拔了14名家政服务员、育婴员、养老护理员参加全区的技能竞赛，进一步开拓了吴忠市家政服务人员的整体素质、开拓了眼界，促进了家庭服务业的发展。

【寻找"最美家庭"活动】 2016年，市妇联与市文明办、市直机关工委联合在全市深入开展寻找"最美家庭"活动和"好家风好家训"宣传展示活动。广泛开展"家庭助廉"活动，以好的家风滋养党风政风民风，支撑起好的社会风气。年内，全市390个基层妇联组织共推选出291户"最美家庭"参加市级"最美家庭"评审。充分发挥"妇女之家"的凝聚服务优势，在"妇女之家"参与各类"晒、议、讲、展、秀"活动的家庭达1873户16464人，举办最美家庭故事会170次，举办家风家训展示、评议会224次，征集到好家风好家训8825条。市妇联推选的李少军等4个家庭荣获2016年度全国"最美家庭"称号，周得奉等4个家庭荣获第十届全国五好文明家庭称号，马尚华等13个家庭荣获自治区"最美家庭"称号。"三八"国际劳动妇女节期间，与市消防支队联合开展"好警嫂"评选表彰活动，共表彰了10名"好警嫂"。

【"康乃馨"关爱单亲母亲行动】 2016年，市妇联积极实施"康乃馨"关爱单亲母亲行动，对登记在册的3108名单亲母亲，通过成立互助小组、帮助解决就业、申请廉租房和助学金、"两节"慰问等措施，切实解决单亲母亲生产生活中的突出困难。积极协调吴忠市女企业家协会的全体会员结对帮扶75名单亲母亲，利用母亲节、端午节等节假日组织单亲妈妈们到企业观摩、座谈交流等，用女企业家永不言败的精神鼓励她们勇于面对困难，用自己勤劳的双手创造幸福生活。

【"三八"纪念表彰活动】 2016年，市妇联以"巾帼美丽靓吴忠"为主题，精心设计了纪念"三八"国际劳动妇女节106周年大会，对吴忠市第四中学、盐池县人民检察院公诉科等全市18个"三八"红旗集体和22名"三八"红旗手进行表彰，通过先进访谈、事迹介绍等形式，广泛宣传展示时代女性在全市经济社会发展中作出的骄人成就和重要贡献，宣传女性在传承中华美德、承担家庭责任、促进社会和谐中的重要作用。2016年吴忠市有10家单位荣获自治区巾帼建功先进集体，7名个人荣获自治区巾帼建功标兵，18家单位荣获全区妇女儿童维权先进集体，17名个人荣获全区妇女儿童维权先进个人等荣誉称号。

【关爱儿童工作】 2016年，市政府将0~3岁儿童早期家庭教育列为2016年度为民办实事之一，市妇联下发《吴忠市儿童早期发展指导服务工作方案》，确定7所儿童早期发展示范家长学校和20个示范社区（村），培育了19名本土亲子教育讲师。截至12月底，全市共举办各类儿童早期发展培训、讲座、微课105场次，2万多个家庭受益。争取"春蕾计划""让我玩""消除婴幼儿贫血""儿童幸福家园"、TOM布鞋捐赠等项目资金420余万元，实现了扶贫扶弱与妇联工作共促共进。年内，共发放"消除婴幼儿贫血"营养包50540盒，有8584名婴幼儿受益。先后共投入15万余元资金，建设、完善6所儿童幸福家园设施设备，购买开展活动的用品，为农村儿童提供开心玩耍学习的场所。全市共资助春蕾女童近400名，资助资金共计29万元。

【妇女维权工作】 2016年，市妇联发挥在协调关系、化解矛盾中的独特作用，充分利用《反家庭暴力法》，组织开展"三八"妇女维权周系列活动，召开维权联席会，组织36家单位开展集中宣传。联合相关部门开展"法律服务直通车"活动，举办了"家庭矛盾纠纷调解能力提升"专题培训班和"专家释法"专题讲座，有千余人参加了活动。同时，大力开展法律维权活动，通过组织法庭旁听、以案释法等活动，面向妇女开展通俗易懂、生动活泼的法治宣传教育，把法律送入家庭、送到妇女身边。印制反家暴法宣传资料17000份，深入市人民医院、消防支队、乡镇、厂矿等基层妇女组织举办5场次婚姻家庭讲座、沙龙。截至12月底，全市接待处理妇女来信来电来访295件，内容涉及家庭纠纷、维权政策咨询、寻求帮助等，均给予了及时协调解决，没有造成群众回访、缠访等情况。

【"无毒家庭"创建活动】 2016年，市妇联印制2万份宣传折页，发出"关好自家门、管好自家人"创建"无毒家庭"倡议书。牵头制定下发了《关爱农村妇女、留守儿童、老人和残疾人工作实施方案》，对全市868名留守妇女进行了摸底，并结合妇联工作实际广泛开展了留守妇女关心关爱、扶智、传技活动。争取全国妇女发展基金会"关爱女性生殖健康保险保障计划"项目支持，为全市1000名贫困妇女办理"关爱女性生殖健康保险"。

【组织建设】 2016年，市妇联扎实开展扩大基层妇联组织成员和在社会组织中成立妇女组织工作，全市共在46个乡镇、2个街道办事处、54个社区居委会和503个行政村开展了扩大基层妇联组织成员的工作，总计扩员4974人。按照"先建立、后完善、再提高"的工作思路，联合民政局在已注册的社会组织中成立妇女组织，在8家"两新"组织中成立了妇女组织，普遍达到了"班子组建好、开展活动好、妇女关爱好、作用发挥好"的标准，实现"点上突破、面上覆盖、质上提高"的目标。举办为期两周的以各县（市、区）乡科级女干部、乡镇妇联主席及市直部门妇委会负责人为主体的妇女干部培训班。系统进行"两学一做"专题教育活动，加强理想信念教育、政治纪律教育和宗旨意识教育，把教育成果转化为"下基层"服务妇女群众的具体行动。

【召开吴忠市妇女第四次代表大会】 12月19—20日，市妇女第四次代表大会在吴忠会堂召开，全市各族各界、各行各业的203名代表和特邀嘉宾、列席人员出席盛会。自治区妇联党组书记董玲专程到会祝贺并代表自治区妇联致辞，市委书记赵永清到会并讲话，市妇联党组书记马晓红代表第三届执行委员会作了题为《凝聚巾帼力量　投身绿色发展　为全面建成小康社会而努力奋斗》的工作报告，全面、系统、客观地总结了过去五年吴忠妇女事业的发展、妇女工作的成绩与基本经验，深刻分析了吴忠妇女发展的新形势，提出了今后五年全市妇女事业的指导思想、奋斗目标和主要任务。大会选举产生了市妇女联合会第四届执行委员会及市妇女联合会第四届执行委员会常委、主席、副主席、兼职副主席。

· 吴忠市科学技术协会 ·

【概　况】 2016年，吴忠市科协以"政府推动、全民参与、提高素质、构建和谐"为方针，以普及科学知识、弘扬科学精神为目标，以五大重点人群为主体，以创建"科普大篷车"优质服务品牌为载体，围绕市委、政府中心工作，充分发挥全民科学素质实施工作领导小组办公室作用，建立健全社会化大科普工作机制，保质保量完成各项工作任务。

【服务经济社会】 2016年，市科协撰写了《关于加强吴忠公民科学素质建设的意见和建议》，得到市政府主要领导批示，并在宁夏党建杂志专题刊登。5月，争取自治区科协支持，通过深入基层、进村入户实地调研，与农户零距离接触，掌握第一手资料，根据产业发展需求，精选聘请科技专家。利用8—9月两个月时间，在全市组织开展"科技专家助力脱贫攻坚行动"吴忠科技服务活动。本次科技服务活动共邀请北京大学中国政府治理研究中心副主任钱元强研究员、西北农林科技大学王博文教授等区内、外专家53人，活动覆盖31个乡镇153个村、25个科普示范基地和40个农村专业技术协会。服务内容涉及葡萄产业、枸杞产业、草畜产业、特色农业等多个领域。

【开展科技咨询服务】 2016年，市科协围绕各产业园区及全市各企业的创新需求，通过在金积工业园区、吴忠仪表厂、勤昌轴承有限公司等建立院士专家工作站、开展创新方法培训培养等活动，帮助企业解决技术难题。结合吴忠市实际，组织两次高规格、高水平、高层次的学术研讨活动，通过搭建形式多样、层次丰富的学术交流平台，使活动更加符合科技工作者的需求，不断推动吴忠市学术繁荣和学科发展。邀请北京市农林科学院林果所国家桃产业技术体系首席科学家姜全、土壤肥料专家彭福田院长等10余位林果专家来吴，到五里坡桃园、设施温棚等处，对快要成熟的香蕉、木瓜等热带水果的适时采收和保护性加工提出了很好的建议。

【基层科普行动计划】 2016年，市科协积极指导农技协开展工作，组织开展"基层科普行动计划"，命名利通区扁担沟镇良繁场科普示范基地等3个科普示范基地，表彰利通区黄沙窝瓜果蔬菜协会等7个农村专业技术协会、杨玉国等4名农村科普带头人、利通区胜利镇永昌社区等4个科普示范社区。获得中科协、财政部"基层科普行动计划"以奖代补资金80万元。

【全民科学素质服务】 2016年，市科协完成《吴忠市全民科学素质行动计划纲要实施方案（2016—2020年）》起草工作。5月16日，组织市直有关部门及利通区宣传部、经济发展局、环卫局、农牧局、计生局等30多个单位举行了吴忠市2016年科技活动周启动仪式，发放宣传资料近百种，共2万多份，图书6000多册，咨询群众达3000多人次。同日，吴忠市青少年科技馆在市图书馆四楼正式开馆，接待全市青少年及社区居民27000余人。组织学生参加第31届宁夏青少年科技创新大赛暨第16届中国青少年（宁夏赛区）大赛，共有88件青少年科技创新作品获奖，32支机器人参赛队均获区级奖项。以科普大篷车为载体，组织开展科技"三下乡"、科技宣传周、科普日、科普"七进"等活动，实现科普活动常态化。

【青少年科技教育活动】 2016年，市科协先后开展了2016年宁夏青少年科学调查体验活动，举办吴忠市第三届中小学校科普剧竞赛、青少年科技创新知识讲座进校园、青少年高校科学营等活动，极大地增强了青少年的科技创新意识和实践动手能力。积极争取、配合自治区科协开展"大手拉小手"、专家院士下基层专题科普讲座3场次，先后组织老科协农艺、园艺、气象专家到生态移民村、农业科普基地、农村专业技术协会、企业等进行技术指导、咨询服务等科技活动6场次。

【科普信息化建设】 2016年，市科协根据自治区科协《关于转发〈中国科协办公厅关于做好科普中国V视快递落地应用工作的通知〉的通知》（宁科协发普字〔2016〕83号）文件要求，结合工作实际，制定市科协实施方案。在吴忠电视台的支持和配合下，拍摄了吴忠市青少年科技馆宣传片和吴忠市科学技术协会宣传片。在吴忠广播电台、电视台联合开播《乡村万象》《科普之声》《健康专题》《科普大篷车》《农村新天地》《乡村季风》《卫生与健康》等科普节目，拓宽科普宣传途径，扩大科普宣传的覆盖面。市科协成立吴忠市科技信息企业推广应用服务领导小组，并筛选出无外资背景、符合要求、有一定研发和技术的企业203家，建立了吴忠科技信息企业服务QQ群、应用企业微信群，走访对接了163家企业，并全部登记入库。征集到企业存在的技术问题20项，需求专家20个，入库专家9个。7月22日，邀请国资委研究中心特聘讲师田开军和宁夏科技咨询服务中心项目主管举办"吴忠市企业专利应用工程师培训班"，全市科技信息服务项目应用企业管理人员、研发人员、工程技术人员等200余人参加了培训。

【吴忠市青少年科技馆成立】 5月16日，市青少年科技馆在市图书馆四楼正式开馆，该项目总投资约280万元，每周星期三、星期四、星期五下午对外免费开放，年内共接待全市青少年及社区居民27000余人次，并深入利通区第十五小学、青铜峡市第五小学等多所学校，受益群众达1万余人。

【助力科技创新工程】 2016年，市科协以国务院委托中国科协开展全国大众创业、万众创新政策落实情况为契机，按照自治区科协开展助力创新工程的通知要求，积极与自治区科协取得联系，签订了科技信息企业推广应用项目吴忠站项目合作协议。主动与市科技局、工信委、商务局、发改局等职能部门对接，联合相关部门从全市规模以上工业企业名单中筛选出符合要求、有一定研发和技术的企业200多家，通过宣传发动、调查走访、项目收集、双向对接等工作方式，组织、邀请区内外院士、知名专家深入企业、园区、地方开展技术服务、人才培训。并与吴忠市28家企业66项技术需求进行对接，签订了16项合作协议，提升了吴忠市在科技成果转化方面的层次和水平，推进科技成果转化，助推产业、行业转型升级和创新发展，为地方经济社会发展提供了科技支撑。

【科普宣传】 5月16日和9月19日，市科协举行了吴忠市2016年科技活动周、科普日启动仪式，组织市直有关部门及利通区宣传部、经济发展局、环卫局、农牧局、计生局等30多个单位200名技术人员参加了现场宣传咨询活动，共发放宣传资料近百种，共2万多份，图书6000多册，宣传展板160块，3D科普展板72张，横幅标语24条，科技、科普咨询群众达3000多人次。中国流动科技馆巡展活动相继于5月、6月、11月到利通区、红寺堡、青铜峡、同心县等地开展巡展活动，本次活动通过展出球幕影院、机器人表演、3D展板、青少年科技创新作品、儿童科幻画作品及科普小讲堂，向广大师生展现了生动有趣、内容丰富的科技成果。结合科普"三下乡"和"七进"活动，展出科技创新作品680多张、"防震减灾、节能减排、低碳生活"知识展板30块、3D立体科普画72张、反邪教知识展板80块，以科技宣传周、科技"三下乡"、科技创新大赛为契机，开展了科普大篷车进校园、进社区、进农村活动，有23000名学生、群众参加了活动。

· 吴忠市残疾人联合会 ·

【概　况】 2016年，根据《关于吴忠市残联增加内设机构和领导职数的通知》（吴编办发〔2016〕137号）文件要求，市残联内设机构由原来2个（办公室、康复教育就业科）调整为3个（办公室、康复科、教育就业科）。年内，市残联按照"保基本、托住底、补短板、广覆盖"的总体要求，着力推进"两个体系"建设，坚持"跳出残联谋事、借威借力干事"，打破常规，精准发力，构建了"高层牵动、主体推动、部门联动、社会拉动"的工作模式，形成了残疾人工作活力剧增、残疾人事业创新发展、残疾人民生加速改善的良好局面，工作成效得到自治区、市领导和社会各界的一致好评。全区残疾人工作年度考核位居五市第一，政风行风评比居全市群团部门第二，效能目标考核居全市群团部门第二，市残联被授予"全区残疾人事业统计工作先进单位"，荣获全区残疾人辅助器具技能及康复知识大赛二等奖、全区残联系统法律知识电视竞赛二等奖、全市"六五普法先进单位"、"优秀基层党组织"荣誉称号。

【扶贫解困工作】 2016年，市残联大力推广"合作社+农户""基地+农户"等各具特色残疾人扶贫模式，依托利通区金兔养殖合作社、青铜峡市瑞源肉牛养殖园区、吴忠市富农奶牛养殖专业合作社等一批自治区、市残疾人扶贫示范基地，创新"1+2+3"扶贫帮扶新模式，通过资金支持、项目带动、技能帮扶等形式，实施产业扶贫项目。

【康复工程】 2016年，市残联加快全市及各县（市、区）残疾人康复、托养服务中心建设，在全区率先实现了残疾人康复建设全覆盖。市残疾人康复中心主体工程已完工，红寺堡区和青铜峡市康复中心、同心县托养中心、盐池县康复和托养中心项目正在加紧实施。截至2016年年底，全市累计培育残疾人托养机构7家，180人进入机构集中托养，170人享受日间照料。全市先后创建自治区级社区康复服务站17个，市

5月13日，吴忠市举办"关注孤残儿童 让爱洒满人间"大型助残文艺晚会

级社区康复服务站27个。积极开展康复服务进社区活动，加强对全市28家规范化康复示范站的指导、监督和管理，为残疾人就近、就便开展康复服务提供了强有力的场地和技术保障。先后投入384万元，对全市153名0～6岁残疾儿童实施抢救性康复项目，配置康复辅助教学具72类216件。投入94万元，免费为1040名精神病残疾人提供门诊服药，住院救助122人。实施骨关节置换手术28人，安装假肢61例，配发轮椅770辆、辅具3330件，适配矫形器93例。为200名白内障患者实施复明手术，为251名盲人实施定向行走训练，为973名低视力残疾人免费发放助视器1695件，积极争取"魏基成——天籁列车"公益行项目，全市免费验配助听器413人。

【残疾人教育】 2016年，市残联以"医教结合"为手段，承担国家抢救性残疾儿童康复项目，全市153名0~6岁残疾儿童接受了学龄前康复教育，填补了吴忠市残疾儿童学前教育空白。建立健全学前教育、未入学适龄残疾少年儿童档案，不断完善家庭经济困难残疾学生资助体系，全市先后投入15万元，资助贫困残疾学生434人，真正实现了贫困残疾学生资助全覆盖。

【残疾人就业创业】 2016年，市残联整合各类项目、资金，新组建了吴忠市残疾人劳动就业服务中心，建立了职业能力测评室，创新服务内容，拓展服务范围，实现了政策咨询、求职登记、证照审批、就业年审等一站式服务。开展自治区级残疾人就业创业基地、扶贫基地创建活动，全市先后建成自治区级残疾人就业创业基地5个、农村残疾人扶贫基地5个。积极发挥金积工业园区在促进残疾人就业方面的示范带动作用，园区内金瑞、红山河等34家企业集中安置312名残疾人就业，被自治区列为低成本化示范园区。积极开展残疾人就业创业行动，举办全市残疾人就业专场招聘会6场次。加大残疾人培训力度，提高残疾人就业能力，全市先后完成残疾人职业技能、农村残疾人实用技术、"云客服"等各类培训3120人，扶持191名残疾人实现自主创业，新增就业620人。

【组联维权】 截至2016年，全市建立残疾人法律援助工作站6个，聘请法律顾问5名，开通了12385残疾人服务热线、QQ、微信等信访维权服务渠道，畅通残疾人维权渠道，年内共受理群众来访来电419人次，救助28人次，法律援助3人次，使残疾人权益得到有效保障。

【社会保障】 2016年，市残联坚持政府主导、部门协作、普惠与特惠相结合的原则，紧盯残疾人普遍关心的热点、难点问题，惠民生、补短板、兜底线，残疾人基本生活得到改善，残疾人社会服务保障水平不断提升。全市3.76万名重度残疾人和困难残疾人享受"两项津贴"3151万元，2300名残疾人享受燃油补贴69万元。先后投资69万元，为230户贫困残疾人家庭实施无障碍设施改造；投入115万元，配发重度肢体残疾人辅助器具361件。累计慰问困难残疾人1811户，发放慰问金182万元。

【残联志编纂工作】 2016年，市残联把《吴忠市残联志》编纂作为系统总结"十二五"、全面规划"十三五"残疾人工作的重要举措，及时成立编纂委员会，邀请专家、残疾人代表全程参与编纂工作，力求全面、系统、客观、真实地反映吴忠市残疾人事业发展历程。截至年底，《吴忠市残联志》初稿已完成。

【组织建设】 2016年，市残联扎实开展"两学一做"学习教育，大力实施"强责任、聚合力，强服务、增活力，强本领、夯基础，强内涵、构和谐"的"四强"行动，持续改进作风，深化机关"文化周建设"活动，组织开展"听、说、读、写"岗位"大练兵"活动，举行干部能力提升培训6场次，组联维权、专职委员工作、专门协会、辅具知识技能等各类培训127场次，残疾人工作者队伍整体素质得到提升，打造了一支敢拼敢干、实干能干的残疾人工作者队伍。

· 吴忠市工商业联合会 ·

【概　况】　截至2016年年底，吴忠市工商联共有会员2279个，其中，团体会员37个，企业会员698个，个人会员1544个。2016年，吴忠市工商联以促进非公有制经济健康发展和非公有制经济人士健康成长为出发点和落脚点，不断创新工作载体，充分发挥职能作用，积极服务发展大局。年内，先后荣获自治区工商联"参政议政""思想宣传工作"先进单位称号，被中宣部、司法部评为2011—2015年全国法制宣传教育先进单位。

【服务企业】　2016年，市工商联结合"两学一做"学习教育，组织引导非公经济人士认真学习习近平总书记来宁视察时重要讲话精神和扶持非公经济发展系列政策。联合司法局、律师协会出台中小企业法律服务实施方案，组建律师服务团，印制法律专用书，建立法律顾问制度和诉调对接机制，促进企业依法经营。继续开展纳税人权益维护、法律援助、政务服务综合代办、非公企业投诉电话等服务，维护非公有制企业合法权益，全年共受理咨询、投诉等事宜53件。发挥红山河等企业文化建设示范点作用，引领全市非公有制企业加强诚信文化、创新文化、和谐文化等建设，涌现出了精艺裘皮、宁扬等一批文化建设先进典型。以"弘扬企业文化，践行社会主义核心价值观"为主题，引导企业投身文明城市和卫生城市创建当中。开展"文化进企业"慰问演出2场，弘扬社会主旋律。

【"五型"商会建设】　2016年，市委统战部、市工商联在全市开展了以"红色商会、法治商会、创新商会、诚信商会、和谐商会"为目标的"五型"商（协）会创建活动。11月30日至12月2日，市委统战部、工商联一行对吴忠市福建企业家商会等7家商（协）会开展"五型"商（协）会创建验收。市工商联依据此次考核结果，命名表彰吴忠市福建企业家商会、盐池县大水坑商会为"五型"商（协）会，吴忠市红寺堡区葡萄酒商会、青铜峡食品商会、青铜峡装饰材料商会为优秀商（协）会，并分别给予10000元和5000元奖励，助推商（协）会加快发展。

【招商引资工作】　2016年，市工商联认真做好市领导、相关部门与全国、自治区工商联及上海市委统战部等对接，收集整理大会资料，信息收集和报送等工作，同时作为生态纺织业招商组责任部门，与利通区、青铜峡市对接及时制定外出招商工作方案，走访天津天纺集团等企业。截止11月底，各产业招商组和各县（市、区）、工（农）业园区已外出招商21批107人次，对接中电科、新疆特变电工、双汇集团、盾安集团等央企及民营500强企业、全国工商联会员企业210家，对接项目197个，总投资2364亿元。其中，已落实签约项目31个，投资金额986.4亿元，已开工项目6个，完成投资近50亿元。

【重要会议】　1月8日，市工商联召开三届十次常委会暨三届八次执委会。会议传达学习了全国工商联十一届四次执委会议暨自治区工商联九届五次执委会议精神、自治区党委十一届七次全会暨吴忠市委四届九次全体会议精神；听取审议了市工商联三届常委会工作报告；听取审议了吴忠市民间商会2015年度会费和"感恩老区行暨民族互助"活动资助费收支情况报告；对年度考核排名靠前的5家直属商（协）会进行表彰奖励。会议还审议了有关人事事项。市委常委、统战部部长兰德明参加会议并作了讲话。12月18日下午至19日上午，吴忠市工商业联合会（民间商会）第四次会员代表大会暨四届一次执委会召开。会议听取并审议了康俊杰同志代表三届执委会所作的工作报告；选举吴忠市工商业联合会（民间商会）第四次会员代表大会执行委员会委员89名、常务委员47名、副主席（副会长）19名、主席（会长）1名；审议通过了吴忠市工商业联合会（民间商会）第四次会员代表大会政治决议。

【参政议政】　2016年，市工商

联发挥民主监督职能，引导非公人士参政议政。组织开展了年轻一代思想状况、助力脱贫攻坚等专题调研，形成调研报告4篇。积极建言献策。两会期间提交大会发言2篇，人大建议案15件，政协提案18件，其中5件建议提案被列为市领导重点督办建议和提案。与政协组织召开政企座谈会，就老旧市场整合、经营业态调整等问题共商应对之策。县(市、区)工商联树立问题导向，围绕当地非公经济发展中存在的问题，组织召开政企座谈会，研究破解之道。

【非公经济人士教育】 2016年，市工商联按照素质提升工程实施方案，共组织参加和举办各类培训班8场次，累计培训710人次。其中，组织非公企业家参加了在浙江大学举办的吴忠市中小企业发展与管理创新高级研修班，举办了"互联网＋创客经济"、非公企业第三层次经营管理人才、非公经济人士新三板挂牌法律服务培训班；联合金积工业园区在人民大学举办青年企业家总裁培训班。同时，组织非公企业家参加自治区工商联在香港举办的宁夏非公企业家创新与管理研修班。

【助力企业发展】 2016年，市工商联围绕企业获取信息难、政策落实难等问题，走访企业46家，协调解决企业税收减免等问题15件。协调宁夏银行吴忠分行，为烹饪协会推出餐饮贷特色金融产品。县(市、区)工商联协调召开银企座谈会，帮助31家中小企业融资近5亿元。在《吴忠日报》和《吴忠商会》开辟专版和专栏，利用QQ、微信等媒介，对北方农资城等企业的业态及发展前景进行全方位宣传，扩大企业影响力。推荐志诚万胜等13家中小企业加入宁夏企业科技创新联盟，搭建创新发展平台。

【参与扶贫攻坚】 2016年，市工商联制定助力脱贫攻坚行动方案，明确帮扶村、帮扶企业(商协会)及责任领导，形成工商联倡导、企业(商协会)助力、贫困农户参与的帮扶机制。引导帮扶企业与村两委班子对接，走访农户500余户，逐村编制帮扶规划。动员企业帮助贫困户树观念、开思路、增信心，提高技能和素养，陕西企业家商会为5个扶贫村订阅报刊1650份，价值32万元；宁夏伊兴羊绒等企业举办培训班15期，培训人员1000人次。截至2016年年底，全市非公企业(商协会)助力脱贫攻坚覆盖贫困村24个，13家商协会、118家非公企业参与其中。非公企业(商协会)共投入资金5.18亿元，捐款1062万元，吸纳务工人员2.3万人，购买农用物资及生活用品1453万元。开展"感恩老区行暨民族互助"活动，对盐池、同心、红寺堡3县(区)大学生、高中生集中进行帮扶，共发动企业家72人，累计捐款78.8万元，326名困难家庭学生得到资助。

【自身建设】 2016年，市工商联认真开展"两学一做"学习教育，强化党性教育，转变工作作风，以创建三星级服务型党组织为抓手，认真落实"三会一课"和民主评议党员制度，扎实推进下基层活动，了解企业困难和存在问题，帮助企业应对经济下行压力。认真落实党风廉政建设主体责任，切实把纪律挺在前面，抓到实处。认真抓好市工商联及各县(市、区)工商联换届工作，按照"凡进必评"原则，联合公安、环保等14个部门对拟推荐非公经济代表人士进行综合评价。积极参与驻村帮扶工作，派遣一名年轻干部进驻盐池县惠安堡镇惠安堡村开展驻村帮扶工作，争取项目资金15万元，扶持贫困农户发展大棚种植和滩羊养殖。为利通区灵白村等8个吴忠市统战系统助力脱贫攻坚帮扶村，争取自治区工商联闽宁合作专项扶贫资金150万元。组织各县(市、区)工商联党组书记、主席以及部分市工商联常委、各商协会负责人赴石嘴山、大武口区、惠农区等地工商联，就会员服务、对外交流、参政议政、商协会建设、基层组织建设等内容进行座谈交流，学习他们好的经验和做法。

· 吴忠市红十字会 ·

【概况】 2016年，市红十字会以全国十次红十字会员代表大会精神为指导，以国务院、自治区意见为主线，围绕党政工作中心，认真履行"三救三献"(救灾、救护、救助、献血、造血干细胞捐献、遗体器官捐献)职责，全面完成自治区红十字会下达的各项任务，较好发挥了人道领域的助手作用。单位荣获自治区红十字系统年度先进集体，市先进基层党组织、文明单位、最佳志愿服务组织等荣誉，2人被评为市级年度优秀公务员，1人在全区红会系统演讲比赛中获得第一名。

【助力精准扶贫】 2016年，市红十字会动员广大干部、职工、群众参与"博爱一日捐"活动并收缴红十字会团体会员单位会费。截至12月底，共接收善款20.18万元，接收的会费及善款全部用于因灾、因病致贫的困难群众临时救助；开展红十字博爱送万家活动，争取到大米50吨，价值25万元；食用油200桶，价值1.5万元；自筹救助金10万元，发放给全市1500名困难群众；实施"幸福天使美丽中国行"项目，在盐池县实施"以爱育爱，金童计划"，为200名贫困家庭儿童开展免费大病筛查，在全市范围内实施"以爱育爱，扶贫计划"，向全市168个建档立卡贫困村中的0~3岁困难家庭婴童发放价值200万元的贝因美奶粉，有3000户困难家庭受益；开展博爱救助活动，全年向市区50余名老党员、孤寡老人、重大疾病患者、贫困学生及250名孤儿等弱势群体发放救助金8.5万元。联合吴忠卷烟厂向胜利镇秦渠社区、裕西社区拨付社区建设资金3.8元。截至12月底，共发放救助金13.45万元。积极争取中国红十字基金会专项资金47.5万元救助白血病、先天性心脏病患儿。7月，同心县遭受冰雹灾害，市红十字会积极采取应对举措，为受灾较重的预旺镇南关村发放了价值18.75万元的大米，共救助受灾群众765户2900人。

【应急救护培训】 2016年，市红十字会联系公安、武警、消防、烟草专卖局等部门开展应急救护知识培训，积极配合盐池县、红寺堡区等地的风力发电企业、煤矿企业开展救护员培训。主动承担吴忠市中国国际马拉松大赛的医疗组和安保组应急救护工作。年内完成应急救护培训55期，其中，普及性应急救护培训15期，培训人数767人；应急救护员培训40期，培训人数2119人。应急演练6期，参加人数2250人；公益讲座6期，参加人数2500人。制作宣传展板20块，发放宣传单5万余份，宣传手册6000份。

【造血干细胞捐献】 2016年，市红十字会充分利用世界献血日、"5·8"博爱周、"6·14"世界献血日、"世界急救日"等节日宣传无偿献血及造血干细胞知识，发放宣传资料万余份，制作宣传展板30块。年内，全市采集造血干细胞血样622份，超额完成年度任务。同时，4名志愿者成功捐献造血干细胞，吴忠市成功捐献人数达到9例，占全区成功捐献总数的四成。

【人体器官捐献工作】 2016年，市红十字会联合市人民医院选派10名专业人员参加培训，1名工作人员取得中国人体器官捐献协调员资格证书，工作团队初步建立。同时在市人民医院急诊科、挂号处等放置宣传展架3个。

【自身建设】 2016年，市红十字会新发展宁夏民族职业技术学院、市委党校、市直机关工委、市发改委、市卫计局、市扶贫办、市禁毒办以及小刚汽车公司等8个单位为团体会员单位。截至2016年年底，市红十字会共有团体会员单位84个。年内选派20多人次到北京、沈阳、西安、南昌、银川等地参加了赈济救援、应急救护知识、遗体器官捐献、项目管理等业务培训，拥有了一支专职干部与志愿者搭配，年龄结构合理、理论及实战经验互补的业务骨干队伍。6月29日，参加北京应急救护管理研修班的21名学员（来自埃及、沙特等6个国家的红十字会）到吴忠市参观考察红十字会工作及红十字青少年交流活动。

【红十字会项目】 2016年，市红十字会争取项目资金73.195万元，与宁夏民族职业技术学院合作建设吴忠市红十字应急救护培训中心。香港红十字会援建的"社区为本减灾（红寺堡区）"项目先后向红寺堡区2个乡镇的4个行政村600余户发放了粉碎机300台，储水桶390个，羊棚50座。同时还到4个精准扶贫重点村开展义诊和防灾演练等活动，项目硬件建设全部完成并通过验收。争取香港红十字会资金支持40余万元，在盐池县第三小学和王乐井乡中心小学实施"学校为本减灾项目"。新建安全体验教室，开展师生备灾教育，学校灾害管理和学校安全设施建设，提高学校的安全防范及灾害复原能力。投入资金15万元，在盐池县王乐井乡刘四渠村开展生计项目。为群众搭建蔬菜拱棚，提供种植、应急救护相关的知识培训，旨在提高群众的生计及经济能力，增强群众抗灾能力。

· 吴忠市文学艺术界联合会 ·

【概　况】 2016年,吴忠市认真贯彻落实习近平总书记在文艺工作座谈会上的讲话精神,坚持以人民为中心的创作导向,以服务全市工作大局为重点,以满足人民群众日益增长的精神文化需求为根本,认真履行团结引导、联络协调、服务管理、自律维权职能,带领广大文艺工作者,锐意进取、开拓创新,创造性地开展工作,圆满完成工作任务。

【文艺活动】 2016年,市文联以社会主义核心价值观引领文艺创作,以重要节日、重大活动为契机,开展了一系列主题文艺活动。为主动融入"一带一路",市文联围绕"丝路吴忠"主题,组织摄影家创作了反映吴忠自然景观、民俗风情以及经济社会建设成就摄影作品作品4700余幅,评出优秀作品203幅(组)。1月20日,"丝路吴忠"宁夏第9届摄影艺术展在市文化馆举行,1000多名爱好者观看展览。5月23日,市文联在开源广场举办"为人民抒写、为人民放歌"——纪念《讲话》发表74周年专场文艺演出。年内市文联还组织艺术家深入社区村镇、中小学校、扶贫联系点进行采风,以艺术的形式捕捉留守群众的团圆梦、中青年的创业梦、在校学生的大学梦,创作了短篇小说《一诺》、散文《少年,你也一定会看到自己的财富》等作品,为宣传吴忠作出了积极贡献。

【文艺创作】 2016年,市文联以重点题材文艺创作为抓手,举办了吴忠市书法临创暨美术作品展,共收到书法、美术作品400多幅,展出优秀作品160余件,16件作品获奖,结集推出了《吴忠市书画院成立10周年书画作品集》。开展"写吴忠、唱吴忠、赞吴忠、拍吴忠、画吴忠"主题文艺创作活动,创作了音乐快板《"七五"普法续新篇》、歌曲弹唱《塞上江南好人多》、美术作品《十里长峡》、书法作品《吴忠精神》等。先后打造报告文学集《铁血铸魂》、诗集《半山云木半山虹》、散文集《溪风絮语》等多部文学艺术精品力作。军旅题材小说集《拂晓突袭》创作完成,原创歌曲《亲爱的祖国》获得全国少儿歌曲展演优秀奖,书法、美术、摄影等10余件作品在省级大赛中获奖。

【文化惠民活动】 2016年,市文联积极开展文化惠民活动,结合"两学一做"学习教育,4—6月,组织了3批次10名作家协会会员赴同心县下马关镇新园村、青铜峡市邵岗镇同乐村及同富村蹲点深入生活,创作了短篇小说《手心湾的洋芋》《希望在这里生长》《牡丹花开》等。市文联百花艺术团创作编排了小品、歌舞、器乐等文艺节目,深入利通区农村社区为群众义务演出20场。充分发挥民间艺术非物质文化遗产传承人作用,安排花儿传承人王德勤每周三定点为利通一小学生教授花儿和口弦技艺,使民间非物质文化遗产得以普及和传承。编排的音乐舞蹈《花儿与口弦》参加第12届中国青少年创造力大赛暨第68届德国纽伦堡国际发展中国邀请赛文艺晚会。春节前夕,组织书法家深入社区开展文艺"三下乡"活动3场次。组建地书协会,出台了《地书协会章程》,建立活动长效机制,地书爱好者队伍从几十人上升到近百人,地书爱好者活跃在盛源广场、秦韵广场、开源广场等地,极大地展示了吴忠市群众积极进取、健康向上的精神风貌。6月28日,举办庆祝建党95周年地书比赛活动,营造健康向上的城市文化氛围。

【队伍建设】 2016年,市文联按照"突出重点、规范管理、加强服务、提高水平"的工作思路,把加强机关建设与发展文艺工作紧密结合起来,先后开展了扶贫助困、对接帮扶等活动。充分发挥市属文艺家协会作用,建立了协会目标责任制,由主要领导与协会负责人签订责任书,加大对协会工作的支持力度,年内,先后邀请区内知名专家为各(县、市)区60多位文学爱好者进行培训,组织协会会员赴太阳山开发区、红寺堡区进行采风,提升文艺工作者创作水平。

社会管理

机构编制与管理

【概　况】 2016年，全市机构编制工作紧紧围绕市委、政府确定的各项改革任务，全力推进政府职能转变和机构改革，深化行政审批制度改革，落实"权力清单"管理制度，稳步推进事业单位改革，严控机构编制、领导职数，强化编制动态管理、履职评估和职能界定、事业单位登记管理，对重点工作实行"挂图作战"，紧盯落实，全面完成了各项工作任务。

【机构编制管理】 2016年，严格执行自治区下达吴忠市的机构限额、编制总量和处级领导职数，严控市、县（市、区）科级领导职数，严格部门内设机构设置，所有涉及内设机构和领导职数调整都必须经市编委会研究决定，认真落实机构编制"一支笔"审批制度。按照简政放权的要求，结合市辖区综合执法改革试点，认真梳理市直相关部门交由利通区综合执法机构行使的执法事项。

【编制实名制管理】 2016年，市编办严格落实机构编制管理证制度，就各单位机构名称、内部机构设置、人员编制、领导职数、实有人员及变化情况制作下发了机构编制管理证，进一步规范了机构编制实名制管理。同时，及时修改编制实名制信息库，做到人员与编制一一对应，机构设置、领导职数核定与编委批复一致。

【机构编制动态管理】 2016年，制定《吴忠市机构编制动态管理办法》，将机构编制管理的一些"碎片化"规定、日常管理经验和"放管服"改革要求等归纳总结为动态调整机构编制和领导职数的依据，对管好管活有限的机构编制资源提供了有效的制度保障。按照"严控总量、盘活存量、优化结构、增减平衡"的原则，合理调配编制资源，全年动态调整编制513名。将城市绿化队、利通区环境卫生管理中心的空编收回，分别调整给工作任务繁重的林业技术推广服务中心等单位；收回24个行政机关后勤服务事业空编30名，用于加强民生及重点领域；将吴忠中学等3所高中76名编制调整给其他中小学，进一步优化了教职工资源配置；积极争取自治区编办支持，为红寺堡区增加教职工编制90名，缓解了红寺堡区教职工编制紧缺问题。创新编制管理，通过政府购买服务的方式，先后为市青少年服务中心招聘8人，市机关事务管理局招聘10人。

【事业单位登记管理】 2016年，市编办严格落实事业单位年报公示制度和《事业单位登记管理暂行条例》，扎实推进事业单位法人证书换发（即"三证合一"）和年度报告信息公示工作。全面完成市及辖区213个（其中，市直141个，利通区37个，红寺堡35个）法人事业单位年度报告公示，在"吴忠事业单位在线"网站进行公示，接受社会监督，并按照3%的比例要求，对宁夏吴忠国家农业科技园区管委会、市政建设管理中心等6个单位进行公示信息实地核查，转变了事业单位等级管理方式。切实做好网上名称管理，完成了域名注册工作，并申请将2017年中文域名运行费列入预算。同时，认真做好市及辖区党政群机关和事业单位门户网站加挂网站标识工作，全部通过了中编办的审核。根据自治区对社会统一信用代码的部署，积极宣传引导，创新服务方式，圆满完成了市及辖区139个机关群团统一社会信

用代码赋码工作，并换发了统一社会信用代码证，换证率100%，在全区率先完成。

【部门履职评估检查】 2016年，市编办对市住建局、市场监管局等6个市属部门和利通区、红寺堡区所属部门进行了履职评估检查。认真办理"12310"举报电话4件、群众信访案件和领导督办件3件。

【审批机制创新】 2016年，市编办按照相对集中许可权改革试点要求，在市政务服务中心增挂市行政审批服务中心牌子，实行政务服务中心、行政审批服务中心、公共资源交易中心、51890便民服务中心"四位一体"运行模式。积极推进集中审批、集中服务，在具有行政审批事项的政府部门统一设立行政审批科，其他科（室）不再进行审批，减少承办科（室）和人员，减少部门行政审批环节，压缩行政审批时限，提高审批效率。在政务服务中心跨部门设置综合审批服务窗口，推行综合窗口受理、部门承办、窗口送达、电子监察的有效审批服务模式。通过积极探索集中审批、并联审批、网上审批等相对集中行政许可权的有效实现形式，创新行政审批服务模式，进一步理顺行政审批运行机制，为深化行政审批制度改革提供了强有力的体制机制保障。

【落实上级行政许可事项的承接工作】 2016年，根据国务院《关于第二批取消152项中央指定地方实施行政审批事项的决定》（国发〔2016〕9号）和《关于取消13项国务院部门行政许可事项的决定》（国发〔2016〕10号）要求，市编办积极做好上级取消、下放行政许可事项的承接落实，通过清理规范，共新增行政审批事项57项（市场监督管理体制改革新纳入），取消5项、承接1项、下放1项、暂停实施4项。目前，市直部门行政许可事项为157项，共涉及24个政府部门、1个事业单位。

【涉企行政职权工作规程试点】 2016年，市编办争取自治区将吴忠市列为全区建立涉企行政职权工作规程2个试点市之一，制定了《吴忠市建立涉企行政职权工作实施方案》和供参考的规程图，为全区6个试点市、县提供了可借鉴的做法。

【规范完善行政职权工作】 2016年，吴忠市印发《关于进一步清理规范行政职权工作的通知》，对政府29个工作部门和6个直属事业单位的权力清单再次进行了全面核查、清理规范。增加行政权力事项606项，减少行政职权135项，修改行政职权292项及581处，职权总数调整为2915项。通过自治区行政权力信息公示平台、吴忠政府门户网站、吴忠网再次向社会公布。

【事业单位改革试点】 2016年，市编办全面摸底调查承担行政职能事业单位情况，对承担的行政职能进行清理。经梳理，市及辖区13个承担行政职能的事业单位，其中市本级承担行政职能事业单位6个、利通区3个、红寺堡区4个，涉及人员编制175名。划归行政主管部门的行政职能156项，交由执法机构承担的执法职能5项。按照自治区部署，指导督促各部门重新制定市及辖区215个事业单位机构编制方案。

【不动产登记制度改革】 2016年，市编办下发《吴忠市不动产登记事务中心机构编制方案》（吴编发〔2016〕13号），设立市不动产登记登记事务中心，将市区有关部门分散承担的不动产登记管理和监督职责统一交由市国土资源局承担，将已转入市不动产登记事务中心的房屋交易和产权管理职责重新划入市住房和城乡建设局所属市保障性住房服务中心，房屋登记职责划入市不动产登记事务中心，原市土地权属登记服务中心、市房屋产权产籍管理所人员编制统一划入市不动产登记登记事务中心。

【法人治理结构建设试点】 2016年，市编办继续深化法人治理结构建设试点工作，在利通区高闸中心学校建立了以决策层（理事会）及其领导下的管理层为主要构架的事业单位法人治理结构，基本落实了试点单位经营管理、人事管理和收入分配自主权。开展试点工作以来，试点学校公开选聘教职工29名，吸纳社会人士6名参与学校管理，吸收社会资金38万元支持学校发展，进一步理顺了试点单位管理体制，初步实现了政事分开、管办分离。

人力资源和社会保障

【概　况】 2016年，全市人力

资源社会保障工作坚持"民生为本、人才优先"工作主线,进一步优化人力资源配置,拓宽创业就业渠道,完善社会保障体系,构建和谐劳动关系,开拓创新,锐意进取,圆满完成各项目标任务。截至2016年年底,全市城镇新增就业15569人,困难人员实现再就业1025人,城镇失业人员再就业11047人,城镇登记失业率为3.67%,控制在4.3%以内;农村劳动力转移就业24.6万人,实现工资性收入24.4亿元;全市城镇职工基本养老保险参保22.63万人,统筹城乡居民社会养老保险参保47.59万人,城镇职工基本医疗保险参保13.28万人,城乡居民基本医疗保险参保111.28万人,城镇职工失业保险参保8.76人,工伤保险参保10.2万人,生育保险参保9.28万人,社会保障卡持卡人数127.5万人。

【全民创业】 2016年,吴忠市深化大众创业、万众创新,制定出台一系列促进就业创业的政策措施和实施细则,促进各族群众充分就业、稳定就业,实现安居乐业、共同发展。积极推进创业园区建设,打造创业平台,全市建成各具特色的创业园区和孵化基地40个(其中,自治区级9个,市级5个),入驻企业4250个,带动就业5.8万人,使各类创业园区成为"小老板"的摇篮、"企业家"的基地。建立健全贷款扶持机制,全市累计发放创业担保贷款4613笔,金额44145.5万元,其中,个体工商户4464户,金额30224.6万元;企业149笔,金额13920.9万元,累计带动就业14082人。市本级共发放创业担保贷款307笔,金额9837.7万元,其中,企业65笔,金额8910万元;个体工商户242户,金额1927.7万元,带动就业1938人。

【职业技能培训】 2016年,全市累计开展创业能力培训2010人,职业技能培训6917人。分别在市区、宁夏民族职业技术学院、青铜峡市、同心县举办了"吴忠市电子商务人才培训班";举办了"吴忠厨师"中高级技能培训班等特色产业培训;制定并出台了《关于开展精准技能培训,促进就业脱贫的实施意见》,组织农村致富带头人到陕西杨凌、浙江杭州等地开展种植、养殖及电子商务等技能培训3期115人;开展贫困对象精准扶贫就业技能培训1030人,实现困难人员就业1344人,解决困难就业人群公益性就业1252人。在全国百城技能振兴专项活动中,吴忠市被人社部确定为全国百城技能振兴试点城市,工作经验在全国推广。

【小微企业提升工程】 2016年,市人社局开展小微企业提升培训,在浙江大学举办全市现代企业经营管理人才暨发展与管理创新高级研修班,对全市52名小微民营企业人才,开展以"互联网+"为主要内容的专题培训,提高小老板对新常态下"互联网+"商业模式的认识,探索出全市"互联网+"新产业生态发展的新路径。

【搭建高校毕业生就业通道】 2016年,通过机关事业单位招录、特岗教师、大学生实习、公益性岗位、"三支一扶"、大学生村官招募、企业安置吸纳、创业培训等措施,搭建高校毕业生就业通道,帮助高校毕业生实现稳定就业和过渡性就业2578名,约占吴忠登记大学生总量的93%。

【公共就业服务】 2016年,市人社局积极开展公共就业服务,创建吴忠市就业创业和人才服务微信服务公众平台,完善"人企""校企"就业机制,举办"春风行动""就业援助月""民营企业招聘周""大学生就业援助月"等公共就业服务活动,为企业与劳动者搭建平台,全市共组织专场招聘会19场,提供就业岗位11644个,发布招聘信息2000余条,接待求职登记2135人。为市政府机关事务局、市科协、市消防支队等单位招聘工作人员83名。在利通区开元广场举办"春风行动"暨人力资源招聘会,有670名求职者与企业达成就业意向。深入企业开展企业用工调查,掌握企业用工需求。在全区公共招聘服务平台公布空岗信息,帮助夏进、伊利、恒丰纺织、大坝电厂、青铜峡铝业、宁鲁石化等企业引进急需的高端人才,实现岗位、技能、人员的合理配置,为企业解决高层次人才招工难题,为企业生产提供人才保障。

【助力电商发展】 2016年,吴忠市出台《关于加快推进电子商务创业就业的实施意见》,着力促进电子商务发展。年内开展电子商务职业技能培训1005人,电商创业培训510人。建立电商创业担保贷款基金,市财政为全民创业小额贷款中心注入基金200万元，全年共为符合条件的8家电商企业和网络商户提供了295万元的创业担保贷款和贴息支持。

【援企稳岗】 2016年，吴忠市通过开展职工技能培训、挖掘潜力内部转岗、供需对接分流转岗、技能培训引导转岗等措施，全力保障去产能企业职工实现再就业。完成72家企业稳岗补贴，发放补贴328万元，涉及职工9845名。

【人才工作】 2016年，吴忠市建立市级领导联系服务高端人才及项目机制，健全《吴忠市决策咨询委员会暨政府顾问聘任服务管理办法》，发挥智库作用，邀请健康医疗产业顾问到市医院开展"医保牵线搭平台专家援助献爱心"公益活动，助推健康产业发展。扎实开展国务院特殊津贴、自治区后备院士、自治区塞上英才、学术技术带头人、青年拔尖人才等评选活动，先后评选出37名优秀人才参选，在全市营造浓厚的人才工作氛围。制定各类人才就业创业十条工作措施，柔性引进西北农林科技大学李华等高层次人才，申报宁夏恒丰集团新建专家服务基地3个，推进人才工作提升发展。进一步加大"招才引智"力度，围绕《吴忠市人才与产业融合发展实施意见》总体部署，落实《吴忠市引进使用高端人才奖励办法》，鼓励支持企业积极申报各类人才项目。年内申报1名自治区首批院士后备人才、8名享受国务院特殊津贴人选、8名自治区第三批"塞上英才"，推荐19人为自治区级青年拔尖人才。对全市120余家企业负责人在人才项目申报、项目编制、申报程序等方面进行培训，全市共上报各类项目90个，拟申请资金9783.19万元。按照属地管理和行业主管原则，争取企业人才培养资金，共申报企业16家，申报资金2326.9万元。5月16日，市政府、宁夏民族职业技术学院、吴忠恒利服饰公司分别与北京服装学院、北服时尚产业创新园签订了人才合作协议。

【机关事业单位人员招录】 2016年，市人社局完成全市130名公务员和市直及利通区事业单位290名工作人员招录、招聘工作。做好事业单位岗位设置及岗位聘任工作，调整中小学校及乡镇卫生院专业技术岗位结构，对市直及利通区32个单位1424名事业单位工作人员进行了岗位聘任。完成了乡镇机关公务员专项招考，共招录7人。

【社会保险制度改革】 2016年，市人社局按照自治区全民参保登记计划目标和责任，实施全民参保计划，全市需核实登记124422人，登记率100%。整合市社会保险事业管理局、市医疗保险事务管理中心，成立正处级社会保险事业管理局，推进"五险合一"。完善城镇职工和城乡居民基本养老保险转移接续制度。社会保险关系的转移接续已实现了全国范围内的自由流转。截至12月，办理城镇职工区内转入1426人，区内转出1373人，区外转入168人，转入基金315万元，区外转出68人，转出基金169万元；办理城乡居民区内转入143人，转入基金9.65万元，区内转出9人，转出基金1.04万元。认真贯彻落实自治区人社厅、财政厅《关于阶段性降低社会保险费率的通知》（宁人社发〔2016〕86号）精神，从5月份起，城镇职工养老保险缴费比例由28%降为27%，其中单位缴费比例由20%降为19%。失业保险缴费比例由2%降为1.5%，其中单位缴费比例由1.3%降为1%，个人缴费比例由0.7%降为0.5%。共有1021家单位受益，养老保险减负838万元，失业保险减负418万元。

【城乡居民基础养老金提标】 从2016年1月1日起，吴忠市本级城乡居民基础养老金每人每月增加15元，城乡居民基础养老金由每人每月135元提高至150元。截至2016年年底，全市有16220名退休人员符合条件执行。

【设立吴忠市社会保险事业管理局】 2016年12月30日，根据《自治区人民政府关于印发宁夏回族自治区社会保险"五险合一"经办体制改革方案的通知》（宁政发〔2015〕56号）和自治区编委《关于调整吴忠市部分事业单位机构编制事项的通知》（宁编发〔2016〕50号）文件精神，吴忠市整合目前市社会保险事业管理局与市医疗保险事务管理中心，重新设置吴忠市社会保险事业管理局，为市人力资源和社会保障局所属正处级事业单位。

【机关事业单位养老保险征收】 11月，全面展开机关事业单位养老保险征收工作，核定参保单位2016年养老保险费1.92亿元，全年发放机关事业单位养老金1.45亿元，为4000名退休人员调增养老金924.10万元。

【落实离退休人员基本养老金政策】 2016年，根据自治区人力资源和社会保障厅、财政厅《关于2016年调整企业退休人员基本养老金的通知》（宁人社发〔2016〕114号）文件精神，吴忠市对全市符合条件的33262名离退休人员养老金进行了调整，月调整增加发放养老金509.19万元，人均月增资153元。城乡居民基础养老金标准从每人每月135元提高到150元。

【落实转诊转院政策】 2016年，吴忠市确定6家二级医疗机构为转诊转院医院，6家医院的62名专家具有转诊转院资格。为落实好自治区转诊转院政策，每月召开转诊转院评议会，由6家医院逐一解释汇报转院患者情况，互评互议，促使转院医院规范转诊转院手续，提高转院质量；每月向6家医院专门下发转诊转院通报，附转诊转院人员名单、转院病种、转往医院等信息，互相进行监督。

【调整生育保险津贴标准】 2016年，吴忠市将女职工正常生育的产假由98天调整为158天，计发标准为生育职工分娩前的12个月乘以总产假天数。难产的增加15天，生育多胞胎的，每多生育一个婴儿增加15天。新政策还规定，夫妻双方都参加生育保险，男职工享受25天生育护理补助金。

【医疗保险体制改革】 2016年，根据《自治区人民政府关于城镇职工基本医疗保险自治区级统筹管理的意见》（宁政发〔2016〕101号），吴忠市建立覆盖全区的统一参保征缴、统一待遇标准、统一基金管理、统一经办服务、统一协议管理、统一信息系统的职工医疗保险自治区统筹制度。协调各县市上解统筹基金，按照即时结算办法，做好统筹区域内医疗费用拨付工作。印发《吴忠市区2016年度基本医疗保险住院医疗费用总额控制实施方案》《吴忠市区2016年度城镇职工、城乡居民普通门诊费用总额控制实施方案》等，全年医保基金控制支出14388.2万元，其中住院费用控制11897万元，普通门诊年度控制2491.2万元。目前，实际支出12949.38万元，其中住院支出10707.3万元，普通门诊支出2242.08万元，实现"以收定支、收支平衡、略有结余"的管理目标。

【举办义诊活动】 2016年，市人社局举办"医保牵线搭平台、专家援助献爱心"公益活动，邀请北京武警总医院移植科、内分泌科、肾内科及西安西京医院泌尿外科的专家教授传授了器官移植、肾病患者的应急救护技能、预防知识，并为肾脏病病人进行义诊。

【农民工工资支付诚信体系建设】 2016年，按照中共中央、国务院《关于构建和谐劳动关系的意见》精神及自治区人社厅有关要求，市人社局指导帮助74家非公有制劳动争议预防调解示范企业成立了劳动人事争议调解委员会，12个乡镇和1个工业园区成立了劳动人事争议调解小组。落实农民工工资保证金和应急周转金、分账管理、实名制管理、银行代发工资、年审年检等制度，研究制定《吴忠市治理拖欠农民工工资管理办法》，开展农民工工资支付专项整治行动，全年检查建设工地406个，清欠拖欠工资176.4万元，涉及劳动者140余人。对市区351户规上工业企业劳动用工情况、拖欠职工工资等情况进行调研检查，排查重点欠薪企业8家。对18家连续3年无拖欠农民工工资的房地产开发公司、建筑公司授予"农民工工资保障诚信单位"称号；对2015年度拖欠农民工工资行为严重的6家企业限制开发、承建新项目，对17名失信个人分别在建设领域和银行系统通报，对10家存在拖欠农民工工资问题的开发、施工企业进行预警并严格管理。年内，受理调处欠薪投诉案418件，涉及劳动者14984人、22645.56万元，结案415件，清欠13981人、20995.09万元，清欠率99%。

【自身建设】 2016年，市人社局扎实开展"两学一做"学习教育，按照"六查六看六树"要求，着力解决理想信念模糊、党的意识淡化等9个方面问题，认真抓好党章党规和习近平总书记系列讲话的学习，按计划完成六个专题学习讨论活动，同时，开展优质党课评选、知识竞赛、演讲比赛、钢笔书法比赛、廉政警示教育等活动，促进了学习教育效果落实，带动了机关整体建设。市医保中

心党支部成功创建"吴忠市十佳党建服务品牌"。

民 政

【概　况】　2016年，市民政局积极履行"保民生、兜底线、救急难、促和谐"的民政工作职能，扎实推进救灾救助、双拥优抚、社会组织管理、社区和基层政权建设、城乡低保、社会福利和社会事务、地名、行政区划管理、收养管理、殡葬管理和慈善产业发展等工作，促进社会公平，维护社会稳定，推动社会进步，依法维护和保障人民群众基本生活权益、民主政治权利，着力推进民生改善和社会服务治理，取得了一系列成绩。

【城乡低保】　截至2016年年底，全市城乡低保90400户134700人，其中，城市低保户17500户37883人，最低生活保障标准每人每月440元，人均补差每月308元；农村低保户73028户97149人，最低生活保障标准每人每年3150元，人均补差每月184元。全市现有公办养老服务机构13家，民营养老服务机构3家，设置床位2956张，其中特困人员供养对象2712人（集中688人，分散2024人），集中供养率35%，集中供养标准平均达到6950元/年，分散供养标准平均达到3690元/年。

【救灾救济】　2016年，修订完善《吴忠市自然灾害应急救助预案》，加强灾情统计、报送，始终保持市、县、乡三级信息始终畅通互联。认真开展防灾减灾知识宣传，制定《防灾减灾知识宣传工作方案》，积极协调督导成员单位开展防灾减灾知识宣传，牵头组织学校、机关等单位组织防灾减灾演练。建立汛期值班制度，做好汛期值班。加强救灾物资管理，全面盘点仓库物资存储，坚持账物分管，分类登记统计，定期检查仓库安全，不断提升备灾救灾水平。积极协调自治区民政厅为国家农业园区、同心县、红寺堡区拨付救灾款625万元，用于受灾群众开展生产自救。

【社会救助】　2016年制定下发了《吴忠市开展社会保障兜底 推进精准脱贫工作实施方案》，加强农村低保制度与扶贫开发政策的有效衔接，加强城乡低保对象家庭经济状况核对工作，建立了社会救助家庭经济状况核对工作联席会议制度，成立了以政府分管领导为组长，民政、财政、住建、公安、人社、农牧、园林、税务、银监等15个部门为成员的联席会议领导小组，依托城乡低保信息管理系统和"民政云"管理系统，通过户籍管理、车船管理、社会保险、住房公积金、税务、不动产登记等单位和银行等金融机构，按照社会救助对象的申请、委托、查询、核对有关财产、收入状况的信息，结合入户调查对申请救助对象进行精准认定，确保了社会救助资源真正用于需要救助的困难群众，有效防止社会救助"漏助、错助、骗助"和"养懒汉"现象。市领导及有关部门走访慰问63个单位和6359名困难群众和各行各业代表，发放慰问资金258万元。为民办实事工作共向全市1891名特困群众和1206名困难残疾人发放生活救助金438.5万元。市民政局协调人社、财政、卫生等部门妥善解决了肾病患者的医疗救助问题。在全市推行"一站式"医疗救助服务，全市21个医疗机构被确定为"一站式"服务定点医院。五保供养人数达到2931人，集中供养率达到35%。认真组织城乡低保绩效考评，城乡低保工作进一步规范，基层工作能力全面提升。

【社会事务管理】　2016年，吴忠市加强星级和谐社区创建考评，印发全市《星级和谐社区创建工作考评实施方案》，制定了考评标准、考评内容、考评程序、奖惩措施等，12月组织对星级和谐社区进行了考评验收，全市共命名五星级和谐社区9个。开展社区减负增效，大力为社区"减牌""减板""减盒"，各社区只挂社区党组织、社区居委会两块牌子；清理社区各类会议台账，社区每年会议由120次减少到35次，社区台账由6大类减少到2大类；理清社区工作职责，制定社区服务事项清单53项，对于委托社区居委会协助完成的工作，要求相关部门单位按照"权随责走、费随事转"要求办理。组织实施社区公益创投项目，在利通区开展试点工作，经评审入选项目5个，入选项目预算总资金19万元，项目以为老服务为主，社区公益创投项目的实施，推动社会大众对老年人群体的关注，能够有效解决社会问题。积极争取自治区城乡社区服务站建设项目29个，项目总建筑面积达到9892平方米，总投资1776万元，其中争取到自治区补助资金670万元。

【村民自治】 2016年，吴忠市制定下发了《全面推行"五步工作法"做实村民代表会议制度》，在全市全面推行"55124"模式，即以"提出议案→民主议定→公布告知→组织实施→监督管理"的"五步工作法"为统揽夯实制度基础，以"五联工作表"规范会议程序和记录，以"一份议事清单"规范议决内容，以"乡村两级监督"确保工作合法合规，以区、市、县、乡四级联动督查推动工作落实。2016年，全市从代表推选、村监会全程监督、群众知晓率方面狠抓工作落实，红寺堡区经验做法受到自治区肯定。8月，全区做实村民代表会议制度现场推进会在红寺堡区召开。加强村务公开，凡涉及村集体经费支出和群众切身利益、资金量大、群众关注度高一些热点难点问题，各村及时通过电子屏、短信、微信、村务公开栏、手机短信等平台，将实施程序、招标价格等内容进行公示告知，确保群众知情权，消除对决策执行等过程的疑虑，强化了对村干部的监督。全面加强民主监督，全市497个行政村建立了村务监督委员会，村务监督委员会的监督作用日渐显现，对村级事务形成了"事前、事中、事后"闭合式监督模式。

【"双拥"工作】 2016年，市民政局会同吴忠军分区和市扶贫办制定下发了《驻吴部队助力脱贫攻坚实施方案》，驻吴部队与盐池、同心、红寺堡3县（区）23个村结成帮扶对子，助力全市脱贫攻坚战。全年制作播放"'双拥'在基层"专题节目4期，在《吴忠日报》刊发"共筑长城"专版24期，为双拥成员单位和部分共建单位征订《中国双拥》杂志50份；成功举办"庆八一"双拥专场文艺演出。9月30日，组织开展了"缅怀先辈先烈 传承红色基因 锤炼党性党风"为主题的公祭烈士活动，市党政领导及部队官兵、中小学生、群众代表1000余人参加了活动。筹资100多万元在春节、"七一""八一"等重要节日开展走访慰问驻宁和驻吴部队、军队离退休干部、困难复员退伍军人和重点优抚对象活动。7月，吴忠市被命名为全国"双拥"模范城，青铜峡市被命名为全国"双拥"模范城（县），武警吴忠支队被表彰为全国拥政爱民模范单位，利通区金星镇兰花热心小组组长王兰花被表彰为全国爱国拥军模范。12月，吴忠市再次被命名为自治区级"双拥"模范城，市民政局、教育局、宗教事务局被命名为爱国拥军模范单位。吴南清真大寺、王嘴子清真寺、同心清真大寺等13座清真寺被授牌为军警民共建促和谐示范单位。

【优抚安置】 2016年，吴忠市各县（市、区）民政局以分散培训为主，对自愿参加技能培训的退役士兵进行汽车驾驶、计算机专业培训，退役士兵自愿参训率达90%以上。妥善安置符合安置工作条件的退役士兵14人，为388名自主择业退役士兵核拨一次性经济补助金1552万元。

【社会福利】 截至2016年年底，吴忠市共有孤儿1469人，机构孤儿25人。按照每人每月纯孤儿700元、事实孤儿500元、机构孤儿1000元的标准。机构孤儿发放30万元；纯孤儿124名，发放1041600元；事实孤儿1312名，发放7872000元，一共发放9213600元，全面落实了孤儿养育津贴。

【慈善事业】 2016年，吴忠市大力实施慈善项目，助力脱贫攻坚。市民政局与市扶贫办、中国人寿保险公司吴忠分公司、各县（市、区）人民政府联合在全区率先开展了精准扶贫"脱贫保"慈善项目，为全市38907户建档立卡户购买家庭意外伤害保险，每户保费100元，出险理赔金额9万元，保险期限一年，为全市14.3万名建档立卡户购买家庭意外伤害保险和大病补充医疗保险，每人保费45元，出险理赔金额8万元，保险期限一年，两项保险总计投入1032.69万元，其中市民政局、市慈善总会承担206.54万元；成功实施了"巾帼巧手脱贫"项目，对适龄妇女进行手工刺绣、手工制品、剪纸培训，项目共涉及5县（市、区）168个贫困村，举办培训班60期，培训6217人，项目费用共计33.2万元；开展了"骄子助学"项目，筹资81.1万元，为全市266名应届贫困家庭大学生给予补助；引进珠海市蓝海之略医疗技术服务有限公司"健康中国基层行·吴忠站"医疗帮扶救助项目，募集资金96万元，已有大批眼疾患者因此受益；联合中国友好和平发展基金会共同实施"与爱同行·吴忠市贫困儿童营养补充项目",针对吴忠市扶贫村发放儿童营养品贝因美奶粉、米粉1000箱,价值92.6万元;深圳创维电子集团公司向吴忠市5家社会福利院、82个老饭桌、4个互助养老院捐赠价值24万元电冰箱、冰柜120台及价值5000万元惠民卡;开展慈善月活动,圆满完成了吴忠市慈善总会二届二次理事会议工作。2016年,在第四届"中国城市公益慈善指数"发布会上,吴忠市位列全国慈善城市百强榜第17位,居全区之首,这是吴忠市第三次获此殊荣,宁夏再次成为全国唯一慈善城市全覆盖的省区。

【地名普查工作】 2016年,吴忠市地名普查进入全面实施阶段。按照普查目标任务,建立健全组织领导,制定普查方案,组织普查实施,强化技术服务,严格质量管理,营造宣传氛围,落实保障措施,强化指导检查,全面推进第二次全国地名普查。为确保有效开展普查,制定下发了《关于进一步做好全市第二次全国地名普查工作的通知》,督促指导各县(区)积极开展地名普查工作。以市、县、乡镇分级举办普查培训班8场次,培训人员达1000余人。组织全市96名地名普查人员进行了综合业务和涉密保密知识考试,考试合格后由区地名普查办统一核发普查上岗证书。6月,筹备召开了全市地名普查工作推进会,组织开展地名普查宣传,在社区、乡镇开设地名普查宣传栏,发放宣传资料3000余份。各县区制作发放了具有地方特色的普查海报、宣传册、纸杯和围裙等,集中开展了普查宣传活动。年末,地名普查资料收集整理、地名目录编写、外业调查核实、数据信息建库等基本完成,共采集11大类54个子类的地名信息3万余条,采集多媒体照片4万多张,录入数据库词条2.8万多条,地名普查信息修正完善、普查成果检查验收和普查建档工作正在加快推进。采取政府购买服务方式,协调市志办完成了《宁夏地名故事·吴忠卷》的编纂工作,推动普查成果转化应用。全面巩固行政区域界线勘界成果,制定下发了《关于做好吴忠市县级行政区域界线第三轮联合检查工作的通知》,组织开展县级行政区域界线第三轮联合检查工作。指导配合孙家滩管委会完成了设镇筹备及前期申报请示工作。协调、配合相关部门调处因界线引发的土地、资源权属纠纷,有效维护了和谐稳定。

【婚姻登记】 2016年,全市共办理结婚登记10879对,离婚登记2602对,登记合格率100%。积极做好婚姻档案的规范管理和开发利用工作,各县共补录婚姻登记信息8.7万余条。

【养老事业】 2016年,全市共有政府投资社会养老服务体系建设项目133个,建筑面积8万多平方米,设置床位数2206张,总投资2.1亿多元。目前,社区日间照料中心、农村互助敬老院、农村幸福院(老饭桌)项目已投入运营。敬老院、老年活动中心项目主体已竣工。全市建设社区日间照料中心31所,农村幸福院304个(老饭桌88个),居家养老服务站117个,居家养老专业服务网点256个,为全市生活不能自理的高龄、独居、失能等老年人提供家务劳动、家庭保健、送饭上门、紧急呼叫和安全援助等服务。已建成青铜峡市智能化社区居家养老服务"一键式"呼叫平台,利通区集中为老服务热线、紧急救援系统、数字网络系统和"一键式"紧急呼叫服务为一体的社区居家养老服务信息平台,盐池县智能化社区居家养老信息化服务平台。正在逐步构建"以居家为基础、社区为依托、机构为补充、信息为辅助、医养融合、功能完善、规模适度、覆盖城乡"的社会养老服务体系。鼓励社会资金以独资、合资、联营、参股等方式兴办养老服务,充分调动社会力量参与养老服务的积极性,加快推进养老服务社会化的发展。

【社会组织管理】 截至2016年年年底,吴忠市共有社会组织968家,其中社会团体698家,民办非企业单位270家。其中全市性社会组织227家,社会团体117家(行业类协会24家,学术类协会15家,专业性协会54家,商会类6家,慈善类协会12家,农村专业经济组织6家),民办非企业单位110家。社会组织的业务范围涉及政治、经济、文化、教育、卫生、商贸、农业、公共管理、公共服务、慈善救助、社区维权等各个领域,已逐步形成了门类齐全、层次多样、覆盖广泛的社会组织发展体系。对行业协会商会类、科技类、公益慈善类、城乡社区服务类社会组织实行了直接登记。

【殡葬管理】 2016年，吴忠市以"文明祭祀、生态殡葬"为主题，引导鼓励汉族群众集中在殡仪馆办理丧事，大力推广小型墓、骨灰寄存等节地葬式，积极健康文明的祭扫方式。清明节前，制订了《吴忠市区清明节突发性公共事件应急预案》，通过报刊、电视刊发了"清明节文明祭祀倡议书"。在牛首山汉族公墓设置了观察点，会同消防支队防火处对牛首山公墓火灾隐患进行了排查。强制拆除80余处违规乱建墓地。配合银西高铁和城际铁路发布迁坟公告，确保项目顺利实施。对全市120多名五保、低保、流浪等人员进行殡葬救助，救助金额达40余万元。

民族宗教

【概　况】 2016年，吴忠市民族宗教事务局认真贯彻落实十八届六中全会、全国和全区宗教工作会议及习近平总书记来宁视察重要讲话精神，以"民族团结进步创建工作巩固拓展年"活动为载体，不断深化民族团结进步创建工作，不断加强宗教事务法治化管理，全面提升民族宗教工作水平；以社会主义核心价值观为引领，持续深化"五项特色教育"，全面实施"细胞工程"，坚持宗教工作中国化方向，扎实推进"和谐寺观教堂创建提升行动"，深入开展"三进两创一公开"和"四同行动"等活动，形成独具特色的吴忠民族宗教工作模式。2月，获评"全国民族团结进步创建活动示范市"；7月，获评"全国少数民族流动人口服务管理示范城市"；所辖5个县（市、区）被评为全国民族团结进步创建活动示范县（单位），实现创建全覆盖，为维护全市民族团结、宗教和顺、社会稳定作出了积极贡献。

【落实党的民族宗教政策】 2016年，持续深化"五项特色教育"，在广大干部、宗教界人士和社会各界开展以贯彻落实党的民族宗教政策、全国和全区宗教工作会议精神为主要内容的宣传教育活动。重视培养使用少数民族干部，培养造就了一批政治上靠得住、工作上有本事、人民群众信得过、作风上过得硬的高素质少数民族干部和人才。进一步规范少数民族发展项目的考察、申报、实施、监督等程序，积极对接上级部门，年内共争取民贸民品企业享受贷款贴息6163万元，拉动贷款85.14亿元。建立健全少数民族合法权益保护机制，严格执行国家民族政策，为少数民族办好事、办实事，推进少数民族与社会各界的协调发展。重视城市民族工作，关心城市散居少数民族和少数民族流动人口的就业创业、医疗卫生、子女教育、法律援助等问题。加强基层硬件设备投入，给全市46个乡镇（街道办）和利通区9个社区配备了电脑、打印机等办公设备，为进一步做好少数民族流动人口服务管理工作夯实基础。

【进一步加强民族团结进步教育】 2016年，创新教育载体，丰富教育内容，活化教育形式。把社会主义核心价值体系建设与贯彻党的民族宗教政策、民族团结宣传教育、公民道德建设结合起来，强化祖国观、民族观、历史观教育，打牢"两个共同""三个离不开""五个认同""五个维护"的思想基础。持续开展"五项特色教育"，在各族群众中开展"民族团结一家亲"等教育活动，在城市社区开展"社区邻居节""大手拉小手"、结对帮扶等活动，促进各族群众加深理解、增进感情；在学校开展各种活动，培养青少年民族团结意识，树立正确的祖国观、历史观、民族观。让"民族大团结、回汉一家亲"的优良传统扎根于各族干部群众心中。在广大干部群众、宗教界人士和社会各界开展以贯彻落实全国和全区宗教工作会议精神为主要内容的宣传教育活动，成立"全国、全区宗教工作会议精神宣讲团"，开展专题讲座20余场次，向3000多名干部进行了宣讲。采取举办座谈会、学习班等方式，分层次、分阶段对全市宗教活动场所负责人、宗教界人士进行培训和辅导，利用"民族团结月""政法综治宣传月"、下基层、扶贫帮扶等活动，广泛宣传民族宗教法规政策，印发各类宣传材料5000多份。举办第三届伊斯兰教教职人员大专班，通过考试录用40名优秀中青年阿訇进行函授大专班学历教育，组织宗教教职人员入学深造，建成了一支爱国爱教、素质优良、群众信任的宗教教职人员队伍。

【民族团结进步创建】 2016年，重点围绕"八进"（进机关、进学校、进企业、进社区、进乡镇、进行政村、进宗教场所、进军营）活动，扎实开展民族团结进步创建，各县（市、区）积极推进创建工作向纵深拓展，利通区的"最美家庭""民族团结楼道",青铜峡市的"红歌联唱",盐池县和同心县的互助扶贫模式等活动拓展了民族团结内容,提升了民族团结影响力。"民族团结月"开展了一系列群众喜闻乐见的创建活动,引导各族各界群众广泛参与、互动交流,切实增强群众的获得感和幸福感。举办"民族团结花更红"文艺会演暨民族团结月活动,认真编排具有时代气息和浓郁地方特色的文艺节目进行集中会演,向各族群众献上一台丰富的文化大餐,让广大群众充分感受吴忠民族大团结的和谐氛围。首次开展了宗教界"感恩吴忠行"活动,组织50多名宗教界人士到五县(市、区)对全市18个重大建设项目、特色发展产业进行了实地观摩,让广大宗教界人士对吴忠市情的了解更深了,对吴忠热爱的感情更浓了,对吴忠发展的信心更足了。大家纷纷表示,更加积极地投身吴忠改革发展的火热实践中,为吴忠的建设发展贡献一份力量。连续六年组织开展送医送药、送书送报、送法律法规、送科学技术等"六送"综合服务进宗教场所活动,切实增进党和宗教界人士、信教群众之间的感情,维护民族团结,促进社会和谐。组织开展全市践行社会主义核心价值观暨"念好两好本经,再做新贡献"研讨会,指导宗教界始终坚持中国化方向,弘扬中华优秀传统文化,鼓励伊斯兰教、佛教、道教、天主教、基督教把符合时代要求的宗教思想渗透到讲经布道中,引导宗教界人士对宗教思想和教规教义作出符合时代要求和社会进步的阐释,既念教义经,也念致富经。制定并下发了《吴忠市民族团结进步创建工作深化行动方案》和《吴忠市2016年民族团结进步创建工作考核细则》,对各县(市、区)创建工作进行了全面系统的调研检查和"互观互检",指导和督促基层扎实开展创建工作。全年打造精品示范点115个,对60个民族团结进步模范集体、105个模范个人进行了表彰。

【宗教事务管理】 2016年,坚持推进宗教中国化方向,引领宗教事务法治化治理、宗教活动场所民主化管理、宗教界人士经常化教育、宗教团体规范化管理、宗教工作机制化保障,寓管理于服务之中,全面推进宗教事务法治化管理。以社会主义核心价值观为引领,广泛开展五大发展理念、社会主义核心价值观、国旗、党报党刊、文化书屋"五进"宗教场所活动,建立领导干部与宗教界人士联系制度,积极引导宗教界与社会主义社会相适应。深入开展"三进两创一公开""和谐寺观教堂""平安宗教场所"创建活动,健全完善宗教活动场所议事决策、财务管理、寺管会换届选举办法等21项民主化管理制度,使宗教事务依法管理更加有章可循。依法加强宗教教职人员管理,建立了市、县、乡三级宗教界人士网格化管理机制,规范了宗教教职人员认证、考核、登记、备案等流程,完善了宗教教职人员流动通报、考核评审等制度,使宗教教职人员的管理工作逐步走上了科学化、规范化轨道。依法加强宗教活动场所管理,严格宗教活动场所新建、翻建、扩建、迁建的申报审批,杜绝未批先建,减轻信教群众负担。大力实施宗教活动场所"平安工程",对全市宗教活动场所进行了安全隐患排查,共发现一般隐患36项,全部进行了整改。依法加强宗教活动管理,在全区率先出台了《吴忠市大型宗教活动管理服务暂行办法》,对大型宗教活动的范围、规模、类型以及审批、报批程序等方面进行了详细规定,建立自治区、市、县、乡四级指挥体系和统战、宣传、宗教、公安、卫生以及宗教场所多部门联动服务网络,确保20多场次大型宗教活动平稳有序开展,服务管理工作经验在全区推广。为确保宗教领域安全稳定,年初制订工作方案,明确任务分工,详细全面部署工作,完善村(社区)、乡镇、县(市、区)、市四级网络矛盾隐患化解体系,按照调查摸底、分析研判、依法处置、教育转化、规范管理五步工作法,抵御和防范非法渗透,严厉打击宗教领域非法活动。

信访工作

【概　况】 2016年,市信访督办局进一步完善和落实重大群体性上访与重访、闹访的预防处置机制,严格落实领导接访工作,加强矛盾纠纷排查化解,扎实做好信访积案化解工作,扎实推进信访信息化、规范化建设。年内,到市信访局上访559批4785人次,同期相比分别下降4%和25%。自治区交办吴忠市初信初访信访件126件,在办理期限内全部办结,办结率100%。

【信访规范化工作】 2016年，吴忠市信访督办局结合自治区开展信访事项规范化办理集中攻坚行动，对五县（市、区）及市直有关部门来访事项登记录入不规范、来访事项超期未办结、未及时规范答复来访人等现象进行规范，将"受理及时、办理规范、答复全面、录入准确"作为准则，以工作程序规范促进具体问题处理到位，确保信访问题及时就地解决。采取与有关责任部门及时沟通交流在处理信访问题中存在的突出问题；加强专兼职信访工作人员的业务培训；及时更新信访责任部门分管领导及专兼职工作人员信息；加强宣传力度，引导信访当事人严肃信访纪律；强化信访工作考核等6项措施，进一步规范信访接待和信访事项化解工作。

【落实领导接访工作】 2016年，吴忠市进一步完善信访接待相关工作制度，规范领导接访工作。年初，市委、市政府出台《吴忠市市级领导干部接访制度（试行）》，构建自下而上和自上而下信访工作的大格局，形成了一级对一级负责的信访工作领导责任体系。统一印制吴忠市领导干部接待群众来访记录本，发送给市级领导及市直各部门副处级以上领导干部，以记录促领导接访，以记录促干部下访。完善领导干部接待群众来访事项。根据信访案件的具体情况，填写"吴忠市领导干部接待群众来访事项处理单"，记清上访群众的主要诉求，市信访督办局提出初步拟办意见报市委、市政府领导批示。对部分重点信访案件及时形成信访快报，第一时间上报相关领导集中处理。

【矛盾纠纷排查化解】 2016年，根据自治区信访局关于《全区信访系统开展矛盾纠纷排查化解专项行动实施意见》的要求，每月对全市信访矛盾纠纷进行全面排查，特别是在全国"两会"和"两节"期间进行了横向到边、纵向到底无缝隙、全覆盖矛盾纠纷排查。先后在信联成员单位中开展矛盾纠纷排查工作市级半月开展一次，县（市、区）每月开展一次，乡镇街道随时排查，重点敏感数段专项排查，实行矛盾排查的常态化、纠纷化解的长效化和"小事不出乡、大事不出县"的稳控责任目标。将大量信访渠道内反映出的苗头隐患消除在了萌芽状态，切实起到了源头预防作用。截至年底，全市共排查出各类矛盾纠纷136件，化解107件，未化解的29件明确责任单位和包案领导全力化解。

【信访维稳工作】 2016年，市信访局全力做好自治区及全国重要节会期间信访维稳工作。通过采取科学安排部署、提前摸排梳理、强化源头治理、严格领导接访、加强驻京劝返、完善预警机制等6项有力措施，实现全国"两会"期间零非访。G20峰会期间，市委、市政府主要领导和分管领导对涉及吴忠市的不稳定问题高度重视，采取详细摸底、严格排查、限时化解、教育稳控等措施，及时解决了一批苗头性、倾向性的问题。

【信访积案化解工作】 2016年，市信访局认真贯彻落实自治区信联办《关于交办信访积案和推动落实重点信访事项的通知》要求。实行疑难积案、重点进京非访案件由市委、市政府领导联系督办督查、县级领导包保协调化解的机制，化解成效明显提高。全面落实领导包案制度，制定稳控措施，一案一策、一名包案领导、一个联络员，全程跟踪督办，依靠全社会的力量确保了问题化解得了，人员稳控得住。年内，24件积案全部化解，化解率100%。

【信访信息化建设】 2016年，吴忠市积极与自治区信访局信息中心和市网信办对接，依托电子政务外网连通吴忠市范围内市、县、乡三级网络以及市属重点职能部门。在市、县、乡三级政府及重点市直部门开展全国信访信息系统运用，在市、县信访部门接访场所安装了全程录音录像监控，推动了阳光信访、法治信访、责任信访建设。在接待场所安装查询机，专供信访当事人查阅信访事项各个环节的办理流转情况，并由接待科、督办科、办公室专人联合负责查询服务，随时引导信访当事人开展查询服务。开通宁夏网上信访综合管理平台。单位主要领导通过手机版的"领导桌面"，实现信访事项实时查阅，为掌握网上接收、网上办理、网上回复、网上查询的流转程序及开展情况提供了第一手翔实依据。截至2016年年底，全市信访部门系统运用覆盖率达到100%，初信初访办结率100%，信访事项录入率和群众满意率始终保持在95%以上。为了正确把握信访形势，主动开展工作，定期统计分析信访数据，有针对性地开展调查研究。为市委、政府了解社情民意、领导科学决策、预防制止突发性事件提供了依据。年内共报送《信访信息》10期、《信访动态》26期，市委、政府主要领导及分管领导多次就信息及动态作出重要批示，对信访问题的解决起到了促进作用。

【完善信访工作机制】 2016年，市信访局进一步完善和落实重大群体性上访与重访、闹访的预防处置机制。建立和落实以公安机关为主、信访部门为辅、其他相关单位协同、信访事项责任单位配合的工作机制。落实公安机关现场疏导责任，信访部门的接待、网上录入转办协调责任，职能部门和责任单位的妥善处理和稳控责任，预防处置重大群体性事件应急机制。推行市、县政府决策信访风险评估制度。先后对28件可能引发信访问题的政府事项进行科学预测、综合研判，确定风险等级并制定相应的化解处置预案。通过开展电视问政、民生热线、矛盾纠纷"三调联动"等方法现场解决和答复了群众提出的1600多件诉求。提高信访服务质量，为前来咨询的信访人量身定制发放信访问题接待信息卡，以"口头告知＋卡片"形式向当事人明示责任单位信访接待室的基本情况，引导信访人第一时间到相应的接待场所。在接访大厅醒目位置设立小药箱、阅读架等便捷咨询服务台，为信访当事人免费提供速效救心丸、草珊瑚含片等价值3000余元、20个品种的日常用药及《宁夏日报》《法制报》《吴忠日报》《宁夏人民政府公告》等系列报纸杂志，方便信访群众。

【队伍建设】 2016年，市信访局结合"两学一做"学习教育，狠抓作风转变，狠抓工作落实。解决好办事程序、工作效率、工作时限和服务态度等方面存在的问题，杜绝脸难看、事难办的现象。以"发挥党员先进性，争创星级党支部，促进工作上台阶"的指导思想，深入开展创先争优活动。先后对全市各级专（兼）职信访干部进行信访网络管理、网络信息建设、信访业务知识、政策法规知识等培训，累计培训173人次。

扶贫开发

【概　况】 2016年，吴忠市扶贫开发工作认真贯彻落实中央、自治区、市扶贫开发工作会议精神，坚持政府、市场、社会、内源扶贫协同推进，制定出台了《坚决打赢脱贫攻坚战　确保提前两年实现整体脱贫的实施意见》《精准扶贫责任规定》《精准扶贫责任追究办法》《精准扶贫抽查暗访制度》等12个政策性文件，对全市3个贫困县、168个贫困村、14.3万贫困人口力争提前实现整体脱贫和年度销号贫困村、脱贫人口进行缜密部署。通过实施"五个一批""十三项行动计划"，开展"三先开路"，落实"四级包抓"，完善"五项机制"，从组织领导、目标任务、责任落实、方法路径、体制保障、考核奖惩等方面为决战决胜脱贫攻坚战提供了政策和组织保障。在抓落实促成效上，市委、政府主要领导、分管领导

吴忠市7366扶贫模式获民生示范工程

多次实地调研，解决工作推进落实中的矛盾和问题，坚持重点突破，整体推进，先后召开了全市金融扶贫座谈会、产业扶贫观摩推进会，落实金融扶贫、产业扶贫工作措施；市扶贫开发领导小组各成员单位，按照全市扶贫开发攻坚行动计划任务分工方案，明确工作举措，合力攻坚，抓好项目落实；市扶贫办围绕年度扶贫攻坚目标，建立倒排工期工作制度，实行一事一督查、一月一通报，全方位督促检查，确保各项措施落实到位。脱贫攻坚开局良好，当年65个贫困村销号和5万人脱贫，贫困发生率由2015年的14.9%下降到9.7%，贫困地区综合发展实力不断增强，基础设施、社会事业快速发展，实现了从大水漫灌到精准滴灌、单打独斗到协同作战、救济式扶贫到产业化扶贫、输血式扶贫到造血式扶贫的历史性转变，走出一条富有吴忠特色、科学治贫、精准扶贫、有效脱贫的新路子。市扶贫办荣获全区扶贫系统先进集体，利通区、青铜峡市、盐池县在自

治区2016年度脱贫攻坚考核中荣获优秀等次，"7366"精准扶贫模式获评"2016中国民生示范工程奖"。全国金融扶贫现场会连续两年在盐池县召开；"扶贫保"经验在全国推广；盐池县荣获2016中国县域经济精准脱贫先进县，顺利通过国家交叉检查和第三方评估验收。

【精准识别】2016年，吴忠市组织市、县、乡、村、驻村工作队、帮扶单位共计1.5万余人，对建档立卡贫困人口识别工作开展了全方位的"回头看"，通过"三包五到位""双七联签""五看七步法""四会议三公示"等标准和程序，共识别确定扶贫对象38907户143026人。对已脱贫退出的60个贫困村、5.8万减贫人口，开展了脱贫成效"回头看"，进一步巩固了脱贫成效。开发建设了"吴忠市精准扶贫·精准脱贫信息管理平台"，实现对扶贫对象的信息动态化管理。

【整村推进】2016年，市扶贫办按照"五通八有"标准，逐村编制销号方案，发挥各行业部门项目带动作用，从基础设施、产业培育、社会事业和公共服务等方面改善贫困地区生产生活条件。年内，全市168个贫困村整合各类资金46.4亿元，其中，65个脱贫销号村完成投资14.29亿元，新修改造通村公路235公里、村组道路245公里，改造危房1047户，安装太阳能9095台，对2324户实行人饮改造工程，建设美丽村庄27个，修建小型水利工程12处，扩建升级学校16所、老年饭桌14个，扶持发展特色种植10.1万亩，新增养殖圈舍4658座，牛羊存栏达15.6万只（头）。

【精准到户扶贫】2016年，吴忠市依据致贫原因和脱贫需求，因户因人施策，逐户理清了脱贫路径，制订了到户增收计划，建立脱贫台账，落实增收项目和扶持措施及帮扶责任人。落实行业扶贫措施，编制了13项行动计划的具体实施方案，实施特色种养、"光伏+"等项目带动战略，引导扶贫龙头企业采取土地流转、设施租赁、托管养殖、承包经营、吸纳务工等方式，促进贫困户脱贫致富与"十大扶贫产业模式"深度融合，拓宽了贫困户增收致富途经。

【产业扶贫】2016年，吴忠市制定了《扶贫产业担保基金实施方案》，通过政策扶持、金融助力、龙头带动、产业基地建设等综合措施，实施龙头带动型、支部引领型等"十大产业扶贫"模式的推广复制力度，带动了牛羊养殖、酿酒葡萄、有机枸杞、黄花菜、"光伏+"等特色扶贫产业基地规模不断壮大。仅盐池县滩羊饲养量稳定在300万只以上，种植优质牧草13.5万亩，小杂粮40万亩，中药材20万亩，黄花5.3万亩，其中黄花亩均收入达6000元，最高可达1万元；同心县新发展有机枸杞0.6万亩、红葱3万亩，新增基础母牛、母羊17.2万头（只）。扶贫龙头企业规模不断扩大，恒丰同利巾（被）、恒瑞牧业、乾皇新能源、黑毛驴繁育、中民新能投等一批项目相续建成投产，特色优势产业带动效应进一步显现。启动实施了盐池县74个贫困村光伏扶贫、红寺堡区9个村发展资产收益壮大集体经济项目及5280户到户光伏扶贫项目，新建农村电商服务站32个，建设乡村旅游扶贫示范村2个，贫困群众发展

6月24日，吴忠市举行精准扶贫脱贫保启动仪式

增收渠道不断拓宽,据初步测算,年内2.98万人可通过发展产业实现脱贫。

【金融扶贫】 2016年,吴忠市不断深化创新金融扶贫"盐池模式",在破解60岁以上贫困人员、信用贷款"黑名单"人员等贷款难的问题、金融信贷统计管理上实现了新突破,创出了新经验。全国金融扶贫小额信贷培训班连续两年在盐池县召开,推广盐池县金融扶贫创新做法。积极争取自治区财政扶贫资金6720万元,实施了212个村互助资金增资扩面工作,全面完成了建档立卡贫困人口评级授信工作,实现了建档立卡贫困人口评级授信的全覆盖。争取自治区财政专项扶贫产业担保基金1亿元,市、县(区)配套壮大,风险补偿、各类产业担保基金规模达到7.5亿元,实现了建档立卡贫困户免担保、免抵押贴息贷款。截至2016年年底,累计发放扶贫贷款49.73亿元,27773名建档立卡贫困户贷款规模达12.46亿元,户均贷款达到4.48万元,建档立卡贫困户贷款覆盖率达到71.3%。落实保费3110万元,启动实施贫困人口"脱贫保"项目,建档立卡贫困户家庭意外综合保险和大病补充医疗保险2个基本险实现全覆盖,盐池县滩羊基础保、金融信贷保等脱贫保模式实现全覆盖。金融、保险、产业在脱贫攻坚中的有效衔接,既兜住了因病因意外返贫的底线,又为发展产业增收致富保驾护航。

【社会扶贫】 2016年,吴忠市建立了驻村第一书记"1+6"工作机制,动态调整了驻村第一书记、工作队员,对2015—2016驻村帮扶工作队帮扶绩效实施了全面量化考核。在自治区、市、县291个帮扶单位抽调500名驻村干部组成228个驻训工作队,落实特色产业、公共基础设施、捐资助学等帮扶项目171个,扶持资金及实物折现2653万元。中央帮扶企业、闽宁对口协作共落实帮扶项目资金及实物折现7216万元,支持贫困县、村实施扶贫项目246个。举办了闽宁协作20周年成果展览。开展了统战系统、驻吴部队、文明单位助力脱贫攻坚行动,驻吴部队联创联建、捐资助学深入到帮扶贫困村开展了"创新理论进寺院""政策宣传进寺院""文化活动进寺院"活动,驻吴各部队已与23所小学结为共建单位,与200多户贫困学生家庭签订了"1+1"结对助学协议,市级文明单位与贫困村结成帮扶对子65个;积极推进慈善扶贫,实施慈善公益项目200多个,解决贫困群众和残障人就业岗位1.3万个。借助扶贫日平台,以"扶贫济困、你我同行"为主题,举办实用技术培训、专题宣传教育、募捐、文艺节目等系列活动,打造了团结各方力量参与脱贫攻坚的良好氛围。

【易地扶贫】 2016年是"十三五"易地扶贫搬迁重点脱贫工作开局之年,"十三五"期间,自治区下达吴忠市任务为易地扶贫搬迁3141户11637人。易地扶贫紧扣落实规划,推进工程建设,积极协调对接搬迁,精心组织实施,同步配套推进基础设施、培训就业、社会管理等公共服务。年内完成投资4.14亿元,新建易地扶贫安置区14个,建成和回购住房1825套,已核定搬迁对象7704人,已搬迁787户3142人。

【教育扶贫】 2016年,市扶贫办整合各类教育资源,实施贫困地区薄弱学校改造提升工程、山区学生营养改善计划、就业技能实用技术"菜单式"培训、"雨露计划"等教育培训脱贫行动计划,提升贫困群众自我发展能力。年内,全市组织开展贫困人口实用技术、专业技能、就业创业、致富带头人免费培训3.44万人,其中,雨露计划培训2590人,劳动力职业技能培训8600人,取得劳动力职业资格证7610人;搭建贫困户务工管理服务平台,建档立卡贫困户通过双向选择自主就业、经纪人组织就业和企业吸纳就业等方式实现务工就业1.57万人。制定出台《关于深化拓展"强龙工程"推动基层党建与脱贫攻坚深度融合的意见》《关于在全市开展"三先开路"专题教育活动实施方案》,坚持内源扶贫,组织帮扶部门、包乡包村及驻村干部,采取互学互比、政策解读、大讨论等形式,实施脱贫攻坚思想扶志、组织扶基、观念扶力、培训扶智等具体措施,开展了以"扶贫先扶志、治贫先治愚、脱贫先脱旧"为主要内容的"三先开路"专题教育活动,不断提升了各级干部服务脱贫攻坚的能力,激发群众自主脱贫内生动力。

【全市脱贫攻坚誓师大会】 2月22日,召开全市脱贫攻坚誓师大会,会议对当前和今后一段时间脱贫攻坚工作进行了安排部署。市委、政府与5个县（市、区）委书记、县（市、区）长分别签订脱贫攻坚目标责任状；会上，宁夏嘉泽发电集团、中民投新能投资公司宁夏公司、宁夏壹加壹农牧股份公司、宁夏恒丰纺织科技股份有限公司、宁夏顺宝现代农业股份有限公司分别签订扶贫攻坚承诺书。红寺堡区、盐池县、同心县党委书记，市扶贫办、县区扶贫办主任，贫困乡镇、帮扶企业、驻村工作队代表做了表态发言。

【驻吴部队助力脱贫攻坚】 3月30日，市委、市政府联合驻吴部队在红寺堡区弘德工业园召开助力脱贫攻坚启动仪式。自治区军分区、武警宁夏总队领导，市委、人大、政府、政协分管领导及各县（市、区）分管领导，吴忠市消防支队及驻吴各兄弟部队有关领导及部分官兵代表出席仪式。自治区军分区领导做了动员部署讲话，强调全市驻吴部队应发挥双重领导优势，把扶贫攻坚作为暖心助民工程、拥政爱民工程、军民融合工程，以服务人民之旨，以广大官兵之智，以力所能及之行，助力打好扶贫攻坚战役。4月13日，武警宁夏总队助力地方脱贫攻坚工作会议在吴忠市召开。会议对宁夏武警总队助力地方脱贫攻坚工作做了全面部署。

【第三个全国"扶贫日"】 10月17日是全国"扶贫日"，按照国家、自治区扶贫日活动要求，吴忠市通过开展扶贫日"112344"活动，即举办吴忠市"精准扶贫、精准脱贫"干部专题培训班；启动"扶贫日"纪念邮票首发式；在全市开展一次扶贫专题文艺巡演活动；启动"精准扶贫""廉洁为民"两项专题教育；举办以"让山区的孩子能读起课外书""心系贫困家庭、奉献真挚爱心""'互联网+'精准扶贫"3项募捐活动；在《吴忠日报》刊登一期扶贫专版，利用多种媒体开展公益宣传，组织全市开展"扶贫日"宣传活动等；开展统战系统助力脱贫攻坚计划行动、驻吴部队助力脱贫攻坚"爱心奉献日"活动、"精准扶贫下乡"义诊活动、青年扶贫志愿者爱心活动。打造凝聚人心的帮扶平台，进一步团结各方力量参与脱贫攻坚，形成了"扶贫济困、你我同行"的良好风尚，更为全市打好精准扶贫、精准脱贫攻坚战起到了重要的推动作用。

链接：

【盐池模式】 盐池模式，即"信用+产业+金融"模式。互助资金、千村信贷、资金捆绑、企业参与、评级授信、惠民微贷、融资担保、保险保障8种主要类型，支撑起了金融扶贫的"盐池模式"。盐池县将国家支持资金、财政扶贫资金与金融产品和富民主导产业有效嫁接，对互助资金项目实行"2242"资金管理运行模式，将利息的20%滚入本金，20%作为公益金，40%作为运行成本，20%作为风险准备金，在资金监督、借款的发放和回收等方面形成了一套完善的制度体系。并抓住自治区启动"千村信贷"金融创新扶贫工程的有利时机，由互助社推荐，农信社优先办贷，给予互助社借款金额1~10倍的贷款，财政同时给予贴息。在互助资金培育信用意识的基础上，与金融机构合作，为贫困户量身打造了"631"评级授信"富民卡"信贷产品，随用随取。以滩羊产业为纽带，发展企业参与多种模式，支持各方与贫困农户建立起紧密利益联结体。成立了扶贫信用担保公司，形成了6亿元的担保基金。采取保费由中央、地方财政补贴，农民自付10%~20%的办法，有效扩大产业保险覆盖面；推进大病保险覆盖全县15万城乡居民，患者在医保报销的基础上平均提高17%的赔付比率，降低了群众因病致贫、返贫的风险。在农村信用体系建设、风险补偿、金融扶贫精准统计和信息共享、保险保障等方面进行了积极的探索和实践。走出了一条依托金融创新推动产业发展、依靠产业发展带动贫困群众增收的新路子，有效破解了贫困人口贷款难、担保抵押物不足、金融服务网点分布不合理、信用等级共建共享难、金融扶贫政策引导带动作用不强等突出问题。率先在全区完成贫困户贷款全覆盖，全面推行扶贫小额信贷，推动金融扶贫小额信贷的创新发展，激发了贫困群众创业致富的内生动力，贫困地区特色养殖、中药材、黄花菜、小杂粮等脱贫致富产业规模不断壮大，贫困群众人均收入年涨幅高于全区平均水平，金融扶贫实现了"输血"到"造血"的科学转变。国务院扶贫办将盐池县"信用+产业+金融"的一系列做法称为"盐池模式"，并连续两年在盐池县召开全国金融扶贫小额信贷培训班，推广盐池县的做法和经验。2016年，自治区党委、政府开始全面部署推广"盐池模式"的经验，制定并实施《提升和推广金融扶贫"盐池模式"工作方案》，明确以产业支撑、信用评级、财政引导、担保跟进、银行放大、保险护航、风险防范和党建保障为主要任务，坚持以金融工具链支持产业

链,发挥好自治区、市、县、乡、村五级联动功能,打好财政、银行、证券、保险、担保"组合拳",努力打造全国以省域为单位的金融扶贫实验区。金融扶贫"盐池模式"主要包括建立信用平台、开展评级授信、发展互助资金、扩大千村信贷、统筹捆绑资金、创新互助联贷、搭建融资担保、引导企业支持、落实贴息政策、强化保险保障10个方面的内容。

【扶贫保】 吴忠市针对农产品市场波动较大、因病因灾致贫比重大、贫困群众自我发展能力弱等问题,采取"政府+商业保险"的模式,为建档立卡贫困户量身打造了"扶贫保",通过制定"一揽子"保险计划,提供"2+X"菜单式扶贫保(即建档立卡贫困户家庭意外综合保险和大病补充医疗保险2个基本险全覆盖,开发包括滩羊基础保、农业风险保、金融信贷保等多个险种)。如:盐池县与驻地保险机构合作,创新实施了人身意外伤害保险、大病医疗补充保险、羊肉价格指数保险、特色农产品种植收益保险等12种保险产品。"扶贫保"为贫困户吃下了"定心丸",设立了"防火墙",实现了脱贫路上"零风险",破解了建档立卡贫困户在发展中因病因灾、因农产品市场价格波动返贫的难题,既兜住了因病因意外返贫的底线,又为发展产业增收致富保驾护航。"扶贫保"经验被中央改革办印发在全国推广。

【"7366"精准扶贫模式】 七步识别,精准锁定扶持谁。精准扶贫的前提是要科学甄别扶贫对象。为了精准锁定扶贫对象,吴忠市探索出了户申报、小组议、村评定、入户查、逐级核、县确认、市抽查的七步识别法,同时,针对识别标准不统一的问题,综合运用"五看五比"的办法,通过量化评分、综合分析等方法进行倒排队,一把尺子量到底,做到三级公示、统一建档、微机录入、精准锁定。三先开路,从思想上拔穷根。扶贫先扶志,破除精神贫困。开展驻村调研、入户走访、干部"接亲""走亲"和"帮亲"等活动,激发干部敢于担当、主动作为之志。针对部分群众"睡着等救济、躺着等帮扶、晒着太阳等小康"等现象,通过结对帮扶、典型示范、宣传教育,激发贫困群众负重自强、艰苦奋斗之志。治穷先治愚,提高致富能力。坚持思想引导和基础教育并举,大力实施"雨露计划"、人才助农等项目,对贫困家庭学生实行12年免费义务教育,对贫困家庭职业教育扶贫助学全覆盖,逐步阻断贫困代际传递。脱贫先脱旧,树立创新理念。深入开展"三破三立"大讨论、"移风易俗、改善民风"等活动,着力破除领导干部只接天线不接地气、不精不准的旧思路、旧作风,破除基层干部只会伸手不会动手、只会输血不会造血的旧习惯、旧模式,引导群众破除死守一亩三分地、怕担风险不敢创业等旧观念、旧意识,倡导树立精准脱贫的新思想、新作风,凝聚勠力同心打赢脱贫攻坚战的强大正能量。六项行动精准施策怎么扶。只有制定符合实际、符合群众需求、符合科学发展的政策措施,脱贫攻坚才能做到有的放矢。吴忠市通过实施易地搬迁、产业培育、金融帮扶、生态扶贫、政策兜底六大攻坚行动,为脱贫攻坚明确了方向、找准了路子。实施易地搬迁,改变"一方水土养不活一方人"的尴尬境遇。坚持搬迁与脱贫"两手抓",在全市范围内实施易地生态移民,将不适宜人类生存的贫困地区群众集中安置在有水、邻路、靠园、近城的地方,同步推进住房建设、培训就业等,从根本上解决居住难、出行难、饮水难、上学难、公共服务难和发展后劲不足等问题。并实施生态修复,迁出一户、拆除一户,搬出一村、恢复一片。发展特色产业,破解"捧着金饭碗到处觅食"的无奈之举。吴忠市把产业培育作为脱贫攻坚的主攻方向,主打"绿色、生态、有机、富硒"四张牌,坚持"一乡一业""一村一品"和三次产业跨界融合发展。共筹措7.5亿元扶贫产业发展基金,重点支持新型农业经营主体发展壮大,先后引进和培育了202家扶贫龙头企业、1450家专业合作社、404个家庭农场。规划建设了草畜等8大产业扶贫示范基地,探索出了10大产业扶贫模式,基本上实现了村村有产业、户户有门路、人人有活干。同时,积极培育旅游扶贫、电商扶贫等新兴产业,成立了82个农村电商服务站,推动特色农产品线上线下深度融合,带动了2万人创业就业。打破"拴在土地上脱贫致富"的思维定式。把扶贫脱贫工作与新型工业化等有机结合,鼓励引导贫困群众走出大山,走进园区变工人,进入城镇做商人,摆摊开店当老板,土地入股成股东,进城落户变市民,技能培训做职业农民,劳务收入占到贫困群众家庭纯收入的50%以上;创新推广"速贷通""网贷通"等农村金融产品。捆绑互助资金等金融扶贫政策,把信用作为最重要的抵押物,建立了宁夏首个建档立卡贫困户评级授信系统,对贫困户分A、B、C三级给予授信贷款,有效缓解了贫困户贷款难、贷款贵问题。探索实施保险扶贫工程,为贫困户量身定做了特色农业保、互助资金保等建立贫困家庭大病医疗保、意外伤害保等12种脱贫保险,保证了贫困群众脱贫路上的零风险。另外,吴忠市把发展扶贫产业与绿化、治山、兴水结合起来，资源开发、生态修复、产业培育齐步走，在贫困地区探索推行"光伏+""生态+"等扶贫模式，实现了产业联动发展，既发展了产业又增加了群众收益，贫困户每年仅租金收入一项就达3000多元。结合新一轮退耕还林、防沙治沙、小流域综合治理等重大生态工程项目，大力发展林果产业、林下经济，积极开展贫困乡村农作物秸秆工业化加工、青黄贮制作、有机肥生产、家庭沼气使用等综合利用，走出了一条生产生态生活相统一的扶贫新路子；实行政策兜底，每年财政收入的85%用于教育、就业、社会保障的民生领域。六项机制，精准聚力谁来扶。吴忠市积极探索建立扶贫脱贫精准聚力攻坚推进机制，有效整合项目、资金、人力、管理、帮扶、考核等要素，精准"滴灌"到村到户，凝聚打赢脱贫攻坚战的强大合力。推行全面量化管理体系，明确脱贫攻坚目标任务。吴忠市在全国率先编制完成了《吴忠市脱贫攻坚全面量化管理体系》，从领导责任、精准识别、精准施策等6个部分、33个子系统，对各级党委、政府及其职能部门、群团部门、金融机构、驻吴单位精准扶贫主要责任进行了明确，完善了精准扶贫联系、帮扶机制；建立脱贫攻坚责任清单，压实各级组织攻坚责任。在宁夏率先探索建立脱贫攻坚责任清单机制，出台了《吴忠市精准扶贫责任规定》和《责任追究办法》，逐一明确市县乡村及驻村工作队脱贫攻坚职责，明确各级党政组织承担精准扶贫主体责任、主要负责人承担第一责任，确保不落一村、不漏一户，不脱贫、不脱钩；完善社会聚力帮扶机制，汇聚脱贫攻坚强大合力。坚持发动全社会共同参与扶贫、共同为扶贫想招、一起为扶贫发力。不断深化央企帮扶、闽宁协作和上海青浦区等友好城市协作，将合作范围扩大到招商协作、产业合作，积极汇集外界各种力量，寻求更多扶贫帮手和扶贫资源支持脱贫攻坚。2016年上半年，中央帮扶企业、闽宁对口协作共落实帮扶项目资金及实物折现5863万元，支持贫困县、村实施扶贫项目210个，招商引资签约项目15个，总投资16.3亿元；健全多元投入保障机制，发挥财政资金引导作用。充分发挥政府投入在脱贫攻坚中的主体作用，加大投入力度，重点贫困县每年将财政收入的50%以上用于脱贫攻坚，将重点产业、基础设施、公共服务项目和资金重点向贫困地区倾斜。组建了吴忠市扶贫开发投融资公司，承接和撬动了100亿元的扶贫贷款。与平安银行合作设立总规模30亿元的现代农业发展基金，5个县（市、区）分别成立了奶产业等10支基金7.5亿元。整合放大新能源基金等各类产业基金，总规模超过100亿元，用于扶贫产业培育和发展，建成产业扶贫示范基地8个，全市90%的贫困村都培育形成了1~2个特色优势产业，贫困群众40%的收入来自特色产业；创新督查考核评价机制，激励干部干事创业积极性。制定完善脱贫攻坚监督检查办法，充分发挥市、县人大、政协和新闻媒体等监督作用，建立脱贫攻坚逐级监督检查、定期报告制度，采取月中查、季调度、定期督查、暗访抽查等方式，推进工作任务落实。健全完善调整召回、负面清单、部门支持等"1+6"管理考核制度，坚持每月开展一次专项督查，先后调整召回第一书记和工作队员60名；建立动态管理机制，实现贫困对象应扶尽扶。严格认定程序，完善脱贫退出、返贫进入、巩固提升机制。健全脱贫成效统计监测体系，建立"精准扶贫精准脱贫信息平台"，及时准确掌握贫困人口基本信息、致贫原因和脱贫需求，逐户建立脱贫台账，实行分类扶持，落实增收项目和扶持措施。跟踪监测贫困村整村推进项目实施、贫困人口减贫、贫困发生率和贫困人口增收状况等指标，采取第三方评估，对建档立卡贫困户收入、"三不愁、四保障"情况进行综合评估验收，做到有进有出，动态调整。

【十大产业扶贫模式】 吴忠市通过创新产业扶贫模式，实现了精准扶贫"滴灌"到户，加快贫困户增收脱贫步伐。"龙头+基地+农户"的"龙头带动型"模式。红寺堡壹加壹农牧股份有限公司、盐池县多司得滩羊股份有限公司就是这种模式的代表。壹加壹肉牛养殖模式。企业管技术、管服务、管销售，并承担了全部养殖风险，移民群众再也不用担心销路和亏本，企业有了稳定充足的货源，实现了企业与农户共赢发展。"合作社+协会+农户"的"协会拉动型"模式。贫困地区立足自身优势，由农村种养大户、贩销大户等牵头，创办种植、养殖、劳务等各种专业合作社、协会，组织引导农户实施专业化、标准化生产，规模化、品牌化经营，提高了社员的生产技术和竞争优势，降低了生产成本，共同抵御市场风险，促进了产品销售，增加了社员收入。同心县韦州镇荣振黄牛养殖专业合作社由52名社员组成，采取集中采购、分户饲养、统一管理、统一销售、利益共享的经营模式，年实现利润200多万元，起到了很好的示范带动作用；"支部+党员+农户"的"支部推动型"模式。发挥农村党组织的战斗堡垒和党员的示范引领作用，把党支部建在产业上，让党员示范带动，因地制宜发展特色优势产业，推动群众脱贫致富。"金融+龙头+农户"的"金融撬动型"模式。通过产业基金、扶贫基金等，撬动更多的资金投向特色优势产业，通过发展壮大特色优势产业，从而带动更多的贫困群众加快脱贫致富步伐。"光伏+基础设施+农户"的"产业联动型"模式。近年来，吴忠市引进嘉泽、中民投等光伏企业，在同心、盐池和红寺堡实施光伏扶贫项目，不仅在农户的房顶上安装光伏板，给农户支付租金，有的农户每年租金高达3000元。"技能培训+劳务公司+农户"的"技能助推型"模式。依托特色优势产业和务工就业需求，整合"雨露计划""阳光工程"、务工技能、实用技术等扶贫培训资源和项目，建设扶贫培训基地，对有意愿接受劳动就业技能培训的贫困劳动力开展订单定向培训和资格鉴定，使其掌握一技之长，推动贫困群众由体力型向技能型、季节性务工向常年务工转变，实现稳定转移就业和稳定脱贫。"科技公司+带头人+农户"的"科技驱动型"模式。加大有机枸杞、酿酒葡萄等新品种、新技术的引进、推广，促进产业提质增效。同心县与上海中医药大学签订了支持扶贫攻坚框架协议，将同心县作为产学研和医疗服务的基地，作为研究生实习、博士团社会实践的基地，由上海中医药大学专家主持开展各项研究工作，进行道地中药材、有机枸杞药用成分对比性研究分析，有力推动同心中药材、有机枸杞产业发展。"资产+平台+农户"的"资产受益型"模式。同心县河西镇同德村和菊花台村分别引进企业，在本村流转大量的农户土地发展枸杞产业、实现规模生产，农民不仅获得了土地租金收入，而且可以就近在产业基地通过为企业采摘枸杞获得劳务收入。盐池县有广阔的草原和林地，生态效益凸显，大力发展生态旅游、休闲旅游、乡村旅游，使其真正成为贫困群众脱贫致富的"聚宝盆"。利通区政府与宁夏恒丰纺织集团达成协议，将新筹建的巾（被）厂建在利通区同利村，实现了产业建在家门口，企业建成后，将有效解决同利村及周边1000多名青壮年劳动力的就业问题，既解决了企业的用工难，又实现了移民的稳定就业，实现了经济效益和社会效益的双赢。"保险+产业+农户"的"保险保障型"模式。盐池县针对滩羊肉市场价格波动较大、因灾因病等致贫比重大、贫困群众发展信心不足、能力不强等因素，按照"保本、微利"的原则，与驻地保险机构合作，在全区率先创新实行"脱贫保"，筹资2217.5万元，为贫困户"量身定做"了特色农业保、羊肉价格保、大病医疗补充保等12种脱贫保险，并实行"菜单式"推广，由贫困户自行选择，县财政及时跟进，实行补贴扶持，确保脱贫路上零风险。

法治建设　FaZhi JianShe

政法综治工作

【概　况】 2016年，市政法综治工作以"四项专项行动"为抓手，深入推进"平安吴忠"建设，探索矛盾纠纷多元化解机制，不断深化"平安医院"创建工作，深入推进平安铁路示范市创建、公共安全视频监控联网建设、司法体制改革工作，及时准确做好司法救助工作。为建设吴忠创造了政治稳定、社会安定、人民群众安居乐业的良好局面。

【司法体制改革】 2016年，吴忠市法检两院，青铜峡市、盐池县法检两院完成司改试点工作，进一步深化以司法责任制和人员分类管理为核心的改革，法院探索组建审判团队、建立专家法官会议，检察院进一步深化内设机构改革，取得阶段性成果。8月初按照自治区统一部署启动其他县（市、区）基层法院、检察院司法体制改革工作，法官、检察官入额遴选工作全部完成。

【矛盾问题排查化解专项行动】 2016年，吴忠市建立矛盾问题集中化解"四个清单"（排查任务清单、矛盾问题清单、化解责任清单、销号清单），对五县（市、区）和市直有关部门开展矛盾问题排查化解开展情况进行了五次专项督查，对工作进展缓慢的单位（部门）进行点名通报。对排查出来的矛盾问题，综合运用各种手段和办法进行化解，通过筹集资金解决一批，调解诉讼解决一批，把源头治理、动态管理、应急处理有机结合起来，集中一切力量进行化解。截至12月底，全市共排查出矛盾纠纷11512件，已化解11214件，化解率94.1%。盐池县连续三年保持零进京非访；50人以上规模群体性事件、较大以上安全生产事故等指标均未发生。

【禁毒工作】 2016年，吴忠市进一步推进禁毒办实体化运作，市、县两级禁毒办配备46名禁毒专干，配备了56名禁毒专业民警，在全市48个乡镇建成169个社区戒毒康复工作站，配备480余名专兼职工作人员。进一步压缩犯罪空间，全警参与收戒。连续侦破"2·08""4·06"毒品目标案件，加大禁毒宣传教育力度，通过开展禁毒宣传教育、鼓励群众举报、加强对涉毒娱乐场所专项整治等措施，提高人民群众自觉抵制毒品的意识，营造浓厚禁毒人民战争氛围，全国校园禁毒图书角项目现场会在青铜峡市召开。

【社会治安排查工作】 2016年，吴忠市各县（市、区）对自治区挂牌的5个、市上挂牌的10个社会治安重点地区和突出治安问题逐项制定整治方案，责任到人，扎实推进。6月和9月，对各县（市、区）整治工作完成情况进行了两次督导检查，11月对全年挂牌整治工作进行考核验收，对验收合格的吴忠市挂牌督办的5个整治问题进行了销号，对自治区挂牌督办的10个整治问题上报了验收申请，待自治区综治办验收。

【公共安全视频监控联网应用示范市项目】 6月底，吴忠市被中央综治办列为全国公共安全视频监控联网应用示范城市。12月中旬，组织施工方实地勘验了县（市、区）的综治中心及机房，施工方主要设备（含视联网平台、公共安全视频监控共享平台、视频图像解析中心、综治中心大屏、服务器等）均已到位。完成深化设计和施工方案的制订，确定将吴忠市公共安全视频监控共享平台、视频图像解析中心平台及服务器均放置在吴忠市公安局中心机房视频网专区（吴忠市阳光政务网数据中心机房东侧）。

【政法队伍建设】 2016年，吴忠市在全市政法部门开展"加强纪律作风、规范执法行为年"活动。对市、县（市、区）活动开展情况进行4次督查，并对发现的问题进行通报。政法各部门结合"两学一做"学习教育，对照活动要求查找问题，通过召开座谈会、专题讨论、走访群众等形式，统一思想，提高认识，增强政法干警公正司法、严格执法、做合格党员的自觉性。突出查摆剖析，市中院按照人员分类及岗位职责开展自查，提出整改思路，认真解决在纪律作风和司法行为上的突出问题。实行开门整改，检察机关在互联网站开辟"监督评议"专栏，通过检察微博、检察QQ等接受群众对检察机关的评议和建议。强化督导检查，公安机关利用网上督察系统，对各单位值班室、服务区、执法办案区警务活动24小时实时网上监督；现场督察、明察暗访100余场次，发现问题90个，发放各类督察通报13期，督促整改问题21个，曝光民警、协勤19人次、部门16个，倒逼民警、协勤摒弃坏习惯，养成好作风。规范权力运行，市中院完善和落实首问负责制度、限时办结制度等20多项工作制度。市公安局将行政审批事项精简压缩65%，审批事项办结时限压缩60%以上，服务群众更加便捷高效。政法机关服务型窗口建设，对全市两级政法部门窗口建设工作情况进行4次督查。全市139个窗口单位全部达标，达标率100%。联合市委党校举办为期4天的乡镇综治干部专题培训班。

【防范邪教工作】 2016年，吴忠市建立区域防邪协调联动机制，开展专项整治，在元旦、春节、"两会"、"五一"、"7·22"等节假日和敏感节点加强值班备勤和情报信息工作，完善工作预案，落实工作措施，全市没有发生邪教组织人员赴银进京上访和其他影响社会稳定的重大事件，连续16年实现"三个零"指标。红寺堡区被中央防范办命名为全国"无邪教创建示范区"，全市3个乡（镇）、16个村被命名为全国无邪教创建示范乡（镇）、村。

【平安铁路示范市创建】 2016年，吴忠市制定创建方案，明确护路工作职责，实施铁路治安路地联防、突出问题路地联治、违法犯罪活动联打、涉路矛盾纠纷联调、爱路护路宣传联动、平安铁路建设联创。进一步完善铁路护路联防"五位一体"机制，确保铁路沿线保障安全无遗漏，治安管理无盲点，巡逻防控无缝隙。目前，全市共发生干扰列车运输案件3起，与近三年平均数相比下降9.9%，平均每公里发案数在全区五市中排名第2名。

【司法救助工作】 2016年，按照公平、公正、合理的原则，统一救助条件和救助标准，办理司法救助相关事宜，全市共受理司法救助案件66件，合计发放司法救助款234.9万元，其中市本级财政救助2案2人，发放救助金8万元，申请自治区救助64案65人，发放救助金226.9万元。

【政法综治宣传】 2016年，市政法委注册"吴忠政法"微信公众号，不定期发布政法工作动态；通过电信、移动、联通群发平安建设短信40余万条；投资15万元，在盛元广场对面户外电子屏进行为期3个月的宣传；在高速路口租用擎天柱广告牌两块，设立大型户外平安建设宣传栏；在吴忠市电视台公共频道、综合频道共6个时段滚动播放平安建设宣传视频；在《宁夏法治报》开设"平安吴忠建设"宣传栏目（已经宣传近100期）。市、区两级在开源广场组织开展以"公共安全防范警示教育"为主题的政法综治宣传月集中宣传活动。共有125家单位638人参加宣传，设立宣传咨询点130个，出动宣传车辆13辆，展出展板152块，悬挂横幅150条，搭建宣传拱门3个，活动中散发各种宣传资料10万余份，近5000人次到宣传点进行了相关法律知识咨询。

【"平安医院"创建】 2016年，市政法委联合市卫计局、公安局、司法局等部门合力打击涉医违法犯罪，共同印发"平安医院"创建方案，妥善处置涉医矛盾35件。

【"平安吴忠"建设】 2016年，进一步深化"平安吴忠"建设，开展了矛盾问题排查整治等4个专项整治行动。1月5日至12月31日，在全市深入开展矛盾问题排查整治专项行动等4个专项行动，狠抓安全生产、校园安全、拖欠农民工工资、环境安全等专项工作，为进一步深化"平安吴忠"建设奠定坚实基础。连续五年在全区禁毒工作综合考评中名列第一，尤其在上年的考核中，吴忠市4个县（市、区）名列全区前四名。截至2016年年底，全市社区戒毒执行率96.5%，社区康复执行率98.9%，戒毒出所未满三年的人员管控率为83.2%，安置率96.9%。禁毒人民战争开展两年多来，取得了"五升三降"的工作成效，即社区戒毒执行率提升26%，社区康复执行率提升28%，管控率提升11.7%，戒断三年未复吸人员数提升20%，安置率提升26.9%，隐性吸毒人员比例大幅度下降，毒品消费市场持续萎缩，毒品价格直线下跌，毒情形势明显好转。禁毒工作成效的提升，促进了社会治安的持续稳定，涉毒人员侵财案件明显下降，群众对社会治安的满意度显著提升。吴忠市命案下降65%，盐池县、红寺堡区无命案。加强信访窗口建设，认真做好涉法涉诉信访案件接待、登记、交办、督办工作。1—10月，共受理涉法涉诉信访案件14件，交办14件，办结14件，办结率为100%。

审判工作

【概　况】 2016年，吴忠市两级法院在市委领导及自治区高级法院的监督指导下，以"11359"工作思路和"创新突破年"主题工作为抓手，坚持司法为民、公正司法工作主线，扎实开展"两学一做"学习教育，认真履行司法审判职责，推动司法改革工作向纵深发展，各项工作呈现新局面。吴忠市两级法院全年共受理各类案件33609件，同比上升17.64%；审结29309件，同比上升25.1%，结案率为87.21%，同比上升5.21%。其中，吴忠中院受理各类案件2415件，审结2323件，结案率为96.19%。

【刑事审判】 2016年，吴忠市两级法院共受理各类刑事案件1649件，审结1560件，其中市中级人民法院共受理刑事案件985件（包含减刑假释）。依法严惩危害国家政治安全、经济安全和社会稳定各类犯罪，审结故意伤害、杀人、抢劫、毒品犯罪等类型案件536件，增强人民群众的安全感。积极参与反腐败斗争，共审理贪污、贿赂等腐败案件53件。完善吴忠监狱数字化法庭建设，受理减刑假释案件701件，审结701件。坚持贯彻宽严相济刑事政策，全面推行量刑规范化，认真落实《关于建立健全防范刑事冤假错案工作机制的意见》，严格证据审查，坚持非法证据排除、罪刑法定、疑罪从无原则，全年无错案发生。

【民商事审判】 2016年，吴忠市两级法院共受理各类民商事案件19125件，审结16936件，同比分别上升17.36%和22.28%，其中市中级人民法院受理民商事案件1091件。依法审结公司诉讼、股权转让、企业破产重整、互联网金融等新领域案件，推动构建产业新体系，保障创新发展。高效审结土地承包、流转、权属纠纷案件，保持基层改革稳定，服务保障协调发展。依法审理环境资源类案件47件，保障绿色发展。审结买卖合同、金融借款、担保纠纷、房地产纠纷等商事案件3008件，审结婚姻家庭、抚养继承、邻里纠纷案件2955件，维护基层社会和谐，保障共享发展。成立家事审判组，专门审理婚姻、赡养、扶养、继承等家事纠纷案件，弘扬传统美德，促进家庭和睦。妥善审理劳动争议、侵权、相邻关系、土地权属纠纷案件，维护社会和谐。大力探索多元化矛盾纠纷解决办法，与工会、妇联、社区及政府相关职能部门建立矛盾纠纷化解机制。

【行政审判】 2016年，吴忠市两级法院共受理行政案件174件，审结161件，其中市中级人民法院受理行政诉讼案件75件。加强涉民生行政案件审判工作，妥善高效审结涉农民土地承包经营、土地征收征用、房屋拆迁等方面案件。在审理行政案件时，能够认真分析案件的具体成因、社会影响，严格执行法律，做到既监督行政机关依法行政，又保护行政管理相对人的合法利益，得到了双方当事人的理解和支持，行政机关负责人出庭应诉率达93%以上。

【执行工作】 2016年，吴忠市两级法院共受理各类执行案件11022件，同比上升27.15%，执结9756件，结案率为88.51%，同比上升44.34%，实际执行率为51.66%，实际执行到位标20.34亿元，其中市中级人民法院共受理执行案件200件。继续落实和完善被执行人名单制度，吴忠市两级法院共有1576人次被纳入失信被执行人名单，并在《吴忠日报》《宁夏法治报》等媒体公布。使用"点对点"银行账户查询系统，累计申请查询被执行人名下银行账户197157人次，涉及案件数8512件，涉及自然人8615人、法人635人。通过"点对点""总对总"执行财产查控系统的运用，成功执结了一批案件，提高了执行效率，切实维护了当事人的胜诉权益。

【诉讼服务中心建设】 2016年，吴忠市两级法院全面落实立案登记制，对符合起诉条件的案件依法登记立案，切实做到有诉必理、有案必立，当场立案率达97%以上，平均立案15分钟，充分保障当事人诉权。以"竭力满足人民群众司法需求，精心打造窗口服务司法品牌"为理念，深入推行和完善"一门进、一次性告知、一站式办理"的"三个一"服务，以诉讼服务中心为主体，完善窗口功能建设。在全市法院开展最好窗口与最差窗口评比活动，力促全市法院窗口服务水平上新台阶。加强司法救助，为困难当事人开通绿色通道，2016年两级法院共减缓免诉讼费39.92万元。各基层法院有效借助"便民流动服务流动法庭车"强化巡回审理工作，打通服务群众"最后一公里"。

【司法改革】 吴忠市中级人民法院、青铜峡市人民法院、盐池县人民法院作为全区第一批改革试点法院，有85名法官首批进入员额。各院根据审判工作实际和人员情况，分别组建了审判团队，入额法官均在一线办案。将一线力量配齐、配强，促进队伍结构的优化和司法资源的合理配置。改革审判权运行机制，明晰审判组织和司法人员责任，下放裁判文书签发权给合议庭和承办法官，制定《合议庭办案责任制规定》和《司法人员工作职责和权限》等文件，突出法官主体地位，落实审判责任，提高办案质效。推动审委会制度改革，明确讨论案件范围，完善议事规则。建立专业法官会议制度，健全过滤机制，给法官、合议庭提供咨询意见，保障依法独立审判，强化了员额法官的担当意识和责任意识。制定《案件评查流程管理（暂行）规定》，完善案件评查机制，实行季度评查通报制度。对评查出的问题进行逐一梳理、通报，并对整改情况进行督查，促进审判质效不断提高。吴忠中院指导利通区法院、红寺堡区法院、同心县法院推进司法体制改革工作，完成法官员额制遴选，3个基层法院共有84名法官进入员额制管理，逐步探索建立符合各院实际的审判模式。

【队伍建设】 2016年，吴忠市两级法院深入开展"两学一做"学习教育，全面提升队伍素质能力，高质量完成支部书记讲党课、"六查六看六树"专题学习研讨等，坚持以上率下、示范带动、全面展开，引导党员干部增强"四讲四有"的思想自觉和行动自觉。强化培训，提升司法能力。以"司法能力提升工程"为抓手，通过集中专题培训、视频会议、类案座谈交流、以老带新传帮带、理论强化培训、开设"审判学习园地"微信平台、开展"两评审、一比武"活动等方式，不断提升运用法律思维、法治方式和智慧司法理念，化解矛盾纠纷，维护和谐稳定，推动改革发展的能力，共参加各类培训学习395人次。抓党风廉政建设，确保司法廉洁。依照最高人民法院的要求，严格规范法官与当事人、律师、特殊关系人、中介组织接触交往。制定《防止法院内部人员干扰办案实施细则》，落实领导干部干预司法活动、插手具体案件和司法机关内部人员过问案件记录、通报和责任追究制度，设置"隔离带"。建立纪检监察动态监控系统，开展审务督查7次，回访当事人28人，排查风险点17个。抓法院文化建设，弘扬职业精神。将法院文化作为凝聚法官精气神和积蓄正能量的重要途径，建成了吴忠法院法制文化展厅，开展学习全国法院英模邹碧华事迹征文比赛和"读书月"活动，在办公楼道、门厅经常更换警句格言，充分营造文化氛围。为缓解工作压力，促进身心健康，组织了太极拳、瑜伽、健步走、球类比赛等活动。丰富的法院文化增强了法院队伍的凝聚力、向心力。

【司法公开】 2016年，吴忠市两级法院以开展优秀庭审评选活动为契机，依托法制教育基地，举办"法院开放日"活动，邀请区、市两级人大代表和政协委员观摩庭审。创新代表委员联络方法，制定"1+1+3+1"绑定联络工作机制，将代表委员联络任务交给院领导和部门负责人，变"请进来"为"走出去"，主动开展联络工作。通过电话沟通、上门拜访、结对子、交朋友等方式，主动接受监督，听取意见建议，做到联络工作无死角、全覆盖。黄金柱院长及班子成员分别深入5个县（市、区），到党政机关、学校、企业、清真寺和农户家中征求意见建议29条，均已办结。

【重大案件审理】 2016年，吴忠市中级人民法院积极参与国家反腐败斗争，依法审结了陕西榆神煤电公司副总刘某某行贿受贿案；重拳打击经济领域犯罪，审结了涉案2000万元的牛某某虚开增值税发票案；服务供给侧结构性改革，审结了宁夏银星多晶硅有限责任公司破产清算案，成功化解企业债务5亿余元，取得了良好的社会效果。

检察工作

【概　况】 2016年，全市检察机关在市委和上级检察机关的坚强领导下，在市人大、政府、政协和社会各界的有力监督、支持下，认真贯彻党的十八届三中、四中、五中、六中和习近平总书记系列重要讲话精神，紧紧围绕全市工作大局，忠实履行宪法和法律赋予的职责，各项检察工作取得新成绩。

【新增机构】 2016年11月，宁夏回族自治区机构编制委员会办公室下发《关于市县检察院监所检察机构更名等有关机构编制事项的通知》（宁编办发〔2016〕342号），同意将吴忠市、固原市、中卫市3个市级检察院内设的监所检察处和同心县、盐池县、西吉县、彭阳县、泾源县、隆德县、中宁县、海原县8个县级检察院内设的监所检察科以及银川铁路运输检察院监所检察科统一更名为刑事执行检察局。刑事执行检察局的主要职责为负责刑事执行的检察，对人民法院、公安机关和监狱、看守所、社区矫正机构等执行机关和监管场所执行刑罚活动，减刑、假释、监外执行等变更执行活动是否合法实行监督，负责刑事强制措施执行检察；负责对公安机关监管被刑事拘留、逮捕和指定居所监视居住的犯罪嫌疑人、被告人的活动是否合法实行监督，以及超期羁押、久押不决清理和羁押必要性审查等工作实行监督；负责对强制医疗执行活动是否合法实行监督；负责对刑事执行中的职务犯罪案件立案侦查，开展职务犯罪预防工作；负责对刑罚执行中发生的罪犯又犯罪案件审查逮捕、审查起诉工作；负责受理刑事被执行人及其法定代理人、近亲属、辩护人、诉讼代理人的控告、举报和申诉；其他刑事执行检察有关工作。

【服务社会经济】 2016年，全市检察机关认真落实最高人民检察院《关于充分发挥检察职能依法保障和促进非公有制经济健康发展的意见》，主动深入企业调研，召开服务经济社会发展座谈会。进一步细化服务全面深化改革的新举措20余项。开展督促起诉工作，办理督促起诉案77件，协助有关单位追回国有资产1.2亿元，有效地防范了国有资产流失，服务了地方经济社会发展。共批准逮捕非法吸收公众存款等涉众型经济犯罪13人、合同诈骗等扰乱市场秩序犯罪17人。继续开展"黄河预防工程"专项活动，对黄河二期防洪治理工程等11个重大工程项目实施同步预防，共为相关企业提供预防咨询80次，行贿犯罪档案查询4336次，向有关单位提出检察建议18件。全面推进行政执法监督，各县（市、区）地方政府全部将工作纳入对全市行政执法单位的绩效考核，有力地促进了依法行政。共监督行政机关移送涉罪案件线索16件18人，公安机关立案14件16人。

【职务犯罪查办】 2016年，市检察机关坚持把依法查办和预防贪污贿赂、渎职侵权等职务犯罪工作摆在突出位置，不断加大力度，强化措施，严肃查处了一批要案和侵害民生民利的职务犯罪案件，不断净化了政治生态。全市检察机关共立案查办职务犯罪案件52件75人，其中贪污贿赂案件48件67人，渎职侵权案件4件8人。大要案30件42人，占立案总件数的57.7%。坚持"系统抓、抓系统"。2016年，共立案查办工程建设领域和民生贿赂犯罪24人。深入开展惩治扶贫开发领域职务犯罪专项工作，共立案查办33人。全区惩治和预防扶贫领域职务犯罪专项工作现场会在盐池县召开，盐池县检察院、同心县检察院做了经验交流，工作得到全区人大代表、政协委员的充分肯定。坚持办案数量、质量、效率和效果相统一，充分发挥"侦防一体化"机制作用，严把案件事实关、证据关、程序关和法律适用关，全年共移送审查起诉53件74人，提起公诉54件82人，法院已作有罪判决51件75人。

【预防工作】 2016年,全市检察机关在查办案件的同时,更加注重预防工作。深入开展"黄河预防工程",对黄河二期防洪治理工程等11个重大工程项目实施同步预防,为相关企业提供预防咨询80次,行贿犯罪档案查询4336次,向有关单位提出检察建议18件。扎实开展预防扶贫开发领域职务犯罪专项工作,对近5年来查办的扶贫领域职务犯罪案件进行剖析,撰写预防报告和《预防专刊》,为各扶贫单位提供预防对策和建议。开展职务犯罪预防警示宣传教育211次,发放职务犯罪预防宣传资料17000余份,接受警示教育16000人。开展职务犯罪案例分析7件,预防咨询70次。坚持侦防一体,加强对查办突出职务犯罪和职务犯罪窝串案突出的跟踪预防和专项预防调查,共开展专项预防调查16次,形成专项调研报告12篇,提出预防建议9件,预防成果均被采纳和转化。全市反腐倡廉警示教育基地建成运行,已为178个单位1.2万名干部提供了166场次预防警示宣讲,同时成立吴忠市检察机关预防职务犯罪宣讲团,组织宣讲团成员深入全市及各县(市、区)进行66次集中宣讲活动,有效增强了预防工作的超前性和实效性。撰写的《查办和预防职务犯罪年度综合报告》得到市委充分肯定,市委主要领导批示转发全市各单位学习运用。

【依法打击刑事犯罪】 2016年,全市检察机关坚持以人民群众平安需求为导向,依法履行批捕、起诉等检察职能,保障人民安居乐业、社会安定有序。全年共批捕各类犯罪嫌疑人706人,提起公诉1230人。突出重点,严厉打击严重暴力犯罪、毒品犯罪、"两抢一盗"犯罪,共批捕故意杀人、强奸、抢劫等暴力型犯罪92人,批捕涉毒犯罪175人,批捕盗窃犯罪155人。全面贯彻宽严相济刑事政策,依法不捕247人,不起诉167人。

【矛盾化解】 2016年,全市检察机关扎实开展矛盾问题排查化解和服务型窗口建设工作,受理群众来信来访374件次,全部分流处理。办理刑事申诉案件21件,做到依法审查,有错必纠,切实保障公民合法权益。自治区检察院推荐市院、盐池县检察院为"全国检察机关文明接待室",同心县检察院为"全国检察机关文明接待示范窗口"。

【刑事诉讼监督】 2016年,全市检察机关进一步强化法律监督,营造公平正义的法治环境。共监督公安机关应当立案而不立案案件28件,不应当立案而立案案件42件,依法纠正漏捕28人、漏诉33人,纠正遗漏犯罪事实、遗漏罪名19起,提出书面纠正意见70件,有效纠正了有案不立、有罪不究、以罚代刑等问题。二审程序提出抗诉20件44人,市院支持抗诉14件30人,法院已改判3件8人,发回重审3件9人。1件抗诉案件被最高检评为"全国检察机关优秀刑事抗诉案件"。加强刑罚执行监督,共审查罪犯减刑420人,监督监狱拟提请减刑不当案件10件10人。开展羁押必要性审查工作,建议侦查机关改变强制措施54件56人。市人大常委会专题检查听取刑罚执行监督工作并给予肯定。驻看守所检察室被自治区政法委授予"全区政法系统工作创新奖",经验做法在全国检察机关刑事执行工作座谈会上交流。

【民事诉讼监督】 2016年,全市检察机关严格执行修改后的民事诉讼法和民事诉讼监督规则,着力构建以抗诉为中心的多元化监督格局。认真开展"基层民事行政检察工作推进年"专项活动,共受理各类民事行政申诉案件308件,不支持当事人提出监督申请34件。对法院审判程序中违法行为提出检察建议117件,对执行活动监督提出检察建议66件。民事行政检察案件质量得到最高人民检察院评估组充分肯定。

【司法改革试点工作】 2016年,市检察院积极推进人员分类管理、检察官办案责任制、人财物统一管理和检察人员职业保障改革试点工作。全市检察机关首批遴选员额管理检察官134名,确定检察辅助人员168名,司法行政人员51名。以司法责任制为核心,出台《检察官业绩考核办法》及检察官权力清单等,建立权责统一、权责明晰、权力制约的检察权力运行机制和司法责任体系。全市检察人员职业保障已落实到位。人员编制和工资管理等统一上划自治区。三个试点院为全区司法改革提供了可复制、可推广的经验做法，得到中央政法委、区、市党委和自治区人民检察院肯定。

【监督制约】 2016年，全市检察机关认真贯彻市人大及其常委会的决定和决议，及时办理、反馈人大代表的意见和建议。全面整改落实市人大常委会在"三联系"活动中征求的意见建议，提高检察工作水平。主动走访人大代表、政协委员，及时通报检察工作，诚恳听取意见建议。深化检务公开，利用门户网、检察微博等发布检察信息221条，检察微博4816条，处理网民诉求22件，公开案件流程信息4597条，重大案件信息333条，终结性法律文书1047份，执法办案更加公开透明，提高了司法公信力。

【队伍建设】 2016年，全市检察机关认真学习党的十八届六中全会和习近平总书记系列重要讲话精神，积极开展"两学一做"学习教育，进一步强化队伍"四个意识"。坚持从严治检，认真落实党风廉政建设"两个责任"，强化廉洁从检教育，加大正风肃纪力度，转变司法作风。深入实施"强龙工程"，全市党建工作观摩推进会在市检察院召开，机关党建工作得到市委肯定。深入开展"业务大学习、素质大培训、岗位大练兵"，组织开展"公诉沙龙""刑事执行检察沙龙""民行检察沙龙"等岗位练兵、技能竞赛活动，进一步加强队伍专业化、职业化和正规化建设。1人荣获"自治区五一劳动奖章"。坚持文化育检，成功举办第九届检察文化节、道德大讲堂、"书香检察"等活动，提升检察软实力。扎实开展"基层院建设推进年"活动，着力提升基层院建设水平。积极推进"科技强检推进年"活动，举办全市"数字检察"竞赛、侦查技术培训等活动，提高检察科技化、信息化水平。加强档案规范化建设，4个基层院顺利通过自治区档案规范化管理达标，其中青铜峡市检察院、盐池县检察院分列全区第一、第二名。进一步规范财务管理，在全区政法部门经费考核中，市检察院位列全区检察系统第一。深入推进检察委员会规范化建设，市检察院、同心县检察院被最高人民检察院评为"全国检察委员会规范化建设示范单位"。2016年自治区检察院对5个市级检察院15项工作考核中，吴忠市检察院综合成绩全区第一，其中10个单项工作排名全区第一。

司法行政

【概况】 2016年，市司法行政工作认真贯彻落实党的十八大和十八届三中、四中、五中、六中全会精神及习近平总书记对司法行政工作重要指示精神，坚持以服务为宗旨，以改革为动力，创新普法依法治理工作机制，创新人民调解工作，拓展规范法律服务工作内容，全面推进依法治市进程，为构建"平安吴忠""和谐吴忠""法治吴忠"营造了良好的法治环境。

【人民调解】 截至2016年年底，吴忠市46个乡镇（街道）、552个村居（社区）全部建立了人民调解委员会。2276个村民小组中，建立人民调解小组1936个，499个楼院组建人民调解机构314个，重点行政、事业单位和大型企业、商业的人民调解组织发展到59个，基本实现了哪里有人群，哪里就有人民调解组织。全市全年各级人民调解组织排查调解各类矛盾纠纷5981起，调解成功5828起，成功率达97%；化解疑难复杂、重大、特大诉求2019起，超额完成全年目标任务1000件的201.9%。

【社区矫正】 年初，下发《2016年吴忠市社区矫正与安置帮教工作要点》，明确了目标和任务，以提高社区矫正质量为主线，坚持管理与服务并重、规范和创新结合，加大工作力度，积极落实《自治区党委办公厅政府办公厅关于全面推进社区矫正工作的意见》，保社区服刑人员管控到位、矫治到位、帮扶到位，全市社区矫正工作取得了有效进展。截至2016年年底，全市累计接收社区服刑人员2826人，累计解除社区服刑人员1871人，在册社区服刑人员955人，无脱管漏管发生。累计撤销缓刑16人，累计警告103人，累计再犯罪8人，再犯罪率控制在0.3%以内。

【安置帮教】 重点完善了安置帮教相关工作措施，确保衔接到位、帮教到位，衔接刑释人员513名，帮教总人数503名，帮教率达到98%，安置总人数516人，安置率达到96.33%，重点帮教对象有9人，重点帮教对象接送率100%。

【司法鉴定】 2016年，吴忠市司法鉴定工作着重抓司法鉴定队

伍建设、制度建设和业务工作建设。全年完成各类司法鉴定718件,其中,公检法部门委托的403件,律师事务所委托的72件,个人委托205件。免费鉴定1人。司法鉴定结论法院采信率100%,鉴定人出庭2次,司法鉴定业务收入39万余元。

【法律援助】 2016年,全市6家法律援助中心按照"应援尽援"的原则,积极为残疾人、未成年人、老年人、妇女和一般贫困人员提供法律援助。积极扩大法律援助覆盖面,将移民安置公证、低保人员贷款缴纳养老金公证、被征地农民缴纳社会保险费合同公证纳入法律援助范围,为农民工、企业下岗职工等开辟法律援助绿色通道,把涉法信访纠纷通过法律援助引入诉讼渠道予以化解。继续推进法律援助社会化建设,年内新增军人军属法律援助工作站8家,看守所法律援助工作站1家。积极为小微企业提供法律服务,促进小微企业健康发展。发挥12348法律咨询平台的作用,律师接待群众来访来电法律咨询8781人次。全市法律援助中心共办理与民生紧密相连的法律援助案件6851件,为受援人免交律师代理费等法律服务费用800余万元,避免或挽回经济损失达9000多万元,有效地维护困难群众的合法利益,维护了社会稳定。

【公证业务】 吴忠市司法局通过不断加强对公证机构及公证员日常监督管理,严格年检考核工作,积极开展全市公证机构手拉手共建活动,加强业务指导和资金帮扶。努力拓展移民、廉租房等公证业务,全年共办理各类公证案件16378件,其中国内公证25768件,涉外公证610件,涉港澳台案件2件。

【律师事务】 充分发挥律师在服务社会发展、服务民生的职能作用,成立了律协党总支委员会,充分发挥律师在服务社会发展、服务民生的职能作用,在律师行业基本实现了党的组织和工作全覆盖。扎实开展律所党支部"两学一做"学习教育。认真推行律师参与信访接访制度,组织律师积极配合信访部门涉法信访工作。全市律师共办理各类案件2195件,为159家单位担任法律顾问,办理法律援助案件572件,接待法律咨询7560余人次。

【司法考试】 9月24—25日,国家司法考试在吴忠市高级中学举行。全市共有523名考生报名参加考试。考前,市司法局协调公安局、保密局、卫生局等有关部门成立工作领导机构,制订工作方案和突发事件应急预案,举办考务人员培训班。考试期间,考试考务组织工作严谨有序,考生应试状态良好,司法部领导、自治区司法厅领导和市领导到考点进行了巡视,考试全过程组织严密,安全顺利。

【队伍建设】 2016年,市司法局紧紧围绕协调推进"四个全面"战略布局,对照"两学一做"学习教育要求,教育引导各级干部加强党性修养,改进工作作风,通过加大教育培训、加强干部管理、改进考核工作等措施,努力深化八项规定"回头看",形成了风清气正、团结拼搏、廉洁实干的良好政治生态。打造了一支想干事、能干事、干成事的司法行政队伍。

【普法宣传】 组织全市开展"法律八进"、"12·4"全国法治宣传日暨国家宪法日、"三下乡"等宣传活动;出台《健全完善全社会参与普法联动工作机制的实施意见》,建立完善了"谁主管谁普法、谁执法谁普法、谁服务谁普法"工作机制;创新性地开展吴忠市"广场说法·一周一法"活动,安排了31个单位每周分3场宣传本部门(行业)法律法规;在《吴忠日报》开辟了专栏,刊发宣传"六五"普法工作经验、成果的宣传报道200余篇;在全市范围内举行了"普法征文""倡行法律遵法守法"法律知识竞赛等系列活动;积极开展"守法好公民"推荐评选活动,有18人被自治区评为自治区级"守法好公民";对5县(市、区)和115个部门(单位)进行了"六五"普法总结验收,10月底,吴忠市顺利通过自治区"六五"普法检查验收。

公安工作

【概 况】 2016年,全市公安机关紧紧围绕维护稳定、防控风险、服务发展工作大局,坚持以深化公安改革为引领,以平安吴忠建设为主线,深入推进"四项建设"和社会治安防控体系建设,圆满完成了年度各项目标任务,为全市经济发展、社会稳定作出了积极贡献。先后9次受到公安部、自治区公安厅贺电褒奖，市委、政府主要领导11次对公安工作作出重要批示，4次召开表彰大会，慰问专案组民警，并在全市通报表扬。市局位列全区公安机关绩效考核五市第一，其中11个部门取得警种单项考核全区第一，3个部门取得警种单项考核全区第二；市局被评为"全区'六五'普法先进单位"，青铜峡市局荣获"全国公安机关执法示范单位"并申报全国优秀公安局，利通区分局荣获全区优秀公安局，同心县局位列全区县级公安机关禁毒工作综合考评第一；市看守所荣获"全国看守所'五化建设'成绩突出单位"，出入境管理处获评"全区服务型窗口建设先进单位"。在全区公众满意度调查中，市公安局位列五市第一，红寺堡区分局位列城区分局第一；在全区公众安全感测评中，利通区分局、青铜峡市局分列市辖区和川区县第一，盐池县局列山区县第二。全市群众安全感和对公安工作满意度再创历史新高。

【打击刑事犯罪】 2016年，全市公安机关突出打击八类案件和多发性侵财类案件，坚持命案必破，着力控发案、打现行、破积案、抓逃犯，提升群众安全感。全市6起现发命案全破，先后成功侦破盐池"3·07"跨3省区系列抢劫杀人案、同心"9·11"故意杀人抛尸命案积案、青铜峡"12·06"特大盗窃案等一批大要案件，打掉以郭某某为首的黑社会性质组织犯罪团伙，八类刑事案件破案率、百名民警提请批准逮捕数、抓获逃犯数3项指数均位居全区前列；重拳打击"盗抢骗"民生小案，侵财类案件破案率同比提升39.02%。

【打黑除恶专项斗争】 2016年，全市公安机关坚持"打早打小、露头就打"的打黑除恶长效工作机制，认真受理并核查群众举报线索，深挖黑恶势力犯罪线索，成功打掉了利通区郭某某等人黑社会组织犯罪案件，抓获涉黑犯罪嫌疑人58人，破获各类刑事案件27起，治安案件30起；红寺堡区杨某某等人涉恶犯罪团伙案，抓获涉恶嫌疑人12人，破获各类刑事案件10起。利通区破获马某某等人涉恶犯罪团伙，抓获涉黑犯罪嫌疑人8人，破获各类刑事案件5起。

【打击通信诈骗犯罪】 2016年，全市公安机关围绕严厉打击通信诈骗，提高全民识骗防骗能力，制定出台了《吴忠市打击治理电信网络新型违法犯罪专项行动工作方案》和《吴忠市打击治理电信网络新型违法犯罪工作市际联席会议制度》，明确了18个成员单位工作职责，与金融单位建立了"反诈绿色通道"，完善了警银联动工作机制，提高了各银行业金融机构防范电信诈骗的能力和水平。挂牌成立市局反诈中心，组建了一支专业合成作战队伍，全市共破电信诈骗案件99起，任务完成率241.5%，成功侦破了全区首例"微信拉群"特大通信诈骗案，抓获犯罪嫌疑人7名，追缴赃款28万余元，涉案金额1000万余元。

【禁毒人民战争】 2016年，全市各级公安机关认真贯彻落实中央和自治区关于禁毒工作的重要决策部署，以打造全国禁毒示范城市为总目标，以打好新一轮禁毒人民战争收官之战为主线，按照"攻坚一年，整治三年，五年根本解决"的工作思路，逐步构建侦查、收戒、监管、宣传、培训、督查、考核、领导、保障、推进十大体系，抓点带面，示范引领，各项工作取得了突出成效。禁毒工作在全区禁毒综合考核中实现六连冠，年内查获吸毒人员1732人，强戒862人，破获毒品案件261起，破3人以上团伙案件21起，破获公安部目标案件3起、公安厅目标案件6起，缴获毒品海洛因57公斤，缴获毒品数全区第一，全国校园禁毒图书角项目现场会和全区"6·27"工程推进会在吴忠市召开，"黑眼睛"工作室暨病残吸毒人员子女关爱行动项目荣获第三届中国青年志愿服务项目大赛金奖。

【打击经济犯罪】 2016年，全市公安机关以打击严重经济犯罪为主线，集中开展涉众型经济犯罪战役，打击整治传销，打击整治假币违法犯罪等专项行动，全年共立非法吸收公众存款案9起，破案11起（积案3起），抓获犯罪嫌疑人13名，涉案人员350余名，涉案金额7300余万元，挽回损失金额1300万元；及时预警防控"云联惠"捆绑销售风险，依法取缔青铜峡"中荷统筹城乡共同体创新中心"非法聚集活动，有效防止现实危害发生；严打涉众型经济犯罪，破获利通区"4·13"特大组织传销、"11·25"特大非法吸收公众存款等一批大案要案，挽回经济损失2.13亿元，有效遏制了经济犯罪高发势头；保持对传销犯罪的打击力度，全年共立传销案6起，破案5起，抓获犯罪嫌疑人11名，涉案人员300余名，被公安部发起集群战役1起；严打假币违法犯罪，收缴假币数34.7185万元，金融机构临柜收缴60.657万元，警银收缴比达57%，有效维护了全市货币流通秩序；打击假冒伪劣犯罪，破获假冒伪劣犯罪案12起，抓获犯罪嫌疑18人，挽回经济损失约58万元；严打涉税违法犯罪，破获涉税案件7起，抓获犯罪嫌疑人13名，涉案金额达3.6亿元，造成税款5000余万的损失，挽回损失约150万元。

【社会治安管理】 2016年，全市公安机关紧紧围绕"建设标准化、服务亲民化、公开常态化、管理规范化"目标，深入推进服务型窗口单位建设，将行政审批事项精简压缩65%，审批事项办结时限压缩60%以上。在户籍管理、出入境管理、车驾管理方面推出40项便民利民措施，实行统一登记、一次性告知、限时办结、办理反馈的"一窗式"服务，涉及多部门的审批服务事项100%实行并联、协同审批，全面推行网上申报、网上受理、网上审批，服务群众更加便捷高效，受到群众广泛好评。稳步推进户籍制度改革，全面消除户籍迁移壁垒，全市通过租赁房屋和公共户口累计落户4338人；大力实施电动车物联网管理民生工程，30673辆电动车上牌登记备案，安装防盗标签；强推社区警务战略，在青铜峡召开全市公安机关"一村（社区）一警"现场推进会，"1+X"社区警务工作法得到总结推广；持续推进规范化物业管理住宅小区技防建设，累计筹资3571.58万元用于小区安防建设，改造完成规范化物业管理住宅小区60个，占同类小区的82.2%。着力优化道路交通组织，着力整治交通安全环境，交通事故四项指数稳中有降；扎实开展夏季消防安全检查和冬春火灾防控工作，全力整治火灾安全隐患，全年未发生较大以上火灾事故；开展"扫黄打非"专项行动，查处涉黄涉赌刑事案件9起23人，行政案件145起205人，捣毁涉赌窝点15处，收缴赌资20余万元。

【"缉枪治爆"专项整治行动】 2016年，全市公安机关大力开展"缉枪治爆"专项行动和烟花爆竹专项整治，收缴土枪91支、气枪12支、猎枪3支、仿真枪58支、子弹3470发、管制刀具536把、烟花爆竹2787箱。破获涉枪、烟花爆竹刑事案件10起12人，行政案件3起3人，非法持有管制刀具行政案件11起，拘留11人。开展打击打孔盗油违法犯罪专项行动，破获利通区"11·26"打孔盗油案和盐池县开井盗油案件，查处油区治安案件4起，取缔非法收油窝点51处，调处矛盾纠纷15起。

【重大活动安全保卫】 2016年，全市公安机关认真落实安保主体责任，强化群众性活动审批，贯彻重大活动风险评估要求，牢固树立重大活动安保工作安全第一的思想，严格贯彻落实"八项规定"，完成各类警卫安保任务34批（次），圆满完成习近平总书记、李克强总理等中央、自治区领导来宁来吴视察、"两会"安保及第五届黄河金岸（吴忠）国际马拉松赛等活动安保警卫任务，确保了中央、自治区、外省、区市领导调研、视察、访问活动的绝对安全。

【出入境管理】 2016年，全市公安出入境秉承"出入有境，服

交巡警开展巡逻防范

| 法治建设 |

严查交通违法行为

务无境"理念，深化公安服务型窗口创建，不断创新服务举措，优化办事流程，全年受理审批各类因私出国（境）申请29673人次，未发生一例错证及违纪、投诉等现象；打造民心警务，在办证大厅开通无线WIFI，引导群众通过手机扫描"吴忠出入境"二维码添加出入境微信公众号进行预约，减少了群众排队等候时间；强化涉外管控能力，境外人员临时住宿登记信息及时率、准确率均为99%，信息录入巡检工作在全区处于领先水平；依法查办了4起涉外案件，对6名违反出入境管理法的外籍人员依法作出了行政处罚；进一步压缩办证时限工作，实现了主要出国（境）证件和外国人居留证件办证时限由10个工作日压缩到7个工作日的目标要求。

【道路交通管理】 2016年，全市公安交管部门以"降事故、保畅通、强服务、促发展"为目标，以"八化"建设为抓手，通过抓源头管理、专项整治、落实主体责任，交通事故四项指数稳中有降，与上年同期相比，事故起数、死亡人数、受伤人数、直接经济损失分别下降2.43%、10.05%、1.31%和6.6%；联合交通、城建等部门全面排查各等级公路和城市道路安全隐患点段56处，完成治理52处，治理率达到92.85%；组织开展交通安全专项整治20余批次，全年查处各类交通违法36.9万余起。开展酒驾专项整治集中统一行动53次，查处酒驾101起，醉驾125起，涉牌涉证54起，刑事拘留62人；积极协调城建、规划等部门，对市区主要路段、重点场所停车泊位、交通标线、隔离栏等交通设施进行优化，共施划标线1.25万平方米、停车泊位2000个，安装隔离护栏300米、隔离桩180个、各类标牌48套；精细配时，优化城区32个路口信号配时方案，提升市区主干道路通行效率。在主流媒体打造了多个创新宣传专栏，通过媒体和互联网平台曝光不文明行为，打造"雷锋车队""吴忠交警"微信服务号等公益服务品牌，群众文明交通意识不断提升。

【公安监管工作】 2016年，全市公安监管部门以监所安全文明管理为核心，全面深化公安改革、推进落实"四项建设"，大力夯实公安监管基层基础工作，全面提升了公安监管服务公安中心工作的能力和水平，确保了8个监所安全稳定运行。全市监所累计新收押各类违法犯罪人员6432人，其中看守所累计羁押1822人，强制隔离戒毒所累计收押699人，拘留所累计收押3911人，实现了被监管人员管理"零事故"和监管队伍"零违纪（法）"的工作目标。市看守所荣获"全国看守所'五化建设'成绩突出单位"。

【户政管理】 2016年，全市公安机关以深化改革服务发展为理念，扎实推进户籍制度改革。率先出台《吴忠市公安局户籍制度改革实施细则》，积极推动"零门槛"落户政策落地生根。年内共落户3566人，其中农业人口进城落户994人（其中市内756人，市外238人）、城镇人口落户2571人（其中市内跨县市区落户1908人，市外人员来吴落户663人）。以市两办名义下发了《2016年吴忠市户籍制度改革重点工作任务分工方案》，明确各部门任务分工，督促出台配套政策，加快服务均等化推进。加大宣传力度，召开新闻发布会，印制宣传彩页，各媒体报道吴忠市户籍制度改革稿件达20余篇。开展了无相片人员清理收尾工作，实行周通报机制，年内共清理无相片人员244人，完

成率100%。

【公安信息化建设】 2016年,全市公安机关以"互联网+"("互联网+各个传统行业")思维推动基础信息化,突出实战应用,积极推进情报信息资源、实战指挥体系和合成作战机制整合,优化"4+1+N"同步上案机制,不断深化警务实战化建设;高站位建设电子物证实验室,率先启动600个硬件特征采集和3000个WIFI接入场所,高标准完成智能图控、智能交通建设,在线完好率位居全区第一。完成集视频、音频、卫星定位及执法业务信息等督察子系统为一体的网上督察系统,实现了对全市102个重点部位和场所、1010路视频图像监控高清一体化。

【执法规范化建设】 2016年,市公安局在全区率先出台《吴忠市公安局受立案工作指导意见》,对受立案工作进行全面规范。借助"全区执法规范化建设重点工作推进会"在同心召开东风,加快案管中心建设,全市案管中心使用率、案件录入率、涉案财物入库率、视频上传率均达100%。探索建立完整统一的执法办案管理制度和运行机制,修改完善《全市公安机关刑事案件统一审核统一出口工作规定》,将"两统一"工作纳入法检联席会议内容,构筑法检对口公安法制,实行办案与监督分离机制,刑事案件批捕率、起诉率分别上升了2.3%、5.24%;全市7个涉案财物管理中心,涉案资金全部开设专用账户;全市案件录入率、涉案财物入库率、视频上传率均实现了100%的目标。

【警务督察工作】 2016年,全市公安警务督察部门严格执行"一岗双责",从严落实"两个责任",始终坚持"把纪律和规矩挺在前面与把追责问责跟在后面",自觉接受上级纪委监督和群众评议,全面推行"三重一大"集体研究和一把手"五不直接分管"落实,聚焦监督执纪问责主业,践行"四种形态",健全完善制度机制,压实"两个责任",坚持抓早抓小、抓细抓常,始终保持执纪审查高压态势,有力推进全面从严治党、从严治警向纵深发展,全年共查办民警违法违纪案件16起,给予党纪政纪处分18人,约谈提醒各级党委班子成员22人次,廉政提醒约谈150人次。

【公安宣传工作】 2016年,全市公安牢固树立"公安宣传出战斗力"理念,打造公安宣传品牌目标,创新公安宣传工作理念,主动为公安工作服务。按照"上大报、上头条,上黄金时段,上公安部网站,上区厅要闻,建立大宣传格局"的工作要求,围绕全局中心工作,主动作为,精心策划,不断加大在国家级、区、市主流媒体的发稿力度,通过对宣传稿件量化指标考核,初步构建起了市、县区两级公安机关大宣传格局。全市公安机关共刊(播)稿件3443篇,其中,中央级媒体66篇,省级媒体1032篇,市级媒体2345篇,播出《警察说事》16期,"平安吴忠"微信微博拥有粉丝16万余人,发布信息1400余条。

【公安队伍建设】 2016年,全市公安机关以开展"两学一做"学习教育暨作风整顿为契机,坚持从严治警不松劲,全面加强队伍思想政治建设、领导班子建设、纪律作风建设和反腐倡廉建设,实现思想政治工作与业务工作有机融合;积极争取人事部门支持,154名民警享受职务职级并行待遇,新提拔配备科级干部84名,全市均已落实派出所升格政策,车补、住房等补贴逐步发放到位;31名机关民警到基层一线工作,有效解决了基层警力不足的难题。进一步优化完善县级公安机关和市局所属部门、民警绩效考评机制,在市局实行分序列考评,对分县局奖惩办法进行改进。细化考核细则,突出工作重点,适时以考促进,着力发挥考核指挥棒作用,推动公安工作和队伍建设全面发展。

【教育训练工作】 2016年,全市公安机关不断健全训练体系和工作机制,在现有37名教官的基础上,积极组织推荐4名教官申报参评区级教官;创新组训方式,深化训练机制,举办全市"轮训轮值"培训班12期,调训480名民警、300名协勤;落实领导干部上讲台授课72场次,举办2期全市教官警务技能提升培训班;组织全市10余批次326名民警参加警衔晋升、新警培训、领导干部培训等各培训。配合市局相关部门开展反恐应急、禁毒技能等警种岗位练兵6期。利用东西部素质强警合作平台,在自治区公安厅组织下,组织交管、督察、经侦等多警种26名民警赴上海、吉林、广州等地培训。扎实开展"大比武大考核"工作，在全区取得团体第三名的佳绩；以"拓宽工作视野，提高综合素质"为主旨，积极实施素质提升机制，经与清华大学联系，分两批组织全市80余名中层以上领导干部赴清华大学开展为期一周的学习活动。

消防工作

【概　况】　2016年，吴忠市公安消防支队认真贯彻落实全区消防部队工作会议精神，紧紧围绕"依法治火、依法治警"这条主线，深入推进基础信息化、警务实战化、执法规范化、队伍正规化四项建设。全市消防部队共接警出动2324次（火灾410起，抢险救援386起），消防官兵19140人次，抢救疏散被困人员2566人，抢救财产价值20581.6万元。党委、政府认可度、人民群众信赖度、广大官兵满意度稳步提升，实现了全市火灾形势总体平稳的既定目标。

【演练与实战】　2016年，市消防支队围绕单兵、班组、中队合成、全勤指挥部、攻坚技能以及辖区熟悉演练等，逐步建立以体能、技能、理论学习及考试为一体的培训新模式。立足辖区火灾形势，组建了石油化工事故处置专业队和高层建筑事故处置等专业队8个，利用辖区内废旧厂房，自建模拟罐、化工厂废弃罐等场所，开展了油罐火灾、危化品槽车、化工装置、地震救援、地下建筑、高层建筑以及人员密集场所、水域救援等综合演练8种类型26次，大中队级演练880余次。年内，先后成功扑救了"4·11"青铜峡库区鸟岛森林火灾和"6·24"吴忠新区清真大寺火灾。圆满完成了"6·02"盐池县醋酸乙烯槽罐车侧翻泄漏、"6·07"嘉华化工液溴泄漏、"6·13"高速公路丁烷槽罐车侧翻救援等急难险重任务。

【部队执勤训练】　2016年，市消防支队坚持以考促训，大队每周组织所属中队进行会操考核，支队每月对全市部队进行考核，重点对公差勤务人员及时组织补考。对于考核不及格的，制定体能、体型达标推进表，循序推进，逐步提高，实现了立体化、无死角、全覆盖式考核，官兵体能、技能水平明显提升。全年共开展月考核10次，官兵基础体能合格率由年初的88%提高到92%，体型合格率由年初的89%提高到95%。突出"三个打基础"（体能、技能和"六熟悉"）专项训练，成功举办危险化学品事故处置专业技术培训、新任职干部培训、攻坚组培训等各类培训班8次，培训业务骨干174人，4人取得潜水资质。借鉴市场行业模式，创新数字化预案，成立数字化预案制作团队，建立了支队级预案模型数据库，开展了全市消防部队灭火救援数字化预案评比活动。全年共制（修）订数字化预案267个，建立三维模型预案125个，为部队"六熟悉"和灭火救援指挥决策提供科学支撑。

【综合应急救援体系建设】　2016年，市消防支队组织重点单位消防安全管理人、微型消防站队员、控制室值班人员120余人举办了全市重点单位微型消防站队员暨控制室值班人员消防业务培训班。以演练为契机，与各微型消防站开展联勤联训34次，印发了《吴忠市2016年专职消防队伍执勤岗位练兵计划》，先后6次深入乡镇、企业专职消防队指导帮扶训练和演练工作。围绕石油化工火灾特点，联合企业专职消防队开展易燃易爆危化品灭火救援实战演练5次。队伍建设取得新突破，新招录政府专职消防员65人。

消防演练

【消防信息化建设】 2016年，市消防支队紧贴部队实际，科学推进信息化建设，不断拓展信息技术的应用领域，以信息化手段促进部队建设，提升消防工作水平。在全区率先完成了消防作战指挥网千兆扩容升级，更新了支队信息中心网络传输设备，为高清会议、远程指挥、部队视频监控管理和大数据等应用扩路开道。开通互联网云平台建设，为支队查铺查哨、安全巡更等业务应用提供数据服务。调整充实支队通信保障分队，坚持每周开展测试性训练演练，利用指挥视频、3G图像传输、语音综合集成系统开展各类培训12次，强化各级操作人员应用能力，以信息化为支撑的现代警务工作模式初步形成。

【消防队伍建设】 2016年，市消防支队以条令条例为抓手，坚持把"两个经常性"工作贯穿于各项工作中，一点一滴抓养成，一项一项抓规范，使官兵自觉遵守并落实各项管理制度。整合警务、政工、纪检力量，建立健全全勤督察工作队伍和运行机制，加强部队督察工作，及时堵塞队伍管理漏洞与盲区。以正规化建设为抓手，制定了正规化建设图册，对营区设置与标识、库室内务设置、工作运行与登记记录共3大类9个分项65个小项的内容进行了明确，按照定人、定岗、定责要求，统一办公、学习、生活用品，部队正规化建设水平进一步提升。

【消防工作社会化】 2016年，吴忠市和各县（市、区）先后召开消防工作会议25次，党政主要领导先后听取工作汇报70余次。带队开展联合检查62次。市政府牵头对各县（市、区）政府全年消防工作进行考核，有力推动了责任落实。提请各级政府与行业部门签订消防安全目标责任书50余份，以夏季消防检查、G20杭州峰会安保、冬春火灾防控工作等重大安保、专项活动为契机，推动教育、民政、文化、旅游局等8部门实施行业系统消防安全标准化管理。督促311家重点单位全部实现户籍化管理，落实"三项备案"制度。推动民政、教育等部门在福利机构、中小学校、老旧居民住宅等场所安装独立式感烟火灾探测报警器1094个，简易喷淋200套，有效增强了社会面火灾防控能力。圆满完成了全年市政消火栓的建设任务，年内新增市政消火栓101个，实有率和完好率分别达到了96%、98%。

【整治火灾隐患】 2016年，市消防支队紧紧围绕夏季消防检查和冬春火灾防控工作，制定路线图、倒排时间表，联合市、县两级发改、商务、住建、旅游、安监等行业部门，对旅游景点、重大火灾隐患单位、易燃易爆场所、城乡接合部、商场及市场、物流仓储场所、交通运输领域、"三未工程"等9个领域进行专项整治。在全市范围内开展重大火灾隐患"回头看"专项整治活动，组织技术专家组对2014年以来挂牌督办的重大火灾隐患进行全面细致的检查，先后对吴忠市聚源再生资源市场和盐池县众旺商城等7家重大火灾隐患单位进行集中挂牌，督促6家单位整改到位。全年检查单位11760家次，发现并督促整改火灾隐患或消防违法行为10197处，临时查封场所55处，"三停"单位47家，有效消除一大批突出隐患，全市未发生较大以上火灾。

【消防教育和宣传】 2016年，吴忠市将消防教育纳入党校主题课程，组织开展消防培训2期，培训乡镇干部、综治干部200余名。市公安、教育、民政等9部门联合发文部署消防宣传"八进"工作。教育、商务、民政等8部门出台消防工作方案，部署开展行业系统消防安全检查和消防宣传工作。年内，先后开展了"安全生产万里行"、交通运输领域"百千万"宣传专项活动。市消防支队率先在全区组织召开了行业部门消防检查培训会，对发改委、工信等20个部门50余名消防负责人进行集中培训。组织全市1200余人现场观摩电动车模拟燃烧试验。在吴忠电视台开设《平安119》主题专栏，在黄金时段播出消防专题节目、消防动漫30次，协调吴忠中达、国贸和恒大三大影院影前播出消防公益广告15000余次。利用宣传车开展消防宣传进企业、进乡镇、进社区、进广场130次，利用大屏幕滚动播放家庭火灾警示案例40余部。通过微信微博推出《小陈说消防》全新微信有奖竞答栏目，组织2000余人参加了答题活动，社会反响强烈。全年累计在中央级媒体刊发稿件19篇，在国家级媒体刊发稿件12条，在省级媒体刊发各类稿件276篇，在各级主流门户网站刊发稿件1215篇。协调教育部门开展了暑期消防安全教育工作，参与学生达3万余人，收集学生优秀绘画和作文等作品400余份，作文200余篇，制作消防安全精品示范课5课。开展了"平安伴我成长——消防雏鹰行动"，组织学生消防志愿者深入社区开展暑期消防宣传活动。推动全市11所高中和1所高校近万名新生参加了消防进军训活动，围绕校车和公交车火灾，模拟火灾浓烟现场，开展疏散逃生演练，有效提高了学生应对突发火灾逃生自救的能力。在部局组织的"我是小小消防员——首届全国儿童消防绘画作文大赛"活动中，支队选送作品喜获2个二等奖、1个三等奖，1个消防安全示范课荣获部局和教育部联合嘉奖。

【消防执法规范化建设】 2016年，市消防支队制订了消防监督业务培训计划，对监督员、消防文员采取每日一学、每周一训、每月一考、以会代训、集中培训、实践教学等方式，对全体55名监督员、56名文员分批次进行封闭式培训。对全市47个派出所122名专兼职民警开展了业务培训，进一步提升派出所消防工作水平，全面加强执法队伍建设。每季度开展网上执法质量考评和基层大队执法互查活动，强化监督执法基础，提升了执法规范化水平。创新开展"多规合一"一体化窗口试点改造工程，将消防窗口与建设、规划窗口合并，施行三部门联审联办措施，简化程序，提升效率，真正兑现"一窗式受理、一站式审批、一条龙服务"的承诺。

军 事 JunShi

吴忠军分区

【概况】 2016年，吴忠军分区按照上级党委机关的部署和要求，紧紧围绕改革强军战略，扎实打基础，反复抓落实，持续练内功，稳步促发展，确保了各项工作任务的圆满完成和部队的高度集中统一，军分区部队和民兵预备役建设呈现出协调发展、全面进步的良好态势。

【思想政治建设】 2016年，军分区坚持把学习贯彻习主席系列重要讲话、十八届六中全会精神作为重点，严格落实"2221"集中学习教育制度，13名党委委员轮流讲课，扎实抓好理论学习，分批次组织66名现役干部参加各级理论轮训，切实增强"四个意识""四个自信"。军分区政治部、红寺堡区人武部政工科被宁夏军区表彰为先进政治机关。扎实开展改革强军主题教育，积极将5个专题辅导与重温誓词、参观见学、祭奠先烈、精准扶贫等活动有机结合起来，不断提升官兵拥护、支持、投身改革的信心。认真开展纪念建党95周年和红军长征胜利80周年系列活动，依托军史馆、荣誉室和6个红色教育基地，深化党史军史和我军优良传统教育效果，投入2万余元升级营院军事文化设施，持续弘扬主旋律，积聚正能量。广泛普及国防知识，联合吴忠日报社持续办好每月两期"共筑长城"专版，同心县人武部严密组织科以上干部开展以"重走长征路"为主题的军事日活动，并邀请国防大学知名教授讲课、军队文艺团体演出，有效营造了关心支持国防建设的浓厚氛围。

【军事训练】 2016年，军分区针对辖区可能出现的安全威胁，修订完善战备方案及预案2类16种。坚持从实际实战实效出发，组织73名干部进行指挥能力训练，严密组织半年军事训练考核，在宁夏军区年终考核中取得优良成绩；依托训练基地，轮番组织9支民兵预备役分队859人集训，指导预备役团圆满完成4支分队361人野外驻训，基地集训做法被军区转发，青铜峡市人武部、预备役团被宁夏军区表彰为军事训练先进单位。常态开展防震、防火、防汛、防暴演练，盐池县、同心县人武部组织民兵顺利完成辖区大型活动安保任务，特别是青铜峡湿地自然保护区发生火灾后，人武部第一时间协调驻军、组织民兵400余人参与灭火救援，有效减少了损失，受到领导和人民群众的肯定赞扬。高度重视军事人才培养，组织8批次160名骨干培训，13名干部参加军区现役和预任参谋集训考核，获得团体第三、个人综合第二和3个单项第一；18名骨干参加新任专武干部暨民兵预备役教练员集训考核，取得个人综合第三和2个单项第一；坚持军地联考基层骨干队伍制度，会同地方有关部门，对86名专武干部、214名预备役军官进行综合考评，进一步激发了履职尽责的内生动力。军事年鉴编纂工作受到通报表扬。

【国防动员工作】 2016年，军分区开展了国防动员潜力数据调查，严密整组民兵预备役分队99支7925人，及时调整撤销6个面临倒闭的企业武装部，利通区60名退伍军人转服现役动员征召演练、盐池县7支应急分队516人的集中大点验做法均被宁夏军区转发。扎实抓好征兵工作，高质量完成416人的征兵任务，走在了全区的前列，大学生征集比例首次达到46.7%，红寺堡区预定兵员役前集训做法被宁夏军区转发。

刚性落实廉洁征兵"六不准""六个严禁"规定，红寺堡区创先出台拒服兵役7条处理意见，对2名拒服兵役青年进行了严肃处理。吴忠市、利通区、青铜峡市征兵办公室被上级表彰为征兵工作先进单位，3名同志被上级表彰为先进个人。结合军分区部队实际，严格落实人武部每月一次专干例会、两级党委机关每季一次挂钩帮建活动，推动基层正规化建设水平不断提升，红寺堡区人武部和利通区郭家桥乡、青铜峡市青铜峡镇武装部被宁夏军区表彰为先进基层单位。坚持抓好市县两个层次的党管武装工作、民兵预备役建设"双先"争创活动，同心县委、政府及利通区人武部跨入了先进行列。吴忠市在自治区国防动员和后备力量建设效能目标考核中排名第一。

【部队管理】 2016年，军分区认真学习贯彻军委国防动员部6个法规性文件，扎实开展法规"学用守"和"百日安全"活动，持之以恒地抓好经常性基础工作落实，军分区机关认真落实每天四次上下班电子考勤，每周一次军容风纪检查和士兵点名，每月一次安全、卫生大检查，每季一次综合讲评等制度，各级主动开展以定期摸排、谈心交心、随机教育为基本途径的经常性思想工作和心理疏导工作，在营区内基本形成了"人人、处处、事事、时时有人管"的良好机制，干部思想摸排做法被宁夏军区转发。深刻汲取军委国防动员部通报的事故案件教训，及时抓好安全隐患排查工作，投入30余万元整治机关营门、车库、保密室等重点场所，销毁涉密文件资料1176份，收缴清理报废硬盘32块，检修灭火器60余个，审批备案手机132部、自有车辆20辆，有效消除了安全隐患，军委国防动员部工作组检查时给予充分肯定。军分区、同心县人武部被宁夏军区表彰为安全管理工作先进单位。

【后勤保障能力建设】 2016年，军分区着眼保障需求，军分区及所属部（团）修订完善后装战备方案和协调保障计划14种88套，累计投资百余万元为应急分队购置了野战炊具、警棍盾牌等物资千余件。坚持党委集体理财"八项基本制度"，军分区、各部（团）接待费和行政消耗开支、车辆维修费同比下降38%、29.7%、43%。盐池县、同心县人武部积极协调地方党委、政府投入1360万元，整治机关营区，建设民兵靶场，官兵、职工的训练、工作、生活条件得到明显改善。注重抓好空余房地产清理整治，按期完成30个有偿服务项目，名列全区第一，军区给予了5万元的奖励。扎实抓好武器装备管理，严密组织武器装备"八查八看"整治活动，投入6万余元整治了武器库生活设施，圆满完成枪支462支（次）、弹药31000余发保障任务，6名装管人员在军区装备业务培训考核中，取得1个单项团体第一和个人前两名的成绩。

【"双拥"共建工作】 2016年，军分区积极抓好参建援建工作，协调驻军2000余人次，参加红寺堡区慈善工业园区生态建设，义务植树1万余株，开挖树坑10万个，找水打井2眼，受到了地方党委、政府和人民群众的广泛赞誉。利通区、青铜峡市人武部被自治区和宁夏军区表彰为拥政爱民模范单位，同心县人武部被表彰为民族团结进步创建活动示范单位。主动助力脱贫攻坚，及时启动驻吴部队助力脱贫攻坚活动，军分区机关及所属6个部（团）累计投入50余万元，在8个贫困村、5所小学、47户贫困户、15名复转军人和烈军属、70名学生中开展了扶志、扶能、扶智捐资助学、支持养殖、建设"国防教育园"等系列活动，得到了军地各级党委、首长的充分肯定，做法被宁夏军区转发，被军委国防动员部《打赢脱贫攻坚战情况简报》《中国国防报》和《宁夏日报》等刊载。

【部队作风建设】 2016年，狠抓先进性、纯洁性和能力建设，军分区被军委国防动员部表彰为先进党委，红寺堡区人武部被军区树为"一个好班子、一对好主官"。聚焦"三严三实"主题，认真学习贯彻《准则》《条例》，严格落实反腐倡廉"每季一课"教育，13名党委委员自觉落实双重组织生活制度，积极参加党组织各项活动，按月足额上缴党费，努力为全体党员树立标杆。深入开展"两学一做"学习教育，突出抓好党课辅导、承诺践诺、组织生活会、党费清查等，精细落实"七个一"配合活动，着力强化党员意识。继续推进"八个专项清理整治"，公开公正公平处理敏感事务，2015年确定的23名转业干部、12名晋职干部、2名晋级士官，普遍反映良好。严格执行改革纪律,加大督导检查和明察暗访力度,现场和限期整改问题12个,顺利完成预备役团转隶移交工作。注重加强官兵队伍建设,定期组织素质量化考评,持续抓好经常性教育培训,机关组织文化夜校已达751场(次),有力地促进了官兵整体素质的提高。

【两项重大教育】 2016年,军分区坚持把改革强军主题教育、"两学一做"学习教育与塑造灵魂、改进作风融合起来,与"两大讨论"(新体制、新职能、新使命大讨论,政治工作发挥生命线作用大讨论)有机结合起来,联动推进、相得益彰,取得明显实效。采取推荐优秀书目、编辑下发理论学习资料和辅导讲义等方法,编印资料汇编、《应知应会》等,购买《习近平总书记系列重要讲话读本(2016版)》《中国共产党的九十年》,为每位党员自助式、综合式学习提供了必要的资料和良好的条件,并在两项重大教育的每个专题开展"五个一"配合活动,即讲授一堂专题党课中,观看一部辅导视频,开展一次知识测试活动,举办一场专题讨论会,撰写一篇心得体会文章,有效深化了学习教育效果。积极借助各类资源、岗位实践,扎实开展以"传承红色基因、争当革命传人"为主题的纪念建党95周年和红军长征胜利80周年系列强军文化活动,强化大家忆传统当传人的责任感;开展以"感悟时代精神、争当践行标兵"为主题的军寺共建、助力脱贫、美化营院等活动,调动大家争当传播正能量的时代楷模;开展以"亲历强军实践、争当打赢先锋"为主题的强军备战活动,鼓励大家争做"四讲四有"合格党员,通过系列主题实践活动,有效增强了广大党员的先锋模范意识。针对军队调整改革转业力度大的实际,有针对性地开展"服从改革大局、正确对待走留"专题教育,化解思想包袱,做好一人一事工作,25名转业、退休干部思想稳定。

【先进军事文化建设】 2016年,军分区将"红色基因代代传"工程纳入先进军事文化体系,依托军史馆、荣誉室和6个红色教育基地,深化党史军史和我军优良传统教育效果,投入2万余元升级营院军事文化、建设网上军史场馆等传播平台,持续培育当代革命军人核心价值观,大力传承"三武"战斗文化,不断锤炼官兵的血性和虎气。

【组织民兵应急分队集训驻训】 10月,军分区分期分批安排5个人武部组织民兵应急分队赴市民兵预备役训练基地集中驻训,共分5批次,有600余人,并参照宁夏军区民兵应急分队考比拉形式组织了实弹射击、手榴弹投远和冲锋枪分解结合考核,应急分队遂行任务能力得到显著提升。

【开展"学、用、守"活动】 1月28日,根据军分区"学法规、用法规、守法规"活动安排,军分区机关着眼打牢官兵条令法规基础,结合军分区组织开展的"坚决服从改革大局,忠实履行职能使命"专题教育活动,以部为单位开展了条令法规的学习,主要学习了习主席关于依法治军从严治军一系列重要论述、军委《关于新形势下深入推进依法治军从严治军的决定》、中国人民解放军《内务条令》《纪律条令》《安全条例》等相关章节的教育学习内容,通过学习,进一步筑牢了官兵法治信仰,提升了官兵法治素养,为下一步条令法规的运用和落实奠定了扎实的基础,为军分区机关塑造过硬作风,形成"人人学

民兵集结点验

法规、事事用法规、时时守法规"的良好氛围开好了头,以扎实开展条令法规学习的实际行动践行了拥护改革、支持改革、服从改革的决心,取得了较好效果。

【开展民兵预备役组织整顿工作】

2月15日至4月底,按照筹划部署、组织实施、检查验收3个阶段和整组"十三步法"要求,吴忠军分区圆满完成了基干民兵3大类76个分队5500人和预备役25个分队2425人的整组任务,并对14名现役部队预编预备役人员信息进行了核对。坚持建用一致,指导利通区于4月21日组织60名退伍军人进行了转服现役动员征召演练,各人武部、预备役团主官和相关机关干部进行了观摩学习,做法被军区转发。坚持打牢基础,积极推进基层营(连)"四个基本"建设,结合组织整顿、挂钩帮建、专干例会、正规化建设达标考评等活动,逐项规范软件资料,完善硬件设施,并为每个基层武装部配发了1台笔记本电脑和投影仪,民兵预备役阵地建设和战备物资器材配备成效明显。坚持督导检查,指导盐池县人武部组织7支应急分队516名民兵进行集中大点验,做法被军区转发。指导预备役团按营建制分批组织2425人进行实兵实装集结点验,收效明显。通过组织整顿,民兵预备役编组布局趋于合理,兵员质量得到提高,基层建设逐步完善。

【国防动员和后备力量效能目标考核】10月,根据自治区国防动员委员会《关于组织国防动员和后备力量效能目标考核的通知》要求,军分区及时向市国动委首长汇报,协调地方政府下发了迎考通知,召开了任务推进会。12月6—13日,集中利用一周时间,协调组织军地联合工作组,对市、县两级国防动员和后备力量效能目标考核工作进行了督导检查和量化考评,有力推进了迎考工作落实。12月22日,自治区成立由国动委综合、人民武装、人民防空、国防教育、经济动员、交通战备、信息动员办公室相关负责人组成的效能目标考核组,由自治区国动委秘书长、军区参谋长带队,对吴忠市国防动员和后备力量效能目标情况进行了检查考核,效能目标考核成绩被自治区评为优秀。

【年度征兵工作】5—8月,吴忠军分区按照安排部署、宣传报名、专业初审、体检政考、专业审定和签订协议、复检复审、批准入伍、交接报到、总结工作等阶段,完成了8名士官直招任务;通过科学筹划部署、广泛宣传发动、严密体格检查、严格政治考核、集体审批定兵、安全交接运送等阶段,报名应征达到3137人,上站体检达到1635人,合格613人。通过征兵领导小组择优遴选、集体定兵,共征集新兵416名,其中大专以上学历184人,为征集任务数的44.2%,高中(中职、职高)学历211人,初中学历21人,全市无退兵,圆满完成了年度征兵工作任务。

武　警

【概况】2016年,武警吴忠市支队以习近平主席系列重要讲话精神为指导,紧紧围绕党在新形势下强军目标,按照总部、总队党委总体工作部署,以"坚定追随看齐、坚持真抓实干,努力提升党委建设一流总队的能力水平"工作思路,在举旗铸魂把方向、聚焦使命保中心、积蓄底气固根本、建好班子强龙头上下功夫,高标准实现"两个确保",努力开创支队建设新局面。支队分别被表彰为全国、全区"拥政爱民模范单位",被武警部队表彰为"百日安全竞赛"优胜单位,被总队表彰为2016年度先进支队;同心县中队(党支部)被武警部队表彰为"基层建设标兵中队"(先进基层党组织),在武警部队纪念红军长征胜利80周年知识竞赛中被评为先进单位;盐池县中队党支部被总队党委表彰为"先进基层党支部",直属大队一中队、三中队盐池县中队被总队表彰为"基层建设先进中队"。

【思想政治建设】2016年,武警吴忠市支队按照习主席政治建军、改革强军战略思想铸魂育人,以"三如精神"为指引,扎实开展"两学一做"和"改革强军"主题教育实践活动。密切关注意识形态领域斗争,扎实开展"四反"教育和"强军风采"系列文化活动,加强威风锣鼓队、军乐队、电声小乐队等特色文化队伍建设,丰富文体活动,提振官兵精气神。落实整治工作"八个到现场",活用"五微""双六小""五红四有"和"三帮一带"等载体，组织法律、心理、文化服务下基层，广泛开展随机解惑、案例警示和心理疏导，促进官兵思想稳定和心理健康。认真贯彻总队政治工作信息化建设会议精神，建成DV动漫教育中心、新闻采编室、"网上指导员之家"及同心县中队数字图书室活动平台，有序推进支队网上3D史馆（荣誉室）和数字图书室建设，以网络助推思想政治教育开展。

【遂行任务能力】 2016年，支队着眼"多能一体、有效维稳"战略要求，认真贯彻武警部队军事训练"把落实"标准，深化武警部队"千人大集训"和总队教练员集训成果，精心组织集训驻训，强化战训法演练、人装结合、士兵对抗和野外、夜间等重点科目训练，严密组织"百日大练兵"、军事体育运动会、"四会"教练员集训和专业人才培训。落实"广西会议"精神，对机关和基层"一室两站""一室三库"改造升级，联合召开"三共会议"，建立情报信息互通研判机制，加强敏感期兵力抽组训（演）练，为县（市、区）中队配备反恐应急保障车辆，强化人车结合训练，提高实战化水平。年内，圆满完成"两会"、马拉松赛安保、转监押解、环宁安保圈警戒社卡、盐池县郝家台村抗洪抢险救援等临时任务，以高效维稳彰显使命担当。

【队伍建设】 2016年，支队按照"稳就是实、稳就是进、稳就是好"要求，扎实开展"学规范、用规范""条令法规学习周""百日安全竞赛"，编印《"八个规范"应知应会》，突出抓好"四不三变"（不正当交往、不合理消费、不高雅信息、不规范行车和内部关系变质、男女关系变异、经济关系变形）、"3个敏感点"（手机、私家车、工资卡）、"9个时段"（节假日时、休息时、探亲时、外出时、集训时、婚恋时、看病时、下哨时、午夜时）敏感问题防控，贯彻"八个方面"安全基本工作规范，落实总部"六个严禁"禁酒规定，完善安全形势分析机制，深刻汲取事故案例教训，开展经常性安全教育训练，加强隐患排查治理，引导官兵绷紧安全弦，确保部队高度集中统一和内部安全稳定。

【基层队伍建设】 2016年，支队按照纲要"五个坚持"要求，坚持工作重心下移，落实"三会一线"制度（党委会统好大项工作，首长办公会统好月工作，交班会统好周工作），建立"1+1+3"（1名党委常委、1个机关股室、3名机关干部）、"四帮六定"（帮建支部、帮带干部、帮抓骨干、帮解难题，定人员、定中队、定时间、定任务、定目标、定责任）责任制，采取每周过问、每月检查、每季蹲点，指导考核办法按纲抓建设。先后5次召开抓基层协调领导小组会议，安排7名常委、20名机关干部驻点包片、蹲队驻班，形成科学指导和服务基层整体合力，为官兵减压释负，充分尊重官兵主体地位，官兵各项权益得到保证。年内，支队妥善安排官兵探亲休假，协调解决所有适龄驻吴干部子女入学，为2名干部办理随军未就业和夫妻分居生活补助，为5名干部解决子女入学入托问题，为7名家庭困难干部申请经济补助。

【综合保障能力建设】 2016年，支队按照"后勤变前勤"理念，坚持面向基层、服务中心，规范管理，提高质量，提高后勤保障效益。认真落实后勤管理规定，大力发展农副业生产，抓好田园文化建设，扎实开展"伙食管理规范年"活动，严格落实"1126、6211"和"一份三加"组伙要求，精准保障，官兵伙食满意率达到98%。推进警民深度融合发展，完善协同保障机制，与地方单位签订保障协议，及时补充军需、财务、营房、卫勤等各类战备物资，强化联合保障效益。突出岗位练兵，注重提高"一组五队"协同保障能力，先后组织3次后勤保障演练，举办6期"司务长之家"，进行3期军械员培训、炊事员集训和2期驾驶员复训，提高业务技能和综合服务水平。严格落实财务管理规定，压减行政开支，开展财务大清查，筛查清理疑点发票，纠治手续不全开支，整改效果明显。严格落实"五位一体"、"双人双锁"、安全检查制度，确保车辆管理正规、枪弹管理严格。着眼官兵需求，推进支队新营区迁建，突出营房改扩建，有效改善官兵生活条件。

【班子建设】 2016年，支队按照"政治强、素质高、作风实、团结好、形象正，有凝聚力、有战斗力"要求，有效提升班子成员理论素养，强化自律意识。着力从思想作风、选人用人、组织建设、执行纪律等方面整风整改、正本清源。贯彻民主集中制原则，坚持先议政后议事、先论证后执行，确保党委依法科学决策。全年，调配使用干部12名，转改士官39名，入党40人，选学技术68名，全程透明，官兵信服满意。

【参与精准扶贫】 2016年，支队发挥"一个机制、三个引领"（共创共建共抓共管共育共融机制，思想引领、党建引领、发展引领）作用，助力地方脱贫攻坚，与吴忠市扶贫办合力制定《2016—2018年助力地方脱贫攻坚三年规划》《2016年扶贫工作计划》，与下马关镇张家树、邵刚镇同富村、新庄集乡红阳村、河西镇菊花台村、王乐井乡石山子村结对，开展"支部共建、书记帮带、党员结对"活动。先后与10所学校158名学生开展"1+1、2+1、3+1"（1名常委、2名连职干部、"三互"小组成员分别与1名贫困生）结对助学活动，实施精准扶贫。

经济管理 JingJi GuanLi 〉〉 〉

宏观经济管理

【概　况】　2016年，吴忠市发改委紧扣加快转型发展主题，主动适应引领经济发展新常态，全力以赴稳增长、促改革、调结构、惠民生、保稳定，全市经济实现平稳健康发展，发展改革各项工作顺利推进，取得积极成效。全年实现地区生产总值436亿元，增长8.5%左右；完成全社会固定资产投资770亿元，增长13%左右；物价指数低位运行，全年CPI控制在1%以内。

【上争项目工作】　2016年，市发改委坚持把争取上级投资工作放在重中之重的位置，重点在推动产业转型发展、现代电子商务和城镇基础设施建设等领域跑项目、争资金，1—10月，全市共落实上争项目1299个，中央及自治区批复资金130.8亿元，提前两个月完成上争资金年度目标任务。其中落实国家第五、六批专项建设基金项目31个，额度9.87亿元，有力地推动了菲斯克轴承、保障性住房及配套基础设施等一批重大项目建设进程。

【重点项目建设】　2016年，市发改委不断加大督办通报力度，在市级报刊公开重点项目、基金项目推进情况。截至11月末，200个重点建设项目中已有泰富能源成品油和化工产品仓储、山东锦程新能源汽车产业园、太阳山大数据中心等196个开工建设，开工率达到98%，完成投资506亿元，占年度计划总投资的81.4%。其中，中国自动化产业基地、大坝电厂四期、恒丰集团产业升级二期3个自治区级重点项目进展顺利，完成投资29.8亿元。同时，不断加大项目谋划储备，在绿色工业、现代服务业等领域筛选储备2017年建设项目885个，总投资2860亿元，年度计划投资1276亿元；储备全国工商联十一届十次常务会议招商引资项目366个，总投资3571亿元；储备自治区60周年大庆献礼项目40个，总投资84亿元。

【经济社会发展规划编制】　《吴忠市国民经济和社会发展第十三个五年规划纲要》经市四届人大六次会议审议通过并印发实施；国家级电子商务示范城市和低碳示范城市创建方案通过国家发改委评审、待批；年内开展了空间规划（多规合一）重大战略研究、产业和基础设施空间布局研究，编制健康产业发展规划和二氧化碳捕集、利用与封存项目分析研究报告。先后发表《关于欠发达地区加快资本市场建设的探索》和《关于加快生态文明建设的调研与思考》等理论调研文章4篇。

【金融改革创新】　吴忠市制定《加快金融改革创新的若干意见》，率先在全区实现村镇银行县域全覆盖。积极落实平安银行现代农业发展基金1亿元；协调宁夏观歌助贷公司为49家企业借款4.27亿元，续贷6.27亿元；与交通银行、华夏银行进行战略合作，未来五年将为吴忠市提供不低于160亿元和200亿元授信额度。原野蜂业、天予枣业等56家挂牌上市企业累计融资规模突破13亿元，嘉泽发电进入IPO排队序列。着力推进重点领域改革，先后在国家发改委网站推介PPP项目两批22个，热电联产集中供热热力网等3个项目确定为国家第三批示范项目，城市东部地下综合管廊等5个项目列为自治区第一批示范项目；水生态治理、罗山机场等7个项目开展前期工作，吴忠市PPP项目在规范流程、推进速度等方面均走在全区前列。深入推进专项改革。全面完成市本级公务用车制度改革，年底前完成县（市、区）公车改革任务，稳妥推进事业单位公务用车制度改革。

【深化改革】 2016年，按照"放、管、服"三位一体的要求，市发改委进一步简化审批程序，下放审批权限，缩小审批范围，将企业投资市区房地产开发和社会事业项目及金积工业园区、吴忠国家农业科技园区企业投资项目备案权限整体下放到利通区（除主题公园、国家级自然保护区、重点文物保护单位区域内总投资3000万元及以上项目和不跨县区的220千伏及以下等级电网项目）。自4月1日起，非涉密项目全部纳入在线审批，完成365个项目的在线备案、核准或审批。年初，出台了《吴忠市空间规划（多规合一）建设项目行政审批改革方案（试行）》，明确了并联审批管理、联合踏勘、容缺受理、事中事后监管等管理制度。4月1日，在市政务服务中心设立了多规合一审批服务大厅，各审批部门行政审批科整建制进驻大厅试运行，保障并联审批每个环节精细管理、无缝对接。认真执行自治区行政事业收费标准，6月份在市级新闻媒体公布了发改、公安、商务等36个部门126项行政事业性收费目录清单，增强了收费项目和标准的透明度。严格落实国家、自治区《关于取消、停征和免征一批行政事业性收费的通知》和《关于扩大18项行政事业性收费免征范围的通知》精神，先后取消、停征和免征国家设立的征地管理费、采矿登记费等行政性收费12项；清理自治区经信、公安、消防等部门设立的行政事业性收费23项，其中取消公共消防设施建设费、机动车安全技术检验费等收费项目9项，降低安全生产培训考试费、仲裁收费等收费标准13项，免收各类行政事业性收费约680万元；对小微企业（含个体工商户）免征环境监测服务费、房屋登记费等42项国家设立的行政事业性收费，直接为企业减负1100万元，极大地减轻了企业特别是小微企业经济负担；先后开展了行政机关、事业单位、代行政府职能的社会团体、行业协会商会涉企收费专项检查活动，坚决打击和遏制各种涉企乱收费现象发生，国土、环保、水务等相关具有行政事业性收费职能的部门和单位均签署了"没有涉企乱收费、乱摊派行为承诺书"，有力地促进了实体经济健康发展。

【社会信用体系建设】 2016年，成立吴忠市社会信用体系建设领导小组，制定了《吴忠市社会信用体系建设规划实施方案》。设计开发了小微企业信用信息查询平台，为1.5万家小微企业建立了电子信用档案，健全小微企业信用信息服务。完成工商、税务、法院等8个部门的行政处罚、欠税、欠费、质量等30大类49项信息的采集工作，累计采集信息60万条。利用平台信息累计对860户小微企业进行了融资培育，促成166家无贷款小微企业与银行建立起初次业务关系，融资6.6亿元，截至10月末，中小微企业贷款余额179.41亿元，中小微企业贷款余额占全部企业贷款余额的78.69%，比上年同期提高4.91个百分点。小微企业融资服务平台正式运行。制定了全市守信联合激励和失信联合惩戒实施意见，探索建立跨部门、跨领域的守信联合激励和失信联合惩戒机制。积极与自治区发改委进行衔接沟通，加快推进覆盖辖区所有县（市、区）政府部门的信用信息共享平台建设。加大行政许可和行政处罚信用信息公示力度，在"信用宁夏"网站公示行政许可信息10837条，行政处罚信息1767条。

【市场环境优化】 2016年，坚持把落实投资自主权、激发企业投资活力、创新投融资机制、鼓励引导社会投资等政策措施作为促进全市民间投资增长的重要抓手，吴忠市相继出台了《关于促进非公有制经济发展的若干意见》《关于促进工业企业平稳发展的政策措施》等一批促进民间投资的鼓励政策，立足于转型升级发展实际，从推动企业创新创业、减轻企业税负、优化政务服务、提升金融服务等多方面服务于民间投资。1—9月份，全市完成民间投资435.7亿元，增长29%，高于全国26.5个百分点、全区7个百分点；民间投资占比达到70%，高于全国8.6个百分点、全区13.1个百分点，已经成为拉动全市投资增长的主力军。大力推广政府和社会资本合作模式，鼓励引导民间资本进入基础设施、市政公用事业等领域，先后在国家、自治区发改委网站推介市政、交通、公共服务等PPP项目3批55个，总投资105亿元。水环境治理、利

通区养老服务等5个项目被自治区列为示范项目，吴忠市PPP项目在规范流程、推进速度等方面走在全区前列，并有望争创为国家中小城市PPP创新工作试点城市。博天环境、华陆环保、北京桑德等一批民营企业进入吴忠市污水处理、天然气、供热等公共服务领域，进一步激发了民间投资活力。

【政务服务优化】 市发改委扎实做好创新创业项目申报工作，成功争取吴忠仪表智能控制阀制造数字化车间、勤昌轴承工业机器人自动化生产线示范应用、吉送通同城物流配送公共服务平台、捷智通县域农村电商上行下行运营等"双创"项目18个，落实中央预算内和专项建设基金1.3亿元。宁夏勤昌轴承重型货车车桥轴承智能制造技术工程实验室成为自治区级工程实验室，有力地推动了大众创业和万众创新。围绕建设"两个平台、五大示范工程"（即信息惠民公共支撑平台、信息惠民服务平台，民生服务、社会管理、政民互动、产业支撑、政府治理五大应用示范工程），编制完成了《吴忠市"信息惠民"国家试点城市创建申报方案》，吴忠市成功创建为全国80个信息惠民国家试点城市之一。

【创新精准扶贫方式】 2016年，吴忠市印发实施了光伏、金融和基础设施扶贫三项行动计划，盐池县、同心县、红寺堡区3个贫困县（区）9个贫困村及1个生态移民点6557户贫困人口被纳入光伏电站扶贫试点范围；复制放大金融脱贫"盐池模式"，积极探索"财政+银行+保险+担保"的创新模式，设立2000万元的担保基金，按照1：10的比例撬动信贷放大倍数，有效解决中小微企业融资难的问题。

【民生民计保障】 2016年，市物价部门定点、定时监测重要农副产品和日用消费品市场价格，努力保持价格总水平基本稳定。1—10月份，全市居民消费价格指数温和回升，同比增长0.7%，处于可控范围。积极推进医疗服务价格改革，制定了城市公立医院医疗服务价格改革方案，破除以药养医机制，全面取消城市公立医院药品加成，逐步减轻人民群众就医负担。

【金融工作】 截至2016年，吴忠市全市累计在新三板、四板市场挂牌企业22家，其中，顺宝现代农业、新亚凯拓电子、乐汇牧业3家在新三板挂牌；鹏胜乡镇小贷、对了杂粮、都顺生物、富林塑料包装等19家企业在宁夏股权托管交易中心挂牌。宁夏嘉泽新能源股份有限公司已申请IPO排队。全市新设同心津汇村镇银行、盐池汇发村镇银行福州路支行、石嘴山银行吴忠明珠路社区支行、盐池汇发村镇银行花马池支行、红寺堡汇发村镇银行、盐池汇发村镇银行大水坑支行、宁夏银行吴忠裕民西路支行等7家金融机构。

【PPP项目】 2016年，吴忠市实施方水环境治理等7个PPP项目，其中热电联产集中供热热力网、城市东部地下综合管廊等3个PPP项目被财政部列为第三批示范项目；水环境治理、利通区养老服务等5个PPP项目被列为自治区示范项目，获自治区PPP项目综合奖补最高奖。同时，正在积极争创国家发改委中小城市PPP创新试点，水环境治理已通过国家发改委典型案例初选。

【健康产业】 2016年，吴忠市成立了健康产业和硒产业工作领导小组，下设健康产业办公室和硒产业办公室；制定并印发了《吴忠市健康产业发展行动计划》；由农牧局牵头编制了全市硒资源分布图；《吴忠市健康产业发展规划》和《吴忠市硒产业发展规划》均已完成初稿；发展硒产品加工企业27家，创建富硒农产品基地13个；利通区健康产业园、同心中医药健康体验馆、盐池县嘉亿甘草深加工等项目建设顺利推进；联合国亚太营养强化面粉试点项目已成功落地；北京怡生安康生物科技公司牛羊血肽深加工项目顺利落户盐池县，进行多方融资。

【投资项目在线审批】 认真落实国家和自治区发改委安排部署，积极推动投资项目在线审批监管平台的实际运用，按照自治区统一部署，吴忠市下发了《吴忠市人民政府办公室关于实行投资项目在线审批的通知》（吴政办明电发〔2016〕3号），要求各级各部门自4月1号开始全部非涉密项目进入在线审批监管平台进行审批。同时，按照《吴忠市人民政府办公室关于印发〈吴忠市多规合一行政审批实施方案（试行）〉的通知》(吴政办发〔2016〕28号)要求，吴忠市将多规合一行政审批改革与投资项目在线审批有效结合起来，切实推进项目审批流程的简化，提高项目审批效率。自4月初在线审批平台试运行以来，截至12月底，全市已完成365个项目的在线备案、核准或审批，正在办理的16件。从刚开始的在线和纸质并行审批，目前已逐渐过渡到以在线审批为主、纸质资料为辅的阶段。

价格管理

【概　况】　2016年，吴忠市居民消费价格总水平较上年上涨1.0%，比全区水平低0.5个百分点，比全国水平低1.0个百分点。其中，食品价格上涨2.0%，非食品价格上涨0.8%；消费品价格上涨1.0%，服务价格上涨1.2%；工业品价格上涨0.4%。与上年同期相比，八大类商品价格呈"六升二降"态势。医疗保健、其他用品和服务、衣着、食品烟酒、教育文化和娱乐、生活用品及服务价格分别上涨4.3%、3.1%、1.8%、1.7%、1.5%和0.1%；交通和通信、居住价格分别下降2.5%和0.4%。居民消费价格指数上涨1.0%，低于全年预期目标2.0个百分点，比全区水平低0.5个百分点，比全国水平低1个百分点，价格调控成效显著。

【价格监测网点设立】　2016年，市物价局完善以重要商品和服务价格为基础的价格监测网络，采取定点监测、市场采价等多种形式。截至年底，在市区4个农贸市场、2个超市、10个"农超对接"蔬菜供应点等共设立了82个价格监测点，定期对食品、成品油、居民服务、日用工业消费品、药品、劳动力等重要商品及服务价格实行监测，确保采集数据的真实性、准确性和及时性。

【价格监测】　2016年，市物价局按照"实地采价，认真总结，严格审核，按时上报"的要求，每天重点对人民群众生活联系密切相关的肉禽蛋、蔬菜等32个品种价格进行监测。适时采集、监控和发布重要价格信息。坚持定期进行监测分析预警，做到有分析，有预测，如发现有价格异常波动的苗头性、倾向性问题，第一时间上报，为政府和上级价格主管部门正确决策提供有力参考。两名专职价格监测人员，深入实地进行采价，及时掌握第一手资料，做好分析上报，并以图表、报表等多种形式汇总。认真建立重要商品价格监测台账，对日常定点监测采集的商品从采点、采价日期、品种名称、规格等级、具体价格等方面分类建立了台账，使监测采集的重要商品价格信息能保留齐全、保持价格对比的连贯性。密切加强和商务、农牧、统计、国家统计局吴忠调查队等部门的沟通和联系，对当月的各类价格指数进行分析和研判，对可能出现的市场商品价格异常波动，做到早预警、早发现、早报告、早举措，防止因价格异常波动引发社会不稳定，对价格上涨幅度过大的群众生活必需品进行重点监控，为政府控价决策提供真实可靠的市场价格形势分析报告。年内，通过吴忠发改委网站、吴忠政务信息等多种载体发表监测稿件32篇，多次完成吴忠市委办公室、市政府办公室价格监测约稿，并按有关要求向市政府办公室报送价格监测信息19篇。

【农产品成本调查】　截至2016年，市物价局承担全市粮食、蔬菜、生猪养殖等13个品种调查任务，分布在6个乡镇12个行政村，有调查户65个。加强联系和沟通各调查户，定期走访，针对不同的调查品种，不同的乡镇村，及时深入调查摸底，核查各项费用、工时是否缺登，登记的内容是否客观真实，避免了错登、漏登现象。听取和把握调查户对调查品种生产、市场行情的见解和想法，掌握成本增减、农资价格升降等变动情况的第一手资料，为写好调查分析报告提供了好素材。

【涉企收费事项管理】　2016年，吴忠市对行政事业单位收费事项清零，重新予以登记、审核，凡是没有法律、行政法规、规章依据，自行设立的收费项目，一律取消，共计对59个单位162个收费事项进行了重新登记核准。全面清理涉企收费项目，公布了吴忠市《涉企行政事业性收费目录》《政府定价的涉企经营服务性收费目录》《涉企行政审批事项前置服务项目收费目录》，全面实行动态管理；认真执行自治区行政事业性收费标准，8月份在市级新闻媒体公布了发改、公安、商务等36个部门126项行政事业性收费目录清单，增强了收费项目和标准的透明度。严格落实国家、自治区《关于取消、停征和免征一批行政事业性收费的通知》和《关于扩大18项行政事业性收费免征范围的通知》精神，先后取消、停征和免征国家设立的征地管理费、采矿登记费等行政性收费12项；清理自治区经信、公安、消防等部门设立的行政事业性收费23项，其中取消公共消防设施建设费、机动车安全技术检验费等收费项目9项，降低安全生产培训考试费、仲裁收费等收费标准13项，免收各类行政事业性收费约680万元；对小微企业（含个体工商户）免征环境监测服务费、房屋登记费等42项国家设立的行政事业性收费，直接为企业减负1100万元，极大地减轻了企业特别是小微企业经济负担。

【落实扶持民营经济发展政策措施】截至2016年年底，吴忠市累计减免包括企业注册登记费、补发营业执照费等在内的个体工商户注册登记费850余万元。开展了行政机关、事业单位、代行政府职能的社会团体、行业协会商会涉企收费专项检查活动，坚决打击和遏制各种涉企乱收费现象发生，国土、环保、水务等部门和单位均签署了"没有涉企乱收费、乱摊派行为承诺书"，有力地促进了实体经济健康发展。

【价格监管】2016年，吴忠市健全平价商店长效管理机制，切实加大平价商店日常考核力度，优化网络监管平台，增加了元旦、五一等小长假和国庆、春节大长假期间的采价报送频率，切实减轻群众"菜篮子"负担。以自治区调研吴忠市供暖情况为契机，联合市住建部门，深入各社区与居民座谈，公开供热成本费用等情况。制定印发了《吴忠市城市公立医院医疗服务价格改革方案（试行）》，确定了取消公立医院药品加成的政策性亏损补偿分担机制，按照"总量控制、结构调整、有升有降、逐步到位"的原则，小幅普调医疗服务价格，全市三家城市公立医院共调整医疗服务价格2393项，没有出现因调价引起患者不满的情况。各县（市、区）全面取消公立医院药品加成，实行调整后的医疗服务价格，通过取消药品加成，破除了公立医院以药补医机制。与中国人保财险吴忠支公司协作，开展蔬菜价格保险。市区2016年共承保蔬菜999.9亩。认真开展价格举报工作，积极发挥"12358"价格投诉举报系统平台作用，坚持自治区、市、县三级联动，认真受理群众对价格、收费问题的投诉举报，及时查处各类价格举报案件，从多个角度为广大老百姓特别是弱势群体撑起价格服务保护伞。2016年，通过来信、来电、来访及上级交办和部门转办等渠道和途径，受理各类价格咨询、投诉共557件。其中：咨询件554件，举报件3件，处理率100%，做到了"有诉必理、有理必果"，使"12358"成为政府与群众之间的一座连心桥。加强价格监督检查，组织开展了教育、医药、涉农涉企价格和收费、商品房销售明码标价、重大节假日市场价格等专项价格检查。共出动检查人员210多人次，发放宣传资料25000余份。

12月5日，召开全市国资国企改革发展工作推进会

国有资产监督管理

【概况】2016年，市政府国有资产监督管理委员会按照市机构编制委员会要求，贯彻实施有关法律、法规、规章和方针政策；根据市人民政府授权，依法履行出资人职责；承担监督管理企业国有资产的责任；依法指导和监督县（市、区）国有资产管理工作。负责监督所监管企业国有资产保值增值，建立和完善国有资产保值增值的指标体系、考核标准并组织实施。负责指导和协调国有企业改革和重组，推进现代企业

制度建设，完善公司治理结构；推进混合所有制经济发展；拟订国有资产的投资方向、发展规划并组织实施。负责对所监管企业负责人进行考核并提出任免建议；拟订完善经营者激励、奖惩和约束制度；组织实施对所监管企业收入分配管理。指导所监管企业党的组织建设、精神文明建设、党风廉政建设和思想政治工作建设。按照有关规定向监管企业派出监事，负责国有独资和控股企业监事会的管理工作。参与拟订国有资本经营预算有关管理制度，负责企业国有资本经营预决算编制和执行等工作；负责组织所监管企业上交国有资本收益。按照出资人职责，加强国有资产监管，不行使社会公共管理职能，不干预企业依法行使自主经营权。

市国资委认真贯彻落实中央、自治区和吴忠市关于国资国企改革的一系列决策部署，持续推进新一轮改革，"1+N"国资国企改革路线图初步成型，"八大投"国资国企新布局基本实现，"两级授权、三级架构"监管基础基本确立，全市国企国资改革发展呈现进中向好态势。市国资国企工作的主要做法先后被国务院国资委、自治区国资委官方网站多次刊发，在自治区政府召开的全区国资监管工作会议上作为市级国资监管部门代表作了国企改革国资监管工作经验交流。

【市属国有企业】 2016年，吴忠市国有企业改革以规范国资监管、带动国企改革为重点，新改组成立了吴忠城乡建设投资开发有限公司、吴忠国有资本运营有限公司、吴忠开源扶贫担保有限公司、吴忠交通投资开发有限公司、吴忠水务投资有限公司、吴忠现代农业扶贫开发投资有限公司、吴忠中小微企业创业投资有限公司、吴忠文化旅游产业投资有限公司，其中：公益类3家，为交投公司、水投公司、创投公司，商业类5家，为城投公司、国运公司、担保公司、农投公司、文投公司。以"八大投"企业平行运行为标志的国企改革已完成设计和施工，全面走向实质运营阶段。截至2016年年底，共有员工2185人，"八大投"公司班子成员30名。"八大投"公司权属公司20家。

【国企经营管理】 2016年，市属国有企业资产总额126亿元，较市国资委成立时增加25亿元，增幅25%；净资产66亿元，增幅21%；盈亏相抵实现盈利1560万元，较上年同期扭亏增盈4684万元；资产负债率47%，低于全国国企平均水平18个百分点；国有资本保值增值率121%。

【国有资本运营】 2016年，城投公司、水投公司向金融机构融资16.4亿元支持重点项目建设。开源担保公司向合作银行推荐放款6亿元；农投公司承接经营管理1亿元的扶贫产业担保基金，助力盐同红脱贫攻坚。吴忠城投、开源担保公司联合区内基金公司发起设立规模为2.4亿元的金超助贷基金，与中冶集团、博天环境等央企和民企开展PPP项目合作融资3亿元。

【国资监管】 累计出台国企改革、国资监管等方面25项规范性文件。国企功能定位、国资运营监测、重大事项报批、经营业绩考核、薪酬制度改革、对外投资监督、国有企业党建等制度全面实施。"两级授权、三级架构"监管体系基本确立，国资监管的基础进一步夯实。

【法人治理结构】 充分发挥公司章程对企业治理的重要作用，重新制定或修订了"八大投"公司章程；一批优秀干部进入"八大投"党组织、董事会、经理层任职；向"八大投"委派了14名监事、监事会主席；将企业党组织内嵌到公司治理结构之中，推行党组织书记、董事长一肩挑，7名市属国有企业董事长兼任党组织书记。党组织、董事会、监事会、经理层健全，现代企业制度框架逐步形成。

【重点民生项目】 城投、水投、交投公司投资15亿元实施9个民生项目，较好地履行了国有企业社会责任。市供水水质提标改造工程被列入2016年市人大一号议案及政府为民办实事重点项目，工程完工并网投入运行，从根本上解决自来水水质硬度偏高、水垢大的问题；市区饮用水新水源地勘探规划项目列入市五届人大一次会议议案，投资900万元完成水文地质钻孔、工程测量计算等前期工作；热电联产集中供热管网项目投入运营，实现供热面积776万平方米；热电中水管网工程投入运行，大大提升污水处理厂中水利用率。城市地下综合管廊PPP合作项目顺利实施，被列入财

政部PPP示范项目。城市绿道网建设项目被列为市政府2016年承诺的为民办实事项目之一，工程完工并交付使用，提高城市品位和健身环境。交投公司多方筹资回购民营公交线路及车辆，国有大公交陆续接管上线经营。水投公司实施的扁担沟扬水泵站改造工程、城市东南部引提调水及河道生态治理工程、清水沟南干沟人工湿地水质改善工程进展顺利。

【国资国企改革发展工作推进会】12月6日，召开全市国资国企改革发展工作推进会。会议传达学习了习近平总书记在全国国有企业党的建设工作会议上的重要讲话精神。会议要求，全市上下要顺应发展大势，向深化改革要创造力，要以完善法人治理结构为核心，着力建立健全现代企业制度；以深化国企改革为重点，着力创新经营管理体制；以有序推进混合所有制改革为突破，着力提升国有资本利用效率；以国有资产保值增值为目标，着力转变监管方式提升监管水平。要更新用人观念，向优秀人才要竞争力，树立重能力、重实绩、重贡献的用人理念，选拔培养人才。要树立开放思维，向发展环境要生产力，不断探索发展混合制所有经济。要不断健全国资运营体系，加快国企转型发展，推进混合所有制改革，强化资产集中监管，发挥行业指导作用，培养优秀企业人才，推进全市国资监管国企改革再上新台阶。

【国企党建】落实好"管资本就要管党建"要求，将市属国有企业486名党员组织关系统一划转市国资委党委，整合形成3个党委、4个党总支和29个党支部的基层党组织架构。2016年12月，国资委党委第一次党代会召开，新一届党委领导班子由3名增加到7名，并同步设立了纪委，使国资委党委在履行管党治党责任上力量加强、机制顺畅、目标明确，做到企业发展到哪里，党的建设就跟进到哪里，推动党建工作和企业生产经营同频共振。联合市委宣传部、总工会开展"国企敬业好员工"评选。争取人才项目专项资金40万元，组织100多人次企业经营管理人员到国内知名高校参加专题培训，努力建设一支"对党忠诚、勇于创新、治企有方、兴企有为、清正廉洁"的企业家队伍。

审 计

【概 况】2016年，市审计局围绕市委、市政府中心工作，充分发挥"免疫系统"功能，不断提高审计执行力，积极开展审计服务和审计监督。全年完成审计项目83个，审计查出违规金额27768万元，处理处罚金额27757万元，其中上缴财政资金1499万元，归还原资金渠道2469万元，应缴纳其他资金738万元，调账处理22650万元，移送处理事项17项。被自治区文明委评为自治区级文明单位，被吴忠市委、市政府评为"六五"普法先进单位。

【预算执行审计】市审计局组织开展了吴忠市2015年度本级财政预算执行审计，对市财政局、环保局等7个部门（单位）的预算执行情况进行了审计。重点关注政府性债务还本付息情况、预算编制及批复情况、财政存量资金清理及重新安排使用情况、财政总预算暂付款消化情况，并对各部门压缩"三公"经费、降低行政成本的政策执行情况进行了重点检查。把揭露问题与规范管理、促进改革与提高绩效结合起来，提升审计监督效能。

【经济责任审计】市审计局继续贯彻执行《党政领导和国有领导干部经济责任审计办法》和《吴忠市领导干部和国有企业领导人员任前经济责任审计办法》，受市委组织部委托，对45名部门领导干部履行经济责任情况进行了审计。重点关注了领导干部贯彻执行法律法规、国家重大方针政策及决策部署、重大投资项目建设和管理、落实中央"八项规定"精神等情况，促进领导干部依法用权、健康执政。

【政府投资项目审计】市审计局积极推行重大项目跟踪审计，开展了吴忠市人民医院迁建项目、市幼儿园新建项目跟踪审计和市本级、青铜峡市、盐池县、同心县、红寺堡区保障性安居工程跟踪审计。督促市住建局、教育局完善建设方案，加强工程管理。保障性安居工程审计中，揭示了各县（市、区）在保障性安居工程目标任务完成、棚户区改造和配套基础设施建设、保障性住房分配和后续管理及资金筹集、管理和使用等方面存在的问题。通过督促整改，全市共取消或调整82户因家庭收入、住房等条件发生变化，未按规定及时退出的保障对象待遇；追缴违规领取的住房补贴资金5.31万元，收回保障性住房10套，追缴公租房欠缴租金80.92万元并上缴财政；将557套空置的保障性住房投入分配使用；补办4宗安居工程建设用地手续。

【政策措施落实情况审计】 按照审计署和自治区审计厅统一部署，市审计局对吴忠市利通区、同心县、盐池县、红寺堡区2016年前三季度贯彻落实国家重大政策措施和宏观调控部署情况进行了跟踪审计。重点审计了县区政府工作报告所列重点项目完成情况、财政存量资金结余情况和需要继续跟踪检查的以前年度项目和重点建设项目开工建设进度进展情况，并督促及时整改。

【专项审计调查】 市审计局开展了市区住宅专项维修资金缴存、使用及管理情况专项审计调查，审计中查出收缴管理不规范、资金管理不严格、核算体系不健全、超范围使用住宅专项维修资金等问题。市审计局提出审计建议，责令相关部门认真整改，并向市委、市政府提交了审计专报，受到市委、市政府的高度重视，"规范专项维修基金收取、使用和管理"被列为2016年吴忠市承诺为民办10件实事之一。

【队伍建设】 市审计局扎实"两学一做"主题学习教育活动，不断加强党员队伍建设，积极开展党员评议、党员承诺、"党员奉献日"及下基层等活动，引导党员立足岗位实际，强化宗旨意识。坚持落实学习制度，严格执行民主生活会、中心组学习、党员"三会一课"等制度，组织机关党支部和退休党支部全体党员到孙家滩赵家沟村，听取驻村工作组一年来的工作情况汇报，观摩扶贫工作组扶贫工作成效，走访慰问包村贫困户；全体审计干部积极捐款3000余元，解囊相助该村患白血病学生。通过活动的开展，激发党员干部干事创业的内在动力。抓实精准扶贫工作，市统计局驻孙家滩赵家沟村扶贫工作组通过听、查、看、访等方式对84户建档立卡户信息进行了重新采集。严格执行精准识贫标准，精准识别贫困人口，协助解决贫困户发展生产缺乏资金的问题。严格落实党风廉政主体责任，加强廉政教育，在审计工作纪律方面，实行审计公示制度，审计进点宣布审计纪律，张贴审计公告，聘请特约审计监督员，自觉接受被审计单位干部职工和社会各界的监督。严格执行《"八不准"审计工作纪律》。扎实开展"道德讲堂"活动，通过身边人讲身边事，围绕身边的好人好事述说心灵感悟，交流心得体会，使大家在感动中提升道德修养。扎实开展文明审计活动，增活干部使用机制。2016年新提拔正科级干部4人、副科级干部4人，轮岗交流5人，审计干部队伍得到进一步加强。

统计工作

【概况】 2016年，市统计局以"创新、协调、绿色、开放、共享"新发展理念为引领，以创建"精准分析、服务发展"优质服务品牌为抓手，强化职能履行，优化统计服务，圆满完成了各项统计工作任务，统计服务经济发展的能力进一步提升。2016年获得全区统计系统综合考评一等奖和全市效能目标综合考核一等奖。

【统计信息工作】 2016年，市统计局坚持季度经济形势分析会议制度，及时提供真实准确完整的统计信息。年内召开季度经济形势分析会议4次，编发统计分析47期、统计专报8期、统计信息57篇。编印《吴忠市主要经济指标月报》11期3300份；编印《2016年吴忠市经济要情手册》和《吴忠统计年鉴2016》等统计产品。通过《统计决策咨询服务专刊》，向全市副处级以上领导干部提供市情市力决策服务，利用吴忠新闻网《数字吴忠》专栏信息平台，向社会广泛发布统计信息，让广大群众了解市情市力。

【统计预警监督】 2016年，市统计局突出对经济运行、工业经济、固定资产投资等问题的监测预警，及时发现分析问题，提出预警建议，提供超前服务。撰写的《建设小康全面提速实现目标需倍加努力》小康监测报告、《2016年上半年全市经济持续走强》和《新常态下吴忠市工业经济发展方式转变研究》等4篇统计专报被市委领导批示。

【统计制度方法改革】 6月3日，市长喜清江主持召开全市统计工作专题会议，对进一步做好全市统计工作提出了具体要求，明确

了各县（市、区）、各有关部门的统计工作职责。印发《关于建立统计工作新机制的通知》（吴党办发〔2016〕41号）文件，按照自治区统计局统一安排部署，率先在全区启动推行"1+5+25+N"统计协调联动工作新机制。

【经济运行监测】 2016年，市统计局围绕全市经济社会发展大局，加强对全市GDP、工业、投资和服务业等指标完成情况的实时监测，开展了工业、固定资产投资、服务业核查工作。完成统计法治、名录库建设及妇女、儿童发展规划监测等工作。

【第三次全国农业普查】 2016年，吴忠市印发《关于做好第三次全国农业普查工作的通知》，成立吴忠市第三次全国农业普查领导小组及办公室。同时，各县（市、区）相应建立农业普查组织机构。印发《吴忠市第三次全国农业普查领导小组成员单位职责分工的通知》《吴忠市第三次全国农业普查考核评比办法通知》和《吴忠市第三次全国农业普查工作进度安排》，制定了时间表、路线图和考核奖惩措施办法，健全了工作机制。加大宣传力度，大力开展农业普查宣传动员工作，编印了《吴忠市2016年第三次全国农业普查宣传手册》1.5万册，开展各类宣传活动，深入农户家中，向广大群众发放宣传手册，在全市营造出良好的宣传氛围。通过参加自治区、市、县层层举办的农业普查培训班，加大对全市农业普查指导员和普查员的培训力度，使每个普查指导员和普查员理解农业普查表填报，正确使用PDA数据采集程序，为做好全市普查入户登记工作做了充分准备。

【"第七届中国统计开放日"活动】 9月20日，市统计局承办宁夏第七届中国统计开放日活动。市四套班子主要领导和分管领导，自治区、市、县三级统计调查系统的领导、农民代表、院校代表等400余人参加了活动。本次开放日活动通过播放统计专题片、"统计公开课"和热点互动等多种方式，让参会人员、电视观众和网络粉丝走进统计、了解统计，知晓、配合、参与农业普查，增强了统计亲和力和公信力，为全面深化统计改革和做好第三次全国农业普查工作营造良好的舆论环境。

【统计法治建设】 2016年，吴忠市加强统计法治建设，利用"12·4"全国法制宣传日、"3·15"等节点，宣传统计法知识，不断扩大《统计法》的宣传教育覆盖面。加大统计违法案件查办力度，对自治区统计局转交的2家统计违法企业，按程序进行查办并在全市范围内通报。9月，联合市司法局开展统计执法大检查，对全市22家"四上"企业和各部门统计工作开展执法抽查检查，针对存在统计数据造假、弄虚作假等违法行为的企业（单位），坚决依法进行查处。责令要求改正3家，立案查处2家。

【"企业一套表制度"落实工作】 2016年，市统计局加强网报数据监管，严守"四条红线"，完成了基本单位名录库建设维护与更新，积极与商务、工信、税务等部门及各县（市、区）统计局协调，做好新增"四上"企业入库工作。严把"四上"企业进入关口，确保入库单位的质量，真正做到先进库、后有数，增强全市经济发展的后劲。截至2016年年底，全市"入统"和"四上"企业达到641家。加大对"四上"企业联网直报数据的审核力度，保证源头数据的真实性、准确性、完整性和及时性，企业直报率、审验率均达到100%。

【队伍建设】 2016年，市统计局深入开展"两学一做"专题教育。严格按照学习方案要求，围绕"六查六看六树"专题学习讨论活动，把全局党员干部的思想凝聚到全局中心工作上来。以深化"精准分析、服务发展"优质服务品牌创建活动为载体，不断健全工作机制、创新服务载体、深化服务内涵，发挥机关党支部战斗堡垒和党员先锋模范作用。认真落实党风廉政建设主体责任制，切实抓好领导班子和干部队伍作风建设，提高机关效能，增强服务意识。认真开展干部下基层、社区共建和精准扶贫工作。年内先后到红寺堡区柳泉小学和旧城小学，对两所小学的全体师生进行了慰问，扎实开展精准扶贫工作，完成刘家滩村建档立卡165户困难户的家庭影像信息采集工作。

社会调查与监测

【概　况】 2016年，国家统计局吴忠调查队深入贯彻落实全国统计工作会议、全区调查队工作会议精神，按照宁夏调查总队的总体部署和要求，抓重点、攻难点，统筹安排，协调推进，在认真完成城乡居民收支调查、农民工监测、畜禽监测、居民消费价格调查、工业生产者价格调查、限下批零住餐调查、农产品价格、农产品中间消耗等常规专业调查等工作的基础上，积极推进网上直报和电子记账工作。年内，工业生产者价格调查实现网上直报率100%（除去停产代报企业）；服务业小微企业联网直报率达到100%；城镇居民收支调查电子记账率达56%。完成了月度劳动力调查、效能目标考核、精准扶贫工作成效第三方评估调查、网民用户调查、农民工市民化调查等专项调查。

【常规调查】　吴忠调查队进一步完善事后数据质量抽查制度，各专业结合调查频率及工作特点开展质量抽查，并对抽查的调查点户采取登记备案制，确保所有调查网点年度抽查全覆盖。居民收支调查，调查户的基本情况，账册的及时性、准确性、规范性，账册的整理、录入审核等都由市队专人负责，每月账页实行队员互查、科长抽查、分管领导督查机制；每月随机抽查20户记账户进行入户面访，核查记账情况；对电子记账户随时监测，发现连续两天无数据或账目有疑问的，采取短信提示、电话回访、入户核查等措施督促记账。每月抽查10%的调查对象进行入户核实或电话回访。畜禽监测调查按季入户核查1/4的调查样本数据。粮食产量实割实测阶段所有调查点全部由市队工作人员全程直接参与，采取样本集中保管，专人脱粒、称重、测水分，杜绝人为因素干扰。居民消费价格调查严格执行队（科）长跟班采价制度。工业生产者价格调查结合专题调研核查基础数据。各项工作坚持深入一线，直接调查、直接上报，确保数据真实可靠。工业生产者价格调查实现网上直报率100%（除去停产代报企业）；服务业小微企业联网直报率达到100%；城乡居民收支调查电子记账率达50%左右。

【专项调查】　吴忠调查队圆满完成了年度宁夏县区第三方测评效能建设710份调查样本问卷调查；完成了宁夏精准扶贫工作成效第三方评估74个村、1140户问卷调查以及农民工市民化调查等专项调查；开展了主要畜禽监测摸底调查及第三次全国农业普查遥感测量等各项工作。

【机关效能满意度调查】　按照国家统计局宁夏调查总队统一部署，吴忠调查队成立3个工作组，由党组成员分别带队深入利通区、红寺堡区、同心县等地开展党政机关、企业、居民的测评工作。调查过程始终坚持独立调查，严格遵守调查纪律，确保调查数据真实性和准确性，圆满完成了调查任务。

【精准扶贫工作成效评估调查】　按照国家统计局宁夏调查总队统一部署，吴忠调查队成立了精准扶贫工作成效第三方评估调查领导小组，制定了《吴忠调查队精准扶贫工作成效第三方评估调查工作实施细则》，对整体评估调查工作进行了周密安排，并根据抽调人员的工作能力与特长进行合理分工，分设10个现场调查小组，深入西吉县、隆德县等地对1140户贫困户开展调查工作，整个调查过程纪律严明，科学规范，圆满完成了调查任务。

【统计信息分析】　吴忠调查队围绕全市经济社会发展的热点、难点及群众普遍关心的问题开展专题调研。如围绕城乡居民收入增速情况、消费价格涨跌趋势、城市高龄农民工社会保障情况、农村居民看病住院情况以及精准扶贫等撰写高质量的调研报告，不断增强统计信息分析工作的针对性和实效性，增强为领导决策服务的效果，着力为地方经济发展提供优质统计调查服务。截至年末，全队共撰写调查信息分析230期，被国家局、总队内网、市"两办"等采用193篇，其中，《"十二五"吴忠市居民收入情况分析及"十三五"增收建议》和《上半年吴忠市城乡居民收入同步增长》两篇调查分析被市委书记赵永清批示；《吴忠市奶业发展分析》《吴忠规下服务业呈现回暖》《吴忠利通区快递公司抢滩农村市场》等调查分析被《中国信息报》刊登。

【《统计法》宣传】　吴忠调查队利用统计开放日、全国宪法宣传日和《统计法》颁布日以及劳动力调查、农民工市民化调查等大型专项调查等重要时间节点，集中开展各类普法宣传活动，提高社会公众对《中华人民共和国统计法》知晓度。充分利用年报会、业务培训会之机，将学习统计法相关知识列入会议的一项主要内容，强化企业相关领导及报表填报人员对统计法律法规知识的认知。年内，有针对性地抽选了17家调查企业开展统计执法检查，做到普法宣传、基础工作检查与业务培训指导相结合，首次对两家个体经营户不配合调查的违法行为进行了统计处罚，有力维护了统计法权威。通过多种形式的统计执法检查、普法宣传教育，形成了调查人员懂法，调查对象知法，调查过程守法的良好局面，为确保调查数据质量、开展统计调查工作营造了良好的法制环境。

【农作物播种面积及粮食产量调查】 2016年，全市粮食播种面积320.5万亩，同比增加5.1万亩，增长5.3%。综合亩产304.3公斤，增加6.3公斤，增长2.1%。全年粮食总产97.6万吨，增加6.9万吨，增长7.6%。夏粮呈现面积、亩产和总产量同增。全市夏粮播种面积52.9万亩，增长0.9%；夏粮亩产194.3公斤，增长14.7%；夏粮总产量10.3万吨，增长15.5%。其中：小麦面积50.1万亩，减少1.9%；小麦亩产204.2公斤，增长17.4%；小麦总产量10.2万吨，增长14.9%。秋粮亩产略增，面积与总产均降。全市秋粮面积267.6万亩，同比增加15.7万亩，增长6.3%；平均亩产326.1公斤，增加1.5公斤，增长0.5%；总产87.3万吨，增加5.5万吨，增长6.8%。其中：灌区秋粮面积77.0万亩，同比增加5.1万亩，增长7.1%，占全市秋粮总面积的28.7%，秋粮总产38.9万吨，同比增加2.7万吨，增长7.5%，占全市秋粮总产量的44.6%；山区秋粮面积190.6万亩，同比增加10.6万亩，增长5.9%，占全市秋粮总面积的71.3%，总产48.4万吨，同比增加2.8万吨，增长6.1%，占全市秋粮总产量的55.4%。

【畜禽监测调查】 2016年，吴忠市生猪价格呈"涨—跌—涨"的走势，但仍在盈亏平衡点以上；牛产业平稳向好发展，活牛价格微降；奶牛存栏数增加，鲜奶价格后期上涨，奶产业实现了质量与效益"双提升"，上年吴忠牛乳获中国地理标志品牌；活羊价格回升，市场回暖；活鸡价格持平趋稳，存出栏同增；畜禽肉产量增加，畜牧业稳定发展。2016年年底，全市生猪存栏15.8万头，同比增加0.8万头，增长5.6%；出栏21.1万头，同比增加2.7万头，增长14.5%；猪肉产量1.6万吨，同比增加0.2万吨，增长14.6%。其中：能繁母猪数量为1.9万头，同比增加0.14万头，增长7.9%，生猪生产能力得以逐步增强。2016年，全市牛存栏31.6万头，同比增加3.1万头，增长10.9%。其中：奶牛存栏18.1万头，同比增加1.1万头，增长6.5%，存栏占全区奶牛存栏总量的49.5%，较2015年提高了1.5个百分点。奶产量70.9万吨，同比增加4.1万吨，增长6.1%，奶产量占全区奶产量的50.8%，较2015年提高了1.9个百分点；肉牛存栏13.5万头，同比增加2.0万头，增长17.4%；肉牛出栏14.7万头，同比增加1.5万头，增长11.0%。牛肉产量2.2万吨，同比增加0.2万吨，增长11.6%。全市羊存栏235.1万只，同比增加13.5万只，增长6.1%；羊出栏234.9万只，同比增加2.4万只，增长1.0%；羊肉产量4.2万吨，同比增加0.1万吨，增长2.5%。全市家禽存栏299.1万只，同比增加31.2万只，增长11.6%，其中蛋禽存栏177.7万只，同比增加45.7万只，增长34.6%；家禽出栏224.5万只，同比增加36.0万只，增长19.1%；禽肉产量0.4万吨，禽蛋产量2.3万吨，分别比上年增长17.7%和13.9%。

【工业生产者价格调查】 2016年，吴忠市工业生产者出厂与购进价格均呈下跌态势。其中，工业生产者出厂价格比上年下跌2.6%，比全区水平低1.7个百分点，比全国低1.2个百分点；购进价格下跌6.5%，比全区水平低3.4个百分点，比全国低4.5个百分点。被调查的23个大类行业出厂价格呈现跌多涨少，有4大类同比上涨，19大类同比下跌。8大类购进价格也呈现跌多涨少，有1大类同比上涨，7大类同比下跌。

轻工业价格跌幅大于重工业。2016年，轻重工业产品出厂价格水平同比均呈下跌之势，轻工业产品全年累计价格指数为94.8%，比上年下降2.3%；重工业产品为98.6%，比上年下降7.6%。在轻工业产品中，以农产品为原料的产品价格下降5.4%，以非农产品为原料的产品价格上涨1.8%。在重工业产品中，原材料工业产品出厂价格同比累计下降0.4%，加工工业产品出厂价格同比累计下降5.7%。

生活资料、生产资料价格双降。从两大类分组看，2016年，生产资料出厂价格同比下降2.3%。其中原料工业产品价格下降0.4%，加工工业产品价格下降7.3%。生活资料产品出厂价格同比下降3.7%，其中，食品产品价格下降3.6%，衣着产品价格下降12.1%，一般日用品产品价格下降1.1%，耐用消费品产品价格下降1.5%。

大类行业价格跌多涨少。调查资料显示：与2015年相比，被调查的23个行业中，呈现"四升十九降"态势，价格上涨行业仅占全部大类行业的17.4%，下跌面则为82.6%。

工业生产者购进价格呈现"一升七降"态势。其中，农副产品类、燃料动力类、有色金属材料和电线类、其他工业原材料及半成品类、黑色金属材料类、建筑材料及非金属矿类、木材及纸浆类下降5.4%、2.6%、18.4%、4.5%、5%、3.8%、0.2%，化工原料类上涨0.1%。

【机关效能目标管理考核第三方测评满意度调查】 2016年，按照国家统计局宁夏调查总队统一部署，吴忠调查队成立3个工作组，由党组成员分别带队深入利通区、红寺堡区、同心县等地开展党政机关、企业、居民的测评工作。调查过程始终坚持独立调查，严格遵守调查纪律，确保调查数据真实性和准确性，圆满完成了调查任务。

【自身建设】 2016年，吴忠调查队扎实开展"两学一做"学习教育，围绕"六查六看六树"要求，认真抓好党章党规和习近平总书记系列讲话的学习。加强党风廉政建设，联合吴忠市国土资源局、市科协举办了廉政专题党课，不断修改完善各项制度，严格控制"三公"经费支出。开展了"聚合力、激活力、强队伍、促工作"主题拓展训练活动。积极参与社区共建，帮助扶持7户困难家庭，捐资3200元。努力提升干部综合素质，积极鼓励年轻干部到基层挂职锻炼，下派1名科级干部到基层挂职锻炼，对2名科长进行轮岗交流，举办业务培训会4次，培训辅助调查员500多人次；6名干部参加国家统计局举办的统计知识提高班，2名干部参加地方组织部与党校组织的县处级干部研修班及中青年干部培训班。

市场监督管理

· 综 述 ·

【概 况】 2016年，市市场监督管理局围绕确保食品、药品、特种设备三个安全，打好市场主体准入、产品质量监管、市场秩序维护、消费者权益保护四场硬仗，提升干部职工学习能力、决策能力、指导能力、执行能力、落实能力五种能力目标任务，强化市场监管，服务经济发展，维护消费安全，提升队伍素质，各项工作取得了较好成效。因推动注册制度便利化工作及时到位、落实事中事后监管等相关政策措施社会反映好，受到国务院通报表扬，企业登记工作被国家工商行政管理总局通报表扬，网络交易市场监管、农村食品市场专项整治、药械监管、"双随机"抽查等工作得到国务院食安办、国家工商总局、食药监总局肯定和好评，在自治区食药监局、质量技术监督局对吴忠市2016年效能目标考核中均获得优秀等次，获得了吴忠市效能目标管理考核一等奖，被评为吴忠市城乡共建先进集体、"六五"普法先进集体。

【队伍建设】 2016年，市市场监管局印发《2016年党建精神文明建设综合治理指导意见》《吴忠市市场监督管理局2016年机关党建工作要点》等文件，开展星级服务型党组织创建，市局党委及所属17个党组织全部申报创建三星级党组织，申报率100%。做好局党委所属3个总支13个支部239名党员组织关系排查工作。规范"三会一课"制度，落实党务公开，严格党员发展程序，确定入党积极分子2名，按期转正3名。规范党费收缴和管理，做到应缴尽缴。召开纪念"七一"建党95周年大会，表彰先进基层党组织3个，优秀共产党员10名，优秀党务工作者5名，2名干部分别被评为市级优秀共产党员、优秀党务工作者，慰问困难党员6名。组织召开全市系统党风廉政建设工作会议，层层签订党风廉政建设责任书，梳理局党委主体责任、局党委主要负责人的第一责任、班子成员的主要领导责任清单18项，制定措施30条。召开季度党风廉政建设工作汇报会，听取市局、分局领导班子党风廉政建设工作及班子成员"一岗双责"履职情况汇报。开展群众评议机关作风活动，邀请14名监督

员对局机关和干部作风进行测评，对市场监管亮点工作进行现场观摩。开展了党风廉政建设主体责任示范点工作及市纪委安排的侵害群众利益不正之风等专项整治活动，走访企业、个体工商户150余家，征求意见和建议20余条。协调解决农民自来水管线入户工程建设，安装路灯70盏，安置街道垃圾箱65个，制定同心县汪家塬村旅游扶贫远期规划，完善"农耕文化馆"建设。采集贫困户影像资料1430张，将符合条件的287户信息精准采集予以上报。先后投入资金近10万元用于推进帮扶村信息化建设、印制村志、丰富村民文化生活、改善共建社区面貌、开展禁毒宣传工作及慰问帮扶村、干部下基层联系点及禁毒共建镇困难群众。扶贫工作得到市委、市政府有关部门充分肯定，在全市驻村第一书记工作现场推进会上进行了经验交流。

【教育培训】 2016年，市市场监管局制订干部教育培训计划，开展"择题点单"教育培训，按月进行推进。组织开展市场监督管理"岗位大练兵技能大比武"活动，提升市场监管队伍专业化素质能力。聘请自治区相关专家，开展监管人员"以查代培"工作，提高培训针对性和实际操作性。邀请国家行政学院副教授胡颖廉为全市领导干部作了"推进食品安全治理现代化"专题讲座，组织900余人次参加各级各类培训50余期，149人参加宁夏网络培训学院学习培训。通过召开工作谋划会等活动锻炼中层干部，实行"一线工作法"，强化对基层县（分）局季度重点工作进行督查，不断提升干部职工"五种能力"。

· 工商行政管理 ·

【商事制度改革】 2016年，吴忠市率先在全区推行企业简易注销改革，比全国提前12个月实施。注销所需时间由原来50个工作日缩短为3个工作日，注销再提速90%以上，大幅降低了未开业、无债权债务市场主体的退出成本，有效破解了创业者退出难问题，为在全区推行提供了可借鉴经验。

【服务市场主体准入】 市市场监管局认真落实"宽进严管"要求，下放有关行政许可事项，放宽注册资本登记条件，改"实缴登记制"为"认缴登记制"，简化住所登记手续，推进"住改商""一址多照"等，鼓励新型业态发展，推进名称、经营范围登记改革。在不涉及国家安全、公共安全和人民生命财产安全的行业，允许个体工商户试营业3个月，先试经营再逐步规范。对需要取得前置审批的企业，先为其办理"项目建设（筹建）"营业执照。认真落实工商登记前置变后置规定，将113项前置许可变为后置，并将登记注册时限由法定15个工作日缩短为5个工作日内完成。全市市场主体持续快速增长，截至2016年年底，全市共有私营企业15716户同比增长28.19%；注册资本7736011.33万元，同比增长46.81%；从业人员65575人，同比增长12.01%。其中第一产业2321户，同比增长25.39%；第二产业3149户，同比增长16.67%；第三产业10246户，同比增长27.36%，其中：住宿餐饮业335户，同比增长36.18%；批发零售业6103户，同比增长36.23%；商务服务业2073户，同比增长36.56%。全市共有个体工商户70151户，同比增长7.87%；注册资本715316.59万元，同比增长18.26%；从业人员168896人，同比增长8.4%。其中第一产业1042户（同比增长7.2%），第二产业3316户（同比增长9.22%），第三产业65793户（同比增长7.35%），其中：住宿餐饮业8146户，同比增长9.77%；批发零售业41927户，同比增长11.37%；商务服务业13124户，同比增长23.03%。全面推进企业信用体系建设，根据《企业信息公示暂行条例》规定，聘请会计师事务所对全市327家企业年报公示信息的真实性、准确性进行全面核查，将经营正常的250家企业和存在问题并移入异常名录的77家企业在企业信用公示系统进行了公示，建立失信企业协同监管和联合惩戒工作机制，强化企业"一处失信、处处受制"的信用约束。

【商标培育工作】 市市场监管局将利通区的"宁杨""杞叶青"、红寺堡的"千红裕"，青铜峡的"塞上一宝"、同心的"洞子沟苦水"枸杞子、盐池的"宁鑫"作为驰名商标培育对象，将"天香红"等40件商标作为宁夏著名商标培育对象，并积极开展了帮扶服务，年内新增宁夏著名商标29件。积极开展商标维权工作，全年共查处商标侵权案件20起，收缴罚没款5.1万元。截至年底，全市商标注册总数1801件，其中中国驰名商标13件，占全区的30%，宁夏著名商标114件，占全区的22%，涉农注册商标290件，涉农地理标志产品15家。

【广告监管】 市市场监管局以宣传贯彻《广告法》和《互联网广告管理暂行办法》为切入点，切实加强广告市场监管，全年监测电台广告325条次，电视广告1200条次，固定印刷品320期次。组织全市各级媒体负责人、广告审查员、广告经营企业负责人、市局机关及各县（市）、分局市场监管人员参加全区《互联网广告管理暂行办法》培训班。指导消费者通过电话记录、截取电视广告内容等方式留取法律凭证，进行维权，共开展宣传活动21次。深入开展广告经营单位"双随机"检查工作，引导媒体建立健全广告业务承接、登记、审核、档案管理等各项制度，指导电视媒体在发布电视购物广告前依法查验有关证明文件，共走访电视媒体11次。切实加强培训，组织辖区电视媒体，开展广告审查员法律法规培训讲座，普及法律知识，共开展辅导讲座3次。加大广告监测力度，采取定期监测的方法，对辖区媒体发布的电视购物广告实行每月不少于3天集中监测，对监测发现的虚假违法广告，立即责令停播，并依法予以立案查处。2016年共停播各类医药广告6批次，在自治区工商局和自治区食品药品监管局严重违法广告和食品药品违法广告监测通报中，吴忠市广告违法条次、违法率、严重违法条次、严重违法率四项指标位居全区最低。加大案件查处力度，根据电视购物广告监测、部门移送、群众投诉等情况，以电视购物行业存在的销售假冒伪劣产品、夸大宣传、虚假承诺售后服务等为重点进行整治。

【个体私营经济管理】 全市个体私营协会共举办"银企融资洽谈会"6次，为会员发放贷款宣传材料2620份，为1742户个私会员贷款1462万元，开具收入证明123份，帮助个私会员房屋贷款550万元。全市各级个体私营协会法律维权中心为会员发放维权服务卡5718张，发放法律书籍3349本，调解纠纷50起，代理诉讼2起，为会员提供法律咨询919人次，为会员减免诉讼费2万元。在开展"法律大走访"活动中，累计走访企业507户，其中为企业提供法律咨询234次。全年共举办企业信息公示培训班3次，培训人员226人次。

【市场监管】 2016年，市市场监管局检查各类市场主体2346户次，没收违法销售的国家明令淘汰塑料购物袋134公斤；没收侵犯"牛栏山"商标专用权的42度玻璃瓶500毫升装牛栏山陈酿白酒6件零6瓶；销毁268盒过期食品，下发责令改正通知书37份。受理消费者申诉（举报）37件。查处违法案件122起，案值16.41万元，收缴罚没款24.62万元。

【合同监管】 2016年，市市场监管局以规范格式条款使用行为为重点，对供水、供电、供气、供暖、旅行社、快递、商场、超市、餐饮业等行业开展了格式条款规范整治检查，共检查各类市场主体223家。开展行政约谈2次，下发行政建议书3份，发放责令整改通知书4份，纠正涉嫌违法格式16条。查处违法案件32起，案值2.2万元，罚款3.25万元。深入开展了2014—2015年度"重合同守信用"公示企业申报认定工作。本市获得2014—2015年度国家工商总局"守合同重信用"企业8家，以吴忠市人民政府命名公示市级"守合同重信用"企业107家。

【打击经济违法活动】 2016年，市市场监管局将"红盾护农""质检利检"及打击传销、侵犯商标专用权、虚假广告、假劣中药饮片等列为重点整治行业，加大整治力度。年内，全市共查处市场各类违法案件756起，收缴罚没款261.93万元，并联合公安部门成功侦破了被公安部发起集群战役的"'4·13'吴忠市利通区组织、领导传销案"。

【消费者权益保护】 市市场监管部门构建"12315""12365""12331"投诉举报机制，设立统一投诉举报受理平台，建立吴忠市消费者调解委员会，落实消费环节经营者首问和先行赔付工作。全年"12315"指挥中心共处理消费者诉求2122件，其中解答消费者咨询822件；受理消费者投诉1108件，办结1087件，办结率98.1%；受理消费者举报173件，办结168件，办结率97.1%；处理消费者建议19件，处理夜间语音留言1088人次，为消费者挽回经济损失153.5万元。共处理上报"12331"举报投诉26起，办结率100%。

处理上报"12365"举报投诉3起，办结率100%。每月对消费者投诉处理情况进行回访，回访满意率97.7%。年内，开展了"3·15"消费者权益保护日宣传咨询等活动，发放各类宣传材料193700余份，受理各类咨询444人次，受理各类投诉57件。全市共组织118家企业进行名优产（商）品的展示，销毁假冒伪劣（产）商品货值82.5万元。

· 质量技术监督 ·

【质量监督管理】 2016年，吴忠市制定《落实质量发展纲要2016年行动计划工作方案》，组织开展了自治区产品质量定期监督抽查，对全市124家企业的213个批次的产品进行抽检，合格200批次，不合格13批次，合格率93.90%。落实生产许可证获证企业监管，强化危险化学品及包装物、水泥生产许可证获证企业专项检查。组织开展电动车专项整治，机动车安全技术检验机构专项检查。组织全市34家企业69名质量管理人员参加了卓越绩效管理培训班。

【计量监督管理】 2016年，市市场监管局完成化肥、种子、大米、面粉、食用油等8类47个批次定量包装计量抽查，净含量合格率100%。对乡镇卫生院、村卫生室用计量器具1180台（件）进行了免费检定。集中开展计量器具强制检定工作，共检定用于贸易结算的计量器具24000台（件），其中，加油机和集贸市场、政府定点蔬菜直销点的公平秤受检率

10月18日，市市场监管局开展世界标准日宣传活动

100%，集贸市场在用秤的受检率95%。积极开展计量认证认可监督检查，共检查获证检验检测机构19家、强制性产品认证企业10家，认证证书均在有效期内，未发现伪造、冒用、超期、超范围使用认证证书和认证标志等违法行为。

【标准化监督管理】 2016年，市市场监管局完成盐池县国家黄花菜种植综合标准化示范区和红寺堡区国家酿酒葡萄栽培综合标准化示范区验收考核，上报孙家滩奶牛养殖和宁夏润德生物科技有限责任公司有机枸杞节水灌溉第九批国家级农业标准化示范区项目申报工作。加强企业标准化工作的监督与管理，组织人员深入企业现场培训，积极督导企业开展企业产品标准自我声明公开。年内，组织9家企业开展"标准化良好行为企业"创建活动。

【打击制假售假伪劣产品】 2016年，市市场监管部门先后开展日用消费品、汽车及其配件、汽柴油、建材产品、电子商务产品、"红盾护农"农资产品等专项行动8次，检查各类经营商户及企业1225家，抽查各类商品500批次。其中，共检查日用消费品单位183家，抽样288个批次，对1家销售不合格电线的商户进行了处罚。检查汽车配件销售企业4S店以及油品生产经营企业78家，抽查样品114批次，合格109批次，合格率95.6%，查办案件5起。检查建材经营企业51家，查办案件5件。检查农资市场28（个）次，检查农资经营户933户，对5户未亮照、3家"一账通"填写不规范的农资经营户予以现场纠正，对经营档案不完善的12户给予行政指导，对现场提供不出检测报告的2户给予责令改正。抽查各类化肥68批次，5个批次品种不合格，立案查处5起。对18家网店存在广告用语不规范问题下发行政指

导意见书，对1起涉嫌网络违法案件进行了立案调查。

【特种设备安全监管】 2016年，全市共办理各类特种设备注册登记7764台，新增特种设备注册登记1207台。年内，共监察特种设备生产经营、使用单位705家，抽查特种设备1480余台，下发特种设备安全监察指令书243份。立案查处行政案件15起，移送公安部门案件1起。集中开展电梯使用单位专项整治，重点检查住宅小区、商场、医院等人员密集公共场所使用的电梯，对"电梯大会战"期间检查出存在问题较多的使用单位开展"回头看"。集中开展气瓶安全专项整治，重点检查气瓶充装经营单位在用气瓶的注册登记、检验、作业人员持证上岗、应急预案的制定和演练、安全管理制度落实等情况，共审批发放气瓶充装许可经营单位11家。开展供暖期锅炉安全大检查，联合市环保局、住建局对辖区内供热经营单位进行集中检查，共检查供热企业9家，检查在用锅炉30余台。组织全市200余名消防官兵开展电梯安全知识与专项应急救援培训，积极推进电梯电子监管系统建设。截至2016年年底，全市安装该系统的电梯有370部，入网"96333"电梯应急处置系统的电梯共970部。

· 食品药品监督管理 ·

【食品安全监管】 2016年，市市场监管部门严格落实食品生产企业主体责任，督促253家生产企业签订吴忠市食品生产企业落实食品质量安全主体责任承诺书。严格实施下放29类食品生产许可工作。年内，全市新发放食品生产许可证71家，全市共发放流通领域新版食品经营许可证2865份。完成了对全市253家食品生产企业的风险分级分类监管工作。举办全市食品生产安全追溯系统软件应用培训班，89家企业与网络服务公司签订合同并录入信息，启用追溯系统。组织开展重点产品专项整治，结合节日，分别组织开展了问题奶粉、冷冻肉、食用植物油塑化剂、枸杞市场、水果市场、校园周边食品、食品加工小作坊等专项整治，规范食品生产经营秩序，严查食品违法行为。开展乳制品专项检查，配合自治区食药局对生产不合格婴幼儿配方乳粉事件进行了妥善处置。制定食品监管网格化工作方案，督导县分局落实网格化监管责任。全市设24个市场监督所，共有监管人员526人，共划分为5个二级网格、24个三级网格、127个四级网格，初步搭建了网定格、格定责、责定人的食品安全监管四级网格运行体系。强化案件查处力度，通过现场检查、投诉办理及不合格食品检测报告处置，查办案件50起，罚没102.8万元，有力惩处食品生产经营违法行为，有效净化食品生产经营环境。

【食品风险检测】 2016年，市市场监管部门顺利完成食品安全监督抽检民生计划755批次，其中生产环节组织开展监督抽检428批次，食品流通环节组织开展监督抽检158批次，餐饮环节149批次，保健食品20批次。组织开展为民办实事食品安全监督抽检200批次，组织开展食用农产品监督抽检1440批次，配合相关检测机构开展国家质量抽检400余批次。

【食品放心工程】 截至2016年年底，全市已实现"明厨亮灶"餐饮单位3882家，覆盖率达到69.8%，其中视频厨房2725家，透明厨房1150家，网络厨房4家，其他监控厨房3家。全市5062家餐饮单位进行了等级评定，评定率100%。创建食品安全示范街3条，餐饮示范店72家。

【重大活动食品安全保障】 市市场监管局组织开展重大活动餐饮食品安全保障76次，派出监督人员637人次，未发生食品安全事故。

【食品安全专项整治】 吴忠市先后集中开展了全市春（秋）季学校食堂食品安全专项整治行动，检查学校食堂360家次，出具监督意见书328份，下发责令整改通知书8份，取缔无证经营户1户，查处取缔非法流动摊贩3户。集中力量对旅游景点农家乐餐饮服务进货查验、索证索票、采购贮存、加工制作、食品添加剂使用、餐饮具消毒、餐厨废弃物处置等重点环节进行检查，检查农家乐77家，下发责令整改通知书8份。以辖区拉面馆、早点部、大中型饭店为重点开展"早安行动"，检查早餐食品经营者1020家次，流动摊贩355家次，出具监督意见书648份，下发责令改正通知书65份。召开了食品摊贩创卫整治动员会，对无固定经营场所的食品摊贩实行定区域、定品种的统一管理，检查规范食品摊贩72家，杜绝店外、露天烹饪。对全市餐饮单位网络订餐进行了摸底调查和问题梳理，约谈了"美团""外卖""饿了么"两家第三方交易平台吴忠地区负责人，依法对其网络订餐服务进行行政指导。

【食品抽样检测】 根据自治区食药监局统一安排，吴忠市市场监管部门共监督抽检755批次（市局127批次，利通区186批次，红寺堡区71批次，青铜峡市165批次，盐池县110批次、同心县96批次），其中食品生产环节361批次，食品流通环节216批次，餐饮消费环节158批次，保健食品监督抽检20批次。快速检测623批次（市局30批次，利通区130批次，红寺堡区96批次，青铜峡市142批次，盐池县118批次，同心县107批次），完成率125%。食用农产品1440批次，县（市）局、分局平均240批次。全市食品安全监督抽检做到监管领域全覆盖，涉及本市食品生产企业的20大类65个品类；涉及市场流通食品的20大类52个品类；涉及餐饮食品14大类14个品类；涉及保健食品6大类12个品类，完成了全年民生计划食品安全抽样检测工作。

【整顿规范药品市场秩序】 市药品市场监管重点以实施GMP为主，推行质量受权人制度，全面推行药品生产企业内部层级责任制，并积极到企业宣传药品生产质量管理规范和质量受权人制度，每季度市、县局联合从原材料购进到生产（配制）过程控制、产品出厂检验和销售实施全程监管，全年出动检查人员32人次，检查生产企业8家次，对生产（配制）品种实施全覆盖抽样，共抽取样品12批次。开展疫苗流通领域专项整治工作，从疫苗的购进、运输、储存、销售等环节，对每笔疫苗的购进情况进行了登记造册。全市共检查经营使用单位109家；以"挂靠"经营、出租出借柜台、从非法渠道购进药品、药品储存运输不符合要求、特殊药品销售等为重点开展专项整治，共检查涉药械单位223家，责令改正27家。

【药械专项整治】 2016年，吴忠市加大对重点企业、重点品种、重点领域监督检查力度，先后组织开展了体外诊断试剂专项检查、隐形眼镜专项检查、高风险医疗器械的专项检查。检查各类医疗器械经营企业235家次。发现存在违规行为企业4家次，责令整改4家次，查处医疗器械违法案件2起。

【药品抽检】 2016年，根据自治区食品药品监督管理局的安排，吴忠市各级市场监督管理部门开展药品抽样371批次，其中基本药物60批次，日常监督212批次，计生药品4批次，地产药品12批次，中药饮片83批次，完成率135.40%，不合格23批次（其中中药饮片21批次，日常监督2批次）。

【药械管理】 吴忠市深入推进医疗机构药械使用质量管理规范化创建工作，制定了《吴忠市深入开展医疗机构药械使用质量管理规范化建设工作方案》，明确方法步骤和目标任务，并开展了专项整治工作。全市27家民营医院及乡镇卫生院通过规范化药房验收，验收率达30%。开展药品经营企业GSP认证及跟踪检查，全年共组织认证企业145家，跟踪检查药品批发企业11家，药品零售连锁企业10家，零售药店50家，按要求完成跟踪检查任务。开展家庭过期失效药品定点回收工作，在吴忠市开元广场组织专题宣传，共收集销毁过期失效药品135种（次）。

【药械安全监管】 市市场监管局按照新版药品GMP要求，先后4次到宁夏紫荆花制药有限公司、宁夏鑫浩源明胶有限公司开展检查，对检查中发现的问题要求企业及时整改，并将整改情况以书面形式上报。加强特殊药品安全监管，全年检查麻醉药品及精神药品经营单位1家，含麻黄碱复方制剂药品经营单位487家次。

【药械不良反应、事件监测】 吴忠市印发《吴忠市药械不良反应/事件监测"明责任、打基础、建机制"专项活动实施方案》，建立监测哨点，全市二级以上医疗机构及药品批发企业、连锁公司成立不良反应监测办公室，配备相应的设备和人员，要求各局督促辖区涉及药品、医疗器械单位100%入网注册。2016年全市上报药品不良反应1871例，药物滥用监测报告305例。

【基本药物监管】 2016年，吴

忠市加大基本药物日常监管力度，建立基本药物监管档案，在日常监管中，将基本药物作为重点检查品种，全方位加强对基本药物配送企业、"三统一"配送医疗机构基本药物质量的监督检查，保障检查覆盖频次。同时，把基本药物作为药品抽验工作重点，利用QQ群等平台随时掌握全市基本药物抽验信息，随时进行调整，最大限度避免了重复抽验。

安全生产监督管理

【概　况】 2016年，吴忠市安全生产工作按照"严格控制指标，压实责任体系，深化两项整治，推进三项工程，狠抓六项工作"的思路，健全机制、查治隐患、专项整治、强化督查，保持了全市安全生产形势的稳定。1—12月，全市发生各类事故169起，下降50.15%；死亡82人，上升2.5%，其中生产经营性事故死亡43人，占全年控制指标的91.49%；受伤136人，下降2.16%；直接经济损失414.39万元，下降40.32%。亿元GDP死亡率为0.185（全年控制指标0.204）。发生3起较大道路交通事故。

【安全生产"三大"责任】 2016年，吴忠市安监局按照市委、市政府要求，编制完成了《安全生产全面量化管理体系》，率先在全区推行安全生产全面量化管理体系建设。市政府与县（市、区）政府、开发区、工（农）业园区管委会签订了安全生产责任书，全市40个安委会成员单位结合行业实际进行了书面承诺。市、县（区）及开发区、工（农）业园区安委会主任由市长、县（区）长、管委会主任担任，副主任由各副市长、副县（区）长、管委会各副主任担任，成员由市、县（区）及开发区、工（农）业园区安委会成员单位主要负责人组成。全市48个乡镇（街道）全部设置了安全监管站，每个乡镇（街道）配备了2名以上专兼职安监人员，经培训合格颁发了安全生产监察检查证，并落实了岗位津贴。579个行政村明确了安全协管员，覆盖率达100%。建立健全了市、县（区）、乡镇（街道）、行政村（社区）"四级五覆盖"的责任体系，市、县两级负有监管责任的部门全部完成了"五个落实"，市直负有安全监管职责的15个部门编制完成了安全生产权力、责任清单。解决了盐池县、金积工业园区和青铜峡新材料基地安监机构单设和独立办公。加大企业主体责任的督促落实力度，全市完成标准化达标企业36家，培育示范企业31家，实现由"输血式"监管向"造血式"帮扶的转变。

【安全生产"十大专项"整治行动】 2016年，吴忠市在客运车辆、危化运输、煤矿、非煤矿山、建筑施工、危险化学品、消防领域、特种设备、职业卫生、粉尘防爆等重点行业领域组织开展专项整治行动，进一步控制事故总量和伤亡人数，防范遏制重特大事故。年内，全市检查生产经营单位7494家，查处一般安全隐患9540项，已整改9473项，整改率99.3%；停产整顿45家，关闭取缔23家，投入整改资金1382.9万元。

【安全生产"百日专项整治"行动】 按照自治区政府、市政府的部署要求，市安监局制订了实施方案，明确整治时限和重点整治领域，把任务分解到县（市、区）和市直各行业牵头部门。成立了以市长为组长，各县（市、区）政府、开发区、工（农）业园区管委会、各行业监管部门主要负责人为成员的专项整治领导小组，对全市重点行业领域开展了"拉网式"安全隐患大排查、大整治。全市检查生产经营单位8561家，查处安全隐患10882项，投入整改资金1640.58万元。停产整顿67家，查处无证或证照不全从事建设、生产、经营的企业259起，查处非法违法行为2631起；依法取缔"三非"行为63起，注销危化企业安全生产经营许可证45家。

【隐患治理系统工程】 2016年，市安监局围绕"深化安全生产责任落实年"活动，推进企业风险控制和隐患治理信息系统建设工程。市、县（市、区）共投入104万元，以购买服务方式对90家基础较差的小微企业进行了精准帮扶，对帮扶的企业系统建设中的层级架构、风险点辨识入库、清单制作备案、利用清单排查风险等重点环节进行指导。先后举办企业安全管理人员培训班38期，培训人员4000人次，覆盖率达95%以上，使企业安全管理人员熟练掌握系统操作技能。截至11月底，全市上线企业543家，其中，矿山企业50家，危险化学品企业202家，烟花爆竹1家，工贸企业291家。

企业制定风险清单4152条，清单报备494家企业，占上线企业的91%；辨识入库风险点37912条，全市企业系统考核85分以上达到327家，占上线企业60%以上；"六化"合格企业366家，占67%。

【公共安全保障工程】 2016年建立全市公共领域重大安全隐患排查治理和重大危险源监控机制，重点实施城市燃气安全保障、地下空间作业安全管控、公路安全生命防护、消防安全保障、水利安全保障、学校安全保障、特种设备安全保障和旅游安全保障工程（简称"八大工程"）。对滨河大道排查出的65处隐患筹措231万元资金进行了治理，并与自治区公路管理局对接，对吴忠辖区国道、省道12处事故频发路段配置了交通安全设施。全面推行校园安全管理规范化建设，有13所学校通过自治区安全管理规范化示范学校验收命名。针对刘家沟湾露天煤矿以采代建、超层越界等违法违规行为，市安委办先后向有关县（市、区）政府、部门发出6份履职预警通知书，要求被预警单位采取有效防范和整改措施，及时消除安全隐患，并督促落实，做到早预防、早治理。

【公众安全教育工程】 2016年，市安监局举办安全风险预防控制体系培训班11期，培训1500人。组织开展"安全生产月"活动，发放宣传资料12万份，在市电视台播放警示教育和科普知识片，在《吴忠日报》整版刊登安全生产知识，充分利用电视、报纸、网站及手机微信平台等各类宣传媒介宣传报道130次，滚动播放宣传标语132条次，全面提高公民安全意识。

【重点安全隐患查治】 2016年，市委常委会、政府常务会、市安委会先后各召开四次会议对重点时段和重要活动期间安全生产工作进行研究部署。重要节日活动期间，市委、市政府主要领导和行业分管领导分别带队对县（市、区）、重点行业领域安全生产工作进行了督查，对查出的事故隐患和问题，责令县（市、区）、行业监管部门实行安全隐患备案销号制度。市安委办及时组织协调行业监管部门开展重要节日活动期间的安全生产大检查，全面排查整治隐患，督促371辆在用液体危险货物罐车加装紧急切断装置，清理注销578家普通货物运输经营户；对未批先建、非法开工的3个建设项目和1家未履行"三同时"手续的违建项目采取强制停工措施，限期补办手续。同时，市安委办组成督查组，对县（市、区）、市直有关职能部门和重点企业进行督查，及时通报督查情况，确保重点时段全市安全生产稳定。

【执法检查和事故调查】 2016年，市安监局对44家煤矿、非煤矿山、危险化学品、冶金及水泥制造等重点监管企业进行了执法检查，全市下达现场检查记录926份、责令整改指令书188份，复查意见书153份，强制措施决定书3份，现场处理措施决定书33份，行政处罚208起，共27.2万元。按照"四不放过"原则，对发生的4起事故、3家责任单位和15名相关责任人员进行了责任追究（其中2人追究刑事责任），行政处罚106.4276万元。

【安全生产大检查】 2016年，按照国务院、自治区政府及市委、市政府的统一部署，市安监局制订方案、明确任务、落实责任，在全市各生产经营单位全面开展安全生产大检查，重点检查煤矿、非煤矿山、交通运输、危险化学品和烟花爆竹、建筑施工、油气管道、冶金煤气、粉尘作业、人员密集场所等重点行业领域，突出重点时段和重要节日期间的安全检查。在前期全面检查的基础上，又集中开展了"回头看"活动，督查县（市、区）、开发区、工（农业）园区、行业监管部门大检查工作落实情况，对在大检查查出的安全隐患和问题跟踪督办，限期整改落实，确保"回头看"取得实效。

【应急救援安全保障】 截至2016年年底，全市修订完善安全生产总体预案和专项预案167个，全市341家重点高危企业应急预案全部审查备案，1256家企业完成了应急预案的编制。82个市直、县直单位和105家企业开展了火灾、危险化学品泄漏、建筑工地、水面游艇、非煤矿山等事故应急演练。年内，在盐池县惠安堡镇中石油长庆油田分公司第三输油处宁夏石油商业储备库举办了"全区危险化学品泄漏火灾事故政企联合应急演练"。通过演练，检验了政府及有关职能部门和企业应急预案的科学性、实用性和衔接性，进一步提升了事故应急救援能力,为全市快速、有序、高效应对重特大事故积累了实战经验。

【煤矿专项治理】 2016年,为汲取宁夏林利煤炭有限公司"9·27"重大瓦斯爆炸事故教训,按照区、市政府的统一部署,市政府主要负责人和分管负责人分别带队对全市12座民营煤矿进行了督促检查,关闭芦草井沟、石炭沟两座落后产能煤矿,宁夏宝丰能源集团四股泉煤矿业有限公司1号井、2号井,宁夏万和利煤业有限公司小泉煤矿、宁夏太阳山暖泉煤业有限公司4座煤矿验收合格后复产,其余6座建设煤矿全部停建。近期,采取政府购买服务的方式,聘请26名专家组成专家团队对18家石油化工、8家煤矿、6家危险化学品生产企业进行安全"诊断",查处石油化工企业隐患364项,已全部整改到位;查处煤矿安全隐患45项、危化企业安全隐患287项,由县(市、区)安监部门向企业下达责令限期整改指令书,要求限期整改到位,确保安全生产。

【职业卫生检查】 2016年,市安监局以机械制造行业为重点,对辖区内的机械制造企业职业病危害基本情况进行摸底核查,做到"一企一档"。举办职业卫生法律法规培训班5期,培训526人。年内,涉及的16家企业正在全面开展自查自纠。指导并督促企业委托有资质的检测机构对工作场所职业病危害情况进行全面检测,现已完成职业病危害因素检测。

农牧水利 NongMu ShuiLi

农 业

【概 况】 2016年，吴忠市农业部门认真贯彻落实中央、自治区及吴忠市农村工作会议精神，以推进农业供给侧结构性改革为重点，以促进农民增收为核心，以发展现代农业为目标，以深化农村改革为动力，加快农业产业结构调整，全力打好绿色、生态、有机、富硒四张牌，着力加快一、二、三产业融合互动，努力构建现代农业产业体系、生产体系、经营体系，全市农业呈现出快速健康发展的良好态势。全市实现农业总产值113.1亿元，增长4.8%，增速居五市第一；农业增加值55.4亿元，增长5%，增速居五市第一；农村居民人均可支配收入达9937元，增长8.6%，增速居五市第二。落实粮食种植面积326万亩，粮食总产90万吨以上。新增蔬菜3.6万亩，达到55万亩。新增奶牛1.5万头，存栏达到21万头；新增肉牛、肉羊5.2万头、20.4万只，饲养量分别达到65万头、640万只。

·种植业·

【概 况】 全市粮食播种面积326.8万亩，其中，小麦47.4万亩，玉米114.2万亩，马铃薯49.2万亩，分别减少1.23%、10.78%、11.73%；水稻29.1万亩，杂粮80.8万亩，分别增加4.68%、123.2%；瓜菜面积达到55.64万亩；设施农业达到24.70万亩，增加24.31%。粮食产量97.55万吨，同比增产3.16万吨，增长3.35%。

【设施瓜菜】 2016年，吴忠市大力实施"菜篮子"工程，建成永久性内供蔬菜基地2.3万亩，瓜菜面积达到52.4万亩，年产量达到91万吨。其中设施瓜菜21万亩（日光温室6万亩，大小拱棚15万亩），孙家滩日光温室种植、高效旱作节水农业示范全区、引领全国，生产的外销型洋葱、有机枸杞、蔬菜型仙人掌、五彩小西红柿等产品已进入北京、西安等地市场。露地瓜菜31万亩，建成供港蔬菜基地8个，生产的菜心、芥蓝、奶白菜销往广州、深圳、香港等地，成为当地居民的首选菜。

【种植结构调整】 2016年，全市以水资源的合理利用与开发为重点，因水布局，依水种养，变被动抗旱为主动调整。在扬黄灌区，大力发展粮经饲三元结构，扩大粮饲兼用型玉米、苜蓿种植面积，积极发展肉牛、奶牛养殖，走农牧并重、草畜结合的路子。

·养殖业·

【概 况】 2016年，吴忠市农牧部门充分利用惠农政策，积极争取支农项目资金，加大对草畜产业的投资力度，强化科技投入，不断扩大草畜产业发展规模，以现代农业推进全市草畜产业化经营，使得吴忠市草畜产业步入了快速发展的轨道。

【奶业督查】 2016年，吴忠市进一步强化生鲜乳质量监督体系建设，紧扣生鲜乳生产、收购和运输三个关键环节，进一步强化对鲜奶收购销市场的监管。通过制定奶产业生产技术规程，全面实施标准化生产，发展绿色奶源和有机乳产品。扎实推进生鲜乳生产和购销环节的规范化管理，积极引进产品可追溯系统，跟踪产品在其市场流通中的全过程，实现对采、销、生产中的全程追踪监控。认真落实《农业部关于协调处理卖奶难稳定奶业生产的紧急通知》精神，保障奶农利益，稳定产业发展，吴忠市积极应对，建立了吴忠市奶业风险基金，制定出台了《吴忠市人民政府关于吴忠市奶业风险基金实施方案（试行）的通知》《吴忠市奶业风险基金管理章程》，制定奶业风险基金管理流程、奶业风险基金兑付流程。同时，加大督查力度，组织工作人员深入奶牛农养殖牧场（园区）、鲜奶收购站、乳品企业，及时了解和掌握鲜奶市场的产销情况，形成《奶业督查》周报，为市委、市政府作决策提供依据，年内共完成《奶业督查》周报11期。全年来未出现奶农倒奶现象的发生。

【渔业执法】 2016年，吴忠市积极开展水产质量安全整治工作，制定了《2016年吴忠市水产苗种专项整治实施方案》，加强水产苗种普查登记，严格许可制度，开展渔业投入品专项检查活动，共检查了全市18个场点的1342亩鱼池，18份水产品安全生产责任书和水产健康养殖记录册，加强养殖投入品、水产苗种监管，宣传落实农业部第2292公告，开展水产品质量安全专项整治。全市完成自治区水产站水产品各项抽样检测任务112个，检测结果合格率100%。开展鱼苗育种自繁、调运检疫8000万尾，苗种药残检测区内苗种自繁场点2个，外调苗种5批次，完成养殖水环境监测点11个，抽检及检测结果全部合格。对2家水产自繁苗种场点进行了检疫考核。开展了全国鱼病测报月报工作，设立鱼病测报点3个。2家企业进行了水产健康养殖示范场创建。制定了《吴忠市实施黄河禁渔期实施方案》，在全市开展了渔政执法船只和"三无"船的渔业安全大检查工作；重点强化执法属地责任制，加大渔业执法力度，严厉打击"电鱼""毒鱼"等违法行为。结合黄河休渔期，积极开展"绝户网"等违规渔具清理整治、渔业安全生产大检查及渔政执法工作。截至年底，共开展渔业执法45次，出动执法车辆75次，张贴禁渔通告120多份，发放宣传材料800份。收缴并处理电鱼事件5起，收获非法渔获物120多公斤。按照"全覆盖、零容忍、严执法、重实效"的工作原则，先后联合利通区、青铜峡市、盐池县农牧局，对全市范围内所有渔业作业水域和生产场点以及所有渔业船舶，进行了检查，并开展了黄河休渔工作，重点检查了渔业作业水域和生产场点以及所有渔业船舶安全保障措施、安全设施，各项安全管理制度，通过检查，进一步加强了渔业安全生产监管，强化责任落实，彻底排查事故隐患，切实解决渔业安全生产中存在的突出问题和薄弱环节，有效防范遏制重特大事故，促进了吴忠市渔业生产安全稳定。开展了渔业职权清单和责任清单工作，吴忠市的水产苗种生产许可和水域滩涂养殖证核发的办理工作已正式在宁夏政务网上办理大厅开展办理。

【动物防疫】 2016年，吴忠市政府与各县（区）签订2016年度动物防疫目标管理责任书，明确全年的目标任务。印发《吴忠市2016年春季重大动物疫病集中免疫工作方案》《关于做好2016年秋季动物集中免疫工作的通知》《关于进一步做好今冬明春重大动物疫病防控工作的紧急通知》等，要求各县（市、区）积极做好动物疫病防控工作。适时安排春秋季动物防疫工作，在集中防疫期间，多次组成督查组深入到防疫第一线，明察暗访各县（市、区）的免疫密度和工作进展情况。年内，全市累计免疫猪口蹄疫57.03万头，牛口蹄疫87.59万头，羊口蹄疫636.97万只，禽流感828.16万只，高致病性猪蓝耳病47.75万头，猪瘟57.94万头，鸡新城疫858.73万只，羊小反刍兽疫444.27万只，其他疫病因病设防。

【动物疫病监测】 2016年，吴忠市农牧局制定印发《2016年吴忠市动物疫病监测与流行病学调查工作方案》《关于做好全市2016年主要动物疫病定点监测工作的通知》《关于开展2016年全市春秋季重大动物疫病集中监测工作的通知》等，在全市设立12个市级重大动物疫情固定监测点，开展监测工作。《吴忠市动物疫病监测分析报告》在自治区动物疫情分析会上进行了现场交流。年内，全市共监测牲畜口蹄疫血样26061份，免疫抗体合格率83.37%；高致病性禽流感血样8080份，免疫抗体合格率94.66%；高致病性猪蓝耳病血样2185份，免疫抗体合格率79.65%；猪瘟血样2383份，免疫抗体合格率89.10%；鸡新城疫血样3898份，免疫抗体合格率92.96%；小反刍兽疫血样3573份，免疫抗体合格率83.38%。开展动物卫生监督检查。不定期深入到养殖场（园区）、活畜禽交易市场、屠宰场等重点区域120余次，对存在的问题当场责令整改,并追踪整改结果。

【畜禽监测调查】 2016年,吴忠市在奶产业发展上,通过强龙头、扩基地、活市场、创品牌,大力实施奶业提质增效行动,奶业规模化、标准化、集约化水平稳步提升。在肉牛产业上,通过扩规模、提标准、上档次,肉牛产业得到了长足发展。在肉羊产业上,通过定标准、强监管、打品牌、拓市场,积极推动肉羊产业的发展。

2016年年末,全市牛存栏37万头,比上年增长3.3%,其中:奶牛存栏21.0万头,增长7.7%,存栏占全区存栏总量的35%。肉牛存栏16万头,增长17.0%;肉牛出栏24万头,增长14.9%,占全区肉牛出栏总量的20.5%。利通区奶牛存栏13.8万头,比上年增长11.4%,占全市存栏量的65.7%,较上年下降3个百分点。

全市羊存栏266万只,比上年下降6.6%;出栏374万只,增长18.7%。其中盐池、同心羊存栏分别为119万只、74万只,盐池县出栏180万只,同心县出栏98万只。

全市生猪存栏22.58万头,出栏26.92万头,比上年分别增长5.4%和下降1.79%。其中,青铜峡猪存栏13.15万头,比上年下降3.3%,存栏、出栏分别占全市存栏、出栏总量的58.2%和57.5%。

全市家禽存栏360万只,比上年增长2.8%,其中:蛋鸡存栏143万只,下降7.0%;出栏503万只,增长15%。其中,青铜峡家禽存栏206万只,比上年下降3.9%,占全市家禽总量的57%。

【奶产业】 2016年,全市奶牛存栏21.5万头,占宁夏奶牛存栏量的36.4%;鲜奶年产量69.3万吨,占宁夏鲜奶产量的34%。累计建成奶牛规模牧场103个,规模养殖率达到95.6%,奶牛年平均单产超过7000公斤,奶牛养殖水平居全国领先地位,是全国闻名的奶牛养殖基地和黄金奶源基地。以夏进、伊利等为龙头的各类乳品加工企业,年加工能力达到80万吨。伊利二、三期项目如期建成投产。全市建立奶业风险基金6500万元,出台生鲜乳补贴临时政策,对利通区乳企补贴生鲜乳147万元,为伊利争取自治区奶量收购增量补贴资金1205万元。由市农牧局积极建设吴忠市为民办实事工程——奶牛DHI监测中心,已建成并投入运行。

【牛羊肉产业】 2016年,全市肉牛饲养量新增5.1万头;肉羊饲养量新增20万只。建成运营的年出栏50头以上肉牛规模养殖场(园区)100个,规模养殖比例达到38%。培育肉牛养殖专业村21个,专业养殖大户4700户,肉牛饲养量40万头,存栏16万头,出栏24万头。建成利通区盛源、涝河桥、红寺堡壹加壹等一批牛肉龙头加工企业及屠宰企业,年加工能力达到13万吨。建成年出栏100只以上肉羊规模养殖场(园区)475个,其中年饲养量10万只以上养殖园区5个,发展年出栏300只以上规模养殖户3500多户,规模养殖比例达到了47%。培育了利通区涝河桥,盐池县鑫海、中民投、多司德、余聪、宗源等一批具有一定市场竞争力的肉羊屠宰加工龙头企业,羊肉加工能力已达到8万吨,年外销分割羊肉1.3万吨,销售冷鲜胴体羊肉4.1万吨。

【饲草产业】 截至2016年年底,全市建成饲草加工能力1000吨以上的企业49家,年总加工能力达到42万吨,综合利用秸秆达到11万亩,为草畜产业发展奠定了良好的物质基础。苜蓿留床面积达到132.6万亩,青贮玉米20万亩,其他一年生牧草2万亩。目前,以苜蓿、柠条和青贮玉米为主的人工饲草种植面积达到170万亩,为草食家畜提供优质牧草200万吨。

·畜禽定点屠宰·

【概况】 截至2016年年底,全市有畜禽定点屠宰企业23家。按畜禽种类划分,牛羊屠宰企业12家,生猪屠宰企业4家,家禽屠宰企业7家;按地区划分,利通区有屠宰企业6家,青铜峡市有屠宰企业4家,同心县有屠宰企业4家,盐池县有屠宰企业6家,红寺堡区有屠宰企业3家。年屠宰牛12万头、羊180万只、生猪10万头、家禽189.5万羽。全市县以上城市牛羊、生猪和家禽进点屠宰率分别达98%、100%和97%;乡镇以上牛羊、生猪和家禽进点屠宰率分别达96%、98%和90%;病害畜禽肉无害化处理率达100%。

【扫雷行动】 农牧检疫部门严格按照审核标准对辖区范围内的

23家畜禽定点屠宰厂（场）进行了全面清查，重点清理检查屠宰场规划设置、动物防疫、环保设施、生产条件、各项管理制度落实情况，共出动执法车辆111台（次），执法人员428人次，梳理排查各类风险隐患30余处；发放宣传材料2万余份；举办培训班5期，培训人员150人次。

【无害化处理】 2016年，市农牧检疫部门将屠宰环节病害畜禽及产品和经检疫检验确认不可食用的脏器及病变组织统一贮藏，集中在各地病害畜禽掩埋场，采用焚烧、填埋的方式进行处理，共处理病害畜禽及产品1302.62吨，其中牛羊825.15吨，生猪385.4吨，家禽92.07吨。

【安全生产技术改造】 2016年，市农牧局为4家畜禽定点屠宰企业落实农业产业化项目补贴资金共计34万元，用于改造屠宰生产线和工艺，添置肉品卫生检验设备，配置肉品冷藏储运设施；添置病害畜禽及其产品无害化处理设备，建设污水处理设施，改造沉淀池、排污管道等污水处理设备，改进污水处理工艺等，提高了企业机械化屠宰能力，提升屠宰安全生产预警能力，确保畜禽及产品屠宰环节质量安全。

· 农业产业化 ·

【概 况】 2016年，吴忠市大力发展"绿色、生态、有机、富硒"农业，实施农业提质增效"十大行动"，推进一、二、三产业融合发展，创新"市场牵龙头、龙头带基地、基地连农户、农户靠科技"产业化经营机制，延长产业链条，推动农业由"生产导向"向"消费导向"转变。支持龙头企业发展壮大，全市新命名区级农业产业化重点龙头企业43家，组织50多家龙头企业参加2016年第十四届中国国际农产品交易会、第十九届中国农产品加工业投资贸易洽谈会等，部分产品获优秀奖。截至2016年年底，全市共培育农业产业化重点龙头企业210家，其中国家级3家，自治区级108家，市级99家。形成了乳品、优质粮食、葡萄酒、中药材等系列农产品加工运销龙头企业集群。

【特色农业基地建设】 2016年，吴忠市坚持用工业化理念发展农业，做强龙头、做大规模、做精特色。引进培育伊利、深圳华澳、中盛肉鸡、塞外香等农业产业化龙头企业，带动全市特色农业基地发展壮大。截至2016年年底，全市累计建成奶牛规模牧场（园区）145个，规模肉牛养殖牧场（园区）39个，规模肉羊养殖牧场（园区）311个，创建国家级现代农业示范基地1个，自治区级16个，市级31个。中石化易捷庄园的万亩有机枸杞基地成为全国集中连片最大的有机枸杞基地，生产的有机枸杞获得美英等国的出口认证，同心县成为全国有机枸杞种植和出口"第一县"。

【农业品牌培育】 2016年，吴忠市把发展绿色、有机、生态、健康农产品作为发展现代农业的重中之重，累计认证无公害、绿色、有机等"三品一标"农产品244个，位居全区前列。全市共有农产品地理标志登记保护产品24个，其中盐池县13个，利通区6个，同心县2个，青铜峡市3个。利通区被农业部认定为首批"国家农产品质量安全县"，夏进液态奶被评为中国名牌产品。"盐池滩羊""涝河桥"牛羊肉、"塞外香"大米等7个商标获中国驰名商标。顺宝现代农业有限公司的"塞上一宝"鸡蛋获得第十七届中国绿色食品博览会金奖，产自红寺堡区的红粉佳荣葡萄酒、千红裕葡萄酒荣获2016中国葡萄酒市场年度风云品牌，更加推动吴忠市农业蓬勃发展。

【农业新型经营主体培育】 2016年全市在农牧部门认定的家庭农场达到544家，新增49家，其中种植业185家，畜牧业174家，种养结合的143家，渔业2家，其他40家。全市依法在工商部门登记且在农经部门备案的农民合作社1508个，新增45家。其中种植业514家，林业79家，畜牧业717家，渔业18家，服务业66家，其他118家，入社成员已达60839户，带动非成员农户15万户，占总农户数的55%。2016年度推荐盐池县深井养殖专业合作社、利通区泽宁、同心县荣振3家养殖专业合作社为国家级农民合作社示范社；推荐15家合作社为自治区级农民合作社示范社；推荐12家家庭农场为四星级（区级）家庭农场示范场，已验收，待命名；28家农民合作社申报市级农民合作社示范社；20家家庭农场申报三星级（市级）家庭农场示范场。推选汇丰源、裕丰昌、启秾瓜果、

吉利枸杞、玉国果品、华标设施6家国家级示范社参加全国百个合作社百个农产品品牌公益宣传活动。在各县（市、区）举办农民合作社、家庭农场规范化培训班10期，培训人员1200人次。

【发展富硒农业】 8月25日，中国营养学会批复吴忠市获"中国塞上硒都"荣誉称号，并于10月13日正式授牌。申报注册了"塞上硒都"和"丝路硒谷"集体服务商标和普通商标，共申报注册集体商标2个、普通集体商标16个，注册的商标涵盖吴忠市硒产业涉及的粮食、果蔬、乳制品、肉制品、葡萄、中药材等9类产品。做好产业谋划，规划产业科学发展，编制了《吴忠市富硒产业发展规划（2016—2020）》。专家组审定通过宁夏富硒农产品标准和宁夏富硒土壤标准。创办《塞上硒都》宣传简报，编制《塞上硒都》画册、硒知识宣传手册和"塞上硒都"宣传彩页，并建设富硒宣传展厅18个，对吴忠市富硒产业进行大力宣传。为推进硒产业抱团发展，6月8日成立了吴忠市富硒农产品协会。

【发展休闲观光农业】 2016年，吴忠市通过举办"黄河岸边·稻花香里""油菜花开我约你来""滩羊之乡·多彩盐池"等特色鲜明、影响力大、公益性强的休闲农业推进年系列活动，大力宣传、推广吴忠市休闲农业。培育发展休闲农业经营主体60个，其中农家乐33个、休闲农园（庄）27个，从业人员2156人，带动农户1192户，接待190万人次，实现年营业收入19174万元，其中农副产品销售收入3306万元。实现年利润额3867万元。利通区桃园农庄、青铜峡清逸园农庄、盐池园林人家、同心红色故里、红寺堡罗山豪瑞等12个休闲农庄被评为自治区级示范休闲农庄（园），利通区山水沟等4个村入选宁夏首批十大特色产业示范村，葡园农庄、海军农家乐、国色天香等一批新典型脱颖而出，成为休闲农业的新亮点，提升了一批休闲农业的档次和服务质量，成为休闲农业发展的新动力。

【农产品质量安全监管】 2016年，吴忠市开展"三品一标"认证和监管工作，新认证"三品一标"产品共计41个，其中，新认证无公害农产品33个，绿色农产品认证4个，有机农产品4个。对"三品一标"获证企业产品进行现场检查，检查覆盖率100%，建立不合格企业退出认证机制。同时，加强"双节"期间"三品一标"产品质量安全专项检查，共检查"三品一标"产品企业、超市24家，出动检查人员52次，检查使用绿色农产品、有机农产品、无公害农产品、农产品地理标志产品80个。进一步落实加强农产品质量安全网格化监管，实行网定格、格定责、责定人；推进农产品质量安全追溯点建设，建设以滩羊、蔬菜、水果为主的农产品质量安全追溯点11个，其中利通区3个，青铜峡市2个，红寺堡1个，同心县1个，盐池县3个，孙家滩1个，完善了追溯监管体系建设。将日常监测与季度抽检结合起来，积极配合完成农业部、自治区农牧厅对重点产品抽检和农产品质量例行抽检工作，农业部抽检吴忠市蔬菜、食用菌、水果180批次，抽检合格率97.8%；自治区农牧厅抽检吴忠市蔬菜、食用菌、水果192批次，抽检合格率99.5%。全市11个蔬菜农残检测点共检测各类蔬菜14635批次，六大类27个品种，抽检合格率为99.8%。

·农业科技推广服务·

【概况】 2016年，市农牧部门紧紧围绕自治区种植业优新技术示范推广，组织实施了水稻绿色增产模式攻关、玉米水肥一体化、冬麦复种水稻"两熟制"、设施农业轻简化栽培等项目。全市种植冬牧70黑麦2.5万亩，水稻绿色增产模式攻关项目亩增产164公斤；玉米水肥一体化技术亩节水30%~40%，节肥25%~30%；冬麦复种水稻亩产粮食达到1104.9公斤，得到了自治区党委副书记崔波高度肯定，并要求进一步扩大试点。2016年在吴忠国家农业科技园区确定草畜产业节本增效科技示范点19个，组织技术人员深入生产一线，因地制宜，开展养殖全过程精准指导服务。引导养殖场（户）树立精细化管理理念，实施精准配方饲喂，提高饲料转化利用率；加强畜群繁殖管理，缩短母畜空怀期，提高繁殖成活率；推行饲草料加工、饲养管理、疫病防控等技术标准和规程；建立完善日常生产管理制度，定期开展生产指标和成本效益分析；推广应用牛群发情智能监测、全混合日粮饲喂监控及牧场信息化管理等智能化设备，提高牧场

6月22日，自治区专家在利通区马莲渠冬麦复种示范园区指导工作

标准化、数据化管理水平。各示范牧场紧紧围绕节本增效科技示范，认真制定各项生产指标并严格对标管理，奶牛养殖场高产牛群饲料转化效率达到1.55，泌乳牛平均日单产32公斤以上，乳脂率3.7%，乳蛋白率3.1%，平均公斤奶饲喂成本下降0.1元，奶牛平均单产增加2公斤，年节省成本3300万元，年增加效益2000万元。

【发展高效节水农业】 2016年，吴忠市大力实施百万亩节水农业示范工程，推广膜下滴灌、喷灌、沟灌等节水技术，新增种植面积13.87万亩，其中：利通区2.79万亩，红寺堡区4.46万亩，青铜峡市1.02万亩，盐池县1.66万亩，同心县3.94万亩。

【发展循环农业】 2016年，吴忠市农牧部门积极落实农药化肥使用量零增长计划，开展农作物病虫害专业化统防统治及绿色防控、测土配方配肥机租赁等工作，全面推广节地、节肥、节药技术，建设专业化统防统治及绿色防控示范区4.7万亩，建设农业技术综合服务站14个，配套落实测土配方配肥机14台；全面推广节地、节肥、节药技术，高效、低毒、低残留农药普及率达到85%以上，组织开展饮用水水源地保护和饮用水安全工作；开展了焚烧秸秆专项整治行动，加大秸秆还田、深翻深松等改土培肥技术推广力度；加大农业面源污染的防治力度，启动实施16个规模养殖场污染减排项目；实施农村"阳光沐浴"工程，为61098户农户配备太阳能热水器，改善农村生产生活条件。

· 农业机械 ·

【概　况】 2016年，市农机系统推广中心以农机服务组织带动规模经营，推进农机农艺深度融合，落实农业机械补贴资金6940万元，补贴各类农业机械2753台套，受益农户2110户；建成5个农机化示范园区，新建3个农机作业公司；农机总动力208万千瓦，配套农机具95527台，配套比为1∶2.8，主要农作物综合机械化水平达到76.5%。完成机械化深松整地推广示范18.1万亩，回收农残膜1035.1吨。

【农机执法监管】 2016年，市农机执法工作以农机监理业务规范管理、农机安全执法监督、农机安全隐患整治、农机安全生产宣传教育为重点，在全市范围内开展了"打非治违"和农机安全

农机监理人员开展农机安全生产百日专项整治行动

生产大检查活动,全市共出动农机监理执法人员403人次,检查各类农机作业公司、农机大户及维修企业62家,检查拖拉机6432台次,纠正各类事故隐患和违法驾驶操作行为357起。对检查出的问题即时给予纠正,有力地预防和杜绝了农业机械较大以上农机事故的发生。

【"平安农机"创建】 2016年,市农机管理部门对利通区、同心县创建全国"平安农机示范县"给予规划和指导,为吴忠市创建"平安农机示范市"打好基础。

【农机质量监督检查】 2016年,市农机管理部门依法对农机维修网点进行规范化管理,严格执行农业机械修理网点修理工审定和准入制度;抽调专业技术人员对各辖区内农机主机及零配件销售市场、维修网点等进行全面检查整治。全市累计开展打假活动9次,检查维修网点153家,整顿农机市场12个,印发宣传材料2800份。有效遏制了不合格农机产品坑农害农现象的发生,维护了农民群众的合法权益。

【农机作业服务组织】 2016年,全市新增农机作业服务公司2个。积极引导农机作业公司以市场需求为出发点,拓宽服务领域,加大农机跨区作业力度,延长服务链条,提高机具利用率、经济效益和市场化服务水平,发放农机跨区作业证120余份。

【农机事故应急处理】 2016年,市农机管理部门为建立健全吴忠市农业机械安全事故应急救援处置机制,确保发生较大以上农业机械安全事故时的应急管理队伍、应急响应程序和应急处理工作,及时、有效地实施救援,最大限度地减少人员伤亡、财产损失,保障公众安全,维护社会稳定。6月29日在红寺堡举办了全市农机事故应急救援联合演练,宣传农机事故应急处置,锻炼应急救援队伍,取得了良好的效果。

农村改革

【概 况】 2016年,吴忠市认真贯彻落实自治区农村工作会议精神,扎实推进农村集体股份权能改革试点、土地股份合作社和产权交易中心建设及新型经营主体培育行动,各项工作取得了明显成效。

【农村土地确权登记颁证工作】 截至2016年年底,全市45个乡镇455个行政村2436个村民小组226720户农户的土地确权登记颁证工作已完成,农户承包合同签订及发证率达95%。五县(市、区)已全部通过自治区全面验收。

【农村土地产权交易流转中心建设初具雏形】 2016年,利通区和同心县农村土地产权交易中心各项制度逐步建立。同心县借助农村产权流转服务中心平台,开展国家级农村土地承包经营权抵押贷款试点。配合自治区国投公司在吴忠市成立自治区级产权交易中心,积极做好前期筹备工作。

【农村土地承包经营权流转】 截至2016年年底,吴忠市农村土地承包经营权流转总面积82.59万亩,流转农户70792户。其中,流转入专业合作社面积15.89万亩,占流转总面积的19%;流转入企业30.01万亩,占流转总面积的36%;流转入经营大户23.46万亩,占流转总面积的28%。流转形式以出租、互换、转包和转让为主,其中出租面积63.43万亩,转包11.05万亩,转让3.43万亩,互换3.58万亩,股份合作1.05万亩,其他形式0.09万亩。流转费灌区每年每亩800~1000元,旱作区200~400元。流转土地主要用于发展设施农业、优质粮食、中药材、甘草等特色优势产业。

【农村集体经济股权量化改革试点】 2016年,吴忠市大力推进农村集体经济股权化改革试点工作,年底前,基本完成了李闸渠村集体资产股份制改革试点,完成了利通区《关于印发吴忠市利通区李闸渠村集体经济组织产权制度改革试点工作实施方案》《李闸渠村村民身份资格确认办法》《李闸渠村集体资产清产核资工作方案》、《利通区板桥乡李闸渠村集体经济股份合作社章程》等文件的制定。核定村民1964人,集体资产4737万元,经营性资产4229万元,在工商部门登记注册了吴忠市利通区李闸渠村集体经济股份合作社,选举产生了理事会及成员,合作社正式成立并运行。在利通区上桥镇瓜渠渠村、牛家坊村、涝河桥村和古城镇新生村、新华桥村,青铜峡的补号村开展了试点,成立了领导组织,拟定了实施方案,村集体经济成员身份界定和清产核资工作基本完成，按照流程准备进行股份量化。

【农民负担监管】 认真开展农村集体"三资"清理，加强对农村集体"三资"管理信息化网络平台建设的指导、培训力度，认真督促、指导各县（市、区）做好村级债权、债务监测及村级集体经济运行监测工作。认真贯彻落实强农惠农政策精神，狠抓专项治理的监督指导，严格村级"一事一议"筹资酬劳制度。认真落实《宁夏回族自治区村民"一事一议"筹资筹劳管理办法》（宁政办发〔2008〕50号）和《国务院办公厅转发农业部村民"一事一议"筹资筹劳管理办法的通知》（国办发〔2014〕4号）文件，重点对各县（市、区）"一事一议"筹资筹劳的筹集、使用、管理以及项目议事和方案审核的自查情况开展专项审计。严格农村集体生产公益事业筹资筹劳的适用范围、筹资对象和程序。确保全市"一事一议"筹资筹劳没有突破上年农民人均纯收入的1%；"一事一议"筹资筹劳的青铜峡和利通区每个农村劳动力没有突破15个标准工日；中部干旱带的同心、盐池、红寺堡每个农村劳动力没有突破10个标准工日。

【禁牧封育工作】 2016年，吴忠市印发了《草原生态环境专项整治工作实施方案》《压砂地整治恢复工作实施方案》《加快推进滚泉附近非法压砂地整治恢复工作》。在全市开展了禁牧封育百日整治专项行动，打击处罚了一批破坏草原和偷牧的违法行为，形成了禁牧封育的高压态势，偷牧行为得到有效遏制，草原植被得到有效保护。市、县（区）联合执法行动21次，拆除偷牧羊圈38处，处罚偷牧羊群36起，打击暴力抗法2起，对抢占草原行为移交司法机关追究刑事责任1人。采取多渠道、多形式大力宣传《宁夏回族自治区禁牧封育条例》《中华人民共和国草原法》《中华人民共和国森林法》等法律法规。共印制并散发了《宁夏回族自治区禁牧封育条例》《中华人民共和国草原法》4000份。强化监督检查，严格责任追究，先后出动车辆人员130多次，在各县（市、区）进行巡回督查，发现偷牧现象，及时通知辖区处理，并以禁牧专报形式向市委、市政府汇报。全面落实自治区关于禁牧封育十个"严禁"的规定，对偷牧行为按照《宁夏回族自治区禁牧封育条例》上限从重进行处罚。加强重点区域管护，全面开展禁牧封育。将铁路沿线和高速公路过境段及主干道路两侧的禁牧区作为集中整治重点区域。在集中整治重点路段的主要进出口设立明显标示牌和界桩等设施，公示禁牧封育有关要求，集中对偷牧和乱采滥挖开垦草原行为进行了整治。2016年共编制吴忠市禁牧封育督查专报41期。各县（市、区）及管委会先后出动车辆1500余次，出动人员5000余人次，悬挂横幅、刷写标语、安放标语牌150条块，发放宣传手册或彩页15000份，处理偷牧案件135起，涉及羊7530只，对禁牧区域进行不间断巡查，使全市禁牧封育工作取得了阶段性的成果。保护草原生态环境，严厉打击非法，开垦草原压砂造地违法行为。市农牧、公安、园林、国土、吴忠国家农业科技园区联合对孙家滩区域非法开垦草原压砂造地违法行为进行了集中清理整治。五部门联合下发了《关于严厉打击非法压砂，开垦草原、林地及国有荒地行为的通告》，联合执法12次，先后铲除压砂地看管用房21处40间，封堵压砂地路口6处，对孙家滩境内压砂地上压砂种瓜的近百名农民进行了劝返制止和政策宣传，并协助市信

1月6日，农业执法人员在春播前开展农资经营执法监察

访办处理了2起100人压砂种瓜的信访事件。对辖区4宗有承包合同的业主进行了核实,对3人涉嫌非法毁坏草原行为分别致函孙家滩派出所和吴忠市公安局进行立案调查,追究刑事责任。完成中央第八环境保护督察组转办案件(265号和384号)整改销号工作。积极调整结构,扩大人工饲草种植,新增优质苜蓿和一年生禾草生产基地4万亩,推广种植冬牧70黑麦草1万亩。

吴忠国家农业科技园区

【概况】 2016年,吴忠国家农业科技园区围绕"生态、绿色、有机、富硒",以农业提质增效为目标,突出转型发展、精准脱贫、重点改革,抓学习、强素质、调结构、促发展,各项工作扎实有序推进。全年实现产值12亿元,同比增长30%;完成固定资产投资4亿元,同比增长25%;农民人均可支配收入达10200元,同比增长12%。园区总体呈现社会和谐稳定、经济快速发展、示范引领显著的良好局面。

【两大任务】 2016年,园区管委会紧扣产业发展规划,联合市农牧局全力加大招商引资力度。全年引进签约了伊蒙源奶牛养殖、伊蒙达奶牛养殖、枸杞种植、骏枣种植等招商项目29个,其中养殖业项目16个、种植业项目13个,协议总投资25亿元,到位资金17.87亿元。同时紧盯国家及自治区政策、产业、项目等动向,抢先一步、有的放矢,争取到孙家滩"十二五"生态移民安置工程续建、赵家沟美丽村庄建设、标准化奶牛养殖、乡村道路建设等13个财政性项目,落实上争项目资金1.01亿元。

【重大项目】 2016年,吴忠国家农业科技园区按照突出重点、有的放矢的思路,进一步强化项目带动战略。引进宝华公司与江苏绿港公司,投资3.8亿元共同建设占地2000亩的宝华现代农业科技示范园,完成5万平方米的建设任务,20万平方米的全国单体面积最大的玻璃温室地基部分全部完成。黄果树油用牡丹产业园投资1亿元,建成了650亩牡丹观光与展示园,牡丹育苗380万株,2000亩基地平整与配套设施已全部完成,观光生态餐厅正在进行内部装修。义明一期生态奶牛牧场已建成牛舍13万平方米、饲料棚1万平方米,国内最先进的80位旋转式自动化挤奶设备已安装运行,存栏奶牛4200头。通过重大项目带动,2016年园区16个新建项目和12个续建项目全部按计划建设。

【科技示范引领】 2016年,吴忠国家农业科技园区继续与科研院校、企业与大专院所深度合作,针对新兴产业、瓶颈环节、农产品安全等方面联合申报实施了《黑果枸杞产业化育苗及优质高效栽培研究》《设施蔬菜健康土壤与绿色保育技术研究与示范》等自治区重点研发计划项目10个、自治区科技特派员项目6个。引进了33个作物新品种,筛选出了番茄金妃、红罗曼、黄罗曼、茄子园杂16、黄瓜碧娇3号、青贮玉米新品种凯育8号、利单969等12个优良品种用于下一步的示范推广。示范应用了设施蔬菜椰糠高产栽培、温室管道式立体栽培、温室轻简化栽培、有机水肥一体化智能装备应用等新技术12项;开展了温室土壤理化性质动态演化特征研究、基于N15示踪技术有机肥N素去向及分配规律等基础性试验7项。全年接待参观区内外考察学习团队达180多批4300多人次,有效地提升了吴忠及至宁夏农业形象。

【农业产业结构优化】 2016年,吴忠国家农业科技园区围绕农业供给侧结构性改革,增加具有区域品牌和高附加值的特色农产品种植。完成种植优质苜蓿8387亩、青贮玉米13000亩、其他牧草2520亩、瓜菜2378亩、枸杞2714亩、林果育苗575亩、果树3360亩、小杂粮290亩、甜叶菊350亩,压减饲用玉米种植面积33574亩。加快奶牛生态牧场建设,成功化解了宏文牧场拖欠工程款和农民工工资、立祥牧场建设经营困境、神农牧场拖欠农民青贮款等问题,促进了奶产业健康有序发展。年内,建成投产的奶牛养殖场达22个,5个牧场正在加紧建设,奶牛存栏达3.8万头,同比增长8.6%;全年鲜奶产量达15万吨,实现销售收入5.4亿元。

【精准脱贫】 2016年,吴忠国家农业科技园区对5个贫困村324户1320人进行了多轮精准识别,全面掌握了贫困户基本情况。按照实际情况制作发放了扶贫手册和精准扶贫"因户施策"脱贫任务明白卡,制定并下发了《吴忠园区脱贫攻坚实施方案》,实施了精准结对帮扶,逐户落实村队、帮扶人责任,逐户定产业、守技术、定措施,确保贫困群众"户户有事干,户户有钱挣",已落实就地就近长期工1080人、季节性用工2500多人。对全部贫困户进行了评级授信,办理贷款482万元。园区互助资金总量达到1138万元,为1110户群众发放产业发展资金836万元,为304户贫困户每户购买了100元意外伤害脱贫保险,为每人购买45元大病医疗补充保险。为5个贫困村解决了办公、文体等基础设施,按照"五通八有"标准,在各贫困村实施了一批道路、饮水、文体设施、庄点绿化美化等项目。

水 利

· 综 述 ·

【概 况】 2016年,市水利系统围绕"转型发展、脱困攻坚、深化改革"三场硬仗,按照年初确定的各项目标任务,加快推进重点水利项目建设,夯实防汛抗旱和节水型社会建设工作基础,高标准完成农田水利基本建设,获得自治区农田水利基本建设指挥部2016年度全区农田水利基本建设"黄河杯"竞赛组织奖,盐池获得特等奖,利通区、青铜峡获得一等奖,红寺堡、同心获得二等奖,市水利局获得全区优秀组织奖。在自治区水利厅对全区市、县(区)水利效能工作评价考核中名列全区五市第一;利通区、青铜峡市、盐池县考核为优秀等次;红寺堡、同心县考核为良好等次。在市委、市政府年度效能考核中获得二等奖。

【市级重点水利工程】 2016年,全市实施水利项目66个,总投入达到13.27亿元,完成投资9.6亿元。其中市级重点工程9项,包括盐、同、红水库工程。下马关水库完成投资8187.99万元,完成工程进度95%。马高庄水库完成投资11304万元,完成工程进度72%。同心县马塘水库已全面开工建设。预旺水库完成工程量10%。红寺堡区新庄集水库10月25日完工。红寺堡区金庄子水库目前完成工程量的20%。盐池县石山子水库已完成工程量的20%。黄河宁夏(吴忠)段二期防洪工程2016年(第一批)建设项目,完成加固梅家湾险工段垛坝13座,建设塘滩段4座"人"字垛,砌护河岸1091米。投资4800万元,完成年度工程建设任务。扁担沟扬水改造工程,2016年投资1.02亿元,完成渠道改造29.6千米。三、四泵站管理房已完成主体工程,改造扬水站管理房2700平方米,35kV线路完成杆塔及金属构件的订制。完成宁夏苦水河防洪治理工程2015年建设项目。2016年投资5200万元,完成护岸工程29处,护坡砌筑15.6千米,过水路面5座。完成年度工程建设任务。郝家台水库除险加固工程,2016年投资2000万元,完成溢洪道土方开挖10万方和输水建筑物土方开挖11万方,以及土地征用工作。完成年度工程建设任务。吴忠市东南部引提调及河道生态治理项目,2016年投资5500万元,完成新建拦水坝3座、引提泵站2座,开挖蓄水池1处。完成年度工程建设任务。入黄流域综合治理项目,2016年投资2012.98万元。开挖工程形成水面4.14万平方米,配套建筑4座,完成年度工程建设任务。水库移民后期扶持项目。2016年投资312万元,完成了利通区郭家桥乡和扁担沟镇高糜子湾村、双吉沟村、黄沙窝村小型扬水泵站、渠道、沟道改造及硬化混凝

黄河治理二期工程施工现场

土生产路，完成年度工程建设任务。吴忠市（青铜峡市）南干沟污染综合治理项目，治理沟道3.2公里，建配套建筑物6座。

【县（市、区）重点水利工程】 2016年，吴忠市各县（市、区）围绕抗灾减灾、水资源节约、民生水利等重点工程实施水利项目56个，总投入达到10.67亿元。主要实施了高效节水、灌区节水改造、高标准农田建设、农村安全饮水工程、中小河流治理和抗旱应急水源等工程，各项工程进展顺利。

【高效节水工程】 2016年，全市实施了19处高效节水灌溉工程，总投资1.7亿元，发展高效节水灌溉面积8.6万亩。特别是对前五年建成的高效节水农业项目进行提升改造和明细责任，大部分高效节水农业生产实现良性运营。

【灌溉管理】 2016年，全市水利系统严格用水管理，综合调配水资源，确保了198万亩农田灌水。严格落实灌溉管理制度，科学调配用水计划，调整产业结构，川区在春灌前及时维修机泵，充分利用机井、小扬水等设施，实行井渠结合、以沟补渠、抗旱保灌。核实山区灌溉面积，核算水权水量，扎实稳妥推进水权到户工作、"一票到户"的管理办法，将灌溉水量分解到乡镇、村、户，指标供水，分水指标到户，凭卡购水。推进水价改革，在灌区试点了农业水价综合改革项目，实行定额管理、超用加价的用水管理机制，不断完善和推进"计量收费、配水到户、收费到户、开票到户"的农业水费计收模式。利用经济杠杆作用，使有限的水资源发挥最大的效益。

【农田水利基本建设】 2016年，全市水利系统以高效节水灌溉、高标准农田建设、盐碱地改良和边缘死角整治改造为重点，整合高效节水灌溉、小型农田水利、农业综合开发、灌区续建配套、"一事一议"、盐碱地治理、农村饮水安全巩固提升、抗旱应急水源等涉水项目，将农建工作与产业结构调整、水利改革发展、重点水利工程建设、农村饮水安全巩固提升、农建长效管护机制相结合，实施了19项高效节水灌溉工程、17项高标准农田建设项目、8处农村饮水安全巩固提升工程、13项灌区节水改造工程、13项小型农田水利项目、18项水土保持生态项目、16项防洪抗旱工程，狠抓52个重点区域的沟、渠、田、林、路综合治理，加快补齐农业短板，持续提升农业综合生产能力，推进现代农业发展。全市累计完成各项水利投资18.3亿元，整合项目资金17.4亿元，社会投资0.9亿元，投入工日308万个，出动机械35.3万台，完成土石方量4250万方。砌护渠道1628公里，清淤沟道3162公里，清淤渠道1.24万公里，整修农路4693公里。新增高效节水灌溉面积8.6万亩，新增高标准农田建设18.2万亩，激光平地28.8万亩，新增蓄水能力1046万方，治理水土流失面积386平方公里，改造中低产田14万亩，改善灌溉面积68万亩。65个贫困村的饮水工程得到巩固提升。农田林网造林2200亩，抚育修剪林木29.44万亩，秋季整地3.34万亩。秋深翻108.8万亩，秋覆膜4.3万亩，残膜回收571.5吨，秸秆利用63.6万亩。高标准综合整治52个区域，治理面积达33万亩。农村环境整治村庄134个。

【农村饮水安全】 2016年，吴忠市加强对各县（市、区）农村安全饮水项目建设的检查、指导，全面、及时地掌握全市各地农村饮水安全现状、工程进展情况。进一步完善农村安全饮水工程市场化管理模式和运行机制，提高管理水平，确保农村安全饮水工程建得好、用得上。年内实施了8处农村饮水安全巩固提升工程，自来水入户率达到87%，农村人饮实现全覆盖。

【水利改革】 2016年，按照自治区、市深化水利改革的部署，吴忠市加快推进水利重点领域和关键环节改革攻坚，各县（市、区）已完成基本信息调查核实及汇总工作，各县（市、区）制定出台了《小型水利工程管理体制改革实施方案》，基本完成对渠道、沟道、泵房等小型水利工程基础数据调查摸底，完成了扁担沟扬水灌区农业水价综合改革示范项目（一期）。出台了《红寺堡区农业用水水量指标交易实施方案》，23家企业（大户）参与交易，涉及灌溉面积5.3万亩，交易水量400万方，交易所得277万元。

【水政与水资源管理】 2016年，全市水利系统严格规范水资源取用排行为，认真落实"三条红线"。

开展了取水许可证年度审验工作，全市共核发取水许可证59户，核准自备井115眼，核定取水总量1198.73万立方米。其中：工业取水34户，核定取水量786.68万立方米；生活取水5户，核定取水量8.85万立方米；其他取水20户，核定取水量88.4万立方米。市区共核发取水许可证28户，核准自备井47眼，核定取水总量250.1万立方米/年。依法吊销（注销）取水许可证20户，核销自备井28眼，核减取水总量177.4万立方米/年。会同水利厅对5户企业自备井装置了监测预警系统。通过论证评价及勘测，编制了《吴忠市城市应急饮用水源地建设方案》《吴忠市最严格水资源管理和节水型社会建设"十三五"规划建设方案》《吴忠市节水型学校创建申报方案》。

【节水型社会建设】 2016年，吴忠市深入贯彻"节水优先、空间均衡、系统治理、两手发力"的新时期治水思路，以建设"节约用水、水资源配置、水生态保护、水防灾减灾、水管理服务"五大体系，有效保障水资源、水供给、水生态、水环境、水工程安全，构建现代水安全保障体系为目标，严格按照自治区最严格水资源管理制度和节水型社会建设的部署和要求，狠抓落实。制定出台了《吴忠市关于加快水利改革发展的决定》《吴忠市水资源使用权确权登记工作实施方案》。突出节水农业发展、企业节能减排、城镇污水处理、水资源有效管理。2016年，全市完成高效节水建设面积8.6万亩，灌溉水有效利用系数达到0.521；定期开展重点耗能企业的节能监察，强化对45户重点耗能企业节能目标任务完成情况和节能措施落实情况考核，完成25个固定资产投资项目审查登记，淘汰落后产能26.6万吨，工业用水重复利用率达到78%；对立德工业园区4家造纸企业废水统一收集处理，对5家涉水企业污水深度处理，确保城镇污水集中处理率达到92%。以纪念"世界水日""中国水周""水土保持法宣传日"为契机，积极开展节水工作进学校、进机关、进单位、进社区、进企业等活动，通过媒体宣传、文艺演出、座谈讨论、法律知识测试、网上答卷等形式，广泛开展水资源管理和节水型社会建设法律法规宣传活动，全市免费发放各类宣传资料6万多份。

【水土保持】 2016年，吴忠市以增绿提质为目标，大力实施小流域综合治理、山川水环境综合整治、草方格治沙等项目。全市共实施18项水土保持生态项目，治理水土流失面积330平方千米。依法对自治区审批的22家大中型开发建设项目进行了监督检查。

【队伍建设】 2016年，全市水利系统扎实开展"两学一做"学习教育，加强干部队伍建设，坚持开展科室、站所群众评议活动，增强干部职工的务实作风。实行月度重点工作推进制，促进机关提升工作效率。落实"两个主题"责任，严格执行工程建设"三分离"，坚持工程建设资金拨付、工程核量和预决算等重大事项"联签会审"制度，确保了干部和资金安全。严格执行中央八项规定，进一步加强公务接待、公务用车、"三公"经费管理。

· 防汛抗旱 ·

【概 况】 2016年，全市防汛抗旱部门按照自治区防汛办的总体部署和要求，3月下旬对全市2016年汛前检查工作进行了安排部署，5月17日召开了全市防汛抗旱工作会议，同时组建了抗洪抢险队伍，落实了抢险人员。汛前、汛期，市防汛办对重点流域、重点防汛部位开展防汛检查，并对防汛工作责任制的落实、物资储备、防汛预案、水库汛期的调度运用计划和防洪抢险应急预案的落实情况进行了检查。加强河道管理范围内建设项目管理。对发现的侵占行洪河道、河道内无证采砂等违法活动，责令黄河管理所进行查处，消除出现的防汛隐患。修订完善了《吴忠市防汛抢险工作预案》《吴忠市防御山洪灾害预案》等各类防汛抗旱预案。全市上下牢固树立防大汛、抗大灾的思想，补充完备各类应急防汛抢险物资，共购置储备编织袋25万条、救生衣516件、救生圈130个、潜水泵、发电机10台，铅丝78吨、木桩350立方米、格宾网6000平方米，代储编织袋10万条、各类应急机械110台，对一些重点的险工要段，做到抢险器材足额就近定点存放。市水务局落实了68人的专业防汛抢险队伍，各县（市、区）都按照预案的要求，足额组织落实了防汛抢险人员。各县（市、区）防汛部门及市防指各成员单位自5月20日起全面执行24小时值班制度。7月23日,接到"7·24"暴雨预警信息后,立即启动预案,召开了吴忠市防汛工作紧急会议,对全市防汛工作进行了安排部署,市防汛督查组分别对同心、红寺堡、吴忠国家农业科技示范园区防汛、备汛工作进行了督察,进一步落实防汛措施,确保全市安全度汛。

【旱　情】　2016年,全市各类农作物受旱面积达191.5万亩,其中盐池县4个乡镇(大水坑镇、惠安堡镇、麻黄山乡、青山乡)28个行政村1840户6808人,0.2万头大家畜和15万羊只缺水。同心县4个乡镇62144人、7230头家畜、19.7万只羊缺水。红寺堡区4个乡9个村2350户人口、7500头(只)牲畜饮水困难。

【汛　期】　7月,同心县下马关、预旺、马高庄和张家源4个乡镇16个行政村遭遇大风、强降雨、冰雹灾害性天气,造成4个乡镇16个行政村3151户14006人受灾,房屋进水624户,房屋损坏3户11间,羊只死亡123只,农作物受灾面积15万亩左右。道路受损6公里,冲毁水渠1公里、过水路面1处;电力、通信等其他基础设施也不同程度受灾。青铜峡市贺兰山沿山局地降30毫米/小时,强降雨形成山洪,洪水造成大沟拦洪库内300多亩葡萄地受淹,100多亩玉米被淹。水利基础设施不同程度地遭到损坏。盐池县高沙窝乡营西村降雨量累计达97.5毫米。降雨造成盐池县花马池镇、高沙窝镇、王乐井乡3个乡镇受灾。8月,盐池县大水坑、王乐井及同心县下马关地区降大到暴雨,致使下马关防洪工程漫坝,下马关镇张家树、申家滩、郑儿庄、刘家滩、陈儿庄、三山井等8个村遭受暴雨和山洪灾害,造成1700余户农户庭院进水,1300余户农户房屋进水,约200户农户围墙不同程度受损,油用牡丹等5000余亩农作物受灾,道路毁损20公里左右,因灾死亡1人。

【防汛工程】　黄河二期防洪工程2016年第一批河道整治工程完成投资2668万元,黄河二期防洪工程2016年第二批四脚体预制工程完成投资1700万元。宁夏苦水河防洪治理工程累计完成投资4.15亿元,共新建护岸工程93千米,维修加固护岸3.8千米,新建苦水井分洪工程1处、下马关导洪沟39.78千米、陡坡16处、过水路面39处、生产桥6座、交通桥2座。

【抗旱工程】　2016年,吴忠市防汛抗旱部门按照"先保人畜用水、后保节水作物用水和高效经济作物用水"的原则,集中力量修复人饮、机井等抗旱水源工程,采取工程调水、库塘蓄水、沟道提水、挖塘打井等多种办法,充分挖掘现有水源工程的供水潜力,用足用活现有水资源。同心县按水利扶贫需求完成了白阳洼、马高庄村农村安全饮水巩固提升工程,解决了118户1181人的饮水安全问题;红寺堡区加强受灾村水利设施的维修改造,共改造支渠3.5公里,维修斗渠2.5公里,协调解决2.84万人的饮水问题和14.67万亩耕地的灌溉问题。盐同红抗旱应急水源工程项目共计11项,项目总投资12300.6万元。其中:盐池县大水坑镇抗旱应急水源工程、盐池县麻黄山乡抗旱应急水源工程、盐池县高沙窝镇抗旱应急水源工程、盐池县青山乡抗旱应急水源工程、盐池县花马池镇抗旱应急水源工程已完工,盐池县冯记沟乡抗旱应急水源工程完成工程招标量的40%;同心县石狮和丁塘镇抗旱应急水源工程完成工程量的92%,同心县兴隆乡抗旱应急水源工程完成工程量的95%,同心县预旺镇、马高庄乡、张家源乡应急水源工程已完工,同心县王团镇蓄水池工程完成工程量的90%;红寺堡等乡镇抗旱应急水源工程已完工。

宁夏盐环定扬水管理处

【概　况】　至2016年年底,宁夏盐环定扬水管理处(以下简称"管理处")在册干部职工421人;全年上水151天,引水10876万立方米,供水收入1862万元;综合经营产值5419万元,实现利润331万元。管理处荣获水利厅"2016年度先进单位"。

【灌溉管理】　2016年,管理处供水9786万立方米,其中:向陕西定边供水4次、65天,共309万立方米;向甘肃环县供水5次、66天,共353.9万立方米;向宁夏受水区供水9124万立方米、盐池5532.6万立方米、同心韦州572.6万立方米、利通区542.9万立方米、红寺堡587.4万立方米、太阳山水库1460万立方米、其他427万立方米。农业灌溉用水7209万立方米,占总用水量的73.67%;

人畜饮水 1643 万立方米，占总用水量的 16.79%；生态移民 83 万立方米，占总用水量的 0.85%；生态供水 370 万立方米，占总用水量的 3.78%；工业用水 480 万立方米，占总用水量的 4.90%。商品水率 88.38%，渠道水利用率 90.24%，完成灌区 40.25 万亩的农业供水和定边、环县人畜饮水供水任务。

【防汛抗旱工作】 2016 年，管理处筹资 13.4 万元，增配编织袋和各类胶管等防汛物资。新建八干渠退水闸 1 座。应对了泵站渡槽漏水、压力管道漏水、供电线路故障跳闸等 13 起突发险情，保障了系统安全运行。

【安全生产】 2016 年，管理处逐步建立健全"党政同责、一岗双责、失职追责"的安全生产责任体系，完善安全生产管理制度 41 项，修编生产规程 6 项，实行"月检查、季考核、年总结"的管理模式，形成安全生产激励约束机制。规范生产现场管理，投入 27 万元，进一步完善了生产一线安全警示标识、记录台账、安全防护设施。举办安全生产条例、安全管理人员培训、消防知识等各类培训班 3 期，培训 174 人次。开展"安全生产月"和"安全责任落实年""百日安全专项行动"等专项安全活动，实现了安全生产无事故。管理处通过自治区"安全文化建设示范企业"创建和安全生产标准化建设二级达标验收。

【设备运维】 2016 年，管理处投入运行机组 101 台套，累计运行 18.8 万小时，平均扬水负荷为 3.4 万千瓦，系统耗电 1.23 亿度，扬水力率 0.98，获供电部门力率奖 7.84 万元。

【工程管理】 2016 年，管理处投入维修养护资金 538 万元，大修主设备 30 台套，小修机电设备设施 2699 台套，渠道工程维修 133 项，维修病险压力管道 124 米，干渠清淤 4 公里，砌护改造 1042 米，砼板滑塌维修处理 6335 平方米。推进美丽渠道建设，实施渠道综合整治及绿化工程，栽植树木 5000 余株，绿化渠道 3 公里，建防风林带 15 亩。打造花园式站所，实施了一泵站、八泵站、中心所等基层单位院落绿化，新增绿地 4000 平方米。

【水政与水资源管理】 2016 年，管理处巩固扬水警务室建设成果，开展水利工程保护范围联合巡查，组织防止水污染专项巡查 12 次，维护了正常的水事秩序。利用"世界水日""中国水周"，开展送水法进单位、进灌区、进学校活动，宣传《宁夏水资源管理条例》等水法规。对机关用水设施进行改造升级，通过了自治区节水型单位建设达标验收。通过"广场说法·一周一法""依法维护权益、合法表达诉求"、法律知识微信竞答、法治动漫作品征集等形式，推进普法教育工作，相继荣获吴忠市、水利厅"六五"普法先进集体。

【综合经营】 2016 年，管理处各站所充分利用水土资源，以"花满院、果满院、菜满院、禽满院"为目标，发展庭院经济，业务科室加强技术服务与跟踪指导，蔬菜种植向品种多样化、种植科学化、管理精细化方向迈进，蔬菜产量 10.5 万斤，瓜果 7.5 万斤，养鸡鸭 1280 只，满足了职工春夏秋三季吃菜自给。全年完成经营产值 5419 万元，实现利润 331 万元。

【队伍建设】 2016 年，管理处扎实开展"两学一做"学习教育和"合格党员标准"大讨论活动，深化党员先锋岗、示范区。落实"两个责任"和"三重一大"决策、"五不分管"等制度，深入开展八项规定"回头看"自查自纠、"三不为"专项整治。以"弘扬盐环定扬水精神，唱响盐环定扬水之歌"为主题，加强文化建设，启动编写《陕甘宁盐环定扬黄工程志》，建立管理处微信公众号、微网站。开展职工教育培训，注重自动化控制、信息网络及电工进网作业等新技术、新知识培训，全年投入职教经费 20.5 万元，举办各类培训班 16 期，受培 1062 人次，外送培训 60 人次，承办全区基层扬水泵站运行管理人员培训班 1 期，培训 150 人，电工进网作业培训 76 人。应用聚硫密封膏新材料处理渡槽漏水，对一泵站进水闸进行改造，改善了柴草淤积严重、进水条件差的问题。开展文明创建活动，管理处获"吴忠市城乡文明共建先进单位"，职工张剑之获"全区岗位学雷锋标兵"称号。

秦汉渠管理处

【概况】 2016 年，在水利厅党委的正确领导下，管理处认真贯彻落实中央和自治区治水新思路，凝心聚力，真抓实干，圆满完成了各项工作任务，为河东灌区社会稳定、经济发展和民族团结提供了有力的水利保障。

管理处现有在职干部职工324人，其中，正处级干部2人，副处级干部4人，科级干部45人，专业技术人员92人，工勤人员218人。荣获2015年全国水利系统"六五"普法先进集体、全国水利安全生产网络竞赛单位竞赛奖，被水利厅表彰为"全区水利安全生产先进单位"、区直机关先进基层党组织、城乡文明共建工作先进单位，自拍的微电影《巡拜人》获央视微电影征集活动优秀作品奖，在水利厅举办的纪念建党95周年歌咏比赛中获一等奖。

【灌溉管理】 2016年，秦汉渠系灌溉历时176天，四大干渠累计引水8.5亿立方米，比计划少9%，完成水利厅下达的指标任务。严格执行《宁夏引黄自流灌区水资源调度管理工作规范内容（试行）》，加大干渠直开口的管理力度，继续在全面推广和延伸服务上下工夫。年内完成生态移民供水水量113万立方米，景观湖泊生态补水实际完成900万立方米；灵武灌域井灌区启用机井193眼，实际抽水量348万立方米。

【工程建设与管理】 2016年，管理处投资676万元，安排渠道维修养护工程3批157项，完成干渠渠道清淤长度19.1公里，排水沟道清淤1.5公里，渠堤加培1.7公里，汉渠渠堤整治23.3公里，渠道衬砌修复690平方米，翻建斗口3座，维修斗口52座。管理段基础设施维修改造87处。投资5823万元，完成2016年续建配套与节水改造项目河东灌区改造工程，东干渠砌护改造17.6公里，汉渠砌护改造5.97公里，总干渠砌护改造2.7公里。投资7194万元，完成2015年水权转换项目农场渠砌护改造31.1公里。投资597万元，完成东二所冰草湾段、二支渠段、东三所山水沟段、东四所东风口段、四退水段、老鼠嘴段、汉一所双闸段、汉二所高闸段、秦二所韩桥段、农场渠所退水闸段、龙三段共11个管理段的翻建。争取上级投资94万元，完成汉渠水土保持生态建设工程项目，共植树2万余株，埋设渠道里程碑及安装各类警示标志420块，新建标准化渠堤16.3公里，着力打造汉渠20.3公里美丽渠道示范段。严格按程序对跨渠桥梁、管道等17项涉外工程逐级报批。

【防汛抗旱工作】 2016年，管理处编制和完善防汛预案，并分送水利厅、吴忠市防汛办、青铜峡市防汛办。组织对全处渠道（重点是山洪入渠段）、排洪渡槽、退水闸、滞洪水库、水位遥测设备、通信线路、雨量监测站等工程设施进行全面细致的排查。开展群防协作实战演练活动，进一步提高管理处及管理所防汛抢险应急处理能力，在第一时间针对可能发生的山洪灾害、渠道险情，快速、有效应对，为灌区安全灌溉、稳定发展提供安全保障。

【安全生产】 2016年，管理处召开安全生产工作会议并层层签订安全生产责任书286份。推进水利安全生产标准化建设，全年投资60余万元，制作斗口护栏682米，桥梁护栏210米，安装渠道安全警示标识144个，水闸安全管理制度、警示标识126个。组织安全检查22次，治理隐患23起。组织干部职工开展进学校、进协会等"八进"涉水安全宣教、"我为安全生产代言"等系列活动。

【新技术应用】 2016年，管理处与河海大学合作在汉二所、汉三所的交水断面上进行"渠道水位流量关系曲线单值化处理分析"项目，在东一所峡口扬水泵站进行"扬水泵站远程监控系统的研制与推广"项目，解决了汉渠上下游的交水矛盾和灌区泵站随意运行、管理有漏洞的难题，提升了整体调度管理水平。

【水政与水资源管理】 2016年，管理处加大水事违法事件的查处力度，全年没有发生水事违法事件及案件。加强水证执法人员培训，选送10名执法人员参加水利厅执法资格培训。"六五"普法工作通过吴忠市依法治市领导小组考核验收，全年没有发生1起上访和水事纠纷事件，没有发生1起黄、赌、毒、邪事件及人员死亡案件。

【综合经营】 2016年，管理处加强内部管理，积极挖潜增效。年内，工程公司充分发挥技术人才优势，承揽砼板预制、渠道砌护等工程10项，实现产值7000多万元。对现有果园、农田实行对外租赁。组织职工种菜10余种25.6亩，养殖家禽2000余只，丰富了职工"菜篮子"。

【队伍建设】 2016年，管理处开展"两学一做"学习教育，严格党的组织生活制度，全面落实党风廉政建设主体责任和监督责任清单。认真开展文明单位创建活动，组织职工开展业务技能竞赛、"秦风汉韵"诗歌朗诵比赛、职工厨艺比赛、职工文化艺术节、百公里安全徒步巡护等活动。积极参加水利厅组织的各项文体活动，获纪念建党95周年唱红歌比赛一等奖、女子乒乓球比赛团体第2名。全年共投入职教经费40.6万元，举办灌溉（工程）管理、安全生产、信息化建设等培训班12期，切实提高全处干部职工思想觉悟和业务技能水平。开通"美丽秦汉"微信公众号，自编自演的微电影《巡拜人》荣获全国公益微电影活动优秀作品奖，极大地提高了水利行业在社会上的知晓度和影响力。

工业和园区建设

工业

· 综述 ·

【概况】 截至2016年年底,吴忠市共有工业企业2385家,其中规上企业352家。规上企业中,中央及区属企业43家,销售收入过亿元企业91家(其中过10亿元的有17家)。年内,全市工业累计完成增加值182.7亿元,占全市GDP总量的41.3%,其中规上工业完成增加值174.4亿元,同比增长9.4%。工业在全市经济中的贡献日益突出,成为全市地方财政收入的主要来源和经济社会发展的重要支撑。

【工业经济运行情况】 1—12月份,全市规模以上工业实现增加值174.4亿元,同比增长9.4%,比上年同期提高1.2个百分点,比全区(7.5%)和全国(6.0%)分别高1.9个百分点和3.4个百分点。规模以上工业增加值增速连续5个月保持在9.0%以上,连续8个月居全区五市第一。全市6个区域规模以上工业均实现增长。其中,红寺堡区规模以上工业同比增长15.0%,利通区增长12.8%,盐池县增长17.8%,同心县增长22.3%,太阳山开发区增长23.7%,青铜峡市增长1.1%。全市工业转型升级步伐加快,轻工业、地方工业、非公工业已成为吴忠市工业稳步增长的重要引擎,轻工业实现增加值52.8亿元,同比增长13.5%,轻重工业之比为30.3:69.7。地方工业累计实现增加值104.2亿元,占全部规模以上工业的59.8%,同比增长14.3%,增速比全市平均水平高4.9个百分点,对规模以上工业增长的贡献率达85.2%,拉动规模以上工业增长8个百分点。非公工业实现增加值62.4亿元,增长13.5%,增速高于全市平均水平4.1个百分点,非公与国有企业增加值之比为35.8:64.2。全市规模以上工业30个行业大类中,有22个行业增加值同比增长,占全部行业的73.3%,电力增加值增速自10月由负转正后,连续3个月呈现加快增长态势,拉动规模以上工业增长2.1个百分点;全市新增宁夏长明天然气开发有限公司、中民新能同心有限公司、吴忠恒和织造科技有限公司、宁夏天利丰能源利用有限公司、宁夏宝众邦化工有限公司等21家新建投产规模以上工业企业,合计实现增加值6.2亿元,占全部规模以上工业的3.6%,拉动规模以上工业增长2.5个百分点;在全市重点监测的10种产品中,卷烟84.5亿支、乳制品68.2万吨、羊绒6360吨、原煤1081.7万吨、工业自动调节仪表与控制系统18.1万台(套)、发电量264.6亿千瓦时、电石48.1万吨、水泥465.2万吨,同比分别增长4.3%、30.1%、0.7%、110.5%、53.8%、7.6%、10.4%和15.8%;原铝39.5万吨,铁合金12.9万吨,同比分别下降7.3%和10.3%。全市固定资产投资5000万元以上的100个工业项目完成投资313亿元,同比增长29%。其中新建项目71个,完成投资240.4亿元;续建项目29个,完成投资72.5亿元。目前,吴忠热电联产、中国自动化产业园一期等52个项目已建成投产。

【服务企业】 2016年,争取自治区168平台建设资金450万元,建成了吴忠市中小企业公共服务综合窗口平台、青铜峡市中小企业公共综合服务窗口平台。为缓解吴忠市小微企业贷款难、担保难和成本高的问题,市财政和利通区财政共同出资1000万元,自治区非公局配套300万元,搭建了政府、银行、企业三方合作的小微企业"助保贷"业务平台。年内，开展了"下园区、进企业、送服务"活动。组织162家企业在利通区和青铜峡市分别进行了中微企业服务券推广、中小微企业融资业务申请和管理办法解读、信用评级知识推广、企业健康知识等讲座。组织全市257家企业分别参加了非公领域领军人才、供给侧改革、营改增、非公企业法人治理、现代企业制度试点等培训。组织企业参加APEC中小企业交流展览会和广州中小企业博览会。

【创业创新梯队建设】 9月，全市有15家企业被自治区评为"行业之星"，49家企业被自治区评为"成长之星"，18家企业被自治区评为"创业之星"。

【非公经济项目申报】 2016年，全市新培育认定"专精特新"中小企业55家，其中示范企业23家，争取资金460万元。培育认定小微企业创业孵化示范基地2家，争取资金100万元。积极组织全市第一批54家"专精特新"中小企业参加自治区非公局组织的复核工作，全部通过复核。

【企业减负】 2016年，为减轻企业负担，市工信局根据市委、市政府要求，制定了《2016年吴忠市减轻企业负担工作方案》，落实了减负的各项任务。11月召开了自治区非公局领导参加的减轻企业负担督查座谈会，并举办了小微企业政策大讲堂，56家企业参加了活动。

【品牌建设】 截至2016年年底，吴忠市先后培育了夏进牛奶、盐池滩羊、御马葡萄酒、嘉禾雪面粉等中国驰名商标13个；红双赢、红山河、伊盛达等宁夏著名商标94个；西夏贡大米、中桦雪小麦粉、黄河电焊机等宁夏名牌产品60个。在北京、厦门等国内一、二线城市建成运营吴忠市优质特色产品展示展销中心15个。在中东国家新设20多个分销点，全市新增进出口备案企业50家，"走出去"企业达到89家，涉及产品504种。

【技术创新】 截至2016年年底，全市建成吴忠仪表和青铝集团2家国家级企业技术中心，夏进乳业等7家自治区级企业技术中心。建成吴忠仪表工业云、金积工业园区公共服务平台、研发中心等创新服务平台。宁夏民族职业技术学院成为全区重要的职业技术培训基地。全市新申请专利529件，新增授权专利250件，吴忠仪表等8家企业被评为自治区级知识产权示范试点单位。

【火力发电】 截至2016年年底，吴忠市有火电企业3家，总装机容量327万千瓦，2016年完成工业总产值30.1亿元。其中：宁夏大唐国际大坝发电有限责任公司2016年实现产值11.7亿元，宁夏大坝发电有限责任公司实现产值12.4亿元。宁夏青铜峡铝业发电有限责任公司2016年实现产值6亿元。

【工业园区建设】 截至2016年年底，全市共有吴忠金积工业园区、太阳山开发区、青铜峡新材料基地、盐池工业园区、弘德慈善产业园区、同德工业园区、青铜峡市嘉宝工业园区、利通区毛纺织园区8个工业园区，入园企业总数达到449家，其中规模以上企业228户。2016年完成工业总产值410.9亿元，占全市工业总产值的57.7%。获得自治区2016年度效能目标考核4000万元，并积极争取到自治区低成本园区资金1000万元。

· 重点工业企业 ·

【概 况】 截至2016年年底，吴忠市产值在5亿元以上的重点企业共有25户，完成工业总产值345.5亿元，同比增长10.15%，占全市规模以上企业总产值的50.2%。其中：增长较快的重点骨干企业有可可美生物、瑞科化工、金裕海化工、伊利乳业，分别完成产值8.6亿元、14.9亿元、10.1亿元、29.9亿元，同比增长155.4%、72.1%、64.6%和41.5%；产值下降企业有通润铝材、深燃众源、运达风电、青铝发电、金牛化肥、吴忠仪表、大唐发电，分别完成产值5.3亿元、3.8亿元、2.9亿元、6亿元、7.8亿元、12.4亿元、11.7亿元，同比分别下降38.7%、35.9%、30.8%、21.1%、19.1%、12.7%、12.4%；产值增长企业有德海绒业、金风煤矿、金昱元化工、吴忠卷烟厂，分别完成产值10.5亿元、16.9亿元、20.4亿元、20.2亿元，同比分别增长28.5%、25.3%、20.6%和19.4%。

【特色产品】 截至2016年年底，

吴忠市有特色农副产品规上企业96家，主要涉及乳制品、调味品、休闲食品、粮油、服饰等。年屠宰加工肉牛30万头、滩羊380万只，液态奶产能45万吨，年内完成产值116亿元。

【装备制造业】 截至2016年年底，吴忠市有规模以上装备制造业企业22家。仪器仪表主要生产智能模块化系列调节阀、G系列球阀、WB300煤气阀等7000多个规格品种，年产各种阀门4万多台，年产轴承部件2亿件，汽车轮毂单元100万套、电机轴承600万套。2016年完成产值42亿元。

【煤化工产业】 截至2016年年底，吴忠市有规模上以煤化工企业16家，焦炭产能220万吨/年，甲醇30万吨/年，焦油20万吨/年，粗苯7万吨/年，精洗煤800万吨/年。2016年完成产值35亿元。

【新材料产业】 截至2016年年底，吴忠市有新材料规模以上企业26家。铝锭产能58万吨，铝板带产能7.5万吨，碳化硅产能6万吨，镁合金产能6万吨，氢氧化钡产能3万吨，咪唑啉产能1.2万吨，硝基胍产能1.2万吨。2016年完成产值69亿元。

【生态纺织产业】 截至2016年年底，吴忠市有规模纺织加工企业66家。纺织纱线产能50万锭，羊绒分梳产能0.63万吨、羊毛分梳产能0.7万吨。2016年完成产值65亿元。

【油气化工产业】 截至2016年年底，吴忠市有油气化工规模以上企业15家，形成MTBE（甲基叔丁基醚）产能10万吨，汽油产能4.2万吨，柴油产能3.5万吨，石油液化气产能20万吨。2016年完成产值102亿元。

【葡萄酒加工产业】 截至2016年年底，吴忠市有葡萄酒加工规模以上企业5家。种植面积21万亩，年加工能力15万吨，2016年完成产值5亿元。

【生物制品产业】 截至2016年年底，吴忠市有生物制品规模以上企业7家。形成谷氨酸产能7万吨，淀粉产能12万吨，D核糖500吨，L-精氨酸1000吨。2016年完成产值16亿元。

【包装印刷产业】 截至2016年年底，吴忠市有包装印刷规模以上企业31家，主要涉及瓦楞纸箱、彩箱、彩盒、精制礼品箱、酒盒、礼品盒等。2016年完成产值19.63亿元。

·节能降耗·

【概况】 2016年，吴忠市全社会能源消费量为712.36万吨标准煤，新增能耗24.36万吨标准煤，单位GDP综合能耗同比下降5.01%，全面完成了自治区下达的单位GDP能耗降低3.5%、能耗新增量25万吨标准煤的"双控"目标任务。

【淘汰落后产能】 2016年，按照自治区工业和非公有制经济发展领导小组办公室《关于下达2016年工业行业淘汰落后和过剩产能任务的通知》（宁工业和非公经济办发〔2016〕4号）要求，吴

吴忠市产值过5亿元重点工业企业名单

青铜峡铝业股份有限公司	宁夏伊利乳业有限责任公司
宁夏金昱元化工集团有限公司	湖南中烟工业有限责任公司吴忠卷烟厂
宁夏恒丰纺织科技股份有限公司	神华宁煤集团金凤煤矿
宁夏瑞科化工有限公司	宁夏太阳镁业有限公司
宁夏宁鲁石化有限公司	宁夏瑞科新源化工有限公司
宁夏夏进乳业集团股份有限公司	宁夏大坝发电有限责任公司
宁夏中航郑飞塞外香食品有限公司	宁夏大唐国际大坝发电有限责任公司
吴忠仪表有限责任公司	同心德海绒业有限公司
宁夏金裕海化工有限公司	宁夏万和利煤炭有限公司
宁夏可可美生物工程有限公司	宁夏庆华集团
宁夏金牛集团化肥有限责任公司	宁夏法福来食品股份有限公司
青铜峡通润铝材有限公司	青铜峡铝业发电有限责任公司
宁夏深燃众源天然气有限公司	

忠市淘汰了宁夏昊盛纸业有限公司3万吨棉浆泊生产线，宁夏富荣化工有限公司4.5万吨合成氨、6万吨碳酸氢铵、10万吨复合肥、3万吨液体二氧化碳、1000吨N,N-二乙基环己胺落后产能，共计淘汰落后产能26.6万吨。

【节能预警监察】 2016年，市工信局加强对重点耗能县（市、区）、重点耗能行业、重点耗能企业用能走势研判。强化对45户重点耗能企业节能监察力度，对能耗增长较快的县（市、区）进行通报批评，对能耗增长幅度大、单位产品能耗超限额的企业，实施惩罚性电价、媒体曝光等惩罚性措施，确保经济增长和节能降耗的"双赢"。

【实施重点节能工程】 2016年，市工信局积极引导企业加快节能技术改造，最大限度地增加企业效益。投资35亿元实施了吴忠热电厂等7个重点节能工程项目，实现节能量8万吨标准煤，筛选上报了宁夏恒丰纺织科技股份有限公司等7个节能技术改造项目。年内安排节能专项资金300万元。

电力国网吴忠供电公司

【概　况】 2016年，国网吴忠供电公司紧扣"深化严管强基、加快转风树形"总要求，高标准完成电网与地方发展规划的对接融合；高质量完成城农网改造升级工程项目；高效率完成重要节日和重大活动保电任务，较好完成了全年各项工作任务。2016年，完成固定资产投资5.61亿元，售电量88.65亿千瓦时；综合线损率2.83%；实现长周期安全生产4228天，创历史最高水平。年内，公司荣获自治区民族团结进步奖；1项变电工程获国家电网公司输变电创优示范工程，农网线路改造工程获国家电网公司"农网百佳工程"；1个团支部获国家电网公司"五四红旗团支部"；青铜峡公司在全区县（市、区）公司同业对标中获第一名；行风评议再创佳绩，公司及3个县（市、区）公司连续6年实现行风评议第一名。

【安全生产】 2016年，国网吴忠供电公司大力开展"三查三强化"安全专项行动，严格安全风险管控工作规范要求，累计发布"风险预警通知单"129份。各级各类人员累计督导现场2559次，稽查生产作业现场522次，查处违章65项。排查变电设备15067台、输电线路135条，共发现问题2317项，治理率达100%。"网格化"开展安全教育培训，实现"安全生产参与者"百分百覆盖。深入开展"营销、农电、集体企业安全基础管理提升年"活动，实现各领域同质化管理。开展"三突出"安全督导检查，加大作业报备和现场安全纠违力度，安全基础得到强化。率先在西北区域通过无线传输技术开展县供电企业联动演练。顺利通过自治区"安全文化建设示范企业"复审。县供电企业、城市电网、信息通信安全性评价通过验收。公司年度安全目标全面实现。

【生产运维】 2016年，国网吴忠供电公司深入开展电网薄弱环节分析，编制事故预想及危险点分析730项，制定风险预控策略和措施174项。持续推进输变电设备精益化管理评价工作，以太阳山和金银滩110千伏变电站为示范，分别完成17座变电站、6条"六防"标杆线路治理。主动对接政府重点项目，积极配合银西高铁、城际铁路、国道344线建设等工程，完成9条输电线路迁改。青铜峡、红寺堡、同心地区配电网自动化全覆盖完成里程碑计划。全面深化PMS、GIS系统推广应用，PMS2.0系统顺利通过国家电网公司实用化验收。深入开展信息通信系统运维管理，完成所辖40个站156套信息设备、113个站点409套通信及支撑设备隐患排查。配合区调完善调度自动化AGC功能，实现水、火、风、光一体化智能调控。

【电网建设】 2016年，国网吴忠供电公司完成吴忠市及4个县区配电网滚动规划、新一轮农网改造升级规划报告，科学指导吴忠地区配电网建设。加大电网项目前期工作力度，完成陈俊、党湾、长乐等8个110千伏新扩建电网项目可研，超额完成年度前期工作任务。电网基建投资2.43亿元，全年投产线路177.57公里，投运变电容量49.2万千伏安，开工及投产规模均创历史新高。首次承建220千伏电压等级工程，蒋顶220千伏输变电工程高效推进。积极开展输变电工程建设协调，在工程建设严重遇阻的情况下，塘坊110千伏等中央预算内农网升级改造工程按期投运。支持吴忠城市建设，投资1.81亿元，实施利通老城区电缆沟道建设、架空线入地等城镇配电网改造项目。投资1.326亿元,全面开展农村电网改造,农网综合电压合格率、供电可靠率分别达到99.689%、99.876%。

【经营管理】 2016年,国网吴忠供电公司扎实开展营销基础管理提升专项活动,台区线损合理率提升24.67个百分点,营配调数据一致率达到99.3%。实施业扩报装"提质增速工程",累计完成3.85万户308.19万千伏安报装。率先出台《分布式电源并网安全管理规定》,并网分布式电源15项,共26.8兆瓦。完成电能替代电量4亿千瓦时,超额31%。"多表合一"建设实现开门红,完成目标值的102%。实行"一户一策",确保电费及时回收。开展警企联合打击违章用电专项行动,全年追补电量39.84万千瓦时,追补电费68.73万元。完成"账、卡、物"一致性专项治理,资产精益管控水平大幅提升。

【技术创新】 2016年,国网吴忠供电公司充分发挥劳模创新工作室的引领作用,扎实开展技术创新、管理创新、服务创新,解决生产管理难题。年内,取得国家授权专利21项(包括发明专利3项)。3项QC成果分获"海洋王杯"1个优胜奖、2个一等奖,1项成果荣获全国电力行业特等奖,两个小组被评为"全国优秀质量管理小组"。在第二届青年创新创意大赛中,1项成果获国家电网公司职工技术创新三等奖,13个项目受到宁夏电力公司表彰奖励。青铜峡公司"耐张横担多功能安装架的研制及应用",作为宁夏电力公司唯一代表性成果在国家电网公司"两会"上展示。

【服务社会】 2016年,国网吴忠供电公司落实精准扶贫工作要求,为光伏扶贫试点项目提供"一站式"报装服务。支持地方工业经济稳步发展,对伊利乳业等17家重点企业实行优惠政策,累计补贴电量40.09亿千瓦时,让利1.03亿元。开通"绿色通道",投入配套资金1.19亿元,完善六大产业园区电网。青铜峡公司、红寺堡公司再获支持地方发展先进单位称号。开展"三问三送"活动,走访重要客户152户次,主动为客户排忧解难。推广注册"掌上电力"APP客户端4.8万户、"95598智能互动网站"7000户。完善"十分钟缴费圈",部署自助缴费终端850台,客户自助缴费比例达到85%。圆满完成第五届"黄河金岸"国际马拉松赛等重要活动保电任务。持续加大抢修服务工作力度,全面落实"你用电,我用心"服务理念,树立了良好的品牌形象。

【依法治企】 2016年,国网吴忠供电公司坚持把纪律和规矩挺在前面,各级干部主动对标"四个意识",自觉履行依法治企责任。年内累计召开党委会、总经理办公会41次,讨论决定重大事项43项。充分发挥协同监督作用,持续强化重点领域和关键环节监督检查,确保"八项规定"要求、"三重一大"制度和党风廉政目标的全面落地。扎实开展税收和定额发票自查,"营改增"税种改革衔接业务平稳过渡。完成24项电网工程和小型基建结算审计,工程建设基础管理工作日趋规范。加强审计问题整改,开展了2011—2015年内外部审计检查"回头看",建立整改台账,实行销号管理,强化依法从严治企。

【队伍建设】 2016年,国网吴忠供电公司扎实开展"两学一做"学习教育活动,贯彻落实从严治党要求。胜利召开公司第一次党代会,全面完成党支部换届。不断深化"三亮三比"主题活动,圆满完成"双育双有"互学互查、党员组织关系排查、党费收缴等专项工作。严把选人用人关,优化干部结构,调整科级干部3批次45人次。组织"走进电网,感知服务"媒体宣传,首次召开新闻媒体发布会,实现文化软性传播。持续推进企业文化建设,1项成果被国家电网公司《精神文明创新奖案例集》收录,4项成果获宁夏电力公司卓越企业文化建设成果"最佳发布奖"。重视民主管理工作,全年以职代会、公开栏等形式,公开岗位招聘、干部调整等内容103项,员工知情度、满意度分别达到99.3%、99.2%。以青年创新创意大赛等活动,不断激发活力,4个班组获国家电网公司先进班组,1个班组获国家电网公司一流班组。关心职工生活,修缮家属区道路和场地,落实离退休人员"两个待遇",公司上下和谐稳定。

太阳山开发区

【概况】 2016年,太阳山工业开发区坚持把招商引资作为第一要务，项目建设作为第一抓手，服务企业作为第一责任，围绕太阳山的发展就是我的责任，团结一致、主动作为。多项工作得到了自治区、市各级领导的充分肯定，在全区22个县（市、区）和27个工业园区考核中获得一等奖；在全区招商引资考核中获得一等奖；在全区行风政风群众评议机关干部作风活动中，排名位列全市工业园区之首。截至2016年年底，太阳山开发区入驻企业81家，其中规上企业30家。工业总产值、工业增加值、固定资产投资等主要经济指标的增长率不仅保持了两位数增长，而且增长率都在20%以上，部分增速甚至领先于自治区、市平均水平。

【招商引资】 2016年，太阳山开发区开展精准招商，成功引进了新能源设备、环保科技等一批重点项目。全年共洽谈项目70个，其中11个亿元以上项目协议投资527亿元，落地项目29个，总投资185亿元，到位资金95.6亿元。促成了宝瑞隆200万吨煤焦油及烷烃综合利用、宝众邦15万吨轻汽油醚化、宝众祥石化9万方油品及化工物料仓储等10多个大项目，招商引资工作取得了多点突破、多面开花的新局面。

【基础设施及项目建设】 2016年，太阳山开发区集中力量改善投资环境，完成了庆安大道等一批供水排水管网改造工程、红墩子至新红村公路、火车货运站北入园项目道路延伸工程、污水处理厂提标改造项目等，建成3万平方米扶贫及军民融合产业孵化园等基础设施项目。严格落实领导包干、部门服务对接联动推进机制，全程跟踪、全程服务。年内，储备基础设施、园区低成本改造及新型工业化等各类上争资金项目47个。泰富能源8万吨成品油仓储、瑞科新源55万吨油品升级、华宇中信百万根铁路轨枕、宝众邦30万吨液态烃4个项目实现当年投资建设、当年投产达效。

【安全生产】 2016年，太阳山开发区深入开展"企业安全生产主体责任落实年"活动，切实推进安全生产各项工作。针对高危企业多、监管力量薄弱的实际情况，开发区继续坚持通过政府购买服务，聘请区内外专家"坐诊"企业，帮助企业查找安全隐患，进行安全生产技术指导，提供有针对性的安全服务，形成了专家"把脉"、部门"出方"、企业"除病"的新格局。全年检查企业252家次，对辖区煤矿、非煤矿山、危险化学品等行业（领域）为重点进行安全生产执法大检查和督查指导，定期对9家涉爆单位进行安全隐患排查。年内，开发区未发生工矿事故。

【队伍建设】 太阳山开发区管委会扎实开展"两学一做"学习教育活动，从改进工作作风、加强服务协调、建立长效机制等方面入手，健全完善了项目包抓、"三个权力清单"等一系列制度和工作机制，强化自身建设和基层组织建设。以非公有制基层党组织为重点，举办党员培训班，设立"党员示范岗""党员责任区"，调动了广大党员职工爱岗敬业的积极性。年内，培养入党积极分子20名，发展预备党员5名，成立党支部1家，建立基层党组织阵地1个。深化廉政建设，建立和完善了相关制度，重点加大对工程建设、资金管理、招投标等工作的监管力度。进一步规范了政府采购、公务车辆、资产登记等管理工作。

吴忠金积工业园区

【概　况】 截至2016年年底，吴忠金积工业园区入驻企业218家，从业人员1.5万人，其中规模以上企业65家，高新技术企业5家，科技型成长企业26家。2016年，园区实现工业总产值128亿元，完成工业增加值35亿元，其中规模以上企业完成工业总产值85亿元，完成固定资产投资40亿元，轻重工业比达到80：20。先后引进内蒙古伊利乳业、上海申能、杭州娃哈哈、北京中民投、中国自动化、北京中科、浙江运达、青海伊佳、天津春发等国内大集团和知名企业入园投资项目建设，并培育了"夏进液态奶""红山河辣椒制品""宁杨调味品""兴达亚麻籽油""杞叶青枸杞饮品""法福来雪花粉""德富胜蟹田稻""金世纪包装"等一批宁夏乃至全国知名品牌，产品畅销国内各大中城市，并出口新西兰、德国、哈萨克斯坦、马来西亚、阿联酋等国家，园区主要经济指标和增长速度连续五年居吴忠市各园区之首，已成为推动吴忠市经济发展的主战场和样板区。

【招商引资】 2016年，金积工业园区将高端特色食品、高附加值保健品和高新技术作为招商引资的主攻方向，先后引进天津春发咸味香精、银珠蓝箭防水材料、河北奥东新材料等项目12个，总投资39.3亿元，到位资金7.6亿元，完成目标任务的102%。扎实做好项目的包装策划，积极向国家、自治区相关部委、厅局申报各类项目资金，落实工业园区低成本化改造，一、二、三产业融合发展，新型工业化发展等项目20个，到位资金7527万元，完成目标任务的107%。

【项目建设】 2016年，金积工业园区实施工业项目38个。其中，新建项目17个，续建项目21个。申能2×35万千瓦热电联产、自动化产业园一期高端阀门制造、天津春发咸味香精、金泽源木业高密度纤维板、鑫浩源二期年产1000吨糖果明胶等13个项目已建成投产，自动化配套产业园、杜尤素牛羊熟食制品及副产品深加工、伊盛达特色胡麻油及冷榨亚麻籽油等10个项目正在加速建设。年内新增源盛纸业、创立佳工贸、复盛新材料、锦汇源化工规上企业4家，园区规上企业总数达到57家。

【园区基础设施建设】 2016年，园区实施道路、供电、给排水、天然气等项目工程12个，总投资9425.77万元。园区生态绿化工程、立德路供水工程、金经九路和工业大街延伸段道路工程、政通路和仁和路道路工程、双桥路给排水和天然气工程已建成投入运行。伊利路西延伸段、明德路道路工程正在建设。

【产业转型】 2016年，金积工业园区坚持以促停产企业"扭亏为盈"、问题企业"对症下药"、转型企业"轻装上阵"为重点，积极配合相关部门，拟定了解决中龙公司问题的具体措施，制定了昊盛污水处理项目合作改造方案，并牵线搭桥促成宁夏法福来食品公司收购猛豹功能饮料项目、中民新能公司收购麒阳休闲食品加工项目、上海申能集团收购国电吴忠热电联产项目等，有效化解了项目历史遗留问题，盘活了项目资产，帮助企业实现了平稳过渡。积极引进"一带一路"供应链、淘享创客等电商公司，将园区10大系列、600余种产品在线上进行展示销售，园区产品线上销售收入达到2亿元。

【科技创新】 2016年，金积工业园区加快国家高新技术产业开发区创建步伐，以高端装备制造产业为主导，以生态纺织、生物保健、食品产业为支柱，积极申报自治区级高新技术产业开发区，并顺利通过了评审验收。年内，园区高新技术企业达到5家，科技型成长企业26家，引导兴达粮油公司与中国工程院合作建立院士工作站，润沁万家公司与中国农科院合作开发高活性食用仙人掌SOD产品，帮助鑫浩源明胶公司与中科院理化研究所联合研发了世界领先水平的生物酶法制胶工艺，企业承担实施自治区级以上科技项目16个，取得区级以上科技成果13项，3个项目获得自治区科技进步奖。引进吸纳产业高技能人才268名，举办企业管理、金融理财、市场营销等培训班12期，培训人员2000余人次。园区被人社部命名为"第三批全国创业孵化示范基地"。

【服务平台建设】 2016年，金积工业园区依托低成本化改造项目，规划建设了园区创新发展服务中心，启动实施了园区规划展示中心、食品检测中心、食品研发中心、168信息平台、人才高地网、科技创新服务站等公共服务平台，并建成投入运行。园区院士工作站正在积极对接中国工程院并全力快速推进。顺利通过了工信部"中国制造2025示范试点城市"评审验收。研究制定了园区产品"走出去"工作方案，组建了强有力的产品营销团队，在北京、厦门、深圳、汕头、西安等重点城市设立吴忠产品专营店10个，专营店销售收入近亿元。积极帮助企业开拓产品市场，组织杞叶青、正源枸杞、红山河等企业积极参加国内外各类产品展示展销会15场次，进一步提高了园区产品知名度、美誉度和开放度。

【安全生产管理】 2016年，金积工业园区坚持安全发展理念，成立了园区安全生产领导小组，组建了安全生产和环保工作机构，联合安监、消防、环保等部门深入企业开展了"十大专项整治""百日专项整治""打非治违""安全生产月""安全生产大检查"等活动，竭力消除各类安全隐患，保障企业和群众生命财产安全，为园区健康发展奠定坚实基础。全年共开展安全检查9次，排查安全隐患2256处，下发整改指令266份，发放安全生产宣传资料5000余份。

【扶贫攻坚】 2016年，吴忠金积工业园区深入开展扶贫攻坚对口帮扶活动，采取劳务输出、村企合作、技能培训、扶贫济困等有效措施，吸纳安置红寺堡区大河乡乌沙塘村20名贫困人员到园区企业工作。引导红山河、宁杨等企业与贫困村合作，利用贫困村土地、人力等资源，共建优质辣椒种植基地。组织贫困村人员开展种养业、岗前技能等各类培训5批次，培训人员50余人。帮助贫困村加强基层党组织阵地建设，积极筹措近10万元资金，为贫困村捐赠配置办公、会议桌椅50余套，走访慰问贫困户25户，发放慰问金3万元、慰问品价值2万元。

【队伍建设】 2016年，金积工业园区管委会深入开展"两学一做""六查六看六树"等专题学习教育活动，从改进工作作风、加强服务协调、建立长效机制等方面入手，健全完善了项目包抓、"三个权力清单"等一系列制度和工作机制。坚持抓党建带群建、抓群建促党建，规划建设了园区党群活动服务中心，开展了党员组织关系和党费收缴清查工作，指导红山河、兴达粮油、众源交通设施等5家企业成立了非公经济党组织，并先后发展企业党员2名，培养入党积极分子5名，有效扩大了党的工作覆盖面。坚持问题导向，对照"十问十要"要求，组织园区党员深入开展"八不准"作风评议活动，不断改进党员干部作风建设，争做合格党员，提高服务企业的能力水平。全年召开项目现场办公会、银企对接推介会等会议82次，梳理化解各类矛盾问题526个，清欠项目工程款、企业职工和农民工工资6160万元，化解债权债务1.8亿元，救助企业困难职工128名，帮助佳美纸业等15家企业办理房产手续，协调融资贷款2.6亿元。坚持民主集中制，园区"三重一大"工作都召开党工委会议集体研究决定。建立完善了领导班子廉洁自律、党风廉政建设责任制和目标责任考核等制度，廉洁、勤政、务实、高效的运行机制基本形成，全年无违纪违规问题发生。

青铜峡新材料基地

【概况】 截至2016年年底，青铜峡新材料基地规划面积34.33平方公里，已初步形成以合金新材料、化工新材料和新型建筑材料、装备制造为重点的新材料产业。园区建成投产企业34家（冶炼企业11家，化工企业13家，建材企业7家，电力企业3家），规上企业18家。2016年，新材料基地管委会认真落实"双百"行动、"精准包抓企业责任制"等精神，紧盯经济运行，狠抓项目建设，不断夯实园区基础设施建设，强化服务意识，园区各项工作取得了一定成效。年内，共引进工业项目12个，计划总投资123.86亿元。完成工业总产值23.48亿元，同比增长16.1%；实现工业增加值6.4亿元，同比增长8.2%。

【园区基础设施建设】 2016年，新材料基地修编完善了园区扩规调位总体规划、产业布局规划以及园区土地集约利用评价报告。组织实施基础设施建设项目5个，计划总投资约1.237亿元。基地污水处理厂及排水管网、加油站、天然气配气站等基础设施项目按照建设进度完成建设任务，完成年度上争资金任务2100万元，占全年目标任务的105%。以上基础设施项目的建成投入运行，将进一步提升园区项目的承载力，降低企业的运行成本。

【安全生产管理】 2016年，新材料基地管委会以隐患排查治理为抓手，强化监管能力建设，推进企业主体责任落实，突出现场管理和隐患查治，实现了无重伤以上事故目标。加强法规知识培训教育，邀请安全生产专家就《宁夏回族自治区安全生产条例》集中进行了宣贯培训。宁夏企业安全风险控制和隐患治理信息系统运行后，先后组织园区企业相关人员进行了理论培训、上机操作实训，为企业准确运用系统做好安全管理工作打下基础。开展以"强化安全发展观念，提升全民安全素质"为主题的第十五个"安全生产月"活动，进一步落实企业主体责任、完善措施，努力形成人人管安全、人人监督安全的良好局面。编制完成了园区安全发展总体规划和安全风险评估编制项目，用于科学指导管控企业危险源，科学核定园区安全风险容量，明确园区的功能区划，把好项目入园关。

【环境保护工作】 2016年,新材料基地管委会以落实中央第八环境保护督查组反馈意见为主线,举一反三,全面整治。针对部分涉水排污企业废水预处理设施建设不完善的问题,督促企业加大环保投入,确保治污设施正常运转,防止污染物偷排漏排。加快园区基础设施建设力度,彻底解决环境保护工作的瓶颈问题,提升项目建设和工业经济发展的环境承载能力。为加快招商引资项目入驻建设铺平道路,为提升园区企业经济运行质量打下坚实基础。

财税金融
CaiShui JinRong

财 政

【概　况】 2016年，吴忠市各级财政部门主动适应经济发展新常态，有效应对各种挑战和困难，切实做到了聚财有力、用财有效、生财有道、理财有方，为全市经济发展提供了财力保障。年内，全市一般公共预算收入完成325545万元，同口径增长14%。其中，市区一般公共预算收入完成134716万元，同口径增长13.4%，全面完成了年初目标任务。筹措资金1.05亿元，补贴利通区被征地农民养老保险，补贴人数1974人（其中45岁以上未到龄人员1787人）。市本级安排保障房、城镇建设、交通等重大项目共支出80194.88万元。其中，保障房资金7861.31万元，城镇基础设施建设41677.27万元，农业25375.62万元，交通建设1685.82万元，生态、环境保护3594.86万元，全面保障了项目进展过程中的资金需要。专项支持为民办理10件实事，紧盯项目进展，拨付1890.09万元。

【财政收入征管】 2016年，全市各级财政部门坚持财税收入情况调研，强化运行质量分析，建立全市财政收支旬报分析制度，及时采取措施应对收入变化，确保财政收支平稳运行。切实加强重点税源分析和监控，加大税收执法力度，清理政府投资类项目欠税7000余万元，市区全年税收收入预计完成105510万元，为预算的99.2%，增长7.4%。规范了政府性基金、行政事业性收费、国有资本经营收入等非税收入征缴，全面升级征缴系统，实现缴费方式多样化。市区全年非税收入预计完成40189万元，为预算的102.5%，增长7.2%，切实弥补税收增收短板，助推一般公共预算收入完成预算目标。

【财政支出】 2016年，全市各级财政部门统筹各类资金8亿元，全力保障京藏高速路拓宽等征地拆迁，积极推进城市东部市政道路、基础设施建设，重点支持"6+6"项目。支出教育类资金5.3亿元，支持学校"薄改"、乡村教师补贴等工作。拨付大气及水污染治理等专项资金12371万元，支持环保工作顺利推进。安排人大议案、建议办理资金1000万元，为民办实事2000万元，脱贫攻坚1100万元。划拨养老保险及职业年金2.36亿元，落实机关事业单位养老保险制度，实现机关事业单位退休人员基本养老金的社会化发放。筹措资金1.05亿元，对利通区1974名被征地农民养老保险进行补贴。有效保障创建全国文明城市、卫生城市和环保模范城市资金需要。全力筹措资金落实住房补贴、公车改革补贴、效能奖、民族团结和谐奖及乡镇人员工作补贴发放。全市10项民生支出占一般公共预算支出的比重达83%。

【支持重点项目建设】 2016年，市财政部门专项梳理项目资金争取渠道，上争资金9.2亿元，支持城市基础设施、河流治理等重点项目220个。争取国开行授信贷款11亿元，有力地支持了市区二道桥、金银滩等片区棚户区改造工程建设。大力推广运用政府与社会资本合作（PPP）模式，市区已促成5个项目落地，其中4个被评为自治区级示范项目。已促成市人民医院3亿元设备融资租赁、科威特政府基金2亿元低息贷款落地，为市人民医院顺利迁建提供了资金保障。

【支持产业发展】 2016年，市

2016年9月18日，科威特政府贷款吴忠市人民医院迁建项目评估见面会

本级预算安排产业引导基金1亿元。为强化产业发展引导和风险防控，已设立包含扶贫产业、奶产业等五类基金的产业引导基金，基金规模达到2.63亿元。其中，设立扶贫产业（风险担保）基金10000万元，有力支持吴忠市扶贫产业发展。奶产业风险基金规模扩大至6500万元。建立4000万元的农业担保（风险补偿）贷款基金，已到位3416万元。继续向开源担保公司注资500万元，增资2000万元用于入股自治区担保集团，提升了担保融资能力。建立1300万元的"助保贷"，已向小微企业提供担保贷款3850万元。积极争取自治区财政厅配套产业引导基金支持，已拨付1000万元助推"金援助贷"基金运作。

【支持全民创业和就业】 2016年，市本级预算安排全民创业和就业专项资金2000万元，为全民创业小额贷款担保中心注资200万元，为符合创业贷款条件的电商企业和网络商户提供创业担保贷款和贴息支持。对符合条件的44家企业进行了补贴，补贴金额214.82万元，补贴人数5385名。筹措扶贫资金1100万元，支持精准扶贫。按照年增长10%的比例，本级预算安排扶贫专项资金1100万元，全部拨付到位。安排人大议案办理资金1000万元。已安排办理资金1000万元并全部拨付到位，人大议案、代表建议在规定时限内全部办结。

【政府产业引导基金】 2016年，市财政局健全产业发展引导体制机制，设立政府产业引导基金。鼓励引导企业积极争取国家丝路基金等产业引导基金。整合市、县政府现有的各类产业发展资金，捆绑使用，扶持产业做大做强。逐步扩大奶产业风险基金规模。积极争取国家丝路基金，促成科威特政府基金贷款2亿元成功落地，支持吴忠市医院二期项目建设。

【财政金融风险防控】 2016年，市财政部门编制一般公共预算、政府性基金预算、国有资本经营预算和社会保险基金预算"四本预算"，建立"全口径"预算体系。为加强政府债务管理，市财政局会同市审计局对市本级政府性债务开展了全面摸底工作，并向市委、市政府进行了专题汇报，制定出台了《吴忠市人民政府性债务管理暂行办法》。制定《市本级政府性债务风险化解规划和应急处置预案》，组织开展政府债务摸底工作，制定《吴忠市人民政府性债务管理暂行办法》，建立"借、用、还"相统一的政府债务管理机制。争取置换债券还本资金18.7亿元，筹措付息资金4.2亿元，优化了债务结构，有效缓解偿债压力和政府债务风险，特别是提前置换了高息未到期银行贷款6.6亿元，有效降低了利息负担，可节支2亿元。加大收回结余结转资金力度，清理收回市本级2013年及以前年度各部门结余结转资金12384万元，其中统筹使用4487万元，冲减暂付款1645万元，原项目使用6252万元，弥补了部分项目资金需要。

【"三公"经费管理】 2016年，市财政部门严格按照中央八项规定及《党政机关厉行节约反对浪费条例》，不断加强"三公"经费管理；将市本级各单位"三公"经费管理工作纳入财政综合监督检查和审计范围，"三公"经费总体上处于下降趋势。截至12月底，"三公"经费支出966万元，下降43.1%；市本级政府预决算及163个预算单位的部门预决算均按照法定时限在政府门户网站进行了公开。

【政府采购监管】 2016年，市财政局从加大购买服务力度与加强采购监管入手，审批项目395项，采购预算5.5亿元，实际采购支出4.7亿元，资金节约率达14.6%。严格编制政府采购预算，开展政府采购履约验收专项检查，保证政府集中采购活动的公开、公平、公正。

【财政监督检查】 2016年，按照自治区财政厅工作安排及2016年度财政监督检查工作计划，市财政局及时制定下发了《全面开展市本级财政资金安全自查工作方案》，要求各县（市、区）进行自查。在自查基础上，就岗位和人员管理、账户管理、财政资金收付管理、会计核算管理和会计集中核算向国库集中支付转轨落实情况等涉及资金安全的5个方面开展了检查。

【深化财政体制改革】 2016年，全市财政部门深入贯彻新《预算法》，完成一般公共预算等"全口径"四本预算编制，建立了跨年度预算平衡机制。全面推进预决算信息公开，市本级153个部门预决算信息全部公开。开展全市财政资金安全专项检查工作。增强市本级政府购买服务力度，确定服务项目139项，资金规模达到1.1亿元，占公共服务支出的30%以上。加强政府采购监管，审批项目445项，资金节约率达11%。纵深推进预算绩效管理，召开全市预算绩效和基层财政管理工作现场会，印发《全面推进预算绩效管理工作的实施意见》，对高效节水灌溉、水质提标改造、奶牛养殖基地扩建等15个项目进行绩效评价，财政资金使用效益大幅提高。全面摸清了行政事业单位"家底"，完成市本级行政事业单位资产清查工作，资产总额为88亿元。完成行政及参公事业单位公车改革工作。公务卡结算全面推行。

国家税务

【概　况】 截至2016年年底，吴忠市国税系统有在职人员526人，担负着全市46438户纳税人的税收征管工作，其中企业11304户，个体工商业户35134户。2016年，吴忠市国税局紧紧围绕上级决策部署和全市国税重点工作，齐心协力，狠抓落实，圆满完成了各项工作任务。全年累计组织税收收入45.81亿元，同比增长4.01%，增收1.77亿元，完成目标任务的108.50%，为全市经济社会发展提供财力保障。

【依法治税】 2016年，市国税局以争创"法治税务示范基地"为抓手，强化过程管理，扎实推进法治税务建设。积极推行法律顾问和公职律师制度，全面推行"一级稽查"模式，将各县局稽查局职能整体转化为风险应对，设立专门查账室，采用调账检查方式，限时查结案件，提高稽查工作效率。改进稽查方法，对企业稽查前进行纳税自查辅导，在房地产、建筑安装企业专项检查中，153户企业自查补缴税款5153万元，取得很好效果。年内共对75户企业立案检查，累计结案65户，查补入库6782万元，同比增长25%，完成年度目标任务的113.6%。制定《吴忠国税系统"一案双查"实施办法》，强化对干部执法行为规范性和履职行为廉洁性的监督与整治，共对21个税收违法案件实施"一案双查"，批评教育12人次，警示谈话17人次，通报批评11人次，以从严问责促进责任落实。

【税收征管】 2016年，市国税局推动《深化国税、地税征管体制改革实施方案》全面落实。全面推开营改增试点工作，严格按照营改增实施方案确定的时间节点，顺利完成"开好票""报好税""分析好""改进好"四大战役的工作目标。加强营改增企业后续管理，制定建筑业和房地产业税收管理办法，规范建筑业和房地产业的增值税管理，有效防范了税收风险。在全市范围内全面推开委托邮政代开发票、代征税款工作，全市设置邮政代开点25个，共代开发票2.2万份，代征税款969万元。积极推行国地税合作规范3.0版，将国地税合作规范3.0版51项合作事项扩展为53项内容，推动合作规范扎实落地。对2516户纳税人联合开展信用评价，双方共同出具纳税证明及信用等级证明124份，发放贷款累计33.12亿元，其中，小微企业9.57亿元，增强了纳税信用的应用水平。

【纳税服务】 截至2016年年底，利通区国税局、地税局共同进驻政府政务大厅，共设置24个服务窗口联合办税。青铜峡市国税局、地税局联合共建办税大厅，共设置15个窗口联合办税。全面整合办税资源，确保从深度、广度上全方位地推进"国地税一体化办

10月16日，国税系统职工运动会

税"，真正实现"两家事一窗办"，给纳税人带来更加便捷高效的办税体验。设置24小时自助办税区，实现了全天候、无假期办税，为纳税人提供了更多的方便，也有效缓解了窗口压力。积极与地税局、宁夏银行、建设银行联合吴忠银监分局建立了联席会议制度和税银协作机制，推出了"税联贷""税易贷""税贷通"等产品，共为全市943户纳税信用优良企业贷款115.6亿元。认真落实便民服务各项措施，深入开展"便民办税春风行动"。围绕32项行动内容，加强办税服务厅管理，推行局领导带班、中层骨干值班制度和全员首问责任制，建立首问责任登记台账12个，共登记不能即时答复和现场办理的涉税事项97人次，并限时限期办结。为纳税人提供预约服务1172户次。建立24小时自助办税服务厅3个，办理业务2900笔。认真落实《全国纳税服务规范》。大力加强办税服务厅标准化建设，规范业务流程，实现了登记、认定、发票等涉税事项全程"免填单"服务。推行多元化纳税申报方式，提高了网络申报的准确率。积极推行网上申报缴税系统，全市已有2953户一般纳税人实行网上申报纳税，占一般纳税人总户数的84.09%，3249户小规模纳税人实行了网络申报、"12366"电话申报和自助办税终端申报，占已维护小规模纳税人总户数的51.36%。不断扩大免填单范围，将"金税三期"系统能够自动出具文书的常用免填单事项扩展至47个。加强"纳税人学堂"硬件和师资力量建设，借助纳税宣传咨询辅导平台为"纳税人学堂"服务，切实解决纳税人实际问题。

【队伍建设】 2016年，全市国税系统扎实开展"两学一做"学习教育活动和"岗位大练兵、业务大比武"活动，全面落实党风廉政建设"两个责任"。在新录用人员与业务骨干之间结成20个师徒对子，面向基层遴选干部13人，选派干部到地方党委、政府相关部门交流挂职6人。深入开展"评星定级"和"文明家庭"评选活动，对"先进党支部""五好党员""最美国税人"进行表彰。结合全面推开营改增试点和"岗位大练兵、业务大比武"活动，全系统党员亮标准、亮身份、亮承诺，比技能、比作风、比业绩。认真组织开展了"我身边的好税官""优秀共产党员"等推荐评比活动，涌现出了马忠斌等一批先进典型，努力形成崇尚先进、学习先进、争当先进的良好氛围。密切关注"四风"新表现，紧盯税收"两权"运行的"人、财、物"和"征、管、查、评"各环节及各重要节点，重点查处收受红包节礼、公车私用、大操大办婚丧喜庆等问题。定期、不定期检查机关纪律和工作作风，全面开展深化巡视整改和自查自纠工作，联合监督检查4次，发现问题135条，针对排查出的问题，逐一建立整改落实台账，逐条开展整改。对有过错的20人次进行责任追究，促使整改落到实处。

地方税务

【概　况】 吴忠市地税局下辖青铜峡市地税局、利通区地税局、市局稽查局、直属征收管理局。市局机关内设11个科室、1个党群组织、2个事业单位。全市地税系统共有干部职工307人。截至2016年年底，全市地税系统共管理各类纳税户34207户，其中单位纳税人8602户，个体工商业户25605户，同时还承担着吴忠市辖区、青铜峡市企事业单位及城镇灵活就业人员的社保费征缴工作。2016年，吴忠市地税工作紧紧围绕年初确定的各项目标任务，坚持依法行政，科学合理分解落实收入计划，提高征管质效，优化纳税服务，加强队伍建设。全年累计组织征收各项收入30.1072亿元，其中完成税收收入14.0059亿元，完成年度计划任务12.75亿元的109.85%，超收12.559亿元；其中，完成市财政预算收入7.0742亿元，完成年度计划任务88710万元的79.75%，剔除营改增因素后同比增长9.26%，增收4416万元。社保基金收入完成13.8501亿元，同比增长14.71%，增收1.7757亿元，其他收入完成2.2512亿元，同比增长7.87%，增收1626万元。

【税收改革】 2016年，全市地税系统稳步推进税收改革，成立深化改革领导小组，明确相关部门的职责，积极推行59项自主改革事项，完成了"合理简并纳税人申报缴税次数""推行办税事项区内通办"两项自治区地税局试点中的辖区工作任务。积极推行"三集中三到位"行政审批制度改革，简化审批手续和流程，深化"三证合一"登记制度改革，累计办理"三证合一"1171户，办理"五证合一"957户，办理个体工商户"两证合一"325户。组织资源税纳税义务人、代扣代缴义务人进行相关培训60余人次，发放各类宣传资料500余份。5月1日，吴忠市地税办税窗口成功开出了第一张营改增后的增值税完税证明和增值税普通发票，标志着全市8727户营改增试点纳税人实现"平稳转身"。全局全年累计代开增值税发票2469份，入库增值税1184万元。

【税收征管】 2016年，全市地税系统重新认定当年委托代征纳税人24户，终止10户，组织入库15340万元。开展纳税评估572户，入库税款及滞纳金1266.01万元，同比增长546.75%。注重大企业风险管理，依托社会综合治税体系，采集分发市发改委、住建局等22个部门各类涉税信息8875条，房地产运行报告6期。年内，实现网上申报签约7931户，同比增长42.46%。认真开展2015年度企业所得税汇算清缴工作，汇算清缴1444户，汇算面达到100%，汇算补缴所得税3069万元。开展年所得12万元以上个人所得税自行申报，申报人数2310人次，同比增长38.46%，应纳个人所得税4748.34万元，同比增长81.81%；个人所得税明细申报率达到98%，名列全区前茅。认真开展社保费费源普查，全年共清理以前年度欠费9267.29万元。

【纳税服务】 2016年，全市地税系统积极开展"便民办税春风行动"和税法宣传月活动，深入贯彻落实《纳税服务规范》，加强国地税合作，全面升级吴忠国地税一体化联合办税；全方位落实二维码一次性告知，实现24小时自助办税全覆盖；严格落实"涉税中介"自查整改，以"问需求、优服务、促改革"为载体，认真抓好纳税人满意度调查，累计发放调查问卷5000余份，走访纳税人388户，征求意见80余条；会同国税局评定全市A级纳税人215户，联合开展"银税互动"推进会，进一步扩大信用等级应用范围，税银双方共同出具纳税证明及信用等级证明124份，发放贷款累计33.12亿元，其中，小微企业9.57亿元。做好"12366"纳税服务热线远程服务工作，受理热线转办案件16起，及时处理16起，办结率和纳税人满意度均达到100%。

【落实税收政策】 2016年，全市地税系统坚持严格落实税收政策不走样，不折不扣地执行"大众创业、万众创新"等一系列税

5月1日，吴忠地税成功开出第一张营改增后增值税普通发票

收优惠政策，积极推行行政审批由大厅受理审批改为网上集中审批的电子行政审批模式。截至10月底，共办理备案类减免1014户，减免金额1.66亿元。全年受理行政审批事项1232户次，减免税额2.08亿元。

【依法治税】 2016年，市地税局与国税局联合建立317户统一的稽查对象分类名录库，组织开展"蓝剑行动"专项整治，实施稽查36户，组织入库稽查各项收入2917.08万元，同比增长157.82%；对137户企业实施了发票专项检查，检查发票3万余份，查处未按规定使用以及非法开具的发票509份，涉及金额2332.6万元，查补各项收入571.41万元；通过媒体曝光等方式，严厉打击欠税"老赖"，全年共清理欠税7350万元；组织开展各类法治宣传教育活动8场次，发放宣传资料3000余份，接受群众咨询600余人。市地税局被评为"全市'六五'普法先进单位"，利通区局被国家税务总局命名为"全国税务系统法治税务示范基地"。

【队伍建设】 2016年，全市地税系统深入学习贯彻十八届六中全会精神，加强领导班子建设，扎实开展"两学一做"学习教育，严格落实"两个责任"，层层签订党风廉政建设责任书，落实党组成员"一岗双责"。组织干部职工参观吴忠市反腐倡廉警示教育基地，邀请专家学者开展廉政建设专题讲座。加大正风肃纪力度，严格监督执纪问责，开展各类谈话12次，受理问题线索7件。加大作风整顿治理和明察暗访力度。在2016年全市群众评议机关和干部作风活动中，吴忠局荣获市场和金融监管机构类第二名。强化干部培训，做好领导干部任用选拔、交流轮岗，先后举办稽查业务、所得税汇算、绩效管理信息系统操作等各类培训12期，累计培训干部1400余人次，企业人员1600余人次。开展干部交流任职，2名基层局纳税服务科副科长与国税局开展对应的任职交流。深入开展"岗位大练兵、业务大比武"活动，综合成绩连续三年夺得全区第一，有两人入围参加总局"115"工程考试，其中马菊取得全国稽查岗位第8名，受到总局通报表彰。组织开展"党团员奉献日"活动，全市地税系统党团员共捐善款9020元，用于帮困助学。不断加大驻村扶贫力度，投入5万元帮助柳条井村实施机井维修建设，实现低压灌溉300亩，滴灌300亩，受益群众达188人；投入1万元新建了新泉井村饲料加工配送中心。吴忠局被授予"自治区五一劳动奖状"，青铜峡局干部唐雅芳被评为"全国青年岗位能手"，市局马菊同志被授予"自治区五一劳动奖章"。

银行业

·中国人民银行吴忠市中心支行·

【概况】 2016年，中国人民银行吴忠市中心支行全面落实上级行各项工作部署，按照"更新理念、凝心聚力、严实并举、争创一流"的总体思路，紧紧围绕供给侧改革，认真执行稳健货币政策，牢牢把握防范风险要求，加强风险监测分析，积极推进普惠金融发展，加快金融基础建设，不断提升金融服务与管理水平。深入践行"两学一做"，强化党建引领作用，全面深化党建和干部队伍建设，各项工作取得了积极成效。10月末，全市各项存款余额613.6亿元，同比增长18.1%；各项贷款余额491.3亿元，同比增长6.8%。

【货币信贷服务】 2016年，人行吴忠市中心支行紧密结合吴忠市经济发展战略部署，通过制定信贷指导意见、综合运用多种货币政策工具、加大跨境人民币使用推广力度等，引导金融机构加强信贷投向与产业政策的协调配合，切实加大对"一带一路"、沿黄经济区等重点领域的信贷支持力度。主动加大政策指导力度，引导各银行机构加大金融产品创新力度，在充分发挥贷款利率风险定价机制作用的同时，有效降低贷款门槛，与企业共渡难关；配合有关部门通过支持企业在主板上市和三、四板挂牌，建立"助保贷"平台，扩大企业担保基金、引进应急转贷基金等措施，努力为企业拓宽融资渠道创造有利条件。

【货币政策工具运用】 2016年，人行吴忠市中心支行切实加大定向调控力度，认真落实金融机构存款准备金率"定向+普降"政策，对新增存款一定比例用于当地贷款考核和农业银行县级"三农"金融事业部改革考核达标的金融机构实施优惠存款准备金率，积极引导金融机构加大对实体经济的支持力度，降低社会融资成本。充分发挥再贷款、再贴现的总量和价格双引导功能，确保相关政策红利惠及实体经济。9月末，累计发放信贷支持再贷款2.1亿元，办理再贴现1.09亿元，全市金融机构一般贷款加权平均利率6.22%，同比下降1.1个百分点。

【推动普惠金融发展】 2016年，人行吴忠市中心支行制定《关于金融助推脱贫攻坚的指导意见》，建立金融精准扶贫信息对接共享工作机制，引导金融机构加大对扶贫开发的信贷投入，促进贫困地区经济发展、农户脱贫致富。10月末，贫困地区贷款余额146.8亿元，同比增长24.6%，高于全市贷款增速17.5个百分点。建档立卡贫困农户贷款余额11.3亿元，惠及2.56万户建档立卡贫困农户。稳步推进"两权"抵押贷款试点工作，推动市政府将"两权"抵押贷款试点纳入年度改革创新重点任务，协调召开同心县农村土地经营权抵押贷款试点推进会，配合相关部门加快完善农村产权制度改革基础配套措施。截至2016年年底，已发放农地抵押贷款133万元。密切关注"投贷联动"、PPP等新型金融创新模式，支持辖区石嘴山银行与宁夏顺宝现代农业股份有限公司合作开展投贷联动业务。

【金融风险监测预警】 2016年，人行吴忠市中心支行认真落实宏观审慎评估体系各项要求，首次对辖区法人金融机构开展宏观审慎评估工作。密切关注经济下行风险，加强对企业融资、产能过剩、房地产等重点领域的监测评估。持续跟踪地方法人金融机构资产质量和流动性变化，加强同业业务管理，帮助金融机构增强风险防控意识和能力。积极开展反洗钱、反假货币、网络电信新型违法犯罪活动的宣传引导和打击追究，配合发改、公安等部门妥善处置"云联惠"风险事件，为深化金融改革创新营造稳定的金融环境。牵头开展宁夏辖区维护金融稳定应对预案现场演练，进一步检验了区域金融稳定协调机制的有效性，增强了应对突发金融风险事件能力。

【区域金融改革创新】 2016年，人行吴忠市中心支行稳步推进利率市场化改革，指导督促辖内法人金融机构制定并完善存款利率定价管理办法，提高利率自主定价能力。组织对6家地方法人金融机构开展合格审慎评估，辖区新增自律机制基础成员1家，观察成员3家。扎实开展存款保险评级工作，对辖区投保机构的风险状况进行测试打分，为实施存款保险差别费率奠定了基础。认真做好核算保费基数、核定适用费率、办理保费收缴、采集指标数据、现场核查等工作，确保存款保险各项工作扎实有效。

【区域金融基础工作】 2016年，人行吴忠市中心支行扎实开展统计研究工作，探索构建全市经济金融统计信息交流共享机制。建立并实施了互联网金融、"两权"抵押贷款、金融精准扶贫贷款等专项统计制度，组织开展金融统计专项检查。顺利完成ACS信息子系统的推广上线工作。大力规范支付服务市场秩序，组织开展非银行支付机构、非法买卖银行卡等专项整治工作，联合公安部门建立整治支付结算重大违法犯罪风险预警处置机制，搭建电信诈骗风险交易事件管理平台，促进辖区支付服务市场合规发展。以助农取款服务点为依托，打造惠农金融综合服务示范站，实现了银行卡消费、取现、转账以及交通罚款、话费、社保等多种缴费功能，农村支付服务的便捷性不断提升。大力实施网络优化升级和系统改造，加大科技对业务创新发展的支持力度，自主开发吴忠市融资服务平台，进一步拓宽政银企融资对接通道。继续推进金融IC卡推广应用工作，金融IC卡非接受理环境明显改善，全面完成了吴忠市2500余辆出租车项目的非接改造工作。

【货币流通管理】 2016年，人行吴忠市中心支行加强发行基金总量和各类券别的统筹调拨，有效保证现金供应总量满足、结构合理。成功推动全区首家驻场式现金清分复点中心建成运行，得到总行范一飞副行长和分行白行长亲临指导和充分肯定。创新建立反假货币工作站示范点，进一步提升反假货币工作站运行效果。加大残损人民币回收力度，努力提升流通人民币整洁度。

【国库信息化建设】 2016年，人行吴忠市中心支行严格开展国库核算与管理，强化国库业务监督检查。成功上线电子出口退税和免抵调库业务，试点推广直联POS银行卡刷卡缴税业务，国库信息化水平进一步提升。做好营改增科目调整及参数设置，营改增后国库业务运行平稳。借助微信公众平台创新开展国债知识宣传，建立"一站式"国债服务平台，国债宣传的广度和深度不断拓展。

【外汇管理服务】 2016年，人行吴忠市中心支行以"扩流入、控流出"为主线，全力做好外汇管理与服务，切实防范异常资金跨境流动冲击。扎实开展大额购付汇监测和异常购付汇约谈、货物贸易流出项下专项核查，切实维护外汇市场秩序。深化外汇服务机制创新，探索建立"5+3"、"一对一"式外汇服务模式，深入开展"外汇服务到百家"帮扶活动，支持涉外经济发展能力进一步提升。首次实现涉外业务合作备忘录数据交换工作，跨部门协同监管机制建设取得新进展。

【征信体系建设】 2016年，人行吴忠市中心支行继续推进中小企业信用体系建设，推动市委印发《吴忠市小微企业信用信息服务平台管理暂行办法》，与政府相关部门签订信息采集共享协议，积极构建信息共享和工作保障机制。加强征信管理，对全辖接入机构开展征信信息风险排查，确保信用报告查询应用合法合规。积极推广征信自助查询方式，推动3家机构顺利接入征信系统，积极推广应用应收账款融资平台，征信服务融资、促进发展的作用有效发挥。

【反洗钱监管】 2016年，人行吴忠市中心支行继续加强反洗钱合作机制建设，完善洗钱类型分析工作联系协调机制，监管合力明显增强。以风险评估和风险监管为重点，探索建立了洗钱风险评估指标体系，对全辖65家金融机构反洗钱工作进行考核评级，指导督促法人金融机构开展洗钱风险自评估，反洗钱监管的针对性和有效性进一步提升。

【内部风险防控】 2016年，人行吴忠市中心支行深化内审转型，坚持风险导向，继续加大领导干部履职审计和绩效审计力度，积极探索开展纪念币发行管理等重点业务领域的专项审计。认真落实中央八项规定，修订完善了差旅费、基本建设、工程维修项目、集中采购等管理制度，配合财监办、银川中支做好人员经费核查和会计制度执行情况检查，切实规范财务管理行为。稳步做好办公楼维修改造各项工作，加强基建维修项目管理，确保项目资金有效使用。深化"双无单位""平安单位""无毒单位"创建活动，认真做好安全管理监督检查、政务值班、舆情监测、保密等工作，实现了无案件、无事故目标。

【队伍建设】 2016年，人行吴忠市中心支行紧紧围绕上级行党委关于"两学一做"学习教育的总体要求，以举办党务干部专题培训的形式全面启动学习教育。深化干部队伍建设，先后调整交流干部12人次，提拔转任7人次，不断增强干部队伍活力。加大教育培训力度，充分发挥工、青、妇桥梁纽带作用，继续推进文明单位创建，扎实推进争先创优工作，为有效履职营造了和谐氛围。严格落实党风廉政建设责任制，把贯彻落实中央八项规定精神作为长期任务抓紧抓实。深入开展"两条例一准则"学习贯彻工作，通过中心组专题学习研讨、廉政党课辅导、"两条例一准则"测试等形式，深化党员干部对党纪党规的再学习再认识，确保学深悟透、入脑入心，营造了风清气正的廉洁氛围。加强和规范公务用车、公务接待管理，大力压缩"三公"经费。加强党务、政务和行务公开，积极探索基层央行民主管理新形式，持续畅通民主管理渠道，不断提升职工参与管理积极性。

· 银行业监管 ·

【概　况】 2016年，吴忠银监分局认真贯彻落实宁夏银监局和市委、市政府的工作要求，牢固树立"五大发展理念"，切实遵循五大政策导向，全面落实五大工作任务，主动适应经济发展新常态，持续增强监管政策引领，持续改进金融服务，持续深化银行业改革开放，持续防范金融风险，切实提高银行业运行效率和服务实体经济能力。9月末，辖区银行业资产总额701.49亿元，同比增长12.77%，高于全区3.57个百分点；负债总额665.87亿元，同比增长12.48%，高于全区3.38个百分点；各项存款607.32亿元，比年初增加83.62亿元，增长15.97%。各项贷款494.59亿元，比年初增加33.63亿元，增长7.3%。

【金融服务实体经济】 2016年，

辖区银行业机构落实差别化信贷政策,积极优化信贷结构,加大对重点领域和薄弱环节的信贷投入,提高信贷资金使用质量和效率。前三季度累计新投放贷款301.32亿元,贷款净增33.63亿元,贷款与存款比例达81.44%。其中,投向第一、二、三产业贷款余额分别为90.11亿元、190.78亿元和126.99亿元,同比增长18.53%、-0.23%和1.34%。

【重点领域资金支持】 2016年,辖区各银行业机构多方筹措资金,有效满足实体经济信贷需求,一方面争取增量资金,增加存款83.62亿元,争取央行借款1.9亿元,同业存款3亿元。另一方面盘活存量资金,化解不良贷款2.14亿元。各银行业金融机构紧紧围绕地方发展战略布局,积极开展银团贷款、联合授信、PPP融资服务等,有效满足了恒丰纺织、人民医院、青铜峡铝业、大坝电厂等重点项目资金需求。国开行、农发行承诺安排专项建设项目65个,投放金额28.94亿元。

【支持供给侧改革】 2016年,辖区各银行机构积极支持传统产业的改造升级,加大支持风电、装备制造、新材料、特色农业等产业。落实"三去"要求,对有3家以上债权银行的71家客户进行摸底,指导银行业机构对贷款规模大的客户成立债权人委员会,由债权人委员会集体研究确定增贷、稳贷、减贷、重组等措施。逐步压缩过剩产能行业贷款,建立"两高一剩"行业贷款统计制度,开展产能过剩行业贷款排查。9月末,吴忠银行业"两高一剩"行业贷款余额25.36亿元,较年初下降16.97%。房地产贷款余额76.47亿元,较年初增长18.80%,吴忠市商品房销售面积同比增长50%,商品房待售面积同比下降7%,去库存效果明显。

【"三农"金融服务】 2016年,坚持支农服务考核、通报、约谈机制,与涉农银行业机构签订支农服务承诺书;加强产品创新,稳妥有序推进同心联社"两权"抵押贷款试点,支持发展林权抵押贷款;持续推动基础金融服务向行政村延伸,在农村地区增设自助银行并广泛布设便民服务终端,巩固"村村通"工程。9月末,全市银行业涉农贷款余额307.21亿元,占全部贷款的62.11%,比年初增加20亿元,增长6.45%,同比多增8.32亿元,增幅同比提高0.51个百分点。

【小微企业信贷支持】 2016年,市银监分局联合税务部门开展了"银税互动",建立了吴忠经济金融信息交流与共享平台。推进小微企业贷款尽职免责指引和小微企业流动资金贷款的无还本续贷政策落实。鼓励服务网点下沉,支持发展社区支行、小微支行。各银行业机构单列小微企业信贷计划。加强与融资性担保公司的合作,创新金融产品,着力解决担保抵押难问题。9月末,全辖小微企业贷款余额167.58亿元,同比增加27.23亿元。小微企业贷款增速19.4%,高出全部贷款增速12.31个百分点;小微企业贷款户数16991户,同比增加3132户;小微企业申贷获得率达97.16%。严格落实小微信贷"两条两限"要求,坚持合理稳妥定价,与实体企业共渡难关。开展减轻企业负担专项督查。银行贷款利率持续下调,利差显著收窄,9月末,辖区银行业贷款同比增长7.08%,贷款利息收入同比下降14%,净息差同比下降0.66个百分点,存贷款利差同比下降0.57个百分点。

【精准扶贫力度】 2016年,银监分局制定印发《吴忠银行业金融扶贫工作实施方案》,组织召开"吴忠市扶贫开发金融服务工作推进会"。严格落实"四单"制度,即单列信贷资源,单设扶贫部门,单独考核贫困地区建制乡镇的机构网点覆盖率和行政村的金融服务覆盖率,单独研发扶贫金融产品。推动银行业机构创新"金融扶贫农户贷""金融扶贫产业贷"等产品。建立工作机制,实行包片负责,将扶贫村扶贫任务分解到行。9月末,吴忠辖内银行业机构投放扶贫贷款余额59.04亿元,占各项贷款的11.94%,较年初增加11.95亿元,同比增长24.69%,其中,对建档立卡贫困户发放贷款25421户,较年初增加5532户,同比增长23.67%,贷款余额11.08亿元,较年初增加2.62亿元,同比增长22.97%

【银行业体系建设】 2016年,吴忠市持续完善辖区银行业组织体系,加快银行业机构和网点建设,不断完善服务网络,扩大服务覆盖面。年内,批复机构开业6家,正在筹建2家。积极支持、引导符合条件的银行业机构到吴忠发起设立村镇银行，批复宁夏红寺堡汇发村镇银行、宁夏同心津汇村镇银行开业，实现辖区村镇银行县域全覆盖。市银监分局督导银行业机构不断下沉机构网点，优化农村地区网点布局，持续扩大农村地区网点覆盖面。指导盐池汇发村镇银行向下延伸服务网络，设立福州路支行、大水坑支行、花马池支行3家网点支行。鼓励银行业机构进入社区，石嘴山银行在辖区设立首家社区支行——吴忠明珠路社区支行。

【银行业机构改革】 2016年，吴忠市加快农村信用社改制步伐，全面推进盐池联社、同心联社改制为农村商业银行工作。强化邮储银行代理营业网点管理，持续推进二类机构改革，完成6家"名行实所"机构的变更。支持农业银行开展"三农"金融事业部改革，鼓励涉农机构设立"三农"金融委员会，指导农业银行完成3家分理处的升格。支持小微专营机构的设立，3家银行业机构建立小微企业信贷中心。加强政策宣传指导，鼓励和培育民营企业参与银行业，引进优质民间资本，提高民间资本占比，优化股权结构，年内共引入民间资本1.3亿元参与新发起村镇银行组建。进一步完善公司治理体系，督促完善"三会一层"治理结构，列席董（理）事会议，指导6家法人机构对高管进行了调整，开展高管监管后评价。深化绩效考核机制改革，建立健全勤勉尽职、履职规范、决策科学的运行机制。加强对资本的管理，强化资本节约型发展，完善资本补充机制，加大利润留存比例，法人机构资本净额较年初增加3.99亿元。

【银行业金融创新】 2016年，指导各银行业机构立足地方特色，结合自身的功能定位和风险偏好，强化产品研发能力，打造差异化、特色化的金融服务，进一步推动盈利模式转型和业务拓展。在全辖区推广盐池金融扶贫模式，打造盐池金融扶贫模式升级版，建立金融扶贫示范区。指导同心联社发放农村土地承包经营权反担保贷款16.5亿元。完善"小额贷款文本生产模板"的微贷技术。城市商业银行推出"如意展翼贷""年审贷"等续贷金融产品，农合机构推出富农卡、富民卡等一次授信、随贷随还便捷金融产品。

【风险防控】 2016年，吴忠银监分局围绕辖区银行业重点领域风险，切实履行监管职责，强化责任担当，全面落实各项风险防控工作措施，加大风险排查力度，及时处置重大风险隐患，有效增强风险管控合力，坚决守住风险底线，维护辖区金融稳定。加强房地产信贷风险监测分析，开展房地产企业信用等级评定。加强平台贷款全口径统计分析，对辖区农发行政府债务置换情况进行调查。加强对重点机构、重点行业、重点客户风险监测，组织开展了钢铁煤炭行业信贷自查、去产能重点行业授信情况风险排查、"两高一剩"行业排查。建立大额贷款监测台账，重点关注50个关联客户贷款圈。稳妥处置博大商贸风险事件，指导相关债权银行成立债权人委员会。下发风险提示6份，约见高管谈话7次。建立不良贷款"双控"计划，严控新增不良贷款，全辖银行业通过起诉、清收、重组、核销、转让等方式化解不良贷款2.14亿元。制定并完善流动性风险应急预案。实施存款偏离度月度监测，严控存款冲时点和异常波动。引导银行业机构拓宽负债渠道，优化负债结构，提升主动负债能力。加强银行间信息共享，建立从业人员处罚信息登记制度，强化从业人员处罚信息报送、采集和跟踪管理，推动案防工作常态化。加强员工行为管理，定期开展员工异常行为排查。加强对业务授权、岗位分离、印证凭证保管等管控，严禁挪用、占用客户资金行为。开展"两个加强、两个遏制"专项检查"回头看"，严肃查处整改各类违法违规行为。联合公安部门开展打击电信网络新型违法犯罪工作，对辖内28家机构进行督查，对同一银行开卡数量超过4张以上客户进行全面清理，严格实名开户，严格控制代理开卡行为，升级ATM进行风险提示。督导银行业机构加快系统改造，建立涉案账户资金网络查控平台，及时配合公安机关做好涉案账户的查询与冻结。年内，开展了银行业整治非法买卖银行卡信息专项行动。组织银行业金融机构开展网络安全自查和网络安全风险专项评估治理工作。

·农业发展银行吴忠分行·

【概　况】 2016年，农业发展银行吴忠市分行认真贯彻落实党的十八大和十八届五中、六中全会精神，强化政策性职能定位，围绕保障国家、地方粮食安全和城乡一体化发展，加大支农力度；以开展"贷后管理年"活动为契机，大力提升基础管理工作水平；狠抓"两学一做"学习教育，强化依法合规经营，员工队伍建设有序推进，各项工作取得良好成效。全年累计投放农发重点基金17290万元。

【粮油购销储资金供应】 2016年，农发行吴忠分行在分析研判的基础上准确预测2016年夏秋粮收购资金需求，全年累计支持粮食购销公司收购及储备资金7192万元，支持企业收购小麦1138万公斤，收购水稻1465万公斤。按期完成2015年收购贷款、库存"双结零"。全年累计从回笼货款中收回贷款6780万元，支持企业销售粮食2397万公斤，实现销售收入7100万元。对3家成品粮油储备贷款433万元进行展期，继续支持企业储备自治区成品粮900吨，县级成品粮储备200吨。坚持不定期对粮食购销公司及储备企业库存粮油全面丈量、清查，做到库存粮油质量完好、账实相符。积极督促、协助粮油储备企业做好相关补贴申请，全年申请补贴资金共计20万元。

【项目贷款投放】 2016年，针对总行陆续出台多项全新信贷政策，农发行吴忠分行积极向辖区政府、监管部门汇报，继续支持吴忠城投公司、盐池国资公司和红寺堡城乡建设公司等现有符合国家规定的承贷主体，促进业务发展。加快推进城乡一体化、棚户区改造、扶贫开发、水利建设等贷款营销、投放进度，年内成功投放了吴忠市黄河体育文化会展中心一期3亿元项目贷款，营销盐池县棚户区改造投放贷款3.8亿元，上报吴忠市东南部引提调水工程3亿元贷款并获得批复。针对吴忠市黄河体育文化会展中心建设项目一期3亿元贷款担保落实缓慢和信贷计划趋紧等诸多问题，行领导反复与党政主要领导及发改、财政、建设等部门负责人沟通磋商，与区分行相关处室协调，落实了项目担保和信贷计划。为解决盐池县5亿元棚户区改造贷款项目抵押物不足的问题，提前介入，行领导多次与盐池县委、政府及财政、发改等部门负责人沟通磋商，向政府提出了新成立盐池融盐、兴盐投资公司等融资主体，解决项目担保落实问题，并得到政府的认可和采纳。在各批专项建设基金投放时间紧、任务重的情况下，积极争取政府将基金项目列入农发行支持。紧盯项目贷款还款资金和基金投资收益，利用债券置换政策，收回了2016年及以后年度的到期贷款68948万元。同时，多次与辖内县（市、区）政府、财政协调基金投资收益事宜，累计收回基金投资收益193万元。

【信贷基础管理】 2016年，农发行吴忠分行强化信贷政策、制度、办法培训，加强业务运营、贷后管理、资金运用等方面的分析、总结。以"贷后管理年"活动为契机，按月开展"回头看"，认真查找问题并及时整改。全面开展贷款风险排查、内控评价、"两加强、两遏制"等工作，对排查中发现的潜在风险提出明确整改措施，并及时整改。年内，对符合条件的16家贷款企业进行了信用等级评定和内部授信。同时，对具有收购资格的承贷主体在《吴忠日报》进行公告。严格执行贷款操作规程，坚决做到不落实各项贷款条件不发放贷款。按期开展贷后检查，按规定期限和要求监测分析客户、项目经营管理情况、财务状况、现金流、外部风险因素，并形成分析报告。认真做好中长期贷款押品重估工作。按照抵押评估时间和周期，组织对中长期贷款抵押物进行了内部评估，并及时维护CM2006评估信息。强化合规管理工作，对拟定的各种合同、协议及时报自治区分行法律与内控合规部门进行审查，为防范风险提供法律保障。做好征信管理工作，充分利用"人民银行征信系统""全国法院被执行人信息网"和"红盾信息网"对贷款客户进行不定期查询，动态掌握企业及法人代表信用状况，有效防范风险。认真做好内部监督管理信息系统的运行管理工作，为规范管理业务操作、强化贷后管理、防范贷款风险起到了积极的促进作用。将贷款本息收回工作作为全年的工作重点，坚持提前1个月发出提示贷款到期通知书和收贷收息通知书，并逐企业逐项目出具按期还款的承诺书，督促企业提前准备资金做好还贷还息。2016年，没有发生贷款逾期和欠息的情况。

【存款业务】 2016年，农发行吴忠分行充分利用人脉资源，加大企事业单位存款营销力度。全年营销企事业单位存款3.2亿元。以项目贷款为抓手,广开渠道,深挖上下游客户资源。加强与财政部门沟通协调,积极营销财政性存款,密切关注财补资金兑付进展,合理控制支付进度,先后争取财政存款4.3亿元。利用项目贷款资金支付,加强与其他商业银行同业合作,积极营销同业存款。推进中间业务发展,全面代理办理了吴忠市68辆城市公交车的车辆保险。

【内部管理】 2016年,农发行吴忠分行以落实规章制度为抓手,紧紧围绕存款、贷款、同业往来、经费和库存现金,查清财会履职活动中存在的内控漏洞,发现问题,彻底整改,消除各类风险隐患。严格按照农发行账户管理规定和人民银行人民币账户管理规定对账户进行规范管理并完成账户年检。进一步明确财会人员岗位职责,切实抓好财会操作程序和内控制度的落实,使每一个岗位、每一笔业务、每一个环节都置于制度的监督控制之中。狠抓财会内控管理,加大对IC卡的管理力度,IC卡的领用、使用和保管都符合管理制度。狠抓会计人员执行各项内控制度和财务会计制度的执行力,加大对内勤坐班主任履行工作职责的监督检查。坚持行长、主管行长、部门主管定期、不定期对本行结算凭证、重要空白凭证、抵押物品等进行检查,核对相关登记簿,有效防范各类操作风险,确保综合业务等系统运行正常。强化收支管理,优化费用支出结构,提高费用使用效益,费用开支在保证人员工资等刚性支出的前提下均衡安排,各项业务管理费开支均控制在自治区分行下达的各项指标之内。加强资产管理,认真核对固定资产、低值易耗品、抵质押品、税款缴纳等各项工作,并及时对报废资产按规定进行处理,提高资产的使用效益。认真做好反洗钱、反假币宣传工作及资金清算、账务核算及银企对账工作。

【安全运维】 2016年,农发行吴忠分行做好计算机网络安全和系统维护管理工作,高标准配置了综合机房,做好防病毒软件维护工作和做好计算机设备信息管理系统的维护工作。认真做好会计远程监控、反腐倡廉、安全保卫等信息系统的运行维护等工作,进一步规范了操作规程,确保了管理的精细化。

【队伍建设】 2016年,农发行吴忠分行扎实开展"四学""两学一做"学习教育,组织员工集中学习40余次,安排行领导专题讲党课3次。严格贯彻执行中央八项规定,进一步精简会议,厉行节约,严格管理各类出差补助、会议、宣传及公务接待支出,严格领导干部公务用车等。印发了《中国农业发展银行吴忠市分行办公设备及用具的实物管理办法(试行)》等5个办法。创新员工教育培训方法,结合本行实际制定了《吴忠市分行2016年度教育培训计划》,印发了《关于有效落实七项制度的实施意见》,立足岗位,重点加强员工业务知识和技术技能的培训。认真执行《农发行吴忠市分行工作落实督查量化细则》,对包括工勤岗位市场化员工在内的全员从目标、责任、行为等方面实行全方位、多角度考核力度。进一步完善市分行各部(室)岗位职责,强化岗位监督和制约,加强对操作风险的识别和控制。按照公开、公平、阳光、透明原则,认真组织开展了业务岗位聘任工作。严格落实"三会一课"制度,切实履行"一岗双责",层层签订党风廉政建设责任书等,强化党委主体责任落实和纪检委员监督责任履行。制定并印发了《吴忠市分行2016年度反腐倡廉教育计划实施方案》。强化工会、共青团工作,切实推进企业文化建设。组织召开了职工暨工会会员大会,完善了职工之家、党员活动室等,创建了"廉政文化"长廊,加强了宣传报道,开展了形式多样的文体娱乐活动和宣教活动,发挥了以文化活动凝聚人心、促进发展的作用。

·中国工商银行吴忠支行·

【概况】 2016年,工商银行吴忠支行认真贯彻落实自治区分行"六大"会议精神,认真执行自治区分行发展战略和决策部署,以科学发展观为指导,坚持以效益为中心,着力推进改革创新,提升全行可持续发展能力,采取积极措施应对宏观政策调整和利差收窄等带来的影响,全面推进资产、负债双轮驱动发展模式,因势利导加快突破业务发展瓶颈,进一步完善风险管理和内控案防体系,切实增强可持续赢利能力。年内,负债业务发展势头良好,本外币各项存款余额较年初增长56%，各项贷款余额较年初增长3%，贷款不良率为0.07%。各项内控管理专项活动开展成效显著，客户满意度和社会美誉度进一步提升。

【存款业务】 2016年，工行吴忠支行认真执行总行、分行的发展战略和决策部署，把负债业务摆在业务经营的首要位置来抓。制定了以月通报、约见谈话为核心的存款考核制度，及时调整业务考核办法，引导网点以产品的交叉组合销售为切入点，不断做大使用各类产品的集群客户，持续做好民生领域等定向客户群体的拓展，充分利用支行创新存款大额存单、薪金溢、存管通及"三融"产品的业务特点，开展进企业、进学校等场景化营销，努力提升个人产品的覆盖率和个人优质客户的忠诚度。大力开拓机构存款，特别是做好政府、财政、社保、国税等相关单位的营销和维护工作，开展上门服务、定期走访联动营销，积极主动地了解客户资金信息及综合化金融服务需求，寻找业务拓展契机。

【信贷业务】 2016年，工行吴忠支行通过以个人住房按揭贷款传统业务为切入点，确定个贷营销市场和目标客户，加大营销力度，积极对接居民个人住房需求，切实有效推动个人住房按揭贷款业务发展。确定营销目标和发展潜力客户计划，做到对新开发的个人按揭市场紧追不放、逐个攻关，保证按揭项目资源的储备。

【支持地方经济】 2016年，工行吴忠支行按照国家宏观调控政策和总行信贷工作要求，始终坚持服务实体经济和"贷中小、贷短期、贷综合收益高"的经验方针，持续推进"信贷扩户工程"。围绕吴忠市"两大任务"及重点项目建设，牢固树立"绿色、低碳信贷"理念，大力支持事关吴忠长期可持续发展的战略性新兴产业、现代加工制造业、服务业、文化产业等支撑作用大、拉动效应强、资源节约和环境友好型的"四大新市场"发展，共向电力项目发放项目贷款0.85亿元、风电项目发放贷款1.51亿元，向符合国家、自治区产业政策的粮食加工、涉农专业合作社等中小（微）型企业发放贷款0.28亿元，为地方经济的可持续发展增添了后劲。

【风险防控】 2016年，工行吴忠支行在确定贷款投向时依照国家相关政策认真审核，坚持绿色信贷，严控政策风险。同时支行对个人不良贷款采取逐户制定清收预案，对违约一、二、三期的客户实行重点跟踪，落实到人，一抓到底，同时加强对已诉案件的执行力度，并通过实行严格的奖罚考核，调动贷后管理人员的积极性和主动性。全行贷款不良率严格控制在分行核定范围内，信贷资产实现高质量运行。

【电子银行业务】 2016年，工行吴忠支行充分发挥品牌和技术优势，积极推动电子银行业务发展。依托工商银行的网络科技优势和得到广泛认同的电子银行品牌，充分发挥服务示范专区作用，宣传推广电子银行业务。加强互联网金融产品营销工作，加大对"三融"平台及"互联网+产品"营销力度，利用工行先进科技技术优势吸引客户。截至2016年年末，已投产智能化网点实开柜口数比投产前减少6个，实现了30%的柜口压降；柜员减少4人，实现了20%的柜员释放。

【队伍建设】 2016年，工行吴忠支行认真开展"两学一做""三严三实"学习教育活动，找准支行领导干部在工作作风、工作方式、工作制度等方面的突出问题，把解决问题作为活动的出发点和落脚点，贯穿全过程。深入贯彻全区纪检监察工作会议精神及全区内控合规管理工作提升暨案防形势分析会议，全面加强员工职业道德教育，积极倡导奉献和爱岗敬业精神，认真组织开展"两个加强、两个遏制"专项检查"回头看"自查自纠工作，进一步防范操作风险，有效遏制案件高发、重大操作风险事件上升势头。

【营业网点建设】 2016年，工行吴忠支行在吴忠市人民医院、汽车站新增两家自助银行，同时在支行所辖全部营业网点共新布放了14台智能终端，覆盖率达到85.71%，实现多项业务自助办理。年内，实施"网点亮化工程"，对所辖网点的门楣户外标识、24小时自助服务等项以及橱窗吊牌等进行维修和更换。同时重点改善大堂服务工作，对所辖网点均配备1~2名专职或兼职门迎，使客户第一时间有人接待，并引导客户到相关区域办理业务。按照分行活动开展要求,以突出基础管理、风险管理、现场管理、制度落实为工作立脚点,持续推行和强化规范合规的运行管理理念,不断提升各级管理人员和操作人员的履职能力,加强员工培训,采取有力措施,努力提升网点全员综合业务素质。

· 中国银行吴忠分行 ·

【概况】 2016年,中国银行吴忠分行以稳健经营为目标,以"担当社会责任,做最好的银行"为宗旨,积极支持发展重点行业、重点项目建设、招商引资项目及本地特色产业,推动吴忠市经济发展。先后获得自治区分行级"优秀网点""五四红旗团组织""先进基层党组织"和"吴忠市'六五'普法先进单位"等荣誉称号。截至2016年年末,全行资产总额较上年末减少7.18%,实现净利润较上年同期减少26.82%,各项人民币存款较上年末下降4.3%,各项人民币贷款较上年末增长4.01%。中间业务收入较上年末下降7.72%。

【存款业务】 截至2016年年末,中行吴忠分行各项人民币存款在当地国有四大行中占比为23.25%,较上年末下降4.3%,居四大行第三。

【信贷业务】 截至2016年年末,中行吴忠分行各项人民币贷款在当地国有四大行中占比为28.06%,新增占比为557.54%,其中公司授信在国有四大行中占比为31.01%,新增占比为242.68%,以上占比数据均居吴忠国有四大行首位。同时,该行对吴忠市的信贷支持力度在宁夏五市中国银行系统内也是排名首位。

【中银e社区业务】 截至9月底,中行吴忠分行共计签约社区14家、签约商户49家、e社区有效客户达1925户,线上累计缴纳物业、车位、水费共计1115笔。导入楼栋信息211栋,导入房屋信息8787家,导入业主信息6350户。累计发放爱生活卡3845张、信用卡328张、个人网银2425户、手机银行2400户。

【支持地方经济发展】 2016年,中行吴忠分行先后投放资金近8亿元,支持吴忠市招商引资项目。同时,在制造、能源、食品等产业方面为大型企业融资近2.5亿元。立足产业特色,创新发展涉农信贷产品和服务方式,推广养殖贷、种植贷、农资经营贷、福农卡分期等涉农产品。年内累计投放涉农贷款近2.4亿元,业务范围辐射青铜峡、红寺堡、盐池等县(市、区)。为同心县下马关镇三山井村黑毛驴繁育基地提供金融服务,已发放贷款2400万元,惠及480户建档立卡贫困户,以实际行动响应政府金融扶贫号召。针对中小企业"融资难、融资贵"的现状,创新产品、简化流程,因地制宜、因时制宜、因客制宜地为中小企业量身打造融资方案,依托"中银信贷工厂"批量化模式,帮助中小企业客户解决融资难题,拓展发展道路,实现产业升级,支持中小微企业信贷资金1.5亿元,助力吴忠经济社会发展。

【打造便民金融】 2016年,中行吴忠分行加快推进盐池县支行的设立进程,进一步扩大物理网点的服务面积。同时,推进服务模式转变,由物理渠道为主向物理、电子渠道并行转变。截至2016年,中行吴忠分行已经建立起涵盖网上银行、电话银行、手机银行、家居银行和自助银行等渠道在内的智慧服务体系。积极推广网上银行、手机银行、电话银行等电子银行产品,使之成为客户交易的主渠道,提升吴忠市民的智能体验。

【风险内控】 2016年,中行吴忠分行扎实开展信贷资产盘存工作,加强贷后管理与风险分析,对授信客户排队分析,一户一策,实施差异化风险管控措施,制定长期化解风险隐患的方案。针对发现的问题积极应对,相关部门通力配合,将风险隐患控制在最小范围。建立二线管理部门与网点及业务部门内控工作联系制度,通过结对互帮打牢内控学习基础。加大安保技防资金投入,加强保安队伍的正规化训练,提升全行安保水平。及时组织员工开展各类风险排查工作及反洗钱知识竞赛等活动,有效传导合规风险管理理念,切实提升全体员工依法合规经营意识,进一步提升了案件风险防查能力,促进了各项业务的有序健康发展。

【队伍建设】 2016年,中行吴忠分行认真开展了"两学一做"的学习教育,学习六中全会精神,落实党风廉政建设各项举措,加强案件防查工作的力度。组织开展形式多样的培训43期，金融理财师（AFP）、会计从业资格、理财资格、中小企业授信资格以及保险资格等证书的获得者有了明显提升。年内，以完善用人机制为基础，鼓励员工通过岗位竞聘实现职业生涯的发展，组织全行性岗位竞聘工作1次，对4个岗位进行了公开竞聘。通过笔试、公开演讲、民主测评等方式选拔了1名经理担任行部正职，3名经理担任行部副职，提升了3支队伍的建设成效。

· 中国农业发展银行吴忠分行 ·

【概　况】　2016年，农行吴忠分行认真贯彻落实总行、分行各项决策部署，狠抓业务拓展，深化经营转型，严守风险底线，力促经营发展提升，较好地完成了全年各项经营目标任务。存款、中间业务收入、利润等主要指标均取得了较好成绩，年终综合绩效考核全区排名第14位，较上年上升了4个位次。

【存款业务】　2016年，农行吴忠分行以开展"春天行动""激情仲夏""赢在金秋"等系列综合营销活动为契机，制订营销方案和绩效考核办法，提高各网点的揽存积极性。制定了《吴忠分行规范化服务考核办法》，大力营销总行、分行推出的新业务品种，通过柜台服务收集客户信息，做好客户维护。积极推进个人零售业务战略转型，对星级客户实施"一对一"的个性化服务。抓好对公客户的维护和回访工作，维护好与政府部门、财政、企事业单位的关系，积极抢抓专项资金账户。按照自治区分行"对公业务首季营销""对公比学赶超"等活动要求，紧盯企业基本账户和主要结算账户的营销，尤其加大对鑫鲜农副产品市场、恒美家居、众禾、东方集团等重点客户资金流向监测，促进企业销售资金在农行体内循环。抓好对大客户、重点客户的营销。新营销了中铁十八局、中铁十九局城际铁路建设资金。加强对市（县、区）两级财政部门、住房公积金等部门的维护和营销力度，针对"三条公路"（银西高铁、中卫—吴忠城际铁路和京藏高速扩建）建设，大力营销土地局工程拆迁、扩建农户补偿资金。

【贷款业务】　2016年，农行吴忠支行大力扶持农业产业化龙头企业，以龙头带动做大做强全行的"三农"业务。紧盯政府、社会资本参与的PPP项目，将一些资金实力雄厚的实体企业营销到农行。积极推广个贷网上受理，年末个贷网上申请占比达到95%。与宁夏恒美投资置业有限公司达成合作协议，为恒美"红星美凯龙艺术家居生活之城"商户办理"商网贷"业务，发展"商网贷"客户32户。在加大营销力度的同时，严格准入管理，加强贷前调查，客户经理实地核查评估借款人经营及抵押房产情况，进一步细化调查、审查内容，有效防范因借款人经营、抵押物变化等情况引发的风险。认真落实"双人调查"制度，加强贷后管理和风险预警监测，做大做强家庭农场和专业大户贷款。积极营销辖区内农村致富带头人、专业大户和特色家庭农场。截至2016年年末，农行吴忠分行存量农村经营专业大户发展到164户，家庭农场发展到12户。充分利用政府支持妇女创业等贷款政策和风险补偿金存入农行的有利时机，累计投放妇女创业贷款675万元。

【中间业务】　2016年，农行吴忠分行组织开展了"春天行动""激情仲夏""赢在金秋"等专项营销活动及信用卡发卡"开门红"网点"一日一卡"营销竞赛活动等，认真做好军人保障卡、退役金专用卡业务工作，大力推广柜面优质客户发卡营销，年内新增发卡4478户。开展网点微沙、厅堂微讲堂、"六走进"、个人贵宾客户精准营销等活动，推进零售银行中间业务良好发展。加大电子产品的营销宣传力度，先后组织开展电子银行进校园、电子银行进市场等"六走进"活动30多场。加速网点转型，撤并民乐分理处，将原址改造为离行自助区，布放存取款一体机2台、取款机2台和自助终端1台，为宁夏味源食品有限公司、鑫盛塑料销售部搭建E商管家平台，发展下游有效经销商15户，交易金额180万元。大力实施"赢在大堂"策略，全面开展计价激励，适时调整计价，促进进度缓慢的业务及短板业务，组织开展新业务、新产品辅导，营销明星业务宣导等措施，不断提高员工业务技能及营销积极性。

【风险管控】　2016年，农行吴忠支行加强贷款审查，对有风险隐患的贷款，严把贷款审查关，对不符合要求的贷款及时退回，全年共审查权限内信贷业务810笔。加强放款审核工作,重点对信用条件、合同规范性、押品监证登记、受托支付进行审核。全年共进行贷款放款审核883笔。加强押品评估审核,建立和完善吴忠分行内外部押品评估样品库,为押品内部评估参评取样提供数据支持,对贷前内部评估的押品及大额押品,审查人员会同客户部门进行实地调查,确保押品评估价值尽可能地接近公允价值。全年共审核押品951笔,年终押品重估应评估率达到100%。加强风险监测,定期发布风险在线监测,对到逾期贷款、贷记卡、准贷记卡做到充分提示,发挥主动防控风险的作用,全年共发布风险在线监测12期。加强法人客户"担保圈""隐性集团""风险客户""负面展望客户"等治理工作,通过加强抵押、降低贷款余额等多种方式,有效控制和化解风险客户可能引发的风险。加强对内外部检查整改后续检查督导工作,充分运用ICCS内控信息管理系统,规范ICCS系统录入。全年内外部共检查发现问题40个,已整改到位36个,整改率达90%,其余均在整改期。

【队伍建设】 2016年,农行吴忠支行扎实开展"两学一做"学习教育活动,在全行青年员工中组织开展了"我的服务故事"演讲比赛和柜面业务技术比赛等活动。加强班子自身建设和基层支部建设,全行共有2个机关党支部、11个网点党支部(含1个联合党支部)和1个老干部党支部,逐步规范"三会一课"。狠抓党风廉政建设,印发了《吴忠分行党风廉政建设责任制考核实施细则》,对6名新提拔干部进行了干部任前廉政谈话。严格按照"三看"要求,紧盯群众路线教育活动和"三严三实"专题教育中班子及班子成员查摆问题清单的落实整改,持之以恒反对和纠正"四风"问题,力促作风转变。组织召开了纪念"三八"国际妇女节专题化妆讲座等,丰富职工业余文化生活,进一步提升了竞争软实力。

· 中国建设银行吴忠分行 ·

【概况】 2016年,建行吴忠分行全面落实总行2016年工作会议精神和吴忠市经济工作部署,突出转型发展和党的建设两条主线,力促"五大转型"齐头并进,转型发展持续深化,"互联网+社保"缴费平台正式运营,"银医通"业务有序推进,市场地位不断巩固,融资租赁业务实现破零,为企业提供的融资渠道进一步拓宽。

【经营业务】 2016年,建行吴忠分行存款业务以稳定为大局,以日均为导向,存款营销工作中做到了"三落实",即任务落实、责任落实、措施落实,存款规模进一步扩大。贷款业务加强了银政合作,与市政府达成政府购买服务贷款意向。助力小微企业发展,多项大数据产品实现破零。推进个人消费贷款转型升级,"快贷"业务取得突破。中间业务虚心向兄弟行学习、向同业竞争对手学习,从新产品上学习,从业务创新中学习,积极培育新的增长点,中收渠道更加丰富。

【风险防控】 2016年,建行吴忠分行对多头授信、过度授信、企业间循环担保、交叉担保、涉及担保圈的客户,以及传统商贸、钢贸、煤贸、批发零售企业中评级不达标的客户实行逐步退出策略,对形成不良的客户积极通过盘活、核销、打包、诉讼等多种手段进行化解,资产质量逐步企稳。

【内部管理】 2016年,建行吴忠分行加强费用管理,各项指标均低于计划值,业务管理费同比大幅缩减,财务管理更加完善。全行稽核差错率控制在总行规定的万分之三以内,柜面操作更加规范。深入开展员工违规违纪行为排查工作,合规理念深入人心。认真做好"一加强两遏制"专项检查"回头看"自查工作和轻微违规积分管理工作,案件防控落到实处。组织各项安全检查108次,连续19年安全运营无事故。

【渠道建设】 2016年,建行吴忠分行增加自助设备16台,增长率39.02%,服务网络日趋完善。投放智慧柜员机40台,网均5.7台,业务迁移率达69.45%,客户体验大大提高。移动金融柜面替代率51.68%,较上年提升19.73%,电子银行账务性交易量比78.33%,较上年提升13.30%,"移动优先"战略成果显现。

【队伍建设】 2016年,建行吴忠分行深入开展"两学一做",加强党的建设,将政治优势转化为发展优势;切实落实"两个责任",将责任担当转化为发展动力,助推业务发展。坚持正确的用人导向，让想干事者有机会，能干事者有舞台，干成事者有褒奖，不成事者有惩罚。持续扩大客户经理队伍，客户经理梯队更加健全。完成了工会和团委的换届选举，保持了工会、团委持续的工作热情和活力。大力开展"五个一"建设，顺利通过自治区级精神文明单位整改验收。积极配合"创城"工作，将文明创建落到实处。扎实开展脱贫攻坚，履行大行社会责任。

· 中国邮政储蓄银行吴忠市分行 ·

【概　况】　2016年，中国邮储银行吴忠市分行坚决贯彻落实"对标转型升级年"的各项决策部署，以"创新、绿色、协调、开放、共享"五大发展理念为统领，以"抓好党建、优化结构、精细管理、对标转型、稳中求进"二十字方针为工作总基调，凝心聚力，抢抓机遇，自我加压，合力攻坚，统筹推进了稳增长、调结构、促转型、抓对标、防风险等各项任务，全年实现业务增长11%，自营个人储蓄存款余额较上年净增1.38亿元，辖内7家支行全部实现盈利，6家支行收入增幅高于全区平均水平。盐池县支行荣获2016年宁夏分行先进集体。

【存款业务】　2016年，邮储银行各支行深入开展旺季营销和开门红劳动竞赛，迎宾街支行持续开展以社保代发送米和油、免费量血压等活动，利通区支行积极挖掘市场资源，营销了各类特色项目担保基金和风险补偿金，红寺堡区支行扎实推进以贷引存工作，盐池县支行借助金融扶贫，积极搭建平台合作。

【贷款业务】　2016年，邮储分行加大扶贫贷款投放力度，依托小额贷款优势，不断壮大零贷业务规模，确保收入来源。利通区、迎宾街支行持续跟进房地产项目营销，促进全行一手房贷款快速发展。全年准入一手住房贷款项目7个，一手房贷款净增1.45亿元，推动消费类贷款完成率排名全区第一。认真落实小微企业新产品推广，在严把准入关的基础上，深挖存量优质客户潜力，本年成功发放小企业"助保贷"1000万元、"医院贷"1300万元、"快捷贷"370万元、"税贷通"210万元，小企业贷款发展更为稳健。积极寻找新的增长点，全年新增票据承兑业务4笔210万元，实现票据业务发展新突破。

【中间业务】　2016年，邮储银行各支行围绕节日营销，组织开展了各类理财沙龙，实现了理财产品的交叉销售。不断深化信用卡9元洗车、19元观影等系列营销活动，全年信用卡发卡3980张，较上年增长15%。积极扩大电子银行营销宣传，全年手机银行新增注册6709户，完成年计划的105%，手机银行累计激活率为49.28%，较上年提升了14.7个百分点。

【网点建设】　2016年，邮储银行坚持以星级网点服务检查标准为依据，不断完善网点布局，优化基础设施，拓宽服务领域，实现网点服务标准化和规范化。着力打造利通区支行的龙头地位，突出同心支行的小额信贷特色定位，推动建立红寺堡区支行金融扶贫示范点，学习借鉴"盐池模式"，依托打造盐池县支行品牌特色，开办金积支行信贷业务，不断培育支行新的发展动能，促进支行转型发展。积极开展"服务行为改进年"主题活动，加强服务技能培训，加大服务规范普及，加快自助填单机、移动展业等新设备的推广使用，强化手机银行、网上银行等电子银行业务宣传，全年自助银行替代率达到78.8%，服务渠道有效拓宽。加强对自助设备完好率、网点营业率、病毒安全等指标的监督管理工作。围绕"三农"、小微企业金融服务升级，围绕吴忠市重点贫困县，有效开展金融扶贫；加大县域机具布放力度，在盐池建立"三农"金融服务站1处，在红寺堡区投入建设助农取款点4处，有效扩大金融服务覆盖面，社会影响力不断提升。

【风控管理】　2016年，邮储银行吴忠分行全面落实风险管理"三道防线"，增加现场检查和非现场检查频次，严格执行违规积分管理办法和员工"十条禁令"。深入开展案件防控警示教育和防范打击非法集资专项整治年活动及"内控达标年"活动，通过与上市规范、监管要求和内控评价对标，促进内控案防体系建设进一步落实。加大对小额循环贷款、工程承包、运输等高风险行业的风险监测力度。深入开展不良贷款"攻坚克难、奋战年中""百日竞赛"等专项清收活动，调动全行资源，不断扩大清收范围，加大清收力度，拓宽清收渠道。加强安保队伍建设，完善安保制度，积极改造升级网点监控设备，完成网点预警接入工程，实现了远程监控联网，完善了物防技防体系。深入网点开展安全保卫检查工作，加强安防预案演练工作，安全防范能力进一步提升。

【金融扶贫工作】 2016年，邮储银行吴忠分行积极对接政府扶贫攻坚战略，制定了红寺堡、盐池、同心"一县一策"金融扶贫方案，以"银行+企业+农户"的金融扶贫模式，在盐池曾记畔村建立了"邮储银行三农金融服务站"，有效带动小额贷款业务快速发展。全年扶持贫困销号村10个，发放扶贫贷款4955万元，发放妇女创业贷款5631万元，建设支农取款示范网点1个，挂牌建立扶贫信用村5个。

【队伍建设】 2016年，邮储银行吴忠分行大力加强队伍建设，加大后备干部培养力度。深入开展日常教育培训，加强持证上岗管理，全年共组织培训30期，参加人员1708人次，银行从业持证率达到48%，岗位资格持证率达到98%。进一步加强党的建设，深入贯彻落实十八届六中全会精神，认真学习《准则》和《条例》，持续开展"两学一做"学习教育，不断增强党员干部"四个意识"，积极贯彻"马上就办"精神，党内学习不断增强。持续加强党风廉政建设，深入开展"党风廉政宣传教育月"活动，组织开展了廉洁风险防控自查整改工作。严格执行"三重一大"制度和"四风"

整治情况"回头看"活动，不断强化纪委的监督责任，党员干部的组织意识和纪律观念进一步增强。以推进企业文化建设和精神文明建设为抓手，广泛开展文体活动，丰富员工生活，增强企业凝聚力。积极组织开展"服务能力提升员工风采展示"、员工韵律操比赛、趣味运动会等活动，红寺堡区支行获评自治区妇联"巾帼文明岗"。积极参与吴忠市银行业金融机构篮球羽毛球比赛、吴忠市足球业余联赛等活动，激发了员工工作热情，提高了工作实效。积极维护职工合法权益，解决基层群众工作、生活难题，完善和推进"职工小家"建设，建成三星级"职工小家"4个，二星级"职工小家"2个，为促进经营转型发挥了桥梁纽带作用。

· 宁夏银行吴忠分行 ·

【概　况】 2016年，宁夏银行吴忠分行紧扣地方经济发展脉搏，坚持支持地方经济、服务一方百姓。全行干部员工团结一心，苦干实干，各项业务保持了健康快速发展的良好势头。截至2016年年底，宁夏银行吴忠分行存款和贷款余额分别占全市银行业金融机构市场份额的11.8%和10.48%，分别位居第四和第五位。

【信贷业务】 2016年，宁夏银行吴忠分行全市重点项目、重点行业累计投放信贷资金60亿元。其中向涉农行业累计投放21亿元，向装备制造业累计投放1.8亿元，向第三产业累计投放38亿元。对市、县（区）政府重点招商引资项目从入驻、生产、技改、扩建提供全程信贷支持。先后支持了恒丰纺织、金裕海化工、京成天宝、苏源精工等一批全市的重点企业，累计注入信贷资金7.3亿元。大力支持各地政府的重点项目，为吴忠人民医院新院建设项目、红寺堡区和吴忠市城市基础设施建设等项目注入信贷资金，为吴忠城投授信3.5亿元。积极响应市委、政府经济结构调整的宏观政策，向全市各类工业园区投放各类信贷资金达50亿元，惠及100余家企业。

【参与精准扶贫】 截至2016年，宁夏银行吴忠分行有扶贫点5个，分别是盐池县大水坑镇宋堡子村、柳条井村、马儿庄村，同心县马高庄乡沟滩村和红寺堡大河乡大河村。先后投入扶贫资金100万元，为帮扶点建造大型机井及储水窖，平整土地、购置大型农机设备、建设羊棚等一系列惠民工程。2016年，分行成立扶贫工作领导小组，制定了《宁夏银行吴忠分行金融精准扶贫工作实施办法》，在扶贫工作上，提出既要"输血"更要"造血"的工作思路，单列信贷资源、单设扶贫岗位、单独考核扶贫绩效。整个金融扶贫工作在摸索中稳步推进，截至目前，向盐池、红寺堡、同心192户农民投放扶贫贷款6145万元。

【普惠金融】 截至2016年年底，宁夏银行吴忠分行营业机构达到10家。2016年，吴忠分行对政府支持的特色优势产业、重大项目，在现行执行利率基础上给予下浮40%以上的利率优惠，减免各类收费49项，降低企业的融资成本。及时调整信贷政策，帮助企业渡过难关。先后制定《宁夏银行关于进一步调整信贷政策支持实体经济发展的若干意见》《关于调整部分信贷政策及相关操作要求的通知》《宁夏银行关于落实信贷政策的指导意见》等多项信贷政策，明确不得随意抽贷、压贷、停贷，采取展期、借新还旧等多种措施降低企业融资成本，帮助企业渡过难关。

【支持小微企业】 2016年，吴忠分行联合市国税局、地税局召开"税联贷"专题会议，借助税务系统的纳税信息和信誉状况，加大对诚信纳税客户的扶持力度，助推中小微企业发展。加大和政府各类产业基金的合作，有效解决企业融资难、担保难的问题，向全市奶产业累计投放3亿元、葡萄酒产业累计投放2.5亿元。以批发形式支持了粮油、肉牛羊育肥、商圈、二手车等行业，累计投放信贷资金达12亿元。

【服务社会】 2016年，宁夏银行吴忠分行先后向希望工程、黄河善谷助学基金、慈善基金会、医疗扶贫救助基金、青少年发展基金会、敬老院、小学等捐助现金及物品近300万元。3年来获得政府各类荣誉21个，分别获得吴忠市人民政府效能考核一等奖和二等奖。

· 吴忠农村商业银行 ·

【概 况】 2016年，吴忠农村商业银行积极拓展金融服务业务，支持地方优势产业和特色经济发展，做实民生金融，做好惠民工程，强化内部管理，化解不良，降控风险，全面推进"三个银行"战略健康可持续发展。截至12月末，存款余额较年初增加2.96亿元，增长5.34%，存款规模位居辖区金融机构第一位，位居黄河银行系统县市联社（农商行）第三位，增量第十位；理财产品销售存量规模位居黄河银行系统县市联社（农商行）第一名。各项贷款余额较年初增加1.93亿元，增长4.19%。贷款规模位居黄河银行系统县市联社（农商行）第三位，增量第九位。不良率位居黄河银行系统县市联社（农商行）第六位。

【负债业务】 2016年，吴忠农村商业银行以市场为导向，完善存款增长机制，优化存款结构，通过开展"金猴奋起、赢在春天""百日攻坚战""大干100天"等全员营销活动，紧抓"两个基本账户"，通过开展产品推介会和走进校园代缴学费等金融宣传工作、社保卡激活和电子银行渠道建设等民生工程、理财产品销售和"随心存"营销，实现了负债业务由"费用拉动动态增长"转变为"全员营销稳步增长"的良好局面。截至12月末，对公存款较年初增长5.40%。以增加客户面为主的增长方式和增加小额客户为主的结构调整初见成效。

【信贷业务】 2016年，吴忠农村商业银行信贷投放严格按照黄河银行"2016年信贷政策指引"有关要求，坚守"立足县域，支农支小"市场主体地位，坚持"优化存量、用好增量"的原则，树立防范风险、保证新增贷款质量的底线思维，通过行业限额管理、客户限额管理、产品限额管理等措施，将信贷资金重点投向客户基础好、成本效益好、价值创造力强的业务、产品和领域，有所为、有所不为，合理"瘦身"，有效"健体"，实现了信贷结构的阶段性优化和信贷投放的稳步增长。涉农贷款13242户，余额31.78亿元，占全部贷款的72.29%，户数新增1345户，增长11.31%，涉农贷款规模连续多年位居地方各金融机构首位；小微贷款2441户，余额11.67亿元（剔除贴现），较年初增加602户，增长32.74%，申贷获得率100%。按照年初与辖区政府签订的支农资金规模不低于30亿元、今后三年逐年增加5亿元投放的框架协议，进一步加大对农家乐、设施农业等农村特色经营主体的信贷投放，全面支持辖区城乡经济发展，全力扶持农业产业化上水平。与辖区政府部门签订了涉及农村二、三产业等多个方面的9个合作协议，推出"政府＋企业＋银行"合作模式，为农村新兴经济体、农村妇女、返乡农民工、下岗失业人员和大学生创业等群体提供资金动力，全力推动"大众创业、万众创新"，实现了政、银、农三方共赢。截至12月末，发放草畜产业、奶产业、特色产业贷款146笔、1.41亿元；发放生态移民、全民创业、妇女创业等惠民贷款1044笔0.90亿元，累计完成投放6460笔56121万元，受益群众8.5万余人次。

【金融扶贫工程】 2016年，吴忠农村商业银行在全辖范围内开展"三信"评定工作，共采集利通区101个行政村、13个农场队农户基本信息档案20余万条，在黄河银行系统内率先完成了在册农村居民基本信息采集工作，为"金融扶贫攻坚战"收集了第一手市场信息。年内，与市、区两级政府对接，签订金融扶贫贷款协议，按照黄河银行统一部署，创新推出"企业+项目+农户"扶贫方式，多维度开展精准扶贫。截至12月末，对首批1118户建档立卡贫困户总授信1955万元，已发放扶贫贷款363笔1236万元。

【中间业务】 2016年，吴忠农村商业银行积极对接"互联网+金融"。按照"城区网点精品化、城郊网点标准化、农村网点特色化"的网点转型升级要求，加大电子银行营销和机具布放，加强电子渠道的建设和完善，强化和拓宽代收业务，努力探索建立"金融超市"新模式。年内，农村市场基本实现自助服务"镇镇通"、电话终端"村村通"、手机银行"户户通"；城区市场新建两家离行式自助银行，加速推进营业部等网点升级改造，全面打造红星支行等星级网点。与市公安局交警支队合作研发的"吴忠交警道路交通违法自助缴纳系统"上线运营、联合中国银联宁夏分公司与中国石油宁夏销售公司及宁夏大世界加油有限公司共同开展"刷银联卡享加油补贴"、联合银联宁夏分公司开展手机NFC闪付优惠活动、联合吴忠中达电影城开展刷黄河贷（借）记卡优惠观影活动等，推动了卡业务营销、中间业务创收和服务方式创新。截至12月末，代收交通罚没款、移动通信费用、烟草款等中间业务位居黄河银行系统第一名。电子银行客户数3.45万户，较年初增加0.75万户，增长27.87%。

【内部管理】 2016年，吴忠农村商业银行进一步完善财务风险防控和管理机制，整合柜面资源，动态调增网点对外服务窗口、人员配备，将合规操作考核结果与绩效考核直接挂钩，提升柜面操作风险控制能力和安全运营效率。全面对接黄河银行财务制度和执行标准，完善外部审计引进机制，加强会计预、决算管理工作，稳步推进"核算型"财务向"经营型"财务转型，提升工作质效。重视员工培训和员工职业规划工作，积极选拔优秀的青年员工充实到支行行长、部（室）负责人等关键管理岗位。严格执行重要岗位人员轮岗轮调制度，进一步强化全员依法合规、审慎经营的发展理念。

·吴忠市滨河村镇银行·

【概　况】 2016年，吴忠市滨河村镇银行坚持"服务三农、服务小微企业"的市场定位，不断完善各项规章制度，科学管理，稳健经营，提高内控管理水平，严防各类风险，扎实做好各项工作各项业务稳健发展。

【内部管理】 2016年，吴忠市滨河村镇银行召开2015年度股东大会及三次董事会，会议共审议通过27项决议，顺利完成董事会换届工作。根据发起行指导意见，成立三年发展规划编写小组，通过组织开展市场调研，会议讨论研究，形成2017—2019年新的三年发展规划。结合2015年内控评价结果，对内部管理制度进行一次全面梳理和修订，并对各业务条线及操作流程进行规范管理。

【存款业务】 3月3日，吴忠市滨河村镇银行顺利上线"如意宝"存款产品，丰富了存款业务种类，为广大储户提供了更多的选择空间。开发"房易贷"房产抵押信贷产品并梳理了产品流程，安排专门业务拓展小组开展工作。积极调整存款结构，积极拓展小额低成本存款，结合"信用村"创建工作，大力推进实现"村委会+关键方+农户+银行"的有效互动，促进存款业务的稳步增长。年内，新增1万~10万元存款客户800余户。将"农民大讲堂"活动常态化，年内共开展"农民大讲堂"7次，涉及农户600余人次，提升客户对经营、理财、征信等方面认知能力。手机银行顺利上线运行，拓宽了支付结算业务渠道。通过微信公众号、车体广告、社区金融服务站等方式，不断拓宽营销渠道。

【授信业务】 2016年，吴忠市滨河村镇银行积极开展市场调研工作，结合区域产业特点，确定2016年信贷投向，进一步优化信贷结构。深化"信用村"发展模式，制定了《吴忠市滨河村镇银行"信用村、信用户"评选方案》，不断扩大"信用村"及"信用户"在农村市场的覆盖面，通过筛选创建"信用村"培育基地，将"信用村"发展成果进一步扩大。截至2016年年底，发展"信用村"33个，信用客户1200余户。将政府担保基金引入到"信用村"创建中，年内与利通区劳动就业局联合为新华桥村30余户农户发放贴息贷款200余万元，增加了农民的融资渠道。认真分析小微企业市场发展状况，对经营正常、现金流稳定的小微企业，加大了资金扶持力度。

【风险防控】 2016年，吴忠市滨河村镇银行培养各部门、各支行的自查工作习惯，提升了一线部门的自我合规管理水平。按照银监会关于案件防控工作的要求，认真组织开展各业务条线检查，按月出具检查通报，实现了操作风险"早发现、早预防"，提升全员合规意识。加强内部审计监督检查力度，对重要岗位离职人员及重点环节开展专项审计，年内对同业业务、食堂费用管理、反洗钱工作等进行了专项审计，对营业部开展了全面内控评价。加强不良贷款清收力度，制定不良贷款清收奖励办法，成立不良贷款清收小组，实行不良贷款三级管理（客户经理日常清收、风险管理部诉讼催收、行领导监督跟进）。加强贷后管理，对100万元以上的大额贷款客户，实行行领导、风险部进行逐户实地调查回访。认真开展员工行为排查工作，对全行48名员工负债情况进行摸排，对12名高负债员工及新员工进行家访。

【队伍建设】 2016年，吴忠市滨河村镇银行制订员工培训计划，加强员工的业务培训和制度学习。邀请宁夏大学经管学院教授对当前国内宏观经济形势及热点经济问题、员工沟通技能、营销管理等内容进行系统性的培训，提升全员的视野及综合素质。组织开展了员工家属答谢会、趣味运动会、"温馨滨河新风采"等活动，丰富员工业余文化生活，增强企业凝聚力。积极参加人民银行组织的篮球比赛并获得二等奖，参加发起行组织的服务形象展示大赛、歌咏比赛及第四届职工运动会并取得优异成绩，提升员工的集体荣誉感。组织开展综合柜员四、五级考试及客户经理上岗资格考试，全行四级柜员考试通过率43%，客户经理上岗资格考试通过率100%，进一步提升了员工的业务技能水平。积极开展党建工作，将党建工作与经营发展相结合，积极参与自治区非公企业优秀共产党员评选活动，员工汪琳被评为"全区非公企业优秀共产党员"。

【安全管理】 2016年，滨河村镇银行加强信息科技安全管理，规范机房线路布局，更新升级网络安全防火墙。制定消防及防暴预案，并组织开展了两次实景演练，通过亲身感受，提升了员工对突发事件的应对能力。各支行实行安全员报备制度，并与周边商户签订联防协议，共同防范安全隐患。

· 石嘴山银行吴忠分行 ·

【概　况】 2016年，石嘴山银行吴忠分行紧紧围绕总行的战略部署，结合吴忠实际，开展了一系列营销、管理工作，有序地推动了吴忠分行的稳健发展。12月末，吴忠分行下辖营业网点5家，筹建网点1家，员工51名，其中客户经理14人，营销经理22人，综合柜员12人。12月末，各类资金较年初增加2.04亿元，各项贷款余额较年初新增4.52亿元，一般贷款余额较年初新增2.98亿元。签发承兑汇票5.41亿元。分行服务的结算客户数量1.6万户，累计安装POS机具95台，开立对公结算账户175户，个人客户1855户，手机银行客户11526户，分行电子替代率为69.53%。

【资金业务】 2016年，石嘴山银行吴忠分行持续开展主题营销、产品宣讲等形式的理财微讲堂活动，加强特约商户的营销和管理，开展畅刷麒麟卡观影、9元洗车等活动，提高POS机具及银行卡的活跃度，银行卡活跃度为47.03%，促进了活期存款的稳步增长。加强对存量信贷客户的资源挖掘，加强资金归行，分行业进行针对性营销，加强营销经理岗位培训和学习，促进了营销经理转型和技能提升。

【信贷业务】 2016年，石嘴山银行吴忠分行积极调整信贷业务结构，根据区域经济金融变化，严控信贷业务风险。调整小微业务发展方式和投放力度，开展以控风险为前提的营销及业务操作方式。积极开展消费贷款业务，大力营销住房按揭、汽车消费业务。开展客户经理培训和廉洁从业教育活动，提高客户经理团队的业务技能、风控水平，端正从业态度。

【内控管理】 2016年，石嘴山银行吴忠分行不断完善分行内控制度建设，针对银监局"两加强、两遏制"回头看活动检查发现的问题，及时制定整改方案，规范各项业务办理，确保今后各项业务合规开展。不断规范业务操作和管理，通过召开运营沟通会、风险沟通会及时反馈各条线业务办理中存在的问题，讨论解决方法，制定处罚措施，提高员工合规意识，加强服务管理和技能提升。

【队伍建设】 2016年，石嘴山银行吴忠分行开展员工培训及技能轮训，分条线开展员工培训工作，全面提高员工综合素质。截至12月末，针对运营条线、服务、安全共计开展培训30次，信贷业务培训10次。开展廉洁教育活动，防止员工思想红线下滑。

保险业

·中国人寿吴忠分公司·

【概况】 2016年，中国人寿吴忠分公司认真贯彻落实保监局、区分公司系统工作会议精神和各项工作部署，紧紧围绕"重价值、强队伍、遵制度、提效益、增收入"的经营发展思路，积极应对激烈的市场竞争，牢牢锁定工作目标，抢时间、赶进度、主动作为、奋力攻坚，通过广大员工及销售人员的团结拼搏和不懈努力，实现了业务规模、增长速度、经营能力和管理水平的新提升。截至2016年年底，公司销售人员有效总人力达532人。其中个险渠道营销员448人、银保理财经理59人，团险客户经理25人。2016年，公司总保费同比增长28%。首年期保费同比增长77%；10年期及以上期交保费同比增长145%，短期险保费同比增长30%。

【队伍建设】 2016年，公司以习总书记提出的"三严三实"相关要求为切入点，加强学习，认真查摆"四风"方面的突出问题，对照检查，严肃开展批评与自我批。认真贯彻执行中央八项规定和总公司、分公司的"六条禁令"，充分发挥战斗堡垒作用。对涉及公司业务发展、管理措施、经营决策、重大开支、任免干部等重要问题，都认真倾听各方面的意见，坚持做到决策民主化、科学化，公司全年无违规违纪现象发生。

【业务经营】 2016年，公司根据年度总体发展战略和预算目标，统筹安排，科学谋划，有效落实措施，全力开拓市场。同时，充分发挥主渠道优势，整合资源，进一步调动一线展业主动性和积极性，真抓实干、创新发展。2016年通过公司广大干部员工及销售人员的团结拼搏和不懈努力，实现了增长速度、业务规模、经营能力和管理水平的新提升，为公司持续、快速、健康发展奠定了坚实的基础。

【风险防范】 2016年，公司以强化风险管控，促进业务发展为导向，通过抓"防、查、建、纠"四个关键点，构建起了公司内部风险防范、合规经营长效机制，通过着眼关键风险点，开展风险预警、反洗钱风险排查、关键岗位日常检查、建立销售风险评价指标体系、集资诈骗案件专项治理等一系列工作。注重培育员工、广大销售人员树立人人合规、主动合规、合规创造价值的文化思想理念，与新入司营销人员签订防范非法集资承诺书并发放和收集调查问卷，并对销售人员销售行为方面长期跟踪督查。2016年没有发生非法集资诈骗类案件。

【合规管理】 2016年，公司从重点领域、重点机构、重大问题、重大案件、重大风险，以及关键制度、关键岗位、关键人员等方面入手，并对印章、单证、信访、财务、信息安全、"五虚"等方面进行深入自查和整改，查找公司内部管理中存在的突出问题和风险隐患。认真做好反洗钱各项工作，对员工进行反洗钱知识的传达和学习，加大对涉及反洗钱工作岗位人员进行系统的培训。定期检查，将反洗钱工作纳入岗位人员的考核中，从而进一步加强了反洗钱工作的执行力度及规范性。

·中国平安人寿保险股份有限公司吴忠中心支公司·

【概况】 中国平安人寿保险股份有限公司吴忠中心支公司（以下简称"平安人寿保险吴忠中心支公司"）是中国平安旗下三级寿险机构。截至2016年年底，公司下辖服务机构为1个中心支公司、4个营销服务部，覆盖利通区、红寺堡区、青铜峡市、盐池县、同心县，有内外勤员工1168名，为吴忠地区广大群众提供全方位的人寿保险保障。2016年，累计总保费收入34513.02万元，较上年同比增长26.63%。累计为14.69万名客户提供了保险保障服务，全年标准案件理赔两日结案率高达96.79%以上，理赔客户获赔率达97.85%以上。

【创新服务】 2016年，平安人寿吴忠中心支公司持续推行重大事项应急机制，通过专设渠道开通以及专门的问题处理流程，及时有效地解决了客户关注的重点问题。先后展开了全国通赔服务、理赔报案客户住院探视服务、亲办客户理赔免填单服务、结案短信平台通知服务、特案预赔/重疾先赔服务等项目，极大方便客户理赔服务。特别是在新技术应用、大力推进O2O服务模式方面，顺应"互联网+创新"的趋势，平安人寿推出"安e赔"，引领掌上理赔新时代。"安e赔"是以寿险口袋E行销、平安金管家APP、快易达APP为平台，授权服务人员、客户、运营督导自助完成资料拍照上传，先审核出具理赔结果，提交资料后支付赔款的自助理赔，既拓宽了e化理赔渠道，又提升了理赔客户服务感受。除了身故、投保人豁免、子女/配偶险等外，其他类型都可以通过"安e赔"申请，让客户随时随地玩转理赔。

【风险处置】 2016年，公司持续对洗钱风险、非法集资风险加强防范力度，通过后台系统的数据监测、定期自查和排查、高风险人员和业务的监控等方式，实现对各类风险的识别、监测和防控。同时在事前通过各类合规培训提升各岗位员工识别风险的水平和能力，确保能精准地开展风险处置工作。

【内控管理】 2016年，公司按照中国保险监督管理委员会要求运用风险管理工具开展相应工作。年度内组织各相关业务部门开展风险与控制自我评估工作及操作风险管理工作，各业务部门均按照要求全面、高效开展各项工作。通过内控管理工作的开展，检视基础业务及高风险业务的内控制度设计有效性和执行有效性。

【合规经营】 2016年，按照总部合规督察部要求，公司开展合规基础工作、反洗钱管理工作及风险排查工作。同时严格按照中国保险监督管理委员会宁夏监管局、中国人民银行吴忠中心支行要求开展相应工作，各项工作得到全面落实，各业务部门在反洗钱工作、防范和处置非法集资工作、"两个加强、两个遏制""回头看"等工作中给予全力支持和配合。通过多种渠道和方式对高级管理人员、新入司员工、业务条线员工、分支机构员工进行合规培训，进一步强调风险识别和风险防范意识，以实现高效管理、合规经营的目标。

证券业

· 南京证券吴忠迎宾大街营业部 ·

【概　况】 南京证券吴忠迎宾大街营业部经营范围涵盖证券经纪，证券投资咨询，与证券交易、证券投资活动有关的财务顾问，证券承销与保荐，融资融券，证券投资基金代销，为期货公司提供中间介绍业务，代销金融产品等。有营业面积2000平方米，正式员工15人，其中拥有投资顾问资格6人，期货IB业务资格9人。2016年营业部坚持以"改革创新、稳中求进、抓住机遇、再上台阶"为中心，落实"以客户为中心、以市场为导向"的发展理念做好传统通道业务，积极开拓创新业务，竭力促进转型发展，提升综合实力。截至2016年年底，有客户34000户，托管客户资产12亿元，2016年营业部股票、基金交易量240亿元。

【合规经营】 2016年，营业部按制度要求对各项业务进行抽检，同时对风险业务的资料进行梳理，避免遗漏，对发现的问题积极进行整改，并加强制度的梳理和学习，强化严谨的工作意识。面对市场的变化，公司各项业务要求也在时时发生变化，营业部对各项新要求加强学习，及时跟进变化，通过合规经营为业务开展保驾护航，促进营业部稳定发展。

【金融产品超市】 营业部借助公司平台，代销金融产品日益丰富，股票型基金、债券型基金、货币型基金、定向理财计划、固定收益产品，涵盖了各种风险等级的产品。各种低风险的固定收益类产品累计销售突破千万，有效满足投资者对保本保收益产品的需求。

【投资者服务】 随着金融市场逐步活跃，各种证券类欺诈活动频发，营业部按照监管局工作部署，积极开展各类形式的投资者教育活动，2016年开展风险警示宣传活动累计12次，参与380人次，发送各类风险警示资料千余份。

·西南证券吴忠迎宾大街证券营业部·

【概　况】 西南证券股份有限公司吴忠迎宾大街证券营业部位于吴忠市利通区迎宾大街317号，经营范围包括：证券经纪，证券投资咨询，与证券交易、证券投资活动有关的财务顾问，证券投资基金代销，代销金融产品，融资融券。营业部面积512.19平方米，属B型营业部。营业部为客户提供优越、舒适的现场交易环境，交易通道采用互为备份的交易路线，为投资者提供及时、高效、便捷、安全的交易设施和保障。截至2016年12月31日，营业部有员工15名，其中营业部总经理1名，副总经理1名，综合岗1名，交易岗2名，营销人员10名。

【客户服务】 2016年，营业部建立以客户为中心的服务机制，针对不同的客户类型提供不同的产品和服务手段，采取不同的服务策略，运用量体裁衣个性化服务，在为客户做好各项规范化服务的同时，真情服务，处处为客户着想。客户经理为自己所管辖的客户建立客户服务微信群，将每日的股市资讯、信息、个股调研报告、新股配售及中签公告、通知、公告等通过客户服务微信群传递给客户，帮助客户把握市场机遇，掌握行情节奏。通过提供及时的市场信息，使客户能够及时地作出调整操作策略和思路，以便把握市场机会。定期举办形式多样的专题讲座，对股民进行投资者教育工作，引导投资者进行理性投资，培养股民树立正确的投资理念。

【投诉纠纷受理】 2016年，营业部建立《经纪业务投诉管理办法》《客户信访工作管理细则》等制度，建立客户投诉处理、信访处理登记表。对客户投诉受理、处理、督办、反馈、回访等处理流程和职责分工予以明确，不存在未履行法定的投资者诉求处理的首要责任，造成投资者反复投诉且严重损害中小投资者合法权益的情况。

【风险防范】 2016年，营业部规范管理制度，完善日常工作精细化管理、客户精细化管理、员工培训精细化管理及后台保障精细化管理和流程，梳理日常工作项目，精确工作质量标准。建立各项业务台账、问题反馈的流程与一体化风险控制体系，使风险控制覆盖各项业务的事前、事中、事后各个环节。柜台业务中的各项业务的操作流程，并由合规专员经理检查落实情况，不使规章制度流于形式，从而使各项经纪业务规范化、制度化，保证了工作无差错。

【反洗钱工作】 2016年，营业部建立了自上而下的反洗钱组织机构，成立反洗钱工作领导小组，营业部总经理任反洗钱小组组长，营业部合规经理任反洗钱小组副组成，营业部交易岗成员任反洗钱小组组员。严格按照公司业务规范开展各项业务活动，以公司标准化手册为日常业务的指南，严格履行可疑交易的识别和报告制度，并按照通知要求按时完成上报工作。

交通邮电 JiaoTong YouDian

交通运输

【概　况】　2016年，交通运输局围绕构建便捷、智慧、绿色、平安"四个交通"目标，克难奋进，抢抓机遇，务实苦干，局系统党的建设、精神文明建设、行业作风建设、安全生产实现了量和质的双突破，全市交通运输工作整体迈上了新台阶。农村公路完成投资9.26亿元，超额完成203公里，全面协调完成60个贫困村交通扶贫攻坚任务。落实上争资金5.2亿元，完成下达目标任务的108%，完成交通固定资产投资30.3亿元，同比增长26.8%。各项工作经自治区交通运输厅综合考评排名全区五市第一。市交通运输局获得2016年度全区农村公路建设先进集体、农村公路养护管理先进集体及黄河金岸滨河大道养护管理先进集体；局系统工会获得全市"安康杯"知识竞赛第一名；市交通运输局窗口被评为2016年度政务服务中心优秀窗口。

【公路建设】　2016年，市交通局共实施公路建设项目18个，其中重点建设项目2个，农村公路项目15个，危桥改造项目1个，新增建设里程101.7公里，预算总投资6.69亿元，争取自治区交通运输厅补贴资金2.5亿元。其中：国道344线吴忠至灵武段公路（东环路），全长21.076公里，其中主线长15.925公里，三条支线长5.28公里。按一级公路标准设计，路基宽22.5米，设计速度为80千米/时，项目概算总投资5.63亿元，项目于7月正式开工建设。罗山大道石家窑至石沟驿公路是《国家公路网规划（2013—2030年）》中省道308线的重要组成部分，计划2017年4月开工建设，11月建成通车。

【乡村道路建设】　2016年，全市实施农村公路项目107个，总里程665.8公里，计划投资6.29亿元，截至2016年年底，完成603公里建设任务，完成投资5.65亿元。其中市交通局15个项目，74公里，完成投资5721万元；利通区5个项目，完成22.5公里，完成投资1869万元；红寺堡区23个项目，完成98.157公里，完成投资12824.4万元；青铜峡市13个项目，完成57.326公里，完成投资9112万元；盐池县10个项目，完成122.5公里，完成投资11855万元；同心县39个项目，完成213.865公里，完成投资13253万元；太阳山开发区2个项目，完成14.8公里，完成投资1838万元。

【公交运营体制改革】　2016年，按照市委、市政府确定的市区公交运营体制改革的总体思路，市交投公司整合17条城市公交线路、收购101辆民营公交车，全面完成公交体制改革工作，有效提升公共交通服务质量和管理水平，真正让公共交通回归公益方便群众出行，也是全区五市最彻底、最平稳、代价最低的公交体制改革。建立完善公交客车智能数字平台，继续推行"一卡通"工程，为市民提供便利优质服务。全面推行出租车管理信息系统，有效监控出租车运行轨迹、运行速度，不断完善交通信息化建设监管功能。

【公交站点建设】　截至2016年年底，市区范围内共有公交车候车亭287个。有各类等级汽车客运站12个，一级汽车客运站1个，二级汽车客运站5个，三级及三级以下客运站6个，农村客运招呼站520个。

【行政执法工作】　2016年，市交通运输局成立行政审批办公室，具体负责交通行政重大事项决策前法制审查和行政许可（审批）事项的审核工作，全年共受理各县（市、区）农村公路施工图设计文件审批、公路工程建设项目施工许可、工程建设项目竣工验收、路政许可等事项127件，办结122件，按时办结率达100%，确保了交通行政行为的合法性。全面梳理制定权力清单和责任清单，建立完善行政执法公示、行政执法监督等制度，明确规定了行政职权和监督职责，有效保证依法依规办案。严把执法人员上岗关口，对执法人员按程序进行执法资格审查，系统74名执法人员全部取得执法证件。联合公安、运管、安监等部门，开展专项整治活动。全年出动执法人员4230人次，纠正、查处各类路政违章52件，清除路障38处，检查车辆15650台，查处超限车辆560辆，将超限率控制在2%以下，进一步营造安全有序的交通运输环境。

【队伍建设】 2016年，市交通运输局深入开展"两学一做"学习教育和"星级服务型党组织"创建工作，重视警示教育，完善廉政风险防范机制，局党委的主体责任、局纪委的监督责任得到有效落实，全年无任何违纪违规事件发生。坚持以创建星级服务型党组织活动为抓手，严格星级创建标准，2016年规范整顿软弱涣散党组织5个，创建四星级党组织2个，创建三星级党组织6个，局党委被评为四星级基层党组织，推荐提拔处级干部2人，科级干部2人。群众评议机关和干部作风活动排名上升至第4名。在机关事业单位和所属非公企业党员及职工中组织开展了"三亮三比五评"和优秀共产党员、优秀党务工作者、民族团结模范个人、业务能手、和睦家庭等系列评选活动，梅旋、马晓宁、董慧被提名为自治区"最美交通人"，治超站被评为"五四红旗团支部"。

【海事建设】 2016年，市交通运输局完成了青铜古镇码头建设，古青滩、叶家洼滩、黄河公路大桥滩整治工作，以及航道疏浚、挖槽、筑坝等黄河宁夏吴忠段航运建设一期第二批次工程项目。海事信息化建设实现了辖区内水上安全监管全覆盖。年内开展3次应急演练，投资近70万购买了水上搜救设备，水上交通突发事件应急救援能力得到提升。新办理船舶所有权、国籍登记19艘，登记办证率达100%，换发各类新版船员适任证书49本。成立了地方海事局"打非治违"专项行动小组，出动执法人员200余人次，通过约谈采挖船船主，对"三无"船舶下发停航通知书等手段，有效打击了船舶的非法违法行为。

【公路质量检测监督】 2016年，市交通运输局加大对道路施工现场原材料和实体质量抽检力度，重点督查从业单位质量保证体系建立运行情况，工地试验室运转情况，混凝土、水稳、沥青拌和站规范化建设情况，危桥改造、桥梁梁板、涵洞盖板预制情况，确保农村公路在建项目工程质量处于受控状态。共下发监督通知书40份，对115个项目长602公里农村公路和4座长124延米桥梁改造项目进行质量监督，下发工程质量抽查意见通知书71份，监督检查意见44份，工地试验室备案登记133个，监理人员岗位登记188人次。2016年共受理完成盐池县、同心县、红寺堡区、海原县、太阳山管委会等工程交工验收质量检测申请公路项目18个、长145公里，桥梁项目1个、54米；受理完成吴忠市、利通区、青铜峡市、海原县、太阳山管委会等工程竣工验收质量鉴定申请公路项目61个、长392公里，桥梁项目2个、98米。

【道路环境整治宣传】 2016年，市交通运输局整合系统宣传资源，借助车载系统、车身宣传、站内广播、公交候车厅、客运站、火车站等交通独有资源进行多方式、全方位宣传"双创"工作，共张贴标语2600份，LED显示屏和公交车内视屏滚动播出3100条，候车厅更换创建宣传栏80块，悬挂宣传条幅90幅，发布手机短信2万余条，设置各类文明、卫生警识标志300个，制作固定宣传橱窗8块，营造了"人人知晓、共同参与"的良好氛围。

【道路运输安全监管】 2016年，市交通运输局认真做好重大节假日的客运安全检查工作，重点围绕从业人员资格关、营运车辆技术状况等关键环节，督导企业全面做好安全隐患排查治理工作。强化货运监管，落实"一罐一品"及两个匹配，严格企业及车辆准入条件，集中开展危险化学品运输安全专项整治工作。年内，集中开展了危货运输安全检查、危货运输企业专用车辆停车场整治等工作，督导各县（市、区）运管所对本辖区危货企业加强安全监管，严格落实属地监管职责，对6家不符合条件的危货企业进行公告注销。全市共排查治理隐患企业943家，排查一般隐患357个，整改率100%，无重大安全隐患。认真开展"平安交通"及"道路运输平安年"活动，明确活动目标任务和主要内容，确定活动工作时限，提出具体工作要求，在全市道路运输行业安全工作会议上作出动员部署，组织开展道路运输应急救援演练活动，确保活动扎实有效开展。

【汽车维修市场专项整治】 2016年，市交通管理部门认真贯彻国标《汽车维修业开业条件》，严格按照许可流程和条件做好机动车维修企业许可工作。开展维修市场专项整治行动，采用宣传劝停、取证处罚、关停取缔的柔性执法程序，先后关停18家，引导13家办证经营。并对45家未达开业条件的维修业户抄告市市场监管局择机联合稽查，彻底打击无证经营行为。

【驾培行业监管】 2016年，市交通管理部门强化驾校经营管理，严格落实全区驾驶员培训制度改革。积极推行"先培训后付费"新模式，自8月1日启动以来，全市共有1023名学员选择"先培后付"驾培新模式，占报名培训学员总数的34%。强化驾培行业监管，认真组织开展新修订考试大纲的宣贯工作。组织对全市12家道路运输从业资格培训机构、考场和22家道路运输驾驶员继续教育机构进行复核，着力改善从业人员培训和驾驶员继续教育条件。

【运输市场整治】 2016年，市交通管理部门开展了非法载客"黑车"整治工作，市、县两级运管机构集中力量在重点区域查处非法营运行为。同心县以巩固"打黑""8+4"行动成果为切入点，盐池县、红寺堡区、青铜峡市成立了多部门联动的"打黑"联合工作组，坚持"源头防控，现场打击，规范管理，全面整治"的原则，有效遏制了非法营运行为。年内，共查处、承办各类违法、违章经营行为215起，处罚204起，市区查扣非法经营"黑车"95辆。

【公路养护】 2016年，市区共养管各级公路1389.33公里，其中：国道9.854公里，省道32.078公里，县道68.05公里，乡道695.008公里，村道442.8561公里，专用公路141.484公里，补贴资金专用道路53公里。狠抓桥涵养护，及时维修、更换桥梁损坏构部件，保证桥梁安全运行。投入资金195万元对滨河大道、S101线、灵吴青等路段裂缝实施灌缝30144平方米，使用多功能沥青洒布车等新设备，对松散严重的金五公路、吴高公路及滨河大道路段实施洒铺罩面14.8万平方米。投入115万元在辖养滨河大道安装波形钢护栏2884米、单柱式警告标识55块、橡胶减速带76米、限高龙门架4座，修复慈善大道波形钢护栏896米。对排查出的3道墙体损坏、涵板裂缝的涵洞进行了墙体修复和涵板更换，共清理边沟4650米，清理涵洞淤塞33处，修复边沟及排水沟1670米、拦水带1100米。将公路养护资金纳入地方财政预算，采用机械和人工相结合的方式加强公路保洁，筹措资金115万元购买智能沥青洒布车1台、石屑洒铺器1台、养护车2辆，提高机械化水平，提升养护工作的效率和质量。每月组织人员排查辖养路段安全隐患，建立台账，制订方案，限期治理，进一步提高了公路安全通行能力。2016年获得全区农村公路养护先进集体、全区黄河金岸滨河大道养护管理先进集体。

【治超管理】 2016年，吴忠市召开新一轮治超工作会议，全面安排部署联合治超工作，充分利用电视、广播、报纸、微信公众平台和广场宣传等多种形式深入宣传治超新规定，制作发放治超宣传资料3万余份。各县（市、区）交通部门协调公安、运管、公路分局等部门联合治超，统一行动，严格执行新的车货总重限值认定标准，选择重点路段和车流密集地段集中开展专项治理整顿。协同国土部门依法清理整顿公路沿线非法料场、堆场违法占地行为56起，协同公安、市场监管部门依法查处从事非法拼装、改装货运车辆行为68起，重点对"双排车"上路进行了治理，基本实现"双排车"零上路。协同安监部门督促检查25家危险化学品生产经营企业遵守安全作业规程。截至2016年年底，全市共检测车辆29020辆，当场转运货物3460吨，劝返3540台，查处超限运输车辆290辆，路面治理效果明显，超限

率控制在2%以下，有效维护了路产路权。

邮政通信

·吴忠市邮政管理局·

【概　况】　2016年，市邮政管理局围绕"发展邮政业，服务地方经济"的工作思路，结合实际，创新工作方法，邮政行业基础设施日益完善，初步形成了覆盖城乡的邮政网络，城乡居民公共服务均等化水平逐渐提高，服务群众、服务民生、服务社会的能力不断提升，行业发展呈现快速增长态势。截至2016年，全市邮政业营业网点增至170处，其中：邮政普遍服务营业网点49处，邮件处理（投递）场所5处；快递品牌21个，快递企业营业网点121处，覆盖了全市43个乡镇，快递下乡覆盖率达到98%。2016年，全市邮政业收入较上年同期增长47.65%；快递业务量197.24万件，较上年同期增长130.57%；快递业务累计投递量1041.48万件，较上年同期增长96.39%。

【邮政行业转型升级】　2016年，市邮政管理局与市商务局等部门对接联系，将加快发展现代物流，整合同城配送资源，鼓励快递下乡，建设乡镇配送中心和农村电商代购代销点、取货点，逐步建成市有园区、县有中心、乡镇有站、村社有点的四级物流配送体系及物流配送"最后一公里"等内容写入《吴忠市"互联网＋商贸"实施方案》及《关于促进"互联网＋商贸"发展的扶持政策》中。

【快递电商物流园区】　5月25日，吴忠市快递电商物流园正式挂牌，已有韵达、顺丰、申通、圆通、中通、汇通等8家规模以上的快递企业顺利入驻吴忠市快递电商物流园。在青铜峡市设立了县级电商快递物流园，并给予免5年房租、政府负责装修费用的优惠政策，对安检机配置给予补贴，实行集中安检。已有韵达、圆通进驻园区。

【乡镇快递网点建设】　2016年，按照自治区政府《关于实施农村电子商务筑梦计划的意见》精神，市邮政管理局向红寺堡、利通区、盐池等县（市、区）人民政府送达《关于商榷对乡镇设立品牌快递物流综合站点进行补贴的函》，协商对乡镇快递网点给予补贴事宜年内，利通区给快递企业兑现第一批补贴款5.13万元，第二批补贴款正在核实测算；青铜峡市政府印发《青铜峡市推动农村电子商务发展的实施意见》，明确将按自治区60号文件标准对乡镇快递网点进行补贴。

【邮政业精准扶贫工作】　2016年，市邮政管理局结合吴忠市邮政业发展实际，以盐池县出台《盐池县电子商务进农村综合示范工作实施方案》为突破口，通过与县政府沟通协调，争取相关政策，为盐池县邮政公司打造"绿金在线""邮乐购"等电商销售平台提供便利，让当地的药材、土鸡蛋、小杂粮、蜂蜜、滩羊肉等天然有机食品通过邮政、快递网络顺利走向全国各地。

【邮政行业安全监管】　2016年，市邮政管理局加强寄递渠道安全监管工作，及时召开全市寄递行业安全监管领导小组八部门联席会议，不断强化部门联动机制，定期通报相关情报信息；结合"四色安全预警管理"模式，督导企业不断提升反恐工作的风险防控意识和能力。严格按照自治区邮政管理局及吴忠市"扫黄打非"办的要求，配合开展了"扫黄打非·清源2016""扫黄打非·固边2016""扫黄打非·净网2016""扫黄打非·护苗2016"等专项活动，共计开展检查232人次，并与辖区内寄递企业及一线收寄人员签订"扫黄打非"责任书378份。严厉打击当前部分寄递企业在"扫黄打非"工作中存在的制度不执行、责任不落实等违法违规行为。制定下发《寄递渠道禁毒工作方案》，组织邮政、快递企业从业人员就"当前禁毒形势、毒品的种类、传统毒品和新型毒品的区别、如何远离毒品"等重点内容开展禁毒工作专项培训。按照全市平安建设工作会议精神，各企业通过在醒目位置悬挂平安建设、公共安全防范警示教育宣传标语或设置提醒台的方式，向社会群众宣传平安建设相关知识。

【寄递业务监管】　2016年，市邮政管理局重点围绕"收寄验视＋实名收寄＋过机安检"三个100%，强化寄递渠道安全监管工作。严格落实收寄验视100%，针对薄弱环节，狠抓督查落实，实行常态化管理，督促各企业切实做好寄递物品验视制度的贯彻落实，严防毒品、危险化学品、非法出版物等国家禁止寄递的物品流入寄递渠道。对检查中发现2家未严格执行收寄验视的快递企业进行了立案查处，并给予了停业整顿的行政处罚。严格执行实名收寄100%，督促各企业认真核对寄件人身份信息、电话号码等重要信息，并提醒寄件人完整准确地填写寄件详情单，做好信息保存工作，确保寄件人身份可追溯、可查询。在全市范围内，稳步推进"安易递"实名收寄系统的应用，做好身份证件扫描、客户信息录入等工作。确保机过机安检100%。针对吴忠市各快递企业还未配备安检机的现状，要求各企业与宁夏公司总部签订邮件、快件安检责任书，确保邮件、快件100%统一通过X光机进行安检。

【寄递渠道监管】 2016年，市邮政管理局及时召开全市寄递行业安全监管领导小组8部门联席会议，全面通报寄递行业安全监管情况，重点研究严格落实"三个100%"情况。主动对接联系市综治办，强化吴忠市寄递渠道安全设施设备投入，联合向市人民政府上报《关于申请吴忠市寄递企业安检设备补贴资金的请示》，提请解决寄递企业安检设备补贴资金相关事宜。

【保密工作】 2016年，市邮政管理局制定《专项检查工作方案》，通过多渠道、多手段对全市各邮政机要通信网点收寄、封装、交运、押运、接收、投递等各环节进行全面检查。对于发现的问题，及时通报邮政企业，并责令其立即整改。在黑龙江发生机要通信安全事故后，立即开展机要通信跟段检查。目前，已完成4次专项检查工作。

【快递营业场所标准化建设】 2016年，市邮政管理局严格按照自治区邮政管理局印发的《宁夏快递服务规范化标准化实施办法》，从服务能力、场所标准、操作环节、人员管理、安全管理、企业文化建设等11个方面27个具体环节，分批次在全市快递网点进行标准化建设。组织快递企业通过自建、自查、自检以及"比、学、赶、帮、超"等方式，充分调动各快递企业开展标准化建设的积极性，引导快递企业实现规范化、标准化、均衡化发展，推动吴忠市快递企业全面转型升级。目前，全市121个快递网点已全部完成标准化建设任务，快递标准化建设覆盖率实现100%。

【行业安全教育】 2016年，市邮政管理局每季度举办邮政业安全生产培训班，通过讲解法律法规、吸取反面案例教训、介绍操作方法等，对快递从业人员就如何认真执行寄递安全"三个100%"、落实企业安全主体责任等突出问题进行针对性的培训。开展"送法下基层"活动。针对同心县、盐池县、红寺堡区较为偏远，快递从业人员规范操作、安全生产意识亟须进一步提高的现状，在开展日常执法检查的同时，利用晚上时间，针对收寄验视制度、实名寄递制度等相关法律法规和快递经营许可证办理、分支机构备案、统计数据上报等问题，现场举办培训班，现场提问、现场解答疑难、现场交流。目前，共开展"送法下基层"培训4次，受教育的一线从业人员达91人次。

【寄递渠道监管】 2016年，市邮政管理局共计开展联合执法、收寄验视、实名收寄、"扫黄打非"、危爆物品清理整顿和矛盾纠纷排查化解、快递市场清理整顿等专项检查9次，开展春节、"两会"、"五一"等重大节日安全检查7次，共检查快递服务网点359个次，出检1077人次，下发责令整改通知书10份，对10家快递企业违法行为进行立案查处，并给予行政处罚。

【队伍建设】 2016年，市邮政管理局认真开展"两学一做"学习教育活动，围绕"六查六看六树"的内容，制订实施方案，适时将习近平总书记在纪念建党95周年讲话、纪念红军长征胜利80周年讲话精神等融入"两学一做"教育活动中。建立干部综合素质和业务能力提升培训机制，全面强化行政执法、公文处理、行业统计、档案管理等多方面培训。在成功创建二星级基层服务型党组织基础上，局党总支及下属各党支部在2016年全部晋级增星，严格对照有关考核细则，并结合邮政管理工作实际，创造性地开展和实施创建工作。不断提高党员干部服务能力，夯实从严管党治党基础，严格按照《党员发展细则》有关规定，按照"成熟一个发展一个"的原则，认真负责地开展发展党员工作。认真学习贯彻自治区邮政管理局2016年党风廉政工作会议精神，局党组领导班子严格贯彻落实党风廉政"一岗双责"和"两个责任"制度。积极开展市级文明单位创建工作，认真部署2016年精神文明创建工作，并制定印发了工作要点，将文明单位创建与邮政管理工作有机结合，推动精神文明创建工作深入开展。

· 中国电信吴忠分公司 ·

【概　况】　2016年，中国电信吴忠分公司（以下简称"电信吴忠分公司"）按照"盯实份额，精确执行，转型创新，以'互联网+'思维加速企业规模效益双提升"的战略，以"规模与价值双提升，增量与存量双驱动"为主线，围绕区公司统一部署，结合分公司实际，进一步优化企业运营机制，强化基础管理、狠抓执行力，确保各项任务圆满完成。1—11月全业务收入同比增长11.38%。有线宽带计费用户达12.35万户，宽带融合占比55.22%；ITV注册用户7.94万户。截至11月，吴忠行业宽带用户达到17.28万户。

【业务经营】　2016年，电信吴忠分公司围绕移动、宽带、视频、行业应用四大重点产品，采取进攻型市场策略，加强双百兆和终端销售渠道建设，加速整村推进和融合业务发展。在全市范围内组织开展"树创引领、守土有责、天翼高清千场体验"活动，增加用户黏性，提升用户质量；加强安全手机、智慧行客、翼商争鸣、酒店完美联盟等业务规模拓展及校园实体渠道拓展。实施核心商圈渠道再造攻坚战，实体门店达到258家（其中专营店面145家，开放店面113家，30户及以上核心店面134家，5户及以上有效门店217家）；整合涉及全市6个商圈49家店面完成招商。优化网络资源向大流量发生区倾斜。

【网络维护工作】　2016年，电信吴忠分公司以网络安全可靠运行为保障，强化工程管控。年内，实施102项工程，农村及城市小区第三方引资项目112个。移动网开通4G基站271个，CDMA基站开通35个。持续对核心网、传输网、无线网、ODN网进行网络分析优化、整治和升级改造。合理调配现网资源，通过"拆闲补忙"，新增CDMA无线基站15个，OLT扩容52个，扩大无线网覆盖范围，提升无线网、有线接入能力和网资源使用效益。开展客户业务资源及楼宇库、GIS辅助选址数据质量提升，CRM数据与资源数据的一致性提升，标准地址清洗，光端口占比提升，大客户电路基础数据梳理与资源核实，ODN网络资源整治等工作，提升资源配置效率。

【客户服务】　2016年，电信吴忠分公司以提升客户感知和客户满意度为目标，强化服务标准和客户接触点服务能力。制定《吴忠分公司2016年服务质量考核细则》《吴忠分公司政企客户装维服务及业务支撑流程及考核办法》，规范并细化服务标准，强化各层级的服务支撑流程。制定装维监督评价体系及执行要求和考核标准，加强装维服务管控，提升装维效率，将营维一体真正落到实处。通过甩单支撑实现临柜15分钟受理，并在全市范围开展宽带业务先装后付，首家对外承诺"当日装、当日修、限时办、慢必赔"，以品牌树形象，提升客户感知。

【技术支撑】　2016年，电信吴忠分公司结合日常障碍查修和巡检，对大客户单位的客户端进行清网排障工作。截至11月，完成67个网点优化工作；完成党政内网13台设备及农业银行吴忠市39个网点的提速工作；对41家单位进行双路由改造；完成18家单位自动保护倒换功能建设及56家客户端机房整治工作。在吴忠本地网开展了装维核心队伍人才选拔工作，强化政企客户装维及业务开通支撑能力，落实政企差异化客户装维及业务开通支撑能力。全市政企关键人修复及时率提升至100%。年内完成宽带新装32581户，ITV新装40669户。

【队伍建设】　2016年，电信吴忠分公司充分发挥基层党组织的战斗堡垒作用和党员的先锋模范作用，加强"两学一做"学习教育，开展党员干部"十（实）归一"活动及党员"三亮三比三评"活动。加强党风廉政及企业文化建设，坚持"三会一课"制度，全年开展中心组理论学习12期，支部组织14次专题学习会，领导讲党课8次。严格执行差旅、会议、调研、公务用车、接待、公款支出等制度，推行权力运行公开透明，自觉接受监督。加强企业文化建设，坚持"五必访"关心关爱员工；开展"我与企业共成长"演讲比赛并组织巡回演讲6场，开展神算精英营销技能大赛及装维服务技能竞赛；开展"翼家人"团队文化建设，建成青铜峡龙海、利通区明珠路支局两个示范点；组织联欢晚会、员工拓展等活动，以释放员工压力。加强人才队伍建设，选送2名交流人员到集团公司及江苏公司交流锻炼，岗位挂职锻炼8人；选拔区公司副职后备领导人员5名；选拔分公司战略性后备人才6名。进一步加优化选人用人制度，制定分公司《吴忠分公司"人力资源流转池"管理办法》，进入管理池2人；选用中层11人，降职3人；4名人员由派遣制转职为合同制员工；选拔22名核心装维人员，并将2名优秀外包人员转为派遣制员工。

【试点三级划小承包】 2016年，以县级分公司为承包主体，率先将红寺堡分公司试点三级划小承包运营。采取"内包模式＋准利润承包"模式，促进市场、收入份额取得新突破，员工个人收入得到较大提升。截至9月，红寺堡分公司全业务收入份额较上年提升1.96%，移动过网份额较上年提升2.03%，固定宽带用户份额较上年提升1.78%，全业务收入同比增长17.04%，人均收入较上年度增长31.88%，劳产率均高于吴忠分公司平均劳产率，较上年增长88.63%，三级承担风险和所得收。

· 中国移动通信集团
宁夏有限公司吴忠分公司 ·

【概　况】 2016年，中国移动通信集团宁夏有限公司吴忠分公司以创新促进发展，以发展提升服务，以服务稳定市场，取得了较好的经济效益和社会效益。截至2016年年底，分公司已建成覆盖范围广、通信质量高的移动4G网络，并形成以专业营业厅为龙头，以集团客户服务为依托，以代销和乡镇代办等社会营销、服务渠道为补充的营销服务体系。

【服务水平】 2016年，中国移动吴忠分公司充分发挥服务监督与服务支撑职能，从过程管控、焦点问题治理及一线员工业务服务技能提升入手，通过开展厅店暗访、服务质量和网络感知监测、驻地辅导、创新营销服务宣传等活动，着力解决服务中存在的各种问题。聚焦客户关注的热点问题，开展"3·15"国际消费者权益日、"网络信息安全周"等活动，向广大客户宣传维权知识及网络信息安全知识，逐一排查解决并建立长效机制，得到了广大客户的认可，在全市通信行业行风评议中排名第一，服务质量保持行业领先，青铜峡分公司广场营业厅被评为自治区级"满意100"十佳服务明星班组。

【运营能力】 2016年，中国移动吴忠分公司以提升4G网络的质量和领先度为目标，重点在广覆盖、深覆盖、厚覆盖上做文章。在争分夺秒做好网络建设的同时，借助IP承载网承载优势，打破传统数据网承载模式，着力提升"集家客"业务用户的使用感知，提升综合类网站业务下载速率，圆满完成了各项网络指标考核。

【信息化建设】 2016年，中国移动吴忠分公司借助4G网络先发优势，以专业优质的通信资源、信息化应用、营销策略、服务内容等为支撑，全力激活集客市场，持续提升分公司集团客户市场规模。结合吴忠当地行业信息化需求，积极拓展生产制造业、畜牧养殖业、公安等行业项目统谈。先后完成了吴忠市平安城市、无线电监测专线、海事视频专线、吴忠医保专线、供热专线项目的签约与建设。

助力宁夏民族职业技术学院高校迎新

【队伍建设】 2016年，中国移动吴忠分公司在基层所属各县分公司按属地管理原则开展文明单位创建活动，在青年员工较多的岗位组织开展"青年文明号"创建工作。年内，开展了"幸福1+1"活动，根据员工的兴趣爱好分别成立了活动小组，定期组织球类比赛、棋牌竞技以及业务知识竞赛等丰富多彩的文体活动，增强员工身体素质和团队凝聚力。

【服务社会】 2016年，中国移动吴忠分公司先后开展了多种服务社会的活动，向盐池县王乐井乡边记洼村扶贫捐款5.7万元；为孙家滩利原新村村部建设申请专项扶贫款8万元；为敬老院80余名孤寡老人送去温暖和洗衣机及其他生活用品，以及牛奶、红糖等食品；与利通区郭桥乡刘家湾村结对开展"城乡文明共建"。

· 中国联通吴忠市分公司 ·

【概　况】 2016年，中国联通吴忠分公司按照"聚焦、合作、创新"的总体工作思路和要求，以发展为第一要务，强化体验式营销，狠抓县区执行，着力提升渠道效能。较好地形成4G业务快速发展、宽带和融合业务加速发展的格局，市场经营形势向好。本着"一切为了客户，一切为了市场，一切为了一线"的理念，将企业产品、资源与用户需求有机结合，真正做到使服务更便捷，取得了良好收益。

【客户服务】 2016年，中国联通吴忠分公司坚持以服务用户为中心，聚焦服务短板，切实为用户解决在使用手机、固定电话、家庭互联网中存在的问题，通过"两项服务承诺"、实施"两大便民举措"，通过落实"三项保障工作"，确保网络能力明显改善，服务水平明显提升，工作作风明显改进。

链接：

两项服务承诺：家庭互联网宽带业务服务"三要求"（要求装机礼仪、要求修障时限、要求用户满意），移动业务服务"两改善"（改善GSM网络、WCDMA网络及LTE移动网络建设进度，不断加强网络信号覆盖强度；改善网络覆盖水平），着力解决客户关注的热点问题。

两大便民举措：推广方便客户使用的电子自助服务，加大网上营业厅、手机营业厅、各营业网点自助查询机及夜间自助缴费机等各类电子营业厅的推广力度，方便客户使用。加快推出惠及民生的信息服务，借助116114呼叫中心、校园信息、职业信息及生活信息化产品，提供涉及百姓衣食住行的医疗、教育、就业、生活等各类综合信息服务。

【网络建设】 2016年，中国联通吴忠市分公司无线网规划新建4G基站141个。为解决部分基站的连接用户数门限低问题，新增RRC连接数license 507个，并对市区、县城6个高流量站点开通载波聚合，扩容10M带宽，组织完成246个3G站点及348个4G站点的无线网络优化工作，全面开展各县域4G网络簇优化工作，共调整基站天线310个，其下载速率进一步提升，提升联通用户对移动网络下载速率的感知度。多措并举支撑县域扶贫项目扩展，为进一步解决盐池、红寺堡、同心偏远行政村移动网络覆盖较弱的问题，并积极响应政府关于扶贫惠农政策，专项增补3G基站32个，有效解决了贫困区域的网络覆盖，提升了用户对移动网络的感知。同时，加大力度在全市范围内对PON小区进行光纤改造，通过积极主动与政府主管部门、通信行业联建办建立协调机制，完成全年宽带接入FTTH改造小区66个，改造覆盖用户数22684户，覆盖楼宇数664栋。在积极响应、快速组织完成政府重大通信保障任务上，先后完成青铜峡牛首山庙会、2016年全国沙滩排球巡回赛（宁夏吴忠站）、2016年全国青少年航空航天模型锦标赛、宁夏吴忠第三届"吴忠万达广场杯"山地自行车公开赛、2016年全国跳伞锦标赛、阿迪力青铜峡黄河大峡谷挑战吉尼斯世界纪录极限之旅、第五届宁夏黄河金岸（吴忠）国际马拉松竞赛等活动的通信保障，累计进行CE调整26站次，载波扩容18站次，出动车辆保障21车次，重保维护人员35人次。

【安全生产】 中国联通吴忠市分公司贯彻落实"安全第一，预防为主"的方针，制订学习、培训计划，坚持把安全培训、学习和员工的思想教育放在首位，分期分批对干部员工进行培训，培训面达100%。在公司办公楼进行消防、安防设施的安装，并顺利通过消防、安防验收；组织开展"安全生产月"活动、应急预案演练周活动，全年公司未发生安全生产责任事故。

· 中国铁塔股份有限公司
吴忠市分公司 ·

【概　况】 2016年，中国铁塔股份有限公司吴忠市分公司（以下简称"吴忠铁塔公司"）全力做好铁塔及相关设施的建设、维护和运营工作，通过共建共享的方式高标准满足3家电信运营商的基站（铁塔）建设和维护服务需求，为吴忠地区提供可靠的信息化支撑。2016年共承接通信铁塔塔类需求953个，塔类租户数达到2741户。截至2016年年底，吴忠地区通信基站（铁塔）数量增长到1700座，移动通信网络覆盖率由2014年的52%提升到2016年12月底的83%，实现城市移动通信网络深度覆盖，乡镇村移动通信网络全面覆盖。

【民族团结通信塔】 5月20日，全国首座"民族团结通信塔"落户揭牌仪式在吴忠市利通区扁担沟镇举行。该民族团结通信塔是吴忠市第一个"民族团结通信塔"，也是全区乃至全国首个，截至2016年年底，在吴忠市各县（市、区）共新建"民族团结通信塔"36座，成为吴忠新的地标性建筑。

【"网络+场租+贫困户"精准扶贫模式】 截至2016年年底，吴忠铁塔公司在利通区、同心、红寺堡等地新建通信基站（铁塔）376座，通过共建共享改造通信基站829座，为农村电商、智慧农业、智慧教育提供可靠的基础通信网络保障。同时在加快推进4G通信基础设施建设并实施网络精准扶贫的过程中，开启"网络+场租+贫困户"精准扶贫模式，即在选址建站中，优先考虑贫困户的土地，以场地租金的形式，为贫困户提供一定的资金支持。

【通信基础设施专项规划】 9月28日，《吴忠市通信基础设施专项规划（2016—2020）》获吴忠市人民政府批复，成为继银川之后全区第二个完成通信专项规划的地市，该规划填补了吴忠市通信基础设施专项规划领域的空白，为以后通信基础设施的建设提供了依据，对促进通信事业健康发展、规范通信基础设施有序建设、加快推进吴忠市"智慧城市"建设具有重要意义，将按照共享共建的标准进行规划，对节约土地等公共资源发挥重要作用。

商贸流通 ShangMao LiuTong

商 务

·综 述·

【概 况】 2016年，吴忠市商贸工作按照"挖潜力、提层次、补短板、促升级"的工作思路，积极培育增长亮点，加快转变发展方式，推动经济持续发展。截至2016年年底，吴忠市从事物流、运输、仓储、配送、快递、信息等物流要素企业共有293家，注册资金百万元以上有120家，大于500万元的有38家。2016年，完成社会消费品零售总额102.8亿元，同比增长7.8%；上争项目资金9223.8万元，完成目标任务的115.3%。

【电子商务】 2016年，吴忠市全面启动"互联网+商贸"，积极争取电商进农村示范县及自治区千村电商工程、农村电商筑梦计划等项目支持，制定出台了《吴忠市"互联网+商贸"实施方案》，"互联网+商贸"进社区、进企业、进农村"三进"工程正式启动，盐池、同心、红寺堡区、青铜峡市先后被商务部列为电商进农村示范县，青铜峡市被自治区列为千村电商工程试点市，吴忠市被商务部等17个部委列为第三批电子商务示范市。截至2016年年底，已建成县级服务中心6个、村级服务站223个，基本实现了县县有电商项目、县县有电商运营中心、乡镇有电商旗舰店、农村有电商示范点。淘宝特色中国·吴忠馆、明天生活商城、盐池县"绿金在线"等本地电商平台相继投入运营，交易产品、交易规模、交易额度呈持续上升态势。盐池县建设的电子商务"1+2+8+N"模式，同心县打造的"电商+扶贫"以及义乌仓跨境电商通道，明天生活商城打造的"电商+餐饮"，加速了电商与产业的融合发展，带动了服务业的转型升级，取得了良好效果。

【市场建设】 2016年，吴忠市制定出台《关于推进"十大市场"健康发展的政策措施》，从规范经营业态、提高销售比例等10个方面，制定了10条具体的扶持政策。市政府成立了"十大市场"培育发展领导小组，建立了市场联系协调机制，定期召开会议，协调解决了市场绿化、公交运行、提高商品房销售比例、花卉市场业态调整、北方农资城增加业态等一批突出问题。涝河桥牛羊肉批发市场、鑫鲜农副产品批发市场、聚源再生资源市场、二手车交易市场等市场主营业态均达80%以上；各专业市场商品房预售率提高了5~8个百分点，回笼资金2.3亿元，有效缓解了市场资金困难；金属物流园、恒美家居城等专业市场，先后引驻经营散户近100家；恒美家居城、凯悦建材城通过引进红星美凯龙、居然之家、月星家居等品牌企业，不断提升知名度。认真贯彻中央关于放开二手车交易政策，出台了《关于取消限制二手车迁入政策的通知》，有效释放了市场活力，增强了发展后劲。

【外资外贸】 2016年，吴忠市先后组织120多家企业300余人次参加了德国汉诺威工业博览会等国外展会，支持万绵旋、杞叶青、涝河桥、塞外香等公司在国外设立销售窗口，拓展发展空间。全市对外贸易备案登记企业发展到671家，有进出口实绩的企业35家（出口企业28家，进口企业2家，既有进口又有出口企业5家）。全年实现进出口总额3.84亿元人民币，同比增长21.9%。

【挺进大中城市战略】 截至2016

年年底，先后在北京、福建厦门、辽宁大连、福建晋江、云南昆明、广东汕头等15个城市布局建设了吴忠市优质特色产品展示展销中心，主要经营吴忠、银川、石嘴山等地的50多家企业生产的牛羊肉、粮油制品、优质农副产品、速冻食品、葡萄酒、旅游工艺品等，共8大类400多种产品。2016年，实现销售收入5000多万元，成为吴忠市对外开放的重要平台、推进供给侧结构性改革的重要抓手。

【商贸重点项目建设】 2016年，吴忠市认真落实"6+6"项目工作机制，点对点服务、面对面指导，引导和鼓励金龙商业广场、中达国际广场等骨干企业壮大规模、规范运营、提升水平，刺激市场消费热点，培育新的经济增长点。吴忠市被自治区商务厅列为重要产品追溯体系试点城市；实施了利通区九公里、青铜峡市瞿靖及红寺堡区红寺堡镇农贸市场改造升级；新建菜篮子连锁超市2个；实施"51015"商业生活圈项目，制定智慧商务社区实施方案，利通区金星镇富平社区智慧商务社区建成投入使用；规划建设利通区宏泰牛街、同心县豫海镇美食特色街，方便了群众生活，增强了城市功能，提升了城市品位。

【三产统计工作】 2016年，吴忠市进一步完善了三产统计工作联席会议制度，定期召开服务业发展工作联席会议，分析运行态势，找准突出问题，优化了分工协作、各负其责的三产统计工作体系。完善了覆盖全市、涵盖9类行业21大类600种消费品的市场监测体系，定期发布监测信息，供市委、市政府决策参考，方便群众生产生活。通过资源整合、政策引导，加强规上、限上样本企业优选入库工作，不断加大服务业限上、规上企业培育力度，不断壮大样本企业总体规模，优化统计结构，提高统计质量。2016年上半年全市服务业增速位居全区首位。

· 吴忠市烟草专卖局 ·

【概　况】 截至2016年年底，吴忠市烟草专卖局（宁夏回族自治区烟草公司吴忠市公司）下辖青铜峡市、同心县、盐池县3个县级烟草专卖局（分公司）及利通区、红寺堡区烟草综合管理部，持证卷烟零售客户5098户。2016年共销售卷烟43701.3箱，同比下降4.11%；累计实现税利24295.16万元，同比增长3.56%。

【专卖管理】 2016年，吴忠市烟草专卖局切实抓好"维权使命""卷烟市场保卫战""卷烟市场攻坚战""查案竞赛"等系列专项行动及旅游季节市场监管，重点整治互联网领域涉烟违法行为和卷烟非法流通，通过突击检查、错时检查、全面检查等方式，做好毗邻区域重点路段巡查，严防违法经营卷烟向市场渗透，为辖区卷烟销售营造良好环境。落实专销协同联动机制，促进专卖、营销针对问题积极应对、精准治理、有的放矢，切实净化好市场、占领好市场。

【企业管理】 2016年，吴忠市烟草专卖局以营销、物流、投资、采购、资产管理、费用控制等业务环节为重点，运用现代企业管理工具和方法，积极开展精益改善项目、课题研究，全年共实现降本增效57.27万元。企业可控费用明显下降，六项可控费用同比下降10.7%。

【队伍建设】 2016年，吴忠市烟草专卖局突出党建主体责任和主业地位，定期召开党组、机关党委会议，对党建工作进行研究部署，积极推行党建任务、问题、责任、成绩"四个清单"管理，形成了党组牵头抓总，机关党委组织实施，各党支部贯彻落实，党员干部积极响应的党建工作格局。围绕重点工作、重点领域，开展"三重一大"决策制度、中央八项规定等内容的专项检查，有效防止权力失控、决策失误、行为失范。探索开展基层单位"嵌入式"驻点巡查，强化基层单位履职尽责、廉洁自律、作风建设等方面的监督检查。定期开展"一月一主题"的廉政教育和廉政约谈活动，引导党员干部自觉抵制不良风气，知敬畏、严自律。机关党委被市直机关授予"先进基层党组织""党建工作先进单位"等荣誉称号，"润夏在身边，服务随我行"荣获市直机关"十佳党建优质服务品牌"。

盐　业

· 宁夏盐业公司吴忠分公司 ·

【概　况】 2016年，宁夏盐业

公司吴忠分公司在自治区公司的领导下,全面贯彻区盐业工作会议精神,积极应对盐业体制改革,按照"强化市场管理,加快结构调整,转变机制体制,做优做强包装业和非盐业务,强化风险防控,提升服务水平,促使宁夏盐业效益进一步提升"的总体工作要求,班子成员带领全体员工把思想统一到自治区公司的重大决策和部署上,树立发展信心,保持奋发有为的精神状态,扎实全面开展2016年提质增效工作,抓作风,提素质,强监管,严规范,推动企业新常态下实现新发展,较好地完成了自治区公司下达的各项工作目标任务。2016年,全年累计购进各类盐产品2740吨(其中食用盐929吨,含畜牧盐及盐砖),工业盐1811吨,较上年同比增加1203吨。三类盐共计销售2801吨,同比增销687吨。食用盐销售788吨。全年年实现营业收入448万元。

【盐业体制改革】 2016年,是盐业体制改革的关键之年。宁夏盐业公司吴忠分公司全面落实全区第三季度工作会部署,统一思想,转变观念,端正态度,提升服务质量,牢固占用辖区市场。持续推进盐品销售结构调整工作,从增强任务观念、市场营销、宣传服务、上下协调等4个方面入手,取消原有食盐代批点,送销服务全覆盖,制定合理有奖销售办法,全力促进食用盐销售,激励客户由天然湖盐转向深井岩盐顺畅销售,实现精准营销。注重高端盐品的宣传推介,全力提高市场销售份额。与工业盐客户面对面交流沟通,耐心细致宣传讲解现有盐业政策和中盐品牌优势,根据客户需求改善送销服务措施,送销、结算、服务到厂,当面当场解决实际问题,完善客户回访制度,千方百计稳定销量。抓好物流管理,从优化线路、管控费用、业务运行、基础管理等4个方面严格工作要求,进一步提升了配送水平。加强对新百连超、人人乐、华联等大中型超市关于盐品陈列、明码标价、新盐品特点应知应会等方面的指导,全力提升销售渠道建设水平,树立中盐企业良好形象。

【企业管控】 2016年,宁夏盐业公司吴忠分公司强化定额管理、预算管理。在费用管控上查漏补缺,重点加强汽车费、业务招待费、修理费和水电费的控制,勤俭节约,全力压缩费用支出。建立业务招待费和车辆费用台账,进一步健全完善各项管理制度体系,尤其是加强了合同、应收账款、库存商品等管理工作。积极开展"安全生产月"活动,学习宣传《安全生产法》《企业安全生产应急管理九条规定》等法律法规,增强企业和员工的自我保护意识,做好安全器材的检查维护工作,抓好各项安全制度、安全工作措施的落实工作。建立分公司安全检查、隐患整改长效机制,检查排除事故隐患,防患于未然,坚决遏制了各种安全责任事故的发生。

【盐业市场管理】 2016年,宁夏盐业公司吴忠分公司面对日益严峻的食盐专营管理任务,积极转变工作思路,创新工作举措,在重要时间节点,重点对集贸市场、早市、新开商店、城乡接合部、边界交会地带等盐业市场进行集中整治,大力发展线人,加大对私盐贩销惯犯的监控,从严从重打击涉盐违法行为。认真学习宣传贯彻《国务院关于印发盐业体制改革方案的通知》,始终尽职履责,巩固送销、宣传、稽查三位一体工作机制,管好市场。十分注重严格行业自律,一方面完善了盐品质量管理制度,严格食盐检测,对盐产品的购进、储存、销售和盐产品质量事故处理做出明确要求,全力以赴确保盐品质量安全和食盐储备充足,另一方面,加强盐政执法队伍建设,全面依法行政。2016年,共出动盐政执法人员214人次,执法车辆73车次,查处涉盐违法案件18起,收缴违法盐产品4.8余吨,其中精制工业盐2.5吨,土硝盐1.75吨,假冒小包装食用盐554公斤。为推进盐业持续稳定健康发展营造环境,提供保证,保障了人民群众的合法权益。

【队伍建设】 2016年,宁夏盐业公司吴忠分公司深入开展"两学一做"学习教育活动,全面传达学习党的十八大六中全会精神,认真开展"践行'两学一做' 提升服务质量"活动,把握好党员理想信念"总开关",强化作风改进,全体党员对照"六项纪律"、中盐总公司"十条禁令",开展自查自纠,找准薄弱环节和存在的问题,狠抓立行立改,固化风清气正的良好干事环境。认真组织党员学习,不断提高广大党员的综合素质。结合公司工作特点和任务,严格执行"三会一课"制度,落实企务公开制度,加强党风廉政建设。同时做好职工思想政治工作,维护职工合法权益,帮助职工解决工作、生活中的实际困难。通过一系列学习、创建、落实、整改工作,使党支部的活力进一步增强,党员的先锋模范作用得到了充分发挥。"七一"前夕又有一名同志被吸收为正式党员,胡建萍同志被评为利通区先进党员,分公司党支部也被授予利通区先进基层党支部。

·粮食储运流通·

【概 况】 2016年,吴忠粮食局以落实粮食安全行政首长责任制和促进农民增收为重点,不断完善粮食宏观调控体系,加大粮食市场监管力度,推进粮食产业经济发展,圆满完成了全年各项目标任务。

【落实粮食安全行政首长责任制】 2016年,吴忠市印发《关于落实粮食安全行政首长责任制实施意见》和《吴忠市粮食安全行政首长责任制考核办法》,下发到各县(市、区)、市直相关部门,成立了考核工作领导小组。将国家粮食安全内容列入市委党校干部必修课程计划。

【粮食收购监管】 2016年,市粮食局严格执行国家收购政策,加强对粮食收购市场检查,协调9家龙头加工企业、流通企业与合作社、种粮大户、家庭农场签订粮食订单27万吨,建立了稳定产销协作关系,覆盖种植面积达52万亩。优质粮食订单达到13.65万吨,占订单数量的51%。与15家粮食加工企业签订了粮食订单目标管理责任书。与区外签订小麦订单10万吨。年内收购订单粮食31.5万吨,其中,小麦13.5万吨,水稻18万吨,完成订单任务的117%,其中,优质订单数14.2万吨。引导动员各类企业本着保本微利的原则,积极入市收购,制定以奖代补扶持政策,对于积极履行订单、按订单开展收购的企业,按实际收购量给予奖励。认真做好社会粮食统计工作,完成粮食市场价格监测周报44期、月度粮油价格分析与预测10篇。

【粮食应急管理】 2016年,市粮食局确定53家应急粮油供应网点、17家粮油配送中心、15家应急加工企业、16家应急运输企业。进一步完善粮食应急预案和应急储备粮管理办法,对2014年确定的28家应急供应网点进行了考核检查,采取"一牌一证一制度"的规范管理,初步形成了网点管理系统化、沟通协调经常化的工作机制。投资5万元为承储企业统一制作了承储企业标识牌、仓内货位卡登记牌,印发了统计台账。坚持季度检查和不定期抽查,确保应急成品粮油储存安全。争取市级财政补贴98万元,建立3000吨市级应急原粮储备。会同市财政、农业发展银行吴忠分行3家联合制定了《吴忠市储备粮管理暂行办法》,全面完成了原粮储备收购入库任务。

【粮食质量监管】 2016年,市粮食局加强粮食流通市场监管,全年检查企业53家,检查收储企业30家。开展了粮食收购许可证审核年检。按照自治区粮食局关于开展粮食库存检查的要求,认真制定粮食库存检查方案,做好库存的自查和汇总上报工作。加快质检体系建设,全面落实粮食安全生产责任。与直属企业签订了安全生产责任书,坚持开展安全生产大检查。举办粮食安全生产培训班2期,开展消防演练1次。全年粮食行业未发生安全事故。

【粮食仓储管理】 2016年,市粮食局大力实施"粮安工程",年内对5个危仓老库进行维护改造。制定下发《吴忠市粮食局农户科学储粮技术服务方案》,进村入户宣讲科学储粮知识。吴忠市粮食购销公司高闸粮库作为自治区粮食局信息中心打造的"智能化粮库"建设试点项目,于9月底全部安装调试并试运行。

【粮食产业化】 截至2016年,吴忠市有8家企业建立原料生产基地,发展优质粮食种植专业合作社16家,流转土地4.1万亩。全市有3个品牌获得全国驰名商标,25个品牌获得自治区名牌产品、著名商标。吴忠市粮油加工企业实现工业总产值31.5亿元,同比增长1.72%;实现销售收入29.9亿元,同比增长4.12%;实现利润总额0.66亿元,同比增长1.32%。年内,市粮食局帮助指导粮食加工企业建设标准化原料生产基地,培育发展宁夏家道粮食种植专业合作社和吴忠市伊弘农种植合作社2家。实施粮食品牌战略,承办了中国粮油学会油脂

分会在吴忠举办的亚麻籽油系列国家标准技术研讨暨亚麻籽产业发展论坛会。组织11家企业参加了在南昌举办的第十四届中国（国际）粮油产品展览会，5个品牌获得金奖。对在粮食产业经济发展中引领作用突出的年产15万吨富硒GABA大米深加工新项目通过以奖代补方式予以资金扶持。

【爱粮节粮宣传】 2016年，市粮食局引导企业采用新技术新工艺、新设备进行技改，提高粮食出品率。年内，组织辖区6个粮油加工企业参加了国家粮食局在武汉举办的全国"粮食科技周"活动，在利通区民生社区举行了"粮食科技周"启动仪式，在《吴忠日报》开辟宣传专栏，连续刊登节粮及粮食科普知识6期。将中小学生爱粮节粮教育基地向县（市、区）延伸，投资10万元在宁夏法福来和利通区上桥镇牛家坊农耕民族文化博物馆打造县级中小学爱粮节粮教育基地。

招商引资

【概　况】 2016年，吴忠市招商引资工作坚持以招大引强、招新引高、招才引智为重点，设立健康产业、装备制造等10个产业招商组分产业进行专项招商，开展精准对接、产业招商，突出招大引强、招新引高、招才引智，全力对接目标企业、跟进重大项目，全市招商引资呈现良好发展态势。年内，共实施招商引资项目277个，到位资金614.72亿元，同比增长10.1%，完成目标任务的102.45%，完成进度比上年同期提高0.1个百分点。

【招商活动】 2016年，吴忠市实行重大项目市级领导联系制度，采取一个项目、一个领导、一套班子、一份进展清单的推进服务机制。年内，市委书记、市长全年带队外出招商9批次，各县（市、区）、市直相关部门、各工业园区"一把手"主动上门联系，外出招商120批次，全年亿元以上招商项目达到170个，到位资金568.62亿元，其中新落地10亿元以上重大招商项目19个，到位资金150.9亿元。年内，制定《招商筹备工作方案》和《开展精准招商的工作方案》，成立10个产业招商组，由市委、市政府主要领导和分管领导亲自带队开展密集招商，先后洽谈对接中科博阳轴承谷等238个项目；签约落地哈纳斯500万吨液化天然气一体化基地等43个项目，协议投资1068亿元。鼓励和引导企业通过联合收购、兼并重组、嫁接改造等方式，盘活存量，扩张增量，先后促成通达集团与中国信达、山东鲁泰合作，投资20亿元建设煤电一体化项目；青铝集团与宁夏锦绣集团、成都通用电缆合作，投资30亿元实施铝材深加工项目，可消化铝水32万吨；普华冶金与宁夏三和冶炼合作，10台停产矿热炉复产5台。

【招商项目落地】 2016年，吴忠市各级部门严格落实重点项目包抓责任制，加快在建项目建设速度，加大督查落实力度，采取"两办"督查和市人大、政协领导专项督查，行业督查等行之有效的办法，跟踪问效，力促在建招商项目迅速转化为现实生产力。年底前，苏锡光电新材料等10个项目开工建设，完成投资52亿元；中民投光伏扶贫、恒诚仁和年产4万锭纱线等60个项目建成投产；勤昌轴承工业机器人自动化生产线、恒丰同利1000万套巾被等18个项目正在安装设备，并陆续建成投产；特变电工新能源电力设备产业园、锦绣铝型材产业园等大项目顺利推进；瑞科新源重油深加工、金裕海40万吨C4等50个上年投产项目全面发挥效益，新增产值52亿元；长明天然气、恒和织造等17家企业纳入规上统计，新增产值4.2亿元；市经济技术合作局实施吴忠市城市东部地下综合管廊一期工程、吴忠市热电联产集中供热热力网建设项目、2G瓦光伏发电项目、体育馆及商业综合体项目和中国自动化产业园建设项目5个项目，到位资金24.1亿元，完成目标任务的100.2%。

【"央企吴忠行"活动】 2016年，市委、市政府主要领导先后与中石油集团、中石化集团、中航油集团、中铝集团、中化集团、中国核工业集团、中国核工业建设集团、中国电子科技集团、中国医药集团、中盐集团、北汽集团、神华集团等大型企业进行了洽谈对接。吴忠市与中冶集团、中节能、中国电子科技集团、中核华兴建设有限公司在基础设施、新型智慧城市建设等方面达成合作意向，并签订合作框架协议，城市东部地下综合管廊一期工程、供热管网工程等项目已开工建设。北汽集团、神华集团、中电科航空电子有限公司等企业先后到吴忠考察，洽谈了汽车铝轮毂、煤制油、通用航空等项目。

【招商项目推介活动】 2016年，市招商部门实施"近联远引外拓"计划，推进与东部地区、周边地区、台湾及阿拉伯国家在经贸金融、文化旅游等领域深度交流合作。年内，围绕特色农业、健康产业、现代农业、轻工制造、航空运输、食品饮料等，先后在广州、西安、北京、上海等地召开专题推介会和座谈交流会，邀请当地企业家150多人次参会。主动邀请河南食品行业企业家、宁波市民建企业家等经贸考察团来吴考察，与双汇集团、大用集团、好想你枣业等18家食品加工企业进行了座谈交流，9月，吴忠市参加陕甘宁蒙毗邻地区共同发展联席会议期间，签订苹果矮化引种栽培示范基地、草料加工配送中心等3个项目，签约资金5.2亿元。12月，吴忠市参加陕甘宁蒙晋沿黄地区经济合作洽谈会，并签署陕甘宁蒙晋沿黄地区投资促进合作倡议书。

【"台商吴忠行"活动】 2016年，经济技术合作局制定了《海峡两岸（吴忠）经贸交流对接会工作方案》。9月8日，由台湾巨皇集团投资3亿元建设青铜峡台湾馆项目正式签约，该项目建设面积2.6万平方米，是以高档服饰、电影城、电子产品、台湾保健品、食品为一体的综合性商业广场。12月15日，巨皇集团与青铜峡市政府又达成投资8亿元建设游乐城综合体项目的投资合作意向，并签订了投资协议书。

【投资洽谈对接工作】 2016年，市经济技术合作局制定外商投资洽谈接待方案，年内全市共接待河南食品企业经贸团、新加坡力汇（RIWAY）公司、珍宝集团等公司60多批次客商来吴考察，洽谈牛羊肉深加工、保健品生产、文化旅游等一批项目。坚持常态化外商信息报告制度，积极答复客商项目咨询、招商政策咨询、项目审批程序等事宜，及时将2016年已签约的新能源汽车产业园、东阿黑毛驴养殖和屠宰加工基地、清洁能源及城市一体化节能综合利用、光伏电站配套产业园、液化天然气一体化基地和新能源基地等重大项目相关信息函告银行，跟踪对接帮助融资。

【招商引资项目储备】 2016年，市经济技术合作局结合全市产业发展定位和规划，建立了健康产业、现代装备制造业、能源化工产业、新材料产业、生态纺织业、现代特色农业、现代商贸物流业、文化旅游业、基础设施等10类项目库，储备项目336个。对精选出的133个重点招商项目印制成册，通过各商会、驻外办事处、各种节会等渠道发放，扩大宣传。

【招商引资监督考核】 2016年，市经济技术合作局坚持每月对签约项目和重点项目进行督查，定期对项目建设情况进行通报。4月份开始，市经济技术合作局每月将招商活动信息、签约项目情况、投资完成情况以经济合作动态的形式通报各单位。12月5—9日，市人大、政协会同市委督查室、政府督查室、发改委、财政局、审计局、统计局、经合局等部门组成两个考核组，采取集中查看项目档案资料、实地抽查与平时督查、调度会议、观摩点评相结合的考核方式，对各县（市、区）、园区、市直部门"两大任务"完成情况进行了年度综合考

国外客商在吴忠市优质特色产品（义乌）展示展销中心内采购商品

评。考核认定招商引资项目277个,到位资金614.7亿元。

【招商信息平台建设】 2016年,吴忠市大力推行"互联网+招商"模式,利用微信搭建招商引资推介平台,与意向投资者和社会各界进行即时交流互动。招商引资微信公众平台设置了"吴忠简介""吴忠投资""吴忠服务"3个版块,即时发布吴忠市产业发展动态,招商引资工作新动向、新项目,招商引资优惠政策、投资环境等信息,打造了资源综合、信息及时的招商引资新媒体平台。

【招商引资方式创新】 2016年,吴忠市深化交流合作,推进与东部地区、周边地区、台湾地区及阿拉伯国家在经贸金融、文化旅游等领域深度交流合作。先后组织回访浙江宁波市、上海市青浦区等15个友好城市。支持正源枸杞、精艺裘皮等企业开拓国际国内市场。全市牛羊肉出口30多个国家和地区。新增进出口备案企业50家,"走出去"企业达到89家,涉及产品504种,全年进出口贸易额将达到3.5亿元。实施特色产品挺进大中城市战略,北京、厦门、大连、晋江、昆明、上海、宁波等地15个展示展销中心开业运营,入驻企业50多家,涉及产品8大类400多种,葡萄酒、精品羊肉等产品进入高端消费市场,搭建了吴忠与区外市场对接的窗口和宣传平台。加强与清华大学、北京服装学院等12所高校院所合作,17名专家教授驻企服务。帮助吴忠仪表与中国石油大学、中国海洋研究总院联合,成功研发深海油井阀,实现了高端控制阀技术提升和国产化替代,成为中石油、中石化海外项目唯一国产化配套企业,吴忠仪表智能控制阀制造数字化工厂被列为国家智能制造试点示范项目。

【招商引资环境优化】 2016年,吴忠市组建城乡建设开发、中小企业创业等8大投融资平台,推进动产抵押融资,拓宽融资渠道,实现平台融资6.9亿元。建立吴忠金援助贷基金等平台,实现担保贷款35亿元。与交通银行、华夏银行签订战略合作协议,新增银行机构10家。嘉泽发电主板上市进入首次公开募股(IPO)排队序列,10家企业在新三板上市,48家企业在区域性股权交易中心挂牌。大众创业、万众创新催生新活力,新增各类市场主体3142户,累计达到8.9万户。实施市级领导牵头推进重大项目"6+6"工作机制,建立问题台账,因企施策,跟踪服务。帮助庆华集团与正阳公司合作组建宁夏超睿化工公司,实施焦化升级改造项目,企业全面恢复生产。突出靶向施策,激活实体经济,及时出台"工业十条""农业十条""创业就业十条""十大市场十条""旅游业十条""特色街区七条"等务实管用的政策措施,企业投资创业信心倍增,经济发展活力持续迸发。目前各项政策正在统计审核,预计市、县两级全年兑现支持资金8000万元。全面争取、落实自治区"新工业十条"等扶持政策,先后帮助禹皇酒庄、壹加壹农牧业等123家企业申报自治区新型产业化项目,获得担保贷款2.16亿元,贷款贴息1094万元。

旅游 LüYou

【概况】 2016年，全市旅游工作抢抓创建全域旅游示范省区机遇，强化工作措施，加快工作节奏，旅游基础设施进一步完善，旅游宣传力度进一步加大，旅游服务质量明显提升，旅游接待人数和收入稳步增长。全年接待游客563.35万人次，实现旅游收入29.40亿元，同比分别增长39%和34%。

【旅游基础设施建设】 2016年，市旅游局以青铜峡市创建全域旅游示范市（县）为契机，协助县（市、区）争取前五批国家专项建设基金5个，资金额度为2.5亿元。利通区新建海军生态园等乡村旅游项目8个，完成投资4000万元。红寺堡区宁夏移民民俗风情园、航模基地、移民文化旧址等项目基础设施投资逐年加大。青铜峡市围绕"黄河岸边、稻花香里、贺兰山下"三条主线，投资5000万元实施旅游景观标识、一百零八塔环线综合整治、拦河大坝观景平台、鸟岛中心湖基础设施、牛首山停车场建设等项目，解决了景区内断头路、断头桥和公共卫生间不足及游线不畅的问题，开通了景区旅游直通车线路。盐池县着力提升宁夏东大门旅游形象，累计投资8.4亿元对古城墙进行维修，建成环城公园，修通长城旅游观光路。2016年，盐池县财政投入8000多万元用于支持旅游产业发展，重点实施红色旅游二期项目；投资2600万元完成长城关风景旅游区建设；投资2000万元完成张家场博物馆建设布展；引资3.7亿元打造西北地区规模最大的房车露营地——花马湖房车营地。同心县争取第四批专项基金项目3900万元，用于新建红军西征纪念广场游客中心和完善莲花山、天台山、黄谷川道路、游客接待中心、停车场、旅游厕所等基础设施；县财政安排700万元实施同心红军西征纪念馆布展提升改造工程；安排100万元实施同心清真大寺本体保护维修工程；吸纳民间资金1000多万元新建哈哈游乐园；投资2600多万元加快豫海特色街区改造。

【旅游宣传营销工作】 2016年，市旅游局实施"1515"旅游营销计划，组织重点景区赴西安、汉中、宝鸡、成都、重庆、北京、天津等地和区内周边县区推介。继续在央视开展吴忠城市旅游整体形象宣传，邀请中央电视台、山东

1月13日，召开吴忠市韦州历史古城规划评审会

卫视、宁夏卫视等到吴忠拍摄专题片。在银川、西安火车站和银川至上海列车发布旅游广告，在吴忠和银川公交车、公交车候车厅、车载电视、电梯轿厢、机场行李岛及交通广播等开展吴忠城市形象宣传和产品线路推介。在《中国旅游报》《宁夏日报》《新消息报》《吴忠日报》《假日旅游》等媒体广泛宣传吴忠，协调中华黄河坛景区通过2.5万张门票置换方式，在全国十大城市机场投放旅游广告。在境内高速沿线、滨河大道设置大型广告牌、宣传栏；协调指导A级景区、星级旅游饭店和星级农家乐推出惠民政策和假日旅游活动，积极组织4A级景区参与宁夏自驾游旅游护照宣传；设计出品《吴忠旅游指南》画册、袖珍折叠地图和《吴忠旅游音乐风光片》《吴忠旅游宣传专题片》。加大网络宣传，全新改版升级吴忠旅游政务网，开通吴忠旅游资讯网、吴忠旅游微网站，加大微信、微博等新媒体宣传，积极构建市、县和企业三级网络营销格局。鼓励企业积极与"携程""去哪儿""途牛"等网站合作，吴忠沿河带景区等进入网络产品中。通过优酷、腾讯等视频网站发布吴忠旅游风光。着力推动精准营销，组织企业赴西安参加2016年西北旅游营销大会，协调青铜峡各景区拿出价值286万元的门票1万张免费向陕西市场投放。

【主要旅游活动】 2016年，吴忠市、县两级充分发挥节会活动广聚人气、提升影响的作用，坚持"凸显特色、一月一会、品牌带动"，举办了"5·19"中国旅游日、新华社"一带一路"全球行、2016年休闲农业与乡村旅游暨吉水湾休闲养老文化节、休闲农业与乡村旅游之"体验慢生活、自驾游利通"系列活动、葡萄采摘节、桃源灯光节、红寺堡航空旅游节、青铜峡感恩母亲河、高空王阿迪力跨黄河大峡谷、中华黄河楼梦幻灯光秀、你我相约黄河坛看家乡美、"印象·彩虹之城"摄影展活动、盐池黄花观赏节、荞麦花观赏节、2016沿长城全国自行车邀请赛、长城徒步游、2016中国国际房车旅游大会、中国（宁夏）第二届房车文化旅游节、全国跳伞锦标赛、航空嘉年华、纪念红军长征胜利暨盐池解放80周年活动、陕甘宁边区政府豫海县回民自治县成立80周年纪念暨同心县扶贫攻坚成果展等30多项活动，活动密集空前且影响力大，群众参与程度高，为历年之最。

【区域旅游合作交流】 2016年，市旅游局积极与宁旅集团、海航集团京旅盛宏投资公司、福建旅游投资集团、中国人寿投资公司等对接，就打造特色街区、推进景区资源整合、引进项目等方面进行洽谈，梳理了一批重点招商项目，策划印制了《吴忠旅游招商项目册》。积极与北京市旅委、阿拉善盟旅游局签订了区域旅游战略合作协议。邀请网络大咖和马来西亚、台湾等国家和地区旅行商，全国铁道旅游联盟、中国自驾车户外旅游协会等上百家旅行社到吴忠考察踩线。组织企业参加第25届中国西部商品交易会暨中国宝鸡"一带一路"旅游文化节、2016宁波国际旅游展览会、2016中国·天津旅游产业博览会"、首届中国（宁夏）国际旅游博览会、陕甘川宁毗邻地区经联会（庆阳）等。

【旅游行业监管】 2016年，吴忠市国家级旅游景区增至11家，星级旅游饭店增加到18家，星级农家乐增加到45家，旅行社（含分社）增加到40家。加强行业安全监管，组织旅游、安监、质监、交通、公安、食品卫生等部门加

11月3日，第28届西北旅游协作区会议在吴忠市召开

大执法检查力度，深入A级景区、星级旅游饭店、旅行社、星级农家乐，对重点场所、重点部位、重点环节进行安全检查，有力地促进全市旅游市场安全有序。

【**旅游行业培训**】 2016年，市旅游局按照旅游人才"双带动"工程要求，认真组织班子成员、局机关和辖区旅游部门、旅游企业参加自治区旅游委组织的多期高级研修班、行业管理培训班、综合培训班，与宁夏旅游学校合作举办了全市旅游管理综合培训班和导游（讲解员）、服务礼仪人员培训班，培训人数达300余人次。组织开展了吴忠市旅游服务技能大赛，表彰命名了吴忠市"十大金牌导游（讲解员）"，授予47名优秀参赛选手为吴忠市旅游行业"百名服务之星"称号。组织参加自治区旅游发展委员会10月下旬组织的全区旅游服务技能大赛，王丹、马兰、席峰3名讲解员被自治区旅发委授予"百名服务之星"称号，张雨潇、王玮2名讲解员被自治区旅发委授予"宁夏金牌讲解员"称号。在全市招募100名志愿者，开展文明旅游宣传、社会监督等工作，提升旅游服务质量。

【**乡村旅游**】 2016年，鼓励社会企业融资和个人投资开发乡村旅游业，年内，全市乡村休闲旅游项目投资超2亿元，新推荐上报评星定级农家乐23家。利通区以"苦水河生态文化乡村休闲旅游"为核心，全力打造苦水河沿线乡村休闲旅游观光产业带，完成山水沟二期、海军生态园、牛家大院、葡源农庄、灵芝生态园等项目。红寺堡区围绕罗山和葡萄种植资源，大力发展环罗山乡村旅游，打造酒庄7家，创建四星级农家乐2家，三星级农家乐1家。青铜峡市加快实施大青葡萄长廊、龙门村特色村、红十月采摘园等乡村休闲带项目，新建12家农家乐。盐池县以兴武营、草泥洼等特色乡村为依托，打造乡村休闲、品味农家、脱贫致富为一体的乡村旅游带，发展各类农家乐80多家，其中星级农家乐4家。同心县、盐池县以国家美丽乡村旅游扶贫村为重点，实施旅游扶贫工程，积极发展苦水枸杞、圆枣、油用牡丹等种植，推进汪家塬村、黄草岭村旅游扶贫开发试点工作，新建龙泉山庄客服中心、停车场、旅游道路等基础设施，建成农家乐12家，其中四星级2家，三星级1家。

【**产业融合发展**】 2016年，市旅游局按照市政府要求，拟定了《吴忠市文化旅游产业融合发展行动计划》，筛选吴忠中医院、吴忠康复医疗专科医院等项目上报创建国家中医健康旅游示范基地，盐池县、同心县预旺镇南塬村等6个村列为国家乡村旅游扶贫重点村名单。指导伊利、红山河2家工业企业申报A级旅游景区。与商务、农牧等部门对接，依托在北京、厦门、昆明、大连等全国主要城市设立的吴忠优质特色产品展示展销中心直销店扩大宣传。策划举办集乡村休闲、农事采摘、文化体育、竞技赛事、演艺节目、健康养生、科普教育等为一体的系列节会活动，加快黄河金岸游、探秘访古游、红色老区游、乡村休闲游等精品旅游线路开发。加快打造特色旅游村镇，利通区上桥乡山水沟村、青铜峡市叶盛镇地三村、盐池县高沙窝镇兴武营村、红寺堡区新庄集乡西山村4个村列入全区十大特色旅游示范村。加快特色街区项目，积极做好项目包装和上争资金工作。

城乡建设 ChengXiang JianShe

城乡规划

【概　况】　2016年，市规划和城市管理局按照市委、市政府整体工作部署，以加强城乡规划审批服务、提升城市管理水平、推进重大项目建设为抓手，强化措施抓落实，突出重点求突破，促进城乡规划和城市管理工作上台阶。先后获得全市普法先进机构、"双拥"模范先进单位称号，局机关和城建监察支队党支部被评为三星级服务型党组织，城建监察支队被评为县级文明单位，城建监察支队党支部"城管先锋"被命名为机关党建优质服务品牌。年内完成城市和农村规划设计条件114项，建设项目选址意见书127项，建设用地规划许可证133项，建设工程规划许可证169项，办理放验线表110项，规划验收合格证46项。

【规划体系建设】　2016年，市规划和城市管理局重点抓好空间规划编制工作，印发《吴忠市空间规划（多规合一）改革试点工作实施方案》及三个阶段细化工作方案，《吴忠市空间规划（多规合一）改革试点工作领导小组办公室工作规则》；完成《资源环境承载能力评价》《产业和基础设施布局专题研究》《基本农田划定方案》及《人口、城镇化率与建设用地专题研究》4个专题研究；完成《吴忠市空间规划（多规合一）建设项目行政审批改革方案》，对行政审批事项、审批流程、具有审批性质的管理事项、中介服务事项、收费事项和法律法规依据已进行全面梳理；稳步推进规划编制管理体制改革，通过调研，已形成规划管理体制改革建议方案。

【吴忠市区发展规划】　2016年，吴忠市共办理城市和农村规划设计114项，建设项目选址意见书127项，建设用地规划许可证133项，建设工程规划许可证169项，办理放验线表110项，规划验收合格证46项。完成宏远紫御府小区等6个开发住宅项目的规划方案审查、审批，二道桥、洼渠四期等6个片区新建续建保障性住房项目，中国自动化配套产业园等15个仓储工业项目，热点联产供热管网、吴忠供电公司供电管廊、金积敬老院、健身步道及全民健身广场等20个公共项目规划方案审查、审批和服务；完成银西高铁火车站片区控制性详细规划编制以及新民路、金积大道等5条城市道路线型及断面的设计和1.5公里地下综合管廊建设规划；完成利通区毛纺织园三期、装备制造产业园二期、物流产业园等项目规划方案审查，配合做好地下管廊普查及地下管线专项规划编制；扎实推进规划引领，着力提升美丽乡村建设水平；完成县（市、区）镇村体系规划编制，指导督促完成高闸镇等6个美丽小城镇和39个美丽村庄整治示范点规划审查审批等工作，目前美丽小城镇和美丽村庄整治示范点项目基本完工。

【产城融合发展规划】　2016年，市规划和城市管理局强化市区、青铜峡东区、红寺堡城区、太阳山开发区等新建、续建项目选址、规划方案审查和开工放线及跟踪服务管理，加强文教卫生、城市道路、生态园林和工（农）业园区等基础设施规划服务，保证建设项目尽早报批、及时开工建设，提升大县城聚集承载力和辐射推动力。

【城乡一体发展规划】　2016年，市规划和城市管理局加强对各县（市、区）城镇总体规划、乡村规划进行指导和统筹，促进规划有效衔接，形成上下连贯、纵横衔接、层次分明、较为完善的规划编制体系。完善滨河新区金融、教育、住宅、商贸服务、道路、公交站点、环卫、养老服务等城市基础设施的规划编制审查。统筹强化青铜峡城市东区规划审批服务，推进利青同城化。围绕新建、续建的开工项目，重点完成青铜峡东区、红寺堡区城区、太阳山开发区等新建、续建项目选址、规划方案审查和开工放线及跟踪服务管理。同时，组织和完成《吴忠市特色商业街区建设工作实施方案》和《吴忠市区特色商业街区建设规划》编制，完善出台《吴忠市关于打造6条特色商业街区的政策措施》及任务分工方案。组织完成银西高铁片区地形测绘、控制性详规编制和红星仓储片区控制性详细规划的修改完善，调整完成该片区用地规划布局和道路竖向设计等工作；积极与市交通、发改、住建、中铁一院对接，参与完成高铁吴忠客运枢纽站项目选址和规划建筑方案设计等。

【规划审批监管】 2016年，吴忠市坚持实施城乡规划委员会、城乡规划专家咨询审查和"一书三证"制度，按照审批流程，把好审查审批关；实行规划公示制度，对各类规划编制内容、设计方案平面图、规划调整和各类规划建设项目进行公示，开通监督服务热线，征求群众意见，接受群众监督，并顺利通过了市人大对全市《城乡规划法》的执法检查。

【重大项目建设】 2016年，吴忠市全面推进重点项目建设。餐厨垃圾无害化处理项目完成餐厨垃圾预处理车间、锅炉房、沼渣脱水车间及附属构筑物工程，完成厌氧发酵罐、水解罐和储气罐以及预处理车间成套设备安装。餐厨垃圾收集车辆和收集容器已购置到位。城市污泥集中处置项目完成干化大棚工程、配电控制室工程及污泥摊铺设备安装，具备运行条件。生活垃圾焚烧发电项目的综合办公楼、职工食堂等已投入使用，发电厂主厂房工程基本完工，焚烧锅炉和发电机组正在安装中，配套的污水处理厂和冷却水水池基本完工。城市旅游公厕建设项目6座公厕已全部高标准高质量建成并投入使用。马月坡寨子文化广场建设项目已完成项目选址、环评、土地报批、建设方案编制、施工图设计和各项申报、审批等前期工作，并严格按照政府投资建设项目进行。

【国家卫生城市创建】 2016年，市规划和城市管理局按照吴忠市创建国家卫生城市的工作部署，以市区重点主干街道和集贸市场为重点，联合利通区、市公安交管、运管、市场监管等8个部门集中力量开展违法建设、露天烧烤、市容市貌、占道经营、户外广告、门头牌匾、校园周边环境安全、早市环境秩序、建筑渣土运输、城市扬尘治理等各类整治行动，共纠正和清理取缔流动摊点、占道经营和乱堆乱放等各类违章行为3.2万余起，清理乱堆乱放9300余次，清除乱张贴乱悬挂8000多起，清理小广告1.1万余处，规范乱停乱放行为1.7万人次，查处擅自设置门头牌匾违章行为80多起，清理烧烤摊点2400多起，对夜市烧烤摊点进行无烟改造。认真贯彻落实国家、自治区和吴忠市《关于开展城市建成区违法建设专项治理工作五年行动实施方案》精神，制定了吴忠市《关于开展城市建成区违法建设专项治理工作五年行动实施方案》，建立了违法整治市、区、街道三级联动机制，年内共组织拆违、控违行动30余次，动用机械30余台次，对排查出的22起违法建设，拆除违章面积3690平方米。联合市公安交管局在市区主干街道共划机动车停车泊位11600多个，非机动车停车线46926.2米。

【便民疏导点】 2016年，市城管执法部门变管理为服务，对流动经营人员的姓名、住址、年龄、身体、家庭情况等进行了登记造册，坚持疏堵结合，精心选址布局，区分行业、区域、地点和时间，设置一批便民服务点、疏导安置点，实现定点画线、制式经营柜、尺寸编号、垃圾容器、卫生保洁达到"六统一"。胜利路富平园、金花园等处设置便民疏导点20处，安置经营人员700余人，实现"管理难点变成亮点"。

【市容环境卫生管理】 2016年，市城管执法部门重点抓好城乡接合部、主要交通路口、商业街道、市区内未建场地以及农村国道、省道和县道两侧旧村庄等综合整治工作。先后组织实施14次整治活动，对市区影响"创卫""创城"的58类市容环境卫生突出问题进行整改，在市区灯杆、果皮箱、灯箱及其他各类广告牌上设置了"创卫""创城"等公益广告。持续开展亮化设施督查,下发限期整改通知27份,电话通知60余次,整改亮化设施损坏、不开放等问题120余次,规范亮化门头牌匾320余块。

【队伍建设】 2016年,市规划和城市管理局扎实开展"两学一做"学习教育,深入学习贯彻习近平总书记系列重要讲话精神及来宁重要讲话精神,在全局干部中开展评先创优活动。强化主体责任落实,严格执行民主集中制、"三重一大"和"五不直接分管"等制度,建立完善党风廉政建设长效管理机制,认真开展中央八项规定"回头看"活动;深入开展"学抓促"活动和精神文明细胞创建活动,全局干部精神面貌明显提升,服务意识明显增强。

住房和城乡建设

· 综 述 ·

【概 况】 2016年,吴忠市建筑业产值65.5亿元,其中市区44.5亿元,各县(市、区)21亿元。全市城乡建设项目开工171个,完成投资145亿元,其中市区开工44项,完成投资78亿元。建设市区市政道路9.78公里,市区东部地下综合管廊完成1.7公里建设任务,敷设热电联集中供热热力管网78公里,完成10个老旧小区综合改造。黄河文体会展中心、市人民医院迁建等重点项目建设顺利推进。民生保障工作持续开展,全市货币化安置实施城市棚户区改造7226套,市区续建棚户区改造项目15774套、公租房1000套;建设美丽村庄示范点39个、美丽小城镇6个,改造危窑危房5613户。房地产市场发展稳中转好,制定实施《关于促进房地产市场平稳健康发展的政策措施》,房地产投资和存量商品房销售均与上年同期有明显上升。

【代建项目】 截至2016年年底,市住建局完成市人民医院急诊楼、门诊医技楼、住院楼、室外景观绿化及配套工程,累计完成投资14.22亿元;市黄河文体会展中心项目完成体育场和会展馆土建二次结构,体育场钢结构安装,声光电系统施工招标、电梯招标、BIM项目方案设计招标等,完成金属屋面施工、供热系统、机电设备及室外景观等设计等,累计完成总进度的70%,年度完成投资1.7亿元,累计完成投资7.4亿元;吴忠市妇幼保健院项目、残疾人康复中心项目、利通区人民医院项目正在进行室外装饰装修工程,年度分别完成投资1580万元、1960万元和2000万元。

【美丽村镇建设】 2016年,吴忠市开工建设美丽村庄示范点39个,完成投资22116.7万元;建设美丽小城镇6个,完成投资13716万元;危窑危房改造项目累计开工5613户,竣工4822户,完成投资4.1亿元。

【市政设施建设】 2016年,市区实施新民路、纬七路等14条17公里市政道路建设,年内完成上桥人家支路、纬七路、秦渠路、纬五路、翔庆街、材机厂南路、朔方路、政通路、人和路9条9.78公里;秦渠南路、清水沟支路、新民路、金积大道等5条道路地下给排水及部分水泥稳定层施工,年度完成投资18882万元。建成东部集污一期工程雨水污水管网11.4公里,完成投资1849万元。建设城市东部地下综合管廊PPP一期项目1.5公里,实际完成1.7公里,其中回乐路500米、新民路1200米,完成投资1.15亿元。

【建筑行业管理】 2016年,市住建局以政府投资项目为重点,以"两高三联一清单"管理模式为抓手,结合工程质量治理两年行动,全力推进建设领域突出问题专项整治工作。不断改进监管措施,全方位、多角度做好工程质量过程监管和原材料监管,做到了受监工程100%全覆盖。共对全市在建项目464项工程逐一开展整治排查,全年开展综合执法检查4次,开展工程招投标、商品混凝土及检测机构、农民工工资支付、违规和逾期交房、起重机械等专项25次,下发限期整改通知书462份,停工整改通知书72份;查处建筑违法分包、挂靠企业3家,行政处罚罚款136.75万元。对45家企业扣除企业诚信分值,对37名不在岗履职的注册建造师、监理工程师扣除个人诚信分值,有力地打击了建设领域违法违规行为。

【农民工权益保障】 2016年,吴忠市全面推行农民工实名制管理,在施工现场设立农民工工作办公室,推行施工现场维权公示、银行代发工资制度和工程款分账管理制度。年内，共签订工程劳动合同1.9万份。全市95%政府投资项目和80%社会投资项目已设立农民工工作办公室和实行分账管理制度，共开设农民工工资专户372户，办理农民工工资银行卡1.8万余张，累计打入专户资金1.7亿元用于拨付农民工工资。

【建设工程招投标管理】 2016年，吴忠市建筑工程招投标工作坚持招投标市场和施工现场"两场联动"，推进电子招投标建设，加强招投标专项治理，规范招投标市场主体行为。年内，招投标项目297项，其中房屋建筑工程62项（建筑面积89.08万平方米），市政工程21项，勘查设计24项，监理46项，重要设备材料18项，其他工程126项。297项预算总价29.94亿元，中标总价28.73亿元，共节约资金1.21亿元，节资率为4.05%。

【人防建设】 2016年，吴忠市积极探索防空防灾"两防一体化"建设，进一步完善防空防灾应急准备和人民防空防灾功能，推进综合防空体系建设，全面提升了人防应急使命任务能力，市区警报覆盖率、鸣响率均达到100%。圆满完成全区规模最大一次防空防灾应急疏散演练，结合"5·12"防灾减灾日和"9·15"防空警报试鸣放日，开展全区人防重点城市中小学生及社区居民防空防灾疏散演练。强化辖区内早期人防工程和在建的人员掩蔽、物资储备工程安全检查。完成地下人防指挥所工程规划选址和乃光湖人防广场人防疏散基地挂牌。年内收缴人防异地建设费500万元。吴忠市人防办被国家人防办评为国家级人防先进单位。

·房地产业·

【概　况】 2016年，吴忠市认真贯彻落实国家和自治区房地产市场一系列政策措施，出台《关于促进房地产市场平稳健康发展的政策措施》，全面落实了税收政策、棚户区改造货币化政策、支持农民工购房、公积金支持等政策，促进房地产投资、商品房销售保持较快增长，商品房库存得到有效落实。2016年，全市房地产开发投资39.3亿元，同比增长25%。房屋施工面积424万平方米，同比增长41%，其中住宅施工面积248万平方米，同比增长33%。新开工面积108万平方米，同比减少2%。商品房销售面积145.7万平方米，同比增长62%，其中住宅销售面积126.7万平方米，同比增长62%。住宅销售均价3419元/平方米，同比增长2%。商品房待售面积165.3万平方米，同比增长2%，其中住宅待售面积81.36万平方米，同比下降5%。

【房地产资质管理】 截至2016年年底，吴忠市实有房地产企业86家，其中市区48家。具有二级开发资质企业22家，三级开发资质企业12家，四级开发资质企业21家，暂定级开发资质企业31家。实有备案房地产中介机构21家。年内审批发放预售许可证214项，预售总面积94.81万平方米，预售总套数7534套，其中住宅73.20万平方米6285套。

【房地产交易】 2016年，全市完成房地产投资64.7亿元，同比增长44.5%，占全市固定资产投资8%。其中市区完成房地产投资24.8亿元，同比下降4.5%，占市区固定资产投资14%。全市房地产新开工面积207万平方米，其中新开工住宅面积107万平方米。市区房地产新开工面积84万平方米，其中新开工住宅面积50万平方米。市区销售商品房面积79.5万平方米，同比增长70%，其中销售住宅面积70.5万平方米，同比增长86%。截至12月，全市商品住房销售均价为3419元/平方米，与上年同期持平。其中市区商品住房销售均价为3428元/平方米，同比下降7%。

【商品房销售】 2016年，吴忠市商品房销售面积145.7万平方米，同比增长62%，其中住宅销售面积126.7万平方米，同比增长62%。住宅销售均价3419元/平方米，同比增长2%。商品房待售面积165.3万平方米，同比增长2%，其中住宅待售面积81.36万平方米，同比下降5%。

·保障房建设·

【概　况】 2016年，自治区下达吴忠市区棚改任务3000套，其中采取政府购买服务方式实施2500套，货币化安置存量商品房500套，保障性住房建设由政府主导建设转变为政府购买服务和企业自建，实现货币化安置100%。

【棚户区改造】 2016年，市区在建项目有二道桥片区棚改项目和金银滩镇新渠片区棚改项目，项目均按照计划有序实施。其中：二道桥片区概算总投资61364.12万元，共1968户，目前1~4标段、6标段为地上二层施工阶段，5标段地库完成，7标段8~11#楼进行基础施工，8标段基础施工，完成工程量的30%。金银滩镇片区概算总投资13027.12万元，504户，社区服务楼1栋，目前1标段和2标段基础完成，进行一层施工。

【商品房回购】 2016年，市住建局与吴忠市清宁福居投资有限公司签订政府购买协议，回购商品房500套。

【保障房分配管理】 2016年，完善《吴忠市公共租赁住房管理办法》，实现保障房管理"四统一"（统一申请、统一审核、统一分配、统一管理）。将原廉租房和公租房合并受理，制定新的申请审核表，各乡镇社区开展公共租赁住房申请受理工作，受理申请公共租赁住房2310户。进一步完善规范网上申报公共租赁住房工作程序，经与产权、工商、税务、民政、人社、公安等九部门对接核查信息，确定812户低收入家庭为租赁补贴保障对象，发放租赁补贴2777.7万元，1305户中等偏下收入家庭列为公共租赁住房轮候分配对象。建立健全公共租赁住房动态管理机制，实行保障家庭档案"一户一档"。

【公共租赁住房实物配租】 2016年，吴忠市建立健全建设、分配、管理、退出的公租房管理体系，推行"九公示三公开"制度，实行综合评分与摇号抽签相结合的分配方式，邀请人大代表、政协委员、保障家庭代表参与监督分配。优先保障分配孤老病残家庭，对年老体弱、肢体精神残疾的1个保障人，考虑到照顾人和监护人，均按两个保障人分配公租房。

【公共租赁住房管理】 2016年，吴忠市将廉租房申请收入标准由1100元/月调整为1300元/月，将公租房由2500元/月调整为2800元/月。以解决城市"夹心层"群体的住房困难问题为导向，将利通区各乡镇、农村城市危房纳入公租房保障范围。对金积、洼渠、蔡桥等片区申请人，采取降低租金、不需轮候等5项措施，促进分配入住率进一步提高。出台了《关于加强公共租赁住房小区物业管理工作的通知》《公租房物业企业考核细则》，从加强配建公租房物业管理、加强物业企业动态管理、加大政策扶持等11个方面强化物业管理工作，建立了"以奖代补"资金制度，每季度对物业进行考核，按照考核得分核拨"以奖代补"资金，调动物业企业工作积极性，明确年度考核3次得分60以下的解除委托服务合同。召开公租房小区物业管理工作会议，与物业企业签订物业服务委托合同，明确双方的责任权利。建立了楼长制，每个公租房楼选聘一名楼长，参与公租房日常管理，协助解决管理中的问题。在每个小区设立政策宣传栏、公示栏，宣传公租房政策，公开收费标准、维修电话、物业费收缴等内容，接受住户监督。通过招标选聘专业的维修公司负责公租房小区日常维修，做到及报及修。

·市政建设·

【城市道路设施养护】 2016年，

2016年第一批公共租赁住房公开摇号抽签分配仪式

吴忠市保障房建设项目施工现场

市住建局对市区11条道路约16.8公里裂缝进行沥青胶灌缝防水处理，修补机动车道、非机动车道沥青路面2.7万平方米，人行道1.5万平方米，更换破损道牙3400余米，树框342副，平侧石5838米，整修401座塌陷排水检查井、雨水井。针对电缆沟开挖建设、热电联产集中供热项目实施，及时跟进恢复开挖路路面，共计铺筑沥青油面约8.8万平方米。

【城市亮化设施管理】 2016年，市政管理中心筹措资金30万元，购置作业高度为16米的高空作业车，对全市200余套配电设施、2万余盏路灯进行全面维修。在加强市区路灯照明设施维修工作的同时，先后对高速公路市区过境段、滨河堤防景观路钻石灯集中进行维修，更换灯泡和镇流器2000余副、损坏路灯杆29个、交流接触器26个、灯具26套，检修配电箱56次，更换检修地下电缆故障67次，城市功能照明亮灯率达98%。

【城市防汛排涝】 2016年，市政管理中心共清淤疏通城区雨水井8000余座、检查井300余座，外运淤积垃圾杂物2000余方。强化工作力量，投入工作经费20万元，修复破损排水检查井、雨水井，及时消除道路安全隐患。未雨绸缪做好城市防涝应急工作，对市区6座污水泵站26台机泵进行全面检修，更换轴承9套、机械密封6套、叶轮3组。投资7万元改造城西泵站拦污格栅。投资50万元实施完成城西、新区泵站自动化运行改造项目。落实城区防汛应急预案，对防汛应急物资进行检修和补充，开展防汛应急实战演练，提升抢险救援人员处置突发事件的快速反应能力，确保城区安全度汛。

【市政设施综合管理】 2016年，市政管理中心办理道路挖掘行政审批事项59件，及时发现和制止13起乱挖、乱掘城市道路，私接乱接城市排水管网事件，处理路灯被撞事故19起，协调相关产权单位处置道路窨井安全隐患79起，通过规范管理确保了城市道路及附属设施的安全使用。

·公用事业管理·

【概　况】 2016年，市住建局进一步加大城市公用事业建设投资力度，实施市区热电联产集中供热热力网、自来水水质提标改造、黑臭水体整治、三污扩建、老旧小区改造等项目，供水供热供气信息化、智慧化建设持续推进，城市公用事业运行更加高效安全便捷，服务民生能力进一步提升，居民生活居住环境明显改善。

【供热管理】 2016年，吴忠市改造市区老旧供热管网21.2公里，新建改建换热站12座，完成投资3791.31万元。全力推进热电联产集中供热热力网工程，铺设管网78公里，完成投资3.1亿元，淘汰市区燃煤锅炉41台，总吨位371吨。实施城镇低保户取暖费减免政策，共为2019户低保户减免取暖费133.59万元。

【民用天然气管理】 2016年，市区供应管道天然气7743万方，其中民用4200万方、车用3543万方。新增天然气用户8600户，新建天然气管道14公里，市区天然气管网覆盖率达到100%。石油液化气年销售1150万吨，查封液化气非法充装点7处，查扣废旧钢瓶184只。

【城镇供水、污水处理管理】

2016年,市区供水总量2810万吨,自来水普及率达98%;处理城镇污水2100万吨,污水处理率达93%;实施市区供水水质提标改造工程,第一、二、三水厂完成设备安装调试投入运行。投资2.08亿元,加大污水处理设施改造力度,实施3座污水处理厂水质提标改造工程(达到一级A排放标准)、三污扩建及再生水利用项目。实施黑臭水体整治,完成清水沟一期工程,人工湿地项目和南干沟项目开工建设。

【老旧小区改造】 2016年,市住建局对市区内的银塔小区、民园新村、朝阳小区等10个老旧小区进行改造,改造硬化路面31635平方米,维修排水管网8292米、排水井及检查井784个、化粪池34个,维修供水管网5096米,检查井176座,安装小区路灯132盏,完成投资1000万元。

住房公积金管理

【概　况】 2016年,吴忠市住房公积金管理中心围绕"严格制度监管、规范内部管理、保障服务民生"的工作思路,立足去库存目标,积极主动应对,充分发挥住房公积金在促进住房消费的平台作用,用足用活用好住房公积金,实现了安全高效、科学有序运行。2016年,全市正常实缴存单位达到1140个,实缴存人数63444人。当年归集住房公积金91361.23万元,同比增长5.89%,完成全年计划任务的113.75%。累计归集住房公积金突破62亿元大关,达到620657.52万元,归集余额293381.86万元。当年向全市2404户职工家庭发放住房贷款64897.5万元,同比增长17.24%,完成全年计划任务的162.5%,占当年归集总额的71.03%,个贷率为59.96%。累计为39720户职工家庭发放住房贷款451355.79万元,贷款余额175920.69万元。当年提取住房公积金63804.23万元,同比增长9.32%,占当年归集总额的69.8%。累计提取使用住房公积金327275.66万元。各项业务指标均列全区五市第二,业务管理考核位列全区第一,被自治区住建厅评为先进集体,荣获全市效能目标考核二等奖。

【风险防控】 2016年,吴忠市强化基金的监管,从归集、提取、信贷、储蓄、账户不断完善各种机制,确保基金运行安全。按照"四统一"严格内部管理,自觉接受财政、审计监督,增加公积金管理的透明度。强化事前事中监督,加强贷后跟踪监管,定期分析个人贷款情况,制定"黑名单"制度,实行动态的风险管理预警机制和统计月报制度,有效降低贷款逾期违约率。目前,贷款逾期率连续多年实现零逾期,创全区最低。

【政策宣传】 2016年,市住房公积金管理中心开展住房公积金政策宣传"进机关、进社区、进企业、进园区、进楼盘"活动,由被动解释转变为主动宣传,通过报刊、制作专题片、网络媒体、"12·4"法制宣传日、发放个人对账单等形式宣传优惠政策和便民服务举措,切实提高社会影响力和普及率,赢得了住房公积金制度的良好发展局面。

【归集扩面】 2016年,根据住房城乡建设部等4部门关于规范和阶段性适当降低住房公积金缴存比例的通知要求,市住房公积金管理中心认真对全辖区内住房公积金缴存工作进行彻底检查审核清理。结合实际出台了《关于规范和阶段性适当降低住房公积金缴存比例的暂行办法》,严格确保"控高保低"政策落到实处。积极对自由职业者、个体工商户等纳入缴存范围进行调研,扩大覆盖面。按照"低门槛、广覆盖,先易后难、逐步到位"的工作方法,注重把归集扩面重心向非公有制企业领域延伸,积极采取提标式、联动式、挖潜式等手段,千方百计扩大制度覆盖面。2016年,新增缴存单位101个,新增缴存职工3050人。

【贷款管理】 2016年,吴忠市结合实际出台了多项差别化惠民政策,着力发展住房公积金个人贷款业务,扩大住房公积金贷款范围。通过缩短贷款期限、实行全国通贷、放宽父母子女之间使用范围和条件、取消商业贷款对住房公积金贷款的限制等措施,切实用活用足了住房公积金,满足了群众住房消费需求。加大按揭贷款力度,加强对各开发楼盘实地调研,对房地产开发企业的每个按揭楼盘的"五证一书"进行认真审查、备案,签订商品住宅房按揭协议。截至年底,共与全市82家开发企业的144个楼盘签订合作协议。当年发放按揭贷款4.35亿元,占放贷总量的66.92%。累计发放按揭贷款20.43亿元。

【提取管理】 2016年,市住房公积金管理中心积极开展租房、偿还商业贷款、延长购房提取年限、放宽直系亲属之间使用条件等优惠政策,最大限度用于住房消费提取,严把提取审批关口,做到"四个核对",严防骗取套取住房公积金等现象的发生,实现应取尽取。当年提取住房公积金1.85万笔,同比增长9.32%,占当年归集的69.8%。累计提取住房公积金32.73亿元,住房公积金使用率达81.07%以上。

【增值收益】 2016年,市住房公积金管理中心在确保个人住房贷款、支取需求的前提下,盘活存量,用好增量,做到分厘必争、精打细算,争取收益最大化。当年住房公积金业务收入8619.69万元,业务支出4208.38万元,实现增值收益4411.31万元。向全市提供廉租住房建设补充资金2324.65万元。累计向全市提供廉租住房建设补充资金16623.75万元。

【信息化建设】 2016年,按照自治区住房和城乡建设厅统一部署,市住房公积金管理中心精心打造住房公积金门户网站、"12329"住房公积金服务热线、"12329"短消息服务平台、官方微信、手机APP、网上业务大厅等综合服务平台,实现服务提档升级。顺利完成了住建部"双贯标"数据对接工作,实现了数据统一集中,硬件和网络运行稳定、可靠、安全,与委托银行、人民银行征信和房产备案数据信息共享,服务效率提升的"双贯标"目标。为确保业务系统和数据安全可靠,保证出现重大故障或自然灾害时,能够快速、准确、及时恢复系统,保障中心信息系统安全正常运转,率先在全区建立异地容灾备份中心。

【窗口服务】 2016年,市住房公积金管理中心坚持"六公开一监督"政务管理体系,不断优化业务流程,实行"一站式"服务。在服务大厅制作业务流程图,设立征求意见箱、服务监督台、查询机和叫号机,设置温馨提示,利用电子视频滚动宣传政策流程、办理时限等便民服务。推行了贷款受理"零"填单和网银划拨业务,提供多方面人性化和智能化服务,发放个人对账单、加大日常考核监督力度等,实现服务受理"零推诿"、服务方式"零距离"、服务事项"零积压"、服务质量"零差错"、服务结果"零投诉"的"五个零"服务品牌。

【自身建设】 2016年,市住房管理中心认真落实党建目标责任制,抓班子带队伍,充分发挥党组织战斗堡垒作用和党员的先锋模范作用。严格落实党风廉政建设"两个主体"责任,认真履行"一岗双责"职责,加强廉洁从政教育,开展八项规定"回头看"活动,组织召开群众评议会,大力推行党务政务公开,利用《吴忠日报》和网络媒体及时向社会公开《吴忠市住房公积金2015年年度报告》,自觉接受社会各界和广大人民群众监督。加大信息宣传力度,全年编写工作简报80多期,其中被《住房保障与住房公积金》和《吴忠日报》等媒体采用80篇。精神文明、民族团结、综合治理、扶贫攻坚等工作措施得力,成效显著,顺利完成了既定效能目标任务。

生态林业建设

· 综 述 ·

【概 况】 2016年,吴忠市园林局认真组织实施国家三北防护林五期、退耕还林、天然林保护二期、防沙治沙、自然保护区、湿地恢复与保护等国家林业重点生态建设工程和自治区生态移民迁出区生态修复、美丽乡村建设、特色经果林产业等林业建设工程,充分调动了全社会的力量开展造林绿化活动,积极推进了全市城乡绿化美化、特色林果产业、山川生态治理,全市生态林业民生林业建设取得了显著成绩。截至2016年年底,全市森林面积达到466万亩,森林覆盖率达到15.5%,林业总产值达到18亿元。全市完成林木管护面积489万亩,公益林保护面积174.5万亩。

【营造林建设】 2016年,自治区绿化委员会下达给吴忠市营造林任务22.05万亩。按照自治区建设"四大绿色长廊"、实施"五大生态工程"的战略部署要求,吴忠市认真组织实施造林绿化工程,大力发展特色产业,深入开展义务植树,积极推进全年目标任务的落实。年内,完成营造林22.5万亩(其中:人工造林12.5万亩,封山育林10万亩），占计划任务的102%。经验收，造林平均成活率达85%以上。

【特色经济林建设】 2016年，吴忠市林业部门以促进吴忠市农业"四带"建设为重点，推进苹果、葡萄、红枣、枸杞四大经济林产业上规模、提质量、增效益，努力实现产业效益。全年共新种植特色经济林6.65万亩，其中：新种植苹果0.62万亩，红枣0.34万亩，葡萄1.25万亩，枸杞2.71万亩，其他经果林0.23万亩。

【林业科技推广】 市园林局针对吴忠国家农业科技园区果树老化、品质低、效益不高、林果产业科技力量薄弱等问题，从低产低效果园改造入手，围绕低产低效苹果园，通过嫁接换种、引进新品种、改善水肥、培肥地力等多项措施，因地制宜实施提质增效改造，先后改良低产低效果园3000亩。同时，从陕西、甘肃、内蒙古等地引进文冠果50亩进行区域栽培实验，力争为中部干旱带经济林产业多元化发展和增产增效寻找突破点。从加强科技培训和科技队伍建设入手，先后在红寺堡区有针对性地开展葡萄种植、枸杞种植、育苗、果树栽培等实用技术培训，在利通区五里坡组织开展枸杞病虫害防治培训班，重点对市、县、乡三级林业技术人员和经果林种植户进行专业培训，培训人员达500多人次。积极争取市编办、人社等部门支持，公开招考6名林业（园林）专业技术人员，解决林业技术人员短缺的矛盾。

【生态移民迁出区修复工程】 市园林局督促指导盐池、同心两县落实自治区人民政府《关于加强生态移民迁出区生态修复与建设的意见》《宁夏生态移民迁出区生态修复工程规划（2013—2020年）》和《宁夏生态移民迁出区生态修复工程年度实施方案》，坚持禁牧与舍饲养殖、封山育林与退耕还林、自然修复与人工治理、生态效益与经济效益"四结合"，"禁、围、封、造、管"五措并举，加强生态移民迁出区的生态修复工作。全年共完成生态移民修复区面积达5.69万亩，占年度计划任务的100%，其中：人工造林面积1.85万亩，中幼龄抚育3.84万亩。截至2016年年底，全市生态移民迁出区生态修复面积达到22.16万亩。

【湿地保护管理】 市园林局依托吴忠黄河国家湿地公园，积极上争项目、筹备项目、全方位加强湿地公园湿地保护与恢复工程建设、湿地自然资源管理、野生动植物和疫源疫病监测及科学研究；申报了全国重点建设国家湿地公园项目，成立宁夏吴忠黄河国家湿地公园管理中心，湿地保护管理机构规范运行，成效不断显现。

【森林资源管理】 市林业执法部门认真办理绿地占用、林木采伐、检疫等各类行政审批事项，共办理城市绿地占用、树木移植等各类林业行政许可事项266起，受理房地产项目绿化工程绿色图章审批6起，办复率均为100%。深入开展检疫执法检查专项行动，重点对市区各涉木企业和花卉、种苗生产经营等单位存在的违规调运、带疫调运等突出问题进行了专项整治，投入检疫人员76人次，检查企业、木材市场、装饰材料市场等场所123家，切断外来有害生物传入途径，确保林业生态安全。严格执行林业行政审批制度，全年受理各类林业行政许可事项216起，办复率100%。加强林业执法巡查，严厉打击涉林违法犯罪行为，共接处警82起，处理涉案人员19人次。不断提升森林火灾测报预警和处置能力，广泛开展《森林防火条例》《宁夏回族自治区森林防火办法》等法律法规宣传，修订完善《吴忠市森林火灾应急处置预案》，及时排查治理各类火灾隐患，全面提升森林火灾处置能力。在全区森林防火年度考核中，吴忠市荣获第一名。

【林业执法专项行动】 市林业执法部门先后组织开展了"2016年缉枪治爆专项行动""严厉打击破坏林地资源等涉林违法犯罪专项行动""净网行动""清网行动"等专项整治行动，成功侦办王某某盗伐、滥伐林木案，何某某滥伐林木案等一批刑事案件，严厉打击了涉林违法犯罪活动，有效保护辖区森林资源安全。全年共接处警86起，立案24起（其中刑事案件10起，行政案件14起）；打击处理各类涉林违法犯罪人员20人次，其中采取刑事强制措施6人次，行政处罚14人次，罚款30余万元；移送起诉7案4人，均已经法院作出有罪判决，民警人均办案数为上年同期2.1倍。加大巡查力度，全年开展巡查活动165次，出动人员410人次，出动车辆165台次，有效防范各类涉林违法犯罪行为。积极开展宣传活动，广泛宣传《中华人民共和国野生动物保护法》《中华人民共和国野生动物保护实施条例》《中华人民共和国森林法》等法律法规，全年共计发放各类宣传资料4000余份。

【森林防火】 市林业执法部门认真贯彻落实《森林防火条例》，修订了《吴忠市森林火灾应急处置预案》，在宣传形式上做到了内容丰富、形式创新，突出防火法规教育、典型案例的教育，在宣传时效上突出了关键时段的防火宣传，提高宣传覆盖面，营造了"森林防火、人人有责"的良好宣传氛围，进一步增强了群众防火意识。全年累计出动宣传车辆10台次，工作人员60人次，宣传展板6块，悬挂横幅60条，发放宣传纸杯2800个，各类宣传册（彩页）9600余份，其中，发放各县市防火办宣传册3000份；编发信息简报12篇，2篇被自治区林业网采纳；督查各县市区、各单位森林防火工作6次，下达森林火灾隐患整改通知书22份，提出意见建议10余条，经复查，全部整改到位，隐患整改率达100%。取得全年森林火灾"零发生"的突出成效。

【林业有害生物防治】 市林业部门进一步加强林业有害生物疫源疫情测报和防治工作，以市区城市规划区为重点，完成了各类绿地、林地内臭椿沟眶象、斑衣蜡蝉、蚜虫等林业有害生物的化学防治，以孙家滩经果林为重点，通过统防统治，完成了苹果蠹蛾、梨小食心虫等各类病虫害综合防治，苗木产地检疫率达100%，测报准确率达88.2%，无公害防治率达到85%，成灾率控制在6‰以内，未发生较大林业有害生物灾害，"四率"指标均在自治区要求的控制范围内。年内，吴忠市区（包括孙家滩地区）共开展林业有害生物无公害防治4.7万亩次，打孔注药2.1万株，收购沟眶象1.3万头，绑扎防虫网防治沟眶象3000多株，根埋磷化铝片2000多片，重点防治了杨树天牛、臭椿沟眶象、斑衣蜡蝉、蚜虫和蚧壳虫等。全年实施苗木产地检疫2342亩，产地检疫率达100%；办理调运检疫1件2000多株，复检各类苗木54.2万株、42车次，检疫品种多达37种；认真做好有害生物测报与监测工作，使测报准确率达88.2%，无公害防治率达到85%。全年没有发生大的林业有害生物灾害现象。

【市区饮用水水源地治理】 吴忠市重点对清宁河等湖泊水系污染地下水源的问题开展专题调研，依法收回合同到期的湖泊水面10处，面积1326亩。对收回的湖面，降低水位，组织人力对养殖鱼类拉网清理，杜绝饲料投放，防止再次造成水体污染。已收回治理的湖面水质正在逐步改善。同时，积极组织对承包合同未到期的湖泊定期开展水质监测，引导养殖户严格按照技术要求，降低鱼类养殖密度，杜绝残留超标饲料投放，确保了市区饮用水水源地安全。

【国有林场改革】 全市国有林场改革涉及利通区吴忠林场、红寺堡区北海林场、青铜峡市树新林场、滨河林场、盐池县生态林场、同心县生态林场和中心林场7个林场。2016年，按照《宁夏回族自治区国有林场改革方案》要求，市园林局积极开展各县（市、区）国有林场改革指导和服务工作，各县（市、区）分别成立了国有林场改革领导小组，5个县（市、区）国有林场改革方案均已通过自治区国有林场改革领导小组审核批复。同时，各县(市、区)编制完成了国有林场森林经营方案，正在报审；各林场合理划分管理人员和管护人员，妥善安置富余职工，争取当地政府支持，有效化解债务，全市国有林场改革按计划有序推进。

【集体林权制度改革】 吴忠市积极引导集体林权有序流转，促进适度规模经营，促进林权依法自愿有偿流转，支持林业专业大户、家庭林场、林业合作社、林业龙头企业的科学有序发展。截至2016年年底，全市共有苹果、葡萄、枸杞、红枣等各类林业专业合作社（协会）232个，参与农户约4.1万户，发展各类农家乐、生态旅游、生态餐厅近80家，全市发展经济林产业面积达到75万亩，果品年产量超过9.3亿公斤，林业年产值达35亿元。

【义务植树】 3月，吴忠市及各县（市、区）组织机关、企事业单位干部职工和部队官兵开展春季义务植树活动。在市直机关义务植树活动中，抽调90余人组成技术指导队伍深入植树现场，分片分区域地进行技术指导，共计完成绿化面积500余亩，种植新疆杨、刺槐、榆树、沙枣、乔木红柳5种品种5万余株，经检查验收全部合格，圆满地完成了植树任务。

· 园林绿化 ·

3月，全市干部职工参加义务植树

【概　况】　截至2016年年底，市区城市绿地总面积达到3.62万亩，城市建成区绿地率、绿化覆盖率、人均公园绿地面积分别达到40.2%、41.4%和20.1平方米。年内，全面实施完成3条新建道路绿化和9处城建项目退出空地绿化建设任务，新增城市绿地120亩。全力推进市区绿地提质增景改造建设，依托滨河市民休闲森林公园项目，完成休闲森林公园景观入口设置，停车场铺装和标示标牌安装，完成市行政中心绿化改造建设，共计完成绿化改造1000亩。市城乡建设投资开发有限公司完成城市绿道网建设60公里，为市民提供了安全便捷的休闲、出行绿色通道。依据绿地管理技术规范标准，严格绿地养护管理月度考核，考核结果和经费划拨挂钩，合格的足额划拨经费，不合格的限期整改，并按照比例扣罚养护经费，通过考核提高了工作标准，确保了绿地管理水平不断提升。

【重点绿化工程建设】　2016年，市区完成3条新建道路绿化和9处城建项目退出空地绿化建设任务，共完成绿化建设120亩，完成土方填换6.75万方，安装节灌管道6000米，栽植各类绿化苗木19.8万株，苗木成活率平均达到95%以上。顺利推进滨河市民休闲森林公园2016年度建设。共实施完成公园2处景观入口设置，5处停车场、3处休闲健身小广场铺装，6处廊架安装和180套标示标牌安装任务。根据市政府6月12日第34次专题会议的要求，市园林局将市区城市绿道网建设项目总体规划、可行性研究报告的编制和立项审批等资料全部移交给市城乡建设投资开发有限公司，由其负责实施，市园林局进行监督管理。城投公司于8月中旬开工建设，11月中旬完成年度建设任务，完成绿道建设60公里。

【市区绿地养护管理】　市园林局依据《吴忠市区城市园林绿化养护管理检查考核办法》和《吴忠市区城市园林绿化养护管理评分细则》，坚持定期考核和随机检查相结合，每月25日前组织由林业专家、园林局行风评议员、热心市民组成考核组，对局属单位绿地养护管理工作进行定期检查考核打分，将月度考核结果和经费划拨挂钩。年内共组织定期检查12次，书面通报12次，扣罚养护费用3.24万元。加强在建绿化招标工程监管，印发《关于加强招标在建绿化工程养护管理考核工作的通知》，联合宁夏绿丰源工程咨询有限公司吴忠项目监理部对市区2014年以来招标在建的25项园林绿化工程养护管理情况每月也进行严格的考核，对考核不合格的，限期整改并严格复查，复查还不合格的绿化工程，将在工程决算时扣除当月养护管理费。年内共组织定期检查12次，先后有4项绿化工程月度考核不及格。

【湿地保护与恢复】　市园林局积极开展并完成鸟类观测、植物样方监测、植物种类、湿地变迁情况、湿地水位监测、野生动物疫源疫病监测等监测任务。完成湿地水系生态补水共6次52天，共计补水735.5万立方米，确保了城市水系景观效果。积极申报湿地项目。争取到"2016年中央财政湿地保护补贴资金项目"300万元。在吴忠黄河湿地、太阳山湿地和仁存渡林场指定监测点，开展湿地鸟类迁徙同期同步调查，新监测到国家Ⅰ级保护动物1种（白尾海雕），国家Ⅱ级保护动物5种（大天鹅、白琵鹭、黄爪隼、大鵟、白尾鹞）。利用2月2日"世界湿地日"进行宣传，印制宣传资料2500份，邀请市局相关科室和兄弟单位在市中心开元广场采取发放宣传单、摆放展板、悬挂横幅、播放纪录片等形式进行宣传。

【湿地确权试点】 截至2016年年底，全市湿地产权确权试点改革涉及5个县（市、区）的43个乡镇、5个农（林）场、2个自然保护区、1个国家湿地公园、324个行政村，共确权登记湿地单元391个，确权湿地总面积47839公顷，其中，河流湿地22751公顷，湖泊湿地10915公顷，沼泽湿地10423公顷，人工湿地3750公顷。通过确权，明晰国有湿地24781公顷，集体湿地23058公顷。全市湿地资源涉及水、矿产、野生动植物、森林和草原5类自然资源所有权，涉及取水权、水域滩涂养殖权、林权、采矿权、土地承包经营权5种自然资源用益物权。6月，吴忠市作为全区唯一的湿地产权确权试点地区启动了湿地确权工作。市园林局按照《宁夏湿地产权确权试点工作方案》制定了《吴忠市湿地产权确权工作方案》，承办了全区湿地产权确权试点工作动员会暨培训班，圆满完成湿地确权任务，确权登记湿地单元391个，确权湿地47839公顷，湿地权属状况不明确等问题得到有效解决。年底前，各项试点任务已基本完成，迎接自治区林业厅和国家林业局的检查验收，全市湿地产权确权试点工作取得了图像、文本、数据三大成果，建立起了吴忠有史以来最全的湿地资料数据库，迈出了湿地确权试点的基础性一步。

【广场管理】 市园林局在各广场（场馆）开展提质增景、基础设施维修以及辖区内绿地的精细化种植与养护工作。对广场绿地实行一级绿化养护，养护绿地572688.3平方米，栽植各类乔木、花灌木、常青树共计117848株（棵），开展春秋季树木修剪，共修剪各类乔木26000余棵，灌木65900棵，开展病虫害防治18次，喷打石硫合剂、甲基硫菌灵、蚜无踪等药物30箱。加强广场设施维修及管护，共维修更换各类灯饰339套，更换电缆线1600米，维修配电设施164套，安装喷灌8610余套，更换喷灌管道1500余米，改装花坛防水3个，更换管道水泵设施135套，维修硬化路面635平方米，维修屋顶防水765平方米，维修安装护栏1485米，维修健身路径5套，拆除老旧值班室，新安装广场值班室暨广场便民服务点5间。圆满完成盛元广场每月升国旗仪式等各类活动保障，审批广场公益性活动65场次，滨河体育运动公园接待参观24次。完成宁夏黄河金岸（吴忠）国际马拉松赛的后勤保障工作，积极配合执行委员会在广场搭建各类大型帐篷19顶；配合供电局做好供电保障工作。滨河体育运动公园完成2016年全国沙滩排球巡回赛（宁夏吴忠站）相关工作任务，接待参观团22次。

【公园管理】 市园林局加强对市区公园植物景观的塑造和植物配置，秦韵广场种植月季3000株、紫叶矮樱2000株，兴隆公园沿园路新植榆树4000株，明珠公园沿园路新植榆树6000株、小侧柏5000株、金叶榆2000株、紫叶矮樱2000株、爬山虎10000株、月季1000株，金星园种植小侧柏3000株。规范园容园貌管理，限制车辆进入公园，降低噪音污染，规范管理程序。根据公园功能分

乃光湖绿化

区特点和游客的意见建议，完善基础设施，强化公园服务功能。及时维修公园基础设施，对金星园破损园路进行维修，铺设园路1208平方米，道牙520延长米，维修观察井7个，修整混凝土路面10平方米；安装、更换秦韵广场内破损园椅51个，铺设面包砖832.19平方米；在秦渠两岸安装升降柱，对其他各园的园灯、园林椅、园路、步道等便民设施及时进行维修。

【城市道路绿化管理】 截至2016年年底，市区绿化道路60余条，共有行道树3万余株，绿地总面积7500余亩。按照吴忠市《城市道路绿化规划》和《城市道路绿化管理办法》，加大城市道路绿化建设和管理力度，以生长速度快、遮阴效果好、树形美观的"乡土树种"作为主栽树种，品种有国槐、刺槐、香花槐、白蜡、臭椿、丝棉木、河北杨等，城市道路绿化普及率达到了99.9%。道路两侧景观绿化带宽度达30~50米，道路分车带拓宽到2~6米，并采用大组团、大色块、群落式等植物造型和以乔、灌、花、草相搭配的种植模式，增强了景观效果。按照一级、二级、三级标准，进行"定人、定岗、定任务"，实行精细化的养护管理，并实行绩效考评，提升了城市绿化水平。

卫生和计划生育

卫生事业

·综述·

【概况】 2016年，全市卫生和计划生育工作以推进医药卫生体制改革、稳妥实施全面二孩政策为主线，以满足人民群众健康需求和提高出生人口素质为切入点，以解决卫生计生工作重点、难点问题为突破口，提振精神，转变作风，强化措施，齐抓共管，各项工作取得新成效。截至2016年年末，全市共有各级各类卫生机构906所（个），其中，公立综合医院5所，中医医院4所，妇幼保健计划生育服务中心5所，其他公立医院2所，疾病预防控制中心5所，卫生监督所5所，中心血站1所，社区卫生服务中心（站）23所，乡镇卫生院50所（含7个分院），村卫生室531所，民营医院及个体医疗诊所（社会办医）275所；各级各类医疗机构实有床位6194张；全市各级各类卫生机构现有在岗职工8952人，其中：卫生技术人员6903人（执业医师2032人，执业助理医师408人，注册护士2696人），其他技术人员356人，管理人员316人，工勤技能人员448人。

【落实国家基本医药制度】 2016年，吴忠市加强基本药物集中采购和配送管理，根据药品配送考核管理办法，将基本药物配送到位率作为配送企业考核的重要指标。通过宁夏药品集中采购平台，监控各药品配送企业基本药物采购、仓储和配送情况。建立短缺基本药物应急采购制度，动态监控基本药物供应情况。基层医疗卫生机构全部配备使用基本药物，二、三级医疗机构优先选择使用基本药物，基本药物使用金额占比不低于本单位药品使用总金额的50%。扩大基本药物覆盖面，鼓励和探索非政府办医疗机构配备使用基本药物。结合分级诊疗和双向转诊工作，积极配合上级部门在非基本药物中遴选150个品种下沉基层使用，切实减轻大病及慢病患者的就医负担。

【医疗机构管理】 2016年，吴忠市以严格落实"十三项核心制度"和推进临床路径工作为抓手，加强医务人员培训，强化"十三项核心制度"，大力推行临床路径工作的开展，不断规范医务人员诊疗行为，提高医疗质量。目前，全市二级以上医疗机构已开展临床路径的9所，其中市人民医院共有17个专科107个病种开展了临床路径工作，完成入组病例3920例，入组率15.1%，其他县（市、区）医疗机构均亦开展临床路径管理工作，至少达到40个病种，临床路径工作的开展使各项检查和治疗更趋科学、合理化，缩短了平均住院日，次均费用增幅明显下降。

【对口支援工作】 2016年，吴忠市共选派8个单位36名人员，分别赴盐池县、同心县和红寺堡区12个乡镇卫生院开展二级以上医疗卫生机构对口支援乡镇卫生院项目，支援期间为受援乡镇卫生院开展培训指导91人次，接诊15690人次，开展查房135人次，疑难病例讨论72人次，抢救危重患者69人次。

【中医药服务】 2016年，吴忠市宁夏医科大学附属中医医院二楼打造精品展厅，通过集中展示，提升吴忠市中医药文化品质。组织开展养生保健知识巡讲、中药饮片专项检查等活动，基层中医药能力提升工程顺利通过终期评估。先后完成36所基层医疗机构中医馆建设,青铜峡市中医院针灸推拿科、盐池县中医院针灸科被列为自治区级重点专科;同心县中医医院培育和建设了2个中医特色优势重点专科。

【悦祥养老服务中心】 2016年,吴忠市在利通区建设悦祥养老服务中心,分为体检中心、理疗中心和老年服务中心3部分,总建筑面积1.5万平方米,总投资1.4亿元。年底前,体检中心已投入使用;康复理疗中心已经装修完毕,设备正在安装调试中;养老服务中心正在装修,建成后将设置200个房间,养老床位将达到1000张。

【培育新区医院特色专科】 吴忠新区医院综合楼新建项目建筑面积31000平方米,现项目主体建设已完工。以吴忠圣新医院新建成的综合大楼为依托,设立老年病诊疗区、康复理疗区和大健康管理中心,为群众提供个性化的预防保健、综合干预、诊疗干预、康复理疗等一条龙式的健康服务。目前已建立慢性病健康管理信息平台,通过宣教、指导用药、随访、发放血糖仪、整理家庭药箱等活动,对辖区居民进行健康管理。老年病诊疗区、康复理疗区正在进行运营前的筹备工作。

【卫生城市创建】 2016年,市全力开展卫生城市创建工作,进一步落实宣传、整治、督查、管理等为一体的工作机制。市政府安排500万元作为创卫工作专项经费,加大城市卫生基础设施建设,落实联合执法、网格化机制,持续开展了市容市貌、占道经营、建筑工地卫生环境、渣土运输车辆、"六小"行业等专项整治,健全环境卫生长效管理机制,市容市貌得到极大改善;加大创卫督查力度,及时发现并整改问题,落实督查通报制度,创建工作稳步推进。青铜峡市、盐池县继续巩固国家卫生城市(县城)成果,同心县、红寺堡区开展自治区卫生城市(区)创建。全市落实"爱国卫生日"制度,积极动员全社会力量参与,清除病媒生物滋生地,健全各项监督及管理制度,努力实现爱国卫生工作的常态化、规范化。继续落实《健康宁夏行动(2013—2020年)》,打造《健康吴忠》等栏目,不断提高群众创卫知晓率和参与度,多层次、广角度普及卫生健康知识。盐池县成功创建为全国健康促进示范试点县。2016年吴忠市通过了全国爱卫办的暗访检查和技术评估。

· 公共卫生服务 ·

【妇幼卫生管理】 2016年,免费为全市17096名适龄青年进行了婚检,婚前医学检查率达96.75%;全市农村孕产妇15846人,补助15690人,农村孕产妇住院分娩补助率达99.02%;全市新生儿疾病筛查21980人,筛查率为96.61%;全市新生儿听力筛查21519人,听力筛查率达94.58%,筛查出听力障碍患儿20例,患病率0.09%;完成农村妇女"两癌"筛查任务;全市新增服用叶酸人数18788人,服用率达98.02%,7岁以下儿童保健管理率达98.91%;全市孕产妇系统管理率为98.08%,孕产妇住院分娩率为99.94%。妇幼健康管理与重大公共妇幼卫生项目各项指标均达到了自治区的要求。

【卫生应急保障工作】 2016年,吴忠市突发公共卫生事件应急指挥系统基本建成,120紧急救援调度中心机构审批成立,项目建设通过验收投入使用,各类应急预案更加充实,野外救援、危险化学品爆炸等4项演练成功举办,紧急医疗救援处置能力明显提升,全年处置突发应急事件12起,有效保障重大活动60项,其中,第五届国际马拉松赛保障获得先进集体称号,全国沙滩排球巡回赛保障获得优秀组织奖,5人获得赛事服务先进个人。

【卫生监督执法】 2016年,市卫计局开展了二类疫苗、民营医疗机构等4个专项检查,全年立案查处45起,累计处罚9.2万元,医疗市场进一步规范;公共场所、学校卫生等10个专项整治全面完成,公共卫生监督覆盖率达99.93%。

【重大疾病防控】 2016年,市卫生防疫部门加大免疫规划力度,全市常规疫苗接种率继续保持在95%以上,有效巩固人群免疫屏障。重点抓好鼠疫、布鲁氏菌病、中东呼吸综合征等重大传染病和新发传染病防控工作,及时、准确、上报传染病疫情,分析传染病流行趋势,制定符合吴忠实际的传染病防控方案并组织实施。2016年,全市共报告乙、丙类传染病19种6176例,报告发病率449.75/10万。加强手足口病、流感、环境禽流感等重点传染病监测工作，强化结核病等传染病督导，有效应对突发传染病疫情。

【中心血站】 2016年，市中心血站采集全血5588人次，献血量10790.5u；采集机采血小板149人次、201个治疗量；一次献血400毫升者4883人次，占总人次的87%。全年共检测血样5594人份，经初、复检两次均合格者5464人份，不合格130人份，合格率达97.68%。制备红细胞制剂10223u；制备血浆制剂10283u，其中病毒灭活血浆7174.5u，少白冰冻血浆2692u，少白新鲜冰冻血浆416.5u；制备冰冻血小板199个治疗量，成分制备率达100%。向医疗机构提供红细胞制剂9548.5u，血浆制剂5845.5u，血小板制剂201个治疗量。为加强采血工作力量，市编办同意增加3名事业编制。

【医疗质量安全】 2016年，以进一步改善医疗服务行动和平安医院创建为抓手，开展"诚信服务、规范管理"、安全生产等多个专项活动，强化了医疗质量和医疗安全。制定了医疗质量控制中心管理办法和考核标准，成立了全市医院感染管理质控中心，正在筹备组建内、外、妇、儿、药事、影像、检验等质控中心，进一步健全质量控制体系。推进重点专科建设，盐池县医院、同心县医院、微创医院被列入自治区临床重点专科建设单位。深入开展"优质护理服务示范工程"活动，引入品管圈等现代化管理模式，推行责任整体护理服务模式，提高了临床护理质量。强化血液安全管理，及时解决了同心县、盐池县医院急救用血供需矛盾。规范民营医疗机构管理，先后建立QQ群、微信群等信息联络平台，实行单月例会、法人约谈、年终述职等工作机制，规范民营医疗机构健康发展。进一步完善第三方调解机制，医疗责任保险制度推进有力，医患关系和谐发展。

·医药卫生体制改革·

【政府办医体制改革】 2016年，深入推进公立医院政事分开，成立了由政府分管副市长和编办、发改、财政、人社、卫生计生等部门负责人组成的医院管理委员会，负责公立医院的发展规划、章程制定、重大项目实施、财政投入、运行监管、绩效考核等重大事项决策。市财政2016年公立医院改革经费预算为3080万元，比2015年预算数增长53%。

【调整医疗服务价格】 2016年，制定了《吴忠市城市公立医院医疗服务价格改革方案（试行）》，确定了取消公立医院药品加成的政策性亏损补偿分担机制，通过合理调整医疗服务价格分担60%，财政补助分担30%，医院自身消化10%，并按照"总量控制、结构调整、有升有降、逐步到位"的原则，小幅普调了医疗服务价格。吴忠市3家城市公立医院共调整了2393项医疗服务价格，其中价格提升的项目为2362项，降低了31项大型仪器检查项目价格。

【医院精细化管理】 截至2016年年底，吴忠市人民医院、宁夏医科大学附属中医医院、市妇幼保健计划生育服务中心平均住院日分别为9.4天、10天、4.3天；吴忠市人民医院、宁夏医科大学附属中医医院、市妇幼保健计划生育服务中心药占比较改革前分别下降了4.46个百分点、8.79个百分点、9.47个百分点。制定了《关于切实加强临床路径管理工作的通知》《吴忠市控制医疗费用不合理增长实施办法》等文件，积极开展抗菌药物合理使用专项治理活动，严格落实抗菌药物分级管理制度。通过推行临床路径管理和控制医疗费用不合理增长等工作，规范了医疗行为，提高了医疗质量，降低了医疗风险和医疗费用，各公立医院平均住院日、药占比、医务性收入等数据指标较改革前有了明显变化。

【医疗资源引进】 2016年，吴忠市结合市人民医院新院迁建工作，通过对口帮扶模式、项目合作模式、购买技术模式、特聘专家模式、医疗集团模式面向全国引进优质医疗资源，依托现有业务基础，提升市人民医院医疗卫生服务能力。年内与北京友谊医院、西京医院及福建省泉州市第一人民医院等9家国内知名医院或专家团队签订了合作框架协议。

【县级公立医院综合改革】 各县（市、区）扎实开展医药卫生体制改革工作，红寺堡区将公立医院综合改革和精准扶贫工作有机结合，以建立"立体帮扶模式""四大通道"为抓手，形成了纵横交叉、上下互动的帮扶模式，加快提升卫生服务能力。青铜峡市着力加强重点专科建设，该市人民医院以打造膝部疼痛微创中心、血液透析中心、体检中心、ICU、眼科中心、耳鼻喉科中心、肿瘤中心、微创介入中心8个中心为契机，大力提升公立医院服务能力。盐池县落实分级诊疗工作，组建了县域内医疗联合体，进一步提升了盐池县基层医疗卫生机构的服务能力，加快双向转诊制度的建立。同心县积极推进人事薪酬制度改革，逐步探索取消县级医院编制管理制，实行用工总量控制，同时，在县级公立医院全面推行同工同酬制度，并按规定参加养老保险和医疗保险，同心县人民医院、县中医医院完成了中层干部竞聘上岗工作。

· 计划生育 ·

【概况】 2016年，按照"老人老办法，新人新办法"的原则，市卫计局做好全面二孩政策调整前后各项计划生育政策的衔接。在"两节"期间对全市105户独生子女伤残死亡家庭及部分流动人口计划生育家庭进行了慰问，发放慰问金7万余元。落实独生子女伤残、死亡家庭扶助金的提标工作，先后3次对"少生快富"户、奖励扶助和特别扶助进行了核查，确保计划生育家庭奖励优惠政策兑现率100%。

【二孩政策宣传】 2016年，市卫生和计划生育局在《吴忠日报》开办《国策之窗》，分10期连载新政策新条例，逐条刊登《人口与计划生育法》《宁夏回族自治区人口和计划生育条例》，并链接各地二孩政策的好经验好做法，进行全方位宣传解读；在吴忠电视台开办《宁夏二孩政策》系列解读，以案释法，播放全面两孩政策系列报道11期，增强了宣传工作的针对性和感染力，放大了正面的声音和能量；各县（市、区）主动适应新形势新要求，加强理念创新、载体创新、内容创新和机制创新，通过互联网、广播、电视、报刊、微信平台、手机短信、制作宣传资料和宣传品、举办培训班、建婚育文化广场、进村入户面对面等多种宣传形式，广泛宣传全面二孩政策，提高了宣传水平，扩大了宣传覆盖面，增强了宣传的实效性。举办了全面二孩政策解读培训班，邀请自治区卫计委业务专家全面解读了中央、自治区重大决策部署。截至目前，全市共组织干部学习培训80多次，宣传培训8000余人次，全面两孩政策群众知晓率达90%以上。

【计划生育服务管理改革】 2016年，市卫计局简化办事程序，注重便民高效，全面公开生育登记的依据、条件、程序、时限、需提交的材料和服务承诺等信息。各县（市、区）依托计生便民服务窗口，严格落实一次性告知、限时办结、首问责任制，缩短审批时间，提高办证效率。截至7月底，全市符合全面二孩政策出生374人，办理全面二孩生育登记757人。

· 基层医疗 ·

【概况】 截至2016年年底，全市共有城市社区卫生医疗机构23个，其中，中心2所中，站21所；有床位40张，工作人员216人，卫生专业人员207人，年总诊疗22.7万人次，住院0.1万人次。共有乡镇卫生院43家，有床位683张，工作人员322人，卫生专业人员297人，年总诊疗人次为154万人次，住院为0.6万人次。有村卫生室543所，村医948人，总诊疗146万人次。

市卫计局每年对基层医疗机构进行两次督导检查和考核。对基层医疗卫生机构开展12类52项基本公共卫生服务项目和基本医疗的门诊诊疗人次、住院人次的报销、处方使用、住院病历等进行全面的检查。

【基层医疗卫生服务】 2016年，吴忠市在全市建设93家群众满意的基层医疗卫生机构，其中，村卫生室71所，乡镇卫生院16所，社区卫生服务机构6所。其中10家乡镇卫生院、5家社区卫生服务机构、58家村卫生室被评为自治区"群众满意的乡镇卫生院"，6所乡镇卫生院被评为国家级"群众满意的乡镇卫生院"。严格落实离退休村医补助制度，全市共补助离岗村医1146人；落实到岗232名大专村医。全面开展城乡居民普惠性健康体检工作，全年共完成22225人的体检。

【基层卫生岗位练兵】 2016年，将基层卫生岗位练兵活动作为强化和提升基层卫生计生工作人员服务水平的有力抓手，通过集中培训、指导教学、针对性训练等方式，达到强化、巩固、提高的目的。经过市、县两级层层选拔，选送人员参加自治区基层卫生岗位练兵，2位同志代表自治区参加全国竞赛并获得第三名。

【医疗基础设施建设】 2016年，市人民医院迁建顺利完成，市妇幼保健计划生育服务中心迁建、市疾控中心实验楼项目进展顺利。加大社区卫生服务站建设（购买）力度，加快乡镇卫生院、村卫生室改（扩）建步伐，2016年全市共开工建设各类卫生计生项目20多个。

医疗机构

·市人民医院·

【概　况】 吴忠市人民医院是吴忠地区唯一一所三级乙等综合性公立医院，担负着吴忠市143万人及周边地区群众的医疗救治工作，同时承担着宁夏医科大学本、专科学生的教学、实习和基层卫生院专业技术人员的进修培训任务，是吴忠地区的医疗中心。医院有职工1262人，其中：卫生专业技术人员1091人，高级职称146人，中级职称149人。享受国务院、市政府特殊津贴3人，硕士研究生12名，本科学历582名。医院设有27个临床科室，6个医技科室，13个行政职能科室，9个临床教研室。医院核定床位数1200张，实际开放床位922张。医院现占地面积287亩，建筑面积为22万平方米，投资16.56亿元，二期设计床位300张，建筑面积2.4万平方米，投资约2.01亿元。2016年，门诊、急诊接诊病人59.78万人次，出院病人3.19万人次，手术例数6605例，平均住院天数9.5天，完成业务收入3.67亿元。

【医疗质量】 2016年，市人民医院结合公立医院综合改革，对原有医疗质量千分制考核体系，从强化医疗质量内涵建设着手进行调整和完善，侧重于医疗服务的质量、数量和效率总体评价，并将考核结果与奖励性绩效分配紧密结合，严格要求各管理职能部门按职责和标准客观考核，医疗服务质量明显改善。针对医院新时期发展与管理实际需要，借鉴国内著名三甲医院的现代管理模式，对医院各项管理制度进行重新修订完善，通过建立机制用制度管人管事。探索性地在医疗质控管理引入PDCA模式、优质护理管理"品管圈"模式，并成功地进行了试点。积极参与宁夏医科大学本科临床教学认证工作，抢抓机遇主动迎接挑战，按照临床医学专业认证标准，进一步规范教学体系，强化师资队伍建设，持续提升教学水平，得到了宁夏医科大学的认可和表扬。积极营造良好科研和学术氛围，鼓励全院职工参与学术研究，2016年全院申报成功科研项目共7项，超过了以往各年，呈现良好的发展势头。

【医疗服务】 2016年，市人民医院为方便患者在新院门诊就诊，医院合理分布各专业诊室和医技检查室，并加强导医力量，完善导医制度，将人员导医与标示告示导医有机结合，有效引导和分流患者，简化服务流程，提高窗口服务效率，缩短挂号、划价、收费、取药等服务窗口等候时间，实现了新旧门诊服务的平稳过渡。充分利用城乡一体化检验系统，加强与利通区乡镇卫生院合作，合理调配检查设备和人力资源，努力缩短检查等候时间和出具检查报告时间，提高检查检验效率，推动检查检验结果互认，实现了区域范围内质量管理的同质化、标准化，使临床工作更加方便患者。认真落实应急救助制度，及时救治危重症患者；依托120调度中心调度指挥优势，加强院前急救、院内急诊医疗信息共享，做到医疗服务无缝衔接；完善急救中心标准化、规范化建设，强化急诊绿色通道建设和突发事件应急演练，并合理调配急诊力量，实行急诊患者按病情轻重分级分类分区处置；配合主管部门推进全市120应急调度指挥中心建设，并抽调力量按期开展工作。

【优质医疗资源引进】 2016年，市人民医院认真落实市委、政府关于"做强做精市医院，建立具有专业特色和技术优势区域医疗服务中心"的指示精神，在不断探索过程中总结经验，积极走出去，广泛联系，想办法与优质资源比较丰富的大医院对接合作，取得了明显成效。与清华大学一附院、第四军医大学西京医院、泉州市第一医院、安徽中医药大学第一附院、中国医疗保健国际交流促进会、中美脑卒中防治合作项目中方专家组等10余家医疗机构和医生团队签订了合作协议，并引进解放军302医院肿瘤外科张克明教授、北京大学第三医院泌尿外科马潞林教授、华中科技大学附属同济医院血液科周剑锋教授等国内知名专家，签订了技术帮扶协议。尤其是与北京友谊医院挂牌成立了"一带一路"友谊消化直通车万里行吴忠站及国家消化系统疾病临床医学研究中心吴忠基地，由北京市卫计委、北京友谊医院、自治区卫计委及吴忠市委、政府主要领导共同揭牌，标志着本院贯彻国家精准帮扶政策和落实北京、宁夏医疗帮扶合作协议进入了务实推进阶段。同时，引进安徽中医药大学一附院国医大师徐经世传承工作室建立吴忠工作站并借力恢复中医科，引进华医心诚北京华医挚诚医疗技术服务有限公司建立技术植入专家工作室和筹建胸痛中心，引进西京医院技术力量建立吴忠血透中心，引进泉州第一医院帮扶建立吴忠新生儿重症监护中心，引进武警总院合作建立吴忠糖尿病中心，引进北京宣武医院中国疼痛康复产业技术创新联盟建立吴忠疼痛康复诊疗中心等多项合作已达成意向，待医管会研究通过后即可挂牌落地开展业务。

【信息化建设】 9月25日，市人民医院顺利完成新院门诊搬迁开业工作，门诊患者就诊量逐渐增加，门诊服务设施及条件得到进一步改善。同时，按照医院完善服务管理功能的需求和自治区卫计委信息化建设总体部署，医院不断推进信息化建设进程，目前已建成并开通区域远程会诊系统，建立完善区域卫生信息平台、电子病历、120急救调度指挥中心、掌上医院APP系统、银联一卡通、微信公众号、移动护士工作站、临床路径管理等信息系统。

· 宁夏医科大学附属中医医院 ·

【概　况】 宁夏医科大学附属中医医院是一所集临床医疗、教学实践、科学研究、预防保健、文化传承为一体的三级甲等医院，是宁夏医科大学实验基地和国家医师资格实践技能考试基地，是全区唯一通过首批"全国百姓放心示范医院"验收的中医医院，是城乡居民及城镇职工医疗保险定点医院。医院有职工255人，其中高级职称28人，硕士以上学历11人，设置床位300张。拥有两个国家级重点专科：脾胃病科、心病科；两个自治区级重点专科：肾病科、针推（康复）科；1个自治区级优势专科：肺病科；4个特色科室：灸疗科、脑病科、肿瘤科、中医外科。设置有1个急诊科、15个专科诊室、1个特需专家诊区、9个临床病区及麻醉手术室等医技功能检查科室。医院已被确定为国家重点医院建设单位，被批准为"自治区级大学生校外实践教育基地"，被宁夏中医药管理局遴选为宁夏首批中医类别住院医师规范化培训基地和中医类别全科医师规范化培训基地。

【医院建设】 2016年，宁夏医科大学附属中医医院加强医院门诊建设，强化门诊力量。为方便广大患者就诊，将中医学院专家门诊调至新院，设立特需专家门诊，并规范主治医师以上专家上门诊，对整体医疗工作实行规范化、正规化和科学化管理，建立新规矩，执行新标准，创造新的管理运行方式，达到聚集人气、增加职工积极性的目的；在全院开展医疗护理技能竞赛，促进全院各科室形成"比、学、赶、帮、超"的良好发展氛围，努力实现整合工作效果的最大化。合理设置岗位。制定《岗位聘用实施管理办法》和《定编定岗方案》，通过定编定岗和岗位聘用，实现人力资源的优化配置，实现每个岗位责、权、利的对称统一，逐步建立人员"能出能进、能上能下、能高能低"的激励竞争机制和约束机制。成立两个新社区。在滨河新区成立了两个社区卫生服务站：怡园社区卫生服务站和清宁河社区卫生服务站，对新建站的工作人员已完成基本公共卫生服务项目培训，积极开展宣传义诊活动。秉承"三个结合"，把建档工作与宣传基本公共卫生服务政策、高血压社区筛查以及一对一健康教育相结合，为下一步开展"医养结合"奠定基础。

【医院管理】 2016年，重点修订和完善各类行政制度，制定了新的绩效工资考核分配方案，建立绩效考核制度。以绩效推动医院管理的科学化。采取绩效分离的措施，实现门诊挂号绩效。将门诊收入中的挂号费和中医辨证论治费总和的50%返还给个人，盘活医师库存量，鼓励多收治病人。

【对外交流】 医院承担县级中医医院、乡镇卫生院和社区卫生服务站的对口支援工作，制定对口支援方案，建立帮扶机制，根据受援医院的需求，每月选派5名中医药专业技术人员，派驻受援医院进行对口支援；与北京东方医院、陕西中医药大学第一附属医院建立对口支援帮扶合作协议；与利通区各乡镇卫生院签订构建中医药战略协作集团协议书；与金积卫生院、东塔卫生院、金银滩卫生院、古城卫生院、郭家桥卫生院、巴浪湖卫生院、高闸卫生院、板桥卫生院及扁担沟卫生院等12家乡镇卫生院签订宁夏医科大学附属中医医院构建中医药战略协作集团协议书，通过建立重点专科对口帮扶、预约诊疗、双向转诊、检查结果互认和远程会诊机制，提高医疗服务的协调性、连续性、整体性。

【医疗服务】 深入推进中医药治未病健康工程。开展"健康大讲堂""医疗服务进社区"活动，全年共组织开展"健康大讲堂"活动12次、"医疗服务进社区"活动25次，累积参与人次1300余人，发放健康宣传单5000余册。购置诊疗设备25件，分布在医院各个科室，提高诊疗技术，开展新业务，补充制剂室设备。医院制剂室对传统经验方、单味药方在筛选、临床前期观察、经验方收集整理的基础上，提出院内制剂开发的重点品种，重点开发了29个品种，部分已进入试生产。为保证临床用药需求，还为各临床科室制作浴方、膏方、伏贴、三九敷贴等。在院内举办冬令膏方制作讲座，使全院职工了解膏方的制作过程及保健、治疗效果。同时，配合门诊专家、临床科室开展一系列的临方加工业务，与临床科室的非药物疗法紧密结合，水丸、膏方、敷贴、足浴包、蜜丸剂、敷腰方、茶饮剂、三伏贴等业务量显著增高。

· 吴忠市妇幼保健
计划生育服务中心·

【概　况】 中心成立于1952年，2015年2月与市计划生育技术服务中心整合为吴忠市妇幼保健计划生育服务中心，是吴忠市妇女儿童保健、医疗、计划生育技术服务、公共卫生服务及业务监督管理指导中心。承担着所辖1市2县2区（青铜峡市、盐池县、同心县、利通区、红寺堡区）的妇幼保健、计划生育业务指导及监督管理，同时承担利通区12个乡镇、108个行政村、11个社区卫生服务站及市辖区内140余万人口中占2/3的妇女、儿童医疗保健职能服务及计划生育技术服务工作。

【医疗质量管理】 2016年，市妇幼保健中心加强处方、抗生素及病案质量管理，每季度进行1次处方、抗生素点评，每半年进行一次处方展评。住院病历中增设了"病历书写质量评估标准"，要求科室主任对每份病历进行质量评估，提高了病历甲级率。建立健全医患沟通制度，落实了纠纷、信访接待、投诉处理制度。全年发生纠纷4例，投诉1例，上报医调委协调并妥善解决，未出现因处置不当群众上访事件，未发生医疗安全差错事故。加强病案管理，建立病历管理人员工作制度，完善病案的收集、整理、装订、存档和保管工作；建立病历调阅登记本、复印病历登记本、差错登记本，并做好记录，及时按季度打印门诊医师日志登记本，把控ICD疾病编码的书写质量、解决医保支付问题。年内成功举办宁夏科技惠民计划项目启动会暨第一届"唐氏综合征综合防控基本理论与基本技术"培训班，积极探索发展母乳成分分析检查、导乐分娩技术、无创接生和晚断脐等新业务。利用信息平台做好质控工作，统计量化指标，如抗生素、药占比、基药占比完成情况；对医师处方及住院病历进行点评、质控，并以纸质版反馈至各中心。2016年儿科和妇产科住院部床位使用率分别达到120.72%和105.09%，出入院诊断符合率均大于95%，病历甲级率均达到90%以上，急危重症抢救成功率100%。

【公共妇幼卫生项目】 截至2016年年底，市妇幼保健中心免费为全市17096名适龄男女青年进行了婚检，婚前医学检查率96.75%（其中利通区婚检6056人次，检查率100%）；全市农村孕产妇15846人，补助15690人，农村孕产妇住院分娩补助率达99.02%（其中利通区农村孕产妇3534人，补助3534人，补助率达100%）；全市新生儿疾病筛查共21980人，筛查率为96.61%（其中利通区新生儿疾病筛查共6691人，筛查率为96.73%）；全市新生儿听力筛查21519人，听力筛查率94.58%，筛查出听力障碍患儿20例，患病率0.09%（其中利通区新生儿听力筛查6653人，听力筛查率达96.18%）；为全市33100名农村妇女进行宫颈癌筛查，为8700名农村妇女进行乳腺癌筛查，为6000名农村妇女进行HPV筛查（其中利通区农村妇女宫颈癌筛查10300

人、乳腺癌筛查3000人、HPV筛查2000人）；全市新增叶酸服用人数为18788人，服用依从人数为16061人，服用率达98.02%，服用依从率85.49%（其中利通区叶酸服用新增人数4090人，服用依从人数为3595人，服用率100%，服用依从率87.90%）；全市孕产妇系统管理率98.10%，孕产妇住院分娩率99.54%，孕产妇死亡率0（其中利通区孕产妇系统管理率100%，孕产妇住院分娩率100%，孕产妇死亡率0）；全市7岁以下儿童保健管理率100%，婴儿死亡率7.57‰（其中利通区7岁以下儿童保健管理率100%，婴儿死亡率5.57‰）。

【医德医风考评机制】 2016年，市妇幼保健中心继续践行向社会公开承诺制，落实了卫生系统"九不准"和72项便民优抚措施；开展了"查、整、改、树"百日专项整治活动，组织科室自查和个人自查，认真查摆单位和个人在思想、工作、作风、纪律等方面存在的突出问题；各科室拒收红包35例，拒收红包金额11000余元，拒吃请17例；开展患者家属满意度座谈会，征求患者及患者家属的意见与建议，满意度达98%以上；由医务科和办公室进行信访和投诉接待处理，建立了职工医德医风档案，落实纠纷处置制度和奖惩规定，使加强医患关系监督管理深入到各个环节，以此规范医护人员从业行为。

【新院建设项目】 市妇幼保健院项目位于世纪大道北侧，利宁街以西，残疾人康复中心以南，规划用地60.9亩，划拨土地30亩。项目综合楼建筑面积8987.21平方米，包括综合门诊、医技、住院部、计划生育技术服务、公共卫生服务及妇幼保健、计划生育业务指导培训中心等，概算总投资3208.48万元，于2015年11月开工建设，已完成主体楼土建工程，附属设施及配套工程取得市发改委项目立项。

·吴忠市疾病预防控制中心·

【概况】 市疾控中心成立于2003年11月，承担着市、区两级重大传染病、慢性病、地方病、职业病防控、突发公共卫生事件应急处置、公共卫生、环境卫生、食品安全监测和检测任务，是组织实施全市卫生防病工作的技术保障部门，也是市级疾病预防、控制、研究和服务的专业机构。中心核定编制70个，现有职工63名，专业技术人员48名，内设12个科室。先后通过了自治区级实验室计量认证、职业健康体检资质证。被国家卫计委认定为全国碘缺乏病实验室、质量控制网络尿碘、盐碘合格实验室、麻疹实验室和全国流感监测网络实验室。

【重大传染病疫情防治】 2016年，共报告乙、丙类传染病19种6176例，死亡3例，报告发病率449.75/10万，报告死亡率0.22/10万。总体发病呈下降趋势，与2015年相比，报告发病数下降19.83%，总体死亡呈明显下降趋势。完善应急机制，全市共报告3起突发公共事件（传染病疫情暴发），规范处理率100%。全市报告活动性肺结核患者653例，报告发病率为47.55/10万。全市累计报告艾滋病感染者和病人286例，死亡48例，2016年新报告51例，规范开展艾滋病病毒感染者和病人随访管理，各项指标均达到民生计划要求水平。

【巩固人群免疫屏障】 2016年，市疾控中心加强疫苗和冷链管理，保证冷链运转和疫苗质量，全市常规疫苗接种率继续保持在95%以上，报告AEFI123例，AEFI 48小时内报告率100%，规范处置率100%，报告AFP病例2例，核实诊断3例，确诊3例，报告麻疹疑似病例27例，实验室确诊麻疹病例5例，排除22例。开展脊髓灰质炎、麻疹类疫苗查漏补种，脊灰疫苗接种率99.34%，麻疹类疫苗接种率98.6%。各年龄段接种率均达到目标要求。落实IPV纳入国家免疫规划项目儿童预防接种信息报告工作，规范开展入托（幼）、入学儿童预防接种证查验，做好流动儿童和流动人口接种管理。

【慢性病管理和地方病防治】 2016年，市疾控中心开展肿瘤随访登记和心脑血管事件报告，对高血压和糖尿病患者进行健康管理，完成慢性病危害因素监测、慢性病危险因素3040人监测任务。全市高血压规范管理率81.9%，糖尿病规范管理率80.1%。完成1000人份的上消化道癌早诊早治筛查任务，检出率3.9%。规范重性精神疾病管理治疗项目管理。全市累计管理严重精神障碍患者4545例，检出率3.43‰，控制率82%。癫痫病人随访管理规范有序，全市累计筛查癫痫疑似患者2639例，确诊癫痫患者1811例，入组管理1751例。做好地方病和寄生虫病监测，完成居民食用盐监测，碘盐覆盖率95.7%，碘盐合格率96.7%，合格碘盐食用率92.7%，盐碘中位数23.7mg/kg。对504名布病高危人群进行监测，血清学阳性28人，阳性率5.56%。对764名包虫病成人进行血清学检测，阳性12份，阳性率1.57%。完成了1000份人粪寄生虫病调查任务，完成率100%，检出18份人体寄生虫。野生鱼华支睾囊蚴监测100条，阳性率31%。

【公共卫生监测】 2016年，市疾控中心投入经费363万元，添置检验设备11台（套），投资1000万元，申请新建设实验楼2000平方米。实施生活饮用水和食品安全监测，开展公共场所卫生消毒效果监测，做好职业卫生、学校卫生防控，开展放射剂量监测，动态掌握病媒生物季节消长规律，为创建国家级卫生城市提供技术支持。

国土资源和环境保护

国土资源管理

【概　况】　2016年，市国土资源局认真履行职责，狠抓工作落实，各项工作得到了有力推进。全年征收土地3430亩，上报批准建设用地30宗9210.25亩，供应土地123宗7678.1亩，收缴土地出让金4.62亿元，帮助企业抵押融资3.2亿元。利通区成功创建全国节约集约模范县。

【耕地保护】　2016年，市国土资源局按照自治区政府与市政府签订的耕地保护目标责任书，将耕地和基本农田保护目标任务分解到各县（市、区），制定了2016年耕地保护目标责任书，市政府与各县（市、区）分别签订了目标责任书，不定期对各县（市、区）耕地保护责任落实情况进行督查，各县区耕地保护目标责任书签订完善，工作扎实有力。根据自治区国土资源厅《关于切实做好城市周边永久基本农田划定工作有关事项的通知》精神，开展了城市周边永久基本农田划定核实举证工作，结合土地利用总体规划的调整，完成了划定永久基本农田工作，利通区划定永久基本农田33.56万亩。大力实施国土整治项目，2015年度土地占补平衡项目，已开展设计、勘察、可研等工作。2016年度土地开发（耕地占补平衡）项目，正开展项目可研等前期工作。2016年度吴忠市太阳山镇土地整治项目，组织完成了项目监理、施工、设备的招投标工作。积极开展吴忠市区"十三五"土地整治规划编制工作，规划已通过县级评审。印发《吴忠市2016年度耕地保护责任目标考核办法的通知》，从耕地占补平衡、执法监察、变更调查等8个方面完成了对各县（市、区）耕地保护工作考核。

【土地供应】　2016年，市国土局超前谋划，早做准备，尽职尽责保障各类工业项目、重点项目和保障性住房等重点、民生项目的用地。积极开展土地利用总体规划调整完善工作，拟定了《吴忠市区土地利用总体规划调整完善工作方案》，同步开展了土地利用总体规划评估工作。召开了市、区两级政府土地利用总体规划调整完善成果审查会，进一步修改完善了规划成果并上报自治区政府审核批准。积极争取年度用地计划指标，年内办理各类审查意见、初审意见、预审意见等61个。审查土地利用总体规划局部调整项目26宗，总面积1593.9亩。全年争取到年度计划指标5000亩（含太阳山节约集约模范县奖励指标500亩）。全年办理设施农用地备案15宗，总面积15233.36亩，附属设施156.25亩。上报批建设用地30宗9210.25亩。保障了健康大道、毛纺织产业园二期、银西高铁、吴忠至中卫城际铁路、国道344线（东环路）、京藏高速公路改扩建等项目用地需求。全年市区共供应土地123宗，面积7678.1亩，供地率达81%。其中：划拨54宗，面积4616.02亩；出让69宗，面积3062.08亩；收缴出让价款总计4.62亿元。有力保障了宁夏国电吴忠热电厂"上大压小"新建项目、中国自动化（吴忠）产业园等重点项目落地建设。全年共征收土地3430亩。吴忠至中卫城际铁路、银西高铁等重点建设项目征地工作全面开展，先行开工段已动工建设。

【土地执法监察】　2016年，市国土资源局认真开展卫片执法工作，集中开展清理整治违法用地工作，共拆除违法用地图斑111个，图斑面积279亩，其中耕地246亩（基本农田106亩）。对其他违法用地集中立案查处，共立案2015年度变更调查中的违法用地32宗。

扎实开展动态巡查工作，对市区进行重点巡查110次，发现土地违法行为20起，发现矿产违法行为24起。对各县（市、区）集中巡查18次，对巡查中发现的青铜峡市峡口镇盗采砂石资源等问题，督促当地国土资源局查处整改。开展联合执法7次，拆除新发现农民违法占地建房9户，拆除违法建筑物面积1700平方米，退还耕地8.9亩，市区违法用地较往年同期明显下降。依法查处违法违规案件，立案查处卫片、巡查发现、上级交办、科室转办违法案件62宗（其中土地违法案件49宗，矿产违法案件13宗），结案60宗，收缴罚款101.36万元。所有案件处理结果通过网络向社会公开，与市人民检察院平台共享。

【矿产资源管理】 2016年，市国土资源局做好矿业权设置方案修编及矿山年检工作，与宁夏地质环境监测院协调对接，明确了市区需设置矿业权的矿点。年内完成了全部资源量统测工作，提交检测报告23份。参加年检的142家矿山企业均通过了年检，合格率100%。出让采矿权1宗，收取采矿权价款350万元。收取采矿权使用费1.95万元，清欠矿产资源补偿费117.65万元。认真落实矿山巡回检查制度，重点对孙家滩非法采砂行为进行了集中清理整治，对4家非法采砂业主下发了"责令停止国土资源违法行为通知书"和"矿产整治行为告知书"，责令4家业主对无证开采矿点进行填封，撤离开采设备。拆除洗砂设备4台，填封开采矿坑4处。积极做好地质灾害防治工作，对辖区内的地质灾害隐患点进行了排查，对排查出的国家农业科技园区、郭家桥乡等6处存有隐患的灾害点，要求相关单位加强对地质灾害隐患点巡查，采取有效措施消除隐患。做好矿山安全生产管理工作，结合卫片核查先后3次对矿山安全进行了检查，共组织人员检查市辖区矿山企业16家，排查隐患6处，整改隐患6处。为规范市区砖窑管理工作，牵头制定了《关于进一步加强砖窑企业规范管理的通知》，明确了涉及砖窑管理部门的职责，进一步加强了市区砖窑管理工作。

【土地整治专项行动】 2016年，市国土资源局认真开展土地管理领域突出问题专项整治工作，市政府研究制订了专项整治工作方案，市国土局认真梳理排查，对规划执行等8个方面工作开展了自查整改，进一步规范了土地管理工作。4月初，国家土地督察西安土地例行督察组对吴忠市2011—2015年土地管理工作进行了例行督察。吴忠市结合督察发现的违规征地等四大类62项问题，边查边改，并及时制订工作方案，针对问题制定整改措施，明确完成时限。年底前，吴忠市区已经整改到位60项，延期整改2项，整改率96.8%。积极推进闲置土地处置，在全区率先召开国家土地督察闲置土地处置推进会，对督查提出的26宗闲置土地认真分类梳理，建立台账，明确部门职责，提出处置整改意见，目前已全面处置完毕。配合环保督查组办理举报案件，办理中央第八环保督察组督办件9件，其中主办4件，均按时高效办结，借督查组的执法力量对市区无证开采行为进行了有力打击。

【地籍管理工作】 2016年，市国土资源局认真做好日常地籍管理工作，加强土地权属管理，及时办理初始登记、抵押登记和国有土地使用证年检、变更登记审核156宗。办理抵押融资3.2亿元。全面开展不动产登记工作，完成了不动产登记机构设立、职责整合和人员划转及岗位设置工作，正式启动不动产统一登记，停发旧的房屋产权证和土地使用权证，颁发不动产权证和不动产权证明，从此结束了土地、房产分散登记的历史，实现了不动产登记依据、登记机构、登记簿册和信息平台"四统一"。市本级受理各类房屋登记16699件，面积336.14万平方米。市区共收取各类登记费（土地和房屋）403.29万元。收取罚没款88万元。积极配合地税部门协征土地契税1319.53万元。目前，颁发不动产权证书过千份，颁发不动产权证明近3000份。

【地籍测绘工作】 2016年，市国土资源局完成了市区2015年度土地变更调查与遥感监测后期工作。对国家下发的2015年度612个图斑进行了内外业核查、建库整理、分析汇总，并提交了成果数据，监测面积8592.5亩，调查成果通过了国土资源部核查组的外业实地抽查。完成了利通区农村集体建设用地和宅基地使用权确权登记数据库建库工作。截至2016年年底，已全面完成11个乡镇104个行政村登记发证的地籍测量和权属调查工作，数据库全部入库。调查集体土地使用权面积1393.57公顷，共56700宗。积极开展测绘管理工作，对市区7家测绘资质单位进行了巡查。对23处测量标志进行了专门巡查，加强了测绘市场的统一监管和测量标志保护。

【队伍建设】 2016年，市国土资源局认真开展"两学一做"学习教育活动，局领导带头讲党课，干部职工积极参与，顺利完成了各个阶段的学习任务。将廉政建设责任落实到局党组成员和具体科室，认真落实"两个责任"和"八项规定"，完善了中层干部任前廉政谈话制度。研究制定了《吴忠市国土资源局公务接待管理办法》，严格控制"三公"经费。全年调整提拔任用科级以上干部共29人，其中：红寺堡局班子调整8人，青铜峡局班子调整2人，同心局班子调整3人，盐池局班子调整3人，局机关和所属事业单位调整、提拔任免13人，轮岗交流一般干部15人，有效调动了干部职工的工作积极性。

环境保护

【概 况】 2016年，市环保工作按照自治区"1366"的总部署，紧紧围绕市委、政府经济发展"四场硬仗"的总要求，深入实施环境保护"五大攻坚战"，环境保护工作取得了新成效。

【"五城"创建】 2016年，吴忠市深入实施国家环保模范城市创建工作。为了保证创模评估工作的权威性、可靠性，邀请环保部环境规划院就吴忠市创模进展情况进行现场评估，形成评估报告。经评估，吴忠市68项创模指标，污染减排、能源消耗、环境卫生等53项指标已达标，达标率78%；群众环境满意度，水源地管理，固体废弃物处置等15项指标尚未达标，未达标率22%。

【环境质量监测】 2016年，市环保部门对28家涉水、涉气、涉重金属国控重点污染源企业，按照监测频次要求开展监督性监测，出具监测报告单69份。对全市安装在线监测设备的企业按季度开展比对监测，出具报告单65份。对市区旱元、金积集中式饮用水水源地水质，黄河过境断面（金沙湾、叶盛桥）、清水沟、南干沟、清宁河、罗家河每月开展水质监测1次；对小坝、沙泉、骆驼井3个饮用水水源地每年开展两次水质监测；依据监测结果判定，吴忠市饮用水和黄河过境断面水环境质量稳定达到Ⅲ类水质，清水沟、南干沟、清宁河、罗家河水质较上年有所好转。开展城市环境空气质量监测、声环境质量监测、生态县域农村环境质量试点监测、土壤环境质量监测、重金属重点区域专项监测，开展应急演练监测2次，得到有效监测数据145719个。《吴忠日报》、吴忠环保网、吴忠环保微信平台及时公布环境质量信息，确保了群众的知情权、监督权。

【建设项目环评审批】 2016年，市环保部门共受理审批建设项目207件，备案182件。验收项目40件，核（换）发排污许可证79件，踏勘项目现场300余次。制定出台《吴忠市建设项目环评审批验收改革方案》，简化环评审批程序，取消环评前置条件，环评审批与其他行业主管部门审批事项施行并联审批。简化环评文件审查内容，通过市场调节能解决的事项不再纳入环评内容。压缩公示时间和环节，污染小、排放少、不涉及环境敏感区域的报告表项目公示由之前的受理、审批两次公示10个工作日整合为一次公示5个工作日。简化非重大变化类项目环评审批，非重大变化的项目不再重新编制环评变更报告，直接进入竣工环保验收环节。优化竣工环保验收，报告表项目不再编制竣工验收报告，优化环评分类管理，结合吴忠实际，对环保部下发的《建设项目环境影响评价分类管理目录》中环评文件编制等级进行适当优化，制定《吴忠市建设项目环境影响评价分类管理目录》。优化环评分级审批，将风电、光伏发电、市政设施、输变电、农牧类等项目审批权限下放至县级环保部门，强调放管结合，对无人员机构的红寺堡区、太阳山开发区报告表、报告书项目由市环保局受理审批。调整部分影响吴忠市辖区的环境空气质量和需要纳入总量控制的项目审批权限。

【生态环境建设】 2016年，市环保局完成《吴忠生态文明建设示范市创建规划（2015—2020年）》编制，起草《吴忠生态文明建设示范市创建实施方案》，完成全年改革任务，出台《关于加强生态文明制度建设的意见》，制定了《吴忠市全民义务植树实施办法》《吴忠市生态移民迁出区生态修复与建设管理办法》《吴忠市生态管护人员管理办法》《吴忠市公益林建设保护管理办法》《吴忠市设施农业用地管理办法》5项制度。申报国家级生态乡镇1个，顺利通过自治区环保厅专家组的审查验收，报请环保部审批。创建并顺利命名自治区级生态乡镇4个、生态村3个。创建国家环保模范城市68项指标中有53项达标，达标率78%。吴忠市是宁夏第一个开展全国生态文明建设的试点市。

【环保宣传】 2016年，市环保局加入《中国环境报》理事单位，组织志愿者到阳光骄子社区进行6次环保知识宣传，接受群众环保咨询，帮助社区群众清扫卫生死角。赠送同心县预旺镇柳树堡子村《环保知识手册》1000本，环保铅笔1000支，环保笔袋1000个，作业本2000本，出资3万元帮助修缮村党员活动室。为阳光骄子社区筹集1万元经费用于购置环保休闲座椅、制作环保宣传栏。为利宁社区筹集1万元经费用于制作环保宣传栏。在《中国环境报》《宁夏日报》《吴忠日报》、国家环保网、自治区环保网、党政信息等各类媒体刊发环保类新闻报道111条。

【大气污染治理】 2016年，自治区下达吴忠市减排项目123项，其中淘汰燃煤锅炉91台593.85蒸吨，废气减排项目28项，废水减排项目4项。截至年末，全市实际淘汰或停用燃煤锅炉126台1342.65蒸吨，其中淘汰103台567.65蒸吨，完成计划的113%，停用计划外23台775蒸吨。28项废气减排项目及4项废水减排项目全部完成。经核算，化学需氧量、氨氮、二氧化硫、氮氧化物4项主要污染物静态削减量分别为488.23吨、79.25吨、2079.74吨和7595.69吨。淘汰黄标车1589辆、老旧车辆3049辆。完成115座加油站油气回收装置的安装。吴忠热电厂供热管网一期工程、宁夏大唐大坝余热利用项目一期工程建成投运，热电联产供热面积达到1296万平方米。其中，吴忠市供热公司15个燃煤集中供热站有13个并入热电管网，淘汰停用锅炉30台1020蒸吨，并入供热面积776万平方米，比原计划接入的580万平方米增加196万平方米；青铜峡市建成区15台715蒸吨燃煤锅炉并入大坝电厂余热利用管网，接入供热面积520万平方米。

【水环境治理】 2016年，市环保部门加大造纸、印染、化工、淀粉、农副食品、规模化畜禽养殖场等重点企业工艺技术改造和废水深度治理力度，加强饮用水源地保护。实施了清水沟人工生态湿地项目、南干沟重金属污染治理项目。印发《吴忠市市区集中式饮用水源地保护实施方案》。筹措水源地保护资金650万元用于企业搬迁、后备水源地勘探和养鱼污染治理。搬迁金积饮用水源地内1家奶牛养殖园区，涉及养殖户56户。完成清宁河8处鱼养殖水面的回收。增加水源地界桩31个、界标16个、交通警示牌11个。各县（市、区）集中式饮用水水源地常规水质考核指标达标率达到95%。黄河干流出境断面水质类别稳定控制在Ⅲ类，清水沟、南干沟水质6项污染物浓度下降幅度较大。

【工业固体废物处置】 截至2016年，市工业固体废弃物年产生量约为585万吨，有固体废物综合利用企业7家，综合利用量318.8万吨，综合利用率54.5%，主要用于生产建筑材料。安全处置量为242.2万吨，处置率41.4%，处置方式主要采取填埋。临时处置总量24万吨，处置率4.1%，主要采取临时堆放的方式处置。工业固体废物安全处置率达到95.9%。

【国家生态文明建设示范县创建】 2016年，吴忠市全面启动生态文明建设示范市创建，印发《吴忠市生态文明建设试点工作方案》

市环保局进行环境污染治理演练

《吴忠生态文明建设示范市创建规划》《吴忠生态文明建设示范市创建总体实施方案》和《吴忠生态文明建设示范市创建2016年度工作要点》。年底前，各县（市、区）完成创建国家生态文明建设示范县规划的编制、审议和印发等工作。在已命名的国家级、自治区级生态乡镇率先开展国家生态文明建设示范乡镇创建工作，制定生态文明建设示范乡镇创建方案并印发执行。年内，全市新建集中式农村污水处理设施40个，分散式农村污水处理设施22处，铺设污水收集管网486公里，配置各类垃圾箱（池、桶）62341个，配置各类车辆1797辆，新建垃圾压缩中转站13个，垃圾填埋场26座，成立农村保洁队伍497个。

【环境监管】 2016年，市环保局争取环保资金970万元，建成在线监控平台，安装63套污染源自动监控设施，安装率100%，数据有效传输率93%，高于国家标准18%。争取环保资金275万元，对清水沟、南干沟沿岸16家企业安装了IC卡刷卡排污总量监控系统，实行智能化管理。争取环保资金400万元，兴建3个国家空气自动监测站，具备了PM2.5在内的6个参数的环境空气质量监测能力。争取环保资金380万元，建成吴忠市金沙湾黄河水质自动监测站。吴忠市、青铜峡市环境监测和环境监察机构设置、标准化建设通过达标验收。

【空气环境综合整治】 印发《吴忠市2016大气污染防治实施方案》（吴政办发〔2016〕22号），细化工作任务，明确责任单位。淘汰锅炉126台。摸底调查全市储油库、加油站，督促中石化、中石油115家加油站完成油气回收治理工作。淘汰2005年年底以前注册的营运类黄标车3049辆。

【主要污染物减排】 2016年，印发《吴忠市2016年度主要污染物总量减排计划》。宁夏大唐发电公司5号机组超低排放改造工程已完成并验收，6号机组超低排放改造也已开工建设。华能大坝发电公司和青铜峡铝业自备电厂的超低排放改造方案已编制完成，计划2017年完成改造。青铜峡水泥太阳山分厂脱硝提标改造已完成。青铜峡水泥厂2#线脱硝改造技术方案已编制，正在采购设备；3#线管线铺设工程已完成。宁夏宁鲁石化公司、宁夏金裕海化工有限公司完成罐区挥发性有机物治理工作。

【噪声污染防治】 2016年，吴忠市严格执行《中华人民共和国环境噪声污染防治法》，印发《吴忠市整治违法排污企业保障群众健康环保专项行动实施方案》，建立了部门联动机制，环保、公安和城管等部门联合开展工作。加大社会生活噪声整治力度，对文化娱乐场所和商业广告等实施严格控制声源音量，加装双层隔音玻璃等措施，使噪声达到排放；严格控制居民楼附近新建娱乐场所项目审批；加大噪声监测管理力度，控制商业广告音量和商业中央空调扰民；严格管理流动商贩利用扩音器吆喝招揽生意，减少了社会生活噪声的污染。全面开展了中高考期间环境噪声污染防治工作，重点监督市区范围内的餐饮娱乐场所、建筑施工工地、铁合金加工点等易产生噪声污染的相关经营单位采取有效措施减少和降低噪声排放，圆满地完成了中高考期间的环境噪声监督管理工作。严格控制交通噪声污染，大力开展机动车禁鸣工作，组织开展各种宣传活动，对老城区主要道路划定为禁止使用机动车辆声响装置的区域。依照《吴忠市环境噪声污染防治办法》，严格监管工业噪声，加大治理改造工业噪声的力度，严格管理铝合金、塑钢门窗等金属加工制作的企业和个体经营户，严禁在噪声敏感建筑物集中区域内设立金属件加工场所，不得安装使用圆盘锯，不得占用道路作加工场地。禁止在夜间使用切割机械加工金属件，白天使用切割机，其边界噪声必须符合所在区域的噪声环境标准。严管建筑施工噪声，规定城区所有施工单位必须在工程开工前15日内向市环保局提出申报，评估可能产生的噪声污染以及所采取的防治措施，方可开工；禁止大中型施工工程在现场安装使用混凝土搅拌机，大力推广商品砼，杜绝建筑施工混凝土搅拌带来的噪声污染；对夜间施工审批手续进行了严格把关；在中高考期间禁止在午休及夜晚进行产生环境噪声污染的建筑施工作业，加强巡查和监管。

【土壤及重金属污染防治】 制定并实施《蓝天碧水绿色城乡专项行动实施方案》，争取国家重金属污染专项资金917万元，淘汰了宁夏金牛化工有限责任公司4万吨硫酸项目，完成重金属污染防治目标任务。争取国家土壤修复专项治理资金2424万元，用于马莲渠巴浪湖村土壤污染修复。完成11项已纳入"十二五"重点流域水污染防治规划的项目，开展重金属污染综合防治中期评估。编制了重金属国家重点区域综合治理实施方案，全面完成金昱元低汞触媒替代高汞触媒技改工程。推进雄鹰、祥云等皮草企业治污工程建设，实现达标排放。

【固体废物与危险废物安全监管】 吴忠市产生固废的主要行业为电力、热力的生产和供应企业，煤炭开采和洗选业以及化学原料和化学制品制造业。主要固废为粉煤灰、炉渣、煤矸石、脱硫石膏、磷石膏、电石渣。开展了废铅酸蓄电池、废矿物油、废脱硝催化剂、化学品的专项检查。联合市卫计局对全市乡镇医院20家医疗机构的危险废物管理情况进行了抽查。1—10月共审批转移危险废物33批次，转移危险废物11609.635吨。其中转入5015.72吨，转出6593.915吨。制定印发了《吴忠市废铅酸蓄电池收集和转移管理制度先行先试实施方案》，开展了全市废铅酸蓄电池回收体系建设试点工作。

【污染源日常监督检查】 2016年，按照自治区环保厅《关于印发〈自治区污染源日常环境监管随机抽查制度实施方案〉的通知》精神，市环保局制发了《吴忠市污染源日常环境监管随机抽查制度实施方案》，市本级每季度至少对本行政区20%的重点排污单位进行抽查，重点检查企业污染防治设施运行、污染物排放、固体废物处置、危险废物规范管理、在线监控设施运行情况和环评、"三同时"执行情况，确保企业内部各项环境管理工作落实到位。对随机抽查工作中发现的环境违法行为，严格按照《环境保护法》及配套办法的规定进行处理处罚，涉嫌环境犯罪的，及时移交公安机关依法处理。每季度在吴忠市环保网向社会公开查处结果，接受社会监督。

【水污染防治专项执法检查】 2016年，吴忠市围绕《水污染防治行动计划》和《吴忠市水污染防治工作方案》，开展了城镇污水处理厂、化工染化、生物发酵、皮革鞣质、重点排水沟等专项执法检查。对存在废水超标排放、私设排污口等环境违法行为的企业实施了行政处罚。聘请专家，联合自治区环保厅对青铜峡新材料基地涉水企业进行了全面排查，对在检查过程中发现的4家企业环境违法行为责令青铜峡市环保局进行立案查处。监督清水沟、南干沟沿线18家废水排放企业安装完成IC卡监控系统，实现了水流环境源头污染物排放监控与总量控制。

【大气污染防治专项执法检查】 2016年，吴忠市重点加强工业废气排放企业环境监察，进一步加大对火电、水泥、石化、化工、生物发酵、有色金属冶炼等重点废气排放企业现场检查力度，采取白天巡查、夜间暗查、节假日突查等形式，监督各企业正常运行污染防治设施。对检查发现的宁夏太阳镁业有限公司、吴忠常信化工有限公司不正常运行大气污染防治设施的环境违法行为分别给予了行政处罚。

【扬尘污染专项整治】 市环保局开展城市建成区及城乡接合部扬尘污染防治专项巡查工作，对发现的扬尘污染28处施工土地（其中在建施工工地8处，堆放渣土空地17处），责令相关部门和单位进行了限期整改。

【冬季燃煤企业专项检查】 市环保局报请市政府召开了全市大气污染防治工作会议，明确了现阶段加强用煤企业储备煤质监管，加大用煤环节监督执法力度，建立用煤企业网格化管理机制等27项重点整治任务，并进行了责任分工。下发文件，要求市区建成区内禁止使用硫分高于0.8%、灰分高于15%的燃煤，其他县（市、区）建成区不得使用劣质煤。对燃煤质量不合格的吴忠市第二供热有限责任公司、同心热力公司、红寺堡区供热有限公司东站、吴忠市光云供热有限公司、吴忠市新元供热有限公司等单位下发书面通知，责令限期更换煤种。对吴忠市第二供热有限责任公司、吴忠市光云供热有限公司不正常运行大气污染防治设施的环境违法行为分别给予罚款10万元的行政处罚。

【油气回收专项检查】 对辖区内中石油、中石化、宝塔石化等企业21家加油站点油气回收情况进行了抽查。对在抽查过程中发现的部分加油点未安装或安装未使用油气回收装置的违法行为，下达了"责令改正违法行为决定书"，要求其限期于11月25日前整改落实到位。开展了餐饮业油烟污染专项整治。结合中央环境保护第八督察组来宁督查工作,联合市规划局、市场监管局、公安局等相关职能部门,集中对财满街、迎宾大街、利通南街、安居路等餐饮业集中区域餐饮业进行执法检查,依法严厉打击环境违法行为,重点对城区内沿街商户油烟污染、占道经营、无证经营、露天烧烤的行为进行综合整治。对456家餐饮企业进行全面调查,共查处油烟污染餐馆36家,曝光8家。

【建设项目专项执法检查】 制定《吴忠市建设项目环境监管执法工作方案》,按照要求共清理208个违法建设项目,目前已完成清理182个,完成率87.5%。其中已淘汰22个,整改规划77个,完善备案83个。剩余26个建设项目正在整改中。

【秸秆禁烧专项执法检查】 加强秸秆禁烧污染防控工作的督查。组织执法人员成立了3个专项巡查小组,采取白天例行巡查和夜间暗查的方式,对利通区、青铜峡市重点区域进行巡查,对巡查发现的86个焚烧火点予以现场制止,实施了拍照定位,并下发了督查通报,要求相关责任部门加强管理工作。

【贺兰山环境综合整治工作】 按照自治区的统一要求,继续深入推进贺兰山环境综合整治。青铜峡市需要整改的43家企业已整改停产38家,未验收1家,未整改到位3家,未关停1家。红寺堡区需要整改的20家企业,现已全部整改停产。

【在线监控设施专项检查】 对列入2016年度的35家重点污染源可控企业涉及的61台(套)在线监控设施运行情况进行了执法检查,对在检查过程中发现的宁夏庆华煤化集团有限公司在线监测数据超标的环境违法行为给予了罚款10万元的行政处罚。在线数据有效传输率达到92.8%。全年有10家新增企业安装了在线监控设施,其中20蒸吨锅炉安装5家。

【开展工业企业入黄排污口取缔工作】 邀请自治区环保厅专家对宁夏金昱元化工集团有限公司、科进峡光纸业有限公司2家企业排污口取缔工作进行了论证,督促企业开展排污管道改造项目,铺设管道接入青铜峡镇污水处理厂。目前青铜峡镇污水处理厂已基本建成,正在进行设备安装调试。开展"十小"企业排查取缔工作。贯彻落实《宁夏回族自治区水污染防治方案》,依照水污染防治法律法规要求,在全市范围内全面排查装备水平低、环保设施差的小型工业企业。通过对全市小型造纸、制革、印染、炼焦、炼油、电镀、农药、马铃薯等严重污染水环境的企业和生产项目的排查,吴忠市无"十小"企业。

【环境监察稽查工作】 结合自治区环保厅关于开展环境监察稽查的工作要求,报请市委、市政府批准,向各县(市、区)人民政府下发了《关于开展环境保护综合督查工作的通知》,抽调市委、市政府督查室,环保、规划等部门工作人员组成督查组重点对各县(市、区)政府落实环境保护工作责任、县级环保部门环境监管工作情况、重点污染源企业污染防治工作等进行环境保护综合督查工作。现场共查阅档案资料106份,开展个案稽查15件,针对督查发现的问题,分别向各县(市、区)环保局下发了"环境监察稽查意见书",要求其限期整改。

【环境信访案件办理】 保障群众环境权益。为确保群众投诉反映的各类环境问题能够得到及时、有效处理,支队采取有效措施保障"12369"值班电话及"吴忠环保网"网上举报投诉渠道、微信举报平台24小时畅通。全市各级环境监察部门共受理社会各界群众来信来访来电等各类环境信访投诉521件,其中"12369"来电457件,上级转办、网络舆情动态19件,微信平台30件,"环保网"5件,现已办结510件,正在办理11件,处理率100%,办结率97.9%。

【中央环保督察组转办案件办理】 2016年,吴忠市采取了建章立制抓规范、上下联动抓核查、立说立行抓整改、重点督办抓落实等一系列措施,强化案件办理,切实做到"六个不放过",即问题没有查清的不放过、整改措施不明确的不放过、问题不解决的不放过、查处不到位的不放过、问责不到位的不放过、信息没有公开的不放过,确保案件调查结果真实、准确,群众满意。年底前,中央督察组交办的96件案件涉及的104个问题,已办结销号79件84个问题,另有17件20个问题需进一步落实整改措施,完善相关印证资料,其中利通区8个问题,盐池县9个问题,青铜峡、同心县、红寺堡区各1个问题。严格排污申报登记审核,确保排污费全面足额征收。严格执行排污费征收工作程序,进一步加强排污核定及排污费稽查工作,确保排污费应收尽收。市本级共通过排污收费管理系统完成了73家排污单位排污申报登记变更工作,重点排污单位申报率达100%。共核定市本级排污费1141万元,其中42家重点单位核定1111万元,31家小型企业核定30万元,实际收缴国库排污费1549万元。全力做好突发环境事件应急处置工作。加强了突发环境事件应急响应处置工作,制定《"6·5"世界环境日应急演练方案》,联合公安、消防、安监、供水等部门开展了突发环境事件应急演练。出动执法人员90余人次对西干渠水污染、嘉华化工公司危险化学品泄漏等事故现场进行了应急妥善处置。

【群众举报案件办理】 市环保部门配合公安部门对群众举报的吴忠市治国燃油有限公司和张某某废油加工点违法收集、处置危险废物的环境污染案件进行调查处理。连夜组织执法人员进行调查取证,对2家企业生产设施及废机油等物品实施了扣押,消除了环境安全隐患,同时将案件移交吴忠市公安局利通分局立案侦查,追究相关人员刑事责任。对徐春营违法倾倒危险废物环境违法案件进行了调查处理,并将案件移交盐池县公安局立案。目前上述3起案件,检察机关已对主要涉案人员批准逮捕,进入司法程序。

【开展环境执法大练兵】 按照自治区环保厅《关于开展2016年环境执法大练兵的通知》要求,市环保部门制定印发了《吴忠市环境执法大练兵活动实施方案》,成立了分管局长任组长,各职能科室负责人及各县(市、区)环保部门负责人为成员的"吴忠市环境执法大练兵工作领导小组",全面启动了2016年环境执法大练兵活动。结合环境监察工作实际,支队结合现有的环境监察工作程度,又重新修订了《吴忠市污染源现场检查工作程序》《吴忠市环境违法行为立案查处工作程序》《吴忠市移送涉嫌犯罪案件工作程序》《吴忠市移送行政拘留案件工作程序》4个环境监察工作程序,通过完善工作制度和执法监督机制,不断推进执法规范化和全市环境执法队伍建设,进一步提高了环境执法水平。

教育与科技

教 育

·综 述·

【概　况】　截至2016年,吴忠市有各级各类学校524所,其中,幼儿园151所,小学306所,九年一贯制学校14所,初级中学35所,高级中学11所,高等职业院校1所,中等职业院校3所,特殊教育学校3所。在校学生281645人,教职工17542人。全市10所公办普通高中有8所进入自治区普通示范性高中行列,5所进入自治区"百标"行列。标准化学校、教育信息化建设走在全区前列。利通区、青铜峡市进入全国义务教育基本均衡县(市、区)行列,盐池县通过国家义教均衡评估验收。宁夏民族职业技术学院被列为自治区级示范院校,青铜峡职教中心被教育部确定为全国千所中职示范校。2016年,市教育局被授予全国基础教育质量监测优秀组织单位,在全市群众评议机关作风活动中荣获16个一类综合部门第一名,同时获得全市年度效能目标考核一等奖。

【教育综合改革】　2016年,吴忠市积极推行"政府购买服务""公建民办、民建公助"等办园新模式,解决学前教育中存在农村幼儿园覆盖率不高、民办园师资力量薄弱等问题。试点探索"名校+分校""名校+新校""城市+农村"教育发展共同体建设,采取划片招生、阳光招生、热点学校标准化分班等措施,首次实现在起始年级消除"超大班额",有效缓解入学难、择校热、大班额及农村薄弱等教育热难点问题。组建了职教联盟,实施"彩虹工程",与区外20多所知名学校建立了合作关系,成立教育共同体6对,结成联片教研体12对,扩大了优质教育资源覆盖面。开展创新素养教育试点工作,深入推进事业单位法人治理结构试点工作。成立家校合作共育指导中心,构建了社区、家庭、学校三位一体的现代教育网络。

【改善教育教学基础条件】　全市先后投入1.25亿元,新建了吴忠高级中学实验楼、地区幼儿园、洼渠幼儿园等一批民生实事工程;认真实施"全面改善贫困地区义务教育薄弱学校基本办学条件"项目,分别为市二中、市三中、利通区七小等8所学校新建了综合楼、教学楼、艺术楼、宿舍楼、实验楼,有效改善了市区学校的办学条件。结合市区规划,主动作为,在世纪大道北侧新建第十六小学,为市区北部快速发展以及缓解学位紧张提供坚强支撑。大力实施"三通两平台"建设,投入392万余元,对大庙桥小学等17所农村学校进行数字化校园建设,运用现代信息技术促进偏远农村与城市优质学校共享优质教育资源。大力推进校企合作、产教融合的办学模式和工学结合的人才培养方式。充分运用联盟平台,加强合作办学,扩大办学规模,提高了职业院校毕业生就业率,进一步增强了职业教育服务产业发展的能力。

【政府购买学前教育服务】　在市区投入近150万元,通过补贴教师社保金和补贴幼儿学位资金的方式,积极推动政府购买学前教育服务,合理分担幼儿园办园成本,不断推动民办学前教育健康发展。2016年,共有4所幼儿园1481名师生获得到了政策带来的福利。

【资助助学】　实施中职学生免学费政策,建立中职学生资助政策体系，提高学生助学金比例，做到应助尽助，确保所有涉农中职学生免学费全覆盖。为全市6151名中职学生免学费615.1万元，为2257名中职学生发放助学金225.5万元。实施国家学前两年资助政策，按照资助面不低于20%的原则，对在园家庭经济困难儿童、孤儿和残疾儿童予以资助，资助幼儿3240人，资助金额162万元。实施普通高中资助，对全市14567名学生资助1271.72万元。实施教育领域精准扶贫，锁定全市168个贫困村157所目标学校（园），扎实开展脱贫攻坚工作。

【营养改善计划】 截至2016年年底，盐池、同心、红寺堡3县（区）全面实施农村义务教育学生营养改善计划，涉及学校517所，受益学生近15.5万人。2016年，市政府投入600万元为利通区生态移民区9所学校3977名农村学生提供免费午餐。

【师资队伍建设】 2016年，实施"三名工程"（名校长、名班主任、名教师），推行"青蓝计划"，全市投入2380万元，累计培训教师达5万人次，培育市级名校25所，名校长10名，名师100位，教坛新秀50名，各级骨干教师达到3183名，增加1764名。全市先后涌现了全国先进工作者杨永宏、全区"塞上名师"刘银良、全区"最美教师"马建英等先进典型。

【教育行风建设】 2016年，全市教育系统持续开展校风校纪深度治理，重拳惩治教师有偿补课、违规征订教辅资料、教师收受家长财物等群众身边的"微腐败"，创建清风校园。以招生、基建、采购、财务等为重点，持续开展专项督查。2016年，纪工委查办各类案件15起，处理相关责任人9人，提醒约谈18人，通报批评4个单位。创建自治区级安全示范校16所，全区安全工作管理规范化学校现场会连续两年在吴忠市召开。在全区率先实施市县联动农村学生道路交通安全保障工程，得到了刘延东副总理的充分肯定。

【教育惠民工程】 2016年，全市教育系统认真落实国家、自治区精准扶贫与多元资助政策，对建档立卡贫困家庭学生实行12年免费教育，为被征地农民子女免除义务教育阶段课本费，资助普通高中贫困家庭学生，免除中等职业教育学生学费。在保障偏远农村学校专线正常运行的同时，对市区贫困学生乘车进行补助。2016年春季开学，吴忠在全区率先实行普通高中免费教育，每年预算投入资金2400余万元。近5年，全市各级各类学生资助达2.03亿元，惠及17.08万人次学生，为6.65万人次贫困大学生办理了生源地贷款，共计3.52亿元。

· 基础教育 ·

【义务教育均衡发展】 2016年，市教育局对红寺堡区、盐池县、同心县义务教育均衡发展推进工作进行了两次过程性督查，对两县（区）义务教育均衡发展推进工作的重点内容和建档进行培训。组织市区学校校长90多人次观摩盐池县义务教育均衡成果参观活动。加强学籍管理，及时统计了解全市控辍保学情况，落实控辍保学任务，严把学生辍学关，严格履行转学手续审核。做好档案续建工作，召开年度建档工作会，对"两基、普高"档案的续建进行培训安排部署。出台《轻度残疾儿童随班就读工作指导意见》和《重度残疾儿童送教上门工作指导意见》，进一步明确了残疾儿童就学任务。对农村留守儿童进行了摸底排查，在市区建立关爱长效机制。安排部署对辖区内在册的120名残疾儿童的摸底排查和学籍注册，除查无此人的9名儿童和死亡的4名儿童外，其他的107名残疾儿童均通过特殊教育学校、随班就读、送教上门3种就学形式接受义务教育，推动了特殊教育工作的提升。

【特色学校创建】 2016年，市教育局对全市特色学校创建工作进行督导、验收，指导学校按照"特色活动—特色项目—特色学校"从实际出发制定创建方案，丰富创建内容，丰富学校内涵，不断提升办学品位。本着"成熟一个、验收一个"的原则，对申报学校进行评估验收。对特色学校实行动态管理，已被评为市级特色学校的要进行复验，复验未通过的不予认定。截至2016年年底，全市共有特色学校41所，特色项目10个，特色活动6个。

【学前教育办园体制改革】 2016年，出台《吴忠市区公建民办幼儿园管理办法（试行）》（吴政办发〔2016〕53号），积极探索"公建民办""民建公助"等办园新模

式，进一步优化学前教育资源配置，形成学前教育投入多元化、服务优质化、层次多样化，公办和民办优势互补、互相促进、和谐发展的局面。目前，与3所幼儿园达成了公建民办协议，对金积镇、上桥镇、郭桥乡3所乡镇中心幼儿园采取"民建公助"的模式进行筹建。这些举措的实施，使市区学前教育三年幼儿毛入园率由以往的84.7%提高到了现在的87.9%，提高率超过3%。

【普惠性幼儿园建设】 2016年，吴忠市不断扩大普惠性学前服务规模，积极鼓励民办幼儿园向普惠性幼儿园转变，制定了《吴忠市普惠性民办幼儿园认定、扶持及管理办法（试行）》，以政策扶持和奖补资金的方式给予支持。市区22所民办幼儿园被确定为普惠性民办幼儿园，实现普惠园办园成本的合理分担，引导民办幼儿园提供规范化、低收费的学前教育服务。

【国家义务教育质量检测】 3月，利通区被确定为2016年全国义务教育质量监测样本县之一。参加语文、艺术（音乐、美术）学科抽测和相关因素问卷调查。5月26日，利通区共有12所小学、8所初中（其中金银滩中心小学、初中均被抽中）的599名四年级、八年级学生参加了测试，20名中小学校长，257名语文、音乐、美术及班主任教师参加了问卷调查。市教育局先后组织3次培训，通过签订责任书，选派专职督学，对抽样学校监测工作开展督查指导，确保监测各阶段工作按标准、按时间节点高标准完成。

【划片招生】 6月，印发《吴忠市教育局关于做好2016年义务教育阶段学校招生前期工作的通知》，安排布置学校做好服务片区的摸底调查工作。核实各学校适龄人数，实地核实城区新旧小区居民楼位置、名称，提出小学初中新生入学划片招生修改意见，并召开征求意见会和划片区域论证会，广泛征集修改意见。在此基础上形成了城区小学、初中2016年招生的划片区域图。为外来务工、进城务工人员子女入学铺就"绿色通道"，优先安排262名外来务工人员子女到对应初中入学。为市区5213名初中毕业生办理了义务教育证书。

【中考工作】 2016年，全市中考共计报考17329名考生，其中利通区5213人，青铜峡市2971人，盐池县1891人，同心县4426人，红寺堡2828人。以各县区为单位共设5个考区、15个考点、581个考场，考生座位坚持计算机随机编排。其中利通区设4个考点174个考场，6月28—30日组织进行了全区统一考试。

【缓解班额超大问题】 2016年，吴忠市印发《2016年秋季义务教育阶段学校招生工作的通知》，并召开校长工作会，要求各学校严格执行招生计划，并签订工作责任书。针对城市化进程加快，转入城区学校就读学生人数不断攀升的不利因素，对学生转学就读进行合理分流，采取"相对就近"原则，妥善解决外来学生的就学问题。制定印发《吴忠市利通区消除大班额专项规划》。对吴忠三中、吴忠四中两所学校先行实行标准化分班，由学校提供班主任、任课教师名单，结合学生性别、毕业学校、学习成绩等因素由计算机随机分班，由班主任现场抽取所带班级。对城区中小学均衡分班情况进行专项督查。

【教育精准扶贫】 2016年，吴忠市召开全市教育系统精准扶贫启动会，制定印发《吴忠市教育局关于印发〈吴忠市教育精准扶贫行动方案〉的通知》《关于建立教育精准扶贫干部定点联系工作机制的通知》，对各县（区）教育精准扶贫工作进行专项督查，并落实自治区教育厅安排对口结对帮扶学校协作共进工作；印发《市区贫困村学校结对帮扶协作共进活动方案》，搭建城区优质学校与贫困村学校对口帮扶平台，安排市区3乡镇17个贫困村的2所一贯制学校、7所小学、3所幼儿园做好建档立卡学生精准识别，并建立建档立卡学生数据库；印发《关于落实利通区贫困村教育精准扶贫领导包片、机关干部包校工作责任制的通知》，建立领导包片、机关干部包村、学校领导"一对一"帮扶留守儿童工作机制，进一步明确机关各科室教育精准扶贫责任分工，构建了齐抓共管、上下联动的工作格局。

【关爱救助留守儿童】 吴忠市区义务教育阶段农村留守儿童现有73人（初中阶段13人），为全面推进义务教育均衡发展工作，促进教育公平，确保留守儿童能接受良好的义务教育，做好建档立卡工作。按照《关于开展农村留守儿童摸底排查工作的通知》（宁民发〔2016〕24号）要求，从各村民委员会、乡镇（街道）和学校对农村留守儿童分两个不同的渠道进行进一步摸底，建档立卡，动态管理。印发《关于进一步加强中小学控辍保学工作的通知》（吴教发〔2012〕93号），对未入学的农村留守儿童，做好劝学、入学工作；加强学籍管理，密切注意关注留守儿童的就学动向。制定了《关于加强农村留守儿童教育关爱保护工作的实施方案》，实行农村留守儿童管理责任制，建立关爱留守学生应急机制，力求让留守学生在安全环境中成长。开展师生结对帮扶，深入关心关注留守儿童学习生活；开展心理咨询，对其进行心理疏导；通过丰富多彩的课外活动让孩子们感到温暖；定期开展亲情交流，通过电话、QQ、微信、电子信箱、书信等多种形式，让学生家长与孩子定期保持联系，传递感情，感受亲情；定期开展家访活动，对留守儿童生活上细心照顾，学习上悉心指导。实施农村留守儿童关爱服务工作，确定双亲外出的义务教育阶段留守儿童为当前重点关爱服务对象；改善寄宿制学校办学条件，使有需要的农村留守儿童均可以进入寄宿制学校就读；加强行为习惯的养成教育、关爱教育、安全教育、心理健康教育。

【进城务工人员随迁子女义务教育工作】 2016年，坚持"两为主"原则，保障进城务工人员子女在输入地无条件平等接受义务教育权利。印发《吴忠市教育局关于做好农业转移人口随迁子女义务教育工作的通知》，重新修订《吴忠市中小学生学籍管理办法》，确保城镇落户人员随迁子女和原城镇居民子女享有同等的入园、入学、转学政策。秋季，为市区进城及外来务工人员随迁子女小升初就学铺就"绿色通道"，安排将近260名进城落户人员随迁子女小升初报到注册；对随迁子女实行"同等编班教学"，享受同等的教育资源，参加同等教育活动，在贫困资助、评优奖励、教育教学等方面与服务片区内学生一视同仁，保障进城务工人员随迁子女平等受教育的权利；开展爱心结对、课外辅导、心理健康教育等活动，实施农村留守儿童关爱服务工作。

【校风校纪治理】 市教育局将中小学文明礼仪教育融入吴忠市"创城"工作当中，在中小学开展"文明礼仪班集体"评选活动，在学生当中树立"文明礼仪小标兵"，举办全市中小学生"讲文明礼仪 展少年风采"演讲比赛，组织学生深入社区开展志愿者服务活动，爱护公共设施，在社会上做文明好少年。为集中整治学生不文明行为，市教育局印发了《关于开展"校风整顿月"活动的通知》《关于校风校纪深度治理的通知》，以文明礼仪、遵纪守法、文明交通、预防欺凌为重点，开展专项治理。教育局成立督查组，进行包校督导检查，聘请校风整顿专管员明察暗访，进行跟踪检查和信息通报。各学校突出重点，发挥学生自我监督作用，在公交车上设置"学生监督岗"，监督学生文明乘车。市区各中学以文明骑行、不闯红灯为重点，重点整治12岁以下骑自行车、16岁以下学生骑电动车、18岁以下学生驾驶机动车上下学行为。随着校风整顿工作的持续、深入推进，市区各中小学校门口上学、散学秩序井然，闯红灯现象大幅下降，学生文明交通行为（包括不闯红灯、不逆行、不骑车带人、不并排骑行、乘车不大声喧哗、不丢弃杂物、不拥挤打闹、有序上下车、礼貌让座等）等现象蔚然成风。

【学生科技创新能力】 出台了《吴忠市中小学生科技创新能力培养实施方案》，为培养青少年创新精神和实践能力、提升青少年科技创新综合素质搭建了政策通途。依托利通一小成功举办了"大地杯"第12届中国青少年创造力大赛暨第68届德国纽伦堡国际发明展中国（西部）赛区邀请赛，吸引了北京、山西、云南等20多个省（市、区）80余所学校近700名师生参加，很好地宣传了水韵吴忠魅力，展示了青少年科技发明风采。加强青少年科普教育和科技创新工作，积极开展青少年主题科普活动，认真组织参加青少年科技创新大赛、青少年科技体验活动、"大手拉小手"科普报告、科技夏令营、科技小发明小制作等科技活动30余场次，不断提高青少年科普教育工作的质量和水平。举办了吴忠市首届青少年机器人大赛，参加了第30届、第31届宁夏青少年科技创新大赛，荣获各类奖项91项。

【未成年人思想道德建设】 大

力推进乡村学校少年宫建设，全市有23所中央彩票公益金支持建设的乡村学校少年宫，剩余乡镇中心学校全部进行自建，16所项目学校通过市级验收挂牌。推进公益场所向未成年人免费开放，面向广大青少年建设开放16处爱国主义教育基地、社科教育基地，公益活动设施。广泛开展主题教育活动，认真组织"网上祭英烈""童心向党""向国旗敬礼""学习美德少年"等活动，强化社会主义核心价值观知晓率。充分利用学校宣传栏、校园广播、电子屏、学校网站、"国旗下讲话"等持续、大密度开展社会主义核心价值观宣传，开展"我的中国梦"学习教育实践活动，引导未成年人培育和践行社会主义核心价值观。国庆节前后集中开展向国旗敬礼活动，突出爱国主义、家国情怀主题，组织升国旗唱国歌、观看红色影片、参观爱国主义教育基地等教育实践，引导未成年人强化爱国意识，激发报国志向，用"中国梦"引领人生航向，坚定自觉地跟党走中国特色社会主义道路。把"中国梦"学习教育与爱国主义教育、中华传统文化及文明校园创建有机结合起来，促进活动常态化开展，在活动开展中创新形式，丰富内容，载体多样，增强活动吸引力、感染力和针对性、有效性。

【薄弱学校改造】 认真推进"全面改薄"工程，在全面摸清吴忠市区校舍现状的基础上，统筹安排，科学规划，稳步实施，坚持"安全、牢固、实用、够用、方便学生"的原则，严格落实各项建设监管规定，实行项目建设"六制"。市区所有项目学校均成立了以校长为组长的质量监督小组，对工程质量进行不间断现场监督，发现问题，及时要求整改。始终坚持规范拨付程序，强化资金管理，严格项目资金申报审批制度，工程资金实行分账核算，专款专用，杜绝了挤占、挪用、克扣、截留、套取工程款现象的发生。所有建设项目均聘请中介机构进行跟踪审计，由之前的事后审计变为事前事中审计，保障了"全面改薄"项目建设资金合理安全使用，防止损失和浪费现象的发生。截至年底，累计用于薄弱学校改造项目概算投资总计19935.19万元，用于设备采购概算投资总计4554万元，改善了吴忠市区学校办学条件，缓解了城市学校"入学难""大班额"问题，加快了学校的发展步伐，盘活了办学资源，推动城乡义务教育资源均衡配置，增强教育发展后劲，加速了城乡教育一体化，产生了很大的社会效益。

·职业教育·

【概　况】 截至2016年年底，吴忠市累计投资6亿元，迁建了宁夏民族职业技术学院、青铜峡职教中心和盐池职业中学，三校占地面积由原来的258亩、18亩和34亩分别扩大到926亩和240亩及190亩，总建筑面积达203200平方米；投入近1亿元为宁夏民族职业技术学院建设市级综合实训基地1个，为青铜峡职教中心和盐池职业中学建设县级实训基地，装备了较为先进的实习实训设备。市财政每年投入500万元用于全市职业教育基础能力建设。

【招生就业】 2016年，全市职业院校高职招生1221人，中职招生3136人。加大职业教育宣传和招生工作力度，各院校积极开展招生组织工作，宁夏民族职业技术学院于每年暑假组成招生队伍，巡回到各市（县、区）开展招生宣传和组织工作；青铜峡职教中心与宁夏电力公司、银光能源公司、金煜元公司等企业开展订单培养，开设了光伏电池生产、楼宇电子等新兴专业，吸引了大批学生就读。加强毕业生的就业指导和安置工作，市人事局、劳动和社会保障局与宁夏民族职业技术学院每年春秋两季联合主办毕业生就业双选洽谈会，为毕业生就业搭建平台。各类人事招考也放开了对职业院校高职毕业生的限制，一些毕业生通过事业单位和特岗教师招考获得了工作岗位。各院校还专门组建了强有力的招生与就业工作组织和领导机构，与东部沿海地区及500强企业建立了稳固的毕业生供需关系，毕业生通过顶岗实习，实现了就业的顺利对接。2016年，全市职业院校毕业生就业率高职达到93.2%，中职达到95.8%，以"出口畅"带动"入口旺"。

【贫困生资助】 2016年，市教育局认真落实国家和自治区各项职业教育惠民政策，建立"奖、助、贷、勤、补、免"六位一体的职业教育学生资助体系。全市高职院校25%的家庭经济困难学生享受每年平均2000元的助学金；中等职业学校在校学生全部享受国家免学费政策，涉农专业和28%的家庭困难学生全部享受国家每年2000元的助学金，对升入区内高职院校的建档立卡贫困家庭学生免除学费并补助生活费；对升入区外职业院校建档立卡贫困家庭学生，每生每学年提供8000元以内的生源地信用助学贷款，学生需贷尽贷，在校期间的利息由政府贴息，切实减轻了困难家庭供应子女上学的经济负担。同时积极联系、引导和对接企业及社会团体捐资助学，扩大助学面。对接了宁夏燕宝慈善基金会的"燕宝奖学金"职业教育资助项目，每年给宁夏民族职业技术学院高职800人、中职300人名额，每人给予2000元，连续资助3年，使家庭经济困难学生应助尽助，保证他们无忧就学、快乐学习、茁壮成才。

· 教师工作 ·

【教师招聘】 2016年，市教育局按照教育工委有效提升市区学校教育教学质量、进一步落实教育集团化办学工作思路、实质性地解决择校热和大班额问题等工作，要求人事科继续加大教师招聘力度，通过公开招聘和遴选，共为市区学校补充教师358名，其中，招聘教师343名（免师生35名，事业编教师179名，特岗教师129名），公开遴选15名（上半年13名，下半年2名），极大地缓解了市区学校特别是城市学校教师紧缺的状况，为各学校有效增加班级数和控制大班额提供了有力的保证，为各学校提质增效做好了人力资源支撑。

【职称评聘】 2016年，市教育局结合区、市两级为市区学校增加教职工编制数、调整中小学校岗位设置结构比例及职称评审向农村一线教师倾斜等政策，通过仔细摸底测算，征求各学校意见，经人社部门批准，公正、公开、公平地向市区学校分配正高级推荐职数2名、高级职数70名、一级职数130名，对连续在农村学校从教15年、25年的一线在岗教师，经审核符合评审条件的全部不占职数参评，参评人数达到了历年来市区学校职称评审数的新高，最大限度地解决了教师职称待遇问题，充分激发了市区广大教师工作热情。

【待遇落实】 2016年，吴忠市落实市区骨干教师津贴制度，依据考核管理办法，对市区512名骨干教师（国家级1人，区级198人，市级313人）进行了考核，按照城市学校每人每月400元、300元、200元，农村学校高于城市学校20%的标准进行了核发，全年共发放骨干教师津贴110多万元。落实了市区农村学校的乡镇工作补贴，全年发放乡镇工作人员补贴687万多元，惠及教师1607人。落实农村教师补贴的提标工作，对市区69所农村学校1661名农村教师补贴按照新标准核算后，将原有农村教师每人每月120元的补贴标准上调至300元，并按学校条件的艰苦程度和路程远近分为不同等次，全年发放农村教师补贴551万多元。

【师德师风建设】 2016年，市教育局以解决师德建设中存在的突出问题为切入点，多渠道、多层次开展了形式多样的师德师风教育活动，进一步从规范教师从教行为，强化依法执教思想意识，全力提升教师队伍整体战斗力方面向各学校提供各项政策服务，产生了积极影响。印发《吴忠市教育系统2016年师德师风建设实施方案》，转发了教育厅《关于继续深入治理中小学校和在职中小学教师有偿补课的通知》和《教师体罚学生的违法性问题分析的通知》，以深入落实《吴忠市教育局关于提升基础教育质量和效益的意见》精神为契机，切实调动广大师生、机关干部工作学习的主动性、自觉性和积极性，在市区教育系统开展了自下而上的好学校、好校长、好老师等的"五好"标准讨论征集活动；在市区遴选了6名优秀教师代表组成师德报告团，组织了多场巡讲报告会，弘扬了广大教师坚守岗位、甘于奉献、勇创佳绩的良好风尚。

【教师培训】 2016年，吴忠市全面贯彻落实《国家中长期教育改革和发展规划纲要（2010—2020年）》和教育部《关于大力加强中小学教师培训工作的意见》精神，围绕市教育局"提升基础教育质量和效益"要求，统筹规划、精心组织，全力开展各项培训工作。年内，全市培训教师人数达11377人次；同时通过"请进来、送出去"形式，先后组织校长、一线教师到区内外培训达3000多人次。组织市区2916名教师参加信息技术应用能力提升工程远程培训，参培率100%，教师提交生成性资源（感悟、课件制作、论文）达

1000多件，315件作品获自治区奖。组织市区15所幼儿园（含民办幼儿园）300名教师参加"幼儿骨干教师信息技术应用能力"提高班培训及组织32名教师参加"国培计划——幼儿教师访名园培训"；组织市区110名幼儿教师参加了自治区教育厅、中国教育电视台"国培计划——送培下乡"系列活动。组织高中教师学科培训3场，参加教师达300人次。组织吴忠市（利通区、红寺堡区、同心县）7所高中学校1400多名高中教师参加了"国培计划－高中教师信息技术应用能力提升项目"远程网络培训，参培率、合格率均为100%。

· 教学教研 ·

【教学指导】 2016年，市教育局开展教学指导，年内每个教研员累计听课、研课、磨课、评课至少在200节以上，参加专题教研活动在50次以上，每人举办专题讲座4~16场次，每个学科辅导教师在200人次以上，有效促进了教师的专业发展。狠抓中考、高考备考指导工作，先后对3所高中的高考备考和16所初中的中考备考工作进行了专项视导，通过听课、座谈、研讨、专题讲座等形式，提高中考、高考备考质量。

【教学研究】 2016年，市教育局借助于教研共同体、"名师工作室"这两个载体，通过理论研修、专题讲座、校际研课、校际展课、校际赛课、"送教下乡"、专业引领等多种形式，开展主题鲜明、形式多样、内容丰富的教学研究活动，研究有效备课、有效上课、有效评价、有效检测、有效备考的教学策略。先后在盐池县召开了"一师一课"活动推进会，开展了部级"优课"展示活动，研究信息技术与学科教学深度融合问题；在吴忠五县（市、区）10所高中举行了2016年高考模拟联考及联考质量分析活动，研究高考科学备考工作；在吴忠四中开展了吴忠市"五地会课"暨中考研讨活动，探讨2016年的中考复习策略；在市区各校际教研共同体开展了30多次主题教研活动，集中研究解决课堂教学问题。这些活动形式多样，内容丰富，收到了"展示一个点、激活一大片、带动整个面"的实效。

【"一师一课"活动】 2016年，市教育局制定《吴忠市"一师一优课、一课一名师"活动实施方案》，开展"一师一课"视导活动，组织全体教研员下学校指导教师开展网上注册认证、网上"晒课"等工作。全市教师在国家教育资源公共服务平台注册12939人，晒课10624节，分别位居全区五市第一名。分层次分级别开展"优课"评选活动，全市120余节课获得区级优课评选一、二等奖。参加自治区级和部级"优课"评选，全市共有120节课获得区级优课一、二等奖，有90节课获部级优课。其中，利通区60节，青铜峡市7节，同心县11节，盐池县4节，红寺堡区8节，占全区获奖总数的25%。分层次召开培训会，就"一师一课"活动进行全面部署和细化。

【名师工作室建设】 2016年，市教育局巩固和发挥名师工作室的示范与带动作用，组织名师工作室开展"送课下乡"专题研讨活动30余场次，通过公开教学、现场指导、专题研讨，对青年教师进行培养和培训，引领青年教师专业发展。开展名师与青年教师"五共"（共同备课、共同上课、共同研课、共同磨课、共同研讨）帮扶，促进青年教师提高课堂教学水平。

【乡村教师支持计划】 2016年，市教育局认真落实《吴忠市乡村教师支持计划（2015—2020年）实施细则》（吴政发〔2016〕35号）。为市区1410名农村教师和400名特岗教师发放乡村教师生活补贴551万元，为1661名享受乡镇工作人员补贴的教师发放补贴688万元。拓宽乡村教师补充渠道，采取招聘一批、代培一批、支教一批、返聘一批"四个一"工程。通过招聘特岗教师、青年教师到城镇学校代培、城镇骨干教师到农村学校支教、优秀退休教师返聘到农村学校等方式，不断提升全市农村学校的师资水平。坚持实施中小学教师交流轮岗，29名教师到乡村支教，58名乡村教师到城市优质学校进行代培。招聘特岗教师129名，全部分配到农村工作。

· 宁夏民族职业技术学院 ·

【概　况】 2016年，宁夏民族职业技术学院以夯实学院改革发展基础为目标，以提高人才培养水平、服务地方经济社会发展为主线，加强党的建设，调整专业结构，转变教学模式，优化师资队伍结构，深化对外合作交流，重视学生全面发展，规范内部治理结构，各项工作迈上新台阶。截至2016年年底，学院有教职工393人（在编人员248名、外聘教师145名）；副教授以上职称人员80人。有各级各类在校学生9300余人（其中全日制在校生6932人，成人函授学生2564人）。开设学前教育等高职招生专业16个，开设汽车维修、学前教育等中职招生专业8个。另举办成人学历教育专科专业16个，本科专业8个。高职的招生地区主要分布在西北地区，包括宁夏、甘肃、青海、新疆4个省区，其中，宁夏招生录取人数2708人，占总录取人数的98.33%，区外（甘肃、青海、新疆）招生人数24人，占高职总录取人数的1.6%。中职的生源全部分布在宁夏各市县，其中吴忠市市中职共招生843人，占总招生数的67.17%，其他市区招生390人，占总数的31.08%，外省市22人，占总数的1.75%。截至年底，为吴忠市及周边地区输送各类技能型人才3.5万名，就业率连续多年在95%以上。培养成人本专科毕业生8000名。同时，运用14个工种的技能培训和鉴定资质，培训各类社会人员3.5万人，完成技能鉴定1.8万人。

【"专业建设年"活动】 2016年，学院开展"专业建设年"活动，按照专业服务地方产业发展的要求，以适应吴忠市和周边经济社会发展对技能型人才需求为目标，规划专业布局，调整和优化专业结构。申报视觉传播设计与制作、电子商务、现代纺织技术3个专业，并实现招生。出台《专业建设实施年实施方案》，确定了学前教育等7个院级特色骨干专业，修订了人才培养方案和各专业《创新发展建设方案（2016—2018）》。新申报5年制护理、5年制艺术设计，增加小学教育文科教育、理科教育方向。整合室内艺术设计等专业人才培养方案，储备了机械制造与自动化等6个专业。出台《院级名师、专业带头人、骨干教师教师认定办法》《专业带头人（负责人）选拔、培养及管理办法》《骨干教师选拔、培养及管理办法》，评选4名院级名师、14名专业带头人、22名骨干教师。选拔75名教师参加"国培"等各类培训和到企业进行实践锻炼，切实提高教师教学水平。根据行业企业对技能人才的需求，启动了第三批"教改实验课"项目建设，立项教改实验课23门，开发校本教材7门；不断推进课程体系、课程标准建设。

2016年学院专业设置一览表

专业类	序号	专业名称	专业代码	开设时间（年）	层次/学制
财务会计类	1	会　计	630302	2001	高职/3
		会计电算化	120200	2010	中职/3
市场营销类	2	市场营销	630701	2001	高职/3
		市场营销	121000	2014	中职/3
自动化类	3	机电一体化技术	560301	2001	高职/3
		机电技术应用	051300	2001	中职/3
汽车制造类	4	汽车检测与维修技术	560702	2007	高职/3
		汽车运用与维护	082500	2007	中职/3
纺织服装类	5	纺织技术及营销	070400	2014	高职/3
艺术设计类	6	室内艺术设计	650109	2005	高职/3
		室内艺术设计	650109	2015	高职/5
	7	视觉传播设计与制作	650102	2013	高职/3
	8	计算机平面设计	090300	2003	中职/3
教育类	9	学前教育	670102K	2002	高职/3
		学前教育	670102K	2002	高职/5
		学前教育	160100	2002	中职/3
	10	英语教育	670106K	2001	高职/3
	11	初等教育	670103K	2002	高职/3
语言类	12	应用阿拉伯语	670215	2005	高职/3
		商务阿拉伯语	129000	2005	中职/3
文秘类	13	文　秘	670301	2008	高职/3
护理类	14	护　理	620201	2015	高职/3
		护　理	100100	2012	中职/3

5月25—28日,学院举办第七届田径运动会

【校企合作】 2016年,学院与校外实训基地单位开展了深层次的合作,正式成立了"校企合作办公室",制定《校企合作年实施方案》,明确校企合作、工学结合现代学徒制工作任务。组织召开吴忠市职业教育联盟推进会,会议通过了《吴忠市职业教育校企合作促进条例》。制定《学院学生实习管理办法》,组织各专业1000多名学生到银川和吴忠两地8所职教联盟单位、合作小学、幼儿园、企业顶岗实习。学院有7个特色骨干专业与企业达成了联合招生、联合培养协议,遴选了79名行业企业专家进入学院兼职教师信息库,聘请了18名企业专家担任学院理论或实践课指导教师,与59家企业紧密合作,实施"两员"现代职业教育人才培养模式。教师利用业余时间到企业实践锻炼,与企业人员组成团队,校企合作开发课程,聘请行业、企业专家来校兼课和作为学生校外顶岗实习指导老师。合作企业对学校捐赠设备值达500万元。推进"产教融合工程",制定和完善产教融合工程各子项目建设方案。投资600万元建成汽修实训车间、护理实训室。

【教育信息化建设】 2016年,学院争取到信息化建设中央专项资金1155万元,实施信息化建设项目。积极对接市信息化建设有关项目,推进网络自主平台建设,研究制定了信息化建设方案和学院"人人通"云平台云空间建设实施方案,邀请北京禾田雨橡互联网科技有限公司3位专家对全院教职工进行"人人通"部门机构平台、个人空间建设专题培训,实现了"人人通"在学院全覆盖,提升了教师信息化教学技能水平。

【招生就业工作】 2016年,自治区教育厅下达学院高职的招生总计划数是1500人,实际录取学生1499人,其中专科批(普通类)733人(文科362人,理科371人),占总录取数的48.9%;对口单招334人,占录取总数的22.28%;自主招生243人,占录取总数的16.21%;五年转段189人,占录取总数的12.61%。中职开设9个专业,教育厅下达的招生计划为870人,实际录取1255人,超出计划485人。其中"3+2"录取总数171人,占录取总数的13.63%;三年中职1084人,占录取总数的86.37%。学院高职生源文史类考生录取线418分,比三本线高12分,理工类考生录取线370分,比三本线高16分,录取线位居全区高职院校首列。通过专业结构调整,年内,学院共招收新生2229人,其中高职新生1226人,中职新生1003人,顺利完成了自治区教育厅下达的各项招生任务。加大创业就业培训工作力度，规划了学院大学生就业创业孵化基地建设，吴忠市汇埠电子商务中心为电子商务专业的创新创业孵化基地，宁夏杭萧菲斯克汽车轮毂轴承有限公司为机电专业创业孵化基地。2016届高职毕业生创业率为0.76%，就业率94%，中职毕业生就业率96.15%。

【教学质量监控】 2016年，学院认真组织教学督查工作，由教务处、科研处相关领导、教师组成教学督查组，实行周查课制，每天安排专人深入各系部开展常规检查，就发现的问题及时与相关部门沟通反馈并协调解决，及时总结，每周通报。建立分级听课督导制度，院领导随机抽查听课、教学部门领导和教学督导员按照听课任务分工随机推门听课，每学期对全院任课教师实行听课包干，听课后与教师进行教学交流探讨，提出具体改进建议，实现了对全院任课教师课堂教学督导听课的全覆盖。分别组织开展全院评教工作，开展领导评教、督导评教、学生评教、同行评教，对教师教学工作进行全面评价。学生评教在网上进行，学生既对教师的课堂教学提出建议或意见，又以测评打分的形式表明对任课教师的满意程度。

【实践教学】 截至2016年，学院建成校内实验、实训室131个，生均实践场所面积为4.25平方米，全院供高职学生使用的教学仪器设备总值达3532万元，生均教学仪器设备价值1万元。本学年完成了机电系汽车检测与维修实训中心、金工实训车间、护理系护理实训中心实训室的装修改造工作。新增教学仪器设备总值623万元。积极推进实训室课余时间对学生开放，增加学生技能训练时间和机会。实训室在教学上融教、学、作为一体，在功能上融实训、生产、技能鉴定为一体，充分满足学生基本技能训练、综合技能实训和毕业综合实践等环节的教学要求。依托吴忠职业教育联盟，学院与联盟单位建立了58家校外实习基地，2015—2016学年，校外实习实训基地接待高职实习学生1308人，接收毕业生就业723人，占当年毕业生总数的55.28%。

【教师队伍建设】 2016年，学院按照合格教师、双师素质教师、骨干教师、专业带头人、教学名师五级递增成长培养途径，强化师资队伍建设。按需按岗公开招聘、补充专任教师39人，严格考核，按照合同管理解除聘用关系30人。研究制定了《院级教学名师评选与管理办法》《专业带头人（负责人）选拔、培养及管理办法》《骨干教师选拔、培养及管理办法》。评选了4名教学名师、12名专业带头人、22名骨干教师。选树吴忠市教育系统优秀教师6名，师德标兵4名。组织13名教师参加暑假教师"国培"计划，53名教师到30家企业、行业顶岗实践。加强对教师的考核，实施教师考核末位待岗退出机制，激发教师工作积极性。完善行业企业兼职教师信息库，加大校外兼职教师聘请力度，弥补教师力量不足和实训经验缺乏的问题，建立了100人的兼职教师信息库，聘请企业兼职教师18名。

【服务地方经济】 2016年，学院以"两个基地"建设为基础，加大与政府部门、行业企业合作力度，全方位、多领域地开展培训和技能鉴定工作。挂牌成立了黄河技工学校，承接组织各类培训班20余期，培训鉴定2000余人。

【师资培养】 2016年，学院遴选4名院级教学名师，14名专业带头人和22名骨干教师。加强师德师风、职业道德教育，强化仪容仪表、课堂教学检查力度。完善教师工作考核制度，充分发挥分配的导向、激励作用，调动教师工作的积极性和主动性。80多名教师参加说专业、说课程活动，7名专业带头人、16名骨干教师在系部讲授示范课，听课教师2354人次。78名青年教师参加了"青年教师公开课"活动，听课教师1340人次。共举办学院内教师培训14场，参加教师4200余人次。组织35名教师参加国家级骨干教师培训。94名教师利用寒暑假及休息日到46家企业开展为期15天以上的实践锻炼活动。

【技能竞赛】 2016年，学院制定了学院《关于进一步加强和改进技能竞赛工作的意见》，修订了《技能竞赛管理与奖励办法》。建立和完善了国家、自治区、市、院和系级五级职业技能竞赛体系。将技能达标、竞赛作为实践教学纳入人才培养方案，做到有标准、有考核、有成绩、有学分。分专业制定学生技能达标考核办法，做到"系部专业全覆盖，教师学生齐参与"。推进技能达标竞赛工作与毕业生"双证书"制度的有机融合。组织选拔121名学生参加了全区技能大赛36个项目竞赛,承办全区技能大赛高职组演讲、书法等4个项目竞赛,12所本专科院校、31所中职学校的143名选手参加竞赛。学院共获得全区技能大赛一等奖4项,二等奖17项,三等奖23项。护理、汽修、学前、英语等6个项目的14名学生代表宁夏参加了全国技能大赛。学院荣获教育厅颁发的突出贡献奖。组织了吴忠市职业教育联盟师生技能大赛及各专业学生技能达标活动,9所职业院校的256名师生参加了工具钳工、护理技能、信息化教学设计、中(英)文演讲、会计技能等10个项目的大赛。开展院系"技能达标竞赛月"活动。制定达标、竞赛方案,基本做到了系部专业全覆盖,教师学生齐参加。整个技能达标、竞赛历时1个月,参与师生达7000多人次。

【"两个基地"建设】 2016年,学院以"两个基地"建设为基础,加大与政府部门、行业企业合作力度,全方位、多领域地开展培训和技能鉴定工作。挂牌成立了黄河技工学校,采取校外和校内相结合的培训方式,在吴忠合力万兴有限公司举办了焊工培训班,开展电工、烹饪、刺绣等12个工种的社会培训和鉴定,共计3300人。开展了宁夏吴忠黄河金岸马拉松1300名志愿者暑期培训工作。

【对外合作交流】 2016年,学院持续推进"校校、校企、校地、国际交流"4个方面的合作,以吴忠市职业教育联盟为基础,与10所区内外院校建立了合作关系,签订了合作协议,并有了实质性合作;与阿拉伯国家高等院校进行了交流,建立了合作关系,并选派了6名阿拉伯语专业留学生访学深造;和自治区、吴忠市各部门合作项目达到3个以上,联系聘任国内外职业教育方面的知名专家和教授并开展了职业教育讲座。推进"产教融合工程"。逐步形成了与经济社会发展水平相适应的"全方位、多层次、宽领域"的对外开放格局。

【学院管理】 2016年,学院制定《宁夏民族职业技术学院章程》经教育厅核准执行。印发《关于进一步规范督查工作的通知》《领导干部权力运行监督管理办法》《关于领导干部和教职工廉政约谈办法》等制度,制定了工程建设、基建维修采购招投标管理办法及工作流程等,规范了权力运行机制,明确了教育教学、行政效能、学生管理督查组的监督检查职责,组织开展督查工作6次,印发督查通报9期。加强服务机构管理,规范财务机构建设,加强预算管理,强化针对性,培养全院预算意识。加强固定资产管理,对全院固定资产进行系统盘点清理,摸清家底,切实提高服务水平。完善学院综治工作和平安校园创建领导机制,开展了毒品预防观摩活动,及时了解和掌握师生员工的思想动态。组织消防安全演习3次,在全院各系开展"119"消防安全宣传活动。实施校园视频监控系统工程,基本覆盖了各校门、主要交通路口、各楼宇周边、各楼宇楼道、教室等重要部位和场所,实现视频监控全覆盖。坚持假期到政府部门挂职制度,暑期有15名干部分别到14家市直部门和工业园区进行挂职锻炼。

【学生管理】 2016年,学院以校园文体活动为载体,制定了2016年校园文化活动月历,开展各类校园文体活动和学生思想政治德育教育活动15场。成功举办了中国光华科技基金会青年创业就业技能学习卡捐赠仪式、非物质文化遗产进校园巡回展演、"公益助学 爱心常青 共圆大学梦"捐资助学等活动。修订完善了《关于进一步加强学生教育管理和服务工作的实施意见》《学生综合素质评价实施方案》《学生活动经费管理办法》《学生转专业暂行规定》等。严格学生教育管理督查工作力度,认真落实辅导员(班主任)管理考核办法及相关制度,开展了5期辅导员(班主任)技能培训。落实教育精准扶贫文件精神,严格按照"三级认定,三榜公示"的办法,评选国家奖学金1名、国家励志奖学金45名、国家助学金2224名;评选燕宝助学金1100人;为125名家庭困难学生争取到社会企业和社会团体捐资助学金1.5万元;为100名回族女童争取到国际计划项目贫困助学金13.6万元。

【党建工作】 2016年,学院认真贯彻落实党委领导下的院长负责制,进一步完善学员大会、职代会及群众组织参与民主管理的工作机制,坚持党委中心组学习制度,健全和规范了党委向全体党员报告工作并接受监督机制。加强党风廉政建设，进一步完善效能目标考核管理办法，加强对重点工作管理考核力度。全面落实"两个责任"，强化领导干部"一岗双责"和各处（室）、系（部）的主体责任，健全责任体系。以"两学一做"学习教育为契机，紧盯"六查六看六树"和习近平总书记"七一"讲话及来宁视察讲话8个专题讨论焦点，建立了支部书记和党员干部不履职尽责定期督查通报机制。全院26个党组织（包括院党委）开展了增星晋级活动，创建五星级党组织3个，四星级党组织19个，三星级党组织4个。选优配强了基层党支部书记5名，开展了教师党员"七个一"、部门党员"亮身份、亮标准、亮承诺、亮服务、争先锋"为内容的"四亮一争"活动。公开选拔了31名院内干部，优化了系部领导班子结构，建立了34名后备干部库。开展了党员"六比"（比师德、比责任、比技能、比业绩、比学习、比奉献）学做活动，实施党员"八权八责"积分制，采取"三评两审一公开"方式对党员进行定量考核，深入挖掘选树了34名爱岗敬业、业务精湛、乐于奉献、业绩突出、群众认可的优秀党员典型。

【对外宣传】 2016年，学院加强与自治区级和吴忠市各主要新闻媒体的联系对接，及时提供学院发展改革的新闻素材。将学院发展改革中的各种情况及时上报自治区教育厅，吴忠市委、市政府。年内，自治区、市主要媒体报道18篇次，向自治区教育厅报送各类信息100多条。在《宁夏日报》《吴忠日报》制发学院宣传专版。加强学院网站"校内新闻"栏目建设，年内发布校园新闻130多条，完成校园新闻及重大活动图片和视频拍摄74次，共计拍摄图片2400余张，视频100余条。

科学技术

· 综 述 ·

【概 况】 2016年，吴忠市科技工作围绕工业强市和农业"特色产业"建设，加强科技服务，加快新技术引进、集成和再创新，加速科技成果转化应用，不断提升科技对产业发展的支撑作用。截至2016年年底，共建成国家级、自治区级现代农业科技示范园区22个，带动发展特色农业示范基地768个。先进特色装备使用率达77%以上，农业科技贡献率达60%以上。全市国家级高新技术企业4家，国家级企业技术中心2家，国家级知识产权优势企业5家，国家级重点实验室1家，自治区级企业技术中心7家，自治区级工程实验室4家，全市自治区级企业技术创新中心20家，创新型试点企业7家，知识产权试点企业7家，71家企业被确定为自治区科技型中小企业。拥有有效发明专利176件，每万人拥有1.28件。获得科技成果29项，其中6项成果，分获国家科技进步二等奖和自治区科技进步一、二、三等奖。

【科技创新】 2016年，市委、市政府出台《吴忠市科技创新行动计划（2016—2020年）》。年内，R&D投入占GDP比重为0.69%，吴忠市每万人拥有发明专利达1.28件。加快各类载体和平台建设，宁夏鑫浩源生物科技股份有限公司被认定为中国轻工业明胶重点实验室；宁杨公司和勤昌轴承公司被认定为自治区级工程实验室。健全完善企业科技创新后补助机制，年内申报科技创新后补助项目16项，获批14项，上争资金623.41万元（不含青铜峡市、盐池县、同心县、红寺堡区），2015年度科技创新后补助项目地方配套资金市区共计288.74万元已全部兑现。落实自治区专利抵押贷款相关政策和规定，勤昌轴承制造公司用专利进行质押，在宁夏银行银川科技支行贷款1000万元，解决了企业流动资金困难问题。

【企业与科研院所合作】 2016年，市科技局与中国疾病预防控制中心营养与健康所签订了《关于生产加工营养强化面粉项目合作协议》，宁夏吴忠市精艺裘皮制品有限公司与四川大学签订了合作方案；宁夏盛源食品科技园发展有限公司等7家企业为市级技术创新中心，宁夏红山河食品股份有限公司、吴忠市恒通塑料制品有限公司和宁夏顺宝现代农业有限公司被评为2016年度自治区级企业技术创新中心。

【农业科技创新】 2016年，市科技局围绕农业优质特色产业，组织开展新技术、新品种、新成果的引进与推广，加快农业科技成果的转化应用，引进推广新技术52项，新成果示范应用10项，新品种的引进30个。

【农业科技服务】 2016年，全市科技部门围绕农业优质特色产业发展，充分挖掘各类技术资源，组织区内外专家开展科技培训。全市农业科技人员科技承包、科技服务到位率100%，农业科技进步贡献率利通区达到59%，青铜峡市61.4%，红寺堡区53.2%，盐池县50%，同心县58%。农业科技成果转化率利通区达到100%，青铜峡市76%，红寺堡区100%，盐池县65%，同心县28.5%。围绕农业增效、农民增收和农业优质特色产业发展，积极开展农业科技培训，市局在孙家滩开展奶牛养殖管理培训7场次，参加培训420人次；举办种植业培训班5场次，培训650人次；举办科技特派员扶贫培训班，培训人员72人次；各县（市、区）科技局举办培训班175场次，开展各类技术咨询53场次，其中：市局2场次、利通区10场次、红寺堡区6场次、青铜峡市13场次、盐池县12场次、同心县10场次。

【科技特派员】 截至2016年年底，吴忠市科技特派员达到986人，法人科技特派员达到780人，新发展科技特派员109人，科技特派员个人投入资金达到3600万元，培育各类典型示范户3362户，辐射带动16933户农民增产增收。2016年，市科技局认真落实《吴忠市关于鼓励市区专业技术人员开展科技特派员创业行动的意见》《吴忠市区科技特派员管理办法》《吴忠市区科技特派员考核细则》等政策措施，组织协调科技特派员参加国家、自治区和吴忠市举办的各类专业学习、考察、培训班30多期，培训特派员278人次。同时科技特派员在创业中加强了对创业区农民的技术培训，市区培训农民近6万人次，提高了农民的科技素质。

【科技特派员创业项目】 2016年，全市围绕奶牛养殖、肉羊育肥、水产养殖、设施蔬菜、林果、优质粮食生产、小拱棚西瓜、马铃薯、中药材等优势特色产业实施科技特派员创业项目20项，安排创业项目资金148万元；积极组织申报自治区科技特派员重点项目和科技特派员引导项目34项，自治区科技特派员管理中心为吴忠市安排项目资金178万元。通过项目实施辐射带动了农业增效、增收。

· 防震减灾 ·

【群测群防体系建设】 2016年，制定了《吴忠市2016年度震情监视跟踪方案》，强化"三网一员"建设，切实提高群测群防综合能力。积极征求全市防震减灾助理员及14个宏观观测点对防震减灾工作的意见，重新登记宏观观测点，加强对地震宏观观测点资料的收集与管理，保证了地震宏观观测"三网一员"制度健全、人员明确、任务落实。严格震情值班制度，保证信息畅通无阻。

【活断层科研成果移交】 吴忠市活断层探测与地震危险性评价项目自2012年3月由吴忠市人民政府批准立项，由宁夏地震局实施，历经4年，成果于2月完成。活动断层探测科研成果是编制吴忠市长远规划和进行重大建设工程选址的重要依据，为了使该项目成果能够得到广泛的应用，经市领导同意，市地震局于5月在吴忠市城乡规划和环卫综合管理局三楼会议室召开吴忠市活断层探测科研成果应用培训会，并正式将该科研成果移交吴忠市城乡规划局。

【防震减灾宣传】 2016年，全市科技部门积极开展《防震减灾法》"进机关、进社区、进学校、进农村、进企业、进清真寺、进军营、进工地"的"八进"活动，在吴忠市金星社区、阳光骄子社区，利用"文化、卫生、科技宣传周，科技三下乡"活动，进行了防震减灾宣传及疏散演练。在全国第九个"防震减灾周"期间，分赴吴忠市教育学院、开元广场、吴忠市图书馆、吴忠市供电局、青铜峡市五小、青铜峡广场等地向群众和学生发放各类防震减灾科普知识宣传资料2500多份，布置展板40余张，开展各类防震减灾宣传讲座活动7场，地震应急疏散演练4场，扩大防震减灾科普知识的覆盖面。

气象服务

【概况】 2016年，吴忠市气象局按照"创新驱动、追赶发展"的总体工作思路，切实做好汛期及重大灾害天气等气象服务，重视灾害防御，全面推进气象现代化工作，努力提升气象法治化、科学化管理水平，全面推进防雷减灾体制改革，实施"气象助力吴忠精准脱贫行动计划"，坚持公共气象发展方向，全面推进气象现代化。

【气象灾害防御】 2016年，市气象局建立健全气象防灾减灾机制体制，市政府及各县（市、区）相继召开气象灾害防御工作会议，出台了气象"十三五"发展规划、气象灾害应急预案（修订版），同时将农业农村、气象防灾减灾工作纳入对下一级政府的年度考核。年内，气象局与市农牧局联合调查评估6次，与水务联合发布山洪灾害风险预警3次，与国土联合发布地质灾害气象风险预警8次。全面做好人工影响天气工作。强化安全管理，开展人影安全专项检查2次，完成各县（市、区）人影作业人员的年度岗前培训、考核和注册，同时与下级政府签订了安全责任书。及时发布吴忠市火箭人工增雨（雪）防雹作业公告。截至目前，全市作业58点次，发射火箭弹385枚，全年无安全事故发生。

【气象服务工作】 2016年，吴忠市统一部署全市气象部门汛前自查、整改工作，市气象局开展汛前工作督查2次，业务考试1次，汛期气象服务工作动员会1次，全市暴雨灾害应急演练1次，增强各级气象部门应对灾害性天气的快速反应、应急处置和气象保障能力。业务工作人员深入田间地头服务达243人次，编发《气象信息专报》92期、《重要天气报告》2期，发布天气预警150次。圆满完成国际马拉松等重大社会活动保障工作，由于服务及时、准确、配合到位，市气象局被马拉松组委会表彰为先进单位。成立以农牧、林业专家和各乡镇农技专干为成员的为农服务专家联盟。及时更新气象信息员及重点服务对象信息。结合农时季节，进一步加强为农服务的针对性和实效性。年内制作发布《农用天气预报》96期。向合同服务单位及县局发布《农业气象旬（月）报》44期。严密监测天气，努力做到第一时间监测、预警和评估，借助微博、微信、手机短信、网站、电子显示屏等手段多渠道发布各类气象信息。

【推进气象现代化工作】 2016年，市气象局按照自治区、市、县三级预报业务集约化调整方案，继续推进专业化天气预报技术体系，完善无缝隙气象预报以及市县一体化实时监测和临近预警业务。借助微博、微信等新媒体，多渠道做好春运、森林防火关键期等专题气象服务。6月1日起，吴忠新一代天气雷达正式投入业务运行，有效填补了对中部暴雨、冰雹等强对流天气的监测盲区。全面推广气象技术装备动态管理系统，为气象探测设备建立"电子身份证"，极大提高了全市气象装备储备供应管理的信息化水平和基层保障效率。稳步推进其他重点项目的建设，完成吴忠新一代天气雷达系统建设项目中业务用房建设和基层台站基础设施建设；宁夏人工影响天气作业能力建设工程一期已按要求完成了同心和盐池3个标准化作业点的建设招标，同时完成了2016年同心3个标准化作业点建设用地审批。

【气象管理体制改革】 2016年，市气象局全面推进防雷减灾体制改革，制定了《吴忠市气象局防雷减灾体制改革实施细则》，并按计划实施。撤销市、县雷电防护技术中心，雷达基本业务纳入现有气象业务单位，年底前完成机构调整和人员转岗分流。不断完善气象管理体制改革。取消"雷评""技术评价"和"新改扩建（构）筑物防雷装置跟踪检测"审批前置，改由审批单位委托中介进行，已审批6家。加强防雷行政审批受理后技术性服务规范化管理，调整防雷技术性服务业务流程。积极推行市县气象局权责清单制度，加强与地方政府部门权责清单公布工作的衔接，扎实推进市县气象部门权力清单和责任清单的编制和公布。目前市、县局的权力和责任清单，已在当地政府政务服务网向社会公布。利通区所辖乡镇均已将气象防灾减灾列入权责清单，其他市县均已完成前期接洽，列入了滚动修改计划。

【队伍建设】 2016年，市气象局扎实开展"两学一做"专题学习教育活动，将"两学一做"学习教育、气象部门第15个党风廉政宣传教育月活动、开展"四风"问题集中检查以及落实中央巡视整改工作紧密结合，坚持边学边查边改。深入落实党风廉政建设两个责任，与14个单位签订落实党风廉政建设主体责任目标任务书，与科研、基建等项目负责人签订党风廉政建设承诺书。年内开展全市效能监督检查共2次。继续开展廉政风险防控信息化试点工作。加强市、县两级领导班子建设,完成干部档案专项审核、超职数配备干部、机构编制核查等工作。大力加强精神文明和气象文化建设,认真落实结对帮扶和定点扶贫工作。组织开展"青春扶贫护苗行动"关爱贫困村留守儿童志愿服务活动,得到了自治区团委等部门的广泛宣传和好评。选派两名青年职工参加"迎五四"青年英语风采大赛,分别获得二、三等奖。分别推荐5组摄影作品和征文参加主题征文和摄影比赛。2016年本局获评全市"城乡文明共建"先进单位,继续被命名为自治区文明单位(2016—2019年)。修订吴忠市气象科学技术工作奖励办法,逐步加大科研项目的投入力度。2016年获批中国气象局旱区特色农业气象灾害监测预警与风险管理重点实验室开放研究基金探索性研究项目3项,宁夏气象局科研项目2项。加大年轻同志的培养力度。积极选派年轻的业务人员参加国家局、区局举办的各类培训班。返聘经验丰富的退休高工,对年轻的预报服务人员开展针对性的培训。

文 化 WenHua

文化体育事业

【概　况】　截至2016年年底，吴忠市共有艺术表演团体190个，文化馆5个，公共图书馆5个，博物馆4个，全国重点文物保护单位8处。广播电台4座，电视台4座，广播综合人口覆盖率、电视综合人口覆盖率达到97.88%和98.86%，有线广播电视用户12.93万户。2016年，市文化体育广播电视局启动了第三批国家公共文化服务体系示范区创建工作，大力实施文化惠民工程，深入挖掘黄河文化，组织创作了一批优秀文学艺术作品。成功举办了第二届山地自行车、2016年全国青少年航空航天模型锦标赛等大型体育赛事。

【文化活动】　2016年，启动第三批国家公共文化服务体系示范区创建工作，征集并确定了示范区创建LOGO。在《吴忠日报》设置《文化专刊》，刊发15期，提升了创建工作知晓率。开展2016"欢乐宁夏"群众文艺会演、纪念陕甘宁省豫海县回民自治政府成立80周年文艺演出、爱在黄河善谷红寺堡2016年残联专场文艺演出、纪念五四运动97周年暨建团94周年文艺晚会和创建国家公共文化服务体系示范区广场文艺展演活动，继续开展"滨河百姓大舞台"广场文化演出，完成160场次演出任务。文化馆群星合唱团代表宁夏参加第十八届中国老年合唱节，获得了优秀参展奖，并赴银川参加第五届"黄河大合唱"全国合唱邀请赛。阳光艺术团赴西安市参加第十一届中国艺术节"欢跃四季"——全国百姓广场舞优秀作品展演活动，取得优异成绩，宣传了宁夏、宣传了吴忠。

【文化场馆运营】　2016年，开展"国际博物馆日"宣传展览活动和"文化遗产日"宣传活动，全面完成第一次全国可移动文物普查工作，编制完成吴忠博物馆可移动文物普查档案、普查工作验收报告和普查工作总结报告。完善博物馆3A级旅游景区基础设施建设及服务水平提升，积极推进博物馆免费开放工作，共接待行政事业单位及旅游团体100余家，观众56000余人次，市文化馆接待参观群众21400余人次。做好长城保护工作，征集复制文物241件套，投资40万元，完善博物馆历史厅、红色厅展陈更新。

【文艺创作】　市文化系统深入挖掘黄河文化、红色文化、慈善产业，创作了舞剧《灵州会盟》剧本，舞蹈《打鼓唱天歌》《映山红》《夯墙乐》《塞上江南好人多》《城乡乐》等，小品《义举面前》《诱惑》《卖棚》《好媳妇》等20多件作品。精心编排打磨了《夯墙乐》《盖碗飘香》等一批反映吴忠市社会进步发展的特色文艺精品。《盖碗飘香》被收录到由中央文明办、湖北省政府联合主办的"小康梦想·幸福家园"2016全国社区网络春晚的录制并取得圆满成功。参加"2016太原·全国锣鼓邀请赛"，表演的打击乐《塞上鼓韵》获银奖。在"中国·宁夏第四届回族舞蹈展演"活动中，《盖碗飘香》《夯墙乐》荣膺"沙枣花"荣誉称号。市电视台拍摄的《罗山峦》在第四届亚洲微电影艺术节高峰论坛上获得金海棠奖、好作品奖，并在各大媒体进行展播。

【文化惠民工程】　2016年，全市文化系统深入开展送戏进农村、社区、校园、军营、企业、敬老院、慈善园区活动，开展"送戏下乡"文化惠民活动、示范区送戏下乡演艺季、"滨河百姓大舞台"演艺活动和星级团队展演活动等常态化、普惠性活动，组织市回族艺术团、

市文化馆、市宣传文化中心及五县市区开展送戏下乡演艺403场,开展送健康下基层群众体育活动53场次。

【非物质文化遗产】 2016年,市文体局开展"不忘初心·情牵闽宁——福建非遗走进宁夏"和"2016年发展中国家文化管理研修班"学员来观摩交流活动,参加2016中国新乡南太行国际武术节,本市非遗项目杨氏拳获得集体项目金奖、个人单练金奖、对练金奖三枚。参加第十七届中国工艺美术大师作品暨手工艺术精品博览会,本市选手余薇创作的景泰蓝掐丝工艺画喜获银奖。积极推进董府陈展项目,董府保护管理建设项目获得中央预算内投资1200万元。

【体育事业】 2016年,吴忠市先后举办了第二届山地自行车、2016年全国青少年航空航天模型锦标赛、阿迪力挑战黄河大峡谷1778米走钢丝吉尼斯纪录、"李宁·红双喜杯"2016年全国乒乓球会员联赛（第九站）、2016全国跳伞锦标赛和航空嘉年华、2016沿长城全国自行车邀请赛等国际、全国赛事。按照政府引导、专业策划、市场运作的模式,成功承办2016年全国沙滩排球巡回赛吴忠站的比赛和第五届黄河金岸国际马拉松赛,吸引来自14个国家和国内32个省市自治区的28856名运动员参赛。本届马拉松首次实现了央视CCTV5全程直播,电视直播受众超过5亿人,进一步提升了吴忠的知名度和美誉度。

【群众体育】 2016年,开展了第三届中国宁夏（吴忠）牛首山登山徒步大会、首届宗教人员运动会、利通区第二届干部职工趣味运动会、盐池县第五届运动会等90余场次,累计参与10余万人次,形成了"天天有活动、周周有赛事、月月有大赛"的良好局面。在2016年宁夏第二届全民健身节总结表彰会上,吴忠市在五地市中综合排名第一,荣获优秀组织奖,受到自治区体育局表彰。

【体育场馆建设】 2016年,吴忠市体育场馆和群众体育设施建设步伐加快,黄河文体会展中心建设有序推进,盐池县全民健身活动中心、青铜峡市新秀园体育运动场、红寺堡区体育馆建成并投入使用,红寺堡青云湖体育公园开工建设。在清宁河公园建成自治区为民办实事3公里健身路径,建成4个社区全民健身广场。利通区通过"一事一议"项目资金建设农村文体广场5个,体育运动公园项目批复落地。滨河体育运动公园、第三中学、利通区二小、乃光湖运动公园、兴隆寺、东塔、新渠、金积等95块场地已实现公共体育场地设施向社会开放。

【竞技体育】 2016年,市文体广电局积极探索新形势下的业余训练工作的新途径、新办法,不断完善青少年业余训练体制,确保田径、射击、举重、摔跤、乒乓球、羽毛球、跆拳道、武术、篮球、排球、足球11个重点优势项目的常年训练,利通区新增注册运动员200余名。以自治区全运会为目标,利用寒暑假开展集中训练,参训运动员近500名。市区获得技术等级证书的社会体育指导员共610名,其中国家级4人,一级18人,二级276人,三级312人。

吴忠市图书馆

【概况】 2016年,吴忠市图书馆不断提高业务工作服务水平和业务素质,积极推进国家公共文化服务体系示范区创建,扎实做好公共文化服务。截至10月底,共接待借还书读者104558人次,借还图书179979册次,新办借书证3602个。

【国家公共文化服务体系示范区创建】 2016年,吴忠市图书馆启动图书馆总分馆建设,按照示范区创建标准,结合本地实际,制定了《吴忠市图书馆总分馆制工作方案》,确定了以市图书馆为总馆、利通区图书馆为分馆,4个社区、4个乡镇和2个书店为三级馆的总分馆制模式。《吴忠市图书馆总分馆制技术方案》已报市信建办进行审核。市图书馆先后为老年大学、市人民医院、新区医院、吴忠汽车站等人口聚集场所安装了大屏读报机和电子书借阅机共10台,并在人口较为集中、场地较为成熟的秦韵社区建设了全区第一家24小时图书自助借阅室。市图书馆与市志办、文联及社会人士等对接协调,筹集文字及图片资源,基本建成《吴忠市方志》《吴忠记忆》3个特色数据库。制定《吴忠市图书馆公共文化服务菜单》,在馆内进行公开,供广大社会团体进行挑选。先后在立德和弘德工业园区开展了图书流动图书室建设（15个图书室共配备图书、期刊4000余册）、公共电子阅览室管理员及基层流动点图书管理员培训班、"金瑞杯"征文和演讲比赛等活动，对已完成的工作资料进行了归档整理，按时报送局创建办并顺利通过验收。

【全民阅读活动】 2016年4月，吴忠市启动全民读书月活动，市图书馆印发了《吴忠市全民阅读活动实施方案》，先后举办了吴忠市"4·23"世界读书日启动仪式、吴忠市图书馆建馆60周年精品图书展、图书馆服务宣传周等活动。同时，在市区3家星级网吧开展了"网吧转型升级 图书进网吧"等系列活动。为满足低幼读者的读书需求，在图书馆开辟了"亲子阅览室"，购置2000余册绘本图书，聘请2名幼教老师积极开展讲绘本、折纸等"大手拉小手"亲子阅读等活动。举办"文化吴忠大讲堂"6期，听众3000余人。

【公共文化服务】 2016年，市图书馆组织开展了"送书下乡"等活动。先后为驻吴部队、武警、消防部队、慈善产业园区配送、调换文学、军事、科技等图书13187册。在利通区马莲渠乡、扁担沟乡、郭家桥乡3个小学建立了"校园流动图书室"，选配图书500册、期刊150册。组织开展了"网络书香过大年""同筑中国梦 共度书香年"楹联展、"新春新书推荐"等活动，承办了"正月十五大型灯谜晚会"，张贴谜语3500条，近2万名群众参加。先后组织开展了"我是小小图书修补师""荣誉小馆员""第十一届图书馆杯"等多项活动。尤其是"科普、动漫电影放映季"活动，成为少儿暑期活动的亮点。编写完成《吴忠市图书馆馆藏地方文献联合目录》，完成孙家滩管委会图书室万余册藏书的分编、加工和上架任务。

吴忠日报

【概　况】 2016年，吴忠日报社围绕全市"两会"、市委全委会、经济工作会、"两学一做"学习教育、县域经济观摩、全国县级机关党建工作研讨会、全国沙滩排球巡回赛、第五届宁夏黄河金岸（吴忠）国际马拉松赛、全市促进工业经济和房地产市场平稳发展的相关措施、纪念红军长征胜利80周年等中心工作和阶段性重点宣传工作，先后落实推出"走过'十二五'、迎接'十三五'""弘扬长征精神"等重点选题策划25个，按照"深入生活、扎根人民"主题实践活动要求，组织开展了"行进吴忠·精彩故事""好记者走基层，弘扬社会主旋律""八十载辉煌、续写革命老区新辉煌"等深化"走转改"系列主题采访活动，突出宣传了全市各项重点工作进展情况、成功经验、实际效果和先进典型。1—10月，《吴忠日报》共开设重点宣传报道栏目近30个，在1~3版等重要时政版面上先后刊发各类重点选题宣传报道750余篇（幅），比去年同期实现较大提升。

【宣传报道】 2016年，吴忠日报报社围绕全市党代会、"两会"、市委全委会、经济工作会、"八城联创"、县域经济观摩、全国县级机关党建工作研讨会、全国沙滩排球巡回赛、第五届宁夏黄河金岸（吴忠）国际马拉松赛、全市促进工业经济和房地产市场平稳发展的相关措施、"十大市场"建设等中心工作和阶段性重点工作，先后推出重点选题策划近30个，并根据群众关心的热点等推出周末版选题策划48个，突出宣传了全市各项重点工作进展情况、成功经验、实际效果和先进典型。1月至12月，《吴忠日报》共开设重点宣传报道栏目56个，在1~3版等重要时政版面上先后刊发各类重点选题宣传报道千余篇（幅），比去年同期实现较大提升。

【媒体融合】 2016年，吴忠日报社强化"吴忠网"本土化内容和本地权威信息发布的服务功能，扎实做好网上形势宣传、成就宣传及公益广告宣传等，报纸先后刊发各类本地新闻稿件7800余条，网络刊发本地新闻3000余条。网络部每天向宁夏手机报发送吴忠重要时政新闻7条，合作推出了2部主旋律网络视频节目。同时，在吴忠日报微信公众号内容推送中注重新媒体受众特点，适应快速阅读需求，已成长为吴忠地区有影响力的官方掌媒平台。截至12月31日，吴忠日报微信公众号关注读者已上升到11150人，关注读者增长将近1倍。同时，吴忠网还严格按照相关要求，加强网上舆情分析研判，提高重大突发舆情发现、预警和处置能力，杜绝网络谣言、非法网站、网上低俗信息等违法行为，实现了依法管网办网。

【公益广告宣传】 2016年，吴忠日报社以核心价值观为引领，

以"八城联创"宣传报道工作为主要抓手,不定期在重要版面刊登公益广告。同时,按照上级党委宣传部、新闻出版广电局等部门的要求,每逢重大节假日,及时刊发中宣部通稿"图说价值观",并从"中国文明网"下载选登"讲文明、树新风"等各类公益广告87个版(每月不少于4个整版),大力弘扬社会正气,营造文明和谐的社会氛围。此外,报社还加大公共场所电子屏公益广告滚动播放频次,并在市区部分街路牌制作发布创城、创卫等公益广告内容400余幅(次)。

【理论研究宣传】 2016年,吴忠日报社紧扣"一带一路"建设、深入学习宣传贯彻落实《准则》《条例》、学习习近平总书记系列重要讲话精神、"两学一做"学习教育、脱贫攻坚等重要主题,专门开设相关理论宣传专版,刊登了一批质量较高、针对性较强的理论文章,用先进的理论研究成果凝聚人心、指导实践、推动发展。年内,共刊发全市各级党员干部撰写的理论文章43期126篇。

【全市重点工作宣传】 2016年,吴忠日报社围绕市委、政府确定的打好"四场硬仗"、脱贫攻坚战、"八城联创"、深化改革等重点工作,在《吴忠日报》、吴忠网等开设"打好四场硬仗加快转型升级""喜迎'两会'走过'十二五'迎接'十三五'""盯项目促发展""打好三场攻坚战""脱贫攻坚奔向小康""新常态新作为新发展""深入开展'两学一做'学习教育""不文明行为曝光台""创卫曝光台"、"5189000"便民服务台栏目和"微新闻""坊间""身边"等重点栏目,对相关工作进行精心策划和深入报道,重点宣传全市各地、各部门、各行业工作的特点和亮点。年内,《吴忠日报》共开设重点宣传报道栏目30余个,实现了报纸安全出版无重大差错;吴忠网开设相关重要栏目21个,子栏目90个,为推进全市重点工作、弘扬正能量营造了良好的舆论氛围。

【图片库建设】 2016年,吴忠日报社充分发挥自身优势,进一步建立完善国家、自治区、吴忠市各级领导来吴调研图片电子资料库建设,已先后入库各级领导在吴调研活动图片资料36项815张,基本实现了对图片资料的有效整合,建立起一个以图片资料库为中心的图片共享平台。

【新闻稿件转载】 2016年,按照宣传部的工作要求,吴忠日报社先后在报纸、网站上转载刊发新华社、宁夏日报社各类重点新闻稿件上百篇,内容涉及党的十八届六中全会、全国"两会"、自治区全委会及"两会"、脱贫攻坚、民生改善、生态建设等多个方面,为加强意识形态工作,树立正确舆论导向。

【主旋律宣传】 2016年,吴忠日报社结合"两学一做"学习教育,紧紧围绕学习宣传贯彻中央、自治区和市委、政府重大决策部署和会议精神,报社组织采编队伍党员骨干超前策划主题,成立工作领导小组,开设了"好记者走基层,弘扬社会正能量""好人365""身边的好人""寻找最美家庭"等系列主题采访活动,进一步挖掘基层新闻线索,从读者角度提炼重点,进行深度解读,挖掘鲜活的新闻事例,增强读者对党报的亲近感。年内,由领导班子成员分别带领采访小分队组织开展系列下基层活动30余次,领导干部及采编骨干参与86人次,刊发各类来自基层一线的新闻报道137篇(幅),推出的大量优秀新闻作品引起了强烈社会反响。仅在纪念红军长征胜利80周年暨盐池县、同心县解放80周年主题采访活动中,就先后组织下基层采访活动40多人次,重点刊发当地各部门、各行业工作亮点和典型经验主题宣传版面近50块。报社各项重点主题宣传工作,在服务全市经济社会发展大局,弘扬社会主旋律方面发挥了新闻媒体的积极作用。

【报纸改版】 2016年,吴忠日报社通过"走出去、请进来"、召开读者座谈会等方式,进一步改进《吴忠日报》的内容和形式,增加社会新闻的分量,开设"不文明行为曝光台"等10余个接地气的栏目,从品位上再次提升报纸质量,从形式上进一步完善报纸结构,力求版面内容更加完美。同时,按市领导要求,试行大报改版。从4月份开始,组织人力非正式出版大报样报2份,并形成改版方案送呈市领导阅批。报社改大报工作已准备就绪,只等待市委主要领导批准后即可试行出版。

【报社经营】 2016年,在全力做好各项主要宣传报道工作的基础上，报社不断加强与各县（市、区）、部门单位的联系合作，切实搞好经营创收工作，努力实现社会和经济效益双赢。截至12月底，报社所属旗胜广告公司较好地完成了年初下达的目标任务，共刊登形象广告165块（版），商业广告71块（版），完成广告经营额195万元，较上年同期实现有效增长。

【队伍建设】 2016年，吴忠日报社加强干部队伍自身建设和树立典型方面积极创新，多方努力，取得了较好的效果。年内，选拔任用了4名正科级领导干部，采编队伍中先后涌现出受自治区党委表彰的"优秀共产党员"1人，"第十四届宁夏好记者好编辑"1人（全区共5人），切实提升了吴忠日报社在区内外的影响力。

广播电视

【概　况】 2016年，吴忠市广播电视台围绕主旋律，深入开展了十八届五中和六中全会、全国"两会"、社会主义核心价值观、中国梦及吴忠市党代会、"两会"全委（扩大）会议、经济工作会议等重大主题新闻宣传。重点报道了"两学一做"学习教育、社会管理、为民办实事、民族团结、精准扶贫、第五届黄河金岸国际马拉松赛、创建国家文明城市和卫生城市等40个内容。开设了《闽宁协作20年》《盯项目、促发展》《创卫进行时》等35个专栏，制作播出了《脱贫攻坚看精准》《城市管理看水平》《食品安全看监管》3期电视问政节目。共在宁夏台播出73条新闻，在区级媒体上有效地宣传了吴忠的亮点工作，提高了吴忠的影响力；播发了230多条各县市台的上传新闻，对丰富吴忠台荧屏起到了积极的推动作用。

【作品成果】 2016年，吴忠市广播电视台共有17部作品获自治自治区级以上奖励，其中：消息《"回族集市"助力传统产业发展步入快车道》荣获宁夏新闻奖一等奖，系列报道《滴涓成海　众志成城》荣获宁夏新闻奖一等奖，系列报道《旱塬枣花香》荣获宁夏广播电视政府奖一等奖，广播《山里搭起了电商路》荣获宁夏新闻奖二等奖，《金星镇"道德银行"为居民储蓄文明财富》荣获宁夏广播电视政府奖二等奖，《好人——许生志》荣获宁夏广播电视政府奖二等奖，《法治吴忠》栏目《突如其来的火灾》荣获宁夏广播电视政府奖二等奖，《一个和十个》荣获宁夏广播电视政府奖二等奖，《新闻现场：阳光家园里的笑声》荣获宁夏新闻奖三等奖，《"雷锋饺子"进万家》荣获宁夏新闻奖三等奖，《老兵张继春》荣获宁夏广播电视政府奖三等奖，《916百位八宝茶》荣获宁夏广播电视政府奖三等奖，《树的故事》荣获第四届华东六省一市纪录片一等奖，微电影《罗山峦》荣获亚洲微电影三等奖，《心动利通》荣获第九届中国旅游电视周优秀旅游节目二等奖，《深山大爱》获"人文中国第五季——红色记忆"纪录片二等奖。

【吴忠人民广播电台】 吴忠人民广播电台开办一档广播新闻节目《吴忠新闻》，宣传吴忠本地时政新闻和民生新闻，全年播出280期1400余条新闻。其中，直播节目有《早安吴忠》《边走边听》《信息网》《微世界》《下班万岁》等，每档播出240期；录播节目有《读书时间》《慢生活下午茶》以及部分外置节目；直播和录播节目周一至周五播出，其他节目正常每天播出，每日播出17.5个小时。

【第五届国际马拉松赛报道工作】 2016年，市广播电视台制定了"第五届国际马拉松赛"宣传报道方案，在赛前、赛中、赛后进行了多方位、多角度、大规模的报道，克服人员少、时间紧等困难，全力配合央视五套对"第五届国际马拉松赛"进行电视和手机的全程直播，确保了新闻的时效性。新闻前后播出宣传标语60多条，在全市上下营造了浓厚的舆论氛围。

【开展"走转改"活动】 2016年，市广播电视台组织新闻记者继续开展"走转改"活动，采取集中采访和分散采访的方式，围绕不同选题，先后组织开展了一系列主题采访活动。春节期间，广大新闻工作者走进吴忠看守所、企业车间、百货商场等工作一线，记录全市工作在一线的干部职工爱岗敬业、无私奉献的工作精神和广大人民群众欢欢喜喜过大年的喜庆风貌，播出了《除夕之夜看春晚》《大年初二温暖坚守》《猴年社火闹新春》等一批接地气、有影响的新闻。其中《除夕之夜看春晚》在大年初一央视新闻频道播出。先后开展了"走进同心""走进盐池""走进孙家滩""深化走转改 再寻吴忠梦"4

次大型集中采访活动，采编播出基层民生新闻160多条。2016年吴忠台第二次被自治区党委宣传部评为新春走基层先进单位。

【举办大型活动】 2016年，市广播电台各频道和有关部门，开展了"第二季吴忠好声音""广场舞大赛""第三届少儿舞蹈声乐器乐才艺大赛"等大型电视活动，深受群众欢迎，提升了吴忠台的影响力。

【专题片制作】 2016年，按照市委、市政府的安排部署，市广播电台先后制作了《转型中的吴忠》《转型中的吴忠工业》《天蓝地绿滨河城》，完成了"中国好人榜三月入选名单发布仪式暨全国道德模范与身边好人现场交流活动""2016年吴忠市电视春节联合晚会""2016年全国沙滩排球""2016年中埃文化年""2016年社火表演""中国统计开放日""吴忠市第五次党代会"等大型活动的录制工作。

【吴忠手机电视台开通】 2月，市广播电台适应新媒体发展，成立了吴忠手机台，积极主动推动传统媒体与新型媒体融合发展。年内，共完成吴忠市党代会、"两会""中国好人榜三月入选名单发布仪式""2016年全国沙滩排球巡回赛""第五届黄河金岸国际马拉松赛"等重大活动的现场图文直播活动，访问总量已达320万余次，已成为对外宣传吴忠、推广吴忠的新平台。

【《健康吴忠》栏目录制】 2016年，市广播电台配合市创卫办、市卫计局制作播出《健康吴忠》8期，栏目以"传播健康理念，构建和谐、诚信卫生"为主题，主要宣传健康教育行动，普及卫生健康知识，提高广大群众健康意识，关心呵护人民生命健康，服务地方经济社会发展。播出后，受到广大群众的广泛好评。

【电视台搬迁工作】 市广播电视台新址为吴忠博物馆办公区，承担全台办公、各类业务开展、广播电视节目制作、广播电视节目播出等工作。旧址（裕民东路204号）只保留1个机房，承担电视台公共频道模拟节目无线发射，中央一套、中央二套模拟节目无线转播。中央电视台共14套节目、宁夏电视台共6套节目、吴忠电视台2套节目数字无线发射，自办广播节目调频发射。2016年，投入资金500多万元完成演播室、导控室、编辑机房、播出机房等装饰装修改造工程，演播室各项指标达到全区领先水平，建成了标准化的广播电视播出机房，搬迁至新办公区后，办公环境得到了改善，办公设施得到了提升。

【队伍建设】 2016年，本台共开办了4期业务培训班，制订了干部职工业务教育培训计划，派出12名新闻采编人员到自治区党校进行业务培训，派出13名新闻采编人员到自治区新闻出版广电局举办的培训班进行培训，派出3名技术人员到山西传媒学院进行培训，进一步提高广大干部职工的综合素质和工作能力。

档案工作

【概况】 2016年，吴忠市档案局加强档案宏观管理，进一步规范档案管理和档案查阅利用等制度，切实提升档案规范化管理水平，加强馆库建设和档案信息化建设，加大档案工作执法检查和监督力度，开展多种档案查阅方式，认真做好档案接收工作，不断丰富档案馆藏。加大机关档案业务指导和档案法律法规宣传力度，开展"记忆城市"工程，承办了"吴忠市纪念建党95周年党建党史成果展"等活动，推进吴忠市档案事业健康发展。

【档案服务工作】 2016年，市档案局制定《吴忠市档案馆查档首问责任制度》，强化责任，规范程序，做好档案的查阅利用工作，开展了预约查档、电话查档、信函查档等多种档案利用方式，建立查档备案登记制度，充分利用馆藏档案信息化成果，为社会各界查阅利用档案提供便捷、快速服务。全年共接待各门类档案查阅利用634人次，利用档案820卷册，档案的利用效果也从工作参考向服务民生等领域扩大，利用价值得到充分体现。

【档案接收工作】 2016年，市档案局制定《吴忠市档案馆2016年馆藏档案接收计划》《吴忠市档案馆进馆案卷质量接收标准》及《吴忠市档案馆电子档案接收实施方案》，进一步规范了进馆单位纸质档案和电子档案的标准，明确接收范围，对档案资料接收工作进行明确的责任分工。按照局馆档案全文信息化扫描的进度，有计划、有步骤接收市直各部门（单位）的档案。截至2016年12月底，共接收各门类档案资料16039卷（册、张），其中：婚姻档案5900卷册、公证档案1283卷册、土地确权档案6000卷、建设档案26卷、信访档案33卷、审计档案46卷。广泛征集反映全市经济和社会发展档案资料286册、图片2465张，其中包括吴忠市"两会"、建党95周年吴忠市党建党史成果展、第五届宁夏黄河金岸（吴忠）国际马拉松赛等重大活动图片及视频资料。到中央二史馆和甘肃省档案馆征集明清时期和自治区成立前期吴忠档案资料3000多页，填补了吴忠档案历史空白，丰富了馆藏。

【档案业务培训】 2016年，市档案局会同市民政局举办了社区档案工作培训班，对利通区22个社区的档案工作人员进行了培训；召开利通区农村土地承包经营权确权登记工作推进暨档案管理培训会，对各乡镇农经站、各村及相关单位的分管领导和档案工作人员150余人进行了培训；举办吴忠市档案信息化培训班，对各市（县）档案局，各开发区、工（农）业园区党工委、市直机关及利通区各立档单位工作人员进行了培训，为全市基层数字档案室建设打下了坚实基础。

【档案业务指导】 2016年，市档案局对市直机关及利通区机关的115个单位档案工作进行业务指导，指导率达100%。会同市农牧局、利通区农经站，保质保量完成了利通区10个乡镇76个村民小组6000余盒土地承包经营权确权档案整理指导工作；整理、指导吴忠市创建民族团结模范示范市档案186盒，指导收集2015年反映全市精神文明工作的照片（电子版）7000余张。与市创城办联合对107家承担创城工作任务单位进行档案督查，下发整改通知，保证了创城档案的完整齐全。派专人配合主办单位，指导、整理和收集第五届国际马拉松档案，整理档案6盒，图册5本，光盘2盒。

【档案法治建设】 2016年，市档案局制定了《吴忠市档案局2016年普法工作方案》《吴忠市档案局2016年依法行政工作实施方案》等，组织开展了"6·9"国际档案日宣传活动，参加市法治办在明珠广场组织开展的"2016年广场说法"、"一周一法"法制宣传等广场宣传活动，大力开展档案法规宣传。结合工作实际，实行抽检、培训相结合的方法，集中人员，集中时间对利通区直机关（乡镇）50个单位开展档案目标管理工作执法检查，针对检查发现的问题现场发出整改通知书。通过检查，加强了各单位的档案法治意识，同时提高了档案员的业务水平。

【历史成果展】 2016年，市档案局与市委党史研究室共同承办了"吴忠市纪念建党95周年党建党史成果展"。利用新馆展厅，筹办"辉煌吴忠"图片展，展示吴忠历史足迹、红色历程、黄河文化、民族团结、辉煌成就图片400余张、实物50余件，结合多媒体设备展示吴忠历史沿革资料、滨河吴忠宣传片，充分发挥市档案局爱国主义教育基地作用。

【"记忆城市"工程】 2016年，市档案局围绕银南地区大院、材机厂、第五届国际马拉松比赛"两地一赛"等题材，展开资料拍摄工作，共拍摄照片600多张，留存吴忠发展记忆。

【馆库管理】 2016年，市档案局在馆库及展厅安装了"门禁指纹识别系统"、馆库温湿度自动监控系统，定期组织人员对库房安全进行检查，安排人员24小时值班监控库房安全。加强档案信息安全管理，建立了多媒体档案库，购置防磁柜等设备，严格备份制度和载体的安全检测。完善了档案查阅利用登记、库房日常检查、涉密（内控）文件查（借）阅审批制度。加大开放档案的鉴定、划控工作力度，切实做好档案的安全利用。制定下发了《吴忠市开放档案的鉴定、划控工作的通知》，成立了开放档案鉴定、划控工作领导小组，对开放档案的鉴定、划控工作的范围、内容提出了明确要求，工作任务责任到人。截至2016年年底，共完成了163个全宗105966条到期开放档案的鉴定、划控、整理工作，完成率达100%。做好馆藏档案存储数据的离线备份工作。根据《中共中央办公厅、国务院办公厅关于印发〈电子文件管理暂行办法〉的通知》，加强电子文件和数字档案的规范化管理工作，实施电子文件和数字档案安全保管及备份制度。通过移动硬盘、光盘两种不同的存储介质对数字档案馆中的电子档案、电子目录进行备份，通过多种形式、多种介质的离线备份，切实确保电子文件和数字档案的信息安全。

【档案信息化建设】 2016年，市档案局组织局馆人员对已完成的600万页馆藏档案全文扫描图像开展逐条校验工作，对图像质量、条目与原文的正确挂接进行校验，确保工程质量，巩固馆藏档案全文数字化成果。为了保证到期进馆档案纸质和电子版的双套移交，对各单位提供到档案馆的档案进行全文扫描和挂接服务，共挂接9391条，其中：工商局3649条、药监局807条、质监局2277条、建设局874条、信访局862条、审计局922条。着手建设基层数字档案室，规范了全文数字化扫描的硬件和软件技术参数标准，购买了电子公文综合管理应用系统软件及所需服务器设备，认真做好人员培训工作，为实现全市档案在线管理、指导、监督、移交打下了基础。目前，各单位的电子公文综合管理应用系统正在调试运行中。根据局馆局域网建设功能及安全需求，新增购置了服务器、防火墙、磁盘阵列、电源列头柜等硬件设施，确保局域网络安全运行。

【队伍建设】 2016年，市档案局深入开展"两学一做"学习教育，并以此为契机，进一步加强了机关作风和效能建设，加强党风廉政建设，强化监督管理。积极开展精神文明创建活动，组织全局干部参加机关文化周、社区共建，慰问退休老干部、老党员等活动。严格对支部党员组织关系进行全面的梳理排查。履行社区结对共建职责，组织党员到社区报到，积极参与社区清洁等活动，投入共建经费3000元。认真开展"定点帮扶""下基层、解民忧、帮发展、促和谐"等活动，驻村扶贫工作落实到位。

县（市、区）概况 Xian Shi Qu GaiKuang

利通区

【概　况】　利通区是吴忠市政治、经济、文化中心，辖区总面积1384平方公里，辖8镇；4乡，100个行政村、3个农场、21个城镇社区，户籍人口406142人，其中城镇人口207319人，农业人口198823人。2016年，利通区地区生产总值达163.9亿元，增长10.5%；全年实现工业增加值97.88亿元，增长13.2%；农业增加值16.89亿元，增长6.1%；第三产业增加值49.09亿元，增长7.0%；一般公共预算收入达3.45亿元，增长5.9%；完成固定资产投资172.08亿元，增长20.3%；实现社会消费品零售总额52.2亿元，增长8.5%；城镇和农村居民人均可支配收入分别达2.53万元和1.26万元，分别增长7.3%和8.5%。荣获"全国计划生育协会先进单位（2011—2015年度）"称号，并被命名为"第三届国土资源节约集约模范县（市）""第一批国家农产品质量安全县（市）"。利通区司法局荣获"全国人民调解宣传工作先进单位"称号，第十一小学被评为"全国学校毒品预防教育工作先进单位"，金星镇开元社区、阳光骄子社区被评为"2016年度全国综合减灾示范社区"，胜利镇永昌社区被评为"全国中小学环境教育社会实践基地"。上桥镇被评为"全国生态文化村"，东塔寺乡被列入第四批中国传统村落名录。

【农业经济】　2016年，利通区围绕"绿色、生态、有机、富硒"发展方向，紧盯"一特三高""一主四特"发展路子，大力发展优质奶、牛羊肉、有机菜、精品果和富硒粮等。突出奶产业主导地位，力促奶牛大县向奶牛强县转变，建成300头以上规模奶牛养殖场（园区）130个，奶牛存栏13.9万头，奶产业实现产值13.9亿元，奶产业占农业总产值比重达到57%。建成千头（只）以上肉牛肉羊规模养殖场43个，肉牛肉羊年交易量突破200万头（只）。建成3个万亩标准化瓜菜生产基地和4个千亩设施农业标准化生产园，设施农业面积达10.7万亩，瓜菜种植面积达13万亩，经果林总面积达10.7万亩，富硒粮食种植面积达2万亩。梅西脱毒葡萄种苗繁育、黑果枸杞、矮化密植苹果、红树莓等经果林面积达到10.7万亩。特色农业产值占农业总产值的比重达到85.6%。大力推动休闲农业发展，注重规划先行，搞好顶层设计，启动利通区全域旅游发展规划编制，月月举办乡村游系列活动，大力推进8个休闲农业示范区、4个观光林业精品区、7个乡村休闲旅游区建设。共建成乡村休闲旅游景点38个，预计全年实现农业增加值17.86亿元，增长5%，旅游业累计接待游客90万人次，实现经营性收入7000万元。

【工业经济】　2016年，利通区围绕"清、轻、青"发展战略，采取定帮扶、减负担、促销售、创环境、搭平台、抓招商"六条措施"，及时研究部署扩大投资、化解企业困难、保障工业运行等工作措施，全面落实自治区"工业18条""工业新10条"和吴忠市"工业10条"扶持政策，研究制定了《关于促进工业企业平稳增长的配套政策措施》，全力推动结构调整，兑现工业企业奖励补助资金700余万元。实行区级领导结对包抓重点企业帮扶制度，对各级各部门有效加强督促指导，帮助企业解决供水、供电、道路等问题170余件。依托恒丰集团，着力推动生态纺织产业向中高端延伸，德悦30万锭纺纱、兴德棉

5000万米高档家纺服装面料、恒利500万套服饰等重点项目实现了当年建设、当年投产，逐步形成集纺纱、织布、成衣加工为一体的纺织全产业链发展模式，现已具备年产75万锭纺纱、1亿米高档家纺服装面料、500万套服饰的生产能力。总投资6亿元、年产5000辆专用汽车、产值10亿元的骅泰专用汽车制造项目落地开工。截至2016年年底，依托工业"一区四园"平台，推进工业集群发展，现代纺织产业园、特色装备制造园和失地农民创业园共引进企业168家，建成运营135家，全年实现产值78.9亿元。轻重工业比达到67∶33，单位工业增加值能耗下降7.1%，经济增长贡献率为71.2%，拉动经济增长7.5个百分点。

【第三产业】 2016年，利通区围绕拓展提升，加快农产品物流园区、电商物流园、果蔬储备及冷链系统等项目建设，不断丰富现代商贸物流园经营业态，"十大市场"交易额突破50亿元。金龙商业广场、阳光瑞祥商业广场、永昌汇金时代广场、涝河桥仓储物流配送中心等商贸项目完成建设。罗渠综合市场、创利汽车物流服务区等项目顺利推进，累计建成各类商业网点1.2万个、市场38个。积极培育发展健康养老产业，上桥镇公共服务中心、金积镇、高闸镇养老托管中心加快推进。大力培育发展电子商务，建成电商创业孵化基地、"供销e家"等电商平台，新建电子商务特色街区和智慧商务示范社区各1个，建成村（社区）电商服务站125家。

重点建设了古城镇滨河文化休闲区、郭家桥乡鲜食水果采摘区等7个乡村休闲旅游主题区，建成了特色景点38个、星级农家乐14家。旅游业总收入年均增长20%以上，带动近2万人创业就业。全年实现社会消费品零售总额52.4亿元，同比增长9%；实现第三产业增加值49亿元，增长8.2%。

【城乡建设】 2016年，利通区认真落实《利通区镇村体系规划（2013—2020）》，围绕提升城乡基础设施建设、改善群众居住环境、增强中心镇辐射带动效应，加快推进城乡一体化发展。实施高闸新建、马莲渠续建2个美丽小城镇和8个美丽村庄建设任务。改造农村危旧房124户，完成高闸、马莲渠、扁担沟3个棚户区改造项目，建设面积8.5万平方米，改造7个老旧小区基础设施，实施农村改厕治污试点，完成3种模式178户水冲式厕所改造试点任务。全力推进银西高铁城际铁路、恒丰二期、棚户区改造等重点项目拆迁工作，拆迁住户1620户、企业26家。严厉打击非法侵占耕地、农田行为，严格落实占补平衡等耕地保护政策，促进土地资源集约节约利用，荣获"全国国土资源节约集约模范县（市）"称号。完善城乡交通网络，新建农村道路102.5公里。大力开展"农田水利基本建设大会战"，新建、续建了小农水重点县、高效节水灌溉、中型灌区续建配套等12项重点水利工程，新增高效节水灌溉面积2.9万亩，重点治理面积7.2万亩，综合治理面积20万亩，解决了2万人的安全饮水问题。坚持将生态环境建设融入经济社会建设各方面，通过划定5条生态保护红线，实施10项行动，扎实推进31项重点任务。开展"蓝天碧水·绿色城乡"专项行动，实施主干道路大整治、大绿化工程，森林覆盖率达到11.58%。结合创建全国文明城市、国家卫生城市，深化农村环境综合治理，新建及提标改造农村污水处理设施6座，新建农村垃圾中转站5座，投资1350万元建成110万立方米垃圾填埋场1处，投资1945万元完善城乡环卫设施，成功创建为自治区级生态区，入围"全国首批生态文明先行示范区"建设名单。

【社会事业】 2016年，利通区大力推进民生建设，着力解决群众关注的民生问题，不断提升群众的收入水平和生活水平。举全区之力，在产业扶贫、企业扶贫、社会扶贫、金融扶贫等"准"和"实"上下功夫、想办法，确保扶真贫、真扶贫、真脱贫。在精准脱贫建档立卡的乡镇村建设万亩富硒苹果基地，推广"果豆间作"林下种植模式，着力打造劳动密集型产业，落实油用牡丹、红树莓9000亩。建设肉兔、肉鸡、狮头鹅等养殖基地，解决就业3000多人。引进恒丰同利巾被厂等，把工厂建到建档立卡户家门口，将带动同利村1300多人稳定就业，真正实现一人就业、全家脱贫。围绕"扶持谁、怎么扶、谁来扶"等关键环节，细化部门帮扶、金融助力等工作措施，落实扶贫区域6所学校3500名学生免费午餐计划，对970名低保贫困户进行了调标，兜底保障贫困户

1200人。筹集资金780万元，按人均不低于18平方米的建设标准，对93户建档立卡户危房进行集中建设，确保如期实现1265人减贫、5个重点贫困村销号的目标。完成利通区镇海民族敬老院建设，建成城市社区日间照料中心、综合服务中心6个，农村"老饭桌"17个，农村幸福院20个。扎实推进人口均衡发展，人口自然增长率控制在7.81‰。社保扩面提标取得新进展，城乡居民基本医疗保险和基本养老保险参保覆盖率分别达到99.5%和95%，职工重特大病医疗互助覆盖人群4万余人。累计认定被征地农民9.83万人，纳入养老保险4.04万人。扎实做好建档立卡贫困户、失地农民、高校毕业生等重点群体就业工作，转移劳动力3.13万人，登记失业率控制在4.0%以内。全面落实强农惠民政策，兑现各类补贴资金3542万元。科技、文化、体育、卫生等各项事业稳步发展。紧紧围绕"585"模式，深入开展民族团结进步创建活动，常态化开展"社区邻居节"等工作，民族和睦、宗教和顺、社会和谐的局面进一步巩固。深化"法治利通""平安利通"建设，依法严厉打击各类违法犯罪活动，着力构建治安防控"八张网"，扩大平安建设覆盖面，群众安全感普遍增强。利通公安分局"4·30"打黑案受到市委、政府嘉奖和群众称颂。加大社会纠纷调处力度，建立完善人民调解"四张网络"，全力化解各类不安定因素。深入开展"信访维稳、安全生产、环境保护"专项整治，坚决杜绝越级访、非访和集体上访事件，全年未发生重特大事故，社会大局保持和谐稳定。

【深化改革】 2016年，利通区深入开展了"改革攻坚年"活动，坚持问题导向，扎实推进45项重点改革任务，不断激发发展活力。推进乡镇建设改革，率先在全区开展乡镇建设改革工作，利通区改革方案被自治区转发各县（市、区）进行推广。深化经济体制改革，成立融通城乡建设投资有限公司，制定配套措施，以PPP投融资模式推动健康产业园等基础设施及公共服务项目建设，引导社会资本有效整合。开展财政支农资金与金融融合试点，设立优势特色农业发展保证金和草畜产业发展担保金，落实贷款1.1亿元。创新开展现代农业社会化服务体系建设，受到了自治区领导的充分肯定。深化农业农村改革，稳步推进农村土地承包经营权确权登记颁证工作，完成10个乡镇4.69万户农户确权登记颁证工作，农户承包合同签订及发证率完成98%，确权登记面积28.46万亩。加快农村集体产权制度改革，农村集体资产股份合作制改革试点扩大到8个村。以推进农田水利设施产权制度改革和创新运行管护机制为重点，出台《利通区水资源使用权确权工作实施方案》和《利通区小型水利工程管理体制改革实施方案》，完成金银滩、高闸镇试点任务，扁担沟扬水灌区农业水价综合改革项目顺利完成。国有林场改革、供销社改革稳步推进。

红寺堡区

【概　况】 2016年，红寺堡区完成地区生产总值17.2亿元，增长10%；全社会固定资产投资80亿元，增长11%；地方公共财政预算收入1.83亿元，增长13.6%；社会消费品零售总额5.7亿元，增长7%；城镇居民人均可支配收入19412元，增长8.6%；农村居民人均可支配收入7081元，增长10.5%。

【现代农业】 2016年，红寺堡区实施"一减四增"调整结构，培育发展"3+X"产业，拓宽移民群众脱贫致富的新路子。全年共压减玉米8.2万亩，新发展葡萄0.9万亩、枸杞1.9万亩、优质牧草2.4万亩，累计分别达到10.6万亩、5.6万亩和4万亩，牛、羊饲养量分别达到7.1万头和70万只。新培育新型农业经营主体123家，新建高效节水灌溉面积2万亩，80%的节水项目重新启用，自治区高效节水农业现场观摩会在红寺堡区召开。百瑞源红寺堡枸杞基地获得国家质检总局首批生态原产地认证，罗山、紫尚等6个品牌获得第十届宁夏著名商标，中贺葡萄酒通过国家有机认证，"三品一标"认证达到45个。农业综合机械化水平、气象服务覆盖率分别达到80%、75%以上，预计2016年全区农业总产值达到11亿元，增长6%。

【新型工业】 截至2016年年底，红寺堡区累计投资12亿元，打造弘德慈善产业园工业集聚平台，新签约引进中和岳润、盛元绒业等项目11个，入园企业达到67家，天得葡萄酒、德惠石材等29家企业投产，新建罗兰、明雨等酒庄8座，葡萄酒年加工能力突破4万吨。实施江苏迪盛四联农光互补、大唐风机检测维修等项目，新能源装机容量达到860兆瓦。弘德彩印、白浪包装等企业年销售额达到8.55亿元。农副产品加工、轻工制造、新能源三大工业集群初步形成。培育"专、精、特、新"中小企业6家，白浪等3家企业进入宁夏中小企业50强，红川农科、嘉泽发电等6家企业获得16项国家专利。新增规上企业3家，累计达到17家。预计2016年，全区工业总产值达到13亿元，实现工业增加值4.3亿元，分别增长22%、13.6%。

【第三产业】 2016年，红寺堡区坚持"全景、全业、全时、全民"模式，修编完善旅游发展总体规划，举办2016年全国青少年航空航天模型锦标赛和文化旅游等系列活动，打造精品旅游路线4条、3A级旅游景点1个、四星级农家乐2家，基本形成以"移民、生态、慈善、航空"为特色的全域旅游格局，红寺堡成为宁夏东部环线旅游的重要节点。实施全国电子商务进农村综合示范县工程，建成电商孵化园、村级电商服务站20个。引进汇发村镇银行，成立红寺堡区红兴担保公司，全区金融机构发展到5家，存、贷款余额分别达到39.96亿元、22.4亿元。全年预计实现服务业增加值4.82亿元，增长12%。

【"两大任务"】 2016年，红寺堡区共确定建设项目182个，累计完成投资77亿元。48个重点项目开工率97.9%，完成投资50亿元，完成年度投资计划的117.9%。全年争取各类项目248个，争取中央及自治区下达批复资金20.9亿元，增长10%。全区在建招商引资项目43个，总投资246亿元，实际到位资金76.8亿元，增长9.8%。

【城市建设】 2016年，红寺堡区主动融入自治区空间发展战略规划，以实施"多规融合"为引领，完成城乡一体化发展总体规划修编，建立信息管理平台，推进"三规合一"及"多规融合"。坚持城市建设和经营管理同步推进、旧城改造和新区建设统筹兼顾，建成体育公园、城市停车场等一大批惠民工程，金水街、团结街等市政道路改造完工，东环路建成通车。深入推进"创城""创卫"，垃圾、污水处理率分别达到95%、86.2%，棚户区改造加快推进，完成征收拆迁1733户，利通尚书城、御泉新苑等8个房地产项目开工。以地换房、货币安置、自助选房棚改模式得到自治区的充分肯定。城区建成区面积达到15.6平方公里，"八路十街"大县城框架拉开，常住人口城镇化率达到29.3%。

【美丽乡村】 2016年，红寺堡区实施"八大工程"，捆绑项目、捆绑资金，统筹推进美丽乡村建设。整合各类项目资金3.8亿元，重点实施水利项目建设、土地整理、造林绿化、农村环境整治、农村公路、京藏高速改建、乡镇村卫生院和卫生室、乡村学校等建设项目。新建乡村道路140公里，整治沙化盐渍化土地2.5万亩，推广太阳能热水器1.3万台。建设美丽小城镇1个、美丽村庄8个。实施新庄集、金庄子水库等水源工程，自来水入户率达96%。

【生态环境】 2016年，红寺堡区实施城区绿化、绿色通道、退耕还林、水土流失治理等重点生态工程，累计完成营造林8.1万亩，全区森林覆盖率达到11.98%，城区绿地率达到35%，绿化覆盖率达到39%，人均公园绿地27.5平方米。坚持生态建设和环境保护同步发力，推进"碧水蓝天·绿色城乡"专项行动，实施天然林保护、禁牧封育等重大生态工程。开展"环境保护执法年"活动，开通"12369"环保热线，农村环境综合整治实现全覆盖，城乡环境治理持续改善。

【脱贫攻坚】 2016年，红寺堡区采取"户申报、小组议、村评定、入户查、逐级核、区确认"和"14322"村级事务管理"五步监督法"精准识别扶贫对象，经过"三上三下"多轮识别，锁定建档立卡贫困人口11791户47232人。为贫困户量身定做扶贫计划和脱贫措施，精准到村、到户、到人。建立产业扶贫基金，推出"自移贷""葡萄贷""牛业贷"等特色金融产品，对全区所有建档立卡贫困户进行评级授信，累计发放扶贫贷款8.6亿元。发展电商扶贫、金融扶贫、光伏扶贫等新业态，实现建档立卡贫困户产业扶持全覆盖，培育杨柳葡萄、兴民黄花菜、龙泉西甜瓜等一批产业脱贫示范村。葡萄产业助农增收获评国家2016年民生示范工程。4610名建档立卡贫困人口全部纳入政策兜底，开展实用技术和劳动技能培训8582人次，1253名贫困家庭学生免除普通高中学杂费。与闽宁对口扶贫协作市县、国家烟草专卖局、清华大学扶贫办等对接联系，聚集脱贫攻坚合力，实现9个贫困村销号、1.69万贫困人口脱贫。

【社会事业】 2016年，红寺堡区实施四中、大河二幼、马渠三幼等教育项目61个，义务教育均衡发展，高考录取率稳步提升。提升医疗卫生服务水平，实施乡镇卫生院改扩建、村级卫生室标准化建设提升工程，积极开展自治区卫生乡镇创建活动，开工建设人民医院门诊急诊楼、计生和妇幼保健中心等工程，三级医疗卫生服务体系进一步完善。实施大病医疗救助，全面推行先诊疗后付费模式。18周岁以上人群健康状况调查暨慢性病防控体系构建项目惠及5000余人，自治区医疗扶贫现场观摩会在红寺堡区召开。加强与上海第六人民医院、北京友谊医院平谷医院等优势医疗机构的对口协作，建立远程会诊、特色科室，有效缓解了群众看病难、看病远、看病贵的问题。发挥计生政策导向作用，实施"少生快富"工程1307户，群众生育观念由早婚早育、养儿防老向优生优育、少生快富转变。提升文化事业发展水平，启动国家公共文化服务体系示范区创建工作。体育馆建成开放，文化馆正式立项，农家书屋、农村电影、村级体育场所实现全覆盖。图书馆参评"2016年全国最美基层图书馆"。

【社会保障】 2016年，红寺堡区城乡居民基本养老保险、基本医疗保险参保率分别达到95%、100%以上。开工建设第二敬老院、老年活动中心、日间照料中心等工程。建成城乡社区服务站15个、"老饭桌"20个。为142名重点优抚对象和60岁以上农村退伍军人进行免费体检。城乡低保标准提高，城市低保人均达到440元/月，农村低保人均3150元/年，实现低保线与扶贫线"两线合一"。加大住房保障力度，改造农村危房474户。

【宁夏弘德慈善产业园】 截至2016年年底，宁夏弘德慈善产业园累计完成投资12.5亿元，完成启动区10.06平方公里。"七纵六横"45公里道路、给排水以及道路亮化工程，供电、供水、供暖、网络等配套设施建成，初步达到了"七通一平"标准。园区突出以酿酒葡萄为主的农副产品深加工产业、印刷包装产业、新能源装备配套等三大主导产业，累计引进招商项目65个，其中建成投产28家，正在建设37家，规模以上企业12家，解决就业人数2313人，其中解决残疾人就业346人。园区有3家（白浪包装、紫尚酿酒、壹加壹科技）企业在天交所挂牌交易，1家（嘉泽发电）企业正在筹备在上交所主板挂牌上市工作，3家（白浪包装、瑞丰葡萄酒、弘德包装）企业进入宁夏中小企业50强，2016年有4家（瑞丰、汇达、中贺、紫尚）企业进入自治区第八批农业产业化重点龙头企业名单。2016年，园区完成固定资产投资22亿元，同比增长33%；完成工业总产值11.65亿元，同比增长19%；实现增加值3.5亿元，同比增长19.5%。

青铜峡市

【概　况】 青铜峡市毗邻吴忠市区，隔黄河与利通区相望，是黄河金岸靓镇、宁夏经济核心区之一。辖区总面积2525平方千米，辖峡口镇、青铜峡镇、大坝镇、小坝镇、瞿靖镇、邵岗镇、陈袁滩镇、叶盛镇8个镇，裕民街道办事处，连湖农场、树新林场、良种繁殖场3个农（林）场，85个行政村，21个城镇社区。年末，全市有常住人口294161人。其中，城镇人口148492人，农村人口145669人，回族人口占全市总人口的23.8%。2016年，全市实现地区生产总值134.3亿元，比2015年增长4.5%；完成固定资产投资130.2亿元，比2015年增长13.3%；实现地方一般公共预算收入7.5亿元，比2015年增长7%；实现城镇居民人均可支配收入23633元，比2015年增长7.4%；实现农村居民人均可支配收入12040元，比2015年增长7.5%。年内，获"全国民族团结进步创建活动示范县（市）""全国双拥模范城""全国国土资源节约集约示范市""全国科普示范市"等荣誉称号。

【工　业】 编制完成青铜峡新材料基地、嘉宝轻纺工业园区总体规划，开工建设新材料基地污水处理厂排水管网、天然气配气站及嘉宝园区纬四路及排水工程等项目。加快产业结构调整步伐，发展装备制造、新型材料、现代纺织等新兴产业，引进轴承谷、苏锡光电、仁和纺织等亿元项目18个，民营经济比重提高到50.3%，首次超过国有经济。争取各类扶持资金4.5亿元，实施大唐国际大坝发电有限责任公司、宁夏勤昌滚动轴承制造有限公司、宁夏金昱元化工集团有限公司等15家企业技术改造，全市万元GDP综合能耗下降15%。开展项目建设"双百"行动，落实精准包抓企业责任制，实行"一企一策、一包3年、动态调整"推进机制，协调企业解决生产用水、道路运输、产品销售等难题263个，帮助宁夏普华冶金制品有限公司等29家停产半停产企业恢复生产。推行"五证合一（营业执照、组织机构代码证、税务登记证、社会保险登记证、统计登记证）、一照一码（将由3个部门分别核发不同证照改为由工商部门直接核发加载统一社会信用代码的营业执照登记制度）"工商登记，搭建企业融资担保平台，帮助企业做大做强。宁夏顺宝现代农业股份有限公司、青铜峡市法福来面粉有限公司等3家公司在新三板挂牌。年内，工业企业引进应用专利技术250项，自治区级科技型中小企业达31家，青铜峡市被列为国家专利质押融资试点城市。全年实现规模以上工业增加值60亿元，比2015年增长5%。

【农业】 推进"两优一特"产业发展，抓基地、创品牌、拓市场，全年落实优质水稻种植面积20.3万亩，创建水稻粮油高产万亩示范方6个，举办优质大米产业发展论坛、稻花香里文化艺术节等活动，"青铜峡"大米品牌影响力逐步释放。实施中法葡萄酒庄集群示范区、先锋大青葡萄长廊等项目工程建设，新建续建葡萄酒庄8个，葡萄种植面积突破13.6万亩，御马酒庄被评为自治区五星级列级酒庄。扩大特种养殖规模，实施恒源、恒辉、绿宝、兴盛达4个规模化肉驴养殖场项目建设，肉驴饲养量达到万头。深化农村土地改革，在全市推广叶盛镇五星村土地股份合作模式，土地确权登记颁证工作通过自治区验收，宁夏正鑫源现代农业发展集团、宁夏中航郑飞塞外香食品有限公司等农业产业化龙头企业达到35家，农副产品精深加工比重由9%上升到17%。全年完成农业总产值32.5亿元，比2015年增长6%。

【第三产业】 以创建国家旅游城市为目标，编制青铜峡市全域旅游发展规划，围绕"黄河岸边""稻花香里""贺兰山下"三大旅游板块，抓好智慧旅游等10项工作，实施"印象黄河·彩虹之上"旅游景观标识等10项工程建设，旅游产业向纵深拓展。开展黄河文化旅游形象宣传推介，举办阿迪力黄河大峡谷挑战极限之旅、百家旅行社来青踏青踩线、黄河楼彩灯嘉年华灯展等活动，黄河楼通过国家4A级旅游景区验收。发展乡村休闲产业，全市新增农家乐16家，1名旅游从业人员被评为"全国旅游劳动模范"，3名讲解员被自治区评为"十大金牌讲解员"，22名行业从业人员被吴忠市评为"百名旅游服务之星"。开通青铜峡旅游直通车，出台促进餐饮住宿业发展措施，制定引客入青奖励办法，激活旅游消费市场，全年接待游客300万人，实现旅游总收入7.8亿元。加快特色产品展馆、市级电商服务中心和村级电商服务站发展，青铜峡市跨入国家电子商务进农村综合示范市行列。全年实现社会消费品零售总额20.6亿元，比2015年增长8%。

【城乡建设】 开展城市控制性详细规划编制工作，合理确定城市主体功能区，优化城市布局。完善土地利用总体规划，高效利用土地资源，青铜峡市被评为"国土资源节约集约模范县市"。结合空间规划（多规合一）试点工作开展，推进地下综合管线规划，加强城市景观设计研究，明确明清汉唐特色城市建筑风格，建设宜居宜业文化名城。出台刺激房地产发展政策，化解房地产库存，消化商品房420套3.8万平方米。加快老城区改造步伐，实施热电联产、景观绿化、集污管网等基础设施建设工程，完成22个老旧小区给排水管网、公共绿地、公共设施等综合改造。落实镇村体系规划，发展农村高速宽带网络，推进特色小城镇和美丽村庄建设，完成邵岗镇沙湖村、峡口镇郝渠村、叶盛镇龙门村3个美丽村庄改造，新建改建农村公路33.9公里。落实水、大气、土壤、固废污染防治行动计划，开展打击盗采滥挖砂石和随意焚烧秸秆专项行动，治理城乡环境污染，淘汰燃煤小锅炉20台，办理中央第八环保督察组转办案件32件。抓好生态造林绿化、城市园林绿化等项目建设，重点实施西线高速匝道、汉延东路北段景观等绿化工程，开展城乡环境综合整治"百日专项"行动，年内新增绿化公共绿地面积44.9万平方米，空气质量优良天数超过286天。青铜峡市顺利通过国家卫生城市复验。

【社会事业】 教育文化。加大基础设施投入，改善教育教学条件，完成市第六小学、陈袁滩幼儿园、余桥小学教师周转宿舍等项目建设任务。实施基础教育内涵发展行动计划，高考上线率达到33.2%，同比提高6.6个百分点。加快职业教育信息化建设步伐，组队参加职业技能大赛，获全国一等奖1个、自治区级一等奖3个，青铜峡市连续3次被命名为"全国科普示范市"。申办"李宁·红双喜杯"全国乒乓球会员联赛，承办第五届黄河金岸（吴忠）国际马拉松比赛。举办青铜峡市"广电网络杯"唱响青铜峡好声音电视歌手大赛等文体活动，丰富群众文化生活，创作编排秦腔小戏《过草地》、秦腔折子戏《打镇台》代表宁夏进京汇报演出，小品《爱有你我他》获全区群众文艺会演创作一等奖。杨福珍入选"中国好人榜"，鲁忠义家庭被评为"全国文明家庭"，姜中云等6人被评为吴忠第三届道德模范。医疗卫生。健全公共卫生服务体系，普及基本公共卫生服务项目，公共卫生服务实现均等化，普惠性体检工作提前完成，"七免一救助"工作实现全覆盖。推进医药卫生体制改革，实施市卫生监督所及妇幼保健所综合楼等项目工程，加快各镇卫生院、村服务室建设，完善公共卫生和医疗服务体系，逐步解决群众看病难、看病贵等问题，改善群众就医环境。市人民医院创建二甲医院通过自治区复审验收，叶盛和峡口卫生院被评为全区第二批"群众满意乡镇卫生院"，小坝镇、瞿靖镇被评为宁夏计生服务五星级镇。社会保障。统筹推进养老、医疗、失业等社会保险事业发展，构筑城乡低保、农村"五保"（保吃、保住、保穿、保医、保葬）供养、城乡医疗、城乡居民临时救助、重残救助、孤儿救助、移民救助"七位一体"救助体系，落实各类社会保障惠民政策，开展职工医疗互助活动，全年发放城乡低保资金及各类补贴5221万元、困难残疾人护理补贴301万元，城乡居民养老保险、医疗保险参保人数分别达到9.75万人、21.7万人。打好扶贫攻坚战役，完成1897户7836人精准扶贫建档摸底工作，确定产业、培训、教育、兜底等"四个一批"精准脱贫路径，制定并落实11项脱贫攻坚措施，全年发放扶贫小额贷款4303.34万元，2010人脱贫。开工建设碧水蓝天、学府一号等房地产项目，建设公租房440套，投资3.1亿元实施1000户棚户区改造，有效缓解低收入家庭住房难问题。就业创业。推进大众创业、万众创新，鼓励以创业带动就业，年内新培养小老板371个，培育小企业185家，发放支持创业小额担保贷款7462.9万元，创造新岗位1060个，带动就业2513人，全市新增城镇就业4975人，转移农村劳动力就业38578人，实现工资性收入4.39亿元。"塞上e家"和物流汽车创业园被自治区命名为"自治区级创业孵化示范基地"。

【社会管理】 民主政治建设。坚持人民代表大会和政治协商会议制度，召开市第十五届人民代表大会和第十一届政协委员会，完成市、镇两级领导班子换届选举工作。强化政府工作监督，听取和审议"一府两院"专项工作报告，开展执法工作检查。巩固和发展爱国统一战线，加强同各民主党派和无党派人士团结合作，成立知识分子联合会议，鼓励各民主党派和无党派人士参政议政、建言献策。建立群团工作联席会议制度，支持总工会、共青团、妇联等人民团体依法开展工作，完成工商联第九届执委会换届。开展军地共建工作，走军民融合式发展路子，青铜峡市第六次被评为"全国双拥模范市"。依法治市工作。总结"六五"普法经验，开展"守法好公民"评选、"法律九进"、法制文艺创作巡演等活动，启动"七五"普法工作，增强公民法制意识。开展电视问政活动，全面推行权力清单和责任清单，建立权责明晰、运转高效政府权责体系，规范行政许可、行政处罚行为和行政强制措施，打造阳光政务。深化司法行政改革，成立青铜峡市法学会，探索从律师和法学专家中公开选拔立法工作者、法官、检察官，推进司法专业化和职业化，维护社会公平正义。社会治理创新。推进"平安青铜峡"建设，处置疑难复杂问题，化解信访积案，维护群众合理合法诉求，依法打击违法上访行为。加强和创新社会治理，提升群众满意度和公众安全感，全市各类刑事案件

同比下降19%,破案率提高36%,成功侦破"12·6"特大盗窃案。创新吸毒人员收戒管控和社区警务工作,禁毒预防教育工作走在全区前列,得到国家禁毒委肯定,青铜峡市获全国青少年禁毒知识竞赛决赛二等奖,"一村一警"社区警务工作模式在全区推广。建立信访信息互联互通系统,加强网络舆情信息日常监测,妥善处理涉青舆情。落实安全生产责任,开展重点行业领域突出问题整治,全市安全生产形势持续好转。

盐池县

【概况】 盐池县地处陕甘宁蒙交界地带,全县土地总面积8522.2平方公里,是宁夏土地面积最大的县。下辖4镇4乡1个街道办事处,总人口17.2万人,其中农业人口14.3万人。2016年,盐池县坚持以党的十八大及十八届三中、四中、五中、六中全会精神为指导,贯彻落实区市全委会议精神,以"两学一做"学习教育为载体,坚持把加快发展作为第一要务,应对经济发展新常态,攻坚克难,坚持稳增长、调结构、促改革、惠民生,打好脱贫攻坚、工业转型升级等九场硬仗。年底,盐池县荣膺中国县域经济投资潜力县和中国县域经济精准脱贫先进县。

【国民经济发展】 2016年,盐池县实现地区生产总值72.21亿元,增长12.7%,分别高于全区、全市4.6个百分点和3.7个百分点,排全区第一位。其中,第一产业实现增加值5.99亿元,增长5.1%;第二产业实现增加值41.49亿元,增长14.3%;第三产业实现增加值24.73亿元,增长11.9%。全年实现农林牧渔业总产值13.45亿元,增长4.9%;实现农林牧渔业增加值6.49亿元,增长4.9%。固定资产投资180.28亿元,增长19.6%。完成社会消费品零售总额12.3亿元,增长6.8%。县级公共财政预算收入7.72亿元。城乡居民人均可支配收入22673元和8532元,分别增长8.4%和11.2%。全县工业总产值达到90.5亿元,工业园区企业167家,其中规上企业突破50家,油气化工行业产值达25.3亿元。工业步入了快速转型期,对经济增长贡献率达到78.2%。

【社会事业发展】 2016年,盐池县有各级各类学校(园)63所,在校学生28114人,教职工1760人,专任教师1655人。有宣传文化中心、文化馆、国家二级图书馆、革命烈士纪念园、博物馆、中国滩羊馆、档案馆各1处。有8个乡镇文化站,117个村(社区)文化服务中心。全年共接待区内外游客55万人次,旅游综合收入达1.4亿元。有医疗卫生机构135个,注册执业医师(助理)267人,注册护士288人。全县新增就业人员1996人,城镇登记失业率为3.1%。全县参加基本养老保险人数16066人,比2015年增加654人。全县参加城镇职工医疗保险14214人,参保率100%;参加工伤保险9948人、生育保险9785人,参加城乡居民医疗保险140607人。城镇居民最低生活保障人数3122人,农村居民最低生活保障人数13113人。全县有老年人福利服务中心1个。年内,盐池县坚持教育事业优先发展战略,实施"改薄"(全面改善贫困地区义务教育薄弱学校基本办学条件)项目。义务教育均衡发展高标准通过国家考核验收,学前教育体制改革试点工作经验在全国推广,职业教育、特殊教育稳步推进。实施"改薄"项目学校20所,建成了职业教育中心和村级农民体育健身工程8个。"三免一补"政策得到全面落实。"两支队伍"建设不断加强,完成校长、教师轮岗交流203人,招聘特岗教师38名。大力发展文化体育事业,建成全民健身活动中心等一批文体工程,成功举办了盐池县第五届运动会;新建了长城关,对盐池革命历史纪念馆重新布展,建成乡镇文化站2个。成功举办了纪念红军长征胜利暨盐池解放80周年大庆系列活动,与央视合作拍摄纪录片《盐池长歌》,盐州艺术团代表宁夏参加了"欢跃四季——全国百姓广场舞吴江展演暨第十三届吴江区域文化联动活动",全年共组织送戏下乡演出54场,广场文艺会演62场。出版发行了《盐池历史文化人物》《民国时期的盐池》《陕甘宁边区时期的盐池》等地方志史料。联合区内外高校及科研所实施重大科技项目26项,打造自治区级科技试验示范基地1个,8项科研成果在全区推广。大力发展卫生计生事业,县、乡、村三级医疗卫生服务机构全部达到标准化,县医院顺利通过二甲复审,惠安堡镇中心卫生院被国家卫计委命名为"群众满意的乡镇卫生院"。建立了全区首个县级卫生发展基金会,募集基金2464万元。结核病和布病

"三位一体"防治模式在全区推广，全国健康促进县创建工作高标准通过评估验收。推进全面两孩政策实施，人口出生率为12.48‰，政策符合率达93.28%。创新"三色"卡服务管理模式，流动人口均等化服务体系不断完善，盐池县被命名为全国计划生育优质服务先进单位和全区妇幼健康示范县。统筹城乡居民养老和医疗保险等"五大保险"全覆盖，实施残疾人"两项补贴"和意外伤害保险。医保实现大病二次报销和区内异地就医即时结算。城乡低保实现再次提标，在全区率先实现低保标准与扶贫标准"两线合一"。引导大众创业、万众创新，创造新岗位2143个，城镇登记失业率控制在3.1%以内，零就业家庭实现动态消零。转移农村劳动力就业4.83万人次，创收5.49亿元以上。

【特色农业】 2016年，盐池县构建了滩羊、甘草、小杂粮、黄花"1+3"特色优势产业格局，持续推进特色产业规模化、品牌化、高端化。整合各类项目资金5.5亿元，抓滩羊产业质量追溯、品牌保护、市场开拓、滩羊保险等关键环节扶持力度，采取组建滩羊协会、设立滩羊发展基金、订单收购、核量奖补等措施，推动滩羊产业走出困境，全年新增基础母羊5.3万只，滩羊饲养量达305万只。以盐池滩羊肉销售中心商户入驻中国银川国际商贸城及盐池滩羊肉作为G20峰会专用食材走上国际餐桌为契机，先后在杭州、深圳、天津等大中城市举办盐池滩羊战略品牌发布会、盐池滩羊肉推介会等特色推介活动，与深圳悦宁荟餐饮投资有限公司、天津鹏天阁酒店等达成合作协议，高端市场占有率实现新突破，盐池滩羊品牌知名度和影响力大幅提升，品牌效应带动盐池滩羊肉价格实现明显回升，品牌价值达67.28亿元。培育扶持金海、延荣等中药材家庭农场6家、产销合作组织15家，打造了旺四滩、施记圈、王吾岔（官滩）、城西滩4个万亩中药材种植示范基地，抚育种植以甘草为主的中药材20.1万亩。加大扬黄灌区节水改造和结构调整力度，完成高效节水种植24.79万亩，新增节水灌溉面积5.8万亩。新增种植黄花2万亩，种植以荞麦为主的小杂粮42万亩，以滩羊为主的特色产业实现产值11.2亿元，占农业总产值比重达80%以上。

【园区建设】 宁夏盐池工业园区由"一园五区"（县城、高沙窝、青山、惠安堡、冯记沟功能区）、高沙窝工业集中区、光伏发电示范园3个板块组成，总规划面积13944公顷。园区道路、给排水、供电、供气、污水处理厂和消防站等配套基础设施齐全。规划发展煤化工、油气化工、新能源、新型建材、特色农副产品精深加工等主导产业。截至2016年年底，已形成以宁鲁石化、深燃众源天然气、金裕海化工、天利丰能源等为龙头的油气化工产业，以明峰建材、永泰石膏、瀛海建材等为龙头的水泥和石膏建材产业，以鑫海食品、中民甘草茶、余聪食品等为龙头的特色农副产品加工产业，以中民投光伏为主的新能源产业（全球最大的单体光伏电站）。2016年，全县入园企业达到167家，其中规模以上企业突破50家，完成工业总产值90.5亿元，实现工业增加值29.2亿元，同比增长17.8%。2016年，盐池县坚持把项目建设作为重要抓手，引进了中海外瑞丰新能源30万吨煤焦油加氢、黄河汇通60万吨重油综合利用等项目12个，招商引资到位资金72.6亿元，完成目标任务63亿元的115.3%。全年实施工业项目20个，其中新建项目12个，续建项目8个，全年完成固定资产投资68亿元。国信10万千瓦光伏、中民投380兆瓦光伏、峰云10万吨醇基燃料、金家渠400万吨煤矿等8个项目建成投产或具备生产条件，金裕海20万吨正丁烷、哈纳斯20万千瓦风电、华特新能源60MW风力发电设备制造等项目正按计划进度推进。同时，完成了县城、高沙窝功能区2座消防站，高沙窝功能区1.4公里排水，高沙窝工业集中区经八路，县城功能区日处理3000立方米污水处理厂等工程，园区基础设施完成投资2000万元。编制完成了《中小企业孵化园控制性详细规划》初稿，与宁东管委会就后续产业园规划、基础设施配套等事宜进行对接，达成初步意向。通过招商引资、兼并重组等方式，有针对性地对13家"圈而不建"企业限期转产盘活。截至年底，已盘活6家。狠抓企业污染防控治理，对22家石膏加工企业责令停产整顿。

【城市建设】 2016年，盐池县开展"三规合一""多规融合"成果应用，建立了以县城为中心、

重点乡镇为支撑、中心村为基础的城乡发展体系。国家新型城镇化综合试点县和结合新型城镇化开展支持农民工等人员返乡创业试点县工作全面启动。投资25.5亿元,实施棚户区改造、古城墙修复、公园广场提升等28个城乡重点建设项目。全民健身活动中心建成投入运营,农村敬老院、残疾人托养中心和康复中心等一批社会福利公建项目建成并投入使用。集中打造了环城公园、长城公园、解放公园等一批精品景观工程。古城墙修复东南西三面全部贯通,城市品位和文化内涵提升。银湖名邸、富春山居等房地产开发项目推进,年内新增商住面积20.5万平方米。完成城镇棚户区房屋征收2053户,老旧小区建筑节能改造13.8万平方米。续建公租房1245套,续建安置房1344套,入住率达92%。启动实施惠安堡美丽小城镇建设,新建、改造营盘台、兴武营等美丽村庄15个,完成农村危房改造1052户。

【脱贫攻坚】 2016年,盐池县按照"三年集中攻坚、两年巩固提高、力争提前脱贫"的工作思路,走依靠金融创新推动产业发展、依托产业发展带动群众增收致富的路子,筹集资金32.56亿元,综合实施了基础改善、产业扶持、金融扶贫等"七大工程",培育了光伏扶贫、旅游扶贫、电商扶贫等扶贫新业态,30个贫困村脱贫销号,减少贫困人口12618人;走精准识别、精准施策的路子,创新开展"五审核七联签",在全区率先建立了盐池县智慧扶贫综合管理服务平台,出台"特色产业十项"扶贫政策,把滩羊、甘草、黄花等特色优势产业作为贫困群众脱贫的主导产业,推动"一乡一业""一村一品"和三次产业跨界融合发展。在总结评级授信等成功经验做法的基础上,采取诚信支撑、产融结合等举措,破解了免担保免抵押贷款难、60周岁以上贷款年龄受限等十大难题,全县小额扶贫贷款余额达31.4亿元,受益农户2.8万户。率先在全区推行"脱贫保",筹资2217万元,为贫困户定制了12个险种。金融扶贫工作受到国务院督查表扬,全国金融扶贫培训班连续两年在盐池县召开,中央电视台一年4次报道盐池县脱贫攻坚工作,《焦点访谈》栏目以正面题材报道,金融扶贫"盐池模式"向全国推广。加强与国民投战略合作,注入扶贫担保基金5亿元,在全县74个贫困村建设光伏电站,村级组织每年稳定收入20万元,户均每年收益3000元,持续收入20年。

同心县

【概况】 吴忠市同心县地处宁夏中部干旱带核心区,县域总面积4662.16平方公里,境内自然条件、生态环境相对恶劣,丘陵、沟壑、山地、沙漠等地貌类型占总面积的65.4%,县辖豫海镇、河西镇、韦州镇、下马关镇、豫旺镇、王团镇、丁塘镇、田老庄乡、马高庄乡、张家塬乡、兴隆乡11个乡镇和石狮管委会,154个行政村,4个居委会,总人口39.85万人,其中农业人口28.46万人,占71.5%,回族人口34.16万人,占85.8%。2016年实现地区生产总值54.7185亿元,完成全社会固定资产投资93.5496亿元,同比分别增长11.6%和1.0%;完成地方公共财政预算收入2.155亿元,比上年下降3.2%;城镇居民人均可支配收入20277.2元,农村居民人均可支配收入7388.4元,同比分别增长8.1%和10.1%;实现全社会消费品零售总额12.01亿元,增长6.5%。小康综合指数进一步提高。

【工业经济】 2016年,同心县实现工业增加值153120万元,比上年增长19.7%。全年规模以上工业实现增加值152816万元,比上年增长22.3%。全年规模以上工业企业实现销售产值551334万元,比上年增长18.6%,工业产品销售率为98.2%。坚持工业强县战略,累计投资15亿元建成了同德慈善产业园等"一园四区"工业发展平台,初步形成了"轻、新、健"产业集群,已入园企业达71家,特色农产品精深加工等53家企业投产,规上企业新增12家。全年完成工业总产值40.5亿元,固定资产投资1.18亿元。园区基础设施逐步完善,完成投资1.18亿元,同比增长18%,第四供热中心、"双创"基地标准化厂房及道路建设等已投入使用,开工建设了新材料园区日处理0.5万吨污水处理厂项目等。制定出台了进一步加快羊绒产业发展的政策措施,全年原绒购销6205吨,生产无毛绒4465吨,产值32.5亿元,工业增加值7.85亿元,同比分别增长11%和10%。建成3个330千伏输变电站,大唐、龙源、中民投、嘉泽等15家风光电企业并网140万千瓦。全县规上企业达到58家。全县工业经济由倚重羊绒初加工向纺织、食品加工、新能源等多元化方向发展。

【农业与农村经济】 2016年，同心县稳定粮食生产，调整农业结构，以特促优，粮食总产量达到30.7万吨，实现了"十三连丰"。全年完成农业总产值23.57亿元，增加值11.31亿元，分别增长3.5%、4%，特色优势产业比重达到86%。压减扬黄灌区玉米种植5.89万亩，发展苹果、蔬菜等高效节灌农业，实施了丁塘镇团结村及吴家河湾二期高效节水灌溉项目建设，发展高效节水灌溉面积1.01万亩。壮大发展枸杞、中药材、小杂粮等特色优势产业，全县有机枸杞规模已经达到12.2万亩、中药材35万亩、油用牡丹1.5万亩、同心圆枣8万亩、小杂粮30万亩、优质牧草7万亩，都已形成连片种植基地。新增易捷、润德等自治区、市级农业龙头企业5家，培育40家农民专业合作社，示范带动特色产业发展，开发出有机枸杞3大系列20多个产品，并获美、欧、日有机认证，同心县也被评为国家级有机枸杞出口食品农产品质量安全示范区。累计建成标准化棚圈300万平方米，培育新型农业经营主体，扶持建设自治区、市级畜牧养殖业重点龙头企业11家，成立家庭农（牧）场40家，建成下马关镇万头黑毛驴繁育基地一期，入栏4000头，牛、羊饲养量分别达到38万头、170万只。基本完成全县农村土地承包经营权确权登记、宅基地与集体建设用地使用权确权登记工作，土地承包经营权已确权面积118万亩、颁发证书44534本，宅基地和集体建设用地使用权已确权7.15万宗、面积9.6万亩，完成丁塘镇新华村45户农户农村承包土地经营权抵押贷款284万元。持续开展农田水利基本建设，共投入劳力218.42万工日，机械37.025万台班，完成投资13.91亿元，建设高标准农田5.5万亩，砌护渠道910公里，完成机深松5万亩，荣获全区农田水利基本建设"黄河杯"二等奖。相继实施了下马关水库、马高庄水库、预旺水库和马塘水库4座水库建设，总库容3598万立方米，建成下马关水库、赵家树水库，完成马高庄乡白阳洼村、马高庄村农村饮水安全巩固提升工程，解决了近1200人的安全饮水问题，并在王团镇罗台等村新建供水点7个，开工建设各类应急水源工程38个，完成白石头沟水库、韦州水库等5处。

【第三产业发展】 2016年，同心县全力发展服务业，形成清水湾农贸市场、永昌建材城、羊绒交易市场等五大专业市场和奇虎商厦、光亚商业广场、河西农贸市场、同心商城蔬菜果品配发交易大厅等8个商贸综合体。全面实施全国电子商务进农村综合示范县工程，继续完善闽宁协作县级电商服务中心，已建成农村电商服务站36个和西安、银川等4家O2O体验店，"和沐生活网"同心频道上线运营，为大众创业、万众创新开辟了新路子。继续培育新型金融业态，筹措资金设立了扶贫产业担保、中小微企业"助保贷"等6大产业基金，组建了同心县惠民担保公司，全县金融机构发展到14家，金融体系进一步健全，各项存款余额达到107亿元，贷款余额达到70亿元。宁夏企业IPO工作会议首次在同心县召开，全区17家IPO企业及48家规模以上企业的董事长、董事会秘书等100余人参加了活动，对提升金融业发展水平具有重要推动作用。已有5家企业在新四板挂牌。开工建设了游客服务中心等项目，打造了天台山、龙泉山生态休闲旅游等景区，同心清真大寺入围宁夏"新20景"，初步形成以清真大寺为主的西线旅游格局。2016年，全县服务业增加值21.3亿元，增长12%。

【招商引资】 2016年，同心县加大投资，全县确定重点建设项目170个，实施重点建设项目158个，清水河县城段综合治理、马高庄水库、下马关水库、银平路过境段改造等一大批重点项目建成并投入使用，累计完成投资156亿元。争取中央及自治区各类项目和资金，落实项目453项，下达批复资金41.06亿元，比上年度增长22.2%。建立了对外宣传推介和招商窗口，实施政府引导、商会组织、企业参与的招商推介与产品营销模式。全县在建招商引资项目34个，总投资127.6亿元，实际到位资金74.7亿元，增长6.7%。其中，风光电项目5个、工业项目11个、农业产业化项目4个、社会事业项目6个，分别完成投资52.46亿元、5.01亿元、4.26亿元和2.88亿元。

【城乡建设】 2016年，同心县完成"三规合一"、"多规融合"规

划、城乡总体规划评估修编工作，以及县城道路交通、给排水及防涝、供热等专项规划和镇村体系规划，并加快推进大县城建设和清水河城镇产业带发展，县城建成区面积拓展到39平方公里，常住人口达到10万人，全县城镇化率提高到38%。以自治区园林县城、卫生县城、文明县城"三城联创"为载体，红军西征纪念广场、图书馆、博物馆、城市森林公园、教育园区等一大批公共服务项目建成投入使用。新建、续建房地产项目工程，完成银水北苑等13个老旧小区基础设施改造，并对城市主干道路、背街小巷、给排水管网等进行改造，生活垃圾无害化及污水处理率达到90%和80%，自来水普及率、集中供热覆盖率分别为95%、75%。开工建设了综合养老服务中心、多功能体育中心、永安西街道路改造等重大项目，继续实施清水河县城段综合整治工程。全区棚改工作现场会在同心县召开，进一步加快了老城区棚户区改造，已完成征收拆迁4500户。整合各类美丽乡村工程捆绑项目资金18亿元，实施重点水利项目建设、农村环境整治、农村公路、乡镇村卫生院和卫生室、乡村学校等建设项目，建设农村公路160公里，整修田间道路333公里，全县通车里程大到2640公里；实施农村电网和互联网保障工程，电网改造辐射51个偏远山村，有91个村通上了互联网；完成了154个村环境综合整治，改造农村危窑危房1753户，并建成美丽小城镇1个、丁塘镇金家井村、王团镇联合村等9个美丽乡村。提出了争创"全市绿色经济示范县"，制定了《关于落实绿色发展理念加快美丽同心建设的实施意见》，实施了新区绿化、绿色通道、生态移民迁出区生态修复、退耕还林、水土流失治理等重点生态工程，建成40公里绿色长廊，累计完成营造林49万亩，全县森林覆盖率达到8.5%，县城绿地率达到21.8%，绿化覆盖率达到22.6%，人均公园绿地面积达到19平方米。

【脱贫攻坚】 2016年，同心县先后选派组织县、乡、村三级干部6000多人，集中时间进村入户开展贫困户建档立卡工作，精准识别锁定建档立卡贫困户人口15709户59079人。实施产业脱贫、金融脱贫、教育脱贫等"十大脱贫攻坚工程"，贫困群众积极发展有机枸杞、中药材、草畜、小杂粮等特色产业取得实惠。启动运行扶贫救助基金，制定印发了《同心县建档立卡贫困户脱贫奖励暂行办法》和《同心县医疗扶贫救助基金管理办法（试行）》，推进全县精准扶贫、精准脱贫工作，有效解决未脱贫的建档立卡贫困户和特困供养人员因病致贫、因病返贫问题。筹措资金，率先在山区九县设立了扶贫产业担保基金，对全县所有建档立卡贫困户进行评级授信，累计发放扶贫贷款4.2亿元。将符合条件的16048名建档立卡贫困人口全部进行政策兜底，按照人均1万元的标准将950名建档立卡贫困人口就地转化为生态护林员，为1000户贫困户建设或回购了移民安置房。闽宁对口扶贫协作县区、中核集团、上海中医药大学等社会各界帮扶力度加大，聚集了各方共同参与的脱贫攻坚的合力。全年累计整合各类扶贫资金11.8亿元，争取各类扶贫项目61个，完成26个贫困村脱贫销号，11181户43019人脱贫，贫困村人均可支配收入达到6907元，同比增长15%。

【社会事业】 2016年，同心县民生支出达32亿元，占全县公共财政支出的82%，年初承诺为民办理的10件实事基本完成，预计教育支出6.8亿元，社会保障和就业支出6.1亿元，医疗卫生与计划生育支出3.34亿元，城乡社区事务支出5.08亿元。启动国家公共文化服务体系示范区创建工作，新区博物馆、图书馆、青少年活动中心投入运营，开工建设老城区体育综合健身馆等项目，全民健身基础设施建设获国家体育总局表彰，新建改建5个乡镇文化站和25个村级文化活动室，农家书屋、农村电影、村级体育场所实现全覆盖，同心县荣获第六届全国服务农民服务基层文化建设农村电影放映工作先进集体。在北京成功举办"同心共筑中国梦"脱贫攻坚历程展，出版了《总被历史眷顾的地方》《汪家塬村志》等纪念陕甘宁豫海县回民自治政府成立80周年系列丛书，并成功在同心县举行了座谈会，创评各级各类文明单位18个、文明村6个。中国致公党北京市委员会在县成立社会服务实践基地工作站，霞光公益马彩霞荣登"中国助人为乐好人榜"，县禁毒志愿服务大队在第五届"宁夏公民道德论坛"上获"全区学雷锋活动示范点"称号。进一步改善教育办学条件，投资3.95亿元，实施了农村初中寄宿制学校和农村薄弱学校改造等八大工程，新建续建了豫海回民助学、第五中学、第八小学等15个项目，加大对贫困学生的资助力度，率先在全区免除全县高中学生学杂费，高考录取率稳步提升，中考成绩连续6年位居吴忠市前列，农村学生营养改善计划的做法在全国进行了经验交流。实施3个县级医疗机构和4个乡镇卫生院改扩建工程，开工建设计生和妇幼保健中心、中医院住院部综合楼等工程。启动运行医疗扶贫救助基金，实施先诊疗后付费和住院包干制，并进一步加强与解放军307医院、北京密云区医院的对口协作，建设特色科室，提升医疗服务水平。为全县8~13岁33459名儿童开展甲肝疫苗接种工作，消除免疫空白人群，继续落实妇幼卫生"六免一补"救助政策和"少生快富"工程，全县育龄妇女住院分娩率达99%，实施"少生快富"324户。全县城乡居民基本养老保险、基本医疗保险参保率达到90%和98%以上，继续筹资为被征地农民办理养老保险。发放小额担保、妇女创业等各类贷款支持全民创业带动就业，累计新增城镇就业人口5971人，先后为494名城镇就业困难人员安置公益性岗位，城市登记失业率控制在4%以内。城乡低保户最低生活保障标准分别提高到245元和122元，率先在全区将集中供养五保户对象的供养标准提高到500元，投资600万元建设和改造残疾人托养中心、残疾人康复中心，投资1100万元建设韦州敬老院。继续落实重度残疾人、离岗乡村医生发放生活补助政策，为全县视力、肢体、精神、智力等各类一、二级残疾的5600名残疾人发放护理补贴，每人每月80元。实施了农村社区服务站、"老饭桌"建设项目，对五保老人和孤儿送温暖及对老年人免费体检和购买意外伤害保险给予补贴，对全县6108名65岁以上老年人免费体检，按照每人每年30元标准为13980名55岁以上重点人群购买意外伤害保险，为42372名老年人购买意外伤害保险，为1336名五保老人、835名孤儿购买夏装和冬装各1套。

【社会管理】 2016年，同心县不断创新党建带群建制度机制，出台了《关于加强和改进党的群团工作的实施意见》。扎实开展"七五"普法，深入推进"平安同心、法治同心"建设，明确政府工作部门权责清单及职责权限，推动落实干预司法"三个规定"和邀请人大代表、政协委员视察基层政法机关等，启动了"七五"普法工作，人民调解、行政调解、司法调解联动等多措并举化解征地拆迁、家庭婚姻、农民工工资等领域的矛盾纠纷2253件，化解率100%。组织开展攻命案、破小案、反诈骗和保障重点项目建设等"七大战役"，严厉打击各类违法犯罪活动，全年共破获各类刑事案件509起，抓获犯罪嫌疑人266名、逃犯54名。突出抓好禁毒宣传教育工作，先后成功破获"11·16"公安部目标案件、"4·6"公安厅目标案件等特大贩卖毒品案，全年共破获毒品案件81起，抓获犯罪嫌疑人102名，缴获毒品海洛因45.2千克、冰毒224.3克，大麻69千克，查获吸毒人员348名。继续开展吸毒大收戒专项行动，探索创新了社区戒毒康复工作机制，建成了集戒毒、康复治疗、生产生活于一体的戒毒康复中心，全县收戒吸毒人员233名，县禁毒委先后被命名为全国、全区社区戒毒社区康复工作示范单位。依法加强宗教事务管理，坚决打击宗教领域非法渗透活动，维护了现有宗教格局稳定。

【深化改革】 2016年，同心县委落实全面从严治党"两个责任"和"一岗双责"制度，形成《深入推进全面从严治党实施意见》《全面从严治党巡查工作办法》《党政领导干部提醒约谈暂行办法》《同心县关于支持干部干事创业容错纠错机制实施办法》等主干性、基础性、引领性的制度规定，建立重大行政决策合法性审查、项目审签等机制，完善出台了促进相关产业发展意见和政策，进一步规范了政府工作流程。扎实推进重点领域35项改革任务纵深推进，继续深化商事制度改革，推进"五证合一"和"一照一码"商事登记制度改革，率先在全区探索实行县级公立医院编制备案制，初步实现了人员由身份管理向岗位管理转变，成立了农村产权流转交易服务中心，农村土地经营权抵押贷款试点稳步推进，社会保险"五险合一"经办体制改革基本完成，机关事业单位干部职工养老保险制度改革稳步实施，户籍制度改革、供销社改革、水权制度改革、国有林场改革和不动产统一登记改革有序推进。制定

出台了《关于主动融入"一带一路"加快开放同心建设的实施意见》,通过实施开放产业融入丝路经济计划、集体商标内涵提升计划、"1555"产业强园计划、"互联网+"行动计划、上市企业扶持计划"六项"行动计划,与南京证券、中核集团等企业签订战略合作框架协议等,全面拓展对外开放的广度和深度,以及合作的水平和层次不断提升。强化科技创新驱动,建立科普经费逐年增长机制,开展全民科学素质行动、科技特派员创业行动、现代科技示范园区建设、"科技入户工程""百万农民培训"等活动,依托特色产业优势,强龙头,建基地,延长产业链,提升附加值,农业科技进步贡献率达到58%。

人物与集体 RenWu Yu JiTi

集体名录

【全国工人先锋号】
吴忠市天翔汽车销售客运有限公司雷锋车队

【2015—2016年度全国青年文明号】
吴忠市公安局利通区分局民生街派出所
吴忠市红寺堡区道路运输管理所
宁夏公路管理局吴忠分局吴忠收费站
吴忠中学信息技术教研组

【2016年度全国五四红旗团委（团支部）】
吴忠市教育局团委
青铜峡市邵岗中学团总支
吴忠市红寺堡区人民法院团支部

【全国"三八红旗"集体】
青铜峡市裕民街道东街社区

【自治区五一劳动奖章】
吴忠市地方税务局

【自治区工人先锋号】
吴忠高级中学音体美教研组
湖南中烟工业有限责任公司吴忠卷烟厂制丝车间
吴忠市天翔汽车销售客运有限公司雷锋车队
宁夏新大众机械有限公司研发部

【全区基层党建先进县】
利通区

【全区先进基层党组织】
盐池县王乐井乡曾记畔村党支部
青铜峡市叶盛镇五星村党支部
同心县王团镇党委
利通区胜利镇永昌社区党支部
吴忠市农牧局党委

【自治区"三八红旗"集体】
吴忠市裕民小学政教处
国家统计局吴忠调查队
红寺堡区妇幼保健院
青铜峡市裕民街道东街社区

【自治区巾帼文明岗】
吴忠市人民检察院案件管理办公室
利通区妇联
中国邮政储蓄银行吴忠市红寺堡区支行营业部
盐池县国税局人事教育科
同心县人民法院立案庭

【吴忠市先进基层党组织】
吴忠市利通区胜利镇永昌社区党支部
吴忠仪表有限责任公司党委
吴忠市利通区高闸镇残疾人综合服务中心党支部
吴忠市利通区工信局党委
吴忠市利通区胜利镇党委
吴忠市利通区板桥乡巷道村党支部
吴忠市利通区金积镇大庙桥村党支部
吴忠市利通区金银滩镇四支渠村党支部
吴忠市利通区农牧和科学技术局农业执法大队党支部
吴忠市红寺堡区柳泉乡党委

吴忠市红寺堡区人力资源和社会保障局党支部
吴忠市红寺堡区红寺堡镇团结村党支部
吴忠市红寺堡区大河乡龙泉村党支部
吴忠市红寺堡区水务局党支部
青铜峡市叶盛镇五星村党支部
青铜峡市公安局党委
青铜峡市瞿靖镇党委
青铜峡市邵岗镇山果果业协会党支部
青铜峡市裕民街道怡园社区党支部
青铜峡市人民医院党总支
青铜峡市峡口镇赵渠村党支部
青铜峡市大坝镇利民村党支部
青铜峡市青铜峡镇艾山社区党支部
盐池县王乐井乡曾记畔村党支部
盐池县城关街道花园社区党支部
盐池县惠安堡镇党委
盐池县花马池镇惠泽村党支部
盐池县扶贫开发办公室党支部
盐池县大水坑镇二道沟村党支部
盐池县市场监督管理局惠安堡所党支部
同心县王团镇党委
同心县豫海镇党委
同心县丁塘镇党委
同心县韦州中心学校党支部
同心县公安局党委
同心县审计局党支部
同心县张家塬乡汪家塬村党支部
同心县下马关镇三山井村党总支
宁夏伊兴羊绒制品有限公司党支部
吴忠市图书馆党支部
共青团吴忠市委员会党支部
吴忠市烟草专卖局机关党委
吴忠市规划和城市管理局党总支
吴忠市利通区地税局党总支
吴忠市广播电视台第三党支部
吴忠市编办党支部
吴忠市妇幼保健院党支部
吴忠市公共交通有限公司党支部
吴忠市住房和城乡建设局市政建设管理中心党支部
吴忠市太阳山开发区经济发展局党支部

【吴忠市"六五"普法先进单位】
市委政法委
市发展和改革委员会
市民族宗教事务局
市民政局
市审计局
市市场监督管理局
市残疾人联合会
市地税局
宁夏盐环定扬水管理处
中国银行股份有限公司吴忠市分行
利通区人大办公室
利通区人民检察院
利通区公安分局
利通区农牧和科学技术局
利通区文化体育旅游局
利通区总工会
利通区妇联
利通区胜利镇
红寺堡区建设和环境保护局
红寺堡区国税局
红寺堡区人民检察院
红寺堡区工业和商务经济技术合作局
红寺堡区人力资源和社会保障局
红寺堡区林业局
红寺堡区第三中学
红寺堡区第一小学
青铜峡市委宣传部
青铜峡市财政局
青铜峡市国税局
青铜峡市第三小学
青铜峡市裕民街道办事处南苑社区
黄河上游水电开发有限责任公司宁电分公司
青铜峡市峡口镇赵渠村
宁夏渠首管理处
盐池县人大办公室
盐池县公安局
盐池县财政局
盐池县市场监督管理局
盐池县城关街道办事处
盐池县冯记沟乡马儿庄村

盐池县毛泽民红军小学
盐池县国家税务局
同心县纪律检查委员会
同心县人大办公室
同心县人民检察院
同心县农牧和科学技术局
同心县王团镇
同心县总工会
中国建设银行同心支行
同心县第一小学

【吴忠市"六五"普法先进机构】
市中级人民法院
市委办公室
市人民政府办公室
市规划和城市管理局
利通区委宣传部
利通区劳动和社会保障局
红寺堡区依法治区领导小组办公室
红寺堡区教育局
青铜峡市依法治市领导小组办公室
青铜峡市教育局普法依法治理领导小组
盐池县高沙窝镇
盐池县麻黄山乡
同心县依法治县领导小组办公室
同心县豫海镇
吴忠市第四中学
吴忠市公安局出入境管理处
吴忠市儿童福利院
吴忠市市政管理中心实验室
吴忠市人民医院手术室
吴忠市总工会经费审查委员会办公室
宁夏烟草公司吴忠市公司卷烟营销中心
宁夏中部干旱带农业综合开发专家服务基地
吴忠市开源信用担保有限公司
宁夏银行吴忠分行营业部营业室
利通区人民法院
利通区金银滩镇人民政府
红寺堡区妇女联合会
红寺堡区建设和环境保护局环境卫生管理办公室
青铜峡市汉坝小学
青铜峡市城市公用事业服务中心小坝水厂
盐池县人民检察院公诉科
同心县人民医院中西医结合科

人物名录

【全国"五一劳动奖章"获得者】 王学朋，吴忠仪表有限责任公司技术研发部主管，高级工程师。作为公司学术学科带头人，他紧盯前沿领域，全力以技术研发，努力开拓市场。10多年来，科技创新成果突出，取得双密封管线球阀和新型阀门用排污阀实用新型等多项专利，自主开发10项新产品，其中有6项国家级重点新产品。他主持了"制约煤化工长周期运行的关键控制阀核心工艺合作研究""煤化工用阀的研究与开发""高端控制阀关键技术自主创新和产业化"等多个国家级项目，填补了国内仪器仪表行业和自治区在科技创新领域的空白，特别是在控制阀技术领域颇有建树，开展原创性、超越性控制阀技术研发，引进完善HVOF等先进制造工艺装备，组织实施高参数阀门的研制，替代进口，实现国产化，在煤化工、乙烯、油气储运等重大装备国产化方面作出了突出贡献，累计实现产值20亿元以上，创造利税7.1亿元。2016年，获得全国五一劳动奖章。

【国务院特殊津贴获得者】 李虎生，吴忠仪表有限责任公司高级工程师，自治区学术技术带头人，先后参加惠州炼油千万吨炼油项目、神华宁煤烯烃项目DN600口径的丙烯气体压缩机防喘振阀及煤化工气化装置用黑水角阀等多项国家大型化工设备关键调节阀的开发与研究工作角阀等项目的研发，主持开发了多项公司新产品项目，积累了丰富的设计高压、高温、抗冲蚀及大口径调节阀经验，为公司今后在高端调节阀项目研发及关键调节阀国产化项目奠定了技术基础。在核心刊物发表论文4篇，获授权专利7项。

【第十一届中国青年志愿者优秀个人】
纳振东　　回族，吴忠市交通运输局地方海事局
王丽娜　　女，回族，吴顺出租汽车公司

【2016年度全国优秀共青团员】

毛摇佳　女，回族，宁夏回族自治区吴忠中学高三（14）班学生

【2016年度全国优秀共青团干部】

陈摇琛　女，回族，宁夏回族自治区吴忠市第五中学团委书记

【自治区五一劳动奖章获得者】

王学朋　吴忠仪表有限责任公司技术研发部主管，高级工程师

杨　明　回族，吴忠市第二中学校长，中教高级

杨文林　回族，宁夏红山河食品股份有限公司班长

杨　峰　宁夏夏进乳业集团股份有限公司机电维修工，助理工程师

张艳华　女，吴忠市人民检察院驻看守所检察室主任，检察员

哈建峰　回族，宁夏秦汉渠管理处汉渠第三管理所副所长，助理工程师

庞　波　宁夏大坝发电有限责任公司高级技师

邢光文　宁夏大唐国际大坝发电有限责任公司设备工程部部长，高级工程师

【自治优秀共产党员】

王燕华　女，红寺堡区太阳山镇巴庄村党支部书记

张少云　回族，利通区上桥镇牛家坊村党支部书记

李举峰　青铜峡市原汽修配件厂退休职工

张生龙　盐池县花马池镇北塘新村党支部书记

董占平　同心县下马关镇党委副书记、纪委书记

张　彦　女，利通区金星镇阳光骄子社区党支部书记

薛伟萍　女，青铜峡市人民法院民二庭庭长

杨　泉　盐池县城关街道党工委副书记

苏志龙　回族，吴忠日报社编委、记者部副主任

丁秀琴　女，回族，吴忠市秀琴奶牛养殖专业合作社理事长

王自保　回族，红寺堡区红寺堡镇团结村党支部书记

童仲文　同心县社会保险事业管理局干部

蒯淑霞　女，吴忠市动物疾病预防控制中心兽医实验室主任

【自治优秀党务工作者】

吴学冬　利通区金星镇党委书记

张丽华　女，青铜峡市裕民街道东街社区党支部书记、居委会主任

杨永宏　回族，利通区第一小学党支部书记、校长

聂洪泽　盐池县国税局城区分局党支部书记、局长

马万堂　红寺堡区人民医院党支部书记、副院长

李海军　回族，同心县河西镇党委委员、李沿子村党支部第一书记

巩　伟　吴忠市直属机关工委组织宣传纪检科科长

【第三批"塞上英才"】

常占东　吴忠仪表有限责任公司高级工程师

【自治区三八红旗手】

钱秀玲　盐池县大水坑镇第二小学教师

温丽娟　红寺堡区红寺堡镇副镇长新民街道办副主任

张　耘　青铜峡市瞿靖镇妇联主席

杨洪霞　吴忠市人民检察院公诉处副处长

周　静　吴忠市利通区环卫中心工人

秦凤霞　吴忠仪表有限责任公司副总经理，高级经济师

【自治区巾帼建功标兵】

刘晓娟　吴忠市市政建设管理中心副主任

李秋梅　青铜峡市青峡绣女工艺品编织有限公司总经理

马秀英　同心县妇幼保健所副所长

夏凤霞　宁夏凯悦投资置业有限公司董事长

【自治区农村科技致富女能手】

任晓丽　吴忠市清宁河水产养殖农民专业合作社理事长

郭小平　利通区扁担沟镇烽火墩村果树种植合作社理事长

姚月红　青铜峡市峡口镇赵渠村鹏源苗圃花卉种植有限公司总经理

【全区非公有制经济人士优秀中国特色社会主义事业建设者】

邓　军	女，宁夏夏进乳业集团有限公司董事长
杨忠军	宁夏盛悦饭店有限公司董事长
宫　波	宁夏恒丰集团总裁
吕吉元	宁夏鹏胜房地产开发有限公司董事长
胡学文	宁夏中航郑飞塞外香食品有限公司总经理
陈　海	宁夏盐池县鑫海食品有限公司总经理
赵校军	宁夏太阳山镁业有限公司董事长
郭景峰	宁夏伊利乳业有限公司总经理
马玉山	吴忠仪表有限公司总经理
吴义明	宁夏义明农牧有限公司董事长

【吴忠市优秀共产党员】

张少云	吴忠市利通区上桥镇牛家坊村党支部书记
张　彦	吴忠市利通区金星镇阳光骄子社区党支部书记
丁秀琴	吴忠市秀琴奶牛养殖专业合作社理事长
赵玉国	吴忠市利通区委办主任
吴学成	宁夏夏进乳业集团股份有限公司党总支书记
展富宁	吴忠市利通区扁担沟镇渠口村农民用水者协会理事长
金晓荣	吴忠市利通区胜利镇党政办副主任
马开成	吴忠市利通区上桥镇上桥村新桥服饰有限公司总经理
王金霞	吴忠市利通区金银滩镇灵白村村委会主任
白学忠	吴忠市利通区郭家桥乡社保中心主任
马　真	吴忠市利通区古城镇黎明村党支部书记
王忠明	吴忠市利通区金积镇东门村党员
汪小军	吴忠市利通区农牧和科学技术局动物卫生监督所兽医
马兆祥	吴忠市利通区金银滩镇良繁场党员
刘　云	吴忠市利通区东塔寺乡石佛寺村党员
马丽娟	吴忠市利通区环境卫生管理中心清扫队中队长
马　毓	吴忠市利通区高闸镇干部
王燕华	吴忠市红寺堡区太阳山镇巴庄党支部书记
沙贵元	吴忠市红寺堡区红寺堡镇玉池村党支部委员
海正祥	吴忠市红寺堡区新民街道办事处干部
王　超	吴忠市红寺堡区太阳山镇民生服务中心主任
王晓勇	吴忠市红寺堡区大河乡石坡子村党支部书记
苏海亮	吴忠市红寺堡区太阳山镇阳光农产品专业合作社理事长
李德生	吴忠市红寺堡区第一中学教师
马　磊	吴忠市红寺堡区林业局党支部委员
张　花	吴忠市红寺堡区新民街道创业社区党支部书记、居委会主任
周正福	吴忠市红寺堡区南原公司党员司机
王正瑜	吴忠市红寺堡区新庄集乡洪沟滩村党员
李举峰	青铜峡市原汽修配件厂退休职工
刘舒文	青铜峡市高级中学校长
史孝义	青铜峡市小坝镇小坝村党支部书记、村委会主任
韩占奎	自治区爱国联合会扶贫公司董事长
钱丽娟	青铜峡市裕民街道紫薇社区党支部书记、居委会主任
叶学文	青铜峡市人民医院麻醉手术室主任
史玉华	青铜峡市邵岗镇畜牧兽医站站长
马金梅	青铜峡市峡口镇沈闸村党支部副书记
李　刚	青铜峡市陈袁滩镇沙坝湾村党支部书记
王学文	青铜峡市学文瓜菜种植家庭农场理事长
张学明	青铜峡市小坝镇永丰村党员
李正江	青铜峡市公安局国保大队大队长
张学军	青铜峡市城市建设监察大队中队长
蒋万兵	青铜峡市农业技术推广服务中心主任
马兆武	青铜峡市高级中学教师
吴占保	青铜峡市汽车运输集团有限公司司机
徐明秀	宁夏中航郑飞塞外香食品有限公司大米车间主任
李　金	青铜峡市林业局绿化人队职工
张生龙	盐池县花马池镇北塘新村党支部书记
叶增燕	盐池县高沙窝镇党政办主任
张玉东	盐池县青山乡古峰庄村党支部书记
马晓莺	盐池县文化旅游广电局新闻部主任
马桂花	盐池县动物疾病预防控制中心主任
杨　锋	盐池县惠安堡镇狼布掌村党支部第一书记
李生明	盐池县城关街道北关社区党支部书记、居委会主任
白云江	盐池县花马池镇皖记沟村党支部书记
何仲双	盐池县委办公室副主任
路宝荣	盐池县公安局花马池派出所中队长
朱海斌	盐池县惠安堡中学党支部书记、校长

何宝营	盐池县麻黄山乡何新庄村党支部书记
裴启东	宁夏宁鲁石化有限公司安全环保部副部长
黄执祥	盐池县城关街道振兴社区康泰花园业主委员会主任
刘春梅	盐池县公路管理段职工
左新静	盐池县花马池镇四墩子村上王庄组奶牛专业合作社经理
马占文	同心县丁塘镇新华村党支部书记、村委会主任
董占平	同心县下马关镇党委副书记
童仲文	同心县社会保险事业管理局干部
尹海龙	同心县公安局禁毒大队侦查员
马　林	同心县国家税务局局长
杨军义	同心县教育局干部
金自才	同心县中医院院长
彭　琪	同心县同德慈善产业园管委会干部、园区非公企业党建工作指导员
罗永梅	同心县豫海镇新华社区党支部副书记
马少军	同心县石狮管委会城一村党支部书记
黄永波	同心县河西镇干部
李耀贵	同心县豫海镇兴隆村党支部书记
杨晓声	同心县水务局办公室副主任
马生国	同心县下马关镇平远村党员
马学军	同心县韦州镇石峡村党员
曾绍锋	宁夏润德生物科技有限责任公司党支部书记
尹　军	同心县豫海镇城二村党员
蒯淑霞	吴忠市动物疾病预防控制中心兽医实验室主任
王晓军	吴忠市利通区国家税务局党组书记、局长
宋继忠	吴忠市公安局利通区分局副局长
谢　燕	吴忠市委党校办公室主任
童　峰	吴忠市供热有限责任公司生产部副部长
郭瑞峰	吴忠市人力资源和社会保障局办公室主任
李重烨	吴忠市市场监督管理局登记注册科科长
周志宏	吴忠市委办公室秘书科副科长
王德功	吴忠中学教研室副主任
陈　妍	吴忠市气象局干部
蒲建芳	吴忠市审计局办公室主任
岳宝华	吴忠市委组织部科员
孙雪松	吴忠市委宣传部新闻科科长
冉　秦	吴忠市园林管理局园林绿化科科长
李　红	吴忠市妇女联合会发展维权部部长
张新宁	吴忠市经济技术合作局办公室主任
刘军强	吴忠市太阳山开发区管委会招商局负责人
何风奎	吴忠市金积工业园区管委会规划建设部部长
马　越	吴忠青铜峡新材料基地管委会党务干部
吴光宇	吴忠国家农业科技园区贮草站副站长

【优秀党务工作者】

吴学冬	吴忠市利通区金星镇党委书记
欧阳东方	宁夏恒丰纺织科技股份有限公司党支部副书记
马进义	吴忠市利通区板桥乡波浪渠村党支部书记
马　芳	吴忠市利通区胜利镇秦渠社区党支部书记
李金燕	吴忠市利通区委组织部组织室负责人
马晓霞	吴忠市红寺堡区柳泉乡组织干部
王文元	吴忠市红寺堡区新庄集乡杨柳村党支部书记
赵　冉	吴忠市红寺堡区大河乡组织干部
李　静	吴忠市红寺堡区人民法院党组成员、政工科科长
王　东	青铜峡市市场监督管理局党委书记、局长
叶溶江	青铜峡市德诚门窗制作有限公司党支部书记
张宝成	宁夏金昱元化工集团有限公司党委副书记
余　芳	青铜峡市青铜峡镇利民社区党支部书记
朱正兴	青铜峡市瞿靖镇时坊村党支部书记
刘建宏	盐池县农牧局党委办公室主任
聂洪泽	盐池县国家税务局城区分局党支部书记、局长
路　炬	盐池县住房和城乡建设局党委副书记
崔雪峰	盐池县冯记沟乡党委副书记
苏　宁	盐池县惠安堡镇惠安社区党支部书记
马丽莉	同心县兴隆乡党委副书记
杨百秀	同心县石狮管委会沙嘴城村党支部书记
丁生礼	同心县马高庄乡邱家渠村党支部书记
苏　军	同心县韦州镇韦二村党支部书记
丁建华	同心县河西镇旱天岭村党支部书记
杨永宏	吴忠市利通一小党支部书记、校长
巩　伟	吴忠市直机关工委组织宣传纪检科科长
杨俊萍	吴忠市安全生产监督管理局办公室主任
高　宁	吴忠市市场监督管理局机关党总支第二党支部书记
马素芳	吴忠市人民检察院机关党委党务干部

胡江华	宁夏民族职业技术学院组织人事处处长

【优秀驻村第一书记】

王　成	吴忠市利通区扁担沟镇西沟沿村驻村第一书记（利通区农业综合开发办公室主任）
李大苞	吴忠市红寺堡区新庄集乡柳树台村驻村第一书记（自治区党委办公厅机要局信息安全处处长）
黎永根	吴忠市红寺堡区柳泉乡沙泉村驻村第一书记（吴忠市卫生和计划生育局干部）
李学明	吴忠市红寺堡区红寺堡镇中圈塘村驻村第一书记（红寺堡区林业局干部）
黑茂林	吴忠市红寺堡区太阳山镇兴民村驻村第一书记（红寺堡区国土资源局干部）
马立忠	青铜峡市青铜峡镇同兴村驻村第一书记（青铜峡市青铜峡镇党委委员、副镇长）
周志铭	盐池县王乐井乡曾记畔村驻村第一书记（自治区政府办公厅政务公开办公室副主任）
张伟虎	盐池县大水坑镇二道沟村驻村第一书记（自治区党委组织部组织二处副处长）
马建明	盐池县冯记沟乡丁记掌村驻村第一书记（吴忠市农牧局高级农艺师）
周治国	盐池县青山乡方山村驻村第一书记（吴忠市委政法委副调研员）
周轩宇	盐池县花马池镇红沟梁村驻村第一书记（盐池县审计局副局长）
朱晓兵	盐池县王乐井乡王乐井村驻村第一书记（盐池县就业创业和人才服务局干部）
苏吉礼	同心县马高庄乡赵家树村驻村第一书记（自治区区直机关工委组织部副调研员）
陈冬宁	同心县下马关镇新园村驻村第一书记（工商银行宁夏分行银川胜利南街支行副行长）
庞子杰	同心县下马关镇三山井村驻村第一书记（自治区商务厅物流促进处副处长）
丁玉录	同心县王团镇马套子村驻村第一书记（宁夏公路管理局石嘴山公路分局副局长）
关东悦	同心县下马关镇白家滩村驻村第一书记（吴忠市发改委产业科副科长）
马建国	同心县张家塬乡汪家塬村驻村第一书记（吴忠市市场监督管理局副主任科员）
李海军	同心县李沿子村驻村第一书记（同心县河西镇党委委员）
李宗仁	同心县王团镇罗台村驻村第一书记（同心县人民检察院检察员）

【2016年度吴忠市市直部门记三等功公务员】

王明兵	中共吴忠市委办公室
夏文华	中共吴忠市委办公室
施原晓	中共吴忠市委办公室
杨京凯	中共吴忠市委办公室
何　青	市人大常委会办公室
袁　宝	市人大常委会办公室
魏建荣	市人大常委会办公室
马　玲	市人大常委会办公室
马成义	市人民政府办公室
王新刚	市人民政府办公室
黄丽萍	市政协办公室
周立军	市政协办公室
马彬彬	市政协办公室
徐　婧	市中级人民法院
蔡　静	市人民检察院
李永福	市人民检察院
田慧丽	市人民检察院
张艳华	市人民检察院
马志军	市纪律检查委员会
马建军	市纪律检查委员会
苏　忠	市委组织部
丁志坚	市委组织部
毛笑非	市委组织部
孙亚东	市委组织部
聂俊峰	市编办
陈亚莉	市委老干部局
倪建利	市委老干部局
刘宗礼	市信访督办局
谢　燕	市委党校
雷金万	市委党校
孔　泉	市委党校
李绍君	市科技局
马　贵	市民族宗教局
马玉忠	市民族宗教局
董小乐	市公安局
邵永生	市公安局

刘　雁	市公安局	张梅容	市审计局
杨美玲	市公安局	李　刚	市园林管理局
陈　卫	市公安局	曹玉华	市园林管理局
代文龙	市公安局	王凤全	市统计局
李　波	市公安局	蒋安新	市统计局
张怀宁	市公安局	马　军	市规划和城市管理局
马宏强	市公安局	王　权	市规划和城市管理局
张伯宁	市公安局	马银江	市安全生产监督管理局
金兆水	市公安局	马克斌	市安全生产监督管理局
杨　文	市公安局	高　宁	市场监督管理局
王占林	市公安局	闫　芹	市场监督管理局
张银福	市公安局	丁志清	市场监督管理局
孔志强	市公安局	文　晶	市场监督管理局
李　军	市公安局	陈立军	市场监督管理局
海玉聪	市公安局	海玉芳	市场监督管理局
陈建亮	市公安局	李红莲	市场监督管理局
陈自龙	市公安局	李建忠	市场监督管理局
袁　伟	市公安局	马丽凤	市场监督管理局
杨小涛	市公安局	靳宁雯	市场监督管理局
王学平	市公安局	强　杰	市场监督管理局
梁晓山	市公安局	张新宁	市经济技术合作局
马　波	市公安局	杨桂琴	市政务服务中心
丁少华	市公安局	马　玲	市妇联
徐少杰	市公安局	蔺保飞	青铜峡市纪检委
余海峰	市公安局	唐新民	青铜峡市人大办
田　果	市公安局	马光锋	青铜峡市政府办
白　仁	市民政局	何志强	青铜峡市政协办
郝晓月	市仲裁委员会办公室		
杜拥军	市人力资源和社会保障局	【吴忠市三八红旗手】	
杨玉春	市就业创业和人才服务局	杨　红	吴忠市委党校教研室副主任、副教授
马志孝	市就业创业和人才服务局	杨秀兰	吴忠市幼儿园园长
李　波	市就业创业和人才服务局	苏春香	吴忠市公安局利通区分局治安大队户籍民警
苏绍平	市交通运输局	马梅花	吴忠市国土资源局土地规划科科长
蒋习忠	市水务局	金　萍	吴忠市公路管理段养护工
杨振华	市农牧局	任淑芳	吴忠市文物管理所所长
马玉红	市农牧局	石培红	吴忠市人民医院超声中心主任
张东旭	市农牧局	马　莲	吴忠市审计局财政金融科科长
马长利	市商务局	吕　红	吴忠市残疾人联合会办公室负责人
丁晓军	市文化体育新闻出版广电局	张宇鸿	宁夏林中木枸杞农业科技有限公司董事长
王旭东	市卫生和计划生育局	任　荣	吴忠市索曼英语培训学校总校长
马　莲	市审计局	张　鹏	吴忠市新大地工贸有限公司总经理

马淑兰	吴忠市建国粮油食品有限公司总经理	刘旭红	青铜峡市卫生和计划生育局综合业务科科员
丁晓丽	利通区上桥镇自林林果种植合作社负责人	杨秀芳	盐池县妇联副主席
寇启芳	红寺堡区天源农牧业科技开发有限公司总经理	贾淑英	盐池县妇幼保健所儿科副主任医师
赵秀兰	红寺堡区秀兰传承刺绣福利有限公司负责人	马惠雁	同心县教育局干事
马金兰	青铜峡市叶盛镇人民副镇长	周 霞	同心县生海超市总经理

附 录 FuLu

吴忠市2016年国民经济和社会发展统计公报

吴忠市统计局　国家统计局吴忠调查队
2017年3月20日

2016年，面对复杂严峻的经济形势和繁重艰巨的发展任务，市委、市政府以"五大发展理念"为引领，主动适应经济新常态，全面落实习近平总书记视察宁夏重要讲话精神，加快转型发展，全力做好着力稳增长、调结构、促改革、惠民生、防风险，全年经济保持总体平稳、稳中有进、稳中向好的基本态势，实现了"十三五"良好开局。

一、综合

初步核算，2016年全市实现地区生产总值442.4亿元，按可比价格计算，比上年增长9%。分产业看，第一产业实现增加值55.4亿元，增长5%；第二产业实现增加值250.5亿元，增长10.2%；第三产业实现增加值136.5亿元，增长8.6%。按常住人口计算，人均地区生产总值32035元，按可比口径增长7.6%。三次产业结构比为12.5∶56.6∶30.9，对经济增长的贡献率分别为7.4%、63.4%、29.2%。

图1　2010—2016年地区生产总值及增长速度

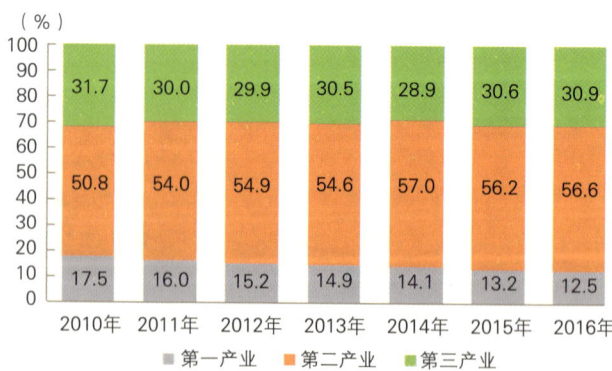

图2　2010—2016年三次产业增加值占国内生产总值比重

表1　2016年地区生产总值及增长速度

指标	绝对值（亿元）	比上年增长（%）
全市生产总值	442.4	9.0
第一产业	55.4	5.0
农林牧渔业	58.5	4.9
第二产业	250.5	10.2
工　业	182.7	10.8
建筑业	67.8	8.7
第三产业	136.5	8.6
批发和零售业	13.0	4.4
交通运输、仓储和邮政业	18.5	0.3
住宿和餐饮业	11.6	6.2
金融业	25.7	16.4
房地产业	11.6	13.0
其他服务业	52.9	9.3

据抽样调查，年末全市常住总人口138.86万人，比上年末增加1.54万人，增长1.1%。其中，城镇人口66.44万人，占常住人口的47.8%；乡村人口72.42万人。城镇化率47.85%，比上年提高1.98个百分点。人口出生率为14.63‰，死亡率为4.44‰，人口自然增长率为10.19‰。

据公安年报数据显示，年末户籍总人口142.28万人，比上年增加18769人。其中，城镇人口46.98万人，乡村人口95.31万人。回族人口75.72万人，占总人口的53.22%。

表2　2016年户籍人口数及其构成

指标	年末人口（人）	比重（%）
全市总人口	1422830	—
其中：城镇人口	469752	33.02
乡村人口	953078	66.98
其中：男性	721931	50.74
女性	700899	49.26
其中：18岁以下	380505	26.74
18～34岁	393570	27.66
35～59岁	479996	33.74
60岁及以上	168759	11.86
其中：汉　族	661291	46.48
回　族	757237	53.22
其他少数民族	4302	—

全年居民消费价格指数总水平比上年上涨1%，其中医疗保健类上涨4.3%，其他用品和服务类上涨3.1%，衣着类上涨1.8%，食品烟酒类上涨1.7%，教育文化和娱乐类上涨1.5%，生活用品及服务类上涨0.1%，居住类下降0.4%，交通和通信类下降2.5%。工业生产者出厂价格指数下降2.6%，工业生产者购进价格指数下降6.5%，商品零售价格指数上涨0.9%。

图3　2016年居民价格消费指数及增长速度

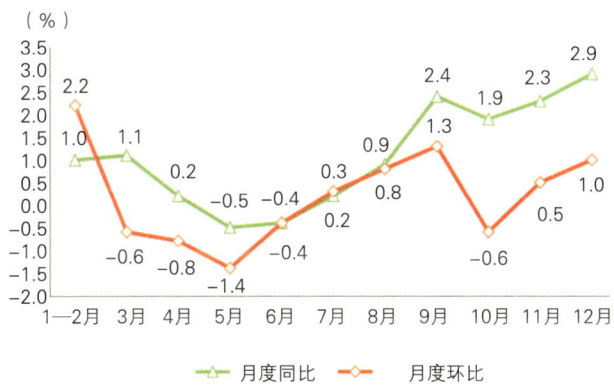

图4　2016年居民消费价格月度涨跌幅度

表3　2016年居民消费价格增速

指　标	比上年增长（%）
居民消费价格	1.0
食品烟酒	1.7
衣　着	1.8
居　住	-0.4
生活用品及服务	0.1
交通和通信	-2.5
教育文化和娱乐	1.5
医疗保健	4.3
其他用品和服务	3.1

全市城镇新增就业人员15569人，困难人员实现就业1025人，超额完成任务225人。年末城镇登记失业率3.67%。

全年完成地方财政收入42.5亿元，比上年增长3.6%。一般公共预算收入32.6亿元，增长1.9%，同口径增长14%，其中税收收入21.3亿元，下降10%，税收占公共财政预算收入的65.5%。全年完成地方财政支出193.8亿元，比上年增长14.6%。一般公共预算支出176.6亿元，增长12.6%。其中八大项支出情况为：一般公共服务支出增长11.8%，公共安全支出增长3.9%，教育支出增长7.5%，科学技术支出增长17.6%，社会保障和就业支出增长11.1%，医疗卫生与计划生育支出增长24.5%，节能环保支出下降17.6%，城乡社区支出增长54.1%。

图5　2010—2016年一般公共预算收入及支出

二、农业

全年完成农林牧渔业总产值113.1亿元，按可比价格计算，比上年增长4.8%。其中农业产值60.9亿元，增长4.8%；林业产值1.6亿元，下降39.5%；畜牧业产值43.9亿元，增长7.8%；渔业产值1.9亿元，增长5.2%；农林牧渔服务业产值4.9亿元，增长2.5%。全市农林牧渔业增加值58.5亿元，比上年增长4.9%。

分县（市、区）看，利通区完成农林牧渔业总产值34.9亿元，增长5.7%；红寺堡区完成农林牧渔业总产值9.1亿元，增长4.2%；青铜峡市完成农林牧渔业总产值32.2亿元，增长5.1%；盐池县完成农林牧渔业总产值13.4亿元，增长4.9%；同心县完成农林牧渔业总产值23.6亿元，增长3.5%。

全年粮食播种面积320.5万亩，增加5.1万亩，比上年增长5.3%。综合亩产304.3公斤，增加6.3公斤，比上年增长2.1%。全年粮食总产97.6万吨，增加6.9万吨，比上年增长7.6%，其中：夏粮产量10.3万吨，增长15.2%；秋粮产量87.3万吨，增长6.8%。

全市牛存栏31.6万头，增加3.1万头，比上年增长10.9%，其中：奶牛存栏18.1万头，增加1.1万头，增长6.5%；奶产量70.9万吨，增加4.1万吨，增长6.1%；肉牛存栏13.5万头，增加2万头，增长17.4%；羊存栏235.1万只，增加13.5万只，增长6.1%；生猪存栏15.8万头，增加0.8万头，增长5.6%；家禽存栏299.1万只，增加31.2万只，增长11.6%，其中蛋禽存栏177.7万只，增加45.7万只，增长34.6%。

牛肉产量2.2万吨，增加0.2万吨，比上年增长11.6%；羊肉产量4.2万吨，增加0.1万吨，增长2.5%；猪肉产量1.6万吨，增加0.2万吨，增长14.6%；禽肉产量0.4万吨，禽蛋产量2.3万吨，分别比上年增长17.7%和13.9%。

图6　2012—2016年农林牧渔业总产值及增加值

三、工业和建筑业

2016年，全市规模以上工业企业实现增加值174.4亿元，比上年增长9.4%；全市规模以上工业大中型企业完成增加值98.3亿元，增长4.8%。按轻重工业分，轻工业完成增加值52.8亿元，增长13.5%；重工业完成增加值121.6亿元，增长7.8%。按经济类型分，国有企业完成增加值31.3亿元，增长4.5%；股份制企业完成增加值139.8亿元，增长10.7%；外商及港澳台商投资企业完成增加值2.8亿元，下降2%。

图7 2010—2016年规模以上工业增加值及增长速度

分县（市、区）看，利通区规模以上工业实现增加值42.9亿元，增长12.8%；红寺堡区规模以上工业实现增加值4.4亿元，增长15%；青铜峡市规模以上工业实现增加值56亿元，增长1.1%；盐池县规模以上工业实现增加值29.2亿元，增长17.8%；同心县规模以上工业实现增加值15.3亿元，增长22.3%；太阳山开发区规模以上工业实现增加值26.6亿元，增长23.7%。

按行业分，电力、热力的生产和供应业完成增加值47.3亿元，增长7.3%；石油加工、炼焦和核燃料加工业完成增加值18亿元，增长20%；煤炭开采和洗选业完成增加值15.8亿元，增长9.8%；化学原料和化学制品制造业完成增加值10.7亿元，增长20.6%；纺织业完成增加值11.8亿元，增长9.6%。全市规模以上非公有制工业企业完成增加值77.9亿元，增长13.5%。

2016年，规模以上工业企业实现销售产值661.9亿元，比上年增长12.1%，工业产品销售率为96.2%。工业企业利税总额48亿元，增长96.3%；亏损企业亏损总额3.5亿元，下降78.7%。

表4 2016年规模以上工业增加值分类

指 标	绝对额（亿元）	比上年增长（%）
工业增加值	174.4	9.4
大中型	98.3	4.8
国有控股	72.7	4.5
按轻重工业分		
轻工业	52.8	13.5
重工业	121.6	7.8
按登记注册类型分		
国 有	31.3	4.5
集 体	—	—
股份合作制	—	—
股份制	139.8	10.7
外商及港澳台	2.8	-2.0
其 他	0.5	235.3

2016年建筑业完成增加值67.8亿元，比上年增长8.7%，占第二产业的27.1%，占全市地区生产总值的15.3%。全市具有资质等级的总承包和专业承包建筑企业78个。

表5 2016年主要工业产品产量

产品	单位	产量	比上年增长（%）
卷 烟	万支	845000	4.3
发电量	万千瓦小时	2645924	7.6
乳制品	吨	682326	30.1
原铝（电解铝）	吨	394535	-7.3
水 泥	吨	4651919	15.8
碳化钙（电石）（折300升/千克）	吨	481276	10.4
羊 绒	吨	6360	0.7
原 煤	吨	10817074	110.5
铁合金	吨	128699	-10.3
工业自动调节仪表与控制系统	台（套）	180884	53.8

四、固定资产投资

全年完成全社会固定资产投资783.5亿元，比上年增长14.2%。按投资主体分，国有经济投资256亿元，增长9.6%；民间经济投资527.5亿元，增长25.9%。全市地方投资完成686.7亿元，增长9.7%。按投资产业结构分，第一产业投资53.2亿元，增长10.3%；第二产业投资415亿元，下降1.5%，其中工业投资414.8亿元，下降0.2%；第三产业投资218.5亿元，增长40%。

分县（市、区）看，利通区完成固定资产投资172.1元，增长20.3%；红寺堡区完成固定资产投资77亿元，增长12.1%；青铜峡市完成固定资产投资130.2亿元，增长13.3%；盐池县完成固定资产投资180.3亿元，增长19.6%；同心县完成固定资产投资93.5亿元，增长1%；太阳山开发区完成固定资产投资130.5亿元，增长12%。

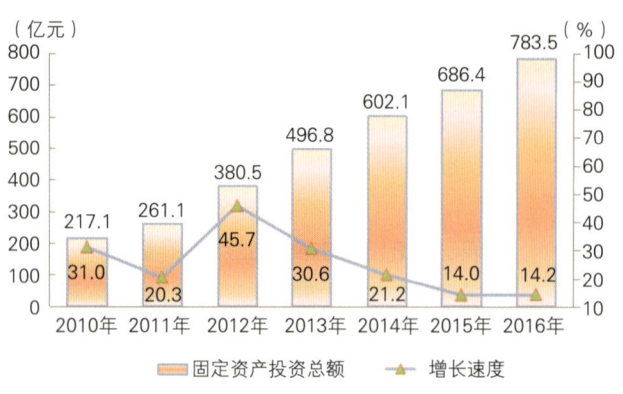

图8　2010—2016年固定资产投资总额及增长速度

全年完成房地产开发投资64.7亿元，比上年增长44.5%，其中住宅开发投资44.4亿元，增长63.4%。商品房施工面积638.8万平方米，增长16.4%，其中住宅施工面积428.5万平方米，增长19%；商品房销售面积151.1万平方米，增长54.6%，其中住宅销售面积130.6万平方米，增长61.7%；商品房待售面积175.8万平方米，下降19.6%，其中住宅待售面积106.6万平方米，下降20.9%。全年商品房销售额52.8亿元，增长53.8%，其中住宅销售额42.7亿元，增长65.1%。

五、贸　易

全年实现社会消费品零售总额102.8亿元，比上年增长7.8%。

图9　2010—2016年社会消费品零售总额及增长速度

分城乡看，城镇消费品零售额87.7亿元，增长6.9%；乡村消费品零售额15.1亿元，增长13.8%。

分行业看，批发零售业零售额26.6亿元，增长14.6%；零售业零售额33.5亿元，下降4.5%；住宿业零售额0.7亿元，增长6.6%；餐饮业零售额41.9亿元，增长15.4%。

从限额以上企业商品零售分类看，粮油食品大类增长17%，汽车类增长16.2%，家用电器和音响器材类增长18.2%，中西药品类增长28.6%，服装鞋帽类下降2.7%，化妆品类下降8.1%，石油及制品类下降6.6%。

分经济类型看，国有经济实现零售额0.5亿元，增长2.3%；集体经济实现零售额3.5亿元，下降6.9%；股份制经济实现零售额22.7亿元，增长3.9%；私营经济实现零售额2亿元，增长9.9%；个体经济实现零售额53.6亿元，增长10.6%；其他各种经济实现零售额2.1亿元，增长10.4%。

分县（市、区）看，利通区实现社会消费品零售总额52.2亿元，增长8.5%；红寺堡区实现社会消费品零售总额5.7亿元，增长8.5%；青铜峡市实现社会消费品零售总额20.5亿元，增长7.3%；盐池县实现社会消费品零售总额12.3亿元，增长6.8%；同心县实现社会消费品零售总额12亿元，增长6.5%。

在限额以上批发和零售业零售额中，粮油、食品、饮料及烟酒类增长1.7%，服装、鞋帽、针纺织品类下降2.7%，家用电器和音像器材类增长18.2%，金银珠宝类下降4.6%，石油及制品类下降6.6%，通信器材类下降14.5%，体育娱乐用品类下降2.9%，汽车类增长16.2%。

六、对外经济

全年实现进出口总额46627万元，比上年下降12.3%。其中，出口总额37313万元，下降5.8%；进口总额9314万元，下降31.3%。

全年签订利用外资项目2个；合同外资金额3.92亿元，比上年增长8%；实际利用外资3.65亿元，增长7.5%。

七、交通、邮电和旅游

全年公路客运量1112万人次，比上年下降0.09%；公路客运周转量62723万人公里，增长0.09%；公路货运量9956.89万吨，增长0.18%；公路货运周转量1245061.51万吨公里,增长0.01%。年末全市各种民用汽车保有量22.6万辆,私人汽车保有量20.7万辆,公共汽车运营车辆901辆,公交标准运营车辆895标台。

全年完成邮电业营业收入22.1亿元,其中,邮政业营业收入0.71亿元,电信业营业收入21.39亿元。快递业务营业收入0.43亿元,增长95.55%。全年订销报刊1194.18万份,下降30.09%;完成邮政函件业务105.44万件,增长26.09%。至年末,本地固定电话用户9.8万户,增长13.27%;移动电话用户114.05万户,增长1.3%;计算机互联网用户17.41万户,增长46.3%。

全年接待国内游客419.1万人次(含农家乐),比上年增长29.4%;接待海外游客0.15万人次,增长9.3%。国内旅游收入20.2亿元(含农家乐),增长28.2%;国际旅游外汇收入113.7万美元,增长52.2%。

全市共有旅行社(分社)38家,国内社38家。全市共有旅游星级酒店16家,四星级4家,三星级10家,二星级2家。

八、金融和保险

2016年全市金融机构人民币各项存款余额624.7亿元,比上年增长17.3%,其中,住户存款362.8亿元,增长15.4%。人民币各项贷款余额500.4亿元,比上年增长8.6%,其中,中长期贷款213.3亿元,增长6.7%;短期贷款267.8亿元,增长5.3%。

图10 2010—2016年金融机构人民币存贷款余额

全年实现保费收入20.94亿元,比上年增长28.5%。其中,财产险保费收入8.06亿元,增长21.9%;人身险保费收入12.87亿元,增长33%。全年支付各项赔款及给付额6.73亿元,比上年增长26.6%,其中,财产险赔款4.48亿元,人身险赔款及给付2.25亿元,分别增长38.2%和8.5%。

九、教育、文化和卫生

全市高等职业教育学校1所,招生0.12万人,比上年下降6.4%;在校生0.34万人,下降3.9%;毕业生0.13万人,增长21.2%。中等职业学校3所,招生0.33万人,比上年增长7.8%;在校生0.88万人,增长7.3%,毕业生0.21万人,增长8.9%。普通高中11所,招生0.88万人,比上年下降3.4%;在校生2.72万人,下降8.5%;毕业生1.03万人,增长6.4%。普通初中49所,招生2.23万人,比上年增长0.8%;在校生6.39万人,增长2.8%;毕业生1.9万人,增长0.6%。普通小学306所,招生2.24万人,比上年增长2.5%;在校生13.6万人,下降0.3%;毕业生2.28万人,增长1.5%。特殊教育3所,招生55人,在校生411人。幼儿园151所,在园幼儿41838人,比上年增长5.9%。

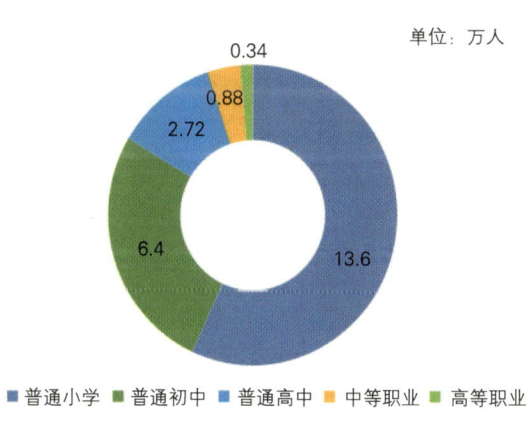

图11 吴忠市职业教育学校、中小学在校学生构成情况

2016全市拥有艺术表演团体190个,文化馆5个,公共图书馆5个,博物馆4个,全国重点文物保护单位8处。广播电台4座,电视台4座,广播综合人口覆盖率、电视综合人口覆盖率分别达到97.88%和98.86%,有线广播电视用户12.93万户。

全市有医疗卫生机构共计906个,其中医院45个,乡镇卫生院50个(含7个分院)。医疗卫生机构实有床位6194张，其中医院实有床位5301张，乡镇卫生院实有床位数683张。卫生技术人员共计6903人，其中执业医师及执业助理医师2440人，注册护士2696人。疾病预防控制中心5个，卫生技术人员149人；妇幼保健机构5个，卫生技术人员298人；乡镇卫生院卫生技术人员948人；卫生监督所5个，卫生技术人员89人。全市儿童免疫规划接种率达到97.8%。

十、人民生活和社会保障

2016年全市城镇常住居民人均可支配收入23351.5元，比上年增加1798.6元，增长8.3%。其中，人均工资性收入15652元，增长7.2%；人均经营净收入2808.7元，增长12.1%；人均财产净收入1044.4元，增长11.1%；人均转移净收入3846.4元，增长9.7%。城镇居民人均消费性支出15279.5元，下降2.5%，其中，支出增幅较大的是：其他用品和服务支出571.7元，增长20.5%；居住支出2788.1元，增长2.7%。城镇居民恩格尔系数28%。

图12　2010—2016年城镇居民人均可支配收入及增长速度

2016年全市农村居民人均可支配收入9938.2元，比上年增加787.9元，增长8.6%。其中，人均工资性收入4574.5元，增长9.3%；人均经营净收入4483.4元，增长7%；人均财产净收入58.8元，下降2.2%；人均转移净收入821.6元，增长14.8%。农村居民人均生活消费支出8486.78元，增长5.8%。农村居民恩格尔系数32%。

2016年全市参加城乡居民社会养老保险47.6万人，参加城镇职工基本养老保险22.6万人，比上年增长23.9%；参加城乡居民基本医疗保险111.3万人，

图13　2010—2016年农村居民人均可支配收入及增长速度

参加城镇职工基本医疗保险13.3万人，比上年增加4%；参加失业保险8.8万人，参加工伤保险10.2万人，参加生育保险9.3万人。

2016年全市有敬老院12个，床位1343张，供养老人688人。全市享受政府最低生活保障人数为3.79万人，发放城镇居民最低生活保障金1.64亿元；农村享受最低保障人数9.68万人，发放农村最低生活保障金2.46亿元。发放城乡医疗救助金4565万元，接受城乡医疗救助2.9万人次。城镇建立各种社区服务设施63个，其中市民服务中心13个。全年销售社会福利彩票180万元（二个福利彩票站），直接接受社会捐赠92.8万元。

十一、能源、环境保护与安全生产

经初步核算，2016年全市能源消费量为712.36万吨标准煤，比上年增长3.54%。万元GDP能耗比上年下降5.01%。

全年城市空气质量优良天数280天，占总天数的76.4%。区域噪声平均值52.7分贝，交通干线噪声平均值62.4分贝。城市饮用水源水质达标率100%，黄河吴忠段水质达到Ⅱ类。

全年发生各类生产安全事故169起，死亡82人。亿元GDP生产安全事故死亡人数为0.185人，道路交通万车死亡人数为3.41人。

注：

1. 本公报中数据均为初步统计数，正式数据以《吴忠统计年鉴2017》为准。部分数据因四舍五入的原因，存在着与分项合计不等的情况。

2. 全市地区生产总值、各产业增加值及各类产值绝对数按当年价格计算，增长速度按可比价格计算。

3. 2013年国家统计局实施了城乡一体化住户调查改革，统一了城乡居民收入名称、分类和统计标准。2007—2012年为老口径计算的城镇居民可支配收入、农村居民人均纯收入绝对数及增速，2013年以后为新口径计算的城镇居民可支配收入、农村居民可支配收入绝对数及增速。

4. 常住人口是指在本乡镇（街道）居住半年以上的人口，或虽居住不满半年但离开户口登记地半年以上人口以及户口待定人口。

5. 户籍人口是指公民依照《中华人民共和国户口登记条例》，已在其经常居住地的公安户籍管理机关登记了常住户口的人。

资料来源：

本公报中城镇新增就业、登记失业率、养老保险、医疗保险等数据来自市人力资源和社会保障局；邮政业务数据来自市邮政管理局；户籍人口、民用汽车数据来自市公安局；公共汽车、公交车等数据来自市交通运输局；旅游数据来自市旅游局；财政数据来自市财政局；利用外资等数据来自市经济技术合作局；金融数据来自人民银行；保险数据来自宁夏保监局；教育数据来自市教育局；医疗卫生数据来自市卫生和计划生育局；外贸数据来自自治区统计局；客货周转量数据来自自治区统计局；全市博物馆、文化馆、公共图书馆、广播电台、电视台、电视综合人口覆盖率、有限广播电视用户数据来自市文化体育新闻出版广电局；粮食播种面积及产量、畜禽产量、价格指数、城镇居民人均可支配收入、农村居民人均可支配收入等数据来自国家统计局吴忠调查队；敬老院、低保、福利彩票等数据来自市民政局；环境保护和安全生产有关数据来自市环保局、公安局、安监局；其他数据均来自市统计局。

重要文献选编

吴忠市重大行政决策程序规定

第一章 总 则

第一条 为规范重大行政决策行为，健全重大行政决策机制，提高行政决策水平，认真贯彻落实十八届四中全会"关于建立健全行政决策机制"精神，根据《宁夏回族自治区重大行政决策规则》，结合本市实际，制定本规定。

第二条 县级以上人民政府（以下简称决策机关）重大行政决策的作出、执行、监督等活动，适用本规定。

第三条 本规定所称重大行政决策，是指由决策机关依法定职权对关系本行政区域经济社会发展全局，社会涉及面广，与公民、法人和其他组织利益密切相关的重大事项所作出的决定。主要包括下列事项：

（一）编制国民经济和社会发展总体规划、年度计划，编制或者调整重要的区域规划和专项规划及土地利用、自然资源开发利用等各类总体规划；

（二）编制财政预算，安排重大财政资金；

（三）制定涉及经济体制改革、行政体制改革等方面的重大决策；

（四）制定公共服务、市场监管、社会管理、生态保护等方面的重大公共政策和措施；

（五）制定开发利用土地、矿藏、水流、森林、山岭、草原、荒地、滩涂等重要自然资源的重大措施；

（六）制定或者调整重要的行政事业性收费标准以及实行政府定价的重要公用事业、公益性服务价格；

（七）决定重大投资和建设项目；

（八）处置重大国有资产；

（九）决策机关认为需要决策的其他重大决策事项。

第四条 作出重大行政决策，应当坚持科学决策、民主决策和依法决策原则，遵循公众参与、专家论证、风险评估、合法性审查和集体讨论决定的决策程序。

第五条 决策机关应当将科学民主决策情况纳入效能目标考核评价体系，考核结果作为对下一级人民政府综合考核评价的重要内容。

第二章 决策启动

第六条 对各方面提出的重大行政决策建议是否启动决策程序，依照下列规定办理：

（一）决策机关负责人提出决策建议的，由相关主管部门研究论证后，由决策机关主要负责人决定；

（二）人大代表、政协委员通过建议、提案等方式提出决策建议，有关主管部门经研究认为确有必要的，由决策机关主要负责人决定；

（三）决策机关所属工作部门或者下一级人民政府提出决策建议的，应当说明所要解决的主要问题、理由、法律和政策依据、解决问题的初步方案和可行性分析报告等，由决策机关主要负责人决定；

（四）公民、法人和其他组织提出决策建议，应当说明所要解决的主要问题、理由，有关主管部门经研究认为确有必要的，由决策机关主要负责人决定。

第七条 拟决策事项确定启动后，应当明确决策承办部门，负责重大行政决策事项的方案起草等具体工作；涉及两个以上主管部门职责的，应当明确牵头单位。

第八条 决策承办部门拟订决策方案，应当深入开展调查研究，全面准确掌握决策所需要的信息，按照重大行政决策事项涉及的范围，征求有关公民、国家机关、法人和其他组织的意见。

需要进行多方案比较或者各方面意见分歧较大的，决策承办部门应当根据不同意见拟订两个以上方案。

第三章 公众参与

第九条 决策承办部门应根据该决策对公众影响的范围和程度，采取公示、调查、座谈、论证、听证等方式进行，充分听取公众提出的合理化意见和建议。

对涉及民生问题的重大行政决策事项，应当引入有关社会组织、专业机构等开展第三方公众意愿调查。

第十条 在决策过程中，充分发挥吴忠市决策咨询委员会和政府顾问的作用，对涉及金融政策、科技信息、生态环境等行业的重大行政决策，要广泛征求相关领域委员、顾问的意见和建议。

第十一条 采取公开征求意见的重大行政决策事项可以通过报纸、广播、电视、政府门户网站等进行公示，公示的时间不少于7个工作日。公示应包括以下内容：决策事项名称、基本情况说明、决策依据和理由、反馈意见方式和时间以及应当公示的其他内容。

第十二条 除法律、法规、规章规定应当听证的外，重大决策有下列情形之一的，应当举行听证：

（一）涉及社会面广、与人民群众利益密切相关的；

（二）对经济、社会发展有重大影响的；

（三）公众对决策方案有重大分歧的；

（四）较多利害关系人要求听证的。

听证由决策承办部门负责召集和主持。听证参加人应当具有广泛性和代表性，与决策事项有利害关系的听证参加人不得少于听证参加人总数的一半。听证会的组织部门应当在听证会举行30日前向社会发布听证会公告，公告听证会的听证事项、参会人数、听证会参会人员的报名条件、报名时间、地点，并在听证会举行前10日将听证会的相关资料和会议通知送达经确定的听证会参加人。

第十三条 决策承办部门应当全面、客观地听取各方面的意见，注重听取对重大行政决策事项的反对意见和修改意见。严禁包办公众意见，或者只听取赞成的意见，漏报、瞒报反对意见和不同意见。

第十四条 决策承办部门应当对社会公众、专家、专业机构提出的意见和建议进行归纳整理、研究，对合理的意见和建议应当采纳；社会各方面意见有重大分歧的，决策承办部门应当进一步研究论证，必要时可以吸收有关人大代表、政协委员、基层组织、社会组织、专业机构等参与。

第十五条 决策承办部门应当通过报纸、广播、电视、政府门户网站及其他方式向社会公布公众提出的意见及采纳情况。对条件不成熟或因其他原因未能采纳的意见，应当说明理由或作出解释。

第四章 专家论证

第十六条 对专业性强的重大行政决策事项，决策机关应当组织相关领域专家或者专业机构开展咨询论证，并为开展咨询论证提供全面准确的信息资料等必要支持。

专家、专业机构应当独立开展咨询论证工作，客观、公正、科学地提出论证意见，并对咨询论证意见负责。

第十七条 组织专家论证，可以采取论证会、书面咨询、委托咨询论证等方式。选择专家、专业机构应当注重专业性和权威性，兼顾代表性和均衡性。

第十八条 决策机关应当聘请有关领域的专家、专业机构组成决策咨询论证专家库，建立健全专家库运行管理、诚信考核和退出机制。

第十九条 参加论证的专家一般不少于3人；涉及面较广、争议性较强或内容特别复杂、敏感的重大行政决策，一般应有5名以上专家参加论证。

第二十条 参加重大行政决策论证的专家，具有查阅相关档案资料、列席相关会议、参加相关调研活动等权利，对提出的论证意见署名负责，并服从监督管理，承担应尽的保密等义务。

第二十一条 重大行政决策应当从以下方面进行论证：

（一）决策的可行性；

（二）决策的经济社会效益；

（三）决策的执行条件；

（四）决策对环境保护、生产安全等方面的影响；

（五）其他必要的相关因素。

第二十二条 重大行政决策专家论证工作按照以下程序进行：

（一）决策承办部门确定论证专家或专业机构。

（二）决策承办部门根据重大行政决策事项的性质、内容、复杂性、紧迫性等实际情况，给予专家比较充分的研究时间，一般不少于5个工作日，并提供论证所需的资料。

（三）专家在充分了解政策背景、决策目标等信息的基础上，在指定时间内对重大行政决策事项进行相关研究，出具书面的论证意见。

（四）决策承办部门对专家的意见建议进行归纳整理，形成书面报告，连同决策事项一并提交决策机关审议。

第二十三条 决策承办部门应当以适当方式向社会公开专家信息和论证意见；对于专业性、技术性较强的问题，决策承办部门可以组织专家、专业机构向社会公众解释说明。

第五章 风险评估

第二十四条 决策承办部门应当组织对重大行政决策事项的主要风险源、风险点进行排查，对涉及社会公众切身利益的重大行政决策事项还应当进行信访评估。经排查认为存在社会稳定、生态、经济等方面风险的，由决策机关指定相关主管部门组织风险评估。

第二十五条 重大行政决策风险评估按照以下程序进行：

（一）决策承办部门制定评估工作方案，明确评估目的、评估对象与内容、评估标准、调查对象、评估步骤与方法等，并提供评估所需的基本保障。

（二）决策承办部门根据工作需要，可以组织由有关部门、有关社会组织、专业机构、专家学者，以及决策所涉及群众代表等参加的评估小组进行评估。

（三）评估小组根据实际情况，可以采取公示、问卷调查、实地走访和召开座谈会、听证会等多种方式，就决策事项听取各方面意见。对受决策影响较大的群众、有特殊困难的家庭要重点走访，当面听取意见，并讲清决策的法律和政策依据、决策方案、决策可能产生的影响，以便群众了解真实情况、表达真实意见。

（四）评估小组分门别类梳理各方意见和情况，对决策方案的合理性、可行性和风险可控性进行全面深入研究，查找社会稳定、生态、经济等方面风险点，参考相同或者类似决策引发的风险情况，预测研判风险发生概率，可能引发矛盾纠纷的激烈程度和持续时间、涉及人员数量，可能产生的各种负面影响，以及相关风险的可控程度。

（五）评估小组根据分析论证情况，初步确定风险等级。风险等级分为低风险、中风险、高风险3类：多数群众理解支持，但少部分群众有意见，一旦发生问题，能够有效控制并及时化解的为低风险；部分群众有意见，反映强烈，可能引发矛盾冲突，虽能够控制，但一时难以化解的为中风险；大部分群众有意见，反映特别强烈，可能引发大规模群体性事件且难以控制、化解的为高风险。

（六）形成评估报告。风险评估报告应当包括评估事项、评估过程、各方意见及其采纳情况、决策可能引发的社会稳定风险、风险评估结论、风险防范和化解措施等内容。

（七）决策承办部门将评估报告连同决策事项一并提交决策机关审议。

第二十六条 决策机关要把风险评估报告作为决策的重要依据。评估报告认定决策事项属低风险的，可以作出决策；存在中风险的，应制定矛盾化解方案和应急处置预案，预先做好风险防范和化解工作后，可以作出决策；存在高风险的，要暂缓做决策，并要求提出决策建议的单位修改完善决策方案，经再次组织评估确认风险等级降低的，可以作出决策，否则不得作出决策。

第六章 合法性审查

第二十七条 决策机关应当建立内部重大行政决

策合法性审查机制。

第二十八条　重大行政决策事项在提交决策机关讨论前，应当由决策机关法制机构对决策的权限、内容和程序进行合法性审查。

第二十九条　合法性审查的主要内容：

（一）决策事项是否于法有据；

（二）决策程序是否依法履行；

（三）决策内容是否依法合规。

第三十条　决策机关法制机构应当对重大行政决策出具合法性审查意见。

决策承办部门应当对合法性审查意见进行认真研究，根据合法性审查意见对决策方案作相应修改；认为不予采纳的，应当在提请决策机关讨论决定时专门说明理由。

第三十一条　决策机关应当建立以政府法制机构人员为主体、吸收专家和律师参加的法律顾问队伍，发挥其在制定重大行政决策中的作用。

第七章　集体讨论

第三十二条　重大行政决策应当经决策机关常务会议或者全体会议等集体讨论决定。

第三十三条　提请决策机关讨论重大行政决策，应当提交决策方案草案及说明，说明包括有关法律和政策依据、社会公众等各方面提出的主要意见、专家论证意见、合法性审查意见、风险评估结论等需要说明的情况。

第三十四条　决策机关召开全体会议或者常务会议讨论决定重大决策事项时，根据需要可以邀请人民代表大会常务委员会、政治协商会议派员列席会议，也可以邀请经济、科技、法律以及与重大决策事项方案相关的其他专家或者实际工作者参加会议提出意见和建议。

第三十五条　重大行政决策在集体审议的基础上由决策机关主要负责人作出决定。决策机关主要负责人一般按照会议组成人员多数人意见对审议的事项作出同意、不同意、修改、暂缓或者再次审议的决定。作出暂缓决定超过1年的，方案(草案)退出决策程序。决策机关主要负责人拟作出的决定与多数人的意见不一致的，应当说明理由。

会议组成人员的意见、会议讨论情况和决定应当如实记录。

第三十六条　重大行政决策事项按照规定应当由同级党委、上级行政机关批准或者同级人民代表大会常务委员会审议决定，按照有关程序办理。

第三十七条　除依法应当保密的外，决策机关应当通过政府门户网站、电视台、报纸等便于公众知晓的方式向社会公布决策结果。

第八章　向人大常委会报告

第三十八条　重大行政决策应当向同级人大常委会报告，接受人大监督。人大常委会可以提出意见、建议，必要时作出决议、决定。

第三十九条　重大行政决策事项若需列入同级人大常委会会议议程，应当按照人大常委会要求的时间和方式报送。各有关部门应按照决策机关与人大常委会商定的报告内容，预先开展相关工作，提前做好准备，并按要求做好人大常委会组织的相关专项检查、视察、评议和调研等配合工作。

第四十条　人大常委会审议重大事项议案或报告时，决策机关分管领导及相关部门负责人应当到会做说明并听取意见建议。

第四十一条　人大常委会就政府报告事项所作出的决议、决定以及提出的意见、建议，决策机关及有关部门要认真抓好落实，并将落实情况及时反馈给人大常委会。

第四十二条　决策机关制定的规范性文件应当在发布之日起30日内报送同级人大常委会备案。

第九章　执行与后评估

第四十三条　重大行政决策作出后，执行机关应制订实施方案，并报决策机关备案。

第四十四条　重大行政决策执行情况应当接受各方面的监督。决策机关督查机构应当加强对重大行政决策执行情况的检查，及时跟踪和反馈执行情况，发现新的情况和问题应当及时调查，并将调查结果如实向决策机关报告。

第四十五条　决策执行机关在实施决策的过程中，发现可能影响决策目标实现的情况，应当及时向决策机关报告。

公民、法人和其他组织认为重大行政决策及其实施存在问题的，可以向决策机关或者决策执行机关提出。

第四十六条 决策机关应当跟踪决策执行情况和实施效果，并确定有关部门组织开展后评估，经后评估认为需要调整的，应提交决策机关常务会议或者全体会议对已作出的决策作适当调整。

第四十七条 具有下列情形之一的，决策机关可以对原有重大行政决策进行调整：

（一）决策作出时的依据已发生重大变化；

（二）决策作出时的条件已发生重大调整；

（三）决策作出后又出现新的情况和问题；

（四）其他直接影响重大决策事项实施的情况和问题。

第四十八条 重大行政决策的调整适用重大行政决策的程序。但在紧急情况下，如不及时调整可能给国家、集体、社会公共利益造成重大损失的，决策机关负责人可以及时调整，也可以由决策机关负责人委托其他主要负责人或者在现场指挥的主要负责人及时调整，但必须记录在案，并于事后在决策机关常务会议或者全体会议等会议上说明。

第四十九条 因重大行政决策调整给公民、法人或者其他组织造成财产损失的，决策机关应当依法给予补偿。

第五十条 决策机关应当建立重大行政决策归档制度。决策方案（草案）及说明、主要调研成果、决策机关集体讨论决定会议记录、决策结果、决策执行和后评估情况、决策调整情况等有关材料由决策执行机关及时归档。

第十章 责任追究

第五十一条 建立重大行政决策终身责任追究制度及责任倒查机制。对决策严重失误或者依法应当及时作出决策但久拖不决造成重大损失、恶劣影响的，依法追究有关领导和相关责任人员的责任。

第五十二条 因有下列行为之一，造成重大决策失误和严重后果的，由监察机关按有关规定追究有关部门负责人和直接责任人员的行政责任：

（一）提供重大决策事项的事实有重大出入的；

（二）提供重大决策事项的依据错误的；

（三）提供重大决策事项的方案违反法律、法规、规章规定的；

（四）未按法定权限或程序报请决策的；

（五）有关机构审核不严，失职、渎职的；

（六）其他导致决策违法的情形。

第五十三条 责任追究依据责任人的职责范围，明确集体责任、领导责任、个人责任，不得以集体责任代替个人责任。

追究集体责任时，领导班子主要负责人和分管领导承担主要领导责任，参与决策的班子其他成员承担重要领导责任。对错误决策提出明确反对意见而未被采纳的，不承担领导责任。因班子成员个人行为造成决策失误的，追究领导干部个人责任。

第五十四条 决策承办部门和承担风险评估工作的部门玩忽职守，未认真履行相应职责，造成恶劣影响或者严重后果的，对单位负责人、直接负责的主管人员和其他直接责任人员依法给予处分。

第五十五条 决策执行机关拒不执行、推诿执行、拖延执行或者执行偏离决策方案，导致决策不能全面、及时、正确实施的，由上一级行政机关责令改正，对负有责任的单位负责人、直接负责的主管人员和其他直接责任人员依法给予处分。

第五十六条 受委托的专家、专业机构、社会组织不客观公正提出论证意见，造成严重后果的，依法追究其相应法律责任，并将其行为纳入不良信用记录。

第十一章 附 则

第五十七条 县级以上人民政府工作部门和派出机构、乡（镇）人民政府作出重大行政决策，参照本规定执行。

第五十八条 本规定自2016年3月1日起施行。

关于促进房地产市场平稳健康发展的政策措施

为贯彻落实中央"按照加快提高户籍人口城镇化率和深化住房制度改革的要求，有序消化房地产库存，注重解决区域性、结构性问题，实行差别化的调控政策"精神，根据自治区人民政府《关于促进房地产市场平稳健康发展的若干意见》（宁政发〔2015〕88号），结合吴忠市实际，制定以下政策措施：

一、**科学规划开发总量**。科学编制住房发展规划，合理控制年度开发规模，对新建房地产项目销售面积达不到可售总面积50%的不再审批新的开发楼盘。建立房地产开发项目风险评估机制，对存在风险的房地产开发项目不予审批。

二、**优化住房供应结构**。取消新建商品住房"90平方米以下户型占70%以上"限制规定。对在建商品住房项目，在不改变用地性质和容积率等必要规划条件的前提下，允许调整套型结构。

三、**调整开发土地用途**。引导未开发房地产用地转型利用，通过调整土地用途、规划条件，用于国家支持的新兴产业、养老产业、文化产业、体育产业等项目的开发建设。对转变用途或新规划条件下开发建设的项目，应重新办理土地等相关手续，重新核定土地价款。

四、**加大棚户区改造货币化安置力度**。停止新建公共租赁住房和经济适用住房项目，停止新批商品住房小区配建公共租赁住房和收取异地建设费，加大棚户区改造货币化安置力度。

五、**打通商品房与保障房通道**。市区不再新建保障性住房项目，政府通过收储、采购符合条件的商品住房作为棚改安置房和公共租赁住房房源。积极探索共有产权住房供应方式，满足市场多元化住房需求。

六、**给予居民住房消费税费优惠**。个人购买2年（含2年）以上的普通住房对外销售的，免征增值税；个人购买家庭唯一住房且面积为90平方米及以下的，按1%的税率征收契税；面积为90平方米（不含90平方米）以上的，按1.5%的税率征收契税；个人购买家庭第二套改善性住房且面积为90平方米及以下的，按1%的税率征收契税；面积为90平方米（不含90平方米）以上的，按2%的税率征收契税。

七、**鼓励居民合理住房消费**。居民家庭首次购买普通住房的，商业性个人住房贷款原则上最低首付款比例为20%。居民家庭购买住房时，不再以家庭拥有的房屋数量来认定，只要还清住房贷款，再次贷款按照首套房认定。对拥有1套住房且相应购房贷款未结清的居民家庭，为改善居住条件再次申请商业性个人住房贷款购买普通住房，最低首付款比例为40%。

八、**加大住房公积金支持力度**。住房公积金缴存职工在使用住房公积金贷款购买商品住房时，贷款比例提高至购房总价款的80%。职工购买自住房，可凭5年内购房合同（房屋产权证）申请提取不超过住房总价款的住房公积金；可凭自住房租赁费发票，每年申请提取住房公积金，用于支付自住房租赁费。缴存住房公积金的棚改居民购买存量商品住房差额部分可申请住房公积金贷款，也可提取夫妇双方住房公积金。异地正常缴存住房公积金的，购买吴忠市区内商品住房时，可申请住房公积金购房贷款，执行吴忠市住房公积金贷款相关规定。创新公积金与商业银行组贷方式，住房公积金缴存职工购买自住普通商品住房使用住房公积金贷款时，公积金贷款不足部分由商业性个人住房贷款补足，公积金贷款与商业贷款之和不超过房屋总价款的80%。

九、**鼓励农村居民和农民工进城购房**。凡在吴忠市利通区滨河新区（东至京藏高速公路，西至滨河大道，南至秦渠，北至滨河大道）范围内购买新建普通性商品住房（不含别墅、商铺及企事业单位自建房）的农村居民和农民工，凭备案合同、契税证明，政府给予180元/平方米的购房补贴，房地产开发企业应给予购房者同等数额的优惠。房地产开发企业可与农村居民、农民工签订分期付款合同，最长在5年期内付清房款，再办理房屋产权手续。

十、支持房地产企业转型升级。支持企业合理融资需求，银行业等金融机构要与获得自治区AA级信用等级的房地产开发企业建立协作关系，合理配置信贷资源，积极支持企业建设普通性商品住房项目。有资信实力和品牌优势的房地产企业可通过兼并、重组、收购等方式，开展规模化开发和集团化运作，形成竞争力强的企业集团。

本政策措施自2016年6月1日起施行，解释权归市住房和城乡建设局。

关于推进"十大市场"健康发展的政策措施

为了进一步放开搞活市场，推动"十大市场"持续健康发展，充分发挥市场在资源配置中的决定性作用，现就推进"十大市场"健康发展制定以下政策措施。

一、规范经营业态，提高市场专业水平。各专业市场主营业态必须达到60%以上，其余40%可以发展相关、相近或配套等经营业态。对尚未投入运营的花卉市场业态调整为货车维修、仓储物流；对商品房空置率较高的国际汽车城增加汽修汽配、餐饮服务业态；对经营困难的北方农资城增加生资日杂、工程机械、二手农业机械交易及农资仓储物流业态。

二、提高销售比例，回笼资金加快发展。为缓解"十大市场"资金紧缺、融资困难的问题，将各专业市场商品房销售比例由原来的40%调整为50%。通过回笼资金，进一步激活各专业市场的经营发展。

三、整合市场资源，激发市场发展活力。坚持"政府引导、市场主导"的原则，以市场机制整合资源。政府采取加大宣传、为入住商户提供融资担保等政策措施，同时鼓励各专业市场出台减免租金、统一促销等招商优惠政策，引导铁市场、东郊市场等老旧市场及分散商户迁入各专业市场集中经营。完善国际汽车城物业管理，对原花卉市场建设投资情况进行审计并组建管理机构，化解债务，确保该市场尽快投入运营。

四、完善配套设施，增强市场服务功能。根据各大市场需要，按照统筹规划、分步实施的原则，逐步完善配套金融网点、餐饮住宿、便利网点等各类配套设施，完善市场功能。优化公交线路、增加公交车次和公交站点，方便群众出行。对金属物流园将原料堆场改建为钢结构大棚、二手车市场搭建停车棚等有关事项，按相关规定办理报建审批，以增强市场服务功能。对"十大市场"周边绿化在保证现有景观效果的前提下，可分年度分批次根据树木长势对间距过密树木进行逐步间苗移植。

五、发展电子商务，搭建各种营销体系。鼓励"十大市场"建立自主电商平台，支持各市场推广电子商务应用。凡应用电商等新业态的市场，优先享受自治区电商"筑梦计划"、电商进村和吴忠市"互联网+商贸"扶持政策，优先将北方农资城、鑫鲜农副产品市场列入利通区电商进村实施企业。政府相关部门对"十大市场"入驻商户免费提供电商、管理、营销等人才培训，免费加入"淘宝特色中国·吴忠馆""供销E家"等本地电商平台。

六、加大培育力度，壮大市场主体规模。对入驻"十大市场"、符合小额贷款条件的个体工商户提供10万元贴息贷款支持；对入驻"十大市场"的小微商贸企业提供20万~200万元创业资金贷款贴息支持；对需要融资的市场主体，开源信用担保公司在符合担保条件下优先提供300万元以内贷款担保。

七、鼓励企业合作，打造知名品牌市场。鼓励各大市场经营主体与国内外知名品牌企业合作，凡引进国际知名品牌企业的一次性奖励30万元；凡引进国内行业排名前5位的知名品牌企业的一次性奖励20万元。支持市场主体通过兼并、重组、收购、控股等方式，组建大型流通企业集团。凡通过资源整合，成为批零限上或服务业规上企业并进入国家统计系统的大型流通企业集团，一次性奖励10万元。

八、整顿市场秩序，规范市场经营行为。认真贯彻落实《商品交易市场管理条例》等法律法规，进一步加强对"十大市场"的监督管理，积极打造绿色市场、文明市场；大力开展市场秩序专项整治行动，严厉查处不正当竞争行为，确保市场健康有序发展。

九、加强宣传推介，拓展市场发展空间。充分利用宁夏电视台、《宁夏日报》、吴忠电视台、《吴忠日报》等官方媒体以及微博微信、大型广告、公交视频等各种平台，广泛宣传"十大市场"的功能分布、商品布局、招工招商、促销活动等，不断提高市场知名度和影响力。充分利用光耀特色街等街区开展活动，推介"十大市场",开展经贸洽谈。

十、建立协调机制,推进市场健康发展。成立"十大市场"培育发展领导小组,由政府分管领导任组长,市委宣传部、发展改革委、财政局等市直部门及利通区政府为成员单位,领导小组办公室设在市商务局。领导小组负责统筹协调"十大市场"建设运营工作,及时开展专题调研,制定推进市场健康发展的政策措施,定期召开领导小组会议,协调解决"十大市场"建设、营运中存在的问题和困难。

关于进一步促进就业创业的政策措施

为全面推进大众创业、万众创新，深入实施就业优先战略和更加积极的就业政策，主动适应当前就业形势变化，创新完善就业创业政策体系，推动新经济与传统产业融合发展，结合吴忠市实际，制定以下政策措施。

一、打造创业创新众创平台。重点支持市场主体建设大学生创业园、返乡农民工转移就业创业园、电子商务创业园和创意创业街区等。众创平台创业实体达到50户以上，带动就业达到200人以上，认定为市级创业示范基地的，给予50万元奖补；认定为国家和自治区级创业示范基地的，给予100万元奖补。

二、提供担保贷款扶持创业。对符合创业贷款条件的个人给予5万~10万元全额贴息担保贷款，创业企业给予30万~200万元的贴息担保贷款；推进创业担保贷款运行机制改革，创新担保方式，拓展反担保路径。中小微创业企业经营困难的，可申请续贷；非贴息贷款期限不受限制。

三、支持高校毕业生就业创业。对有创业愿望、创办企业的高校毕业生免费开展创业能力培训；应届高校毕业生从事创业项目带动就业，连续正常经营1年以上的，一次性给予6000元创业补贴；毕业年度内高校毕业生到企业就业，签订一年以上劳动合同并缴纳社会保险费的，给予1年社会保险补贴；毕业年度内高校毕业生灵活就业的，享受2年社会保险补贴；在本年度内增加购买公益性岗位100个，重点安置2015—2016年度高校毕业生及零就业家庭过渡性就业；购买专职消防员岗位134个，重点安置高校毕业生及复转军人就业。

四、促进企业职工稳岗就业。鼓励企业自主开展岗位提升培训，足额提取并使用培训教育经费的工业企业，按照工种类别和取得职业资格证人数分别给予企业或承训单位每人700~900元培训补贴；积极推进供给侧结构性改革，支持化解过剩产能企业开展职工技能培训，对实现转岗安置并取得职业资格证书的，给予企业每人1000元的培训鉴定补贴；对依法参加失业保险并足额缴纳失业保险费，当年度不裁员或裁员率低于全区城镇登记失业率的企业，按照实际缴纳失业保险费总额的50%给予稳岗补贴。

五、推动贫困人员就业脱贫。全力推进精准脱贫工程，建立"精准培训促进就业脱贫"工作机制，每年培训贫困户家庭成员1万人（扶贫部门9100人，人社部门900人），按照职业工种类别，对承训单位每人给予700~900元培训补贴；鼓励各类人力资源服务机构、劳务经纪人介绍扶贫对象就业，对成功介绍稳定就业6个月以上的，每介绍1人给予100元补贴；企业吸纳贫困家庭高校毕业生就业，签订1年以上劳动合同并依法缴纳社会保险的，给予1年社会保险补贴；对享受城乡居民最低生活保障家庭和残疾高校毕业生及获得国家助学贷款的毕业年度内高校毕业生，每人给予一次性求职创业补贴1000元。

六、拓展电商就业创业空间。将电子商务培训纳入职业技能培训规划，参加电子商务创业培训的，给予承训单位每人1200元培训补贴，参加电子商务技能培训的，给予承训单位每人900元培训补贴；采取"请进来、送出去"的培训方式，提高电商企业经营管理能力；市场主体创建电子商务实体或电商平台，享受创业示范基地奖补及创业贴息贷款政策；获评国家或自治区级电子商务技能大师工作室给予10万元专项补贴；企业电子商务人才入选自治区新型工业、特色优势农业、现代服务业、科技创新型领军人才的，给予人选所在企业50万元专项经费资助；培育电子商务青年拔尖人才，对入选自治区优秀青年后备骨干、自治级学术技术带头人、国家级学术技术带头人的，分别给予人选所在企业3万~10万元的专项经费资助。

七、提升"吴忠厨师"就业创业能力。对自主参加"吴忠厨师"技能培训并取得职业资格证书的，给予每人900元直接补贴；鼓励市场主体采取"产教结合、校企联合"方式建设"吴忠厨师"实训基地,对拥有一定规模实训场所、实训设备及师资队伍的实训基地,每年给予10万元人才培育项目奖补;"吴忠厨师"在市域外开办餐厅或创办连锁经营,带动本市城乡劳动者就业并提供相应反担保的,享受市域内创业贴息贷款政策。

八、鼓励"外语+"复合型人才回乡创业。按照国家"一带一路"倡议,大力培养"外语+"及阿拉伯语商贸人才,引导有序输出就业创业;对符合创业贷款条件的回乡创业企业,给予30万~200万元的贴息担保贷款;创业项目符合自治区"千百十"行动计划的,给予300万元以内2年期贴息担保贷款,个人贷款在基准贷款利率的基础上上浮3个百分点贴息,企业或经济实体贷款按基准贷款利率的50%贴息。

九、开辟创意创业新业态。鼓励市场主体通过保护、传承非物质文化遗产,挖掘、创新民俗文化产品,激发、激励青少年原创力,建设创意创业研发、生产、实训、体验、展示、销售平台,实现创意创新产品市场转化。对拥有一定规模的创业场所、具备相应配套设施设备、创业实体达到50户以上、带动就业达到200人以上的创意创新平台,给予50万~100万元一次性奖补。符合自治区级众创空间建设标准的,享受相应优惠政策。

十、培养本土企业经营管理人才。实施创业"小老板"提升计划,促进企业"个转企、小升规、规改股、股上市",实现"小老板"向"企业家"转变,每年选派50名创业企业负责人到国内知名院校和企业进行提升培训;按年度举办各类创业大赛,表彰奖励先进,树立创业典型,弘扬创业精神,营造大众创业、万众创新社会氛围。

本政策措施自2016年8月1日起施行,解释权归吴忠市人力资源和社会保障局。

关于支持加快农业特色优势产业发展的政策措施

为有效整合和合理使用财政支农资金，放大其引导和杠杆作用，全力推进农业供给侧结构性改革，努力构建现代农业产业体系、生产体系、经营体系，加快特色优势产业发展，进一步促进农业增效、农民增收，制定以下政策措施。

一、支持发展高效节水农业。市财政安排430万元，对企业、合作社、家庭农场、种植大户压减籽粒玉米后改种水稻、小麦、瓜菜、中药材、枸杞、酿酒葡萄、黄花、油牡丹、饲草等作物，集中连片100亩以上，且实行标准化生产、产业化经营模式的，每亩一次性奖补10元；对实施高效节灌项目发展特色产业，集中连片1000亩以上的，每亩一次性奖补15元。鼓励各县（市、区）配套奖补。

二、鼓励健康富硒产业发展。市财政安排150万元，对发展天然富硒农产品，种植富硒水稻、小麦、枸杞、中药材等农作物集中连片1000亩以上（果蔬集中连片200亩以上），养殖肉牛存栏200头以上、肉羊1000只以上、家禽1万只以上，产品达到富硒标准，建立市场销售渠道的新型经营主体，每户一次性奖补5万元；对注册成功富硒农产品商标且销售额达到500万元以上的新型经营主体，每户奖励5万元；对投资生物技术创新领先的健康产业项目，按实际到位资金的5‰予以奖励，最高不超过50万元。

三、引导奶牛老旧园区和散户转型发展。市财政安排150万元，对奶牛养殖园区转型饲养肉牛（奶公犊）、肉驴等存栏150头以上，肉羊存栏1500只以上；对散户利用闲置奶牛养殖棚圈转型养殖肉牛（奶公犊）、肉驴等存栏10头以上，肉羊存栏50只以上，达到单位面积养殖标准的，按照养殖圈舍面积每平方米一次性奖励40元。

四、帮助新型农业经营主体做大做强。市财政安排270万元，支持新型经营主体创建国家、自治区、市级龙头企业（示范合作社、家庭农场），创建成功的分别给予10万元、5万元、2万元奖励；对新认证无公害农产品、绿色食品、有机农产品及地理标识农产品的，每个分别奖励1万元、2万元、3万元、5万元；对建成农产品质量安全追溯体系的，每个奖励3万元；对新型经营主体进行技术改造、产品研发、成果转化、市场开拓的，给予贷款担保、贷款贴息和贷款风险补偿支持。

五、促进一二三产业融合发展。市财政安排150万元，支持县（市、区）开展一二三产业融合试点工作，每个试点给予10万元奖励；支持休闲农业发展，对评为全国休闲农业与乡村旅游示范县（点）、自治区级休闲农业示范点和市级休闲农庄的，分别给予20万元、10万和5万元奖励；对休闲农业企业进行基础设施建设的给予贷款贴息支持。

六、发展壮大村集体经济。市财政安排100万元，配套中央及自治区农村综合改革示范试点暨开展村集体经济有效实现形式项目，重点支持村集体以土地股份合作、农业生产经营合作为主要经营形式，开展土地流转、零散土地整治、发展为农服务、物业经营、产业脱贫等生产经营活动。

七、推进优质特色农产品挺进大中城市。按照吴忠市优质特色产品挺进大中城市战略，在北京、天津、上海、广州等15个城市建设宁夏吴忠市优质特色产品展示展销中心，市财政从产业引导基金中安排专项扶持资金，坚持"一地一策"、"一城一策"和"确定基数、奖励增量"的原则，根据场地租赁费、装修费、销售额等，对展示展销中心进行奖补。对吴忠市生产、加工、流通企业为展示展销中心配送优质安全产品、信誉良好且销售额达到500万元以上的，按实际销售额的1%给予奖励，每家不超过10万元。

八、建立农业贷款担保风险基金和产业引导基金。各县（市、区）按照自治区农业特色优势产业贷款担保基金和贷款风险补偿基金管理办法，建立农业贷款担保风险基金。吴忠市、利通区两级财政各注入1000万元、自治区配套2000万元，建立农业贷款担

保风险基金4000万元,由担保公司运作管理,重点扶持粮食、草畜、蔬菜、葡萄、枸杞"1+4"产业和富硒产业的贷款担保及风险补偿。吴忠市、利通区财政共同注入奶业风险基金500万元,增强奶产业抵御风险、融资担保能力。按照自治区农业特色优势产业贷款贴息资金管理办法,各县(市、区)对符合条件的贴息对象,按规定进行申报和配套贴息,市本级负责金积工业园区和国家农业科技园区配套资金。在吴忠市产业引导基金1亿元内设立农业产业子基金,按照《吴忠市产业引导基金管理办法》,采取股权等投资方式对涉农企业给予支持。

九、扶持国家农业科技园区发展。市财政安排1000万元,支持吴忠国家农业科技园区基础设施建设、产业培育、科技成果转化推广和探索市场化运营模式,打造农业示范园。市直部门积极对接自治区农牧厅、水利厅、林业局、财政厅等相关厅局,努力争取各类项目支持。园区各项收入经核定后全额列入园区支出预算。

十、强化土地政策支持。农业生产设施用地、直接用于或者服务于农业生产的附属设施和配套设施用地,按农用地管理,不需办理农用地转用审批手续。鼓励对未确定使用权的国有、农村集体所有的荒地、荒山、荒滩从事农业开发。鼓励利用城市规划区外的闲置宅基地和房屋,以及村集体建设用地、荒山、荒丘、荒沟、荒滩、可用林场和水面等资源资产发展休闲农业。鼓励农户以转让、转包、租赁、互换、入股的形式流转土地承包经营权,推进土地向职业农民、家庭农场、合作社、企业集中,实现规模经营。

本政策措施由吴忠市农牧局负责解释,自颁布之日起施行。

吴忠市促进旅游业发展的政策措施

为了推进吴忠全域旅游示范创建工作，促进旅游业加快发展，让旅游发展成果惠及于民，制定本政策措施：

一、**给予税费优惠**。对新办且评定为相应等级的旅游企业前3年缴纳的企业所得税地方留成部分，用于奖励企业，第4~5年减半奖励。星级旅游宾馆、饭店用水执行工业水价标准，用电执行按照一般工业电价标准。

二、**保障土地需求**。旅游业用地需求纳入城乡规划和土地利用总体规划，优先安排市旅游产业重点项目用地，对重大旅游项目确保规划建设用地。对确需建设用地的乡村休闲旅游项目，县（市、区）按年度用地计划优先安排。

三、**加大金融支持**。支持旅游企业采取项目特许权、运营权和旅游景区门票质押担保等方式扩大融资规模。凡年度投资500万元以上、在金融机构贷款100万元以上、贷款期限1年以上的乡村休闲旅游企业，按照基准利率的25%给予贴息。

四、**加大资金扶持**。市、县（市、区）财政设立旅游发展专项资金，专门用于支持旅游规划编制、项目建设、营销宣传、人才培训等，且每年以一定比例增长。对新建特色旅游购物店、乡村旅游客栈，正常运营且1年以上的投资企业，每个给予5万~10万元补助。对新建旅游厕所且经验收达到A级、AA级和AAA级的旅游企业，分别按照5万、10万、15万元给予补助。

五、**推动质量提升**。鼓励旅游企业开展质量等级评定活动，加强标准化建设，推动质量提升。对新评定为国家5A级、4A级的景区，分别奖励300万元、100万元。新评定为五星级、四星级的饭店，分别奖励100万元、30万元。新评定为五星级、四星级的农家乐，分别奖励10万元和5万元。

六、**实施旅游惠民**。鼓励景区免费或优惠开放。各类博物馆（展示馆）、公园和滨河体育场馆免费向吴忠市民开放。中华黄河楼、黄河大峡谷、中华黄河坛、盐池哈巴湖对吴忠市民实行优惠价，凭身份证收取20元门票。对60岁以上老人、残疾人、军人、新闻记者及1.4米以下儿童免收门票。

七、**优化旅游交通**。鼓励开通吴忠市区至中华黄河楼、黄河大峡谷、中华黄河坛、黄河生态园公交直通车。对开通吴忠市区至景区专线的运输企业，市财政每年给予20万~50万元奖补。支持旅游企业在交通沿线设立符合交通路政管理的旅游交通指示牌。

八、**强化宣传奖励**。鼓励旅游企业主动开展宣传营销，对牵头在主要客源地举办推广活动的旅游企业，每次根据情况给予3万~5万元补助。在区内外大中城市、机场、火车站、汽车站、列车、公交车体、候车厅及高速公路沿线等开展宣传，投放期达6个月以上的，给予旅游企业费用总额10%的补助。

九、**鼓励引客入吴**。对年度内组织游客到吴忠中华黄河楼、黄河大峡谷、中华黄河坛、盐池哈巴湖4个收费景区且人次达到3000人次以上的旅行社，按照景区接待情况每人次奖励10元。达到5000人次以上的，再奖励1万元；达到1万人次以上的，再奖励3万元。

十、**加强人才建设**。加强旅游人才队伍建设，努力提升旅游从业人员管理水平和服务质量，对评定为"吴忠市旅游行业十佳带头人"的，每人奖励3000元；对评定为"吴忠十大金牌导游（讲解员）"称号的，每人奖励2000元；对评定为"吴忠百名旅游服务之星"的，每人奖励500元。

本政策措施自公布之日起施行，由市旅游局负责解释。

关于促进工业企业平稳发展的政策措施

为积极贯彻落实国家及自治区"保增长、去产能、去库存、降成本、补短板"要求，加速优化产业结构，加快推进工业转型，力促工业企业平稳发展，现结合吴忠市实际，制定以下政策措施。

一、鼓励企业扩大生产。凡年度内工业产值同比增长20%以上（含20%）、产销率达到90%以上、新增产值超过2000万元（不含新入规企业）的规上企业，按其新增产值的2‰予以奖励，每个企业奖励金额最高不超过50万元。年度内工业企业产品每出口创汇1美元，奖励0.05元人民币，每个企业奖励金额最高不超过50万元。

二、奖励企业提质增效。凡年度内新建企业（不含新能源企业），完成固定资产投资1亿元以上且实现当年建设当年投产的，按其固定资产投资的0.5%予以奖励。凡年度内首次纳入规模以上统计的工业企业，一次性奖励10万元。

三、支持企业降低库存。对乳制品加工企业消化库存进行补贴，按年度库存量同比减少额的5‰补贴，每个企业补贴金额最高不超过100万元。对电石、铁合金加工企业消化库存进行补贴，按照年度库存量同比减少额的2‰，每个企业补贴金额最高不超过50万元。

四、扩大企业担保基金。注资宁夏担保集团2000万元、开源担保公司1500万元，撬动银行贷款，助力解决中小微企业融资难问题。

五、设立产业引导基金。采取市场化运作模式，筹资1亿元开展股权投资，支持全市优势特色产业发展。

六、降低企业融资成本。注资2500万元设立小微企业"助保贷"平台，为企业提供低于同期市场利率贷款。

七、贴息支持规上企业。凡年度内规上企业在金融机构新增贷款500万元以上，且贷款期限1年以上的，按照基准利率的25%给予贴息，每个企业贴息金额最高不超过20万元。

八、降低企业用工成本。企业失业保险费率由2%降为1%；落实工伤保险浮动费率，降低工伤保险缴费比例。劳动密集型、冶金化工等企业被企业主管部门认定为困难企业的，困难期间可减免欠缴社会保险费的滞纳金；单位养老保险处于欠费状态的，整体清欠可免收滞纳金；经营困难但不停产、不裁员的企业，允许缓缴社会保险费1年，缓缴期间免收滞纳金。

九、支持企业技术改造。凡年度内企业延长产业链条的技术改造项目，当年建设并当年投产的，按项目固定资产实际投资额的2%予以补贴，补贴金额不超过企业当年上缴的市、县本级留成税金。

十、减免企业相关收费。凡年度内新建的工业企业，减免市本级行政事业性收费（按规定程序申报）。

本政策措施有效期为2016年1月1日至12月31日，以统计、财政、税务、银行等部门数据为依据，具体奖励标准以实施细则为准。利通区和太阳山开发区的工业企业由市财政补贴，其他县（市、区）可参照执行。本政策措施由市工业和信息化局负责解释。

吴忠市小微企业"助保贷"业务管理暂行办法

第一章 总 则

第一条 为缓解吴忠市小微企业贷款难、担保难和成本高的问题，由市财政局和利通区财政局共同出资搭建政府、银行、企业三方合作的小微企业"助保贷"业务平台，吸引合作银行对吴忠市小微企业信贷资金投放，重点扶持有市场、有发展潜力，但无法按要求提供抵押、担保的小微企业，使一大批成长性好的小微企业迅速做大做强。现结合吴忠市实际，制定本办法。

第二条 本办法所称小微企业"助保贷"业务，指为企业提供一定担保的基础上，由企业缴纳一定比例的助保金和政府提供的风险补偿资金共同作为增信手段的前提下，由合作银行向"小微企业池"中企业发放贷款的信贷业务。

第三条 本办法所称"助保金"，是指由"小微企业池"中企业按照合作银行审批授信额度的规定一次性缴纳的资金，用于先行代偿该池中所有企业逾期贷款的助保资金。

第四条 本办法所称"政府风险补偿金"，是指吴忠市财政局和利通区财政局在本办法实施初期向"助保金池"中各划拨的500万元的增信资金，在发生贷偿且助保金账户余额不足清偿时，按一定比例进行补偿的资金。

第五条 本办法所称"小微企业池"，是由小微企业自愿申请，市、区两级工业和信息化局牵头组织相关部门领导和工作人员进行前期评估、审查，选择优质的小微企业群体，并推荐给合作银行，贷款的发放最终由合作银行确定。合作银行采用招标的方式确定并签订协议。

第六条 小微企业"助保贷"业务及"助保金池"的使用管理应当遵循公开透明、定向使用、科学管理、加强监督的原则。

第七条 吴忠市工业和信息化局负责金积工业园区、吴忠国家农业科技园区、太阳山开发区小微企业助保贷工作，利通区负责辖区内除金积工业园区和孙家滩开发区以外的小微企业助保贷工作，入池企业由市、区工信局和财政局最终确定。

第二章 "助保金池"和"风险补偿金"的组建与管理

第八条 "助保金池"由小微企业缴纳的助保金和政府风险补偿资金共同组成。市财政局和利通区财政共同出资1000万元作为政府风险补偿铺底资金，合作银行对政府风险补偿铺底资金按不低于1：10比例放大贷款资金重点支持市区内小微企业发展。积极争取国家、自治区支持中小微企业发展资金，并合理吸纳社会资金，扩大风险补偿金的铺底资金。

第九条 小微企业缴纳的助保金，由"小微企业池"中企业在签订借款合同和担保合同前按不低于其在合作银行审批授信额度2%的比率一次性缴纳。

第十条 吴忠市开源信用担保有限公司具体负责"助保金池"账户管理。在合作银行开设专户分别存放助保金和政府风险补偿资金，利息归属专用账户，账户内资金不得挪用，仅用于"助保贷"业务发生损失时的代偿。吴忠市财政局和利通区财政局负责对风险补偿金账户进行监管。

第十一条 每批次"助保贷"业务到期后，如企业都能按时归还贷款的，各企业缴纳的助保金本金及利息可以全额予以退回；如有企业贷款逾期的，用助保金先行代偿，待该批次"助保金"业务结束且所有贷款本、息清偿后，将助保金剩余部分按各企业缴纳助保金的比例进行一次性清算退还。企业发生代偿损失时，不参与剩余部分分配。

第三章 支持对象和条件

第十二条 "助保贷"贷款支持对象为吴忠市区内、太阳山开发区、吴忠国家农业科技园区注册的小微企业,并符合以下基本条件:

1. 入选"小微企业池";
2. 符合合作银行信贷政策;
3. 不存在未结清不良贷款及欠息等信用记录;
4. 能够提供合作银行认可的担保,提供抵(质)押物担保的,抵(质)押物应当为借款人所有;
5. 无购买期货等高风险投资行为,实际控制人及其配偶无参与高利贷等违法行为。

第十三条 贷款企业除缴纳助保金外,须提供不低于贷款额度40%的符合合作银行要求的抵(质)押(评估值)或保证;贷款企业法定代表人、实际控制人或主要股东须同时承担连带保证责任。

第十四条 单户贷款额度原则上最高不超过300万元(含300万元),贷款期限最长不超过2年。

第十五条 贷款利率实行差别化定价,贷款基准利率上浮不超过20%,优质客户可执行基准利率。

第四章 风险补偿程序

第十六条 合作银行在推荐的"小微企业池"中进行尽职调查,独立决策提出贷款意向。在与企业签订借款合同以及变更协议前,应及时通知"助保金池"账户管理单位和小微企业池管理单位。

第十七条 "助保金池"账户管理单位应在贷款到期之后不超过1个月内,对银行债权追偿不足部分履行助保金代偿责任,合作银行在函商账户管理单位后可直接从"助保金池"账户扣划助保金相应款项,代偿金额以"助保金池"账户中助保金的余额为限。

第十八条 当"助保金池"账户企业缴纳的助保金余额不足清偿逾期贷款本息时,不足部分由合作银行向吴忠市工业和信息化局提出书面代偿申请,市、区两级工信局审核报市、区两级财政局复审同意后,由政府风险补偿资金和合作银行按协议规定分摊,但政府补偿不超过20%。政府风险补偿资金代偿损失额以"助保金池"中的余额为限。

第十九条 对于启动代偿程序后的追偿所得,或企业恢复还款收回的资金,扣除相关追索费用后,首先按各50%补偿政府风险补偿金和合作银行债权,剩余部分补回"助保金池"中企业缴纳的助保金。

第五章 监督管理

第二十条 市、区两级工业和信息化局和财政局对助保金和风险补偿金使用情况进行日常监督管理,建立绩效评价制度。合作银行对贷款的使用全程监管,确保贷款按申请用途使用。

第二十一条 市、区两级工业和信息化局和合作银行应分别建立助保金和政府风险补偿金使用情况台账,每季度定期向自治区非公局、财政厅和市、区两级财政局等有关部门通报相关情况。合作银行要对小微企业已出现或可能出现的风险及时提出预警和处置建议。

第二十二条 贷款企业出现违反财经纪律、提供虚假信息、骗取贷款的行为,责令其改正,构成犯罪的,移交司法机关处理。对于恶意逃避债务,导致助保金、风险补偿金和银行贷款损失的贷款企业,取消该企业加入"小微企业池"的资格,列入诚信黑名单。

第二十三条 相关工作人员在"助保贷"业务管理工作中滥用职权、玩忽职守、徇私舞弊的,依纪依法给予相应处分,构成犯罪的,移送司法机关依法追究刑事责任。

第六章 附 则

第二十四条 "助保贷"业务的审批、发放、回收、贷后管理等遵照合作银行的招标承诺和相关规定。"助保贷"业务操作规程、"小微企业池"管理办法另行制定。

第二十五条 本办法自发布之日起实施。

关于促进民办教育发展的若干意见

为贯彻党的十七大关于"鼓励和规范社会力量兴办教育"的要求,推进民办教育体制机制创新,加快吴忠教育改革与发展,根据《中华人民共和国民办教育促进法》《中华人民共和国民办教育促进法实施条例》和《国家中长期教育改革和发展规划纲要(2010—2020年)》精神,现结合吴忠实际,就促进民办教育发展提出如下意见。

一、提高思想认识,创新办学体制机制

1. 充分认识民办教育的重要作用。民办教育与公办教育同属于公益性事业,是我国教育事业的重要组成部分。民办教育是教育事业发展的重要增长点和促进教育改革的重要力量;是促进教育资源合理配置,创新教育竞争机制,增强教育发展活力,扩大教育资源总量,满足人民群众日益增长的多样化教育需求的重要途径;是实现新时期我国教育改革和发展目标任务的重要保障。发展民办教育是各级政府重要的工作职责。

2. 多措并举,大力发展民办教育。坚持"积极鼓励、大力支持、正确引导、依法管理"的民办教育发展方针,积极开放教育投资、生产、供给领域,吸引社会力量和民间资本进入教育事业领域,形成不同投资和举办主体公平有序的竞争环境,大幅提升教育公共产品的供给能力。支持各类办学主体通过独资、合资、合作、股份制等多种方式办学。鼓励行业、企业等社会力量参与办学,重点支持发展非义务阶段民办教育,支持发展民办学前教育、职业教育。鼓励中外合作办学,加大教育引资力度。

3. 建立健全审批制度。民办学校必须取得办学许可证,并依照有关的法律、行政法规由同级教育部门审批,民政部门按民办非企业法人进行登记,登记机关应当按照有关规定即时予以办理。

4. 加强民办教育管理,规范民办学校办学行为。把民办教育发展纳入全市经济发展规划,统筹安排,合理布局;探索建立健全民办教育管理体制、运行机制。积极引导民办学校依法办学、规范办学、诚信办学。

二、加大扶持力度,积极统筹民办教育

5. 加大财政以奖代补力度。从2016年起,市财政每年在上年的基础上,按照教育附加费增长比例安排民办教育专项以奖代补资金,用于市区民办学校(含民办幼儿园,下同)扶持、年检优秀单位的以奖代补。各县(市、区)均要参照公办学校经费拨款水平,结合民办教育规模,设立民办教育专项以奖代补资金。

6. 积极扶持民办幼儿园发展。通过保证合理用地等方式,鼓励和支持社会力量以多种形式举办民办幼儿园;采取政府购买服务、减免租金、以奖代补、结对帮扶等多种方式,引导和支持民办幼儿园提供普惠性、低收费服务;充分利用学校布局调整中空余的农村、城市(镇)教育资源,采用公建民办等方式发展民办学前教育,努力提高学前三年的入园率和民办幼儿园的办园质量。

7. 建立政府购买教育服务机制。根据各县(市、区)行政区域实施学前及义务教育的需要,可以与民办学校签订协议,委托其承担部分学前及义务教育任务。县(市、区)每年在自治区拨付的购买服务资金的基础上按1∶1(川区)或1∶9(山区)增加购买资金。委托民办学校承担学前教育任务的,根据其接受学前及义务教育学生的数量和吴忠市学前教育的公办学校的生均教师工资标准、生均公用经费标准,拨付相应的教育经费。

8. 落实税费优惠政策。依法登记的各类民办学校享受规定的税费优惠政策。捐资举办的民办学校和出资人不要求取得合理回报的民办学校,依法享受与公办学校同等税收及其他优惠政策。出资人要求取得合理回报的民办学校,按有关法律法规享受有关优惠政

策。符合国家规定,经有关部门审核、批准从事学历教育的民办学校的校办企业、后勤服务享有与公办学校相同的优惠政策。

9. 保障合理用地需求。统筹民办学校布局,将民办学校布点纳入教育布局总体规划,并与城乡总体规划相衔接。国土资源部门每年在安排用地指标时,要优先确保公、民办学校建设用地,以保障各类教育用地需求,民办学校在建设教学用房所涉及城市建设配套、行政性收费、服务性收费、供电、供水、供气等方面享有与公办学校同等待遇。公益性和普惠性民办学校新建、改扩建用地符合《划拨用地目录》的可以采用划拨方式优先供地,也可以采用出让方式供地。在规划许可的前提下,民办学校可以依法依规通过土地置换迁建、扩建学校,做大做强优质资源。民办学校的各项建设税费减免政策与公办学校相同。

10. 落实收费自主权。登记为非营利性质的民办非企业法人的民办学校,收费项目及标准实行政府指导价管理,由民办学校分别按中学、小学、幼儿园不高于当地公办学校上年度生均教育事业费2.5倍的标准自主确定(经教育行政部门批准的特别优质学校,可按不高于当地上年度生均教育事业费5倍的标准自主确定),报价格主管部门备案并向社会公示后执行。登记为营利性质的民办非企业法人的民办学校,收费项目及标准由学校自主定价。

11. 依法落实学生的扶助政策。民办学校学生与公办学校学生一样具有享受国家助学金、励志奖学金、国家助学贷款财政贴息、中职助学金、义务教育阶段免费教科书、困难生资助、学前两年资助、幼儿园资助等国家、自治区及市(县、区)财政补助政策待遇的权利。

12. 保障民办学校教师权利。民办学校教师依法享有评选先进、职称评审、社保等合法权益,民办学校教师培训和校长岗位培训应纳入各级教育培训和校长岗位培训中,统一规划,统一安排。鼓励高校毕业生和具有相应教师资格的其他专业技术人员到民办学校任教。民办学校教职工在民办学校工作期间,应依法与学校签订劳动合同和参加社会保险,其人事档案可由人力资源和社会保障部门管理,在民办学校工作时间计算为工龄。

13. 提高教师工资待遇。市(县、区)参照公办学校教师工资标准,制定民办学校教师工资指导线(最低标准),不断提高教师工资待遇。要按照同工同酬的原则,完善基础工资档案,落实民办学校教职工养老保险待遇等制度。民办学校应积极筹措资金,保障教师工资待遇所需经费,要坚持多劳多得、优绩优酬、倾斜一线、倾斜骨干的分配原则,完善内部分配办法,提高教师工作积极性。

14. 全面推行持证上岗制度。教育部门要加强民办教师资格管理,依法规范民办学校劳动聘用合同。民办学校要严把教师准入关,凡新进教师队伍的,必须具有相应的学历条件和教师资格;已经在职但尚未取得相应资格证书和学历的,要加强培训,限期取得。

15. 促进教师专业发展。各地教育行政部门要将民办学校教师纳入与公办学校教师同系列、同要求、同待遇的教师培训计划中。民办学校要按照当年生均公用经费的10%和教职工工资总额的3%足额提取经费,用于培训教师和校长。民办学校教师参加职称评审、业务竞赛、评优评先等,指标计划实行单列。各地尤其要加强民办幼儿园教师培训,大力提升学前教育整体质量,所需经费由市、县两级财政和民办幼儿园三方共同承担。

三、完善管理体制,规范民办教育发展

16. 强化政府部门责任。市、县(区)两级政府要建立由教育、发展和改革、人力资源社会保障、财政、税务、审计、监察、金融、国土资源、住房和城乡建设、公安、民政、卫生、物价、工商等部门参加的民办教育管理联席会议制度和工作机制,定期研究、协调解决工作中的重大问题。各部门要按照职责分工,加强管理,构建政府依法管理、民办学校依法办学、行业自律和社会监督相结合的民办学校管理机制。

17. 建立管理机构。教育行政部门负责民办教育的统筹规划、综合协调和宏观管理。在现有机构和人员编制内明确责任,配备专职人员做好民办教育管理工作;公办中小学在职人员不得作为民办非学历教育机构的专兼职教师和专兼职管理人员;会同相关部门加强民办学校的评估和督导,对办学资质、教学质量、办学条件、专业设置等进行严格的监督、评估和检查;逐步实行民办学校信誉记载制度,及时向社会公布。

18. 明确管理职责。市、县（区）教育行政部门在当地人民政府领导下，负责本地民办教育的统筹管理与综合协调，制定民办教育发展政策和发展规划；落实民办教育的各项奖励、扶持政策；按规定权限及时办理民办学校的申报、审批和年检等事项；组织实施对民办学校招生、办学评估、财务监管、年度检查；做好民办学校管理、服务工作，规范民办学校的办学行为。

县级以上人力资源和社会保障部门按照《中华人民共和国民办教育促进法》《中华人民共和国民办教育促进法实施条例》和国家有关规定审批和管理以实施职业技能为主的职业资格培训、职业技能培训的民办学校，并抄送同级教育行政部门备案。

19. 确立审批权限。实施本科教育以及师范、医药类专科教育的民办普通高等学校由教育部审批，自治区教育厅业务指导；民办高等职业技术学院由自治区人民政府审批，报教育部审核备案，由自治区教育厅业务管理；民办普通高中、民办中等职业学校由所在市、县教育行政部门审核，报自治区教育厅审批，实行属地年检与管理；民办职业技能培训学校按培训等级报人力资源和社会保障部门审批，由审批部门进行年检与管理；民办义务教育学校由县（市、区）教育行政部门审核，报地级市教育行政部门审批，实行属地年检与管理；民办幼儿园及非学历类教育培训机构，由县级教育行政部门审批，实行属地年检与管理。民办学校的设置标准参照国家同级同类公办学校的设置标准执行。

20. 规范民办学校办学行为。申请举办民办教育的社会组织，应当具有法人资格。申请举办民办教育的个人，应当具有政治权利和完全民事行为能力。公民不得兼任两个及以上民办非学历机构的校（园）长。由两个以上的社会团体或个人联合办学的，应签订办学协议，明确出资方式、比例和权利义务。民办学校应有独立的校名、校舍、财务、法人代表，独立办学、独立承担办学责任和民事责任。民办学校的名称，由属地地名、字号和教育机构类别三部分组成。教育机构类别分为学院、职业学院、专修（研修）学院、学校、培训中心、幼儿园等。民办学校应按照办学许可证核定的学校名称、办学地点、办学层次、办学类型等组织招生工作和教育教学活动。民办学校未经教育行政部门许可，不得在办学许可证核定的办学地点之外办学，不得设立分支机构，不得出租、出借办学许可证。对擅自举办民办学校或采取隐瞒、虚报、伪证等手段骗取办学许可证的，由审批机关予以撤销；有违法所得的，没收违法所得；构成犯罪的，依法追究刑事责任。

21. 规范招生宣传。民办学校招生简章和招生广告必须如实载明学校名称、办学地点、办学性质、招生类型、学历层次、专业设置、学习年限、收费项目和标准、资助政策、退费办法、招生人数、证书类别和颁发办法等。招生广告和简章须经审批机关备案后方可发布，发布的招生广告和简章须与备案内容相一致，未经备案的招生简章和招生广告不得发布。凡实行跨地区招生的学校，须经生源所在地教育行政部门核准后方可进行。

22. 加强财务管理。民办学校须严格执行国家统一的财务制度，完善财务会计报告和审计制度，对举办者投入的办学资产、国有资产、受赠财产、收费以及办学积累等分别登记建账并接受审批机关和有关部门的监督。民办学校举办者应按照申办报告或学校章程按时、足额履行出资义务。民办学校办学经费只能在学校的资金账户中统一管理使用，不得转移资金或挪作他用，更不得存入个人账户。举办者不得抽逃出资，不得挪用办学经费，举办者投入学校的资产应当与举办者的其他资产相分离。

23. 明确资产管理办法。新批准设立的民办学校须依法取得土地使用权、校舍产权，其土地使用权证、校舍产权证须办理在学校名下并使用审批机关所核准的学校名称；对租赁校舍办学以及用地、校舍产权不能过户到学校名下的民办学校，其办学注册资金应按一定比例存入审批机关指定的银行专户，本金和利息归学校所有，资金使用接受审批机关监管；有国有资金注入的民办学校，国有资产须到国资委备案。

24. 规范收费管理。民办学校学费、住宿费标准由民办学校提出书面申请，按学校类别和隶属关系报教育行政部门审核，再由教育行政部门报价格主管部门批准并公示。民办学校不得跨学年收取学费、住宿费，也不得在价格主管部门批准备案项目和标准之外另行收取，更不得以任何理由收取受教育者的押金、保证金、储备金、赞助费等费用。民办学校学生入学后有正当理由提出退（转）学的，学校应按教育行政部门规定，扣除正当、合理的费用后及时办理退（转）

学、退费手续。对因学校管理混乱、恶意终止办学或被吊销办学许可证的，学校应妥善安置在校学生并足额退还所收费用。

25. 加强校园安全。民办学校应提供国家规定标准的校舍等教育教学设施设备，开办学生食堂的还应当由当地市场监管部门对食堂布局进行先期预审，达不到规定标准的，由审批机关责令限期达到标准；拒不执行的，责令停止招生。学校法定代表人必须履行学校安全稳定工作第一责任人的职责，制定食品安全、防火、防盗、防毒、防疫、防震等安全预案，严防危害师生人身安全的事故发生，依法维护学生合法权益，确保校园安全稳定。

26. 强化年检制度。民办学校应自觉接受主管部门的业务指导和工作检查，不得以任何理由拖延和拒绝检查。要按照主管部门制定的年检标准加强学校管理，开展教育教学活动，规范学校各类档案材料。对管理混乱、教育教学质量低下、未达到标准造成恶劣影响的，由审批部门限期整顿，给予警告；情节严重或者经整顿仍达不到要求的，由属地行政管理部门报审批机关责令停止招生、吊销办学许可证。对不予年审和年审未通过以及发生严重教育教学事故的民办学校，当年限制招生；一年之内复审仍未通过的，审批部门收回办学许可证。民办学校年检结果实行公示制度。

27. 严格变更机制。民办学校更换办学负责人、变更名称、类别层次，须先由举办者提出并经学校理事会或校董事会及主管部门审核同意后进行，民办学校在变更后要保证学校的教育教学活动不因变更举办者而受到影响，并出具相关处理证明材料。民办学校在解散或停办前，应按国家有关规定清理财务和财产，妥善安置在校学生，处理好债权债务，举办者退出前要进行财务审计和财务清算。民办学校在变更与退出前须将办学许可证和学校印章交回审批机关注销登记。

28. 实行督查制度。教育行政部门和政府教育督导部门要加强对民办学校的检查和督导，指导民办学校及其举办者全面贯彻党的教育方针，遵守法律、法规、规章和国家有关规定，坚持社会主义办学方向，坚持教育公益性原则，努力提高教育质量和办学水平。民办学校要自觉接受教育行政部门和政府教育督导部门的检查和督导，不得以任何理由拖延和拒绝检查。

29. 规范独立办学行为。对公办学校参与举办的民办学校（包括民办公助、公办民助、国有民营等）要严格按照《中华人民共和国民办教育促进法》及其实施条例和国家政策规定，实行完全独立办学，即独立法人资格、独立校园等基础设施、独立的经费核算和人事管理、独立招生、独立颁发毕业证书。

30. 健全组织建设。民办学校要建立健全党团组织。充实包括辅导员、班主任在内的党务干部队伍和思想政治工作队伍，加强对学生的管理、服务和思想政治教育，依法维护学生合法权益，建立健全维护学校安全稳定的工作体系。民办学校筹建时，应同步建立党组织，民办学校党组织的设置形式，应依据《中国共产党章程》的规定和学校的党员人数以及工作需要确定，并报上级党组织批准。暂不具备建立党组织条件的，上级党组织要通过加快发展党员、选派党建工作指导员等途径，积极创造条件，尽快建立党组织，加强党对民办教育的领导。

手册说明

为贯彻落实《定边县基本共卫生服务均等化项目指导方案》，提高我区居民健康保健意识，不断提升65岁以上老年人健康管理服务质量，特制本手册。

1、服务对象及内容：凡定边镇居住半年以上的户籍及非户籍居民，均可享受每年一次的65岁以上老年人免费体检等健康管理服务。主要内容包括生活方式和健康状况评估、体格检查、辅助检查和健康指导等。

2、手册管理：由定边镇中心卫生院（村卫生室）建立健康档案并发放手册，建册后由管理对象保生院(村卫生室)建立健康档案并发放手册，建册后由管理对象保存，不得遗失，每次体检、诊疗时必须携带。

3、本手册由体检单位统一填写。

4、本手册作为居民的健康档案，请妥善保管。

温馨提示

体检前请空腹，勿食早餐、勿饮水。老年人若有慢性病、体弱行动不便者，请子女陪同检查。体检时请携带本人身份证或户口本、历年体检登记册等。

定边镇老年人体检手册

DING BIAN ZHEN LAO NIAN REN TI JIAN SHOU CE

编　号：_____　　姓　　名：_____

身份证号：_____　　联系电话：_____

定边镇中心卫生院 制